DISC

DISC 人格行為分析原典，
了解自己，了解主管與大企業如何認識你的最佳理論模型。

William Moulton Marston
威廉・莫爾頓・馬斯頓——著

李明芝——譯

EMOTIONS OF NORMAL PEOPLE

致

我的老師與共事者

我的母親

CLARIBEL MOULTON WATERMAN

ELIZABETH HOLLOWAY MARSTON

MARJORIE WILKES HUSTLEY

OLIVE BYRNE

目錄

第七章　**支配**　141

支配似乎是動物或人類中，最基本且最原始的情緒整合類型。去大腦的狗和猴子，在對任何對抗性運動刺激的反應中，都會出現一種典型的支配情緒，而那些運動刺激的整合力量或強度，都低於動物的運動自我。動物、幼兒、成年男性和某些女性共有某一類型的支配反應：追逐任何逃離主體的東西。一方面，這種行為使逃跑的動物與主體成了對抗關係。另一方面，這種行為清楚地指出逃跑者的強度低於主體。

第八章　**服從**　173

無生命的物理力量會透過在對抗處減少自己的強度，以此服從強過自身的對抗力。這種服從可以稱為「被動服從」。如果更強的力對反應物注入新鮮能量，以此迫使反應物主動往新的方向運動，或是改變形式或物理表現，這種服從可以稱為「主動服從」。無論哪一種情況，原始力減少或活動形式改變的量，就是反應物的初始強度，與獲勝對手的較高強度之間的差異。

第九章　**支配和服從**　221

如果支配要維持最大的有效性，就必須讓服從反應先出現。但服從一定不能太極端或持續太久。簡而言之，利於有機體的支配與服從反應之間，最簡單的正常組合，是初始服從反應適應隨後出現的支配情緒。這兩種初級情緒反應之間的關係，可以簡便地用C（服從）＋D（支配）這個簡單公式來表示。

第十章　**慾求**　233

似乎可以確信的是，慾求情緒是種獲得或習得的反應，就跟服從情緒必須學習而來的意思一樣。

身體慾求的所有機制都是有機體與生俱來的，包括有機體內造成「餓到痛」的適當刺激。這種刺激機制的先天性，與神經模式（許多生理學家的情緒理論基礎）理所當然的遺傳性完全不同。

第十一章　順從　265

較小物體向地球移動的行為定律稱為「重力」。重力代表了聯盟的吸引力，其中較弱的吸引力由於較強的吸引力施加自身的強迫增強，而逐漸削弱自己。這種行為完美呈現出「順從」的客觀樣貌。較弱的盟友削弱自己來順從較強的盟友，使得聯盟更加緊密。順從反應是自然的，當終究要學習時，總是愉快地習得；至於服從，如果試圖直接引起，不但極其困難，而且需要相當嚴厲、不愉快的刺激。

第十二章　引導　291

人類和動物的引導行為遵循相同的規則，唯一的差異在於，人類的引導行為經由整合機制引起，從而獲得意識。而引導行為從一開始到結束都是愉快的。因為真實引導需要運動自我與運動刺激之間徹底聯盟，所以只要支配或慾求情緒沒有來干擾，這種反應就不可能有不愉快的來源。嬰兒的行為有一些天然、非習得的反應，或許可以稱為引導，像是會抱抱母親或護士、把雙臂伸向一直順從的人。所有這些嬰兒的請求和引導，如果成功，就會造成母親或陪伴者按嬰兒的指示行動。

第十三章　引導和順從　323

當引導和順從接續發生時，引導與順從的關係，就像服從與支配的關係。唯有當環境引導刺激，使有機體主動努力維持與刺激的聯盟關係，引導才能持續作為有機體的控制性初級情緒反應存在。引導和順從這兩種初級情緒反應間的適當關係，對整個有機體而言，是最重要且最有益的關係。透過這樣的方法，主體得以向某特定方面比自己更專精的人尋求指導和幫助。此後，只要那位專家受到了引導，給予主體需要的一切帶領，主體就能順從對方的指導或協助。

第十四章　愛　337

將愛情緒完全等同於性，是西方文明把愛貼上社會禁忌的主要原因。將愛視為身體結構的性別差異所促進的一種情緒表現，這種看法比較有益。但將愛情緒等同於一般的性特徵，特別是男性的性特徵，就會導致悲慘地無法理解愛，因為男性的主要特徵是慾求佔優勢。這樣也會混淆了愛中的性別差異和慾求中的性別差異。

第十五章　愛的機制　371

迷惑和激情反應在沒有生殖器官的環境刺激下也會發生，因此，生殖器官不該視為愛反應的唯一來源，這點似乎沒什麼必要特別強調。迷惑和激情是複合類型的整合情緒，可以透過各種不同的適當刺激引起。然而，生殖器官似乎是特別為了引起愛整合情緒而設計，就像消化器官是專門為了引起慾求情緒（食慾）的整合模式而設計。

第十六章　創造　399

愛和慾求組合成的正常、有效的創造反應，這似乎是在繁殖的過程中強加在人類和動物身上的。正如飢餓機制自動引起渴望和滿足這兩種自然整合，組合成慾求情緒，也如月經功能自動引起激情和迷惑反應這兩種最有效整合，組合成愛情緒，同樣的，生殖機制也自動引起愛和慾求這兩種自然整合，組合成可適切名為「創造」的情緒行為模式。

過度支配，因為體認到攻擊的徒勞，支配就會一直部分受挫，稱之為「過度支配逆轉」，典型異常情緒是「暴怒」。

過度順從，順從必須適應於主體能做出的任何徒勞的引導反應，期間會一直察覺到，自己的順從正因為無法使用適當的引導工具，而逐步地被擊敗，稱之為「過度順從逆轉」，典型異常情緒是「嫉妒」。

過度引導，整個期間都會察覺到，自己的順從因適應不成功的引導而無望地受挫，稱之為「過度引導逆轉」，典型異常情緒是「憎恨」。

一個人無論多麼正常，從最小的時候開始，就一直學著要用傳統的評估標準來衡量自己的行為。父親在他面前所做的事、鄰居在他周遭正做著什麼，這些構成了常態的標準。而這荒謬的衡量方法，相當程度地受到當今所謂的「社會科學家」認可。強調特定群體的一般行為，構成了科學地衡量群體中任一成員是否正常的適當標準。對於個人如何學習和改進，再也沒有比這個更有害的原則了。

第一章 常態性與情緒

你是「正常人」嗎？大概吧，多數時候你都算是正常人。然而，偶爾你勢必也會有所懷疑。你的「性情結」、你的情緒低落，或是你「深藏不露的恐懼」，有時對你來說似乎不那麼正常。而心理學也可能這麼判讀。另一方面，你肯定曾經歷稍稍恐懼、狂暴、瑣碎嫉妒、些微憎惡，時不時還會感受到欺瞞詐騙，這些你已視為「正常」自我的一部分。心理學同樣也支持、甚或煽動這樣很正常的觀念。事實上，目前許多心理學家坦言，「恐懼」和「暴怒」不僅止於「正常」情緒，甚至可稱為「主要」情緒。有些作者[1]認為，「過度震驚」（choc）或情緒衝擊（shock）是正常情緒的必要元素。曾有某些心理學實驗者強迫女性受試者切掉實驗老鼠的頭，然後自得意滿地展現由此獲得的反應數據，當作對適當刺激有何正常情緒反應的衡量標準。研究情緒最為傑出的研究者之一[2]甚至主張，「恐懼」和「暴怒」應作為正常人類行為保

1 D. Wechsler, *The Measurement of Emotional Reaction*, New York, 1925, Chapter X.

2 W. B. Cannon, *Bodily Changes in Pain, Hunger, Fear and Rage*, New York and London, 1920, Chapter XV.

留，藉以供給身體力量和效率！這種建議在我看來，似乎就像在我們的湯裡加入圖釘，好讓消化道的內壁更強健。當你遭逢恐懼、暴怒、痛苦、震驚、渴望欺騙，或任何其他內含什麼混亂衝突的情緒狀態時，我不會將你視為情緒「正常的人」。當你的情緒反應產生愉快與和諧時，你的反應才正常。本書旨在致力描述正常的情緒，這些情緒在我們每個人的日常生活中太過普遍而且基本，以致於迄今仍不曾引起學者和心理學家的關注。

正常情緒是生物有效的情緒

身為心理學家的我們，如果依循其他生物科學的類比，必定期望找到功能效率最大的常態性。適者生存意味著，物種存活下來的成員，他們的有機體最能成功抵禦環伺敵手的入侵，持續以最強大的內在和諧運作。既然如此，那在情緒的領域中我們為什麼該更改這樣的期望呢？為什麼我們應該尋求尤為不和諧的情緒，亦即顯露我們被環境壓垮的感受，並將這些情緒視為我們**正常**情緒的情感反應呢？如果叢林野獸在最終取得勝利的戰役過程中飽受摧殘、渾身是傷，將其勝利歸因於累累傷痕，確實是種邏輯謬誤。如果人在最終取得勝利的商業爭鬥中，因恐懼或暴怒而受情緒折磨、心思紊亂，將他戰勝的力量歸因於顯示暫時軟弱和挫敗的那些情緒，似乎同樣荒謬無理。勝利接著恐懼消除而來。或許，這場戰役在勝利者仍受一些恐懼阻礙的情況下獲勝，但這僅僅意味著贏得勝利不需要最大的力量。

我依舊能鮮明記得我曾經歷的恐懼，在我還小的時候，有天上學途中被一個拿著空氣槍的蠢男孩（姑且稱他為F）威脅。父親一直教導我不要跟別人打架，因此我害怕得不得了地跑回家。我的母親告訴我：「直直走過去就好。F沒開槍你就不要出擊，但如果他射了你，你就給他好看。」我是個聽話的小孩，所以明明白白地遵從指令。我徑直走向拿著空氣槍的F，臉色僵硬，胃也因為懼怕而翻騰作嘔。F沒有開槍。自從那個難忘的時刻過去後，我知道了，在面臨壓力的時候，恐懼不會給我力量。面對F的空氣槍，我有部分的力量來自於自己潛在的「支配」，剛剛才從人為控制中釋放出來的支配。但這絕大多數來自我的母親，因為我「服從」了她，所以她能代表我行使這種力量。「支配」（dominance）和「順從」（submission）是「正常」、賦予力量的情緒，而「暴怒」（rage）或「恐懼」（fear）不是。

當前的情緒名稱是文學術語，不具科學意義

然而，我最初的情緒研究並不涉及正常、生物有效的情緒。一九一三年，我在哈佛心理學實驗室開始嘗試測量欺騙時的身體症狀[3]，之後於戰爭期間，我在美國陸軍持續進行這項研

3 關於這些研究的報告請見：W. M. Marston, "Systolic Blood Pressure Symptoms of Deception," *Jr. Exp. Psy.*, 1917, vol. 2, p.

究[4]，也探討了一些法院案件[5]。不過，我對欺騙的身體症狀了解得越多，我就越意識到，如果一點都不了解在實驗室或庭審酷刑的驚人受挫中出現的正常、基本情緒，嘗試測量複雜的衝突情緒（像是「恐懼」、「憤怒」或「欺騙」）根本是徒勞無功。

當一般心理學老師滔滔不絕說著「恐懼」、「暴怒」、「憤怒」和「性情緒」這些詞彙時，他們意指的是什麼？[6]如果要求定義這些詞彙，幾乎維多利亞時代的任何通俗文學都理所當然這麼寫道：「它們是具有獨特意識性質的情緒名稱，每個人每一天都會經歷。這些容易識別的原始情緒，構成了文學作品的骨幹。」我認為，這種文學骨幹已被原封不動地移植到心理學，但事實證明這遠遠不足以說明。因此，新近冠上「科學」之名的心理學，整體結構在試圖描述人類行為方面依然顯得沒有信心。多數心理學老師，似乎仍無法比上個世紀的文學家，更精確或更具科學意義地定義這些陳年的情緒術語。

我們也無法苛責一般的老師。教師必須仰賴這門科學的理論家和研究者，他們已用成千上萬字詞書寫情緒這個主題的概念，但卻沒有嘗試針對任何單一基本或初級情緒進行確切的心理神經描述。另一方面，幾乎所有作者都似乎毫不質疑地接受各種老舊、沒有定義的「情緒」文學**名稱**，然後每個作者也都賦予這些術語一些剛好為他們個別所用的意涵。

我們就舉「恐懼」這個術語為例。這個詞彙似乎毫無爭議地出現在幾乎所有心理學和生理學文獻報告的情緒研究。它是什麼意思呢？詹姆斯—蘭格茲（James-Langeites）表示，「恐懼」是複合的感覺，或許大多發自內心深處、也或許不是；或許每個主體的恐懼都相同，但不同的個體大概也顯著不同。當然，這樣曖昧不明的猜測，應該不太能安慰倒楣的心理學老師。除此之外，生理學家用一貫縝密的態度證明，傳統上通俗和文學用語稱之為「恐懼」的意識條件，無法由典型的感覺內容組成。[7]

那麼生理學家呢？看來，他們就像詹姆斯—蘭格茲一樣，信任且毫無顧忌地使用「恐懼」這個術語。坎農（**Cannon**）在他名為《疼痛、飢餓、恐懼和暴怒的身體變化》（***Bodily Changes in Pain, Hunger, Fear and Rage***）的極其珍貴著作中，通篇都使用了「恐懼」（**fear**）這個詞彙。

但他如何區分恐懼與「暴怒」（**rage**）或「痛苦」（**pain**）呢？他指出了這些「主要情緒」之間的生理相似性，但沒有提到它們之間的重大差異。坎農假設，自主神經系統中所謂的交感神經，永遠都是受到「恐懼」模式活化。但他舉出了「恐懼」的各種其他效應，例如噁心、虛弱、嘔吐等等，許多作者會將這些歸因於迷走神經衝動。此外，誠如坎農本人所強調的，「暴

---

117. W. M. Marston, “Reaction Time Symptoms of Deception,” *ibid*, 1920, vol. 3, pp. 72-87. W.M. Marston, “Negative Type Reaction Time Symptoms of Deception,” *Psy. Rev.*, 1925, vol. 32, pp. 241, 247.

4 R. M. Yerkes, “Report of the Psy. Committee of the National Research Council,” *Psy. Rev.*, 1919, vol. 26, p. 134.

5 W. M. Marston, “Psychological Possibilities in the Deception Tests,” *Jour. Crim. Law and Crim.*, 1921, vol. XI, pp. 552-570. W. M. Marston, “ Sex Characteristics of Systolic Blood Pressure Behaviour,” *Jour. Exp. Psy.*, 1923, vol. VI. 387-419.

6 以下段落的實質內容最早出現在作者的一篇文章，標題為 “Primary Emotions,” *Psy. Rev.*，經其編輯 H. C. Warren 教授許可轉載。

7 論及這點的研究摘要請見W. M. Marston, “Motor Consciousness as a Basis for Emotion” *Jour. Abn. And Soc. Psy.*, vol. XXII, July-Sept., 1927, pp. 140-150.

怒」、「痛苦」和其他主要情緒也顯著地介入交感神經。[8]因此，關於找尋「恐懼」這個大名鼎鼎的詞彙有什麼特定意義，我們再次陷入困境。

我們必須做的是，不再嘗試定義衝突情緒，而是回歸非常根本的生物有效行為，發現深藏在此的簡單、正常情緒。本書試圖進行這項任務，嘗試描述**正常**人的情緒，而**當他們害怕、憤怒或欺騙時就不是正常的人**。如果挖掘出最簡單的正常情緒元素，想在現實生活或心理學實驗室將它們組合成正常的複合情緒，就變得相對容易。此外，也相對容易地偵測（並消除）**正常情緒元素之間逆轉的相互關係，這些關係就是「恐懼」、「暴怒」、「嫉妒」和其他異常狀態存在衝突和阻礙的起因**。

「正常情緒」可以用什麼術語來描述？

然而，一個自稱心理學家的人，目前就處於這樣古怪的境況。在他可以書寫任何心理學、智力，或實際上是任何人類行為的心理學以前，都必須先定義他所謂的心理學是什麼。現在被視為不科學的內省主義心理學家認為，任何以主觀或內省術語描寫其現象的都是心理學闡述。此時，內省主義者已退居幕後。取而代之的是各式各樣的教師和研究者，他們全都將自己多樣各異的方法和觀察命名為「心理學」。舉例來說，研究情緒這個領域的人有生理學家、神經學家、心理生理學家、行為學家、內分泌學家、心理測驗統計學家、心理分析學家，以及精神病學家。這些類型的研究者，各個都自稱是心理學家，除此之外，各個也都主張唯有自己的研究結果才有心理學的價值。現今的心理學就像中世紀的歐洲，封建貴族們彼此爭奪，唯一共同點是默許了無論何時以任何方法都該取走戰利品的規則。

既然如此，在其中之一或所有心理學派別都很有可能不屑一顧的情況下，我們該用什麼術語來描述簡單、正常的情緒？我曾在討論身體情緒機制時犯了個錯，使用了「意志設定」（will-setting）這個名詞，雖然幾位不同類型的美國心理學家都十分認真閱讀我們討論的文章，但最後都放棄了。我曾蠢得可以地在詢問華生（Watson）博士的問題中用了「意識」（consciousness）這個詞。華生博士語帶遺憾地說：「抱歉，我不了解你的意思是什麼，所以我無法回答你的問題。」我也曾對一位知名的心理分析學家說，我很喜歡《航向外海》（Outward Bound）這部舞台劇。這位朋友洋洋得意地說：「哎呀！所以你有伊底帕斯情結！」接著哀怨地補充說：「你**打算**什麼時候學一學心理分析術語呢？這樣你就可以大方地跟我說說伊底帕斯情結的事，而不是用那種迂迴的方式洩露秘密。」在前兩個例子中，我以為自己說了什麼，但發現其實我沒有。而在最後的例子中，我不覺得我說了什麼，但發現自己無可挽回地做出某種表態。描述正常情緒時，一個人到底該做什麼呢？

---

8 W. B. Cannon, *Bodily Changes in Pain, Hunger, Fear, and Rage*, New York and London, 1920, pp. 277-279

能做的只有這樣。我們至少可以如奧格登（**Ogden**）所說，試著「重新解釋並連上古老的煙霧信號」[9]，從而透過嘗試應用「直系同源科學」，更正某些「操弄標誌的錯誤」。

當然這就意味著，我們必須先弄清楚，不同類型的心理學作者，用自己獨特的行話討論的到底是什麼。接下來，我們必須發明某種心理學世界用語，嚴密精確地定義我們使用的每一個新術語。這項任務絕非易事。但勸說情緒心理學的不同研究者，集結各自的研究一同描述「**正常的初級情緒**」，絕對是件值得努力做的事。只要名為心理學家的各種研究者都能「克服自己的語言障礙並遵守規則」，就能對這核心問題做出重大的貢獻。

---

9 C. K. Ogden，社評：”Orthology“, *Psyche*. July, 1927.

第二章　唯物論、生機論和心理學

我們的問題在於：是什麼潛在的渴望（或希望），導致有些科學家堅決主張機械論概念，另有一些同樣聲譽卓著的科學家信奉某種形式的科學生機論？因為心理學就像其他的科學，幾乎所有派系或爭議性團體的根源都不是偏頗地傾向唯物論、就是傾向生機論。當然，潛在渴望有時往往只跟研究者在乎的個人時運進展有關，這樣純粹的利己動機，或許在所有科學原理的演進中都扮演重要的角色。然而，除此之外，創立和傳播思想概念系統的人，幾乎總是抱有這種潛藏的渴望，想要「為了科學本身著想」朝這個或那個方向推動科學。選擇的目標則是，最為符合科學煽動者的基本情緒趨向。而科學家的情緒趨向，或許可以概括分成兩大基本類型：唯物論（materialism）和生機論（vitalism）。

機械論趨向

機械論者是「冷硬派」。他們總是心存懷疑，必須眼見證據為憑。他們自稱自己的所有結論都立基於實質的證據，很少注意到自己對這、對那的挑釁懷疑，其實是在反覆無常地抗拒他們奉為圭臬的信條所提出的證據。他們像這樣合理化自己的情緒偏誤：科學是對物質因果關係的研究和闡述。「物質」永遠意味著「更原始、更簡單的能量形式。」因此，真正的科學是研究簡單能量單位對複雜能量單位的影響。也因此，既然我們可以這樣說明我們經驗過的一切，何必浪費時間想像任何其他類型的原因或因果關係存在？機械論的信條是簡潔、有力、容易理解的。就像其信徒的情緒趨向，機械論的信條是進取、自信，並且採取迅速果斷的行動。如同其他類型的獎勵，科學結果也是經由行動獲得。因此，唯物論證實了自身是非常有用的媒介，能將人的智力從空談思辨轉成實驗室研究。

生機論趨向

生機論似乎跟宗教有非常密切的關聯，而宗教的特色或許可說是道德的情緒警察部隊。相較於唯物論者，生機論者的基本情緒趨向更細微、更複雜，而且更難定義。生機論者尋求自我的最終極好處，同時渴望有機會施予他人更高的喝采。任何時候，如果純粹的物理事實妨礙了生機論者的神聖目的，他們就逃往極致想像，亦即不存在物理事實之處。這些偶爾的脫逃，顯然並非完全無益。逃離現實的人，往往帶著既新穎且有用的靈感返回人間。他們經常發現，物理事實根本像是變色龍，照明越是鮮豔，顏色就變得越豐富且多彩。

在合理化對科學的潛在渴望時，生機論者保持該有的原樣，從先驗假設開始，最終向下延伸、回歸到事實。他們首先假設，物理現象無法光靠物理原因的結果充分說明。因此，似乎必須進一步假設第一因（first cause）[1]、或未知屬性的超物理影響存在。承認這種超物質媒介的存在，就很容易斷言「祂」創生、散發，或**作為**物理意識。由此開始，生機論者回歸到唯物論者的相同世界。只不過，生機論的因果關係往相反方向行進。相較於有機物質，意識是更複雜、更終極的存在形式，也因此比無機能量單位更複雜、更有效力。生機論者認為，複雜的能量形式，比原態單位更強大有力。因此，一般認為，較高的能量單位是效因，較簡單的能量單位是效果。「神就照著自己的形象造人」，派他治理地上的獸。然後，再由這些獸管理植物等等以此類推。生機論者認為，科學就是研究並描述較高對較低、較複雜對較簡單、較有意識對較無生氣的因果影響。許多科學家十分排斥這樣的信條，因為它最初是基於想當然爾、未經證

1 譯注：探討神的存在性所使用的五路論證之一。第二個論證的第一因論證，從事物的因果關係出發，任一物都不會是自己的效因而必然是另一物，這種關係不可能推到無窮，沒有初始的效因就沒有終極的效果，也不存在中間的效因，所以必定有個初始效因，那就是神。

實的假設，也因為它同樣天真地忽略了日常生活出現的無數實例，亦即對人類意識本身施加決定性影響的是原態物質形式，生機論者將人類意識視為已知的最高能量形式。

機械型原因和生機型原因的存在

另一方面，那些不自覺地渴望提升人類同胞的物理學家，難以忍受人類命運完全取決於自由電子的力量這種想法。許多文人學者更是徹頭徹尾地憎惡機械決定論，因為他們認為從邏輯上擺脫不了它的影響，就像「基本教義派」的傳教士想像，在唯物論的凱旋勝利中自己即將丟掉飯碗。在所有機械教義中，最令人懼怕的顯然是達爾文演化論。猴子以其形象造人，這種想法被認為有辱人格。為什麼？因為得出這種結論便意味著，人一旦受造，就持續受到最初創造他的相同基本力控制。然而，即便生物演化為真，也不會帶來這樣的意涵。猴子（或共同祖先）或許導致了人類演化成當前的形式，但另一方面，人類現在只要直接影響繁殖習性，就能隨意創造新型猴子。而這正是生機論者理想化的因果關係類型。複雜的人類啟動了原因，影響猴子（較簡單的動物）的天性。此外，雖然我們目前沒有能力確認，人類起初從猴子而來的唯物論假定真實性，但人類對猴子施加的影響，隨時都能在實驗室觀察。至少在這個論證中，我們必須勉強承認，在史詩般宏偉的生物演化傳說中，相較於唯物論者提出的機械型原因，生機論者提出的各種因果關係更有憑有據。我們必須承認，雖然生機論者以虛構班機逃離，開始建立他們的理論，但唯物論者用以總結信條的，也是潛在情緒趨向幾乎相同的思辨昇華。此外，必須公平地說，或許生機論對因果關係的描述，就跟機械論的描述一樣，都是對物理事實的準確觀察。較簡單的能量單位不斷影響較複雜的能量單位，且或許在有利的條件下控制它們的行為；而更複雜的力集合（憑藉源於自身複雜性的新屬性）不斷迫使更原態的物質遵從，在我看來，這就是複雜能量對更簡單的能量形式進行徹底調節。

物理學必須、也的確同時包含機械論和生機論的因果關係類型。

科學必須描述兩種類型的原因

就實際觀察來說，我們並不知道有機形式的能量如何源起。然而我們確實知道有這樣的能量單位存在，也知道任何擁有生命的單位，終其一生都對無機物質產生自發的影響。在各種意義上，這些影響都是生機型原因。就連無機物質都可能自發地產生相同類型的原因。舉例來說，放射性金屬無論放射發生的環境性質如何，都會發射能量粒子。毫無疑問地，物理學的責任在於充分描述這些現象。

在此同時，擁有生命的物質單位（像是植物和動物），由於環境中的簡單物質單位對自身有機體產生影響的刺激，不斷地發生變化。簡單卻能量強的力（如風或波）或許會一股腦地摧毀植物或動物有機體；亦或這樣的力，也可能以決定性的方式，影響更複雜的動物和植物有機體的生長和運動。就無機物質而言，酸性或單一化學元素本身比放射性金屬簡單得多，可能附著或破壞後者，也或許加速或延遲放射性。這些是機械型原因，都是簡單能量單位決定性地作用在更複雜的能量單位。

機械型和生機型原因的交互作用

除了這些完全可分離的因果關係類型，科學還得處理生機原因和機械原因的交互作用。而在討論複雜和簡單能量單位間交互作用的影響時，就會出現科學分析的最大混亂和衝突。舉例來說，如果我們假設，科學是用來描述田地裡生長的植物。可以明確地證明，土壤正在向植物傳送一系列的化學刺激。同樣可以確定的是，植物以其固有天性，對這些刺激產生一系列特有的反應。其中有些植物反應會向土壤傳送反向刺激，有些則不會。植物加諸土壤的這些影響，大多也會以植物的化學能所決定的方式改變土壤。因此，就土壤和植物的互換影響而言，或許可以公平地說，構成植物的較複雜能量單位，主導因果力的相互作用。

但如我們先前所提，植物因為對土壤刺激做出反應，產生了許多改變，這些改變不會對土地造成任何影響。如果土壤引發的這些植物變化，最終有利土壤本身，那我們可以明確假設，在這因果關係中，簡單的能量形式控制著複雜的能量單位。也就是說，如果土壤只要刺激植物按植物自己的行動原則起作用，就能利用更複雜的植物能量達成自身擴張，那我們可以推論，平衡的控制權終究在於較簡單的能量單位。這種說法相當於從哲學上承認，保持力量平衡的是機械型因果關係。然而，情況似乎並非如此。雖然行動受到土壤刺激，但植物根據自己先天的行動原則做出反應，而反應傾向的目的是為了自身的終極利益。植物具有終其一生自發生長的先天力量，在與土壤交互作用的力量平衡中，能比土壤改變自身更劇烈地改變土壤；最後還存在以此為目的在受土壤刺激起作用時，始終為自身利益做出反應的結構，因此我們不得不推論，植物比土壤更有能力產生有效原因。簡而言之，如果以嚴密的邏輯，分析複雜與簡單能量單位之間的交互影響，結論似乎是，複雜的物質形式更大程度地控制簡單單位的反應，而不是複雜形式的反應取決於簡單的單位。如果想要取得平衡，那麼基於生機型與機械型因果關係之間的實徵觀察，我們應該只得勉強承認，造成最終力量平衡的是生機型原因。然而，科學不是用來取得任何這樣的平衡，僅僅需要描述兩種類型的因果關係，既不能忽略這個、也不能漏掉那個。

複雜的物質單位擁有最大的因果力量

大體上，我們或許可以稍微如下說明這個事實。科學在這世界上，發現了複雜性各異的能量單位。它發現，複雜單位能對簡單單位施加自發影響，反之亦然。它也發現，簡單和複雜的單位，通常都會交互作用，彼此造成對方改變。整體而言，在這因果影響的交換中，力量平衡取決於更複雜能量的增長。舉例來說，即便假定鉛曾作為鈾演變的原因，但現在根據我們的觀察，放射性金屬似乎可以產生鉛，而鉛顯現演變能力（如果仍有）的程度太小，無法以現有的儀器偵測。或許在數百萬年前，無機化合物演化出植物結構。然而現在，只要經過幾個季節，植物生長就能改變培育它們的土壤的整體組成；但土壤改變植物生命基本特徵的化學影響能力，卻極其不確定。在很久以前，類猴的靈長動物或許導致人屬出現；但現在，人類對猿類行為施加的影響，與猴子對人類造成的影響幾乎無法相提並論。似乎有個自然法則：**一旦出現更複雜的能量形式，它立即比更簡單的能量形式擁有更大的因果力量**。

然而，光是大多數的因果關係屬於生機類型這一事實，並不能夠表示科學可以忽略大量共存的機械型因果關係。所有科學都需要這兩種觀點的因果描述。例如，物理學試圖描述物質最終極或基本的反應趨勢，現在正嘗試將所有複雜質量分解成極簡的質子和電子系統。既然如此，各質子—電子微宇宙的影響，必須追溯到它對於構成單一單元的宏觀質量物理行為所產生的最深遠效力。另一方面，也必須描述總質量對其構成的質子—電子系統和其他自由質子—電子系統的因果影響。

始於已經不算簡單的物質單位（原子和分子）的化學，試圖描述原子對分子、分子對其構成原子，以及分子對其他原子（自由或在其他分子組合系統）的因果效應。化學也研究了組織複雜的分子群，嘗試追溯單一分子加諸有機和無機化合物的影響，以及這些化合物對更簡單的分子單位有何因果效應。

在化學中，我們跨越了無機和有機物質之間的界線，進入了涉及活機體的科學領域。植物學則試圖將植物結構，解析成更小的細胞單位。接著探討這些單位的效應，同時考量仍較簡單的無機單位對複雜植物結構的影響。或許稍微更重要的是，描述植物如何利用所屬環境並對其做出反應。普通生物學（介紹更高度專業化的生理科學）感興趣的是，基於各種動物施加所屬環境的活動類型、而非根據無機或植物環境對動物造成的效應，將動物有機體分類為門、屬、種。然而，誠如我們在其他科學中所見，這兩種觀點的科學描述，在生物學中都很重要。

隨著高度專業化的生理科學出現，我們發現有一類研究的目標是專門分析和描述人類本身。當然，生理學實驗室不斷利用複雜程度低於人類的動物有機體，但研究這樣的實驗動物，目的在於應用由此獲得的知識，更進一步了解人類。也就是說，談到我們著重的因果關係類型，生理科學的目的已明顯成為生機型。這門學問希望了解，人類如何影響和利用不如自己複雜的動物，也想知道人類能夠對植物和無機環境造成什麼影響。人類科學家的此一潛在目的，似乎大大擾亂了機械思維的作者和研究者，他們一再試圖聲稱動物和植物的研究結果具有同等的科學重要性，罔顧它們對人類自身的創造傾向分析有何終極影響。同樣的，偏向唯物論的人也明白地試圖斷言，人類行為完全是由比人自身更簡單的能量單位所施加的影響決定。

這種主張的真實性，或許可從檢驗神經衝動的性質來測試，因為我們普遍承認，人的身體行為由神經衝動發起和控制。過去認為，神經衝動是電的擾動。沿著特定神經行進的能量，被視為環境或生理刺激強加於神經的外力，亦即能量組織的複雜性低於神經本身的刺激。然而，神經學家後來發現，神經衝動的性質，完全取決於神經纖維原本內含的位能。現在對於神經衝動的描述是一連串爆發[23]，爆發的強度和量，取決於受刺激的特定神經纖維的內在結構，而不是物理刺激的強度。物理刺激的作用，僅僅在於引發比自身更複雜的神經能量釋放。除了一些神經衝動的起源是物理刺激的特定情況，神經衝動絕對不是取決於或起因於簡單的物理刺激。一旦神經衝動出現，就像所有複雜能量形式一樣，會按自身的能量並根據自身的行為規則繼續作用。機械思維者假設，如果某些因素造成了更複雜的能量形式產生，之後只要這些因素還在，就會持續控制複雜的能量單位。唯有像這樣簡單持續地對複雜施加控制，這個世界才能被視為一貫的機械論。然而，事實上，複雜能量單位（如神經衝動）一旦生出，立刻開始控制自身的行為，也相當程度地控制刺激能量單位的行為。

我相信，以下闡述的人類情緒分析將清楚表明，作為最複雜有機體的人類，同樣獨立於最初創造自身反應的環境刺激，並且對環境刺激具有影響力。

科學的任務

在描述人類的專門科學中，心理學是最年輕、也最不發達的一門。心理學的特殊任務是什麼？心理學必須檢驗哪一群特殊的能量單位，既涉及簡單物質形式施加於這些單位的影響，又關於心理學描述的單位對簡單形式的操弄？如我們所見，生理學家致力於檢驗環境對身體組織和器官的影響。他們還試圖找出，器官本身對它們所接觸的各種植物和物質機械力有何作用。相對也算一門新科學的神經學，對於身體器官以及組織如何影響神經元網絡（構成所謂的神經系統）特別感興趣。更具體地說，神經學感興趣的是，神經衝動對身體的各種器官和組織會造成什麼影響。有沒有比神經衝動更複雜的穩定能量形式？關於這個問題的答案，常理的回答是「有，意識。」

---

2 A Forbes, "The Interpretation of Spinal Reflexes in Terms of Present Knowledge of Nerve Conduction," *Physiological Reviews*, vol ii, July, 1922, p 367:「它被比做一連串火藥的燃燒，與聲波的傳送形成對比，聲波的能量完全出自它的初始來源。這個事實現已得到充分證實，所以應該完全放棄試圖將神經衝動簡單地解釋成，以絕緣線傳導的相同原則沿著神經纖維傳導的瞬態電流，這兩種傳導模式的動力學，本質上是不同的。」

3 K Lucas, *The Conduction of the Nerve Impulse*, London, 1917, p 23.

心理學的任務

生理學家、神經學家、心理生理學家，大概還有心理分析師，基本上會同意這個答案。這些類型的研究者全都隱諱或明白地假設，意識（consciousness）為能量的體現，作為一個獨立於純粹神經元內騷亂的單位而存在和反應。如果承認現象意識單獨存在，那麼心理學家的特殊任務，必定是描述這最複雜的能量形式。此外，就跟其他所有科學一樣，心理學必須對其主題進行兩種因果觀點的分析和描述，還必須發現和分析神經衝動對意識的影響。儘管如此，重要的是必須研究意識對神經衝動的影響。透過自身對神經能量的影響，意識理所當然地對身體組織起作用，然後藉由身體組織的媒介，意識最終會影響有機體的物理環境。如果忽略意識和物理環境之間的任何重大因果中介，一定會讓整體科學描述出現一段空白。這樣的空白往往導致不準確的結論。因此，似乎明智的作法是心理學先以神經學為基礎，仰賴那個領域的研究者對神經衝動行為所做的描述。從而，心理學或多或少能找到現成的出發和應用之處。

如果心理學的指定功課是意識，又如果意識直接接觸神經能量，那麼能在身體器官發現的生理變化和身體本身可觀察的生理運動，或許可以兩種方式達成心理學的目的。首先，身體運動或許被視為前述心理—神經原因的可能徵兆。稍後我會仔細說明，要證明這種根本的意識原因是否存在，不該仰賴內省觀察。判定所觀察的身體變化或運動是否為意識的結果，永遠都該使用明確、客觀的標準，而訂定這些標準的根據，是特定意識機制的已知結構和功能。再者，就算這樣的變化或運動不是意識的結果，作為意識的因果起源，或許仍吸引了心理學關注。也就是說，可測量的身體變化和運動或許表示，簡單的能量單位造成了意識產生，或它們可能代表意識改變的原因。此外，我們還必須強調這個事實：身體變化或許會、或許不會影響意識，而意識是否實際發生改變，這個問題應該盡可能根據客觀而非內省資料判定。

總之，可測量的身體變化和可觀察的身體運動或許能以兩種方式之一，對心理學研究者產生價值。首先，心理學家可以利用身體變化，作為既存意識的指標。在這樣的情況下，意識被視為生機型原因，它的結果就是身體運動。第二，測量到的變化可作為後續意識改變的指標，這也對心理學研究者很有價值。在這樣的情況下，身體變化代表的是機械型原因，而意識改變是可預測的結果。

不同學派的情緒研究者強調的原因類型

剛剛概述了心理學的初步觀點，我們發現，我們可以考量不同類型研究者的各種專業，藉此探討心理學任務的各個面向。

心理生理學家

心理生理學家或許可被視為，嘗試在實驗室仔細測量體內變化的研究者。特別的是，我們發現這類型的研究者，強調資料的機械型因果面向。也就是說，心理生理學家似乎特別著重嘗試描述測量到的生理變化所產生的意識。順著這樣的偏向，心理生理研究者或許長久以來一直徒勞地證明，身體變化構成機械型原因，結果產生了感覺，而這些感覺就是情緒（詹姆士—蘭格理論〔James-Lange theory〕）。

另一方面，少數心理生理學研究者曾試圖利用生理測量，作為既存情緒原因的徵兆或指標。聯想反應時間測驗、收縮壓欺騙測驗、電流計式偵測情緒測驗，或許都可列為此一類型的研究。因此，身體變化被他們默認為情緒脈衝的結果，而情緒脈衝則屬於生機型原因。儘管無意義的假設——所有意識的最終本質都由感覺組成——嚴重妨礙了心理生理學家，但總體上他們沒有顯現任何偏見，沒有將結果視為純粹機械型原因或純粹生機型原因來限制結果的使用。簡而言之，心理生理學家主要進行了身體測量，或他們仔細記錄了受試者的內省，而且他們忍著沒有對於兩組資料之間存在的因果概念類型（如果有的話）做出武斷的主張。

心理測驗統計學家

如我們試圖概述的，心理測驗統計學家更難算是心理學家。有時，人們傾向認為，他們所做的研究根本不屬於心理學領域。然而，即便這個結論聽來合理，但統計測驗類的結果，仍為許多絕對屬於心理學的問題提供了寶貴的線索。舉例來說，湯瑪士·布朗在陸軍阿爾法測驗得到了兩百分，從這句話很難找出內在的心理意義。據我所知，對於特定測驗得到兩百分所涉及的意識包含哪些元素，並沒有已知的答案，而對於得到這樣異常高分的受試者所用的心理神經因果機制，也沒有既存手冊詳細說明。在這種盛行的心理測驗中得到的分數，僅僅表示湯瑪士·布朗比數百萬人更能有效地服從和主導一套隨機分派的任務。如果有人將結果用於真正對布朗進行心理分析，他就必須推測，這些任務讓這特定個體的哪些心理神經機制發揮了作用。在心理學中這樣應用測驗分數，執行起來其實並不困難。對於測驗有了一點實際經驗之後，人們開始意識到，意識的某些特徵（像是反應速度和服從情緒的技巧）是測驗得高分的必要條件。這種作法是粗略且快速地分析測驗結果，然後將其命名為不同的「心理特質」（mental trait），心理測驗專家在這方面極為熟練。例如，像桑代克（Thorndike）這樣花了許多年分析心理測驗的天才認為，測驗表格在啟迪心理學方面有驚人價值，從他對學習心理學的理論貢獻就能得知。既然如此，認可心理測驗這樣的啟迪價值（而非結果的統計公式）是這種研究方法的主要心理學價值，我們或許能將心理測驗程序，視為專門研究生機型的心理因果關係。測得的身體表現被視為意識能量和神經能量的徵兆，亦即意識能量和神經能量是測得行為的生機型原因。

行為學家

華生（John B. Watson）指出[4]，一九一二年，行為學家們決定，要不放棄心理學、要不把心理學變成一門自然科學。現今許多人傾向於相信，華生派行為學家沒有選擇其一，而是同時實踐了兩者。無疑的是，華生的機械論偏見，以他異常敏銳的科學觀察為後盾，奇蹟般地讓心理學變身為客觀的科學。然而，在此同時，大量證據證明了，華生本人已經完全放棄心理學。在他最後的文本中，他將人類心理學的主題定義為「人類的行為或活動」[5]，但他明白地將意識從人類行為與活動中排除。如果華生真的成功地將心理學的這個部分除去，他就應該要說服自己放棄這份工作。因為神經元活動已分配給神經學家、身體組織活動分配給生理學家，而各種動物（包括人類）總體身體行為的分類則屬於普通生物學家。當然，心理學有可能將最後提到的生物學功能據為己有，因為這可算是人屬的範疇。在這樣的情況下，心理學該充當某種神經學和生理學的事實交換所，設立部門發行全體人類活動的複合電影。但實際上，行為學家好像沒有按照自身科學任務的這種概念行事。例如，華生在文獻中記錄了許多嚴格控制的實驗，他在這些實驗中，試圖分析和解釋最終引起粗暴行為的體內機制。當然，華生本人現在投身商業，而他近期對於嘗試描述更複雜的身體反應機制（尤其是跟中樞神經系統有關的那些）興趣缺缺，這大概可歸因於他個人沒有時間進行實驗，而不是在科學態度上有任何激烈轉變。既然如此，整體而言我們或許可以推論，華生派行為主義僅僅受到機械論啟發，就試圖透過簡單的權宜之計，排除任何行為學家自認為無法描述的主題類型，藉此將心理學轉變成客觀的科學。而被排除的現象碰巧是意識，這是「行為主義」的不幸、而非心理學的不幸。

因此，如果我們不用行為主義引起的騷亂來大膽假設，意識是種十分複雜但穩定的能量形式，必須內含在「人類的活動」，那我們可以推斷，華生和他的支持者對於物理環境和身體組織如何控制意識就會特別感興趣。華生堅持，唯有機械型原因存在。他將中樞神經系統視為只是其他身體組織——中樞神經完全受此控制——的一個分支，他還進一步指出，身體組織和神經系統的反應全都受到物理環境的支配，就像阿塔蘭忒（Atalanta）[6]發現自己完全受到金蘋果的支配。[7]然而，幾乎就在下一段，華生立刻試圖證明，人類如何擺脫宗教與社會成規以及其

---

4 J. B. Watson, *Behaviorism*, New York and London, 1925, p 16.

5 J. B. Watson, *Behaviorism*, New York and London, 1925, p 3.

6 譯註：希臘神話中，善於跑步的阿塔蘭忒將與賽跑中贏她的人結婚，輸的人則要被她殺掉。墨拉尼翁（Melanion，又名希波墨涅斯〔Hippomenes〕）帶著三顆金蘋果參加比賽，每當落後就邊跑邊丟金蘋果，阿塔蘭忒受誘惑去撿蘋果，最後輸了比賽。

7 J. B. Watson, *Psychology from the Standpoint of a Behaviorist*, 1919, Philadelphia and London, p. 3.

他環境影響的束縛。華生近期堅決主張，唯有父母足夠了解孩子，能根據他們的天性、生理、心理和情緒原則調節他們的生活，才有資格生下他們。顯然再也沒有比這樣的說法，更令人信服生機型因果關係的效力！如果人類意識真的是由環境中較不複雜的能量形式控制，那麼人類自我調節的夢想將是全然的瘋狂。華生提倡的計畫為什麼積極有效，就是因為父母複雜的人類意識。華生希望隨知識增加變得更複雜的父母意識，可以控制和修改孩子較簡單的意識。真正擊敗阿塔蘭忒的不是金蘋果，而是丟下蘋果的墨拉尼翁的更複雜意識。因此就我看來，或許鑑於華生無意的自我揭露，我們終究可以期待這位「行為學」大師不但重視純粹機械論的描述，也同樣重視生機型原因的分析。當然，在任何的科學中，這兩種觀點都密不可分。因而，如果客觀檢驗和描述意識的程序可以完善，那麼預測今日的行為學家可能完全轉變成明日的心理生理學家，也不算太過魯莽。

心理分析學家

最後，我們或許可以簡短地想一下，心理分析學說強調的因果。心理分析學家似乎對於意識的各種衝突和扭曲元素如何控制人類品行特別感興趣，這明顯是生機型的因果關係。然而，當我們進一步探討心理分析的學說時，我們發現，這些衝突、扭曲的意識元素本身，被視為另一種實體，慾力（libido）的產物。既然這樣，如果慾力根本就是一大團的無意識、生理或心理能量，那麼心理分析系統的整體基礎就一定得被視為徹底的機械論。另一方面，如果發現慾力帶有意識本身的性質，我們或許可以推論，生機型因果關係又回到了心理分析學說的核心。

物理客體和環境情況對兒童情緒意識的影響，構成了純粹機械型因果關係的實例。也就是說，心理分析學家告誡我們，小小孩的情緒意識尤為容易因物理環境中簡單物質形式產生的不可抗拒影響，而被控制、扭曲和誤導。隨著個體逐漸成長，意識也就不那麼容易被這些因素傷害或歪曲。不過，當慾力偶然遭遇環境敵人時，這些外在敵手對於主體意識的控制，可能高於慾力本身。整體而言，我們或許將心理分析描繪成一個思想系統，其中假設，源自慾力或意識本身的生機型原因與出自環境刺激的機械型原因，兩者之間存在連續的衝突狀態。心理分析學家明白承認，希望聯合存在於主體的自我控制意識原因，以達戰勝機械、環境原因的目的。如果可能，這些物質影響將與人類自己的天性相互協調。或許，我們可以得出一般結論：心理分析學家認為，心理學是研究生機型原因和機械型原因之間的衝突，只要這樣的原因跟意識有關。

總結

不同研究者強調的因果，各自對情緒心理學做出重大貢獻，總結如下：試圖在實驗室以內省報告，並同時用精密儀器測量受試者身體的生理變化來檢驗意識的心理生理學家[8]，通常對於機械型原因和生機型原因同樣感興趣。這些研究者不需要、且往往不會非常明確地表態，到底是意識造成了身體變化、還是身體變化控制了意識。這樣的立場沒什麼問題，但人們或許希望，一旦意識被明確地認定為一種物理能量形式，心理生理學家在根據結果解釋因果關係時，可以表現得更大膽一點。

心理測驗統計學家的研究方法，對心理學產生相當大的啟迪價值，因為測驗結果被視為揭露了現存意識或意識傾向，或許可以說，他們尋找的是生機型原因。

儘管當前的宣傳，表現出明顯激進的機械論，但我們發現，華生派行為學家實際上對生機型因果關係相當感興趣。因為這些行為學家主張，物理能量單位最複雜的人類，具備全然擺脫環境控制自身行為的能力。

心理分析學家特別感興趣的是，存在於機械型和生機型因果關係之間的關聯。這兩種對立的因果影響之間關係為何？心理分析學家認為是一種衝突，而他們贊同以生機型原因來解決這種衝突。對情緒理論的問題有所貢獻的各類思想家當中，似乎唯有心理分析學家明確地認可兩種因果關係同時存在，並且承認心理學有必要同時處理這兩者的科學。

情緒心理學的初步定義

將機械論、生機論和心理學的相關結論應用到情緒心理學，我們或許可以對未來的領域提出初步定義。**情緒心理學是情感意識的科學描述**。如上所述，「科學描述」必須包括機械型和生機型原因，及其在所定義的領域內有何交互作用的發現和闡述。

具體地說，我們可能打算追溯情緒的起源到機械型原因，亦即追溯到神經衝動，之後是身體變化，最終是環境刺激。這三種類型的原因，構成比意識本身更簡單的能量形式。我們或許也預期到會發現，情緒意識的許多因素，會被這些相同的機械型原因終結。遺憾的是，我們或許同樣相當肯定，環境刺激對情緒意識的調節，大多受到機械型影響的控制。也就是說，我們會發現，情緒意識對特定環境刺激所做的反應品質，往往是由那個刺激的偶然重複決定，或由那個刺激第一次呈現給主體（經由他的無生命環境）的條件決定。如果情況真是這樣，那無生命客體（或簡單能量形式）就完全控制了情緒反應的性質，並透過喚起的情緒意識，間接影響後續再次作用於環境的影響類型。這類型的因果關係，自始至終依然都主要屬於機械論。

另一方面，我們也必須準備好以生機論的立場，將情緒意識的身體表達視為意識能量本身所造成。換句話說，我們必須記得，我們視為情緒意識徵兆的生理或心理行為，實際上是情緒

8 譯者注：原文為psychologist（心理學家），但根據前文判斷應為心理生理學家。

能量建立的物理因果關係的結果。每當情緒意識透過修改更簡單的能量形式（如神經衝動、身體組織或環境的無意識物體）來表達時，就該被視為生機型原因。此外，我們或許可能發現，情緒意識作為生機型原因，影響了自身較不複雜的單位。更大、更複雜的情緒意識單位，可能藉由強迫神經衝動的迂迴方式來控制簡單的意識單位，並且透過自己中介，強迫環境刺激量身訂製新的情緒意識單位。由此我們發現，華生提倡的完全控制自身情緒調節，或許透過生機型原因出於自身目的地控制並利用機械型原因來實現。這種方法，而非讓各自都是生機型原因的兩個現存情緒意識單位之間相互衝突的方法，似乎才是構成情緒自我控制的自然手段。簡而言之，作為生機型原因的情緒意識，或許不只明確地影響神經衝動、身體組織和環境外力，還可能影響較簡單的能量單位，方法是利用它們的機械型因果關係力量，延長或終結現存的生機型原因：情緒意識。

情緒心理學會這樣詳細地分析科學因果關係，目的在於初步判定，任何足以作為研究骨架的合理情緒理論都必須滿足什麼要求。此刻我會說，我發現，要滿足這些要求不是個簡單任務。但如果最終滿足了這些要求，我相信，由此產生的心理學結構，絕對能被所有對情緒心理學研究做出貢獻的各種狂熱者接受。在當前的心理學內戰中，這種休戰好處多多，因為只有建立一個共同的研究假設，種種研究貢獻的任何實質部分才對所有人有意義。

第三章 意識的心靈粒子理論[1]

打從思辨想法初萌芽，「意識是什麼？」這個問題就不斷被提及，但從未得到答案。然而，當今時代可以誇耀地問一個全新的問題：「意識是否存在？」對於那些完全沒在追求學術智識幻想的一般人來說，這個問題可能看似荒謬可笑。不過，當接到任務，要說服自然心生懷疑的年輕一代有意識這樣東西存在，老一派的教授開始感到困惑不已。華生的學生提問：「意識是什麼？它在哪裡？向我證明意識存在！」老師只能徒然堅持，「每個人都知道意識是什麼，因為每個人都是有意識的。」老師也只能同樣無用地主張，「許多『看不著、摸不到』（看著、摸到似乎是行為主義對可識別的存在進行的測試）的現象，仍能明確地證明它們存在。」

學生回應，「很好，那就證明給我們看。」

意識存在的客觀證據，必定是間接證據，就像電、赫茲波，甚至經由神經組織傳播的擾動

1 「意識的心靈粒子理論」（The Psychonic Theory of Consciousness）首次出現在一九二六年七月的《*Journal of Abnormal and Social Psychology*》。這個理論在一九二七年七月份《*Psyche*》的一篇文章中發揚光大。本章轉載了這兩篇文章的部分內容，對於編輯應允轉載這些資料我深表感謝。

都是如此。電流、無線波或神經衝動本身，都不是有形到足以讓人藉助當前可用的儀器，透過自身的感官觀察得到。然而，這些不同的力對於可觀察物質所造成的效應，確實可以證明受檢驗的力真正存在，也可作為科學描述的標準，據此確定看不見的原因有何性質。因此，電流可以驅動伏特計或電流計；赫茲波能在真空管內產生導電性差異；而神經衝動可能導致記錄得到的一條肌肉纖維的收縮。

既然如此，倘若以類似的客觀性逐步檢驗意識，我們必須假設，意識本身（或產生意識的物理機制）會構成一種明確的物理力，能夠藉由造成某些觀察得到的物質變化，顯示它的存在和性質。此外，意識這種力，如果無所不在，那就能在正常成年人更複雜的反應中找到它。根據上一章做出的因果關係初步分析，我們現在必須證實，名為意識的生機型原因，真正存在於人類有機體的某個部分，也要證實這種所謂複雜的能量形式，對體內較簡單的能量單位產生可測量的影響，能夠用肉眼或使用實驗室儀器來觀察這些影響。

即便沒有心理學家的協助，大多數人也都已經觀察到，對主體本身而言，有些人類活動似乎比其他的更有意識。而像是走路、上手錶發條或揮棒之類的習慣性反應，似乎通常沒有伴隨任何意識。另一方面，可能花上數小時、數天或數週做出的重大決策，則示範了似乎包含相對最大量意識的人類行為類型。關於習慣性反應實際上是否完全沒有意識，這個問題目前可能被視為純粹學術性問題。如果我們的受試者全都一致地報告，某種行為比另一種出現更多名為意識的現象，且如果客觀可觀察的效應似乎隨意識增加而同步進展，那麼這就構成了科學上可接受的證據，可以證明意識確實是一種物質力，作為生機型原因作用於我們的身體。伏特計的指針以完全相同的方式提供科學證據，證明看不見的電流作為生機型原因作用於儀器。如果之後我們發現，意識這種因果關係的有效力，是大腦某個部位的神經能量，它仍屬於生機型原因，也就是說，相較於它驅動的物質材料，意識仍是更複雜的能量形式。此外，當心理學正確執行任務時，我們希望最終能以物理能量單位，明確地描述物理意識。

那我們的第一個問題就是：伴隨所報告的意識，身體行為會出現什麼樣的典型變化？

意識的證據

一、反應越有意識就越慢。

我們經常觀察到，一個行為越有意識，收到環境刺激與出現外顯身體反應之間的延遲時間就越長。我們已經提過，習慣性行為在一接觸刺激後很快就出現。然而，在做重大決定時，或許要遲至幾天或幾週後才會有外顯活動。像是主體本身偵察不到意識伴隨的膝跳反射，顯現的反應時間比習慣性反應還短。然而，某些「思考」活動可能持續幾個小時，且在整個期間都被認定有強烈的意識伴隨，這些活動或許永遠都不會顯現出可偵測的終極反應。既然如此，意識對身體行為的一個可觀察效應，似乎是刺激與反應之間，時間間隔的延長。

二、伴隨反應的意識越多，刺激消除後反應持續的時間就越長。

與意識能量影響身體行為的第一個結果形成鮮明對比的第二個結果，同樣是常見的效應。完全反射或習慣性行為，在引發的環境刺激消除後，往往很快就會終止。例如，工廠的機器操作員在機器已停止後，不會繼續按下機器的停止鍵。又比如說，一個人不會在穿上睡衣後，繼續給懷錶上發條，也不會在沙發上伸懶腰後，繼續一步又一步地走路。另一方面，如果一個特定行動附帶的意識量很大，那在有效刺激完全消除後，這個行動可能持續一段較長的時間。假設有個年輕人無意間聽到有人說他「心智不正常」，他對這個刺激的反應是，經過幾週的深思熟慮，決定成為精神科醫師（這是我在臨床上注意到的一個真實案例）。不到幾個月他就根據這個議論開始行動，他進入了醫學院，但在他可以開始分析自己的性格以前，需要接受好幾年的訓練。這些年間，或許他再也沒有聽到任何關於他心智錯亂的說詞，但他一開始的反應，亦即最初伴隨強烈持久「意識」的情緒和智性變化，在環境刺激消失後的數年間一直都沒有消減。多數生理學專家大概都會同意，如此極端的持久反應，代表的不是單一反應，而是一連串的反應。既然這些反應多數都是在中樞發起，而且全都聯合起來實現單一目的，那麼原始的刺激一定在中樞神經系統的某處引起了大量能量，從而多年來一直控制行為。伍德沃斯（R. S. Woodworth）[2]的想法與此雷同，他的「行動傾向」和「預備反應」理論認為，築起水壩所「蓄積的能量」或許存在中樞神經系統數月、甚至數年之久，在水壩遭受適當的環境刺激突破之後，能量便以涓涓細流溢出。

三、反應越有意識，它的節奏與刺激的節奏就越不相符。

相較於更有意識的反應，習慣性或反射行為呈現出，最終效應的節奏與接收刺激的節奏之間更緊密相符。揮動枴杖或調節半自動機器時，身體反應的節奏會自動地調整成刺激的節奏。這種類型的調整，在高度反射的活動中更顯著，像是整齊畫一的歌舞表演、彈鋼琴或用打字機。另一方面，行動越有意識，刺激節奏與反應節奏之間的自動相應就越容易被打破。如果舞者突然覺察到自己的舞步、打字者覺察到按鍵、鋼琴演奏者覺察到音符，已建立的節奏就會被打破。如此一來，優雅化為生澀笨拙、迅速正確化為遲疑失誤，而有節奏的和諧化為遲滯蹣跚的不一致。對刺激做反應時，「內向」的人或那些慣於呈現「自我意識」（**self-consciousness**）過剩（亦即「扭捏不自然」）的人，在需要身體反應節奏與環境刺激節奏十分近似的遊戲或運動中，出了名的表現笨拙。他們的身體動作生澀，任意地快過或慢過自己試圖調整成的物理刺激節奏。升高的意識，似乎干擾了刺激節奏與反應節奏之間的相符程度。

四、反應越有意識，它的強度與刺激的強度就越不相符。

在一定的範圍內，不太涉及意識的簡單反應，其強度與物理刺激的強度十分相符。如果鋼琴伴奏的音量變大，歌手也會不自覺地提高自己的音量。步行反應的微小調整，則是「無意

---

2 R. S. Woodworth, *Psychology*, New York, 1925, pp. 82-84.

識」地對路面呈現的壓力刺激強度差異做出反應。壓力刺激些微升級（上坡），增加了腳受到的壓力強度，也增加了本體感覺器官受到的肌肉壓力強度，於是肌肉的用力強度無意識地相應增加。然而，在涉及大量意識的的反應中，刺激強度與對刺激的反應強度之間，或許幾乎沒有相符之處。就剛才提到的年輕精神醫科生案例，關於他可能心智不正常的隨口評論，確實構成了強度輕微的刺激。這個年輕人的朋友大概全都聽過相同或類似的議論，但對他們沒有產生特別效果。然而，在引用的這個案例中，這句議論釋出了大量被視為「意識」的能量，這種能量的強度，大概是刺激強度的幾千倍，也遠遠超過其他更強刺激造成的反應強度。另一方面，也可能有這種例子：意識增加，反而使得反應的強度比刺激的強度更弱。例如歌手想著，「鋼琴伴奏太大聲，我要唱得很輕柔，迫使他跟上配合。」亦或者，反應強度的降低或許是種積極抑制，有機體內某些活躍力量的積極作用，可以用來說明這點。像在經歷惱人的刺激後「停下來思考」，導致外顯的行為完全消失，從中我們看到這種效應的例子。又或許，有個小孩很用力地打了另一個小孩一巴掌。被打的小孩想起了這句俗諺：「反擊前先數到十」，他發現自己在數到十的時候，完全不再想要反擊。自覺增強的意識，似乎完全消除了對強烈刺激的反應。整體而言，意識似乎顯著地改變了刺激強度與反應強度之間的對應性。

五、閾下刺激附屬的意識越多，累加起來的可能性就越大。

就主體觀察得到的程度，幾乎沒有引發意識和太弱無法產生反應之類的「無意識」刺激，縱使一再重複多次，還是不容易引起反應。舉例來說，我剛搬到紐約市的前兩年，曾搭公車或開車經過大都會博物館幾百次，但我從來沒有進入那棟建築。有次我前往上城區，同行的人向我指出了博物館，那時我已養成經過那條街時看向那邊的習慣。我隨後的視知覺雖然控制了眼球轉動，但沒有喚起關於那棟建築或裡面有什麼的任何想法或情緒。簡而言之，大都會博物館的視知覺構成了一種幾乎「無意識」的刺激，強度低到無法激起進入這棟建築物的反應；亦即這個刺激即使不斷重複，還是沒有引發最終反應。在紐約市住了兩年多年以後，有位來自其他地區的訪客，偶然在我面前詳述了大都會博物館的奇妙之處。雖然這個刺激暫時激起了我的興趣，還伴隨了許多很有意識的想法和感受，但事實證明，這個刺激同樣弱到不足以產生進博物館看看的反應。一個多月之後，另一位朋友表達了對博物館的熱情，引發了我更多關於博物館的意識。這個刺激疊加上前一個相當有意識的刺激，終於讓我踏進了博物館。對我來說，習慣性看到博物館的無數次刺激最終加總成引發反應的能量，或是再有兩年時間幾乎每天看到這棟建築而讓我決定走進去，似乎都是不太可能發生的事。當然，或許有人認為，兩位友人對博物館的描述，產生的刺激強度都比僅僅看到建築外觀更強烈，確實如此。但我在這裡只想強調，喚起更多意識的兩個刺激疊加在一起，就引發了某個反應，而沒什麼意識的刺激即使數以百計，還是無法帶來相同的結果。在日常生活中，還可以找到許多類似的其他例子。例如，一個人或許會在經過商店時「無意識」地看一眼，好幾個月天天如此，但卻從沒走進去。然後某天櫥窗出現了「廣告跑馬燈」，這個人或許突然意識到這個東西如何作用。隔天，關於廣告跑馬燈的相同意識或許再次出現。到了第三天或第四天，這個人很有可能走進商店，買包香煙或跑馬燈廣告的其他商品。我們目前的任務，不是推測廣告裝置**如何**激發額外意識，我只是想指出，相較於「無意識」接觸到的刺激，有意識經驗到的刺激在重複呈現後，容易更快、更有效地累加起來，引發它們傾向出現的反應。

六、反應越有意識，主體越容易感到疲累。

任何活動伴隨的意識越多，越容易讓人感到疲累，無論反應是「思考」、還是激烈的體力消耗。許多長跑者發現，自己因路邊突然發生的某事，讓他「暫時忘記」自己的動作，奇蹟地恢復精神。換句話說，當他對於跑步行為沒那麼有意識時，他的疲勞也會減輕。如果一個人不斷被順著科學思路的「思考」佔據，或許可以學著思考時不要內省自己的想法，從而減半心智活動伴隨的意識量，藉此增加自己的注意廣度，也相應地減輕心智疲累。當然，激烈運動或勞動期間產生的肌肉疲勞產物無以避免，最終還是會感到身體疲勞。但你會驚訝地發現，當肌肉承擔的任務被視為理所當然，而主體自覺無意識地執行時，訓練有素的強健身體有多麼不知疲倦。美國原住民的超強耐力，以及各地拓荒者驚人的持續努力，都是很好的例證。意識有多少、疲累也就有多少，至於各種無意識活動的耐受極限則難以判定。

七、反應的意識越多，刺激的閾值就越多變。

意識對其依附的反應還會造成一個容易觀察的效應：更難預測引起相關反應的環境刺激確切有多強。簡單的反射反應，通常可由強度大致相同的物理刺激引起，但即使這種情況也有一定限度的可變性。例如膝反射，生理學家卡爾森（Anton Julius Carlson）[3]發現，在強烈飢餓下空空的胃收縮時，膝反射的興奮性明顯升高，可以推測刺激強度的閾值應該下降。然而，即便引起膝反射所需的刺激強度，受強烈飢餓影響而有所差異，但差異不大，出了生理實驗室就測不到。

比簡單反射更複雜但仍屬於無意識的活動，當然也在特定的刺激強度下才會發生。如果電車或公車目的地號誌的亮度稍微降低，人們通常不會對它出現無意識反應。但如果車頭上的文字小於習慣反應的大小，人們卻常常因此沒能招呼車停下。仰賴操作中機器發出某種聲響來換檔的機器操作員，如果聲響稍微小於習慣的音量，或許無法做出必要的動作。使用義式咖啡壺的主婦，仰賴某種冒泡泡聲判斷咖啡煮好了沒，如果關鍵的冒泡泡聲小於平常，就無法在適當時機關掉咖啡壺。

另一方面，如果活動涉及的意識更多，就無法確定某個固定刺激強度一定會引發特定反應。可以想想需要大量意識的反應，例如決定要打網球、還是坐車兜風兩百英里。某個時候，一般人可能立刻贊同打網球或來個公路之旅的隨意建議。但或許到了第二天，再多的勸說、甚

3 A. J. Carlson, *The Control of Hunger in Health and Disease*, Chicago, 1919, p. 85.

至適度的金錢誘惑，都無法引起打網球或開車的反應。如果這幾個反應成為習慣，變成主體的專業職責或主要日常活動的一部分，關乎這些行動的意識就會大幅地減少，引起反應所需刺激強度的可變性也會大幅地縮小。此外還需注意的是，我們現在並沒有考慮造成這些差異的心理—神經機制。重點只是，如果特定反應伴隨大量的意識，有時可能刺激強度非常低就能引起這個反應，另有時則需要極度強烈的刺激才會有反應；然而，如果一個行動是習慣性或「無意識」的，那在任何情況下，引起它的刺激強度幾乎完全相同。

八、反應的意識越多，越容易受到抑制。

高度有意識的行動，比不太觀察得到意識的反應更容易受到抑制。例如，可能佔據年輕女孩意識幾天、甚至幾週的愛的反應，往往因為心愛的人偶然皺眉或表現得不耐煩，就完全地受到抑制。成年男性最野心勃勃的目的（伴隨長期且強烈的意識），同樣可能在關鍵時刻因為抑制而輕易中斷，即便出現的刺激強度不過是搭檔反對或與該野心有關的另一個人不在城市。另一方面，習慣性反應（例如走路或穿過大城市的繁忙交通去上班）可能就連最強烈的刺激（例如生意失敗或失去至愛的家人），都無法被抑制或損害分毫。唯有在汽車靠近、大按喇叭喚起意識時，這些反應才會受到抑制。如果一個成年人用刀吃飯，想要改掉這樣固定的習慣，只能靠每次用刀時都充分察覺自己的行為才有機會。如果一個人在執行的任務，需要仔細考慮每一個動作，那麼別人的一個建議，或許就足以全然地抑制他的反應。既然如此，意識似乎跟抑制輕易與否有關。

九、兩個以上的反應伴隨的意識越多，它們越容易彼此促進或彼此干擾。

我們發現，意識行為還有另一個特有傾向，跟剛剛提到的容易受抑制十分相似。沒帶什麼意識的簡單反射，這類反應似乎不會明顯受到可能同時發生的其他反應影響。然而，高度有意識的反應，很容易因為加入更有意識的行為而被促進或妨礙。心理系學生經常做一個有趣的實驗，他們會訓練自己在加總數字或跟別人閒聊的同時自動書寫。獲得這種能力時，我們就會進入這樣的狀況：各自都盡可能減少意識的兩個反射過程，可以同時繼續做，卻不會對彼此造成任何明顯的影響。我們在日常生活中，可以發現同類型的相似效應。沒受什麼社交訓練的人，可以輕鬆談論無關緊要的話題，同時往自己的茶杯加入糖或放檸檬。需要用一隻手操縱方向盤、或許還要用另一隻手開燈的汽車駕駛，可以用右腳踩下油門控制加速，並且抬起左腳放開離合器。通常他必須同時執行這些動作，而且動作之間不會相互影響。

當反應必然伴隨大量的意識時會發生什麼？假設兩個研究生正在深入討論某個實驗需要的儀器，另一個研究生將他曾用於自己研究的一個儀器帶進來。如果要檢查他的儀器，需要參與最初討論的那兩個研究生開始一組全新、複雜的反應。然而，他們的檢查反應，一定會以某種方式結合已在進行的討論。新的儀器或許相符於暫定的計畫。在這樣的情況下，討論立刻會顯著變得更熱烈。亦或者，當檢查儀器時，或許在考慮的程序中出現至今都意想不到的困難，在這樣的情況下，新一組的反應就跟先前的反應產生了衝突。而在外人的眼裡，這個衝突會以遲疑、爭論與意見不合的形式顯現。檢查新出現的儀器，不太可能跟先前的討論同時進行，甚至不太可能在沒有造成促進、衝突或兩者兼具的情況下，與先前的討論交替進行。如果已在進行的反應附有大量意識，通常不可能同時進行一組有意識的新反應。如果後來的反應，無法全然抑制先前有意識的行為——總有這種情況發生，那麼新的反應會結合舊的反應，不是提高效率、就是造成明顯衝突。這個結果無論是習慣上所謂的意識增加、「關聯性也增加」，還是用某個更明確的神經機制說明，事實仍是任兩個反應只要越有意識，就越可能相互抑制、經由聯盟相互促進，或因為衝突降低彼此的效率。

十、反應越有意識，越容易被藥物消除或增強。

高度有意識的反應，或許可使用藥物完全消除；然而不太涉及意識的反射反應，使用適量麻醉藥，只會略微減弱。使用乙醚時，伴隨大量意識的反應最先消除。患者使用了自主吸入的全部麻醉劑之後，「無意識」反應基本上並未削弱。

其他藥物（像是各種形式的嗎啡和印度大麻）在適當的劑量下，可以極大增強最有意識的反應，然而對比較無意識的行為類型，則顯得無關緊要。英國散文家德昆西（Thomas De Quincey）極富想像力的作品，可以當作適當藥物能大大提高強烈意識反應的例子，這是根據德昆西自己的描述。相同的這些藥物，在影響身體的後期階段，或許也會消除或抑制習慣性反應，但最先出現、數量也最顯著的影響，似乎作用於有高度意識的活動。

植物學家威廉·史密斯（W. W. Smith）[4]已經證明，適量酒精會對受試者產生他所謂的「全有全無」（all or none）效應。也就是說，伴隨大量意識的高度情感反應，需要更強烈的刺激才能引發。然而，當這些高度有意識的反應被引發時，它們的強度跟刺激的強度不成比例。我們已經注意到，相較於沒什麼意識或「無意識」的反應，有意識情緒的刺激強度具有更大的變化性，跟刺激強度的對應也更不密切。因此，史密斯的研究似乎表明，少量酒精造成的影響，對於附帶大量意識的反應似乎相當顯著。既然如此，無論對身體的效應為何，藥物似乎對於涉及最有意識的反應，產生的影響更明確。

總而言之，人類行為有以下十種容易觀察到的客觀變化，會隨著意識升高同時出現：

1. 物理刺激作用與身體反應出現之間的時間較長。
2. 物理刺激消除後，身體反應仍持續。
3. 反應表現的時間節奏或間隔，與接收環境刺激的時間間隔之間較不一致。
4. 最終身體反應的強度與刺激的強度之間較不一致。
5. 分別都太弱不足以單獨引起反應的幾個刺激累加在一起，更容易共同產生它們傾向的反應。

---

4 W. W. Smith, *The Measurement of Emotion*, ch. viii, p. 124.

6.更容易感到疲累。
7.更有可能在不同時間，對不同強度的刺激產生相同的反應。
8.更容易被強度比較輕微的刺激抑制。
9.更容易與同時施加的反應互相結合或彼此衝突。
10.更容易受藥物影響。

所以，這十種行為變化，或許隨著意識同步出現在人類行為中。就像富蘭克林（Ben Franklin）手中風箏線上的火花，它們揭露了一種特定但尚未描述的能量類型。這種能量跟意識完全相同嗎？

當然，有個不容忽視的邏輯可能性，亦即先前提到的效應，可能歸因於能同時產生意識的某一個生機型原因，而不是歸因於作為生機型原因的意識本身。然而，這個邏輯問題的闡述主要是純理論的。所有提到的效應，因其積極的性質，都必須歸因於某種形式的強大能量；但判定這種強力能量**造成**意識或**就是**意識，更像哲學問題而非心理學問題。出於科學目的，心理學的表達形式似乎比較簡單而且精確。

既然如此，如果在人類體內某處存在一種可描述的能量形式，能以前述的方式影響人類行為，且如果這強力的能量形式永遠都與意識同時出現，那至少出於心理學目的，我們或許可以說，**由此發現的能量形式就是意識**。但如果證明，意識只是一種能量副產品，產生列舉效應的是某個主要強大力量，那我們勢必會發現一系列明顯的新效應，其中能量副產品（意識）既會直接作用於主能量，也會間接作用於應與意識同時出現的身體行為結果。

可以想想一個類似的情況。水電解的過程中，容易觀察到兩組物理現象：釋放氫氣，以及在電極處形成氣泡。電流打開後有一段時間，這兩組變化同步出現，一開始，我們可能做出一個現象跟另一個有因果關係的錯誤歸因，而不是把兩個現象視為共同原因（即電流）的結果。但過了不久，氣泡形成會稍微干擾電流通過，因此形成的泡泡越多，釋放的氫氣就減少。這種關係的變化立刻表明，這兩個現象必定有一個共同原因。據我的研究結果，沒有跡象顯示，表徵行為和意識之間的平行關係發生變化，亦即沒有跡象暗指兩者有一個共同原因。簡而言之，假定表徵行為效應與意識出現之間完全對應，且出現的意識沒有附帶任何變化，那麼極有可能是，意識就是行為表徵行為的主要強力能量。如果發現這個能量的性質，我們當然可以加以描述，就像其他任何形式的能量。

意識不是神經元內的能量

既然如此，那意識—能量的性質是什麼?該去哪尋找它呢？回答這些問題最簡單的建議，似乎就是意識（就其生理面向而言）僅僅是一種神經元內的能量。自然做出這個假設的生理學家如果被要求解釋，為什麼某些反應伴隨的意識很多、另有些反應卻沒附帶什麼意識，他們的回答是：只在大腦高度演化的部分，才有足夠的神經能量累積、或足夠的強度，或有神經能量的某些其他屬性，得以產生意識。或許有少數的理論家提出，大腦某處存有特殊種類的神經細胞，能夠製造意識能量。然而，就目前的文獻報告，並沒有發現任何基本上不同於中樞神經系統其他部分神經元的新型腦細胞。因此，這類建議僅代表純粹想像的推測，除非現有來源全都無法識別意識屬於哪種已知能量形式，才有必要訴諸這種假設。那麼，或許可以想想生理學家提出的這個命題：「構成意識的，或許是足量的神經衝動本身。」

神經幹傳導真的與意識相符嗎？這種理論存在許多困難，不易成立。

首先、也最重要的是，我們發現，先前列舉作為意識可能結果的十種人類行為效應，在神經元內現象中根本找不到它們的生理基礎，它們反而可歸因於突觸影響。神經生理學家謝靈頓（Charles Scott Sherrington）[5]認為，前述的十種最終效應，還有其他幾種類似效應，全都只存在於反射弧傳導，在簡單的神經幹傳導中完全找不到。謝靈頓進一步證明，反射傳導的顯著特徵，是突觸介入整個神經衝動迴路。發生上述效應現象的位置，就是在這些突觸。也就是說，可以預期，任何神經迴路中的突觸越少，意識典型效應或許就不那麼顯著地出現。

另一方面，沒什麼意識的簡單反射弧，內含最高比例的神經元內擾動（或神經幹內的簡單傳導衝動），以及最少的突觸。如果誠如某些生理學家主張，這些神經幹衝動真的構成意識，那麼證據和理論之間就完全自相矛盾。最少意識實際出現之處，卻是發現最高比例的神經幹活動之處，反之亦然。因此，似乎不可能將意識定義為，簡單神經組織內的總體變化或能量，因為這些沒有內含我們日常經驗中最具意識特徵的效應機制。

其次，相同的神經幹或許用於許多不同目的，亦即傳遞的衝動，最終與兩種以上的不同意識有關聯。根據全有全無定律，每條神經纖維如果一有反應，就必須完全地反應。既然如此，倘若最終出現不同的意識單位，是因為腦中微小神經幹的最終路徑不同，那當它們的純粹神經元內成分絕大部分完全相同時，我們能否從這些明顯的相似中區別出差異？例如，似乎至少在迴路的第一部份，疼痛衝動行經的感覺神經元，與冷、壓、視、聽和許多其他類型傳入興奮的感覺神經元完全相同（而彼此的意識形態不同）。

哈佛醫學院的福布斯（A. Forbes）[6]引用阿德里安（Adrian）和佐特曼（Zotterman）的研究，對這個論點[7]提出了批評。然而，海瑞克（C. J. Herrick）[8]表示：「由此看來，多數的感覺神經有時可能充當疼痛神經。」海瑞克認為，「除非刺激過度強烈，否則疼痛的意識性質，只疊加在受刺激的感覺器官產生的普通感覺意識。」此外，生理學和心理學的視覺（還有其他

---

5 C. S. Sherrington, *The Integrative Action of the Nervous System*, p. 14.

6 在致作者的信件中。

7 作者在這篇論文中更簡要地提出所討論的論點："The Psychonic Theory of Consciousness," *Journal Abnormal and Social Psychology*, July, 1926.

8 C. J. Herrick, *Introduction to Neurology*, 1920, p, 277.

感覺）理論都提到，最終產生不同感覺的興奮，或許源於相同的感覺器官，使得通往高位神經中樞的漫長傳導路徑完全相同。但這種同一性，似乎沒有任何部分留在最終的感覺意識。

在運動方面，「最後公路」這個術語言明了一切。所有的運動衝動，都必須行經不同來源的衝動都會經過的最後公路，因此所有運動衝動，都一定有大量相同的神經元內興奮元素。不可否認，生理學家可能試圖全盤否認運動意識的存在，以此避開這個更深入的問題，即便如此，他們的意識概念還是會出現矛盾：他們主張一半的神經衝動（運動衝動）沒有意識，而另一半（感覺衝動）則有意識。此時，如果不進一步追究運動意識的正反論點，我們或許可以強調這個事實：意識的各種感覺元素一開始雖然使用相同的傳入神經路徑，但缺乏了相似性，這就足以反對神經幹興奮**就是**意識的生理學理論。

第三，不同的神經元似乎常被用來製造完全相同的意識元素。例如，當感覺是由環境刺激作用於適當的感覺神經直接引起時，中樞引起的感覺（像是紅色、腿或手臂肌肉感覺、小提琴音色的「記憶」），意識上或許沒有絲毫不同於這些記憶感覺的原始感覺。然而我們知道，神經衝動無法在傳入路徑上走回頭路，因此負責記憶感覺的實際神經衝動，一定大大不同於引起原始感覺本身的神經元內衝動。如果在各種情況下，意識都由相關神經衝動的實際總體構成，那麼「記得」的紅色感覺，可能與沿視神經上行的神經衝動所造成的紅色感覺大不相同。假使環境引起的紅色感覺和「記得」的紅色感覺，都是利用大腦視覺中樞裡相同的最終感覺路徑，那麼支配全部視神經幹能量的仍是原始感覺，而不是它的記憶。是否有可能假設，增加的能量

（如果這種能量是意識本身）不會對原始紅色感覺的意識總體造成任何影響？

如果不是視束神經幹的長度比腦中高位神經中樞的傳導纖維更長許多，這個命題的可能性確實更大。如果各單位的神經衝動能量都是意識，那就很難理解，何以大腦中樞非常短的導體束，能比更長的傳入神經幹提供更多簡單神經衝動能量；更難以相信的是，腦中相當微小的導體幹（**conductor trunk**）如何能提供足夠的神經衝動，完全遮蓋傳入神經幹所提供的神經元內能量。誠如先前所述，倘若製造不同的感覺時，大量相同的神經能量單位無法使這些不同的感覺有絲毫相似，那跟特定感覺有關的大量神經幹能量，似乎也不能造成這種感覺與其他情況（參與的神經幹數量或位置不同）產生的相同感覺有絲毫不同之處。

第四，雖然單一神經元在與鄰近細胞形成習慣性接合的作用中，似乎存在固有的助憶因素[9]，但神經本身內部顯然沒有實際能構成功能性接合過程的結構變化，因為根據定義，這個過程發生在突觸，亦即在所有相關神經元的細胞內原生質之外。因此，如果這個過程是由反射弧中任何神經細胞內的變化構成，那就不可能有連貫或持續的意識，因為每當任何神經衝動從一個神經元傳遞到另一個時，細胞之間的能量傳播性質就會完全不同[10]，所以它也不再屬於我

---

9 C. J. Herrick, *Neurological Foundations of Animal Behavior*, New York, 1924, p. 112.

10 謝靈頓表示：「……將分隔層或膜的橫切面插入傳導體，一定會改變傳導」，他也説道：「……它（突觸膜）是一種機制，其中神經傳導（尤其如果主要是物理性質）可能會將一些特徵（就像區分反射弧傳導和神經幹傳導的特徵）移植到突觸膜上。」*The Integrative Action of the Nervous System*, p. 17.

們定義的「意識」。此外，由於試圖使用共同神經路徑的所有衝動，彼此間的促進和衝突，大多必須發生在拮抗神經元與細胞（兩組衝動都試圖進入的細胞）之間的突觸。因此，如果意識現象僅限於神經內的活動，那這樣的聯盟與拮抗，在「意識」現象中就找不到對應之物。然而，我們常提到的「衝突感受」、「意識阻絕」，以及另一面的「舒緩」與「和諧感受」，似乎最有可能仰賴對抗與聯盟的神經衝動之間外在的關係，這也是我們一直在考慮的關係。

最後，我們知道，同時作用（且利用相同的最終共同路徑引起相同的肌肉反應）的不同刺激節奏，不會彼此干擾或打破現有的反應節奏。[11]這表示，兩個獨立的神經衝動，即便可能同時使用相同的神經元，都不會在導體神經細胞內以任何方式交融或結合。若真是如此，那麼將「意識」等同於神經元內變化，就完全無法說明幾乎所有觀察者都一再提出的「意識」元素的種種「心理」融合、改變與重組。如果這樣的融合，確實如假定般發生在突觸，那任何反射鏈中個別神經元內的可能變化，都不可能讓它們代表「意識」。

意識是突觸能量

我們從先前的簡短回顧中已看到，有許多的理由可以反對用神經衝動來定義意識。因此，我們還是無法回答這個問題：意識是什麼？在討論意識的神經元內理論之前，我們提到了意識似乎對人類行為有所影響的十種效應。這十種影響類型被用來當作證據，證明人類有機體內的某處產生了具有意識屬性的活躍能量。在討論反對神經元內理論的第一個理由時，我們揭露了一個事實：雖然十種意識影響的因果起源不在傳導的神經衝動，但神經學權威將它們的起源歸因於突觸所發生的任何事。謝靈頓列出了十四種現象中的幾種，作為突觸對神經傳導影響的特徵，條列如下[12]：

1. 潛伏期
2. 後放[13]
3. 刺激節奏與最終效應節奏之間失去對應
4. 對強度等級造成干擾
5. 時間上的累加
6. 易疲累性
7. 刺激閾值的變化性
8. 抑制

---

11 C. S. Sherrington, *The Integrative Action of the Nervous System*, p. 188.

12 C. S. Sherrington, *The Integrative Action of the Nervous System*, p. 14.

13 譯注：刺激引起的中樞興奮在刺激的作用停止後沒有立刻消失，常會持續一段時間，此即為中樞興奮的後放。

9. 衝動的相互促進和衝突（謝靈頓的原始研究將促進和衝突分別處理。）

10. 對藥物的易感性提高，亦即神經衝動方向的不可逆性、明顯的不反應期、「闢路」[14]、休克、對血液循環的依賴。

值得注意的是，他列舉的前十種突觸影響，完全對應於意識對人類行為造成的十種影響。另外也相當容易發現，意識與先前提到的其他突觸影響，兩者間的對應關係相當密切。但為避免太過涉及神經學主題的技術面向，我們省略了關於進一步對應關係的相關討論。

雖然人類的反應，從最簡單到最複雜都很可能仰賴反射弧傳導，根據謝靈頓的說法[15]，各個弧至少包含三個神經元以及因此所需的兩個突觸。但反應越複雜，涉及的反射弧必定越複雜。也就是說，在任何反應中，必須通過的突觸數量越多，需考慮的突觸現象一定也就越多。隨著反射弧的複雜性增加，突觸能量也比簡單神經幹能量更大。我們確實也觀察到，反應的複雜性越高，伴隨的意識就越多。引起簡單反射與習慣性動作的是，最大量的神經幹能量以及最少量的突觸能量。簡單反射反應幾乎沒有內含意識，主體本身就可觀察到這點。複雜的主體反應，則涉及最大量的突觸能量以及最少量的神經幹活動，這些反應一致視為含有最大量的意識。

神經元內理論假定，意識只出現在大腦的高位神經中樞，因為人體其他部位找不到足夠集中的神經衝動能量，而這樣的能量被視為意識的生理基礎。然而，這裡所指的「高位神經中樞」，位於大腦的灰質，灰質的主要特徵是內有大量的突觸連結在運作。實際上，灰質主要是由極精微的小神經元構成，各神經元與類似的神經元形成大量的突觸。因此，大腦中樞，也就是某些生理學家認為意識所在之處，幾乎完全是由突觸接合處構成。

假定意識的生理基礎位於高位神經中樞，而這裡主要是由極大量的突觸連結組成，此一事實連同意識對人類行為的影響，也是突觸效應的證據，可以得出這個結論：**意識等同於突觸能量**。

心靈粒子以及心靈粒子衝動的概念

然而，「突觸能量」是個有點模糊曖昧的說詞。特定的能量類型，習慣上是由此一能量源自什麼物質類型來定義。「物質」一詞多少有點過時，因為現在流行用能量的最終名稱來構想物質本身。儘管如此，倘若人們將「物質」一詞理解成，存在時間長到足以造成經驗幾乎不變的一種能量形式，那在我們現正進行的討論中，「物質」依然是個非常方便使用的詞彙。

---

14 譯注：bahnung，刺激進入系統造成神經分化，神經元數量增加，因而大腦的活化狀態或覺知變得靈敏。

15 「因此，反射弧至少由三個神經元構成」，C. S. Sherrington, *The Integrative Action of the Nervous System*, p55.

所有物理科學都假設，有某種持續運動的物質存在。對於任何形式的物質及其運動的任何相關系列變化的描述，或許可適當地稱為，對此一物質在特定複雜程度下有何「行為」的研究。物理學試圖以其最基本的形式（質子和電子），對物質的行為做出基本描述，並且將較大物質質量的行為傾向，追溯到原子內的質子和電子系統的交互作用。化學始於物理學止步之處，論述的是原子和分子的行為法則，每個原子和分子都包含不同數量的質子和電子。化學特別處理的是，控制原子與分子組合成更複雜物質形式的定律。生物學也在處理更複雜物質單位的行為，而這複雜的單位，通常稱為不同種類的「活機體」（living organism）。生物學內有個學門是植物學，描述名為「植物」的活機體類型；另有一門動物學，處理的是名為「動物」的另一種活機體。動物是極其複雜的物質單位，組成動物的各部分，各自成為幾個專業科學的主題。生理學專攻的是描述動物名為「身體器官」的某些部分及其行為。神經學選擇的物質單位名叫「神經」，許多身體器官的行為都主要仰賴神經，神經學也試圖描述這些神經或神經元的行為。既然如此，倘若沒有能夠修改神經元行為的其他類型物質單位存在，依我所見，心理學就沒有什麼事情可做。如果我確信這樣的事實狀態，我應該就會感到，不得不將心理學家和神經學家的關係視為木匠與建築師一般，但我認為，我應該更努力研究，在知識面更上一層樓，以此試圖擺脫技藝的束縛侷限。

但倘若如先前所指，神經元之外還存有另一種物質單位，能夠經歷自己特定的一系列變化（名為「意識」或「精神」變化），而且能夠藉由這些變化修改神經元的行為，唯有如此，心理學才真正有理由與生理學和神經學並列，在物理科學中佔有一席之地。

神經學家告知我們，演化程度高於腔腸動物的各類型神經系統，突觸中都確實存在一種特定的傳導結構。謝靈頓表示[16]：「人們普遍承認，在一起的兩個細胞沒有真正匯合，而是有個表面將它們分開，分隔它們的表面實際上是一層膜……它（突觸膜）是一種機制，其中神經傳導（尤其如果主要是物理性質）可能會將一些特徵（就像區分反射弧傳導和神經幹傳導的特徵）移植到突觸膜上。

海瑞克提到[17]：「在高於腔腸動物的多數動物類別中，構成神經系統的細胞（或其中一些細胞）彼此之間的關係，截然不同於構成神經網的原生質絲內網狀物所見的細胞間關係……神經元之間有一層膜將它們分開。突觸接合區存在這樣的屏障，並不意味著神經元不具原生質連續性，因為分隔膜本身是活的物質。它意指的是，突觸屏障處的傳導物質發生了物理—化學性質變化。蘭利（John Langley）將這層屏障稱為『接合組織』（junctional tissue），而它的生理重要性有多巨大，絕對是毫無疑問的。」

因此，生理學家一致認為，突觸所在之處，存在一種特殊類型的物質單位，能夠引發一種特殊類型的能量，這種能量本質上不同於神經衝動。然而，神經權威對於接合組織的生理描

16 C. S. Sherrington, *Integrative Action of the Nervous System*, p. 16.

17 C. J. Herrick, *Neurological Foundations of Animal Behavior*, 1924, pp. 104, 114, 115.

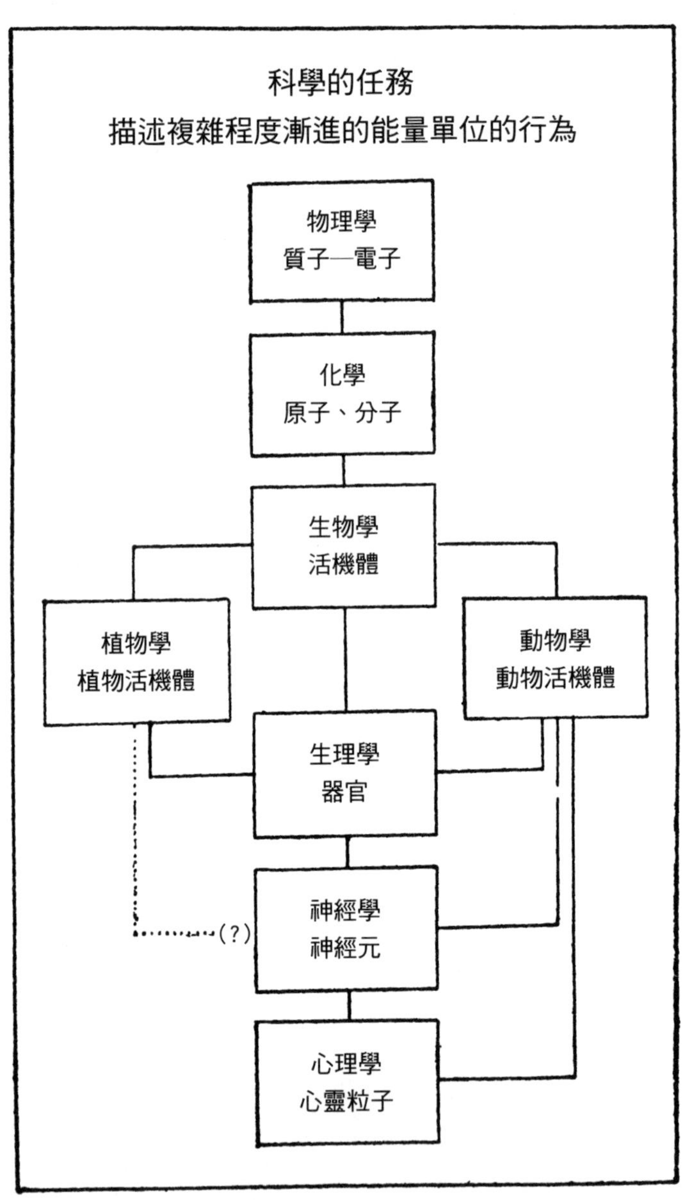
科學的任務
描述複雜程度漸進的能量單位的行為
物理學
質子—電子
化學
原子、分子
生物學
活機體
植物學
植物活機體
動物學
動物活機體
生理學
器官
(?)
神經學
神經元
心理學
心靈粒子

圖1

述，沒有這麼高的一致性。就大型毛特納氏細胞（Mauthner cell）而言，只要將素材固定和染色製成玻片標本，這些細胞和鄰近神經元之間的突觸就能用顯微鏡觀察和研究。巴特梅茲（G. W. Bartelmez）最初報告[18]，可以看見第八對神經（前庭耳蝸神經）軸突纖維的球狀末梢與鄰近細胞的表面接觸。巴特梅茲在根纖維上看見明顯的原生質（或膜），並且在垂直切割的外側樹突周圍看見一層較小的膜。在突觸這裡幾乎沒有延遲，但巴特梅茲發現，彼此接觸形成接合的兩個突觸膜，必須先得到能量，傳導才能繼續通過接受神經元。另一方面，利用不同固定劑和染色液的丸井（Marui）[19]報告，他從球狀末梢的外層膜找到了微小結締纖維，他也追蹤到了這些細微的原生質絲，至少與鄰近的神經元接觸。丸井表示：「這清楚地顯示，細胞內與細胞外神經纖維之間會彼此交流。」

巴特梅茲在之後的論文中[20]，批評了丸井的技術，理由是丸井在染色液中使用了甲醛固定，而用這種固定劑會導致細胞間纖維出現異常。因此，巴特梅茲將這樣的連結細絲，視為一種人為產物。謝靈頓[21]在新近的一篇引文中提出了突觸現象理論，這個理論似乎假設有類似於

18 G. W. Bartelmez, “Mauthner's cell and the Nucleus Motorius Tegmenti,” *Jour. Comparative Neurology*, 1915, vol. 25, pp. 87-128.

19 K. Marui, *Jour. of Comparative Neurology*, Vol. 30, pp. 127-158.

20 G. W. Bartelmez, “The Morphology of the Synapse in Vertebrates,” *Archives of Neurology and Psychiatry*, Vol. 4, pp. 122-126.

21 C. S. Shernngton, “Remarks on Some Aspects of Reflex Inhibition.” 1925. *Proceedings of the Royal Society*, VCII, 519.

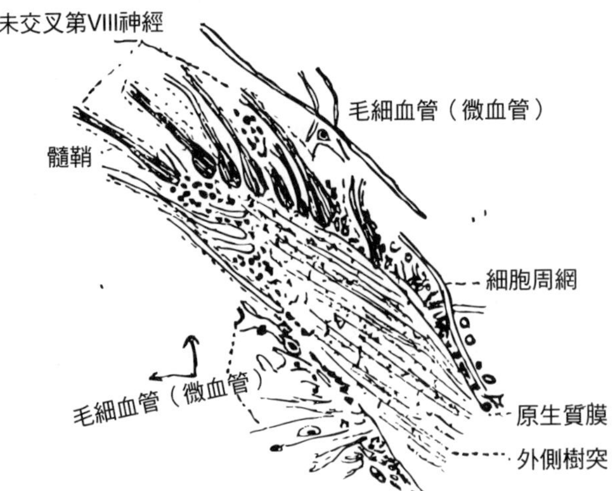

A部分——「第VIII神經末梢的細部，以及毛特納氏細胞（Mauthner cell）外側樹突的細胞周網，取自成年鯰魚腦的單一剖面，樣本以鋨酸—Zenker氏液固定並以鐵蘇木精染色……剖面傾斜穿過外側樹突的基部，呈現第VIII神經根纖維的球狀末梢，以及不在其表面的細胞周圍細網狀神經纖維網。」

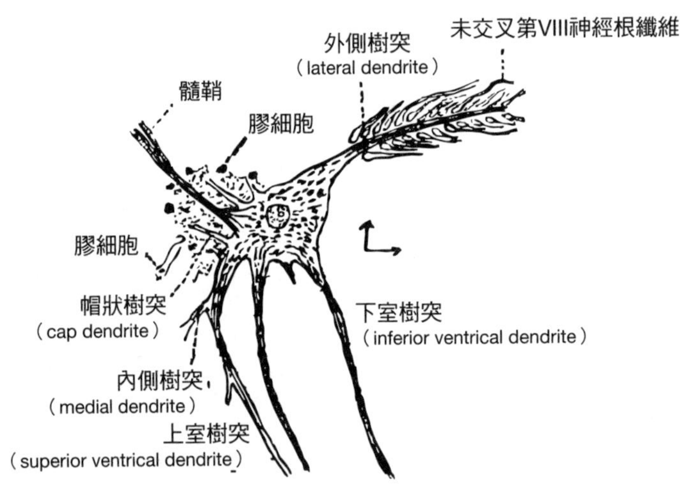

（譯者説明：各樹突部分找不到現行對照名稱，或許當年的解剖構造與現今不同，僅能意譯並附上原文對照。）

B部分——「年輕雄性鯰魚腦的右側毛特納氏細胞，以甲醛—鋨酸—Zenker氏液固定並以鐵蘇木精染色。十個剖面的半圖重建，厚度5μ、直徑放大250倍，呈現這之間的關係：樹突和軸突與細胞體和細胞兩個顯著突觸，即位於外側樹突的未交叉第VIII神經根纖維末梢和覆蓋細胞內側表面的軸突。此處僅呈現4個帽狀樹突。」

圖2　突觸

（出自 Bartelmez, Journal of Comparative Neurology）

巴特梅茲所描述的膜存在。另一方面，福布斯[22]也提出了一個突觸理論，他依據的概念是，各種突觸現象，導因於相鄰神經元的神經衝動被迫（在突觸處）通過細胞間纖維來傳遞能量，而這些細胞間纖維的尺寸遠小於神經幹纖維。這個觀點與丸井對接合組織生理外觀的描述一致，但與巴特梅茲的觀點不符。關於突觸連結組織的確切描述，目前看來似乎仍存有一些疑問。我相信，無論認為接合組織是相鄰纖維的表面膜形成的一對片狀電極，還是最終可能藉由類比電燈的鎢絲來描述接合組織，都對本文提出的意識理論沒有太大的影響。無論哪種觀察的結果最準確，意識位在突觸的證據依然不變。

考慮所有證據之後，我提出的建議是，**每當接合膜從相鄰兩個細胞的發出到接受中持續得到能量時，任兩個神經元之間，接合組織內產生的總體能量本質上構成了意識**。

在課堂闡述這個理論時，我發現，使用單一術語描述討論中的任何特定接合組織單位，真的是非常方便。例如，神經學，即神經行為的科學，將其結構單位稱作「神經元」。作為一門科學的心理學，當然得擔起「心靈」或「意識」行為的研究，於是依照這樣類推，我大膽地提出心理學的結構單位術語：「心靈粒子」（**psychon**）。

依靠任何心靈粒子（或接合組織單位）的能量傳播，本質上肯定不同於通過個別神經元的

22 A. Forbes. "The Interpretation of Simple Reflexes in Terms of Present Knowledge of Nerve Conduction," *Physiological Reviews*, Vol. II, No. 3, July, 1922, pp. 361-414.

神經能量傳遞。因此，依循神經學的邏輯來類推，我們或許可將心靈粒子內發起的任一波物理——化學興奮都命名為「心靈粒子衝動」（psychonic impulse）。

神經學家清楚表明，神經元的主要功能是傳導。而我提出的是，**心靈粒子的主要功能是意識**。無論通過心靈粒子發生什麼能量傳導，似乎都會隨之修改心靈粒子對所傳遞能量造成的主要影響，例如阻止和調節。毫無疑問地，燈泡中的鎢絲將一定量的電能量從一個電極傳導到另一個電極，但鎢絲的主要功能依然是照明。因此，雖然我們很可能將心靈粒子視為神經元間能量的某種導體，但我相信，我們充其量只能將它的主要特性描述為產生意識。

得出情緒的明確心理—神經假設，對整個心理學可說是再重要不過。目前，情緒領域的研究者，發現自己受困在詹姆斯—蘭格理論（The James-Lange）的斯庫拉（Scylla）與心理學研究中年輕冒險家的卡律布狄斯（Charybdis）之間的海域[1]。年輕冒險家說服我們升起海盜旗（Jolly Roger），放棄先前的一切理論和結果，對每個人在各種可能情況下如何反應，進行統計的相關分析。這些年輕的海盜，極力主張一個無法辯駁的論點：「沒有絕對的知識」。他們自己也推斷，將互不相干的情緒資料表述為類似科學定律的任何嘗試，最後只會淪為自憐自艾。

這樣堅持不相關事實的純粹性，只強調研究方法的客觀性，倒也是值得讚許。但心理學前輩的歷史、甚至心理學本身的歷史，都顯示出某種程度上對建構理論的依賴。例如，牛頓定律被愛因斯坦和其他人做了重大修改，然而，誰會懷疑牛頓的假說對物理學和相關科學發展的關

1 譯注：斯庫拉和卡律布狄斯是希臘神話中的兩個海妖，各自據守在義大利美西納海峽（Strait of Messina）的一側。「在斯庫拉和卡律布狄斯之間」意指左右為難、進退維谷，兩邊都很危險

鍵重要性？原子理論或許不足以表述現今的化學資料，但現代化學借力於同一個原子理論，攀上了現在的高度。詹姆斯—蘭格情緒理論也是如此。心理學或許正處於超越這個理論的時刻，但我們一定得毫不猶豫地自我放棄，恣意縱情於不科學的混亂之中嗎？

顯然，情緒心理學正被用力地推往這個方向。不經理論分析就發表自己的研究結果，還能獲得某種自以為是的自在和從容，這麼做確實有它的吸引力。此外，這樣受到反駁的威脅也比較小。然而，如果心理學想成為神經學和生理學這一類的正式科學，似乎必須有人冒險，建構基本的理論。

心理學家對詹姆斯—蘭格理論的反證

詹姆斯（William James）的情緒理論，由他自己做出了兩種截然不同的表述。第一種內含在這句簡單的陳述：「我們害怕，是因為我們逃跑。我們生氣，是因為我們攻擊。」這個理論十分合格，我也完全同意，本書將盡力嘗試對它進行說明。

然而，當有必要解釋他那聽來激進的想法時，詹姆斯卻陷入了完全不同的情緒理論，這時的說法本質上跟蘭格（Carl Lange）一致。不難看出詹姆斯何以被迫出現這種矛盾的轉變。無論是由內省或客觀的觀察他都發現，身體變化「直接隨著令人激動之事的知覺而來」，而「對這些變化**發生時**的覺察（awareness）**就是**情緒。」不過，當需要說明我們如何在發生時察覺（aware）體內發生的變化時，詹姆斯只找到現存的感覺術語來描述所討論的覺察。如果我們對於身體變化沒有立即的感覺，我們到底該如何意識到這些變化呢？因此，詹姆斯不得不假設，最初的身體變化刺激了（肌肉和內臟裡的）身體感覺終器，引起了另一系列的反射弧（reflex arc）來產生身體感覺。或許，詹姆斯敏銳地預測到倫南德（Karl Lennander）[2]和其他人所提關於內臟感覺機制的不足，詹姆斯也不像蘭格那樣重視作為情感內容的內臟感覺。然而，他承認，內臟感覺和動覺（kinesthetic sense）都是獨特的組成要素。或許有人注意到，當詹姆斯這麼說時，他否認了自己最初的論點，亦即「對這些身體變化發生時的覺察**就是**情緒。」如果情緒是由感覺組成，那重要的感覺就是最初身體變化的結果所引起的這些感覺，這些感覺只能在原始的身體變化**之後**發生。既然如此，若要反駁詹姆斯—蘭格理論的感覺—內容表述，只要證明構成情緒的感覺被消除後，情緒依然存在，就可以得到反證。

2 K. G. Lennander, “Leibschmerzen, ein Versuch, einige von ihnen zu erklaren,” *Grenzgeb. d. Med. u. Chir.*, 1906, vol. XVI, 24.

謝靈頓的研究結果

這項任務就由謝靈頓[3]承擔，他對狗施行了適當的脊髓橫切，以此消除接在情緒刺激後的內臟感覺和多數動覺。行為證據顯示，手術後，狗的情緒維持不變。有隻狗接受的刺激是狗肉，牠在手術前未曾受過這個刺激。結果立刻出現謝靈頓所謂的「嫌惡」證據。在這個案例中，既沒出現先前感覺的記憶，也沒發生表徵行為的先前制約。謝靈頓推論，身體變化的感覺可以補充情緒，但本質上，情緒不是由這樣的感覺構成。

戈爾茨的研究結果

相反的，戈爾茨（Friedrich Goltz）證明了狗在進行大腦切除術後，「暴怒」以外的其他情緒全都消失[4]，戈爾茨根據詹姆斯—蘭格理論，讓手術後的動物保留了構成情緒的感覺，但徹底破壞更高關聯和運動中樞。經過手術的動物，無法產生愉悅、性反應，甚至對食物的享樂食慾。戈爾茨從各種補充資料推論，同為中樞神經系統產物的「暴怒」，所在的神經中樞較其他情緒所需的層級更低。

蘭利和坎農的研究

蘭利的研究[5]，也可以回答內臟感覺在情緒構成中扮演什麼角色的問題，他描述了內臟的「自主」神經支配。蘭利的描述指出，如果內臟任何部分受到充分的神經支配，一定會有大量聯合區域經歷完全相同的變化，當然就會產生完全相同的感覺。

坎農[6]最先將這個神經證據，用來批評詹姆斯—蘭格理論。坎農經由實驗證明，動物出現「暴怒」、「痛苦」和「恐懼」反應期間，內臟變化實際上幾乎完全相同。坎農指出，區分這些「主要情緒」的意識性質，或許無法仰賴不存在的感覺差異。坎農如同謝靈頓、戈爾茨和其他人那樣推論，情緒「反應是一種**模組反應**……衝動在其中突然、出乎意料地快速通過中樞神經系統中特別協作的神經元組，這種方式完全無法憑意志再現……」

若能不帶偏見地看，亦即沒有深受詹姆斯—蘭格理論廣為接受的表述「薰陶」，這些生理結果似乎確實反駁了「情緒是由感覺構成」的觀點。然而，仍堅持主張感覺理論的那些人，頻

---

3 C. S. Sherrington, "Experiments on the Value oi Vascular and Visceral Factors for the Genesis of Emotion," *Proc. Roy. Soc.*, 1900, LXVI, 390.

4 F. Goltz, "Der Hund ohne Grosshirn," *Arch, fur d. gesam. Physiol*, 1892, vol. LI, 570.

5 J. N. Langley, "Sympathetic and Other Related Systems of Nerves"; Schafer's *Textbook of Physiol.*, vol. II, 616-697, 1900；另見*Ergebnisse der Physiologic*, Wiesbaden, 1903, vol. II, 818.

6 W. B. Cannon, *Bodily Changes in Pain, Hunger, Fear and Rage*, 1920, N.Y.

繁地指出了一個漏洞。雖然實驗證明了，任何特定情緒都無法仰賴感覺，但難道不會這樣：起初透過複合幾種感覺（內含與其他主要情緒複合物的微小差異）生成了情緒，隨後連結這類型的刺激而被記住？若是如此，感覺複合物一定在出生以前就被製造出來了。華生已經證明[7]，人類嬰兒天生具備表現至少三種情緒反應（「暴怒」、「恐懼」和「愛」）的能力，無須經過任何初步學習過程。

未解決的問題

因此，我們不得不回到詹姆斯對自己理論的簡單陳述：「我們以特定的方式感受，是因為我們以特定的方式行動。」而我們對自身反應**發生時**的覺察**就是**情緒。除非我們像華生那樣，選擇否認「覺察」或「意識」構成了心理學家有義務描述的身體現象，否則我們就會發現自己也得正視相同的問題，亦即剛才討論的、迫使詹姆斯對其理論提出站不住腳的感覺—內容表述的問題。

這個問題就是，如何以心理—神經術語來描述反應**發生時**的覺察？

運動意識理論

有沒有人知道，為什麼假設「一切意識的終極本質都是感覺」的風氣如此普遍？否認運動意識的存在，難道不是華生派行為學家在拚命主張行為的運動面向有多重要時，真正想逃避的恐懼根源嗎？舉例來說，華生尤為強烈抨擊「諸如**感覺**（sensation）之類的元素，以及它們的幽靈——**意象**（image）。」他表示：「我們稱之為意識的這種東西，只能透過**內省**（**introspection**）分析，亦即觀看我們內在發生的事。」當然，現今心理學許多非常基本的推定已被心照不宣的假設採用，而這些假設是基於最初錯誤的內省證據，這也是不爭的事實。或許，運動意識的不存在，可以算是這些心理學理論毫無根據、內省的限制之一。事實上，我們回顧了相當大量的情緒證據，這些證據直接了當地指向反應**發生時**清楚無誤的情感覺察。我想挑戰一下華生的絕對陳述，亦即意識只能透過內省分析，我打算根據先前對意識本身的客觀描述，嘗試對運動意識的存在進行客觀分析。

我們在前一章得出這個結論：神經元間能量或許可被稱為「心靈粒子能量」，因為謝靈頓和其他神經學家認為，神經元間能量具有的特徵，應該完全不同於在個別神經元內傳播的擾動。我們可以更進一步地提出，有大量證據足以讓我們暫時接受**心靈粒子能量就是意識**的假設。

---

7 J. B. Watson and Rosalie R. Watson, "Studies in Infant Psychology," *The Scientific Monthly*, 1921, 493-515.

繼續延伸這個假設之前，或許該說，如果我們打算採用意識本質的其他理論（例如生理學認為意識先天存在於每次神經傳播的擾動中），那運動意識存在與否的客觀證據也同樣引人注目。中樞神經系統的總體規劃和結構，以及其他被視為支持運動意識的要點，在此依然同樣適用。我們現在就簡短地探討這些客觀證據的要點。

運動意識存在的證明

一、從生物學來看，運動功能是主要的，感覺和連結器機制（connector mechanism）則位居次要。派克（Parker）表示[8]：「若以本討論先前使用的術語來陳述這個結論，可以說是海綿的細胞組合具有效應器，但沒有受器或調節器。它們標記出神經肌肉機制的一開始，因為它們具有原始且最古老的組成要素——肌肉，系統的其餘部分，被認為是隨後依著肌肉演化出來。」海瑞克表示：「有幾個高等動物的實例讓這最後結論更有說服力，動物的那些肌肉可以獨立於神經作用，像是人類的虹膜。」事實上，福布斯[9]甚至指出，肌肉具有「單一類型擾動的能力，這似乎是肌肉和神經纖維共有的現象。」

最意想不到（雖然並非完全不可能）的發現是，運動元素（其中感覺和連結器組織仍在但稍有不同）本身完全無法在產品（即意識）中表現出來。

二、在人類的中樞神經系統中，運動神經元的細胞結構和突觸組織類型，都與感覺神經元有所區別。[10]我們已知，運動細胞具有更大的細胞體，提供更豐富的易染物質。在固定和染色過的玻片標本中，可以看見這種物質排成明確、整齊的細粒，而不是隨意四散，顯然這是為了促進更快速且更強力的神經放電。此外，運動路徑內含最少量的副衛突觸（subsidary synapses），一旦一大群強有力的運動衝動贏得了中央突觸的通行權，這群衝動就會以最少的中斷次數，急速前進到適當的放電器官。總而言之，運動細胞的構造是為了攜帶更大、更強的能量單位，然而感覺束的目的，似乎是攜帶更小但更多樣的衝動群。

有什麼理由假設，較小的心靈粒子能量單位構成意識，而更大、更簡單的單位卻沒有構成意識？亦或者，如果意識被認為是神經衝動本身內在固有的，那為什麼更強力累積的這種衝動卻失去了意識特徵？此外，剛剛強調的運動和感覺衝動特徵之間的對比，自然地顯示了這樣相應的對比：有力但傳播相對簡單的「主要」情緒意識，與細微感覺較不顯著但更多樣的覺察。如果我們發現了兩種類型的神經元、兩種類型的突觸排列，以及兩種類型的衝動群，那有什麼客觀理由承認一種為意識，而否定另一種呢？

---

8 引自 C. J. Herrick, *Neurological Foundations of Animal Behavior*, New York, 1924, p. 86. Quotation by Herrick，以下摘自同一頁。

9 A. Forbes, "The Interpretation of Spinal Reflexes in Terms of Present Knowledge of Nerve Conduction," *Physiological Review*, 1922, Vol. II, 361-414.

10 C. J. Herrick, *Neurological Foundations of Animal Behavior*, New York, 1924, p. 237.

三、同樣的，運動現象可能獨立於感覺刺激發生。任何特定的衝動或一連串衝動都可能在進入一般運動路徑時受到阻擋，阻擋它（們）的不是競爭的衝動群，而是神經物質內既存的化學—物理條件。如果感覺是意識唯一的元素，這樣的現象就永遠無法表徵意識，因為它們只能造成刺激弧缺乏感覺。受試者像這樣無法覺察到運動障礙，與常觀察到的口頭準確報告能力一致嗎？

四、伴隨運動神經放電的情感狀態，證明了情感狀態應該比隨後身體變化造成的感覺更多樣化。[11]但相反的是，許多研究者報告指出，伴隨大致相同情感狀態的運動神經放電，會引起各式各樣的身體變化，這些身體變化必然有相應的各式各樣感覺覺察。[12]在這兩種情況下，情緒意識都可得到口頭報告的證實，也能透過觀察人類或動物的**運動態度**（*motor attitude*）或**運動動向**（*motor set*）加以證明。有趣的是，許多自稱完全不相信意識的實驗者，自信地命名了一種特定情緒，不用任何精密儀器，僅僅根據自然觀察到的運動態度，就假設它存在於受試者之中。難道這些憤世嫉俗的客觀主義者，仰賴的是他們自己的**內省**嗎？

然而，如果我們假設這樣的報告提供了某種程度的客觀證據，證明了截然不同於由此產生的感覺，但與運動態度或主要反應模式相當一致的情緒意識的存在，那將這種情緒狀態連上感覺或感覺之間的意識關係，就變得極其困難。另一方面，如果我們願意將這種情緒意識連上「運動覺」（**motation**）[13]或運動意識的簡單單位以及其在初級運動模式中的相互關係，那麼就可以非常簡單地說明這種情緒意識。

五、顯然，情感基調可以透過修改運動動向發生變化，而相關的感覺則不會有絲毫變化。在我對自己持續進行了十年的一系列實驗中，曾有三次藉著將我的「下意識」或「無意識」運動動向，從抵抗變成完全接受施加的刺激，成功地完全消除了嚴重牙痛的不愉快。運動動向這樣的改變，每次都能藉由暈眩、臉色蒼白和血壓驟降等客觀證據證明，這可能是運動神經放電的迷走神經通道，因為疼痛刺激而從原本的開放變成關起來。有兩次，我恢復了抵抗的運動動向，不愉快就通通回來了。

心理學家波林（**Boring**）[14]和生理學家卡爾森[15]都提到，有些受試者的餓到痛（**hunger pang**）不愉快感完全消失。沒有出現尋找食物的反應，反而出現暈眩和被動的運動態度，以及感到噁心。我花了三年的時間，研究一位這類型的受試者，成功以這種方式重新訓練她，現在她餓到痛時會伴隨非常強烈的不愉快感出現。受試者出現了非常明顯的運動態度的變化，亦即從被動變成極端的尋找食物活動，也恢復了不愉快感，這種變化某種程度可以透過血壓數字得到證實。一九二六年，我指導了另一個初步實驗，受試者在實驗中改變了對硫化氫刺激的態度，全

---

11 W. B. Cannon, *Bodily Changes in Pain, Hunger, Fear and Rage*, 1920, New York.

12 C. Landis, "Studies of Emotional Reactions," Jour. Comp. Psy., 1924, Vol. IV, 447-509.（還有其他研究結果全都一致是負面的。）

13 譯注：應是motor sensation的縮寫。

14 E. G. Boring, "Processes Referred to the Alimentary and Urinary Tracts: A Qualitative Analysis," *Psy. Rev.*, 1915, vol. XXII, 306-331, p. 320.

15 A. J. Carlson, *The Control of Hunger in Health and Disease*, Chicago, Second Edition, 1919* p. 92 ff.

程硫化氫都以一種新型香水的概念放在香水瓶裡。[16]整個過程都無法讓人感到一丁點愉快。但有一位經營餐廳的受試者，隨著運動態度從抵抗變成了接受，不再對硫化氫感到不愉快，所以他不明白，為什麼在用餐期間一打開瓶子，就有幾位顧客離開他的餐廳。由於間隔時間算長（刺激之間相差二十四小時），可以排除嗅覺疲勞和感覺適應。

光是憑藉感覺意識的改變，難以說明全部的結果（雖然有些或許可以說明）。但在這種假設中似乎可以找到簡單、明顯的解釋：對於運動覺及其相互關係的基本覺察真的存在。抵抗的運動動向可以證明，運動覺的衝突似乎令人不愉快，而除去運動衝突，似乎相應地消除了不愉快的意識。

六、我在其他地方[17]曾提到，黑德（Head）與福爾摩斯（Holmes）[18]的研究提供了驚人證據，證明有效意識仰賴運動神經自由釋放，以及隨後在中樞神經系統中越來越多的運動衝突和聯盟。如果因為視丘病變消除了大腦的抑制效應，過度反應和有效意識增加會同時發生。我花了將近一年的時間，試圖在不違背主流假設（即意識只由感覺及其相互關係組成）的情況下，想辦法解釋這個和類似的現象。海瑞克和其他神經學家花了更長時間研究相同的問題，他們也面臨到「否認運動意識」這隻怪獸。[19]然而，採用意識的心靈粒子理論，不只允許、而且必須接受運動意識就是感受和情緒的真正基礎。將視為基礎的意識心理—神經元素加倍，我們確實更能將心理學理論的複雜性減半。討論中，不再考慮任何運動動向對感覺產生的迂迴影響，運動覺或許也像感覺一樣，可以客觀、簡單地對待。

但我們依然必須面對當前心理學論調的重磅影響，因為目前心理學明確否認運動意識以任何形式存在。這種態度究竟從何而來？

過去未將運動意識視為與情感相同

否認運動意識存在的表面理由是，缺乏內省證據證明運動意識具有可辨元素，能以隨後的相關身體運動來識別——如果認為需要討論這個議題，早期的心理學通常會提出這種理由。也就是說，回應特定的感覺刺激時，如果以某種方式消除了動覺，那麼即使手或腳可能被動一動，但無法親眼觀察自己活動的受試者，仍無法說出自己身體的任何部分是否曾被移動。不可否認，有些實驗的結果受到嚴重的質疑，但至少馮特（Wilhelm Wundt）和其他人引用的案例同樣令人信服，在這幾個案例中，某些癱瘓患者報告，移動癱瘓部分的意願產生了「支配

16 塔夫茲大學（Tufts University）學生於1925-1926年進行的實驗，尚未發表。

17 W. M. Marston, "Theory of Emotions and Affection Based Upon Systolic Blood Pressure Studies," *Am. Jour. Psy.*, 1924, vol. XXXV, p. 496 ff.

18 H. Head and G. Holmes, "Sensory Disturbances from Cerebral Lesions," *Brain*, 1911, vol. 34, p. 109.

19 C. J. Herrick, *Introduction to Neurology*, Phil., Second Ed., 1920，主要參見pp. 284-290.

感」。而在這些情況下，不可能有實際的運動或運動的動覺。[20]

關於觀察到、或觀察不到「支配感」或假定的純粹運動意識單位的類似可疑報告，一直時不時地出現。但近年來，這個議題已被其他更簡單且更有直接利益的爭論取代。心理學一直默默地盡力提供意識的單一基本類別——感覺，將所有的意識經驗通通壓縮進去，完全不管它們在過程中變得多麼扭曲。這也難怪許多心理學家假設，意義、意圖和目的，以及其他帶有明顯運動特性的意識元素必須仰賴無形基礎[21]，這麼設想讓他們得到了一些安慰，因為所有可用的有形基礎，都已被貪婪的感覺推定佔了先機，而用感覺術語定義運動經驗，則是任何精確的內省主義者都不願忍受的極度痛苦。

實際上，這些年來，心理學家一直找不到運動意識，完全是因為他們不知道自己在尋找什麼。因此，即便運動覺一次又一次地吸引他們注意，他們卻認不出運動覺本身。從最早關於感受基調（或情感）本質的推測中，不斷得出這樣的論斷：感受基調生來即在感覺裡，或說，愉快和不愉快的情感性質是感覺經驗的組成部分。內省觀察到的感受基調與感覺之間確實如此緊密結合，以致於最嚴格的邏輯分析也無法證明兩者是分開的。說也奇怪，這些心理分析師似乎沒能發現，在正常的情況下，可以從感受基調知覺到最簡單的運動意識表現。

運動覺被視為一種**運動的感覺覺察**，因此，向來都在屬於骨骼肌神經支配的運動神經衝動通路中，往不可能的意識形式尋找運動覺。心理學一直在尋找某種**運動——神經感覺**，只要運動衝動通過了受檢測的神經幹，就會告知受試者。如果找得到，這樣的覺察本質上還是感覺。

若是真的發現這樣的意識元素就是「神經支配感受」，它一定是某種混合物，整合了想像的動覺（提示受試者有運動）與抵抗運動的客體（無論是受試者自己的四肢、還是環境物體）的感覺覺察。無論如何，這種複合的經驗，因為所有構成元素都是感覺，所以無法證明各分類是運動意識基本、獨特的類型。心理學似乎一直在尋找如同長著三條腿的人類的新品種，但卻沒有意識到，即便找出了這樣的一個人，他也只能代表已知物種裡的一個怪物。

情緒刺激是中樞的刺激，從來不是環境的刺激

此外，心理學專注感覺而排除運動覺，還有一個心理學的理由。引起感覺的刺激是一種明顯、環境的刺激，而引起運動覺（假設運動覺是在運動中樞的整合心靈粒子能量）的刺激則是一種隱蔽、難以觸及的刺激。在突觸接合處形成運動覺的特定運動衝動，源於隱藏在中樞神經系統內的刺激，構成這種刺激的是，最初且容易觀察到的環境刺激在感覺中樞引起的感覺衝動。有個普遍公認的事實：雖然特定的環境刺激在任何情況下都始終引起幾乎相同的感覺，但

20 關於這個早期爭議的簡短摘要和討論，參見E. B. Titchner, *Text Book of Psychology*, New York, 1912, p. 169 ff.

21 例如，麥杜格（William McDougall）認為，意義、價值、目的和意識的統一性在腦中沒有物理關聯。W. McDougall, *Body and Mind*, 1918, pp. 175, 271, 298, etc.

這些感覺或許有時伴隨愉快的感受，而另些時候伴隨不愉快的感受。兩種情況引起的運動衝動可能都無法直接觀察，不過我們在本章先前已提到，有可能間接證明，每當產生不同的情感基調，實際上就可能引起不同的運動衝動。

因此，毫不意外地，心理學就像喬治．艾略特（George Eliot）的小說《羅莫拉》（*Romola*）裡的提托．梅拉馬（Tito Melema），採取了看似最簡單的方式解決困難的問題，亦即一概否認難題有何隱藏根源的所有主張。心理學家以此方式，完全忽略中樞運動衝動情況，無意識地企圖獲得虛假、簡單的科學描述，而這種描述本該根據感覺意識來定義感受和情緒。

然而，儘管心理學目前自以為安全，但終究無法期待擺脫這個問題：決定感覺和運動整合的基本原理。正是透過這些整合過程，將一開始傳入的衝動（來自環境的機械型原因），製造成心靈粒子感覺能量單位或感覺。也正是透過這些中樞產生的感覺單位的隱蔽屬性，各種形式的連結整合以及運動整合的原因都是生機型。

環境刺激與身體運動之間的中介因素分析

中樞的心靈粒子能量刺激（即藉由激起神經內的運動衝動作用在不同的神經）具有個別的特徵，就跟那些現在歸因於感覺刺激的特徵一樣獨特，且一樣絕對可以找到。它們在連結環境刺激與最終身體行為的整體因果鏈中，構成了中介的生機型原因。這種刺激的本質以及因此對運動神經放電的影響，不是由間接引起它們的環境刺激性質理所當然地決定，因為有太多的中介原因。這些中介原因主要受到有機體的整合法則形塑，也會因有機體受刺激時的狀況而形成。如果所有變項全都已知，那麼完整的心理—神經描述就必須包括以下這些項目：

一、機械型原因；

(a)環境刺激，造成

(b)傳入、感覺、神經衝動，造成

(c)感覺，亦即感覺中樞的心靈粒子衝動，造成

二、生機型原因；

(d)想法，亦即連結器中樞的心靈粒子衝動，造成

(e)運動覺，亦即運動中樞的心靈粒子衝動，造成

(f)輸出、運動、神經衝動，造成

(g)身體行為

心理學中老一派的內省主義傾向從(d)原因（想法）跳到(f)原因（運動衝動），將(e)原因（運動覺）與一個以上的前述因素合併。現今，即便心理—生理學家也都很難考慮(c)原因和(d)

原因，因為這兩個原因都沾染了內省主義的色彩，以致於現在留下的鴻溝更大，幾乎所有心理—生理學描述都從(b)原因（感覺衝動）直接跳到(f)原因（運動衝動）。在這樣的描述中，感覺和運動覺往往都被視為發生在中樞神經系統的感覺與奮沿線某處。但華生派行為主義者可謂是箇中翹楚。他們喜孜孜地從(a)原因（環境刺激），一路跳到最終結果：(g)原因（身體行為）。他們自以為自己免去了一個多麼大的心理學麻煩！然而，如果這些行為主義者真的這樣表述，那刺激與反應之間的因果鏈，就會裂開一個大的不得了的鴻溝！就好像往裝滿冒泡泡的未知化學物質的巨大桶子裡滴幾滴酸，然後分析大桶裡的混合樣本，希望藉此判定酸刺激對桶裡的原始內容物施加了什麼控制。

心理學創始者（即內省主義者）的錯誤，不在於試圖描述心理—神經鏈中的過多原因，而是省略了一個非常關鍵的原因：運動覺。誠如我們所見，因為運動神經和突觸都具有自己獨特的結構和組織，因此需要以一個整體作為基本的原因類型來分析和描述。海瑞克表示[22]：「簡而言之，在反射和慎思（包括自主）反應中，我們可以說，神經過程的本質在它從反射弧的傳入轉到輸出時，發生了突然的變化。」

回顧心理學否認運動意識的態度後，我們或許可以這樣比喻：一個小小孩能夠領會自己的玩具和聖誕老公公（或是把禮物送來的人）之間的因果關聯，但完全無法理解新生兒是從哪來的。他認為，一定是有人把小寶寶送來，就像他的玩具一樣。所以當他知道醫生接生了他的妹妹時，他似乎感到很滿意。迄今，心理學已經能夠將感覺連上看得到、摸得到的原因，但心理學似乎仍無法將感受連上隱蔽、難以觸及的原因。因此，心理學滿意於這樣的建議，亦即感受是現成的，由已知的相同普通媒介類型（環境刺激）引起。此外，心理學進一步推論，由此獲得的任何東西（包括情緒）都必定是一種感覺。

隨著心理學日益進展，終將了解有某些完全自製的最終產物存在。藉由感覺的研究，心理學也將了解，刺激是在身體之外，而反應（感覺意識）則在身體之內；但在運動覺（情緒）的研究中，刺激（連結器—運動意識）是在身體裡面，而反應（身體行為）則在外面。兩種類型的刺激和兩種類型的反應，都必須用同等的客觀性描述。不過，引起感覺的環境刺激（容易觀察）必須視為原因，而引起運動覺的身體反應（容易測量）則必須視為結果。如果清楚地理解並接受這些潛在的因果關係，心理學就應該比較容易找出這兩個等式中的未知量。

總結

總結來說，我在本章試圖無視關於運動意識的專業禁忌。根據心靈粒子或生理學理論客觀地分析意識，結果找到至少六種證據得出這樣的結論：運動意識一定存在，而且構成與感覺意

22 C. J. Herrick, *Neurological Foundations of Animal Behavior*, New York, 1924, pp. 235-6

識同等重要的一個分類。由於中樞神經系統的運動機制，其結構和組織本質上不同於感覺機制，因此有人提議，在心理—神經的整體範疇內，必須將物理機制中的運動意識，視為一個明顯且獨立的原因來研究。我們誠心誠意地嘗試了按順序闡述，連接環境刺激與最終身體反應的一系列原因。我們在這條因果鏈中找到了一個環節——運動意識，而這個環節迄今一直被心理學的各個派別忽視。若想問問心理學在這方面表現怪異的可能原因，似乎最有可能的是尚未識別運動意識，因為似乎從未有人將它等同於感受和情緒。心理學一直在探究「神經支配感受」和類感覺的運動覺察，希望有機會找到藏在其中某處的運動意識。但是，它當然不在那裡。**運動意識就是情感意識**。運動覺或運動意識的最簡單單位是愉快和不愉快的感受，而一系列運動覺中第二簡單的是初級情緒。

在本章的一開始，我們從生理學反駁了詹姆士—蘭格理論，分析結果顯示，截至目前，情緒心理學中最重要且最迫切的問題，跟詹姆士最先認出然後答錯的是同一個問題。這個問題就是，如何用心理—神經術語描述運動反應發生時的覺察？本章對於這個問題提出了新的答案。我們透過運動意識、運動覺或情感意識（這些全都是同義詞），在運動反應發生時意識到它們。運動或情感意識是一種心靈粒子能量，從中樞神經系統中運動突觸的結締組織或心靈粒子內釋放出來。

第五章 初級感受的整合原則

否認運動意識的存在，如同它阻礙了情緒理論的充分發展一般，也讓心理學在感受基調理論的領域中陷入了僵局。馮特[1]於一八九六年提出的感受基調三維論，獨排眾議地徹底背離初級感受唯有愉快和不愉快的普遍共識。馮特假定初級感受（primary feeling）有六種：愉快（pleasantness）和不愉快（unpleasantness）、興奮（excitement）和消沉（depression）、緊張（tension）和放鬆（relation）。馮特的理論幾乎全都基於內省，或許足以準確到某種程度，但他的理論沒有將愉快、不愉快以外的四種感受基調元素連上明確的心理—神經機制，藉此證明它們全都同為初級感受。

同樣十分精通內省的心理學家鐵欽納（Edward Titchener）主張，「興奮和消沉、緊張和放鬆是許多不同情感的通稱。」[2]也就是說，鐵欽納的內省使他相信，馮特列出的這四種感受的確存在，但它們應該被視為複雜情感經驗而非初級感受基調。馮特提出支持這個說法的唯一

1 W. Wundt, *Grundzüge der Physiohgischen Psychologie*, ii, 1902, p. 263.

客觀資料，出自幾個研究（包括測量六種初級情感應該表現的生理變化），這些研究的目的在於證明，這六種所謂的初級感受，如內省報告所述全都彼此獨立出現，尤其是跟愉快和不愉快毫無關聯。海耶斯（S. Hayes）[3]和其他研究者發表的研究，精確地駁斥了馮特在這方面的結果，研究傾向證明，其他四種感受基調經驗，不是跟愉快和不愉快密切相關、就是與實驗條件設定的任何客觀標準都沒有各自相關的更複雜經驗。整個爭議逐漸消退，隨著內省主義式微，幾乎不太有人再聽到，初級感受除了愉快和不愉快還包含其他元素的說法。因此，我們或許暫且將注意力集中在原始這對初級感受基調（愉快和不愉快）的討論，因為似乎有充裕的證據客觀證明它們的存在。

初級感受是源於運動聯盟和衝突的愉快和不愉快

生理學家和神經學家的理論似乎都一致同意，不愉快跟神經衝動之間彼此干擾或衝突有關，而愉快的特徵要不是沒有衝突，就是衝動在中樞神經系統中暢行無阻。觀點相當具有代表性的生理學家海瑞克[4]表示：「既然如此，只要反應完全進入意識（當然，嚴格說來這種反應大部分都是反射，不具有意識上的意義），複雜神經迴路的正常放電產生自由、不受限的活動就是愉快。相反的，無論什麼情況下，這樣的放電受阻，都會導致神經中樞停滯、累積刺激，逐漸形成未緩解的神經緊張，在適當的適應性反應緩解緊張以前，這種情況就是不愉快。」此外，「神經中樞未緩解的刺激總和（包括停滯、緊張和神經能量的自由放電受干擾）所產生的不愉快感受，還會回過頭來（至少在更高類型的意識反應中）刺激其他聯合神經中樞來參與反應，直到最後打開適應性反應的適當途徑來緩解此一情況。隨著緊張緩解和自由放電，感受基調變成明確愉快的性質。」值得注意的是，海瑞克並沒有具體指出，未緩解的刺激總和或衝動的正常放電所引起不愉快或愉快，發生在哪一類的神經中樞（感覺或運動）。然而，海瑞克在鄰近的段落表示，這樣的停滯可能是兩個衝動在同一條最後公路發生衝突所引起。因此必須假定，神經衝動像這樣的相互促進和干擾，發生在中樞神經系統中某些適當的連結器或運動中樞。

黑德與福爾摩斯的研究[5]清楚指出，跟愉快和不愉快升高有關的神經衝動行為，無論發生什麼變化，都主要出現在涉及各種反射弧的運動側。這幾位研究者研究了患有視丘病變的人類受試者，在這些案例中，視丘損傷最重要的效應是，大大地消除了大腦半球對運動神經放電施加的正常抑制影響。黑德與福爾摩斯提到的行為變化包括，對感覺刺激的生理反應增大，同時跟經歷的感覺相關的愉快或不愉快感受升高。感覺閾值似乎沒有變化，純粹感覺反應的任一部

---

3 S. P. Hayes, "A Study of Affective Qualities." Ph.D. Thesis Cornell. *Am. Jour. Psy.*, 1906, XVII, pp. 358-393.

4 C. J. Herrick, *Introduction to Neurology*, 1920, Phila. and London, pp. 286-287.

5 H. Head and G. Holmes, "Sensory Disturbances from Cerebral Lesions," *Brain*, 1911, vol. 34, p. 109.

分也沒有任何顯著改變。總而言之，整體效應發生在運動側而非感覺側，這種運動聯盟和干擾的程度和數量升高，與受試者報告的愉快和不愉快升高完全相對應。

根據這個研究結果和醫學為心理學帶來的其他類似資料的結果，一般假定，神經能量的自由流動以及神經衝動之間的相互衝突和干擾（生理學家和神經學家肯定將其連上了情感基調），主要是往運動中樞而非感覺中樞尋找。例如，伍偉士（R. S. Woodworth）就以這種方式陳述他的詮釋[6]：「若以神經術語表達這件事，我們會說，愉快伴隨著一種目的在於保持現狀、讓事物維持原樣的神經調整；而不愉快則伴隨著為了擺脫原樣的調整。」一種「為了讓事物維持原樣的神經調整」，必須包含不受阻的運動衝動自由流動，全都是聯盟，因為目的全都在於整個有機體的行為模式統一，沒有遭遇任何對立。而「為了擺脫原樣的神經調整」，同樣確定必須包含運動動向而非感覺動向，另也暗指與客體之間存在某些運動衝突，而個人會自己除去這些衝突。既然如此，神經方面負責初級感受的似乎該是運動動向，而非感覺動向。

運動聯盟和衝突如何傳達到意識？

這個結果使得生理—心理學的感受理論，遭遇了情緒理論面對到的同一個問題，我們在前一章曾提到。這個問題就是，如果我們的初級感受（愉快和不愉快）仰賴運動中樞中神經衝動之間的聯盟和對抗，那麼這個運動現象如何傳達到意識？

理論一：感受是感覺不可缺的部分

嘗試將運動現象從感覺帶入意識的不可能任務，進行的方法有兩種。第一種方法是許多老一派的心理學家使用的，這種方法提出一個簡單假設：感受僅僅是感覺不可缺的部分。於是，愉快或不愉快就被稱為感覺經驗的各個面向，我們因此也得被迫假設，沒有一種感覺可以脫離情感基調。這個假設與事實相去不遠，但它十分難以說明感覺刺激在沒有任何變化之下，為什麼特定感覺可能經歷了感受基調變化。感受發生變化的同時，似乎對經歷的感覺所做的運動反應也發生了變化，感受變化似乎不是生來即在感覺意識本身。依然存在的問題是，極其難以找到任何神經機制，可以讓**之後**發生的運動效應透過這種機制反射回去，藉此成為感覺事件不可缺的部分，而這個感覺事件在之前已經發生，並且十分可能在運動現象出現時已經結束。

在我自己解決問題的過程中（那時我對心理學當前關於運動意識的禁忌充滿敬畏），我花了大半年的時間，試圖從心理學或神經學的文獻中找出可用的機制，讓運動衝突和聯盟能被視

6 R. S. Woodworth. *Psychology*, New York, 1925, p. 178.

為將感受基調加入先於它們的感覺中。我能想到的最佳權宜之計是假定，運動障礙可能造成感覺衝動受阻，從而提高它在感覺中樞的強度，高到高於性質明顯不同的感覺意識的上閾；而運動衝突的相互促進應該可以導致感覺衝動的強度降低，低到低於感覺的下閾。這個理論只能將愉快和不愉快定義成「近感覺」（near-sensation）（亦即閾上和閾下的感覺覺察），但它已是我能使用感覺術語勉強解釋運動現象的最好辦法。剛想出這個說法的時候，我認為它相當巧妙，但經過兩年左右的觀察和實驗，我發現這個理論竟有個問題。事實不是如此。感受及其仰賴的運動現象，即使以近感覺這個詞彙也完全無法定義，它們顯然出現在感覺結束之後，完全獨立於感覺。以此反駁自己的理論之後，我被迫像多數心理學前輩所做的那樣，完全不再嘗試將情感基調視為感覺不可缺的面向。

理論二：內臟感覺也是感受

第二種方法比較現代，即使在當前，許多心理學家仍藉此努力將運動現象從感覺方面拉入意識。這個方法是任意挪用某些感覺（通常是內臟感覺）來構成感受基調本身。只不過，為什麼普遍認為內臟感覺具有特殊的情感價值就很難說了。其中一個理由大概是，長久以來我們對於內臟感覺的認識和了解，明顯比源於身體表面的感覺少了許多。直到一九一二年，坎農和沃許本（Washburn）才成功發現胃感覺與飢餓有關[7]，而卡爾森[8]、波林[9]和其他人關於消化道感覺的實驗檢驗成果，也是當代人的傑作。這些實驗明確證明了，內臟受器雖微弱但特異，對於極端的溫度、壓力和疼痛有所反應。它們會引起可識別的感覺。它們不會引起感受。詹姆斯—蘭格茲理論的擁護者說道，如果初級感受和情緒完全由內臟感覺組成，那該如何說明這個事實：內臟感覺具有感覺和感受的雙重特徵；而由身體外表相應的受器機制產生的其他感覺，只具有感覺的單一特徵？

然而，要不是有更難以克服的困境，心理—生理構成中這樣微小的特殊性，可能無法阻擋活力充沛的心理學家繼續追求內臟—情感理論。遺憾的是，對於詹姆斯—蘭格茲理論的狂熱者來說，確實有實驗證據，排除了將內臟感覺理論發展成感受基調意識的可能性。誠如上一章提到的，坎農也已證明（接續蘭格茲對內臟自主神經支配的描述），出自中樞神經系統的運動神經放電所造成的內臟變化，發生的模式既大且一致。也就是說，影響內臟的自主運動神經，依據非突觸神經網的原則運作。因此，如果內臟的一個部分以某種方式改變，那片神經網控制的整個內臟區域都會同時受到類似的影響。坎農證明了，因為有這種情況，不同的情緒和情感狀

7 W. B. Cannon and A. L. Washburn, "An Explanation of Hunger, " *Am. Jr. of Physiology*, 1912, vol. XXIX, pp. 442-445.

8 A. J. Carlson, *The Control of Hunger in Health and Disease*, Chicago, 1916, Ch. VII, p. 101, *The Sensibility of the Gastric Mucosa*.

9 E. G. Boring, "The Sensations of the Alimentary Canal," *Am. Jr. of Physiology*, 1915, vol. XXVI, pp. 1-57.

態會產生相同的內臟變化。如果內臟的變化完全相同，那麼導因於這些變化的感覺如何能不同？坎農斷言不可能，而且他推論，「某些心理學家假設用來區別不同情緒的身體狀況，看來必須在內臟以外的地方尋找。」[10]

有人可能認為，生理學家在這方面的結論會成為最終定論，但有幾位心理學家顯然受到瘋狂衝動的驅使，千方百計想把感受基調塞入感覺，他們直到最後一刻還固執地嘗試在生理學的名言中尋找漏洞。奧爾波特（Floyd Allport）就是其中之一，他表示[11]：「自主神經的頭薦部分……支配某些反應，而這些反應的返回傳入衝動，跟愉快的意識性質有關。交感神經部分則產生內臟反應，而這些反應在意識中的表現是不愉快。」坎農認為，他的結果正好精確反駁了這個概念。不過，奧爾波特試圖用自己的話，重述坎農的結果來支持內臟情感假設。奧爾波特引用坎農的話說道，愉快基調的情緒，藉由自主神經系統的腦神經和薦神經產生運動神經放電，而所有不愉快的情緒，都藉由自主神經系統的交感神經部分（胸—腰神經）均勻地放電到內臟。我很肯定，奧爾波特沒打算蓄意誤解坎農的結果，因此我們不得不猜想，奧爾波特因為對內臟情感的熱情，所以用了相當出人意料的方式**過度**解釋坎農的研究結果。因為坎農的說法是[12]：「例如，在恐怖、暴怒和強烈興奮中，內臟的反應似乎太過一致，無法提供令人滿意的方法區別（至少對人來說）主觀性質相當不同的狀態。」根據坎農的說法，恐怖、暴怒和強烈興奮會導致交感運動神經放電，產生性高潮的情緒，也會造成「焦慮、喜悅、悲傷和極度厭惡。」[13]我們可以接受奧爾波特把強烈興奮、喜悅和性高潮的情緒，視為不愉快的情緒狀態嗎？如果不能，那麼奧爾波特關於「交感運動衝動造成的感覺構成了不愉快」的理論，就會自相矛盾。同樣的，坎農也強調這個事實：各種強烈的不愉快情緒（像是極度恐懼），可能導致薦神經放電，造成大小便失禁。奧爾波特從坎農這項觀察中，一定找不到什麼來支持他理論的第二部份，亦即將愉快等同於頭薦放電造成的感覺。

在內臟—情感理論中，心理學家史密斯（W. W. Smith）的獨創性達到了顛峰[14]。首先必須說明，史密斯將他的情感元素命名為「正感受基調」和「負感受基調」，定義分別是促進和延緩對記憶詞的聯想回憶感受。他表示，這些感受「非常接近」愉快和不愉快。史密斯一開始的討論就堅定不移地投身詹姆斯—蘭格茲的情緒理論，然後進一步預設，所有情感狀態都僅僅由「體內感覺」組成。於是他的問題是：**什麼**體內感覺構成正感受基調，而構成負感受基調的體內感覺又是什麼？史密斯的答案就跟其他許多人一樣，根據的是運動衝動情況，也像其他人提到的那樣，他將正情感基調等同於和諧的運動神經放電（協作的「概念」），並將負情感基調等同於衝突的運動神經放電（對立的「概念」）。

10 W. B. Cannon, *Bodily Changes in Pain, Hunger, Fear and Rage*, New York and London, 1920, p. 280.
11 F. Allport, *Social Psychology*, Cambridge, 1924, p. 90.
12 W. B. Cannon, *Bodily Changes in Pain, Hunger, Fear and Rage*, New York and London, 1920, p. 280.
13 W. B. Cannon, *Bodily Changes in Pain, Hunger, Fear and Rage*, New York and London, 1920, p. 279.
14 W. W. Smith, *The Measurement of Emotion*, New York and London, 922.

以下是史密斯如何爭奪奇蹟締造者的地位。他試圖將這些和諧與衝突的運動衝動，以極其新穎的方式轉譯成感覺意識。他說，運動衝動是閾下（下意識）的，然而它們具有超凡的能力，能以某種很難理解的方式引起內臟感覺，正是這些內臟感覺構成了正感受或負感受的實際意識內容。史密斯表示，如果「生理機制的閾下神經支配」不相容，「就會產生體內感覺，而知覺到這些感覺會產生一種（負）情感基調。」當下意識引起體內感覺的這場戰役比較緩解時，就會產生正感受基調，這「本質上是對比效應。」這個學說實在太令人驚嘆了！奧爾波特或許修改了蘭利和坎農的說法來配合自己，他堅決主張，完全相同的內臟感覺，可能會根據引起它們的愉快或不愉快情緒而有不同；但史密斯顯然更勝一籌。史密斯不僅假設，導體的神經網類型能影響內臟的不同變化，他似乎還暗指，在這神經網內胡鬧的閾下運動衝動，能以某種方式超越自身的絕對限制，產生比最強烈的閾上衝動所能引起的情緒更強大的最終效應。這個理論萬歲、萬萬歲！願它作為紀念碑留存千古，象徵著人類勇敢但徒勞地頌揚內臟感覺的特技，能攀上什麼高度！

未解決的問題

即便從前述的簡短回顧中也看得出，許多權威基本上一致同意愉快和不愉快的潛在生理基礎。然而，儘管有這樣的基本共識，亦即感受基調取決於運動動向的聯盟或衝突，但將運動衝動轉譯成感覺意識的兩種方法都徹底失敗。一方面，事實並不支持這樣的假設：運動現象可以回溯地將自己的屬性滲入先前的感覺。另一方面，生理學家已然發現，一般公認與強烈情感基調有關的運動神經放電，無法產生足夠有效或多樣的感覺，以任何方式符合相關的愉快和不愉快感受。情感或運動神經放電如何形成意識，這個問題仍未獲得解決。

感受基調是運動意識（或運動覺）

我在前一章提出了自己的解答。我大膽地一腳踏進天使不敢涉足的地方，進入了心理學神聖禁忌長久以來看守的運動意識大門。然而，一旦進入這個禁區，就會發現情感和情緒理論的建材已經備好，隨時可以取用。接受了前述權威一致同意的結論，亦即運動促進和衝突，構成了愉快和不愉快的基礎，我只需要選擇適當的心靈粒子能量單位，這些單位必須在運動中樞（運動衝動整合之處）產生。看吧！這些運動意識的內容**就是**愉快和不愉快。如果接受運動意識的存在，就沒必要兜兜轉轉地說明運動神經放電導致的情感覺察。覺察已經出現在心靈粒子，這裡就是所討論的運動衝動起源之處。

愉快和不愉快的整合原則

來自腦中各種相關中樞的連結器神經衝動，抵達某些原始的運動心靈粒子，在那裡整合成特定導向的運動衝動。接下來，這些特定的運動衝動，被迫彼此以及與先於它們佔據最後公路的運動衝動，形成幾組隨後的心靈粒子連結。在大腦最高運動中樞與通往受神經支配的肌肉或腺體的最後神經公路之間，這一系列所有心靈粒子聯盟或對抗的整合關係，或許就存在於各種運動神經擾動之間，而這些擾動在所述的心靈粒子結合。因此，這些運動衝動的各突觸組合，應該都一定會引起運動意識的兩個主要元素（愉快和不愉快）之一，也會形成各種複雜的運動覺（與衝動關係多出的複雜性相對應）。

根據這個說法，運動心靈粒子中任兩個運動衝動的相互促進，本身即構成有意識的愉快。任何運動心靈粒子內，兩個以上運動衝動之間的對抗，則構成了有意識的不愉快。

運動覺基本元素（愉快和不愉快）的因果屬性

根據提出的理論，愉快和不愉快是運動意識的基本元素。然而，在此使用基本元素一詞，並非意指它們是衍生所有更複雜運動覺的元素或單位。在我看來，這樣理解因果關係的概念似乎有誤，這就像是，認為水的組成只有氫和氧。或換句話說，誤以為氫和氧本身就是製造水的所有原料。正確的觀點應該這麼說，組成氫原子和氧原子的簡單能量單位具有能力，當氫和氧以某種定量比例結合、形成更複雜的關係時，就會產生更加複雜的穩定能量，也就是水。這個更複雜的能量形式，確實包含氫原子和氧原子，但它也包含了僅屬於自己的額外能量單位，這在之前不存在於氫原子、氧原子或兩者之中。這個概念只不過是物理學對機械型原因和生機型原因，進行基本分析的另一個應用。作為機械型原因的氫和氧製造了水，而作為生機型原因的水，立即擁有不屬於它任一所謂元素（氫和氧）的力量。同樣的，為了清晰思考並消除對「基本元素」一般概念的偏見，似乎最好將愉快和不愉快視為簡單、整合的單位，它們能以更為複雜的方式結合，形成更為複雜的情感基調單位。因此，雖然這樣複雜的情感單位，全都可能含有愉快、不愉快或兩者兼具，但可想而知，它們一定擁有運動覺的新屬性，而這些屬性實際上不存在於愉快和不愉快本身。

對愉快和不愉快的理論可能出現的異議

愉快和不愉快是基於衝動的簡單促進和衝突，對於這個假設有什麼異議呢？有時，爭論的一個異議主張，不愉快無法基於運動衝突，因為我們有些最即刻的反應是強烈不愉快。這種論點認為，即刻的行動不可能由運動衝突造成，因此，我們會發現，強烈不愉快出現時卻沒有相應的運動干擾。然而，就像許多當前的心理學難題一樣，這種異議根據的是，無法明確解決正在討論的神經衝動情況。雖然即刻的反應，確實不是起因於先前整合的運動衝突元素，但在緊急情況下產生的即刻行動，幾乎全都會**造成**運動衝突，這也是不爭的事實。舉例來說，如果一個人沿著鄉間小路悠閒地散步，「幻想著」即將到來的愉快經驗，這時如果有輛車急速從背後駛來、按了喇叭，把這個做白日夢的人嚇了一跳，他或許就以破紀錄的速度跳到路旁。成功宣洩而出並導致跳躍的運動衝動，完全沒有減弱半分。然而，在此之前一直控制身體和心智的衝動又如何呢？就在喇叭聲響起的不久前，找到出口的大量運動神經放電猛被打斷，跳躍衝動粗暴地完全切斷運動衝動的出口。因此，運動衝突在此之前必定已然存在，而成功找到出口的運動神經放電的強度，正好說明了先前存在的運動動向是被強行中斷、不是和諧的重新調整。在危險的壓力下做出即刻且有效行動的例子，似乎提供了偏向不愉快等同運動衝動的證據，而不是提供任何違背這種認同的證據。

相反的，有人則是極力主張，愉快無法仰賴正向促進，因為由此產生的情緒似乎是各種緩慢、悠閒的類型，就像先前提到的沿著鄉間小路漫步。再者，這種異議似乎沒有完全掌握所涉及的確切神經關係。同時經過特定心靈粒子的衝動之間，相互促進的關係，不該與最終輸出路徑內產生的運動興奮的強度混為一談。事實上，福布斯和葛雷格（Gregg）已經證明，任何單一神經纖維的興奮很快就會到達正常極限，隨後強烈刺激會在神經內的正常擾動上疊加某種次級節律。[15]因此，顯然唯有在聯盟的衝動強度明顯很低時，才能發生運動衝動完全的相互促進，不受次級干擾衝動波影響。肌肉運動有多迅速與做何決定，不是任何運動心靈粒子的促進有多完全的產物，而是收縮所用肌肉的成功運動衝動有多強烈的產物。簡言之，兩個運動衝動的混合有多完全，決定了我們意識到的愉快程度到哪。運動神經放電的強度跟這件事無關，只是隨著任一衝動的強度升高，兩個以上的運動衝動按比例達到完全聯盟的困難度也越來越高。換句話說，任何身體行動越是迅速和突然，越是難以讓這個行動完全地令人愉快。

關於愉快等同運動衝動自由不受阻的放電，另有一個異議是基於這樣的論點：練習任何反應都會使其更加順暢，更不受突觸妨礙的影響。因此，特定行動越是成為習慣，產生這個行動的運動神經放電就一定越不受阻。然而，這樣的行動並沒有比不太熟練的反應更令人愉快，情感基調反而容易變得越來越冷淡。這個論點一開始的謬誤是，運動衝動的自由放電，絕不等於接合心靈粒子處的衝動相互促進。雖然習慣性行動確實會達到運動神經放電的最大自由度，但習慣性行動並非不同群的神經衝動之間促進程度最大的產物。事實上恰恰相反。一個行動越是

---

15 A. Forbes and A. Gregg, "Electrical Studies in Mammalian Reflexes," *Am. Jour, of Physiology*, vol. XXXIX, Dec. 1915. pp. 232-233.「當哺乳動物的神經幹（例如貓的坐骨神經或其主要分支〔脛神經或腓總神經〕）受不同強度等級的單次誘發電擊刺激，並用弦線電流計單相記錄產生的動作電流時，電反應的量值通常隨刺激強度升高而增加，直到刺激強度達到40 Z單位左右為止；只要保持簡單動作電流記錄的典型形式，反應就不會隨刺激強度的升高而增加。簡言之，動作電流有個最大極限值。當承載的誘發電擊強度足夠高時（通常四捨五入為200 Z左右），電反應就不再呈現簡單的曲線，而是出現隨電擊強度升高越來越明顯的變形。」

成為習慣，越容易接近低階的身體反射。也就是說，根據意識的心靈粒子理論，這些使用最少突觸並在整個單一運動突觸中持續自由放電的反射，很可能會產生任何形式的最低限度意識。然而，需要成千上百個突觸組合的運動衝突反應，很可能會導致最大程度的促進（愉快）或干擾（不愉快）。因此，習慣性行動的冷淡，再次明確證明了我提出的理論，而且似乎在各方面都與這個理論相符。

僅僅練習特定反應就能讓它變得無關緊要或不那麼愉快，這個說法與事實相去甚遠。這樣的命題猶如表示，高爾夫「小白」享受揮杆勝於最後贏得比賽，或說一個人在網球賽季剛開始的練習，比練習了幾個月後的完美表現更感愉快。事實完全不是這樣。**只要附在這個行動的意識本身沒有消弱**，特定行動的練習越是臻於完善，帶來的愉快感就越大。換句話說，只要達成這個行動的，不是內含較少量突觸和心靈粒子的機械型心理—神經反射，這個動作就不會隨習慣而趨於冷淡。

特別針對理論的運動意識所產生的異議，提出了這個說法：多數運動衝動似乎不必被迫跟任何試圖佔用公路的運動衝動形成促進或干擾的突觸關係，就能達到最終放電。如果真是如此，那我們就應該預期，幾乎所有反應都會造成冷淡的感受基調，然而事實上，幾乎所有還沒習慣或「有意識」的人類反應，都令人明顯地感到愉快或不愉快。我當然同意，完全冷淡的反應十分罕見，因此，我們的運動意識理論必須能說明，與大量反應有關的運動衝動之間，其相互促進或衝突是如何出現的。在此可以引用謝靈頓的觀點[16]，大意是，任兩個共存的運動興奮之間能否達到完全冷淡的關係值得懷疑，因為中樞神經系統中（尤其是大腦）整個突觸結構十分複雜且相互緊密連結。然而，由於這個問題非常重要，如果可能，最好找出神經系統運作的一個基本條件，然後可用這個條件來說明，為什麼幾乎所有運動衝動在達到最終輸出放電以前，都一定會形成突觸促進或拮抗。這樣的基本理由，或許可以透過檢驗有機體的生命中一直存在的連續（或緊張性）放電來尋找。

持續不斷的緊張性放電造成所有反應的初始愉快或不愉快

近期的神經學研究傾向強調緊張性運動機制（tonic motor mechanism）的重要性，這種機制持續對抗環境的力，以此維持姿勢並為適應性行動做好準備。關於去大腦僵直（decerebrate rigidity，一種病症，影響的機制與緊張性放電相關的機制一樣），謝靈頓寫道[17]：「它主要影響的肌肉是對抗地心引力的姿勢（亦即由緊張性反射維持的姿勢）所用到的那些。站立、行走、

16 「在**拋射受器**和**大腦**的弧出現的情況下，身體可能少有活動彼此完全無關的感受點。相隔遙遠的反射有何關聯，是大腦對個體的神經整合所做的最大貢獻。」C. S. Sherrington, *Integrative Action of the Nervous System*, p. 147.

17 C. S. Sherrington, *Integrative Action of the Nervous System*, p. 302.

跑步時，如果沒有臀部、膝蓋、腳踝、肩膀、手肘的伸肌收縮，四肢就會因為體重而下沉；如果沒有頸部的收縮筋，頭就會如掛著般垂下；如果沒有上提肌，尾椎、下顎就會掉下來。這些肌肉能抵抗不斷擾亂自然姿勢的地心引力。地心引力持續作用，肌肉則一直展現持續的動作：**緊張**（tonus）……

「運動神經支配出現兩個可分離的系統，由此控制兩組肌肉組織：一個系統展現出增強反應的瞬態階段（構成反射運動），另一個系統維持穩定的緊張性反應（提供**姿勢**所需的肌肉緊張）。從緊張性神經支配作為初始狀態開始，運動的第一步往往是屈曲，需要在「交互神經支配」下抑制正在進行的伸肌興奮。這會涉及興奮反應是**透過**局部反射，還是**透過**運動皮質……「緊張性系統進行抑制的時候，就能對既存的姿勢做出返回運動，從而參與交替運動和補償反射。這兩個系統（即緊張性和動態反射〔phasic reflex〕系統）共同合作，對肌肉組織的各個不同單位產生互補的影響。」

因此，很顯然，成功脫困到達運動出口的**每一個**動態（或瞬態）運動衝動群，以及受此影響的身體行為，必須先與現存的緊張性放電相衝突（抑制），不然就是促進（與其合作）其他持續的緊張性衝動。謝靈頓表示，無論動態反射利用的是哪一層級的反射中樞，從最低（局部反射）到最高（運動皮質）都一定會發生相同的促進或對抗。既然如此，倘若每次運動中樞出現聯盟或對抗的關係時，愉快和不愉快都以心靈粒子運動能量的形式產生，那我們就必須假設，在每個最終身體反應之前，都會先有某種愉快或不愉快，因為在各個最終反應之前，引發它的運動衝動本身，被迫與既存的緊張性放電聯盟或對抗。

這樣的結果，似乎恰恰相符於我們批評感受的運動覺理論時所引用的經驗事實。然而，我還想做點補充：如果動態衝動和緊張性衝動之間出現最少突觸接合，且反應也缺乏動態衝突之間任何大量的相互關係，愉快或不愉快可能會輕微到主體無法觀察。此外，如果反應類型是連結器衝動的相互關係佔主導，那就幾乎沒有能量逸入最終輸出路徑，所以也就不太會有觀察得到的情感基調。如果「思考」是基於神經的這種連結器相關類型，那或許就能說明它明顯的情緒冷淡。

總結

總而言之，似乎有傑出的神經學權威認為，愉快某種程度附隨中樞神經系統中自由、不受阻的衝動放電，或正向、相互促進的衝動。類似權威也表示，不愉快跟衝動的主要障礙、停滯或相互干擾有關。黑德與福爾摩斯證實了這個結論，他們的研究指出，與情感基調並行的衝動促進和干擾，一定發生在中樞神經系統的運動中樞，而不是出現在感覺側附近。明顯的過度反應（亦即運動反應放大）會伴隨愉快和不愉快升高，但感覺整合或受器機制卻沒有改變。

於是，心理學長久以來一直面臨這個問題：我們如何意識到運動衝動的聯盟和衝突？最先嘗試的回答，是企圖將感受視為感覺的真實面向，並且試圖建立某種心理—神經機制，運動現象透過這個機制可以回溯地影響先於它們的感覺。然而，似乎沒有像這樣的機制存在。解決這個問題的其他嘗試，企圖擱置據說是由初始運動衝動引起的特殊感覺群，斷言這些感覺單位不是以感覺進入意識，而是作為情感基調進入意識。內臟感覺向來是各選擇中最受偏愛的。但十分稀少而且微弱的內臟感覺，無法經由中樞神經系統的運動放電選擇性地引起，因為自主神經網（只在大範圍興奮）介入了中樞神經系統和內臟之間。相同的內臟感覺會產生愉快和不愉快的情緒。

意識的心靈粒子理論沒有任何迴避，直接了當地回答這個問題。這個理論認為，**在運動突觸發生的當下**，我們便意識到運動聯盟和衝突。一旦在運動心靈粒子形成了超過兩個運動衝突之間的相互促進關係，**就是**愉快。而當運動對抗的關係也像這樣形成時，**就是**不愉快。我們檢驗幾種異議所提出的證據，得出了這個事實：所有資料都與這個理論密切相符。

第六章 初級情緒的整合原則

前一章提到了，所有動態運動衝動都被迫與緊張性運動衝動結合或衝突，以一種我們或許簡單稱為自然反射平衡的模式持續放電。[1]製造愉快和不愉快的過程中，我們假定動態和緊張性衝動之間存在一種性質單純的關係，亦即簡單的一對一關係。如果這種極度簡單、一對一的關係實際存在，那麼除了緊張性和動態衝動之間存在的聯盟和對抗程度，等式中應該沒有其他變項。在這樣理論上簡化的等式中，我們應該可以找到純粹的愉快或純粹的不愉快，不會因為兩個單位的量集合而成任何更複雜的因素。不過，在我們考慮動態衝動和緊張性衝動（其中一群衝動的量明顯佔優勢）結合的當下，一組新的整合關係就顯現出來。

回顧化學中出現的相同情況，我們或許注意到，對照各種化學原子間一對一的關係，僅能顯示受檢原子內部結構之間的差別性或相似性，但如果改變集合中某一類原子的數量，就會出

1 謝靈頓用「反射平衡」來描述，中樞神經系統在緊張性放電受間斷性再發反射干擾之後回復的狀態。Sherrington, *Integrative Action of the Nervous System*, p. 203.

現一組必須描述的新現象。也就是說，我們必須注意兩個氫原子與一個氧原子接觸的屬性。這組新的現象名叫化合物，關於各類型原子如何與另一類原子結合，可以根據各化合物使用的原子數量，排列出一長串的化合物。各類型原子之間所有可能的化合物，整個系列可以排成一端是盡可能含有最少量原子（彼此間的吸引力最大）的化合物，而在另一端呈現含有最大量原子（彼此間的排斥力最大）的化合物。

關於強度各異的緊張性和動態衝動組合如何整合，我們首先面臨的問題在於，找出各種組合中不同強度引起什麼變化的一般原則。更具體地說，重要的是盡可能找出聯盟和對抗的動態衝動強度較高或較低，對於緊張性放電的總強度會造成什麼影響。我們已經提過，動態衝動群的聯盟或對抗，對於緊張性衝動與動態衝動聯盟或對抗的傾向產生了何種效應。其次，我們可以尋找動態衝動群的相對強度，對於緊張性放電的總強度會造成什麼影響。為了找出這些整合的基本原則，必須檢驗緊張性反射的本質，及其增強和減弱的機制。

緊張性機制

我們在上一章提到，緊張性反射的目的在於抵銷環境的力，像是地心引力、大氣壓力等等，若非如此，有機體生存和活動所需的姿態就會受到徹底破壞。因此，適當的受器或感覺器官，會與放電到那些肌肉的緊張性運動中樞連結，目的是選擇性地對需要抵銷的環境力做出反應。三半規管（或許還有其他也受地心引力影響的受器）快速地隨頭的姿勢變化做出反應。平衡感引起的運動神經放電，通常會產生支撐頭部和身體維持平衡狀態所需的肌肉收縮。這是緊張性機制的正常或反射平衡，隨著引力或使身體失去平衡的動態反射強加在身體的任何類似影響升高，三半規管的刺激強度也立刻跟著升高。接著就會透過緊張性中樞，補償性地增加運動神經放電，一直持續到身體恢復正常的平衡。

我們或許也該考慮另一種不同的緊張性機制，這種機制的運作，獨立於剛剛討論的平衡反射。謝靈頓[2]證明了，身體的骨骼肌具有某些本體感覺器官，會受肌肉本身內部的緊張刺激。這些刺激導致運動神經放電回到肌肉本身，結果就是肌肉受到越來越高的收縮刺激。舉例來說，假設將患有去大腦僵直的實驗動物放在支架上，這樣一來，伸出的四肢和尾巴就沒有外力支撐，而是靠著剛剛討論的緊張性反射，僵硬地保持四肢和尾巴伸直。此時，如果實驗者用力拉動一隻手或一隻腳，方向則與緊張性運動放電造成的伸肌收縮相反，就會發現伸肌收縮的強度升高。當壓力消除之後，肢體會回到比原來姿勢更極端的狀態。

如果透過電刺激造成一種介入反射，同樣將肢體往相反於緊張性放電造成的姿勢方向移動，確實也會出現相同的結果。由此證明，無論受到被動操弄、還是動態反射讓肢體往反方向

2 C. S. Sherrington, *Integrative Action of the Nervous System*, pp. 300 ff.

伸展，都會產生這個現象。如果這個肢體的傳入神經被切斷，那輸出放電就會減弱或完全消失，這意味著，緊張性放電的增強，仰賴肌肉裡升起的感覺衝動，而肢體隨著施加其上的壓力越來越緊張。或許，當運動是由動態反射刺激引起時，也有某種整合作用等同這種機制效應。福布斯、坎貝爾（Campbell）和威廉斯（Williams）[3]使用電流計，測量反射收縮時，肌肉緊張升高所產生的動作電流。他們證明了，肌肉的反射收縮會引起一連串的本體感覺傳入衝動，而當肌肉收縮遇到試圖擺脫的阻力升高時，就會引起另一連串的傳入衝動。

緊張性機制的重要性

我們可以簡短討論一下，中樞神經系統的整體運作，有多大程度仰賴反射神經興奮的緊張性和動態系統之間的交互作用。

大腦和脊髓僅僅像是分別串連的電話線，突觸位置有開關鍵，這種心理—神經概念正快速地消逝。海瑞克[4]表示，「但反射的概念不像所有人設想那樣是把萬用鑰匙，能夠打開大腦和心智的所有秘密，近來這個概念受到了非常深入的生理分析。」此外，他又表示，「各個像這樣的反射系統，其中所有部分都透過神經纖維的分支和相關神經元，緊密且多樣地彼此相連，也與其他系統的部分如此相連，這能夠為任何典型或主要反射模式的無限修改提供些解剖機制。在任一特定反應中，這些交叉連結中有哪些（如果有）會被活化，取決於當下起作用的外在和內在因子的集合。」

顯然，任一時刻起作用的最重要內在因子，是持續激發大片腦部、脊髓和周圍神經幹的各種緊張性能量單位。人們早就知道，小腦主要負責維持恆定的緊張性運動神經放電，這是確保身體處於自然平衡狀態所必需的。小腦起初被稱作「平衡的腦」。海瑞克[5]指出，「它的皮質似乎是潛在神經能量的大型貯存庫，需要時可以放電到任何神經運動裝置。它保持穩定的作用，或許可以相比於大型輪船中陀螺儀的功能，藉由抵銷風浪的狂暴猛擊，確保船隻在航道上平穩前進。」

謝靈頓已經證實，不光是小腦被視為緊張性放電的主要器官，腦幹的某些中樞，也與維持緊張性運動放電有關。謝靈頓發現，去大腦僵直似乎代表，除去了正常抑制調節的自然反射平衡狀態，這種狀態無法透過切除部分小腦來消除。[6]

---

3 A. Forbes, C. J. Campbell, and H. B. Williams, "Electrical Records of Afferent Nerve Impulses from Muscular Receptors," *American Journal of Physiology*, 1924, vol. LXIX, pp. 238-303.

4 C. J. Herrick, *Neurological Foundations of Animal Behavior*, pp. 234-6.

5 C. J. *Herrick, Neurological Foundations of Animal Behavior*, pp. 242.

6 C. S. Sherrington, *Integrative Action of the Nervous System*, p. 302.

心理學家萊士利（Lashley）[7]則發現，大腦皮質本身跟維持緊張性放電有很大的關聯。他表示：「可刺激的大腦皮質有個正常功能是為促進的衝動提供基礎，透過更精細分級的衝動以某種方式激發最後公路。」（這種衝動源自於動態反射。）

出自近期著作和研究報告的這幾段引文可用來證明，許多心理學家長久以來抱持的概念已站不住腳，也就是認為，中樞神經系統是一團惰性傳導材料，其中的環境可能使動態反射與奮只受正巧同時激發的其他動態興奮控制。更貼切的比喻是將中樞神經系統描繪成一個強有力的發電機，在有機體的一生中高速且規律地產生能量。環境時不時引起的動態興奮，則被認為是放在控制這台發電機的旋轉開關上的手。某個動態影響會提高發電機的速度，其他的或許降低了它的速度。有些動態衝動可能減少導體中已受發電機供電的反應，而其他的動態衝動或許增加了這樣的興奮。然而，除非地球本身的力學定律和化學定律完全失效（亦即除非地心引力、溫度、氣壓等不再對有機體施加自然的影響），否則不管有機體所處的特定環境有何微小變化和影響，中樞神經系統這台偉大的發電機，都會日日夜夜、時時刻刻努力達成緊張性運動放電的配額。

至於發電機產生的能量，必須透過什麼特定的出口與環境接觸，很大程度由瞬態動態反射決定。

海瑞克表示[8]，「顯然，決定哪些特定的運動中樞會接收來自小腦的神經衝動放電，與其說是小腦中發生的事，不如說是神經系統其他部分實際發揮作用的系統……在腦幹中起作用的迴路，很容易攫取和利用小腦的放電。」

萊士利提出的證據呈現了一個結果，徹底撼動了舊時的電話線理論。萊士利訓練動物形成某些確切的運動習慣，然後除去牠們的大腦運動中樞，結果發現，前往特定肌肉的衝動不是從大腦所謂的運動區經由錐體束離開。[9]他在後來的研究中推斷，動態運動衝動是從皮質經由額外錐體路徑離開，從而產生「差別更細微的適應性運動」。[10]這可能意味著，如果根據不完全的結果猜測，運動區本身主要負責將緊張性放電持續送往全身各處的隨意肌，讓這些不同的肌肉，全都或多或少維持在連續興奮的穩定狀態。每當一塊肌肉收到比另一塊更多的緊張性能量，使這種反射平衡發生變化，就會產生適應性身體運動。接著，動態或瞬態環境刺激會像控制桿上的那隻手，將緊張性放電從一塊肌肉稍微變換到另一塊肌肉。若要在神經系統內完成這個效應，可以透過在適當的突觸增加緊張性放電本身，或是促進能量經由動態和緊張性運動衝動的共同神經路徑和突觸來傳播。

7 K. S. Lashley, " The Relation between Cerebral Mass Learning and Retention," *Journal of Comparative Neurology*, August, 1926, vol. 4.

8 C. J. Herrick, *Brains of Rats and Men*, Chicago, 1926.

9 K. S. Lashley, "The Retention of Motor Habits after Destruction of the so-called Motor Area in Primates" *Archives of Neurology and Psychology*, 1924, vol. XII, p. 249.

10 K. S. Lashley, " The Relation between Cerebral Mass, Learning and Retention," *Journal of Comparative Neurology*, August, 1926, vol. 41.

整體而言，近期研究看似將恆定的緊張性運動能量描述成相當穩定的大量運動神經放電，可以「擄獲」名為動態衝動的瞬態運動能量單位，亦或被動態衝動「擄獲」。

這種動態衝動「擄獲」緊張性運動放電、或緊張性衝動「擄獲」動態興奮，一定發生在適合最終出現反應的心理─神經層級的運動突觸。由於緊張性運動能量不斷放出，這些中樞裡的所有心靈粒子在接收動態衝動以前，必須處於持續的興奮狀態。因此，根據意識的心靈粒子理論，腔腸動物以上的所有動物（亦即具備突觸神經機制的動物），從出生前直到死後（至少是由醫學證明定義的「死亡」），勢必存在某種運動（情感）覺察的殘留物。通常，這種殘留的運動覺，應該是無所不在的微微愉快感受，因為來自不同緊張性機制和不同緊張性中樞的運動衝動通常必須嚴密有序地聯盟，由此在共同的心靈粒子中提供了某種持續增量的相互促進。正常個體存有這樣持續的愉快背景，跟我從絕大多數受試者、朋友和學生得出的研究結果（實驗、臨床分析和內省報告）相當一致。這似乎是「生活樂趣」的基礎。體驗到它的存在，似乎讓多數還活著的人（至少是華生[11]所指的不因畏懼自殺工具而壓抑的那些人）不想自殺。

「運動自我」和「運動刺激」的概念

為了方便，因為反射緊張性運動神經放電，而在任一特定時刻存在於有機體內的心靈粒子

（突觸）興奮總和，或許可以稱為「運動自我」（motor self）。這個術語的定義，並不包括任何無法客觀描述或表明的現象。

與緊張性運動興奮形成心靈粒子（突觸）接合的動態運動衝動，或許可簡便地稱為「運動刺激」（motor stimulus），它們與運動自我的關係，完全等同傳入衝動與有機體感覺機制的關係。由此客觀定義的運動刺激，在任何情況下都不該與環境刺激混為一談，環境刺激或許可以定義成，作用於有機體感覺受器的力或物體。

運動自我對運動刺激的反應原則

接著我們可以運用剛剛定義的術語，總結目前所得出運動自我和運動刺激之間的可能關係：在中樞神經系統任何層級的運動心靈粒子內，運動刺激可能先與運動自我聯盟，或是與之對抗。這樣的運動刺激，接著會引起運動自我相應的聯盟或對抗。由此產生的情況（神經學家所說衝動的相互促進或衝突），隨即作為愉快或不愉快的運動覺進入意識。這種運動覺如果是愉快，就會加進構成運動自我的正常、既有愉快；如果是不愉快，就會減弱或取代運動自我的

11 J. B. Watson, *Behaviorism*, New York, 1925, pp. 147-8.

正常愉快。

但如先前提到的，極難找出一種情況是相互促進或對抗的關係獨自存在，完全不對運動自我現有的強度產生額外影響。這種情況需要運動刺激的強度完全等同運動自我的強度[12]，才能引起最終的簡單聯盟關係，而在刺激和反應物之間不存在其他關係。既然如此，因為多數情況下，運動刺激和運動自我之間的強度存在差異，我們的分析顯示，單純愉快或相互促進以外，通常還能找到第二種一般類型的複雜關係。

運動自我和對抗性運動刺激（較低和較高）

於是，我們首先試圖尋找一般原則，藉此了解運動自我的強度或量如何變化，以回應強度或量高於或低於自身的對抗性運動刺激。接下來的討論所使用的「低」和「高」，意指的是「運動刺激的量或強度低於**運動自我**現有的量或強度」，以及「運動刺激的量或強度高於運動自我現有的量或強度。」我們在簡短討論調節的緊張性機制時提到，緊張性放電可能會增加或減少，以此回應影響身體平衡或緊張性神經支配的肌肉緊張的反作用力。這種身體平衡或肌肉緊張的變化，無論引起改變的影響是什麼，都很容易**增加**緊張性運動放電的強度。於是可以假設，在我們至今考慮的所有緊張性放電增加的情況中，運動刺激的強度**低於**任何競爭的緊張性運動衝動的強度，後者成功佔有了通往肌肉的最後公路。因為若非情況如此，那該如何藉由相關肌肉的收縮增強，測量緊張性放電的增加呢？

也就是說，如果相反的運動刺激試圖通過最後輸出公路抵達屈肌，而此一公路在刺激出現時正被緊張性運動衝動（利用最後公路抵達對抗的伸肌）佔有，此外如果我們發現動態運動刺激介入的結果，是伸肌的收縮增強，那我們必須假設，**緊張性衝動或運動自我完全掌控了**前往最後公路**的新加入心靈粒子**。**這似乎意味著，相較於已經存在的緊張性運動放電，運動刺激沒那麼強或沒那麼有力**。如果運動刺激的強度高於運動自我，它就會剝奪緊張性衝動對這些心靈粒子（即前往最後公路**的新加入心靈粒子**）的控制權，那我們應該觀察到屈肌的收縮、而非伸肌的收縮增強。既然如此，我們可以假設，**強度低的運動刺激會導致運動自我增加**。

在謝靈頓報告的實驗中，實驗者在狗的腿上往屈肌方向施加物理壓力，以此增加伸肌的負荷，結果發現對抗性刺激的物理優勢，確實無法剝奪運動自我對抵達伸肌的路徑的控制權。不過，**物理上優勢的力**，除非引起了介入性動態反射，否則當然不可能擁有任何整合力量或重要性，而狗腿的這種特殊短暫運動並未達到這點。當電刺激引起的動態反射強度大於緊張性放電的強度時，在介入性反射持續期間，進入伸肌的緊張性放電會被削弱，直到它對獲勝的動態反

12 必須強調這個事實：構成這種一對一關係的可能不是兩者的強度絕對相等，而是**相對於**緊張性和動態衝動的反應力有相等的強度，根據謝靈頓的說法，前者比較容易受到干擾。比較緊張性興奮和動態興奮之間的強度時，永遠都要考慮跟測量相對性有關的這種限定。

射對手不再施加明顯的削弱力量。[13]既然如此，事實似乎是，在強度高的運動刺激持續期間，成功的介入性**動態反射如果強度高於現有緊張性放電，會造成這個緊張性放電（和運動自我）減弱**。

因此，我們發現，運動自我和運動刺激之間強度關係的一般規則似乎如下：

(1)**強度低於運動自我的對抗性運動刺激，會引起運動自我的強度增加反應。**

(2)**強度高於運動自我的對抗性運動刺激，會引起運動自我的強度減少反應。**

運動自我和聯盟性運動刺激（較低和較高）

此外，我們也必須考慮，運動自我強度變化的同一原則，是否適用於運動刺激與運動自我聯盟，因為至今考慮的兩種運動刺激，對於最後公路的影響都跟運動自我對立。剛剛引用的福布斯、坎貝爾和威廉斯的實驗指出，與緊張性放電**聯盟**的介入性反射，在對共同支配的肌肉產生最終效應時，往往會有**增加**緊張性放電或運動自我的相同效果，誠如我們已知的，這是強度較低的對抗性運動刺激介入的結果。就我們所知，在前述的實驗類型中，如果以自然的方式在正常動物身上引起運動刺激，引起的刺激量會等同或少於既存的運動自我。如果對已處於緊張性收縮狀態的任何肌肉施加更大負荷（就像狗的腿被動地被謝靈頓往反緊張性方向移動），產生緊張性放電增加的效果，就跟介入的是量較低的聯盟動態反射最終產生的效果相同。

謝靈頓對反射神經元—肌肉狀況在緊張性增強方面的描述如下[14]：在討論的案例中，膝蓋的伸肌構成了緊張性衝動放電產生效應的器官。加上適當校準的重量，被動地拉伸這條肌肉時，肌肉纖維裡的受器會引起傳入衝動。這些興奮進入脊髓，然後會從脊髓出現輸出的緊張性增強衝動，經由輸出軸突幹，返回最初引起反射的肌肉。由於這種運動神經放電，受刺激而收縮的單一肌肉纖維數量比先前更多。因此，施加肌肉的對抗重量得到補償，整體肌肉就恢復到跟施加重量以前幾乎一樣的狀態。

單一肌肉纖維無法進行部分收縮，每條纖維的收縮不是程度最大、就是完全沒有。因此，緊張性增強採取的形式，永遠都是讓更多條單一肌肉纖維發揮作用。據推測，在輸出神經中，單一軸突纖維支配單一肌肉纖維。因此，總體肌肉收縮取決於收縮的單一肌肉纖維的最大數量，這點取決於興奮（根據神經傳導的全有全無定律，不是最大程度就是完全沒有）的單一軸

13 謝靈頓後來發現，「抑制後反彈」與抑制的緊張性活動量沒有相關性，因此反彈不能單獨歸因於，介入性刺激在控制最後公路期間持續累加的緊張性能量。然而，這種反彈明顯代表了對介入性運動刺激的次級中樞反應，這是因為動物的腦半球缺失時發生的原始整合。抑制後反彈，或許可以解釋為緊張性能量的隨後再現，而不是在較強運動刺激受到控制時，運動自我的增加。

14 這個資料摘自作者在謝靈頓爵士於紐約醫學院演講時所做的筆記，New York City, October 25, 1927.

突纖維數量，根據謝靈頓的說法，接下來這取決於抵達運動中樞的神經興奮量，輸出纖維在此接收刺激而興奮。

謝靈頓有證據顯示，運動中樞內，各條運動纖維都有個別的突觸興奮閾值。抵達運動中樞時，傳入增強擾動立即「掌控」最大數量的運動纖維，然後不再控制突觸閾值最高的那些纖維，並在一段時間內繼續活化閾值較低的運動纖維。

既然如此，假設一個強度小於現有緊張性放電的聯盟運動衝動，從中樞神經系統中高位神經中樞內的其他某個來源抵達同一個運動中樞。這個聯盟性運動刺激能夠「掌控」的單一輸出神經纖維，顯然無法跟已被運動中樞的總緊張性興奮活化的一樣多。然而，還有尚未使用的潛在緊張性興奮，從伸長的肌肉纖維經過傳入神經進入運動中樞。這種潛在的增量，本身無法成為活躍的心靈粒子（神經元間）興奮，因為無法超過仍待活化的輸出纖維的突觸閾值。不過，這種潛在、尚未使用的緊張性能量，應該透過它和它的新盟友（強度低的聯盟性動態運動刺激）之間的相互促進來釋放。因此，潛在的緊張性增量變成活化的心靈粒子衝動，穿過閾值相對高且迄今仍休眠的運動纖維，**從而透過等同強度低的聯盟性運動刺激強度的增量，增加運動自我的強度**。

另一方面，假設抵達共同運動中樞的聯盟運動刺激，強度高於現有的運動自我（或實際穿過輸出突觸的緊張性興奮）。一開始，或許會釋放完全相同的潛在緊張性增量。然而一旦強度高的盟友掌控了輸出纖維的全部額度，必然會產生一種新的現象。興奮的單一軸突纖維更多，而收縮的單一肌肉纖維比補償的緊張性增強所需的總量更多。也就是說，對肌肉持續施加的補償重量，將會超出完成補償的量。如果完成補償需要全部肌肉纖維的二五％，而實際上被強度高的聯盟性運動刺激縮短的，是全部纖維的三五％，那麼負荷施加在肌肉的張力，將會分布在更多的單一纖維之間，因此各纖維承受的張力相應地減少。

伴隨各肌肉纖維承受的張力減少，各肌肉纖維內本體感覺器官的刺激強度也降低，送到運動中樞的傳入增強興奮總量會相應地減少。隨著這樣的減少，緊張性興奮本身掌控的輸出神經纖維數量也較少，源於緊張性的心靈粒子興奮總強度同步降低。因為這種心靈粒子興奮就是運動自我，於是我們發現，**強度高的聯盟性運動刺激最終會減少運動自我的強度，減少的量等於盟友高出的量**。

事實上，這種理論預測的結果確實會發生，最清楚的跡象就顯現在「性」（愛）激情期間，肌肉緊張性和緊張性放電產生的其他身體結果明顯減少。在這段期間，可以輕易觀察到身體無力和虛弱的徵象，特別是在女性身上，同時激情本身也被認為是最強烈且遍佈全身的感受。莎芙（Sappho）的不朽詩句，恰如其分地描述了這種完全臣服於力量強大的愛人而削弱自我的表現：

「因為只要看你一眼，我就無法言語，我的舌頭完全失靈，一股微妙的火花立即在我皮下竄動，我的眼睛看不見、我的耳朵嗡嗡響，汗水傾洩而下我渾身戰慄；我比枯草還蒼白，瘋狂中我看來猶如死屍。」[15]這樣的描述顯示，出現了緊張型運動神經放電（「流汗」等等），但運動自我本身逐漸地削弱（猶如死屍）。

此外，性愛興奮期間記錄到的收縮壓，有時會在性高潮前的短時間內，呈現逐步且大規模的下降。收縮壓這樣下降，或許顯示緊張性維持的心跳強度已經減弱，不是因為運動自我的抑制作用，而是緊張性放電普遍地減少。

這種心血管現象無論該如何解釋，全身上下的肌肉緊張性降低，似乎確實就是緊張性放電變少的明顯徵兆。這種運動自我的減少不會在性興奮一開始立即發生，男性、甚至極其激情的女性身上也沒那麼頻繁出現，除非是在最有利的情況下。這個現象似乎取決於，整個性愛刺激產生的動態運動放電量是否超過某個閾值。當這個運動刺激的量變得足夠大時，運動自我就會出現減少的徵象，有時甚至非常突然地發生。這種情況，難道不是在性的運動放電總量超過了聯盟緊張性衝動的量時發生的現象？

如果我們前述的分析無誤，那我們就會發現，**運動自我遵循一般原則，亦即增加自己強度的量，來回應強度低於自己的運動刺激，無論運動刺激跟運動自我的關係是聯盟還是對抗**；我們也發現，在回應強度高於自己的運動刺激時，**運動自我會減少自己強度的量，無論運動刺激跟運動自我的關係是聯盟還是對抗**。

運動自我與聯盟性刺激和對抗性刺激的心靈粒子關係之間的差異

然而，此時應該注意的是，整合運動自我增加或減少時，在運動心靈粒子發生的實際現象，是與運動刺激相互促進、還是相互對抗，這兩種情況必須分開考量。當運動刺激跟運動自我的關係是對抗時，這場衝突的勝利者贏得通過心靈粒子進入最後公路的權利，但似乎沒有神經學證據證明，在這樣的衝突中，勝利者有力量迫使輸掉的衝動改變它的節奏或衝動率，以此符合並促進勝利對手的衝動率。然而，在我們討論的衝突中，運動自我獲得了幾乎完全相同的結果，因為它在贏得勝利的過程中增強了自己，強度增量就跟它擊敗的對手一樣大。因此，雖然較弱的對手實際上並沒有變成征服者的性質和模式，但勝利者自身性質或模式的強度或量，增量跟失敗者的刺激強度完全一樣。

而當勝利者是運動刺激時，發生的結果跟剛剛討論的不太一樣。當運動刺激獲勝進入共同路徑時，它沒有自己增強的機制[16]，因此維持跟一開始完全相同的強度。在這樣的情況下，運動自我的減少，代表的是重新調整緊張性放電，允許勝利的運動刺激保持自身特定的路線，而不是與運動刺激的勝利成比例的失敗。簡而言之，運動刺激獲得公認的勝利，自身卻沒有任何

---

15 Second Sapphic fragment, H. T. Wharton, *Sappho*, London, Reprint of Fourth Edition, 1907, p. 65.

16 根據謝靈頓近期在前述演講中的說明，膝蓋的屈肌（反緊張性肌肉）不具有自己逐漸增強的機制。

增強。接下來是重新調整運動自我，如果完成整合，就會恢復全面整合的和諧。憑藉這樣的調整，運動自我的所有部分（除了已被打斷的）和運動刺激都能依循自身的路徑前進，不會互相干擾。

然而，在運動自我和運動刺激真正聯盟的情況下，無論哪個盟友的量佔優勢，都會繼續跟對方結合。當運動自我以減少來回應強度高的聯盟性運動刺激時，它不會像以前那樣讓到一旁，允許勝利的運動刺激不受阻礙地繼續前行。減少的運動自我，即便因為勝利的運動刺激出現而變小，仍必須繼續幫助勝利者越過共同的心靈粒子，進入最後公路。因此，這種關係看似幾乎是對抗性整合的相反。在對抗性整合中，勝利的運動自我，增加的量等同於對手的量。不過，在對抗中勝利時增加的運動自我，無法與它擊敗的對手保持進一步的關係；而在聯盟中失敗時減少的運動自我，必須繼續與它勝利的盟友維持輔助的結合。

如果運動自我與較弱的盟友結合而增加，聯盟的高低成員之間，也存在同樣的持續接觸。這種整合情況幾乎（但非完全）與對抗性整合相反，在對抗性整合中減少的運動自我，隨後被迫為了贏得路權的對手做出調整。在對抗性整合的情況下，重新調整後的運動自我，可能恢復自身運動放電的內在和諧，而勝利的運動衝動本身的量如果足夠，可能個別地彼此促進。但這不會影響運動自我與勝利對手之間任何的心靈粒子接合。然而，在相反的聯盟性整合中，因為勝利而加大的運動自我，會在關係持續期間繼續獲得盟友（同樣也加大）的輔助促進。

運動自我與運動刺激之間整合關係的「情緒環」

如果上述關於基本整合原則的描述是正確的，那我們現在已完整分析了自我調節機制，透過這個機制，緊張性運動放電（或運動自我）一旦在前往最後公路的心靈粒子接觸了動態反射（或運動刺激），就會重新自我調整，這條最後公路是通往那些用來維持身體正常姿勢的肌肉。根據這個分析，我們發現似乎有兩個整合原則，無論其中一個如何與另一個結合，兩者都獨立運作。這兩個原則的說明如下：

一、運動刺激對運動自我的聯盟和對抗，會引起運動自我相應的聯盟和對抗。

二、運動刺激的強度或量較低，會引起運動自我的強度或量增加；而運動刺激的強度或量較高，會引起運動自我的強度或量減少。

因此，對抗性運動刺激可能具有較低或較高的強度，而運動自我的反應可能是**對抗的態度，以及增加或減少自身的強度**。同樣的，聯盟性運動刺激可能具有比運動自我較低或較高的量，而運動自我的反應可能是**聯盟的態度，以及增加或減少自身的強度**。

為了方便起見，可以將運動自我的強度以及運動刺激的強度，想成一個恆定或平衡的等式。從這個等式的一側移除任何強度或量，都必須在另一側加上這些值，以保持等式平衡；而從一側減去任何強度或量，同樣必須加在另一側以再次平衡等式。

現在，如果以各種可能的方式結合上述兩組整合關係，我們會得到一系列連續的運動刺激，以及一系列相應的運動自我反應。系列中的每個反應都與前一個不同，之間的和諧程度以及強度或量差異程度存在最小可覺差（just noticeable difference）。圖3上方呈現了這樣連續分級的一系列運動刺激或運動自我反應。

整個系列可以用圓圈表示，就像剛好可區辨的色覺系列以圓圈表示，這個色覺圓圈通常被稱為「色環」或「色錐」。色環的四個方向分別放了四個原色，代表整個系列的轉折點，特定類型的顏色變化在轉折點達到了最大程度。在這之後，色調開始轉往新的方向改變。

以完全相同的方式表示，D、I、S和C分別代表整合情緒系列的節點。每一個點分別代表兩組整合關係之一的一種變化，達到了最大程度並且開始改變。

因此，圖頂端的D點代表運動刺激和運動自我之間對抗關係的最大值。

圖3——大寫字母D、I、S、C表示運動自我的反應。在**運動自我**內圈字母附近的加號（＋）表示反應期間**自我**的**增加**，而減號（－）表示**減少**。

運動自我和運動**刺激**之間的箭頭表示，反應期間這兩個元素之間的關係。相對長的箭頭表示那一個元素佔優勢（也用附近箭頭的加號或減號表示）。箭頭指的方向相反，表示**自我**和**刺激**之間的關係是對抗；箭頭指的方向相同則表示聯盟。

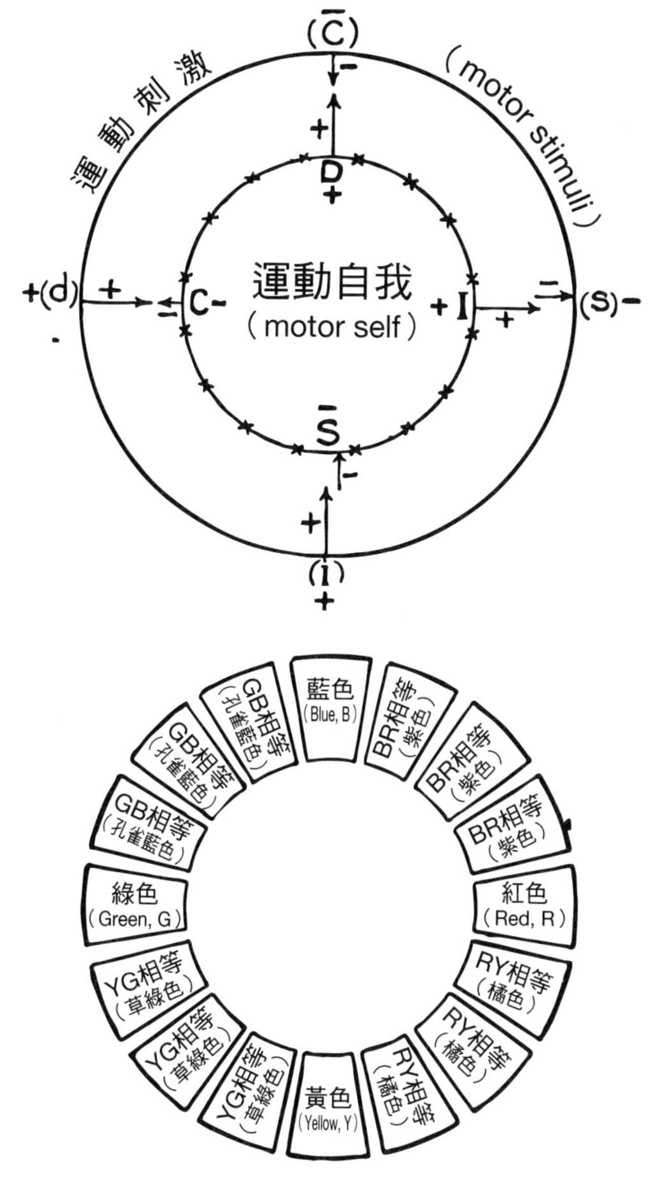

圖3 「情緒環」和「色環」[17]

17 這些中間色的名稱出自孟塞爾（Munsell）。（參見A. H. Munsell, A Colour Notation, p. 35.）

小寫字母（c）、（s）、（i）、（d）表示足以引起各反應的**刺激類型**；**刺激**（c）與**自我**的關係，就跟C點的**自我**與刺激的關係相同，以此類推。小寫字母附近的減號（－）表示**自我**對它起作用所導致的刺激**減少**，而加號（＋）表示刺激**增加**。

色環上標出藍色（B）、紅色（R）、黃色（Y）和綠色（G）的四個節點或顏色，分別對應於情緒的四個節點：支配（Dominance）、引導（Inducement）、順從（Submission）和服從（Compliance）。原色和原色之間單純關聯的初步研究，顯示了整合原則的同一性（參見*Psyche*, October, 1927, p. 4）。

運動自我環上標示「x」的點，意指反應的最小可辨差，在D、I、S、C節點之間的x，相當於色環上的紫羅蘭色、紫色、胭脂紅色等。

當我們從D順時針往I點前進時，這種對抗持續減少，直到I點出現聯盟關係。然而，同樣是在I這點，運動刺激強度的減少和運動自我能量的對應增加達到最大值，開始往相反的關係改變，決定性的變化最先出現在S點。在最低處的節點S，運動刺激和運動自我之間的聯盟關係達到最大值，繼續順時針往C點前進時開始降低，到了C點聯盟關係完全消失，而對抗關係重新出現。在C點上，運動自我強度的減少和運動刺激強度的增加達到最大值，再次往相反的關係改變，直到起始的D點，又回到了對抗關係。

從節點C（圖的最左邊）開始，我們可以將圖中的節點或主要點的關係和反應總結如下：

C

運動刺激……

(a) 與運動自我對抗。

(b) 強度高於運動自我。

運動自我的反應

(a) 與運動刺激對抗。

(b) 強度減少。

D

運動刺激……

(a) 與運動自我對抗。

(b) 強度低於運動自我。

運動自我的反應

(a) 與運動刺激對抗。

(b) 強度增加。

I

運動刺激……

(a) 與運動自我聯盟。

(b) 強度低於運動自我。

運動自我的反應

(a) 與運動刺激聯盟。

(b) 強度增加。

S

運動刺激……

(a) 與運動自我聯盟。

(b) 強度高於運動自我。

運動自我的反應

(a) 與運動刺激聯盟。

(b) 強度減少。

我們現在已準備好完全客觀地定義「初級情緒」這個術語。首先我們必須回顧一下，根據意識的心靈粒子理論，上圖呈現的運動刺激和運動自我之間的所有關係，**在它們以心靈粒子衝動的形式，出現在中樞神經系統中適當的運動心靈粒子時**，構成了**運動意識的複雜單位，也就是情緒**。藉由客觀地定義組成這些心靈粒子能量單位的元素，我們實際定義了不同類型情緒意識的物理面向，而這正是我們一直試圖找出的。記住這樣的前提，接著我們就能提出以下的定義。

情緒是運動意識的複雜單位，由代表運動自我的心靈粒子衝動和代表運動刺激的心靈粒子衝動組成；這兩種心靈粒子能量彼此相關，關係為：

(1)聯盟或對抗，以及，

(2)強度高於和低於對方。

初級情緒或許專門用於這些情緒：包含最大量的聯盟、對抗，運動自我強度高於運動刺激強度，或運動自我強度低於運動刺激強度。

情緒是複雜運動覺，由運動自我和瞬態運動刺激之間各類型的接合形成。有人提出，可能的接合類型構成一個連續系列，其中各個單位代表一種情緒意識的性質，任一情緒意識，跟系列中相鄰兩側最接近的情緒存在最小可覺差。在這情緒系列中的某些節點，似乎出現了明確的情緒，這些情緒代表了運動自我和運動刺激接合的明確特性。這些節點上的情緒，不會因為摻雜系列中相鄰情緒的性質變化而改變。整個情緒環似乎有四個這樣的節點，而出現在這些點的四種情緒，或許可以簡單地稱為「初級情緒」（primary emotion）。

我根據上述整合分析，為這四種初級情緒大膽選擇的名稱，主要符合兩個需求。首先，選用詞的一般理解意義，必須盡可能正確完整地描述運動自我和運動刺激之間的客觀關係，而這個關係被視為這種初級情緒的整合基礎。第二，為各初級情緒所選的名稱，必須意指日常生活中內省觀察到的那種經驗。另外，選擇初級情緒的名稱還有一小點需要考慮，亦即新名詞的優點在於還沒被賦予文學上的不同情感意義。畢竟，無論如何清楚定義「恐懼」、「暴怒」之類的客觀名詞，每個人因不斷地學習附屬於這些名詞的意涵，所以在每次使用時會一直不自覺地想到。

(I)服從（*Compliance*）是我為圖3的「C」提出的初級情緒名稱。作為動詞的「服從」（comply）在字典裡[18]的定義是：

18 此處引用的定義出自Funk & Wagnalls, *Desk Standard Dictionary*.

「一、遵從行事。
二、滿足、謙恭。」

服從（遵從的行動）的這兩個意義，似乎相當適切地描述了圖中「C」表示的整合關係。強度高且對抗運動自我的運動刺激，會引起運動自我的減少反應，目的在於重新調整自己以適應刺激。透過這種反應，運動刺激得以部分且暫時地以對抗運動自我的方式控制有機體。在這種反應的過程中，運動自我肯定會「遵從」運動刺激行事。或許可以說，經過最終的調整，運動自我因為運動刺激對有機體的控制而感到「滿足」。

從內省角度來看，我詢問的數百人中，絕大多數都認為，「服從」一詞似乎意指**主體正按照高層力量的指令行動**。

文學中，使用這個詞來指稱情緒不會生出什麼麻煩，因為「服從」在文學用語中通常表示一種行動，而非伴隨行動的情緒。

(II)支配（*Dominance*）是我為整合關係圖中（圖3）的「D」提出的初級情緒名稱。作為動詞的「支配」（dominate）在字典裡的定義是：

「一、施加控制。
二、勝過、主導。」

支配（主導的行為）描述的整合情況，主要特徵為運動自我戰勝了強度低的運動刺激。在整個整合情況中，運動自我顯然「勝過」並「主導」它的動態對手。運動自我對最後公路「施加控制」，因此也對有機體的行為「施加控制」，消除了環境對於受更強力量主宰的行為模式的阻礙。於是，只要我們的整合分析無誤，整體客觀情況可以用「支配」一詞來適當描述。

從內省角度來看，我問過的所有人都認為，支配意指自我高過某種對手。文學中，「支配」一詞最常用來描述「侵略」、「固執」的人格或特徵類型，這似乎相當符合這個詞在此的用途。

(III)引導（*Inducement*）是我為圖3的「I」提出的初級情緒名稱。作為動詞的「引導」（induce）在字典裡的定義是：

「一、影響行動，勸說。

二、帶領。」

建議使用「引導」的整合情況，主要在於運動自我的加強，以便更有效地促進較弱的運動刺激越過共同的心靈粒子。在盟友較弱的這種關係中，運動自我肯定會藉由幫助運動刺激穿越最後公路的「行動」來「影響」這個盟友。我們稍後會發現，如果運動刺激經常弱到無法單獨成功地輸出放電，運動自我就會真正「帶領」這個弱勢盟友越過突觸，同時「勸說」它來幫助更強的運動自我衝動通過。

從內省來看，我問過的多數對象都認為，「引導」意指以友善的方式說服某人執行主體建議的行動的過程。如果用身體行為表達，這個意義非常接近這種整合關係的預期行為結果。強調主體「友善」說服，對於清楚解釋「引導」作為初級情緒的性質非常重要。這種整合關係的性質，必須是在整個反應中，引導者和被引導者之間的利益都完美地結盟。引導被引導者加入聯盟的力量，完全取決於引導者能為他人利益效力的程度有多大，而「被引導者」最初的弱，就是促使引導者增強的元素。

「引導」在文學中的用法就像「服從」一樣，大部分的情況是描述某種行為類型，這類行為是一個人說服另一個人去做前者希望後者做的事。在指稱意識的情緒狀態時，幾乎不太使用「引導」這個詞。

(IV)順從（*Submission*）是我為圖3的「S」提出的初級情緒名稱。字典將動詞的「順從」（submit）定義為：

「一、向他人退讓。

二、讓出權力或力量、降服。

三、柔順服從。」

順從被定義為「馴服」、「讓步」、「乖順」、「謙卑」。

應用「順從」一詞的整合情況，本質上包含了運動自我的強度減少，藉此平衡相應的高強度（強勢）運動刺激。在假設這種關係時，運動自我當然可以被描述成「謙卑」和「讓步」。

本質上，運動自我部分地向更強的盟友「退讓」。運動自我完成了減少自身強度的反應之後，作為一個較弱的同盟，它繼續保持馴服和乖順，在共同路徑上為強勢盟友提供幫助。這種持續配合運動刺激的聯盟，可以適當描述成「讓出」權力和力量給較強的盟友，而在關係持續期間，作為較弱同盟的運動自我繼續提供這種幫助，「順從」似乎適切地描述了這個特性。這類型整合預計出現的身體行為，特性就像孩子對心愛的母親表現乖順。

如果問受試者「順從」一詞傳達了什麼意思，內省紀錄顯示，幾乎所有受試者認為的「順從」本質，都是**自願順從權力者的要求**。在女性受試者的部分，當順從被認為是臣服於心愛的母親或同性、異性戀人時，回答中出現了**主體和順從對象之間相互感到溫暖的額外意義**。多數男性在關於「順從」一詞引起什麼意思的內省報告中，沒有出現相互友善（在整合關係中以聯盟表示）的元素。雖然令人遺憾，但我找不到其他詞彙，更能充分地涵蓋這個情緒的客觀描述，同時也能包含順從者與順從對象之間相互感到溫暖的內省意義。訂定「順從」一詞為初級情緒名稱，目的在於明白表達這個意義：**順從者在順從的行動中感到愉快**。

「順從」一詞的文學用法，相當接近我的受試者報告的綜合意義。在文學用語中，「順從」通常表示一個人對另一個人被動讓步，但強求的順從不一定會感到相當愉快。或許，「順從」在文學和內省意涵的這種侷限意指，順從愛人和順從權力者（與服從極為近似的順從）之間的關聯，在當前文明及其紀錄中還沒出現適當的用語。

初級情緒和感受的整合原則概要

概念	定義
心靈粒子：	接合的組織，位於中樞神經系統的突觸。
心靈粒子衝動：	任一心靈粒子從一個神經元的發射極到下一個神經元的接受極的完全興奮。
意識：	心靈粒子衝動，或心靈粒子能量。
環境刺激：	刺激有機體感覺受器的的客體或力量。
感覺：	位於感覺突觸的心靈粒子能量。
運動覺：	運動意識、情感意識、位於運動突觸的心靈粒子能量。
運動自我：	通過運動心靈粒子的連續、緊張性運動神經放電，源自緊張性運動的心靈粒子衝動。
運動刺激：	位於運動心靈粒子的動態運動衝動，源自動態反射的心靈粒子運動衝動。
運動自我對運動刺激反應的整合原則：	(1) 向對抗性運動刺激施加對抗的影響，向聯盟性運動刺激施加促進的影響。 (2) 增加強度以回應強度較低的運動刺激，減少強度以回應強度較高的運動刺激。
初級感受：	最簡單的可識別運動覺，愉快和不愉快。
愉快和不愉快：	心靈粒子運動衝動的關係，分別是相互促進或相互對抗。
情緒：	第二簡單的運動覺混合物，次於初級感受，由以下兩者組成： (1) 運動自我和運動刺激的心靈粒子運動衝動之間的關係是互相聯盟或互相衝突。 (2) 為了回應強度較低或較高的運動刺激，運動自我相應增加或減少自身強度。 這兩種關係的心靈粒子衝動組合，可形成一個連續系列。
初級情緒：	情緒系列的節點，其中的關係為聯盟、衝突，以及運動自我增加或減少達到最大值，開始往相反的關係類型改變。 初級情緒的名稱為：服從、支配、引導和順從。
服從：	(1) 運動刺激：**對抗**運動自我且**強度高於**運動自我（一開始不愉快）。 (2) 運動自我的反應：**強度減少，運動自我受對抗性強迫**（先引起冷淡，然後產生與強勢運動刺激的量和相互促進成比例的愉快）。
支配：	(1) 運動刺激：**對抗**運動自我且**強度低於**運動自我（一開始不愉快）。 (2) 運動自我的反應：**強度增加，運動刺激受對抗性強迫**（隨運動自我的勝利產生成比例的愉快，跟最初的不愉快共存）。
引導：	(1) 運動刺激：**聯盟**運動自我且**強度低於**運動自我（愉快）。 (2) 運動自我的反應：**強度增加，運動刺激受聯盟性強迫**（越來越愉快）。
順從：	(1) 運動刺激：**聯盟**運動自我且**強度高於**運動自我（愉快）。 (2) 運動自我的反應：**強度減少，運動自我受聯盟性強迫**（越來越愉快）。

第七章 支配

雖然到此刻為止，建立初級情緒的整合基礎所用的方法，似乎就是對神經學的結果進行純粹的邏輯分析。但我可以說，發現初級情緒的四個節點，倚靠的是一開始完全不同類型的分析程序。多年來，我一直在研究欺騙測驗的收縮壓和反應時間，以及其他的情緒生理測量，累積了相當大量的未發表資料。我發現，如果沒有藉助情緒的基本心理神經機制中某些站得住腳的假設，就不可能詮釋或理解這些資料。

過去沒有這樣的假設存在。通俗使用的各種情緒文學名稱，太過令人困惑、意義重疊，甚至有誤導之虞。例如，我從欺騙測驗的結果發現了足夠清楚的跡象，讓我找到跟「欺騙」意識有關的兩種對抗的情緒影響。似乎對身體行為產生明顯相反影響的兩種情緒狀態，若是硬要歸併成一個未經分析的混合物，然後將這未知混合標上「恐懼」的稱謂，就我看來這在科學上是不可原諒的。同時，收縮壓和情緒的反應時間測量值本身，並不足以提供可據此建構似乎必要的假設下，有意義的基礎。

就我而言，如果要為情緒機制形成站得住腳的假設，最適合的程序必定包含兩種研究。首先，對兒童和成人行為進行一系列的臨床研究，這多少有點仿照華生派風格。再來，客觀分析觀察到的行為，目的在於找出共同因素和最小公分母（如果存在的話）。

在這始於一九二二年的過程中，我們得到了學生志工的大力協助。這些學生始終對情緒行為展現出濃厚興趣，報告和分析這類行為時，他們似乎往往具備了比訓練有素的研究人員更真實的科學態度，因為那些專業的研究者，或許被迫遵守著現有科學思想流派所使用的傳統方法。

另外，我也很幸運，能在紐約市的學齡兒童心理健康調查以及德州監獄的類似調查中，「第一手」地觀察到大量的情緒行為。紐約調查進行期間，我有幸能在調查主持人斯波丁（Edith R. Spaulding）醫學博士的帶領和指導下，對大約兩百五十名學童進行個人的性格研究，這些學童都有一兩樣在學行為問題。[1]斯波丁博士對偏差行為的情緒問題有清楚透徹的見解，她在貝德福德山研究（Bedford Hills studies）[2]報告中顯現的敏銳洞察，加上她在內分泌診斷和治療上的臨床工作，讓她對情緒行為分析提出了新的建設性觀點。

德州調查進行期間，我們對全州各地十三所大型懲戒機構的囚犯以及關押在亨茨維爾（Huntsville）監獄的囚犯，進行了普通的智力測驗。在評分與分類特定監禁地點關押的所有囚犯所做的團體測驗後，我有機會單獨訪談個別囚犯，目的是對每個人進行單獨的研究。訪談囚犯時，我的面前放著他的完整紀錄，內容包括罪行的簡短描述、他對自己有罪或無罪的陳述，他在監獄裡的行為紀錄、特殊的身體檢查紀錄，以及他的智力和表現測驗紀錄。以此方式進行研究的囚犯共有三千四百五十一名，其中大約百分之九十是男性。受試者中有一千五百九十一位黑人、三百六十四位墨西哥人，其餘則是英語系歐洲國家在美國出生或當地的人。最多的職業別是農民，人數為六百五十六人。百分之五十八的監獄囚犯承認曾多次被捕，而百分之四十的囚犯聲稱以前從未被指控有犯罪行為。總而言之，這群監獄囚犯或許可被視為相當典型的犯人，在美國人口較不稠密的地區涉入反社會行為。關於囚犯對自己品行的態度、對整個社會及其對待自己的看法，以及監獄生活無以避免的同性關係，我都進行了相當令人滿意的研究。

進行德州囚犯性格研究的期間，前一章提出的四種初級情緒開始明確成形。我將囚犯的主要行為趨勢（只要這些趨勢能歸納為情緒的公分母），分成四個主要類別，然後各別命名為「佔有慾」（**acquisitiveness**）、「支配」（**dominance**）、「創造」（**creation**）和「順從」（**submission**）。

結束監獄調查之後，我在從事諮商心理學家的那一年間，將這四種根據先前與學生合力研究，與其後調查所提出的初級情緒行為機制，應用在臨床受試者身上。

接下來那一年，我在麻州的塔夫茲學院（**Tufts College**）負責學生輔導室。在這個臨床工作中，我們使用了先前提到的四種初級情緒概念，但版本稍做修改。我們面臨的問題，不只是

---

1 這項調查是在「國家心理衛生委員會」（National Committee for Mental Hygiene）贊助下進行。

2 Edith R. Spaulding, *An Experimental Study of Psychopathic Delinquent Women*, New York, 1923.

學生在學業和校園環境方面的適應困難，還有學生的經濟問題和感情事件，其中有些甚至造成嚴重的後果。負責學生輔導室的同時，我還開了一門課，是關於正常人的情緒分析。上半年，我致力於分析學生做過或想做的有償工作的情緒行為。下半年，我投入在關於家庭和愛情調整的行為研究。學生在嘗試分析自己和同學的過程中，發現並報告了大量有價值的資料。四種初級情緒機制因此得到進一步的澄清和修訂，並以「適應」（adaptation）一詞取代原有的「佔有欲」。

我又花了半年時間，彙整手邊的各類型結果，試圖找出最有可能依據的「情緒公分母」（這在臨床結果中似乎清楚顯現），是否具有明確的神經基礎。我會在這本書中，概要地報告整個過程的結果。

我覺得，在這一系列觀察中，人類行為最引人注目的面向之一，是某些人類反應趨勢，十分類似於在自然物理力的行為中觀察到的一般原則。

自然力行為中的支配

人人都知道，水流淌過（亦即支配）阻力最小之路。如果我們比較重力推動的激流與人體的緊張性運動神經放電，我們會發現，兩者對反向障礙物的反應，遵循幾乎相同的原則。弱於湍急水流的對手被溪水支配，支配程度大致與兩者之間的強度差異成比例。此外，水流的強度隨著對手被壓制而越來越大。當河床造成的障礙完全消失了之後，落下的水會以瀑布的驚人力量往下衝，就像尼加拉瀑布。自然的其他力量，也以相同的方式對相反的力做出反應。電荷就跟水流一樣，選擇性地支配那些阻力最小的導電物質；氣體則是往氣壓最低的區域膨脹。所有這些反作用力的強度或力量，個別以自身的方式，隨著對手被壓制成比例地增加。引起任何自然力（反應物）做出支配反應的刺激，就是力量小於反應物的反向力，我們能以同樣方式，定義引起人類支配反應的適當刺激。

到目前為止，關於一種物理力對另一種物理力有何反應的觀察，僅僅定義了兩種物理力之間的關係，也就是一種力作為適當刺激，引起另一種力的支配反應。較強的力支配較弱的力，似乎清楚明白到無需多加評論。然而，如要將較弱或較簡單的力視為機械型原因，重要的是觀察到，這個力正是因為相對較弱或較簡單，才能使更強、更複雜的力選擇支配自己，從而控制那個強勢複雜的力。假設，一種力的弱構成了選擇性刺激，引起較強物理力的支配反應，那強勢力在支配弱勢力的過程中獲得了什麼（如果有的話）？亦即，就兩個物理力之間的交互作用，支配的反應物（強勢力）在支配對手（弱勢力）的過程中是否增加了自身力量？事實似乎是，強勢力在支配弱勢力的過程中，確實增加了自身的力，增加的量大約等同被擊敗的對手強度。

舉例來說，河流遇到水壩的阻擋時，它會倚著障礙物越堆越高，累積施加於對手的水壓。

河流力量（以水壓的形式）的增加，與對手阻力的增加成正比。水壩越高，後方累積的水越多，河流施加在水壩的總水壓就越大。最後，當流水上升到高過水壩而開始淹過它（或當水壩出現開口而可以穿過或繞過），河流就實現了它對較弱對手的支配。於是，灌注或穿過失敗水壩的河流，施加的力大過受阻之前的原始力，而增加的量大約等同河流為達支配水壩目的必須克服的對抗力。

我們可以這樣總結：就物理力而言，弱勢力自身相對弱的屬性，似乎構成了引起強勢力出現支配反應的適當刺激。強勢力在支配弱勢力的過程中，自身增加的力量，大約等同支配過程中克服弱勢力的對抗力量。

運動刺激與環境刺激之間的差別

當我們將這個支配等式，應用到運動自我支配強度低的運動刺激時，我們必須先明確地區分環境刺激和運動刺激。在中樞神經系統中適當心靈粒子的支配情緒總量，以及表達這種支配心靈粒子能量的支配行為強度，並不代表運動自我對看得到的環境刺激的反應，而是代表運動自我對運動刺激的反應。這時的運動刺激，可能因為過去的經驗，即使看似微不足道的環境刺激也能出現。

例如，做出殺人反應的環境刺激，常常只是完全無害的人伸向臀部口袋的動作。這種情況的環境刺激，強度可說是無關緊要，甚至跟主體之間可能不是對抗關係。但根據過往經驗，伸向塞著左輪手槍的臀部口袋，這個動作構成了一種環境刺激，需要迅速且猛烈的支配反應來克服。由於過去經驗的學習或制約，原本輕微的環境刺激搖身一變，成了有力量跟主體的運動自我對抗的運動刺激。這些運動刺激的強度雖然大，但沒大過主體可以動用的運動增強。因此，這些運動刺激足以引起最暴力的支配反應，而這反應則是由性質完全不同的環境刺激引起。

在這個案例中，由此產生的行為性質，清楚證明了環境刺激與運動刺激之間的巨大差異。另外也應注意，在這樣的情況下，對環境刺激產生支配反應的運動自我，增加的強度是對抗性運動刺激的強度，跟引發反應的環境刺激強度沒有任何關係。雖然在此引用的案例相當極端，但分析每一個行為案例時，都該找找相同性質的環境刺激是否出現不一致的運動刺激。

人類和動物行為的支配

支配似乎是動物或人類中，最基本且最原始的情緒整合類型。誠如我們提過的，去大腦的狗和猴子，在對任何對抗性運動刺激的反應中，都會出現一種典型的支配情緒，而那些運動刺激的整合力量或強度，都低於動物的運動自我。

戈爾茨發現，去大腦的狗除了他描述為「暴怒」的情緒，沒有表現出任何情緒。[3] 動物表現的這種反應，似乎構成了不受約束、侵略好鬥的**支配情緒**類型。這隻狗和正常動物之間的差異（顯然是缺乏其他情緒反應的原因）在於，去大腦動物無法引起整體強過整個運動自我的運動刺激。

當然，在大腦半球缺乏高位整合中心的情況下，可以預期出現這種效應。此外，基於相同的理由，所有運動刺激都會作為對抗性刺激影響運動自我。一方面，緊張性放電的微小單位勢不可擋，另一方面又跟微小單位聯盟，這種情況只能發生在緊張性中樞層級**以下**的運動心靈粒子。因而，這種中斷或促進，無法造成運動自我（或總緊張性放電）因對抗而減少或因聯盟而增加。所以，根據我們先前的整合分析，一方面會出現服從情緒，另一方面則是愛或「性」等更高的愉快情緒元素（亦即引導和順從）大概不可能出現。這完全就是戈爾茨報告的結果。去大腦動物中唯一完整的整合機制，顯然只有增強緊張性放電，來回應整體較弱的對抗性運動刺激。只要緊張性放電增強機制本身未受損，這種反應就會持續存在。由此產生的行為，將是對環境刺激不受約束的侵略攻擊，唯一留存的情緒則是純粹的支配。

觀察嬰兒的行為時，我們同樣發現，同一類型的**支配**情緒最早發展出來。事實上，華生報告[4]，這種支配的行為類型，屬於天生或非習得的情緒反應。華生依循文學先例，將這種反應稱為「暴怒的情緒」。若非華生描述的行為似乎清楚表示既有純粹的支配反應、又有阻撓的複雜因素，就不會有人特別反對追隨詩人，將整體反應稱為「暴怒」。然而，根據我自己和華生的觀察，確實有證據證明，嬰兒一開始出現支配的反應時，通常沒有阻撓或反對的元素。隨著支配情緒持續攀向高峰，這種元素或多或少逐漸滲入兒童的反應。

華生將引起「暴怒」反應的環境刺激，描述為「阻礙身體運動」。他使用的方法是，用兩隻手緊緊夾住嬰兒的頭、往兩側手臂施壓，或將雙腿緊緊併攏。當然，孩子感到的這些環境刺激是對抗的力。對抗性刺激**整體低於**嬰兒的緊張性運動自我，否則先前的身體姿勢或姿態就會改變，出現與緊張性身體運動相反的新類型。然而，出現的卻是「整個身體硬梆梆，手、手臂和腿自由揮動，同時屏住呼吸。」全部徵兆都是先前緊張性姿勢和運動的增強或放大，對抗性刺激會阻礙、但不會整體中斷這些姿勢和運動。簡而言之，**在克服整合力小於自身對抗力或阻礙力的過程中，嬰兒的運動自我增加**。

到目前為止，除了純粹支配，找不到其他任何整合現象存在的證據。華生說道：「一開始沒有哭，然後嘴巴張到最大，屏住呼吸直到臉色發青。」在阻撓或反對的元素開始顯現之後，整體反應可能出現尖叫或哭泣。這種阻撓的複雜元素性質，將在後續章節中更詳細地描述。目前，只要清楚區分兒童行為的純粹支配與參雜阻撓的支配就足夠了。參雜阻撓的支配或許可準確地命名為「暴怒」，因為暴怒一詞的文學意義，似乎相當符合心理—生理事實。

---

3 F. Goltz, "Der Hund ohne Grosshirn, *Arch, fur d. gesam. Physiol.* 1892, vol. I. p. 570.

4 J. B. Watson, *Behaviorism*, 1925, New York, p. 122.

總之，在去大腦動物和十到十五天大的嬰兒身上，都能發現相當明顯的支配情緒。

幼兒支配反應的發展

在多數情況下，一般兒童的支配情緒似乎在兩、三歲前無拘無束地發展。華生曾提到，在他女兒兩歲那年，有次穿越擁擠的街道時，激發了極端支配的「永難忘懷的經驗」。那時，孩子走著走著突然把父親往反方向拉。父親則是「迅速且猛烈地把她拉回來，用力按住她的手臂好讓她站直別亂動。」接著，女孩「突然全身僵硬，開始高聲尖叫，像根棍子直挺挺地躺在路中央，張嘴大吼大叫直到臉色發青，然後持續喊叫到再也發不出任何聲音。」華生把這片刻發生的行為當作「暴怒」的例證，確實在整體反應中存在一定程度的阻撓或反對，這證明了使用「暴怒」一詞描述至少部分情節是合理的。

然而，就我看來，整個反應似乎顯露出最強烈支配的潛在基礎。每個行動（甚至包括尖叫）都構成了運動自我強度增加，以此克服父親代表的對抗性刺激。正如俗話所說，小孩就是決定「為所欲為」，為達此一目的，她動員自己的運動增強機制，並且發揮到極致。此外，據華生所說，孩子**確實**是為所欲為。雖然最後她的身體可能被帶往父親想走的方向，但這件事不一定、也大概不會造成她不受拘束的支配情緒整體失敗。唯有環境刺激能產生力量強過孩子運動自我的運動刺激，才能將她的支配情緒轉化成服從。

根據我自己的觀察，小女孩約在剛開始出現性發育時，容易發展出某些引導和順從的情緒元素。這可能從三歲左右開始。至於男孩，似乎在其他第二性徵出現的同時，也經歷越來越顯著的支配。我在某些案例中觀察到，從出生到青春期，男孩的支配似乎是持續地累積發展。如果適當地教養，這樣的支配發展，能在同步學習服從反應時得到良好控制。但若缺乏適當的家庭教育，男孩的支配可能在很小的時候就發展到極致，以至於往後無論實質的限制影響多麼勢不可擋，他都無法受到環境抑制的約束。

我曾有機會觀察到，一個五歲半的男孩跟母親一起度過了整個夏天，這位母親慈愛有餘但管教能力不足。這個男孩似乎擁有跟正常男性不相上下的支配情緒。然而，完全缺乏情緒訓練已使男孩到達這樣的地步：最能引起他的運動刺激的，唯有他愛做什麼就做什麼的決心，沒有任何環境刺激足以超越。他完全無視媽媽要求他交出別人的玩具，或是回家吃飯。有天，這位母親找了兒子一段時間，這時她注意到一群小孩在海灘玩。

「艾德格在嗎？」她高聲問道。

「他不在！」艾德格的聲音從那群孩子當中傳來。

對艾德格來說，激動且身強力壯的母親代表一種對抗性刺激，只要他自己的運動動向稍微增強、必要時說出拒絕的隻字片語，就能完全置之不理。在艾德格的案例中，整個夏天絕大多數的時間都發生這樣的情況。

後來，他的爸爸也來海邊度假兩週。爸爸的情緒模型跟媽媽不同。在度假的第一週，他有計畫地催促艾德格、叫他回家時就強有力地把他帶走，而當他拒絕交出玩具的時候，就暴力地拿走不准他玩的玩具。然而，這種作法使用了一週後，對艾德格還是沒有產生顯著的效果。當父親從他手中拿走玩具時，艾德格用雙拳擊打父親的腿，一邊怒吼一邊要回他在玩的東西。這種情況我大概看了二十幾次，男孩的支配沒有絲毫減弱。於是，艾德格的父親決定，是時候採取更嚴厲的手段了。但同樣的，這些手段好一陣子都沒有任何效果。

最後，爸爸拿了好大一根棍子真的打傷了孩子。在那之後，孩子對父親的行為才開始出現服從的最初跡象。父母聯手持續這種訓練方法，漸漸地，男孩開始明顯權衡如果不服從就必須面對的對抗力量。根據他新的經驗，如果判斷父母距離他不遠，而且他們的情緒激動到很有可能打他的程度，艾德格就會小跑著、漫不經心地服從他們的命令。在這樣的情況下，他看起來就像世界上最溫馴的孩子。另一方面，如果雙親之一（尤其是母親）的聲音語調較弱或實際上追不到艾德格，他就會往反方向跑走，就跟漫不經心地服從一樣，無視父母的教訓。然而，艾德格現在的運動能量，比夏初時抵抗命令的表現還增加許多。

我詳細描述這個孩子的所作所為，不是因為不尋常，而是他的行為似乎可以相當完整地說明，一個完全正常男孩的支配，如果沒有經過訓練會如何自然發展。這個案例也相當清楚地展現，兩種環境刺激造成的情緒意義差別，一種是整體比孩子的運動自我更強的環境刺激，另一種則僅僅在體能上比孩子更強的環境刺激。在艾德格的案例中，孩子身體受到的實際傷害，在中樞神經系統內引起了運動刺激，這個刺激的強度終於大過他的運動自我。當然，如果父母更明智，他們或許能以更人性且更有效的方式，策劃出強度更高的環境刺激。然而，一旦允許支配反應的發展超出其他的初級情緒，就很難真正做到這點。

正常和異常支配之間的界線

我應該再次強調，經過三個月相當仔細的研究，我可以確定艾德格是完全正常的小孩。當孩子的情緒出現異常時，尤其是因為某些持續的內在刺激（如腺體分泌過多），可能更加難以控制支配情緒。我們這裡有許多公立學校送來的行為問題小孩，他們確實大都屬於這一類。

例如，有個十、十一歲的男孩，特別熱衷於跟自己同齡或年長男孩的「幫派」鬥爭。史丹佛—比奈智力測驗以及老師報告和學校紀錄都顯示，這個年輕孩子相當聰明。他很機靈，而且外表十分迷人。此外，當他偏愛的女老師要求他在學校裡守規矩，以及他在戶外活動時受到喜歡的哥哥姐姐影響時，他也能表現出一定程度的乖順。但他嚴重缺乏家庭教育，除了缺少情緒訓練，根據診斷他還患有內分泌失調。對這小伙子的支配施加對抗性刺激所引起的任一種情緒訴求，都著實令人瞠目結舌。無論環境刺激多麼強烈或實際上多有力，對抗性刺激都會引起支配反應。例如，這個男孩曾帶領自己的「幫派」蓄意攻擊一群年長許多的對手，對方的人數還幾乎是他們的兩倍。在打鬥中使用刀、石頭或棍棒時，這個名叫傑克的男孩，似乎激發出超乎常人的力量和攻擊性。簡而言之，男孩感受到的對抗性環境刺激，未曾強過他自己的運動自我。環境刺激的強度增加，似乎只是反對或對抗性增加，但對運動自我並不構成威脅。

傑克代表了一種類型的男孩，亦即支配顯然因為內分泌異常而發展到極端，任何強度的環境刺激，都無法引起比男孩的運動自我更強大的運動刺激，即便環境刺激可能嚴重傷害身體也是如此。在此引用的案例，僅僅為了標示出這兩者之間的界線：一是缺乏訓練導致的支配情緒失衡，但只要透過充分強化環境刺激，就可以轉變成服從；另一種則是持續的機體內刺激，造成個體異常地維持在過度興奮的支配情緒失衡。後者的過度支配絕對是不正常的，因為即使環境刺激的強度增加到足以傷害身體的程度，還是無法整合地轉化成服從。

除了強制轉變成服從，還有其他方法可以控制支配，之後我們會再討論。但我們在這章主要關注的不是如何教育情緒，只是描繪各種人類行為中出現的支配情緒有何特徵和限制。

總結與分析

總結到目前為止對支配行為的分析，我們在各個情況都能發現以下元素：

(1)強度低於運動自我的對抗性運動刺激。
(2)此類刺激引起支配反應。
(3)運動自我強度的增加，等於對抗性支配刺激的強度。

在謝靈頓和戈爾茨研究的去大腦動物中，如果控制緊張性中樞的整合運動中樞受損，可能導致各種環境刺激都會引起對抗運動自我的運動刺激，這種刺激的整合潛力低於自由的緊張性放電，因為沒有了皮質，緊張性放電會增強。動物對於這些低強度的對抗性運動刺激，會表現出典型的支配反應。在各種情況下，都能輕易觀察到緊張性放電的增加，而且顯然隨介入的運動刺激強度增加而增加。

在華生對小嬰兒的天生暴怒情緒的觀察中，我們首先發現一種包含「阻礙孩子運動」的對抗性環境刺激。誠如先前提到的，這類環境刺激所引起的運動刺激，強度一定永遠低於孩子的運動自我，因為先前存在的運動動向或態度沒有改變。至少是在一開始，引起的反應類型是純粹的支配。在這類的反應中，運動自我強度的增加量，似乎十分接近施加的環境刺激強度。也就是說，在孩子身上觀察到的肌肉收縮強度增加，極為近似孩子在試著完成先前運動時，被迫克服的重量或其他對抗性壓力的增量。關於這一類支配反應值得注意的是，足以阻止孩子所有手腳運動的對抗性壓力，本身並不足以引起強度高於孩子運動自我的運動刺激。

前面提到，華生的兩歲女兒躺在擁擠街道上，而非屈服於反對她既存運動動向的指令。

我們從這個案例中發現，在孩子出現支配行為的期間，她的運動自我強度異常地增加。當然，運動自我強度顯著增加，可能代表環境刺激與運動刺激之間習得的不一致，引起這種運動刺激的，是先前的經驗。另一方面，如果我們假設，孩子沒有經歷過憂心忡忡的父母、頑皮男孩在玩耍時，或實驗心理學家測試「暴怒」情緒時施加的「迅速、猛烈拉扯」，我們或許會將她過度強烈的支配反應視為，大概是由「迅速、猛烈拉扯」構成的環境刺激所引起的對抗性運動刺激。

在探討十五天大嬰兒的「暴怒」情緒時，我們注意到，足以阻止所有運動的對抗性壓力，不會引起強度高於運動自我的運動刺激。「迅速、猛烈拉扯」似乎是種環境刺激，特別適合引起高強度的運動刺激，而它的強度高於僅能阻止嬰兒動作的運動刺激。所以，孩子明顯感受到，「迅速、猛烈拉扯」對她運動自我造成的對抗力，大於僅能阻止她隨意亂動的穩定、持續壓力。然而，這種「迅速、猛烈拉扯」，顯然還是無法引起強過孩子運動自我的運動刺激。在支配反應中，運動自我的強度仍隨著對抗性環境刺激成比例增加，不過這時的刺激迅速、猛烈拉扯孩子的身體，使整個身體都在對抗運動自我的最大阻力。

至於艾德格，這個支配不受控發展的五歲半男孩，我們或許可以從中注意到，在正常有機體中引起強過運動自我的運動刺激所需的環境刺激強度閾值。至少在艾德格的案例中，直到主體的身體實際受到傷害才超過這個閾值。在艾德格這個有機體中，不只「迅速、猛烈拉扯」和搖動都無法引起強過他的運動自我的運動刺激，就連小鞭子和大棍子造成的大量疼痛刺激，也過不了所謂的「服從刺激閾值」。孩子身體受傷引起的運動刺激強度增加，或許源自於他意識到發生了非常嚴重的事，也同樣源自於伴隨受傷本身的實際疼痛經驗。然而，這種疼痛肯定比孩子過去被鞭打的經驗更嚴重。無論如何，造成大量疼痛的身體受傷，似乎確實成功地讓孩子感受到比自己的運動自我更強烈的運動刺激。

超過閾值之後，艾德格的行為就變成了支配與服從的混合體。顯然，部分環境刺激的感受強度依然較低，但其他部分已超過了閾值，完全不再引起支配反應。這個案例很有可能說明了天然、正常支配情緒的極限，幾乎不因參雜其他初級情緒而改變。

而在傑克這個幫派少年的案例中，我們發現了支配機制的異常狀況，亦即服從刺激的閾值升高到，即使造成身體傷害的環境刺激（傑克因此多次受傷）也無法超越。簡而言之，在傑克的行為中，任何強度的環境刺激，似乎都無法引起強過他的運動自我的運動刺激。如果尚未進入青春期的兒童出現這種支配機制狀況，幾乎毫無意外地表示，這個孩子經歷過、或正持續經歷異常大量的支配刺激，遠遠超過其他初級情緒的適當刺激。

特性不那麼極端的支配行為

目前討論到的支配例子，全都顯示極端強烈的支配反應，他們的行為表徵具有明顯的支配特徵。而當支配出現在普通尋常的行為時，客觀分析身體反應以及支配與環境刺激的關係，仍可輕易識別出支配的情緒性質。我們或許注意到一些這樣的例子。

嬰兒幾乎一出生就有抓握反射，這種反射形成時，支配反應的增強特別顯著。試著將嬰兒抓握的棍棒拉走，或由實驗者壓著嬰兒的手指[5]，會感受到嬰兒把棍棒抓得更緊，抵抗實驗者試圖拉走棍棒的動作。為了打敗強度低於自己的對抗性刺激，我們會增加運動自我自身的強度。這種支配反應，或許會持續到嬰兒真的靠著抓握棍棒把自己整個人吊起來。

年紀較大的嬰兒，在玩耍時也不斷地表現出支配情緒。三、四歲的小男孩，可能連續十幾分鐘都在嘗試把小三輪車或玩具拖車推進一個比車車還小的地方。我在一個這樣的例子中碰巧觀察到，孩子的努力最終成功了，只是付出了拖車輪子壞掉的代價。這個案例中的環境刺激顯然是對抗的，至於環境對手的強度，就孩子有限的經驗認為，刺激似乎比他自己弱。無論如何，拖車引起的運動刺激，確實比孩子的運動自我更弱，因為他始終堅持自己的行動沒有改變。

追逐支配

動物、幼兒、成年男性和某些女性共有某一類型的支配反應：追逐任何逃離主體的東西。逃跑這種行為，使逃跑者成為追逐者支配情緒的完美刺激。一方面，這種行為使逃跑的動物與主體成了**對抗關係**，因為它削弱了主體對消失客體的視覺和其他感官知覺，或許也表示逃跑的動物正受主體的**對抗性**影響驅動。另一方面，這種行為清楚地指出逃跑者的**強度低於**主體。一旦主體開始追逐，他的支配目的就是**阻止逃跑者逃離**。逃跑的動物以持續奔跑**對抗**這個目的，也正因一直在逃，他承認了自己始終比追逐者更弱。主體以最純粹的支配做出反應，他的運動自我逐漸增加，他對逃跑者的對抗，也隨著每踏出一步相應地增加。

這種類型的支配反應，或許可適切地稱為「追逐支配」。它最常被視為「**狩獵本能**」或「殺戮天性」，這種最簡單的支配整合似乎最能夠詳盡地解釋整個現象。導致人類和動物的狩獵行為驚人一致的特徵是，這類型的刺激具有引起純粹支配反應的獨特資質；而人類和動物也都擁有的服從反應機制，使他們在不知道另一種生物的實力和天性時，自然發展的服從就會讓他們逃跑。因此，一種動物的初級情緒反應機制（服從），無可避免地刺激了另一種動物的追逐支配。

貝瑞（Berry）的報告提到，沒有任何機會向老貓學習的小貓，面對不逃跑的老鼠，不會努力抓或殺掉牠。[6]支持本能論的耶基斯（Yerkes）和布盧菲爾德（Bloomfield）則報告，四分之一的小貓（比貝瑞研究的小貓年幼）會自發地追逐老鼠，經過一些練習就能抓住和殺掉老鼠。[7]但從他們的研究報告幾乎都可看出一點，被抓的那隻**老鼠會先逃跑**，而其他老鼠剛好沒

---

5 華生表示，他最先使用這種方法引發反射，*Behaviorism*, p. 98.

6 C. S. Berry, "An Experimental Study of Imitation in Cats," *Journal of Comparative Neurology and Psychology*, 1908, vol. XVIII, p. 1.

7 R. M. Yerkes and D. Bloomfield, "Do Kittens Instinctively Kill Mice?" *Psychological Bulletin*, 1910, vol. VII, p. 253.

有逃離小貓。一旦老鼠的逃跑引起了追逐支配，貓受緊張性神經支配並被支配情緒增強的身體結構，似乎自然而然地抓住和殺掉逃跑的老鼠。追逐支配活化的這些身體結構，同樣也會造成貓去追逐和「殺掉」逃跑的機械老鼠，或繩子上的一團紙。這種支配情緒的整合機制是遺傳而來，因為它跟運動自我的關聯，使這個機制會活化所有受緊張性神經支配的身體結構，無論任何動物的這些結構是什麼。如果結構像貓的肌肉、爪子和牙齒一樣適合抓住和殺掉較小的動物，那麼逃跑者就會被抓住和殺掉。至於沒有這種身體結構的天真人類孩童，抓到逃跑的小貓或小狗不會撕扯或殺掉牠們，但他可能會以受緊張性神經支配的手和手臂肌肉最適應的方式毆打這些動物。

貓追老鼠、狗追貓、幼兒追貓和狗，以及成年男性追女性和野生動物。在各種情況下，**逃跑都是引起追逐支配的刺激**。在前述的幾個例子中，逃跑者**想要**被追逐（動物的目的是玩、女人的目的是愛），所以他們逃跑，因為學到的經驗是追逐支配幾乎都由逃跑引起，一旦引起這種反應，幾乎總能取代控制追逐者情緒的其他一切反應。

破壞性支配

支配情緒的另一種形式或表現，常常出現在兩三歲到青春期結束之間的男孩行為中，這種表現可以稱作「破壞性支配」。幼童可能花上一個多小時堆積木，只為了暴力地將它們推倒，而且顯然他們對此相當滿意。當孩子在堆積木的過程中試圖把積木疊得不太平衡時，積木憑著自己堅硬頑強的性質成了孩子的對抗者。然而，堆疊完成的積木，代表了比孩子好好的右手還弱許多的環境刺激。隨後就會出現一種孩子特別滿意的支配反應，因為情緒的強度比接著出現的環境刺激強度大上許多，而這種環境刺激是孩子強力支配環境唯一需要克服的對手。由此表達的支配情緒強度，源自過去很難堆好積木引起的運動刺激，透過學習或條件反射轉移到積木上。

年紀更長，相同類型的破壞性支配，可能會升高到相當危險的程度。空屋附近如果有許多男孩，房子的門窗肯定都會被打個稀爛。就我所知，有好幾個例子是十到十三歲的男孩縱火燒毀廢棄穀倉和小屋，這些顯然都是純粹破壞性支配的表現。[8]當然，所有這類型的支配行為顯現了各式各樣的情緒轉移，藉由這些情緒轉移，無害的環境物體有了引起強烈對抗性運動刺激的傾向。

8 當然，如果就某些心理分析師所說，假設一切煽動行為都是「性慾」壓抑的表現，可能更令人感興趣。但有時，我們必須為了真相，犧牲「心理上的性刺激」。

競爭性支配

無論是在教室或在操場，與其他年輕人競爭所引起的支配反應都極為重要。競爭的本質似乎是整個環境情況的安排，如此一來，每個孩子都會覺得參與相同任務或遊戲的其他所有小孩都是他的對手，不過卻是能力或力量較低的對手。我曾做過一個實驗，把競爭情境的這個元素移除，作法是向其中一個競爭者清楚證明，他的對手絕對可以做得比他更好。一旦男孩真正相信這件事，他對競爭就完全不感興趣，最後的結果（算數測驗），只有他在先前競爭條件下平均數的一半左右。

我也曾觀察到，對成人和兒童進行心理測驗時，強調受測組有絕佳的機會得到比對手組更高的分數，測驗分數會明顯的大幅提升。在某些罪犯群體和軍隊測驗中，這個結果特別顯著。我也多次觀察到相反的情況，亦即測驗分數異常差的原因，似乎是受試者一開始就知道，相較於其他受測的人，自己通過測驗的能力不佳。

此外，一般而言，比較條件類似的男女受試者，在女性受試者中引發競爭情況的兩個元素（與競爭者的對抗性和認為競爭者的能力較低）要困難許多。有個例子是，一個念藝術的女孩能力無庸置疑地出眾，但如果需要在競爭的條件下做事，她會習慣性地拒絕。對於這個女孩的行為，可能的解釋似乎是，競爭情況立刻讓她不得不感到其他學生的成果可能比她自己的好。這樣解釋刺激情境，使得刺激全然無法成為支配的適當刺激。同樣的，女性無法通過心理測驗，或許經常就是因為受試者似乎無法將同學視為競爭者，或是無法從測驗本身或考官處感到任何對抗的元素。女孩對成績不好的表現常常就跟成績好一樣滿意，而且無論多麼嚴厲，似乎都願意忍受老師或考官的批評或責備，絲毫不會出現對抗的態度。

有兩個女孩的案例可以代表這類行為的例證，她們在團體測驗和個人的史丹佛—比奈智力測驗中，分數都屬於弱智等級。從總測驗結果估計，其中一個女孩的智商大約是六十五，另一個女孩的智商則低於五十。在性格分析的過程中（此舉不是為了糾正測驗結果），我引導其中一個女孩正確地回答幾乎所有符合她生理年齡的史丹佛—比奈智力測驗問題（在此之前她沒有機會學習正確答案，因為性格訪談緊接在智力測驗之後）。而即使在性格會談的情況下，另一個女孩也無法經由引導回答一半以上的問題。但在她能回答的問題中，超過八五%的答案是正確的。簡而言之，這兩個女孩對友善或聯盟性環境刺激做出正常的反應，但她們完全無法對任何競爭或對抗性刺激做出反應。

成人支配反應的條件

在成人生活中，幾乎總會發現支配反應出現很大的改變，這是因為兩種類型的情緒學習。首先，幾乎所有正常成人都認為，他們遇到的環境刺激絕大多數都比自身更強大。因此，多數環境情況引起的運動刺激，都比成年主體的運動自我更強。也因此，刺激引起的是服從而非支配。

第二，幾乎所有正常成年男性都學會了，只對跟自己的行業或主要職業有關的某些特殊環境刺激類型表現支配。尤其醫生，就是這類情緒學習的範例。在這方面似乎很顯著的是，軍隊醫官的智力測驗分數的集中趨勢，明顯低於多數其他階級軍官的智力測驗分數的集中趨勢。換句話說，相較於其他職業別、也受過教育的人，醫生對於能夠引起支配反應的環境刺激種類變得特別專業。

分析受試者的特殊行業或其他職業中發生的關鍵情況，很容易找到成人的強烈支配情緒的例子。如果一個商人得知對手在某個市場的競爭中佔了上風，他會立即使出渾身解數，投入大量資金來對壓倒手並奪回市場。例如，媒體經常報導，發現自己很有可能被廉價汽車市場超越的福特汽車公司創辦人亨利．福特（Henry Ford），花費了約一億美金重組並更新整個製造工廠，以期重新掌控汽車市場。這似乎是純粹支配反應的一個絕佳例子。通用汽車（GM）和其他競爭車廠代表的環境刺激，對福特而言無疑是對抗性刺激，此外，這些環境刺激的強度，大到足以在幾乎所有個體中引起強過運動自我的運動刺激。然而，福特透過鉅額財富和超凡實力衡量自身的運動自我強度，覺得他的對手不如自己強大，於是他以增加力量回應挑戰，就足以壓倒出現的對手。（當然，在福特的行為中，服從元素也佔了很大比例，下一章我們會再次提到。）

成年男性在運動方面也跟商業一樣，表現出相當程度的支配情緒。國際網球賽、馬球比賽、游泳競賽和奧運會，都讓參賽國家的絕大多數男性感到興致勃勃，無論他們自己從事任何一種運動的意願有多低。我們在後續章節會討論這種態度的社會或間接體驗元素。但目前我們可能注意到，支持國際運動競賽的潛在情緒影響，是支配情緒。這類運動賽事，僅僅代表高度特化和選擇性的競爭刺激情況。例如，在台維斯盃（Davis Cup）網球賽中，雙方最好的球員一定是擁有超凡的緊張性能量增強儲備的人。因為比賽規則以及牽涉的個人和國家利益衝突，使他的對手成為了全然對抗的環境刺激。每個競爭者都必須認為對手不如自己強大，否則他的運動自我就會服從，而不是在比賽的關鍵時刻增加強度。於是，每個人都努力增強自己的運動自我，直到增加的能量足以打敗競爭對手，贏得勝利的榮耀。除了選手本身表現的天然支配反應，參賽國家的大眾媒體也透過有系統地調合國家支配，盡可能地增強這些最佳選手的運動自我。因此，比賽時，可能真有數百萬個運動自我，隨著場上選手經歷的緊張性能量變化而波動。這是唯一能將許多人的支配反應結合、甚至同步的情況。但就像先前提到的商業行為，運動競賽也涉及大量的服從，至於服從元素則留待下一章再討論。

支配的性別差異

整體而言，在成人的支配情緒中，性別差異或許不如兒童和青少年的支配反應那麼顯著。

女性現在越來越廣泛地參與商業和體育活動。顯然，她們因此受到的情緒訓練，往往會增強她們的支配情緒，使她們的支配情緒跟男性不相上下。這種發展的效應，目前已開始顯現在年輕一代的情緒訓練上。青少女和非常年輕的女性，在全國體育賽事中搶佔鎂光燈的程度，幾乎已達過去世代女殺人犯、國王情婦和其他著名女性人物受矚目的程度。

然而，成年女性支配情緒的支柱，在此世代仍有很大程度與羅馬陰謀和亞歷山大狂歡時代相同。也就是說，追求「社會」名望，可能代表了女性最常見的支配表現。競爭的貴婦和名媛則代表了各種強度的對抗性刺激，但引起的運動刺激強度似乎始終無法高於「社交女王」的運動自我。這種女性對這個刺激的反應是，藉由更奢華的炫耀和所謂的「娛樂」，或是購買更昂貴時髦的禮服或其他物品，增加自己的社交能量。追求社會名望的女性透過這樣增加運動自我，意圖掃除阻礙自己的所有競爭者，並且控制那個虛無飄渺但備受關注的「社會」。因為追求的獎品本身是基於其他情緒而非支配，所以我們或許在後續章節再進一步分析這類型的支配反應。

總結

總之，我們可以將支配定義成一種情緒反應，**由強度低於主體運動自我的對抗性運動刺**

激，所引起的情緒反應。

環境刺激的性質和強度，與刺激造成的支配行為所表現的支配情緒強度，兩者之間經常出現明顯的不一致。這種不一致僅僅意味著，動物或人類經歷了某些過去經驗，使得原本不適當的環境刺激能在有機體身上引起對抗性運動刺激，而這運動刺激的強度，與案例中實際表現的運動自我增加的支配強度相符。**情緒的支配特性**，取決於主體感到運動刺激的強度低於運動自我。然而，運動自我在支配反應中表現的強度增加量，大約等同於支配反應意圖克服的運動刺激強度。

剛剛定義的支配反應特徵，可以在無生命自然力之間交互作用的行為原則中找到，也能在去大腦動物、初生嬰兒（藉由抓握反射增強把自己整個人吊起來）、青春期的人（尤其是男孩），以及成年人（主要是男性）中發現。

顯然，對於所有三到五歲兒童和絕大多數男性一輩子的行為，支配情緒可說是造成情緒影響最大、也最重要的元素。因為我們的文明是男人創造的，所以支配大概是兩性最普遍推崇的情緒。

我們可以從無數的紀念碑、雕塑品、樂曲和其他藝術作品所表達的主題中發現支配。在這一片對支配的頌揚中，詩人亨利（Henley）的〈打不倒的勇者〉（*Invictus*）或許最為簡潔且完整。

夜幕低垂將我籠罩，
兩極猶如漆黑地窖，
我感謝未知的上帝，
賦予我不敗的心靈。

即使環境險惡危急，
我不會退縮或哭嚎。
立於時機的脅迫下，
血流滿面我不屈服。

縱然通道無比險狹，
儘管嚴懲綿延不盡，
我是我命運的主宰、
我是我靈魂的統帥。

支配的愉快和不愉快

根據不同觀察者的內省報告描述，支配行為期間經歷的意識是愉快或不愉快，有很大的差異變化。前重量級拳擊冠軍傑克．登普西（Jack Dempsey）曾（對朋友但未公開地）表示，他「喜歡」搏鬥，從一開始到結束都喜歡，但他「最興奮」的一刻是在揮出擊倒對手的「那一拳」時。有時他很享受勝利後群眾的熱情，有時則不然。據判斷，登普西說自己感到的愉快程度，取決於他個人支配對手的意識，而非他人對他獲勝的態度。以某種方式收到贏得搏鬥的獎金，無疑會感到另一種愉快的情緒反應，但在此不需要討論這個部分。

很難確定這事後報告的愉快，在擊倒對手前實際感到的有多少，以及有多少愉快是回顧時才參入當時不愉快的經驗。根據我自己的內省，以及自我觀察訓練遠高於登普西的學生（其中之一是職業摔角手）的報告，我應該說，**最終成功的支配競賽，早期的感受是愉快和不愉快的混合體**。任何長期爭鬥中的支配，初始階段都存在某種「嚴峻」、「緊繃」、「過度緊張」或「絕望」，這確實令人不愉快。同時，真正支配的競爭者通常也會感到一種獨特的愉快，這種愉快似乎源於為了對付危險「自己的力量不斷增加」的感受，而且似乎明顯隨主體成功削弱對手的力量等比例增加。

登普西自述，在揮出一拳後，終於撂倒對手時感到最愉快，這個說法大概是很準確的。然而，只要對抗性環境刺激（競爭對手）與主體自身體力之間的優勢問題尚未解決，對抗性運動刺激和運動自我之間就很可能存在勢均力敵的爭鬥。幾位受試者自我觀察後一致認為，這種爭鬥明顯令人感到不愉快，這些受試者都沒有理由撒謊，而且他們受的自我觀察訓練，足以確信內省報告值得參考。過去幾年間，幾位著名的美式足球選手發表了文章，表達他們贏得大學美式足球賽的不愉快感，遠遠超越愉快感。

我自己的結論是，**每個支配反應從頭到尾，支配情緒都混合著愉快和不愉快**。即便「擊倒」對手之後，記憶中依然留有一定程度的對抗痕跡，這讓最終的愉快帶有明確的支配氣息。如果克服障礙的強度明顯低於主體的強度（像是小孩堆的積木或空屋的窗戶），那未決衝突的初始不愉快或許相對輕微，而最終成功帶來的幾近純粹的愉快很快就攀上高峰。然而，必須謹記，不愉快源自運動刺激和運動自我爭奪心靈粒子，而最後強烈的愉快，則是源自運動中樞的緊張性能量（運動自我）不斷湧現而生的促進跡象。如果因為對手很弱，使得支配情緒的初始不愉快很輕微，那運動自我增加（克服障礙所需）而獲得的最終愉快，確實也就相應地微不足道。**如果支配反應成功，它在結束時的愉快感會遠遠大於一開始**。

在某些支配反應的例子中，如果自己和對手的實力幾乎不相上下，不愉快的比例或許會達到高峰，之後隨運動自我不受阻放電以及對抗者失敗，愉快的比例逐漸增加、不愉快的比例逐漸減少。我自己的臨床研究有個有趣的結果，我發現，許多女性為了自己的最大利益，一再拒絕支配性商業情況，理由顯然只是相關的支配情緒對她們來說太過不愉快。我認為，多數男性一生致力於支配，不是因為他們真的覺得支配很愉快，而是不得不為之。

支配情緒獨有的意識特徵

從內省來看，支配情緒的獨特情緒性質，在文學、偽心理學和心理學的描繪各有不同。它曾被冠上種種名號：「自我情緒」、「侵略性」、「狂暴」、「暴怒」、「自我肯定」、「自發」、「意志」、「堅定」、「神采飛揚」、「追逐私利」、「勇氣」、「膽量」、「大膽」、「膽大妄為」、「有目的性」、「堅持」、「不屈不撓」、「堅忍不拔」、「積極進取」、「個人氣勢」、「威力」、「力量」、「開拓精神」、「骨氣」、「實力」、「固執」、「鬥牛犬性格」、「頑強」、「好鬥天性」、「自我保護本能」、「優越情結」、「自卑感」（阿德勒〔Alfred Adler〕）、「自我中心」，以及其他許多別稱。這些名號有時強調支配中抵抗對手的消極面，有時則強調主體擊敗對手、掃除障礙的積極面。有時，使用的詞帶有「支配是可鄙」的意涵（通常是當作者感到自身或自己的英雄受到支配時），另有時，使用的詞意指某種神聖化的支配（誠如林白〔Lindbergh〕飛越大西洋後新聞對他的讚頌，或對「全能的神」的宗教頌揚）。然而，無論使用的詞彙可能包含什麼態度意義，也無論使用的字可能選擇性地暗指情緒的什麼面向或行為表現，**情緒意義的公分母永遠都是支配情緒，由運動自我增加以戰勝對手構成**。

從內省來看，不同類型的受試者都一致報告，支配情緒的本質（無論受試者以什麼名稱認識它）是**一種能量湧現以消除對抗的感受。這種感受混合著不愉快（伴隨湧現能量受阻而產生）和愉快（伴隨湧現能量增加而產生），一起構成了支配情緒**。

第八章 服從

我們已經提過，就像在其他環境下彼此支配一般，自然力也會在適當條件下彼此服從。河流或許會因為剛好阻擋原先路線的一堵石牆，從一條河道轉向另一條。溪流不會持續衝擊強過自己的對手，而是藉由讓道來服從這樣的對抗者，將自己的能量轉往其他方向。如果溪流或其他自然力支配的路徑，是由強度較低的支配物質決定，那同樣的，河流**不會**遵循的路線，也由強度較高的對抗性障礙物決定。

任何物理力的基本性質之一，就是必須繼續支配任何比自己弱的對手。但服從任何確實強過自身的對手，也是相同物理力內在固有的關鍵部分。如果無法支配周遭的任何力，這個物理力就必須停止對它們起作用。只要一個力能繼續對周遭更強的對手施加壓力，那就表示這個力還沒有完全受到對手支配。足夠強大的對手，永遠都能讓任何物理力完全服從，不過對手可能必須對服從的反應物施加強大的力，迫使反應物改變物理形態（從固態到液態、從液態到氣態）。然而，根據基本的能量守恆定律，沒有任何物理力能被消滅。它只能(1)支配，或是(2)服從。如果繼續以現有的形式作用，它可能會服從眾多更強的反對力，但也必須找到至少一個更弱的對手來支配。如果任何物理力最終被迫服從，它就必須改變自身的形式，讓自己新的物理形態可以找到更弱的對手來支配。

舉例來說，就像前一章一開始分析的河流築壩例子，只要河水繼續自由流動，或許就會完全受到對抗的水壩支配。也就是說，河流的一種活動或表現，完全受到強壯高大到河流無法越過的水壩支配。既然如此，倘若水壩一側的河岸土壤鬆軟到足以被河流支配，那水流或許既服從無法越過的水壩、也同時支配較弱的對手（土壤鬆軟的河岸）。但如果水壩周圍或下方沒有這樣的出口，河流就會對此障礙繼續施加越來越大的壓力。在這特殊情況下，水壩終將無法繼續支配或強過河流，因此河流不會被迫服從這時比自己弱的對手。

然而，太陽構成另一類型的對手，亦即在減輕河流壓力方面強過河水。陽光照射水的作用，能夠迫使水完全改變自身的物理形態，從液態變成氣態。因此蒸發的水，不再對水壩施加壓力。沿著水壩岸邊生長的各種植物，也能藉由強迫水改變自身的化學形態來支配水，讓水進入新的有機分子結構，組成各種植物有機體的細胞。住在築壩河流中的魚和兩棲動物，也對河流擁有足夠的支配力，牠們藉由吸收河水進入自身細胞的化學結構，迫使水的化學變化更徹底。每當各種無生命的物理力遭遇強過自己的對抗力時，它們都必須根據服從的基本反應原則，以相同的方式表現。

如果對手強過自己，而這個物理力服從對手的作法是減少自身的對抗力，那作為服從的反應物，必須減少多大程度的對抗力呢？在前述河流的例子中，受水壩支配的河流如果能在水壩周圍或下方找到出口，以此流出的水量，顯然就代表了先前河流的總流量，與阻礙河流前進的對抗力之間的差異。同樣的，陽光照射作用下蒸發的水量，代表了築壩水流的水壓力總損失量，亦即等於初始水量與作用其上的陽光強度之間的差異。植物和動物施加較強化學力所造成的河水分子化學結構（H_2O）的總損失量，大約等同築壩河流中的初始 H_2O 量，與動植物對水施加的對抗力之間的差異，這個差異必須大到讓河水服從水壩。

從這些例子可以制定出以下規則：**物理力在做出服從反應時減少自身的力量，減少的量大約等同自己的初始力量，與更強對手的力量之間的差異。**

人類和動物行為的服從

在去大腦動物的行為補償中可以發現服從反應，例如謝靈頓和戈爾茨的研究。然而，在人為簡化有機體的反應中表現的這種服從，並不帶有我們在第六章整合分析中定義的服從情緒。儘管整合的物理反射可以取代運動自我的單一緊張性放電單位，但運動刺激征服運動自我的這種機制，本質上與無生命的物理力之間的交互作用類似。運動刺激似乎僅僅在通往最後公路的運動中樞，壓制了運動自我的一個特定單位，但在中樞以下，整個緊張性運動自我的強度得到調節。雖然中樞神經系統的高低層級之間，以極其複雜的方式交互作用，複雜到連最簡單的反射反應，我們都無法肯定涉及的神經單位是什麼，但我們或許仍相當確信，在間斷性再發反射控制低位運動中樞的過程中，運動自我的強度既沒有增加、也沒有減少。也就是說，我們發現，這種間斷性再發運動刺激征服緊張性放電的結果，顯然是由大大簡化的對抗機制達成。運動自我的一個微小單位，似乎一開始是跟更強的對抗性運動刺激搶佔運動心靈粒子。當更強的運動刺激成功通過進行放電時，似乎不再進一步發生整合作用，因為動物體內的高位神經中樞已被手術移除，而對更強的運動刺激做出反應，進一步調整全體緊張性放電的，正是高位神經中樞。如果對結果的分析無誤，那我們可以推論，支配以外的所有初級情緒，全都需要中樞神經系統的運動區存在，這個運動區，整合支配特定情緒涉及的緊張性中樞。

先前提到的黑德與福爾摩斯的研究[1]似乎顯示，視丘中樞不受大腦皮質影響之後，運動自我的支配和服從調整，都只透過視丘中樞完成。據黑德與福爾摩斯的描述，單側視丘損傷患者對情感刺激所做的許多身體反應，都是所謂的適應性反應。也就是說，這些反應許多都具有服從性質，藉由減少和重新調整緊張性運動放電，讓對抗性運動刺激能盡情地影響有機體。這樣的反應顯然是服從反應。它們都是過度反應，而且從受試者的報告可以判斷，它們在一開始全都是不愉快的，但隨著適應性調整，會出現冷淡，甚至明顯、對比的愉快。這種行為是否顯示了誇大服從反應的全貌？似乎可以合理猜測答案是肯定的。

嬰兒「恐懼」反應中的服從

華生曾描述某一類型的嬰兒行為[2]，他稱之為「恐懼」。根據華生的說法，只有兩種情況能夠產生這種「恐懼」。一是移除所有支撐嬰兒身體的東西，另一則是在嬰兒的腦袋附近突然發出巨大聲響。華生描述的「恐懼」反應，先是出現「躍起、驚跳、暫停呼吸、眼睛突然閉上、握拳、噘嘴。」在這初始反應後，接著出現全然不同類型的行為。第二組反應包含了「哭泣、跌坐、爬行、亂走或逃跑，經常還會出現大小便失禁。」第一組行為表徵清楚顯示緊張性能量的爆發，以期用各種方式對抗和支配運動刺激。第二組行為表徵也清楚地顯示了運動自我的強度減少，開始屈從可能對有機體產生任何影響的運動刺激。不過，第二組行為表徵混雜了某些阻撓或挫敗元素，如果出現這些元素，或許就能合理使用萬年不敗的文學詞彙——「恐懼」。然而，倘若沒有混合這些挫敗元素，華生描述的第二組行為表徵，僅僅呈現了兩種環境刺激，而這兩種環境刺激能引起強度足以整合地壓制運動自我的運動刺激。當然，許多其他類型的環境刺激（但太嚴重無法對嬰兒進行實驗），也很可能擁有相同的力量。

華生提到，這種服從反應，在沒有大腦半球的嬰兒身上更顯著，這個結果與我們如何解釋前述

1 H. Head and G. Holmes, "Sensory Disturbances from Cerebral Lesions," *Brain*, 1911, vol. 34, p. 109.

2 J. B. Watson, *Behaviorism*, pp. 121 ff.

黑德與福爾摩斯的研究結果一致。

另外華生也發現，正常嬰兒會不顧刺激的性質為何，伸手去抓任何物體，即使是毛茸茸的動物、發出噪音的刺激（例如紙袋裡的鴿子），甚至點燃的蠟燭。然而我們也發現，孩子可以學會不要去摸某些東西，像是被燭火燙幾次，或是一伸手摸就被直尺猛打手手。值得注意的是，強度相對溫和的環境刺激，例如看到蠟燭火焰或邊看邊摸可能咬傷小孩的動物，無法引起服從反應。然而，強度就像摸到火焰那般疼痛，或關節被直尺抽打一樣痛的環境刺激，可能迫使服從反應出現。一旦因為這樣學會了服從，服從反應就很容易轉移到可能跟孩子感到疼痛有關的任何環境刺激。用我們的術語來說，燙傷或打孩子的手這類環境刺激，確實先天就能引起強度高於運動自我的運動刺激。在燒或打的同時知覺到的環境刺激，就算原本自然引起的運動刺激比運動自我更弱，但這種原本不適當的環境刺激，自此之後就有能力引起強過運動自我的對抗性運動刺激。

成人「恐懼」反應中的服從

布拉茲（Blatz）[3]對成年受試者進行了一個實驗，結果顯示，成人表現的服從反應，跟華生報告的嬰兒行為幾乎是同一類型。布拉茲在實驗室放了一張特殊椅子，只要在隔壁房間按下操縱桿，就能讓椅子突然往後倒。受試者被蒙住眼睛帶入實驗室，然後坐上椅子牢牢地綁住。受試者的身體接著連結心電圖機的電極，同時用儀器記錄呼吸。受試者中，絕大多數是女性。各個受試者被告知的實驗目的，僅僅是在十五分鐘的安靜時間內記錄呼吸和心跳。如承諾所說，讓受試者安靜了一段時間後，椅子會毫無預警地被拉倒，造成受試者往後倒下。

所有受試者都報告，在感到自己沒有支撐地向後倒時，經歷了恐懼。這種情況精確地複製了華生的實驗，他的實驗是在嬰兒睡著時，拉走嬰兒躺的床單，或突然把他們丟到枕頭上。成年受試者的行為表徵，也密切地複製了華生報告的嬰兒行為。布拉茲的受試者在椅子倒下的同時和躺平在地上之後，都先奮力掙扎著想逃離椅子。當他們發現自己無法掙脫束縛逃離時，他們會呼叫實驗者，認為發生了意外。當他們發現自己真的逃不掉，而且實驗者沒有注意到他們的喊叫後，受試者就接受了這個情況，靜靜地待在傾斜（幾乎是橫躺著）的椅子上。

這種行為表示，成人的反應方式跟華生研究的嬰兒完全相同，先是出現支配反應，然後是服從情緒。最初掙扎著逃離，顯然需要增加運動自我，以此努力克服身體失去支撐所引起的運動刺激。呼喊實驗者幫忙則表示，受試者已意識到對抗性運動刺激的強度較高，這種呼救代表了自己最後的支配努力，希望藉此脫離身體不得不呈現的詭異、不尋常姿勢。在這之後，所有

---

3 W. E. Blatz, "Cardiac, Respiratory, and Electrical Phenomena Involved in the Emotion of Fear," *Journal of Experimental Psychology*, 1925, vol. 8, pp. 109-132.

受試者都出現完全的服從反應，包含接受強加的環境刺激，以及重新調整身體來配合新的情況，不再試圖用任何方式改變。這需要先減少運動自我，才能讓支配的環境刺激以它高興的任何方式影響身體。

在受試者倒下的同時，及其後十幾分鐘內自動記錄的心跳和呼吸等身體數值，揭露出在支配與服從反應之間交替的兩個系列。

一、往後倒的那五秒鐘，脈搏速率從八十八躍升到一百零二，其他的身體表徵也顯示了運動自我同步**增加**。這或許可以稱為「**不成功的支配反應**」。

二、接下來的十秒鐘，脈搏變慢，而以心跳、脈搏速率和呼吸表現的緊張性能量，清楚地**減少**到低於初始狀態。這段期間可以稱為「**強迫服從**」。

三、再接下來進入第二個階段，期間脈搏再次加速，速率沒有高到「不成功的支配反應」那麼高，但持續的時間比較久。其他的身體表徵也顯示，運動自我在這段期間**增加**。這段期間可以稱為對更強環境刺激的「支配重新調整」。

四、漸漸地，脈搏速率和其他身體緊張性的表徵減弱。這種減弱一直持續到倒下後的第三分鐘。這可再次視為運動自我**服從減少**，目的大概是允許獲勝的運動刺激對重新調整的能量平衡施加任何影響，確保重新調整後已減少的運動自我，能完全服從支配的運動刺激。這或許可以稱為**服從測試期**。

五、最終服從期之後，接著又換成心率和其他緊張性表徵最後一次**增加**，加到程度稍微高於初始狀態。到了這個程度，運動自我似乎在當天記錄的其餘時間都一直保持不變。這個最終時期，代表對強加的運動刺激繼續保持服從，但對強勢運動刺激以外的其他刺激稍稍**增加了支配**。當然，要用身體表徵證明服從元素，只能靠著比較運動自我在最終時期的強度，與它試圖克服入侵刺激的第一時期（不成功的支配反應）的強度。這個最終時期或許可以稱為「**成功的支配期**」

基本的支配和服從反應機制無法經由學習改變

值得注意的是，布拉茲檢驗的成年受試者的情緒反應，與華生描述的嬰兒的情緒反應，兩者間沒有重大的差異。由此或許表示，只要環境刺激本質上足以引起強度低於主體運動自我的對抗性刺激，支配和服從機制的運作，終其一生都不太有什麼變化。嬰兒與成人表現出相似的支配和服從情緒，這表示**情緒學習絲毫無法改變這兩種初級情緒反應的整合特徵**。

在上一章討論的艾德格案例中，首次引起真正服從反應的環境刺激（身體受傷），本質上能夠引起強度高於運動自我的對抗性運動刺激。艾德格的第一個服從反應，引起的方式就跟巨大聲響和墜落引起嬰兒服從一樣，也跟布拉茲的受試者往後倒引起服從反應的方式一樣。艾德格覺得嚴重的身體疼痛刺激高於自己身體的抵抗力量，就像嬰兒覺得被燭火燙到或直尺敲打造成的疼痛刺激，高於自己這個有機體。簡而言之，艾德格代表了一個服從反應機制依然正常作用的案例，然而就不適當環境刺激引起服從反應的習得條件來說，這個服從機制處於完全天然、沒有經驗的狀態。

危險的環境刺激不一定是服從反應的適當刺激

對人類和動物而言，最危險的環境刺激可能仍有這種性質：沒有能力引起強過運動自我的運動刺激，並由此引起服從反應。當然，這種情況是日常的經驗之一。但它也是一種現象，只是其中的機制顯然還不清楚。新生的家長和其他教育者似乎傾向認為，親身經歷環境的對抗性力量，是服從教育的最佳形式。但即使孩子在與擁擠街道、各式各樣危險器具以及其他小孩的最初競爭中挺了過來，情況也遠非如此。理由是，如果危險的環境刺激在孩子親身體驗它的全部破壞力量以前，無法引起孩子的服從，那由此產生的反應（也無可避免地轉移到其他環境刺激）肯定具有誇大性質，即使沒有產生真正的「恐懼」，還是會在往後的人生阻礙孩子對這類刺激做出有效的反應。

運動自我過強阻礙服從反應

在上一章傑克的案例中，我們提到，就連本質上能引起兒童或成人出現服從的環境刺激，他的回應都是支配反應。然而，在傑克的案例中，對抗服從環境刺激的，大概是他血液中存在的內分泌刺激。或許，這些內分泌造成了服從閾值升高的效應。達到這個結果的方式有幾種，尤其是：(1)持續刺激運動自我，直到高過正常強度；或(2)以某種抑制方式干擾中樞神經系統的結締單位，疼痛之類的環境刺激，通常藉由這些單位引起強度高於運動自我的運動刺激。在傑克的案例中，似乎相當清楚看見內分泌刺激引起了第一類結果，也就是說，內分泌刺激似乎產生了持續的過強緊張性放電。雖然傑克在幫派鬥毆中，無法對身體疼痛做出服從反應，但有人勸說他時，他出現了某些服從反應。事實上，根據老師給我們的報告，校長曾說服這個孩子以其他方式好好過生活，之後他也一度不再打架鬧事。但男孩持續的不安和過強的體力，使他無法長時間過著服從的生活。經過幾個月的服從，他的運動自我顯然變得強到再也無法受到理性論證（整體因果鏈中的一個連結原因，即第四章因果分析中的(d)原因）的支配。

突發刺激容易引起服從

在我訪談傑克時，我也能夠藉由突然讓人嚇一跳的言談和舉動，引起他短暫的服從反應。高強度環境刺激造成的**突發刺激**，通常會產生服從反應；如果刺激強度的增加是漸進而非突然，那刺激強度最終無論多大，都無法引起這樣的結果。解釋這個現象並不困難。只要運動刺激的強度仍然低於運動自我，支配情緒就會持續。既然如此，倘若環境刺激強度的增加足夠漸進，那在受到運動刺激的攻擊之前，漸進的時間就讓運動自我得以增加自身的強度。但如果突然施加強度大的環境刺激，那在增強機制使得運動自我再次強過運動刺激之前，這個突發刺激引起的運動刺激強度，就可能高於仍在初始強度狀態的運動自我。幾乎每個人都曾有這樣的日常經驗：被某個突然的巨響或開心的朋友突然從背後拍拍肩「嚇了一跳」。

無論持續的運動自我強度放大多少，只要運動自我沒有足夠時間增強自己，那就容易產生一種環境刺激，可以引起強過運動自我的運動刺激。就我迄今的觀察，事實似乎是這樣的，一直高於平均強度的運動自我，往往比強度低的運動自我更容易受突然施加的強勢運動刺激影響。這個情況的理由似乎是，緊張性運動放電（或運動自我）持續的強度越大，對任何加在自身的運動刺激反應就越快（亦即潛伏期越短）。因此，這種強烈的運動自我，往往會在自己有時間增強到足以支配運動刺激之前，就對高強度的運動刺激做出反應。也因此，在增強機制能重建正常的支配平衡之前，經常出現相當短暫的服從情緒。突然的強烈刺激讓傑克受到驚嚇或被迫短暫服從，這個情況似乎表示，他異常的支配反應，可歸因於運動自我持續過強，而不是強烈環境刺激引起強勢運動刺激所需的連結器機制受到干擾。

在研究囚犯時，我發現，監獄裡許多屢教不改之徒，都是極其難以喚起服從反應的人，這也同樣是因為持續、過強的運動自我。有個大型懲戒機構專門關押年輕的罪犯，也就是十八到二十五歲的男孩。這些囚犯當中，剛剛所說屢教不改之徒的比例相當高。就我看來，這些年輕人當中有許多都性慾過剩。根據我自己的觀察，雄性激素會增強作為第二性徵的支配，完全就像雄性激素會讓臉上長鬍子和聲音變低沉。這些男孩中有許多人的運動自我過強，很可能是因為雄性激素分泌過剩。這些案例可能跟傑克的案例幾乎完全相同。但有些其他情況是甚至更強的持續運動自我，那就可能無法用相同的緣由說明。事實上，就目前的醫學知識，這種運動自我過強背後的生理原因，充其量只是推測。那座大型懲戒機構裡的某些年輕人，似乎主要多是缺乏早期的服從訓練，導致他們做出各式各樣容易強化持續緊張性放電或支配趨向的行動。有幾個退伍軍人的例子，似乎也屬於這個類別。

時間延長和頻繁重複的刺激容易引起服從

當一個環境刺激無論強度多大都沒有任何效果時，除了突發性是可能產生服從反應的條件，有時我們也將過強環境刺激的**持續或頻繁重複**，視為能夠產生服從情緒的第二個條件。

一位曾在萊文沃思堡（Fort Leavenworth）聯邦監獄擔任軍醫的醫生告訴我，那個機構有些屢教不改的囚犯，拒絕跟其他人一起外出工作，而且不管多麼粗暴的對待都無法撼動他們的叛逆態度，但他們卻經常因為**延長**相對輕微的懲罰，而不得不乖乖地工作。其他人工作時，他們總以正常站姿銬在自己牢房的門，雙手沒有高過肩膀。這些屢教不改的囚犯顯然能夠抵抗任何強度的環境刺激，完全不會出現服從反應。然而，如果刺激連續出現三、四天，每天七、八個小時，他們就會對這個強度相對輕微的環境刺激產生服從反應。

另一方面，在德州監獄對囚犯進行調查期間，有位調查人員個人注意到的一個例子顯示，高強度的環境刺激如果一再重複，很有機會壓制那些幾乎是異常缺乏服從反應的囚犯。有個特別兇殘的年輕囚犯顯然擁有極其強烈的運動自我，強到他焦躁不安的緊張狀況，就連完全不懂性格分析的獄警都明顯看得出來。這個囚犯拒絕跟其他囚犯一起到田裡工作。最後一次的拒絕事件，起因是他不太嚴重地違反了監獄規定而受懲罰。大型懲戒機構的管理者嘗試各種方法迫使這個囚犯去工作，但都沒出現任何效果。最終，他根據德州刑法的規定，申請鞭打這個囚犯的許可。德州法律規定，在監獄管理委員的同意下，典獄長或監獄管理者可以用規定尺寸和重量的皮鞭，對屢教不改的囚犯抽打最多二十下。這種懲罰使用得相當頻繁，而且嚴重程度高到光是威脅要申請鞭打，通常就足以迫使多數屢教不改的囚犯服從管理者的命令。

然而，剛剛提到的那個年輕囚犯，即使知道法律允許鞭打多達二十下，還是公然反抗「隊長」，最後自然受到了鞭刑。雖然這個囚犯遭受的痛苦絕對是相當嚴重，但他仍然拒絕服從。現今，只要得到管理委員的同意，德州法律沒有限制囚犯遭受鞭刑的次數和頻率。因此，監獄管理者立刻再度提出申請，並且得到第二次許可，可以再鞭打這個囚犯二十下。不過，這次他沒有一次打完，而是決定每天打四、五下，直到用完這次的額度為止。他把自己的計畫告訴囚犯，還補充說，他打算在這次額度用完之後，立刻再申請一次許可。那個年輕人依然拒絕服從，於是「隊長」當天按照他所說的鞭打了幾次。第二天，他又帶著鞭子回來，開始另一次的鞭打。然而，在他打了兩下之後，囚犯便屈服了，服從命令去工作。當我訪談這個囚犯時，他告訴我，他無法忍受每天接受鞭打的沉重壓力，因為「**恐懼會從第一鞭一直持續到下一次鞭打**」。他說，一次懲罰的痛苦無論多嚴重，他「知道，如果『打一輪』就結束，自己都可以忍受」。

持續或頻繁重複的對抗性環境刺激引起服從情緒的效力，似乎仰賴運動自我無法相當長時間地維持自身強度大幅增加。因此，如果相當強度的對抗性運動刺激能持續一段時間，久到長過增強機制運作的時間，最後就能擊敗運動自我，服從反應也必然隨之而生。

服從反應的高連結器閾值

另一類的缺乏服從，似乎出於先前提到的第二種整合原因，亦即少了適當的連結器機制，能使超級強的環境刺激，引起強度高於運動自我的運動刺激。換句話說，出現這種服從困難的個體，對身體疼痛和其他類似種類的過強環境刺激，表現出超乎常人的抵抗力。這種人平常會出現運動自我的強度長期偏低等許多徵兆，不過一旦激出行動，這種人的運動自我會增加到不尋常的強度。

我觀察到一個這類型對象的行為，他是一個運動能力相當好的大學生。他在美式足球、籃球和其他運動的表現都很優秀，連續幾年都是學校代表隊的成員。在籃球方面，他有些特殊且稀奇古怪的花招。在某些情況下，他表現得出奇的好，然而另有些情況，他卻似乎異常遲鈍，無法積極地回應對手的任何粗暴手段。籃球教練告訴我，有好幾次他用各種想得到的方式「對他嚴加批評」。他曾多次要他退出比賽，也曾威脅將他從校隊中除名，並且以各種他知道的方式對他進行人身攻擊。沒有一項行得通。男孩只是帶著憐憫的神情冷淡地看著教練，有時說他不想打了、有時完全不發一語。我問男孩本身對教練的看法，他告訴我：「這麼說吧，布蘭克是一個非常好的人，但我認為他從來沒教過我打籃球。我不覺得他教得了任何人。我只需要繼續用我自己的方法打球。」

這個男孩是我某一門課的學生，上這門課常常需要討論。他似乎能好好聽課，但總是拒絕將外來的素材融入自己的思考。偶爾，他會語出驚人地嚴苛批評，一旦他表達了自己的想法，那就再也無法勸服他跟其他學生進行一般討論。他說話的速度慢的不得了，聲音低到有時幾乎聽不清楚。他經常一句話都沒說完就好像睡著了，他閉著眼睛、整個人昏沉沉地癱在椅子上。然而，這只是他表面給人的印象，因為他總是能完整表達自己的想法。這個年輕人的整體行為呈現出一種強度非常低的運動自我，但在極少數情況下，一旦能夠引起對抗性運動刺激，他的運動自我幾乎可以毫無限制地增強。然而，藉由環境刺激引起這樣的運動刺激，可以說是極其困難。此外，在我研究這個男孩的過程中，從來都沒有發現任何證據顯示，這種強度高於他增強運動自我的運動刺激曾經出現過。

至少在一個案例中，強度足以引起任何一般人服從的環境刺激，對這個年輕人卻一點都沒效果。學校有個習俗，某些大二學生會有計畫地「捉弄」或欺負新鮮人。強迫新鮮人服從折磨最常用的方法，是用非常類似短柄獨木舟槳的工具，使勁「用槳拍打」不服從的人。負責捉弄一群新鮮人（剛剛討論的那個年輕人就在其中）的二年級生告訴我，自己用盡力氣打了這個男孩二十幾下，最後槳直接斷在男孩的屁股上，還是沒能迫使男孩稍微服從二年級生試圖強加的命令。受過懲罰一段時間之後，我直接問那個男孩，他如何能夠忍受這樣嚴重的擊打。

他面露感興趣的神情，就好像在描述別人身上發生的事：「喔，那沒什麼。我不介意。」

我問他：「難道你不想把那個這樣對你的人揍一頓？」

他若有所思地回答：「不想，只要他不讓我做任何我不想做的事，這對我來說完全沒有什麼特別影響。」

對於這類型的人，似乎可以放心假設，強烈環境刺激引起的對抗性運動刺激無論是什麼，相比於這個主體的運動自我強度都一定極其微弱。運動刺激相對較弱不是因為感覺機制不敏銳或閾值高，從剛剛描述的行為可以看出，那個大學男孩的感官知覺異常敏銳，聽覺和視覺的閾值都非常低。如果你們還記得，我也提到他能好好地聽課，另外只要他願意，甚至可以重現上課的主題。

這種整合情況或許可以這樣描述：**環境刺激與運動刺激之間的連結器閾值異常地高。**

「被動」支配是對服從反應的抵抗

剛剛提到的那個連結器閾值高的大學男孩案例，非常清楚說明了可稱為「被動支配」的一種支配反應面向。在這樣的情況下，由於沒有感到任何強過自己的威脅，所以運動自我無法採取主動。因此，運動自我能夠表現通常所謂的「抵抗」，而且強度很高。歸因於被動支配情緒的抵抗行為也是一種反應，在這種反應期間，反應物依然滿足於抵抗任何緊張性放電維持的運動動向發生變化。相比於被動支配，主動支配可以定義成這種情況：運動自我察覺到運動刺激妨礙自己，主動將自己增加的能量用來對付障礙物。雖然主動和被動支配之間無法畫出相當嚴格又固定的界線，但分析主體的行為時，支配行為這兩個面向之間的對比，往往極端到足以合理且便利地使用代表兩個極端的具體詞彙。在文學和心理學術語中，我們發現主動和被動支配之間的區別相當顯著。「攻擊」、「主動」、「自我主張」和類似的詞彙，相當清楚地強調支配的主動面向；而「固執」、「頑強」和「抵抗」則是特別指稱以各種不同方式表達的被動支配。

「被動」和「主動」服從

此時，我們或許也該適時地強調，服從情緒的主動和被動面向之間類似的對比。首先，可以就物理力交互作用的行為進行對比。在河水流動完全受水壩阻擋的例子中，重點在於服從情緒的被動面向。正如本章一開始提到的，水壩無法主動將河流從現有的河床移開，同樣也無法強迫河水改變自身的物理或化學形態。因此，築壩溪流不需要新的動作或主動反應。然而，當太陽開始加熱河水時，水得到了額外能量，經歷主動的物理形態變化，從液態變成氣態。由此，主動支配河水的太陽，迫使河水透過物理形態變化主動地服從。植物、魚類、兩棲動物或電流，可能以類似的方式，迫使水的原子往新的化學形態變化，強迫河水**主動**服從。

石頭受滑動的土或上方其他碎片的衝擊，會造成石頭滾下山坡的情況，從中也能找到主動服從的簡單實例。石頭不只是在受力作用期間被迫主動服從地移動，還必須持續往相同的方向移動，直到不受重力控制，也耗盡了得到的動能。

在動物和人類的整合機制中，我們已經注意到主動服從反應機制的存在。無論何時，只要能在爭奪最後公路的控制中擠掉緊張性運動放電，動態反射就能與對抗性或反緊張性肌肉形成對比。這種程序的整體效應是，藉由一開始向有機體注入新能量，讓勝利或支配的運動刺激能強迫有機體主動服從，就像太陽造成河水蒸發來迫使主動物理服從，以及電流造成水表現新的化學行為，來迫使更大的主動服從。

每當服從性運動刺激成功迫使主體按指定方式主動服從，對主體行為的主要影響就會隨著運動刺激的消除或終止而結束。然而，運動刺激本身真的結束後，由於後放、動態興奮的中心傳播等整合現象，主動服從運動會持續一定的時間。這種主動服從的持續性，可以適切地比作無生命物體行為的動量定律。

強加強烈環境刺激來迫使主動服從反應的難處

我們先前已經考慮了服從反應的閾值，這個閾值會受到環境刺激強度增加的影響。然而，我們多次注意到，神經衝動過度強烈，特別不利於順暢、高效的整合。考慮到這一點，我們預期過度強烈的環境刺激（像是身體疼痛或受傷所提供的那些），無論如何都不會最有效地產生主動服從反應。換句話說，我們可以預期，蠟燭一出現就用力抽打關節，藉此訓練嬰兒不要伸手抓燃燒的蠟燭，這只是**被動**服從。同樣的，我們也可以預期，相對輕微的鞭打，比較容易訓練較大的孩子、甚至成人不要對媽媽沒大沒小，或是訓練囚犯不要對獄警或典獄長「頂嘴」。但同樣的，這樣的反應也代表一種極端被動的服從類型。

另一方面，如果試圖強迫嬰兒、孩童或囚犯採取主動反應，就會面臨難度升高的問題。可以做到這點的環境刺激，必須能夠引起強過主體運動自我的運動刺激，在此同時還不能強到危及服從整合的順暢、有效運作。這可說是一個千古難解的問題。所有試圖以武力強行控制其他人類行為的暴君，無論哪種類型或做到什麼程度，都會面臨同樣的問題。相較於用武力控制人類的整合機制，強迫原子和分子主動服從支配性個體的渴望的機制就極為簡單。人類身體可能因為較強物理力的阻礙，受到強行限制或只能做某些行動。如有需要，也能透過施加足夠強的物理刺激，產生整合的抑制或中樞系統停滯，進而終止選擇的活動或一切活動。但這兩種類型的環境刺激，全都無法迫使出現各種最有效的主動服從。

愉快程度最大的環境刺激會引起主動服從

既然如此，那該如何引起主動服從呢？謝靈頓[4]表示，在引起強烈的情感意識方面，反射往

4 C. S. Sherrington, *Integrative Action of the Nervous System*, p. 230.,

往佔上風。他進一步引用了兩個相反類型的強勢主動反射，一是傷害性疼痛反射；另一個則是伴隨最大愉快感的性反射。如果將不愉快定義成運動衝突，而將愉快定義成運動聯盟，那我們應該將謝靈頓的說法解釋成，最具優勢的反射類型有兩種：(1)盡可能產生最多運動衝突的反射，以及(2)盡可能產生最多運動聯盟的反射。既然服從反應取決於引起的運動刺激優勢為何，那根據謝靈頓的結果，我們應該預期，產生最大整合衝突的那些運動刺激，以及產生最大運動聯盟的那些運動刺激，都是引起服從反應最有效的刺激。毫無疑問，能夠產生嚴重身體疼痛的環境刺激，就是造成最不愉快的刺激。因此。根據我們自己的預設，我們可以說，疼痛環境刺激引起的運動刺激，會造成最大量的運動衝突。這種運動衝突，完全就是導致極端被動服從的因素。也就是說，最終產生最大量中樞衝突和抑制的疼痛刺激，能夠對需要中斷的整合產生最大程度的妨礙。然而，誠如我們所知，這個過程（根據相同的定義）無法產生它想強加於有機體的新整合類型。那麼，如果目的是成功產生並貫徹這種新的整合，就必須訴諸於不同種類的強勢反射。根據謝靈頓的說法，第二種強勢反射，是伴隨最大程度的愉快或運動聯盟的反射種類。

既然如此，應該有可能憑藉某種環境刺激引起服從反應，而這種環境刺激儘管與運動自我對抗，但仍能夠在有機體內產生一些愉快（運動聯盟），這種愉快比隨刺激而生的緊張性放電的愉快還大。簡而言之，假如運動刺激比運動自我的總量更大，並假如這個總量（從各種感覺連結器集合而成）產生了總量更大的運動聯盟，那運動刺激雖然與運動自我對抗，但仍可能比運動自我的強度更大。如果滿足這些條件，運動刺激的強度不需要在任何時候都大過運動自我的強度。

過度強烈的運動自我必須學習才會服從大量刺激

然而，事實很可能證明，強度太大的運動自我可能無法屈服和遵從運動刺激，這時運動刺激需要更大量、更和諧的運動神經放電才能獲勝。無論如何，經過了學習，即使非常強烈的運動自我，也能服從更大量、更和諧的對抗性運動刺激。

這種學習可能遵循以下這兩種方法。第一，強度大的運動自我可能一開始被強度大的運動刺激**打敗**，而在這種失敗的狀態下，這個運動自我只受強度更大、更和諧的運動刺激影響。第二種方法是，強度大的運動自我可能一開始學習**屈從**量更大的聯盟性刺激，然後將這種順從反應中的服從元素，轉移到量更大的對抗性運動刺激。

總結

總之，我們能在神經學的基礎上預測，比運動自我更大量、更和諧的運動刺激，即使與運動自我對抗且強度較低，還是能夠引起中或低強度的運動自我產生服從反應。我們可以進一步預測，強度大的運動自我不會自發地服從於優勢只在於比運動自我的量更大、更和諧的運動刺激。然而，這種強度大的運動自我，能以兩種方式學習服從這類型的運動刺激。(1)藉由高強度的**對抗性**運動刺激擊敗運動自我，由此產生服從（對強度的服從反應）；或(2)在對量更大的**聯盟性**運動刺激出現服從反應的過程中引起屈服，由此轉移成服從（對量的服從反應）。

引起對量的服從反應的環境刺激

為了證實或反駁前述說法而檢驗人類行為時，應該尋找什麼類型的環境刺激，才有可能引起量大於運動自我的對抗性運動刺激？先前討論用身體疼痛來增強服從的案例中，我們發現，環境刺激強度與引起的相應運動刺激強度之間，存在某種大略的對應關係。環境刺激與運動刺激之間的強度對應（雖然不一定會出現）是一比一的關係，這讓父母、監獄官員或大學生有了概略的基礎，得以據此嘗試機械地控制他們想控制的對象。以此類推，我們首先可以尋找**量大的環境刺激，因為它可能相應地產生量大的運動刺激**。同樣的，我們或許可以找到一種**以絕對和諧的模式客觀排列的環境刺激，它會相應地產生和諧的連結器—運動整合**，而這種整合一定會為一組特定的運動刺激提供和諧的元素。就刺激身體感覺感官的方式而言，量大且關係和諧的環境刺激，很有可能相應地引起量大且構成元素之間關係和諧的運動刺激。

「自然」是量最大、模式最和諧的環境刺激

能同時施予特定主體最大量的中等強度環境刺激，大概可以在「自然」中找到。也就是說，假如一個人獨自在一大片松樹林中或完全不見人煙的山頂上，處於這種情況的人，意識上印象最深的元素，通常是他周遭環境的**廣大**。對於那些大半輩子生活在大城市裡的人來說，顯然特別是如此。住在鄉間的人，尤其是登山嚮導和拓荒者，似乎大多養成了一種習慣，會將自己的感覺注意力限制在特定物體，某種程度上這對他們操縱這些物體來適應戶外環境是必要的。但我發現，即使是這樣的人，當他們在城市待了一段時間，再次回到原來居住的地方，同樣也會對鄉間景象的廣大和開放感到印象深刻。這種廣大的意識（顯然本身就是一個連結器或意念元素），似乎源自主體同時收到數量龐大、強度中等的感覺刺激。

在這類型的感覺刺激中，似乎也有一定程度自然有序的規律與和諧模式。無論是溪流叮鈴噹啷、潺潺流水的聲音，還是強度不大不小的風掃過樹林發出的颯颯聲、沙沙作響，都沒有大到足以壓過彼此的聲音，也不足以妨礙同時聽到鳥兒的啾叫聲。陽光灑在臉上和身上的柔和溫度刺激產生了溫暖，同時微風輕拂臉頰帶來了涼爽的感覺和各種輕觸、輕壓感。如果主體觀看

的景象裡有樹木或森林，顏色刺激的平衡方式，能讓主體有機會在深色背景中，同時知覺到黃綠色樹葉、深藍綠色大片灌木或葉子，還可能在樹幹陰影、岩石和其他尋常可見的自然物體上看見棕色、紅色、灰色和紫色。大致依循相同模式的一千棵樹的形狀，可能同時刺激視網膜。樹葉在風中轉動，樹枝的搖曳和上下擺動，帶來了千變萬化、各式各樣顏色和形態的刺激，但卻不曾完全擾亂它們基本上對稱的模式。像這樣分析刺激，幾乎可以永無止盡地繼續下去，鄉村景致帶來的排列和諧、數量龐大的感覺刺激，怎樣都無法耗盡它的可能性。然而，前述的簡短示意或許就足以表明，自然界構成了一個總體刺激情境，同時滿足兩個要求：組成刺激單位的數量龐大，且相互關係和諧。

鄉村環境引起貓的服從

我曾做過一個實驗，將一隻在城市公寓生活了一段時間的貓帶到海邊。就在這隻貓搬到城市以前，曾在相同海邊的這間房子住了三個月。當我把牠放在房子附近、離海邊還有一段距離的沙灘時，這隻貓出現了害怕得不得了的樣子。牠緊貼著地面蜷縮著，憂心忡忡地四處張望了一陣子。然後牠衝向屋子，迅速飛奔上二樓，躲進房間遠處角落的床底下。後來我強行將牠帶下樓，並且餵了牛奶和一些食物。牠明顯表現出記得這間房子，也記得外面房屋的樣子。只要牠還待在室內，煩擾牠的顯然只有節奏單調地沖刷海灘的海浪。然而，當我再次把牠帶到戶外，放在四周極為空曠、距離開放水域不到兩百公尺的沙灘時，牠的表現就跟先前一模一樣地害怕。我重複了這個程序四、五次，得到完全相同的結果。這隻貓顯然被同時施加的大量感覺刺激嚇得不知所措。沒有任何單一環境刺激或任一組環境刺激的強度，可以強到跟這隻貓過去幾個月在紐約習慣聽到的交通噪音幾乎一樣。我推論，貓所受到的影響不是刺激情境的「陌生」（什麼是陌生？），因為這隻貓表現出對房子和周遭環境的熟悉感。我認為有可能是，**貓被迫對同時收到的大量、和諧的環境刺激做出服從反應。**

鄉村環境引起小孩的服從

在城市出生並且一直長到七、八歲的小孩，第一次被帶到鄉村時，經常出現類似的反應類型。確實，這樣的孩子已經習慣了住宅擁擠的城市，繁忙交通和眾多人口同時造成的大量刺激。然而，所有這些城市刺激，並不像剛剛討論的刺激類型那樣和諧地安排。城市景觀和聲響的強度極高，而且大概某種程度能將各種景觀和聲響的強度加在一起，產生大於任何單一強度的總強度。因此，孩子的感覺受器一定習慣了這樣高強度的刺激，他們的運動自我顯然也一定調整到相當高強度的穩定水準，才能應付城市刺激引起的，幾乎接連不斷破碎的對抗性運動刺激。簡而言之，城市小孩的運動自我，已經調整成足以對抗支離破碎的極高強度刺激，並且服從極其強烈的單獨刺激。相比之下，鄉村刺激呈現的總刺激強度較低，但總量非常大。孩子對鄉村刺激的支配反應，很容易就能打敗刺激中的任一部分。不過，克服總刺激的任一個部分，對於減少刺激的總量沒有顯而易見的效果。這種刺激的量，遠遠大過適應了支離破碎但強勢對手的運動自我的量。城市小孩對鄉村刺激的反應，通常被描述成「敬畏」。孩子似乎會暫時地不知所措，當下無法選擇適當反應來應對這種情況。或許經過幾小時或幾天，最後終於選擇了某些反應，而這些反應似乎服從地對應於環境刺激。也就是說，孩子的活動強度稍微降低，但活動量卻大大增加。構成複雜環境刺激的眾多單位都會產生個別的行為單位，其中許多可能同時發生，而所有單位一起同時構成了相當大量的服從反應。例如，孩子的呼吸更深，或許變得沒那麼快。過了一段時間，他的心臟跳動得更劇烈，速度大概也變慢了。他的目光開始習慣聚焦在更遠的地方。孩子的所有身體動作，都不再像為了躲避擁擠車潮而跳躍或小跑步那樣強烈和突然，但卻更持續和廣泛。他在城市如果能走一公里，到了鄉間可以橫越三、四公里。他會爬樹、涉溪、在山坡上上下下，或許還在牧場和山腰隨意走了好幾公里尋找莓果，這些活動全都無法被單一破碎的環境刺激引起，無論那個單一刺激有多強烈。

我們可以總結地說，當城市孩子到了鄉村時，極其大量的中等強度環境刺激，往往會引起整體為服從反應的行為，而且量也比在城市裡大上許多。

單一物體引起支配，鄉村作為一個單位刺激引起服從

身處鄉村環境時，並非所有城市小孩都以這樣的方式反應。我曾有機會觀察一個十一歲左右的男孩，他跟媽媽一起在鄉間待了一個夏天，這是他第一次去那裡。這個小伙子的運動自我顯然很強。他不安、緊繃、自我中心，而且支配性很高。他似乎不曾將鄉間或農村環境知覺成一個整體的刺激單位，而是對他面臨的各個物體分別做出反應。面對各個不同的物體時，這個孩子的主要目的似乎都是盡快、盡可能地破壞那個物體，使它從眼前消失。例如，他不會陪農場男孩一起在牧場尋找乳牛，但如果他碰巧發現一兩頭乳牛在農舍院子的水槽喝水，他會撿起一根長棍或抓上一把石頭，開始驅趕乳牛嚇得牠們全速奔跑。有一次，他的母親試圖讓他轉動奶油攪拌器的柄，這是農夫太太和女兒習慣用來做奶油的機器。然而，這個男孩想方設法地弄壞了攪拌器的柄，之後就棄之不顧。類似的事件越來越多，最後多到農場主人不得不要求他們離開。最後他的媽媽只得放棄，他們搬到附近度假村的一間旅館，那裡住著其他許多城市小孩，裡面的遊戲和娛樂也跟一般避暑勝地十分相像。根據媽媽的報告，在這樣的環境裡，男孩的表現還算可以接受，沒有遭遇更多的麻煩。顯然，這個孩子對整體「鄉間」環境的各個單位分別做出反應，發現這些個別單位都跟他的運動自我對抗，而且強度比較低。或許，這似乎也說明了我們先前分析所提出的情況，光是總刺激的量很大但強度不高，可能無法讓高強度的運動自我感到對手的力量更強。

孩子可能服從更大量的刺激但不服從更強烈的刺激

有個例子跟前一個例子形成鮮明的對比，我發現至少有一個小孩，就算環境刺激再強也無法引起她的服從，但她卻十分輕易地服從更大量、和諧安排的環境刺激。這個孩子（我稱之為M）在六、七歲的時候，明顯表現出對花朵、樹林和田野的喜愛。在用雛菊的花瓣「算命」時，M不願意像其他孩子那樣摘掉雛菊的花瓣。她只用手指輕輕點了點花瓣，用輕觸各片花瓣數數來「算命」。當被問到為什麼不摘下花瓣丟棄時，她回答說：「她不忍心傷害花朵。」她也說，自己討厭踩到任何一種花。過了幾年，這個孩子剛進入青春期，那時她會盯著夕陽看，直到最後一絲微光消失。同樣在這個時期，她也會坐在山坡、待上好幾個小時，顯然被山腳下那片鄉村景致的色彩和光影變換深深吸引。她說，她感到自己「醉心於這一切」，也說自己覺得「理解自然」而且「似乎與自然合而為一」。

另一方面，如果M的媽媽命令她去做她不想做的事，不管父母的責罰多嚴厲，M都不會服從命令。當M六、七歲時，管教嚴格的媽媽有時甚至用上了六根竹籐打孩子，還是無法勉強她服從。M的爸爸在讓她服從方面，也不怎麼成功。經過幾次失敗的嘗試，他似乎完全放棄了管教M。過了幾年（也差不多是剛進入青春期），M對母親產生了極大的喜愛，此後就很容易順從母親的命令。從這樣的順從行為，發展出進一步的服從。儘管如此，這個少女依然對強度大的環境刺激，持續表現出很高的服從閾值。她也依舊對和諧安排的大量環境刺激，表現出極低的服從閾值。

服從大量刺激是愉快的、服從強力刺激是不愉快的

所謂服從強度高的刺激（簡稱服從強力刺激）和服從量大的刺激（簡稱服從大量刺激）之間的對比，主要是愉快服從和不愉快服從之間的對比。服從強度驚人的刺激不僅僅在一開始不愉快，在衝突沒有得到有利刺激的解決以前依舊令人不愉快，但即使完成了服從調整，充其量也只能達到冷淡。另一方面，服從量大的刺激，確實整個經驗的多數時間都是愉快的。在初始階段，刺激正要征服運動自我時，或許含有大量不愉快的痕跡；不過對於像M這樣的主體來說，就連初始階段似乎都是全然的愉快。反應一開始的不愉快（如果有）程度，似乎取決於運動自我多大程度地屈服量大的環境刺激。如果一開始幾乎沒什麼掙扎就屈服，那麼反應就不含有明顯可見的不愉快。另一方面，如果主體的主動性很強，那在和諧安排的大量環境刺激引起完全服從以前，一開始會出現短暫的不愉快。然而，無論是哪種情況，一旦運動自我的量和強度都減少到足以讓有機體能自由地服從刺激，服從反應就是完全的愉快。

環境刺激的不同組成單位所引起的不同運動刺激單位，彼此之間聯盟的產物就是愉快。因此，只要刺激作用順暢、排列和諧，內含的單位越多，引起的和諧運動刺激就越多，而整個服

從反應內含的整體愉快就越大。

施予超大量的刺激可以控制人類

服從大量刺激不僅主要屬於愉快反應，如果適當結合支配（稍後章節會詳細討論），還構成了一個人能有效控制另一個人的唯一方法。也就是說，服從強力刺激雖然最能有效地增強被動服從，但誠如我們所見，對於引起主動服從幾乎沒什麼效果。當被迫服從強度驚人的刺激時，人或動物都一貫地將主動服從反應盡量降到最低。此外，如果刺激強烈到造成身體疼痛或傷害的程度，主體也就不再能夠最有效地主動服從。然而，如果引起服從的是量很大的刺激，就像城市小孩到了鄉間的情況，主動服從反應的量就會非常接近環境刺激的量。因為服從大量刺激基本上是一種愉快的經驗，所以主體往往不會盡可能減少自己表現的主動服從量。**無論是在商業、工業、學術或藝術等領域，唯有學會服從大量刺激才能真正地有效率**。全由懲罰威脅（極其強烈的環境刺激）強迫執行的監獄勞動或其他服務，永遠無法達到最高效率，除非囚犯或其他下屬的運動自我在一開始屈服強度高的環境刺激後，可以學會服從數量大的環境刺激。如果監獄或其他管教計畫的安排考慮了這點（但就我的經驗少有這種情況），就能訓練這些人愉快地服從大量刺激、而非不愉快地服從強力刺激，而這些受訓的人將獲得難以估計的好處。

對大量刺激的服從是一種習得反應

對大量刺激的服從是否真的稱得上非習得反應，這點仍存有很大的疑慮。我們先前提過，對強力刺激的服從，是孩子必須學習才有的反應，而且顯然是透過疼痛或順從經驗學會。華生已經證明，嬰兒抓點燃的蠟燭和其他可能造成傷害的東西，動作快得就像抓搖鈴或棍棒一樣。我們在下一章會提到餓到痛機制，這種似乎是與生俱來的餓到痛機制，能夠施加過強的刺激，最終引起服從反應。但餓到痛是一種刺激機制，而不是整合機制。因此，我們仍然可以將服從強力刺激，視為一種習得的情緒反應。同樣的，服從大量刺激，大概也是一種習得的情緒反應。

就M的案例來說，確實我們可以找到一種天生、整合的平衡，使得服從大量刺激的閾值非常低。但即使是M這個案例，在詳細分析了孩子的成長史之後，我們發現，M的媽媽非常有效地訓練小孩，悉心地按步驟教導孩子在服從花朵、樹木和其他自然物體時體驗到愉快。M在五歲的時候，相信花裡住著小精靈，因此摧殘花朵就是摧毀小精靈的家。母親教導的其他類似證據明白顯示，至少透過巧妙適應孩子天生特有的整合平衡的教育方式，已使她的服從閾值大大地降低，因此，M對量大的刺激出現明顯的服從反應，雖然一定得倚靠對這種反應特別敏感的神經機制才能實現，但就服從本身來說還是可以學習的。我有一個學生對三週大的嬰兒進行了實驗，無論用什麼方式向嬰兒呈現花朵（包括嗅覺刺激和視覺刺激），都無法引起絲毫的服從反應。普拉雅（Preyer）[5]斷言，小孩出生幾天後，就有能力區辨宜人和討厭的氣味。普拉雅根據孩子的表情得出了這個結論。普拉雅引用的例子，跟母奶和媽媽乳房的氣味有關。很快就會討論的餓到痛機制，可能出生沒過幾天就開始顯現明顯的效果，這個機制讓嬰兒先學會了服從強力刺激，接著學會服從大量刺激。但這並不減損服從情緒是習得反應的特性。我們似乎可以確實地推論，就跟服從強力刺激一樣，服從大量刺激也是一種情緒反應，其中情緒意識的整合模式必須經由學習而來。（這可能跟支配情緒相反，支配情緒的整合機制與整合模式顯然一出生就存在，因為在出生前、胚胎的自主性活動期間，運動自我可能就一直增強自己來克服強度較低的刺激。）

美感情緒是對量的服從

對量的服從情緒，在所謂的「美感態度」（aesthetic attitude）中找到了最愉快且最精巧的表達。某些成年人的這種反應可能天生具有較低的閾值，而且服從反應全面地發展到不再追求支配，這些人將美感態度視為人類情緒的發展極致。唯美主義者是指一個人全心享受自己的運動自我完全被和諧的大量運動刺激征服，而引起這些運動刺激的，是中或低強度但量很大的環境刺激。然而，刺激量的大小，必須跟發展美感的個體自身的服從閾值有關。例如，我們有充分的理由相信，即便史上最有美感傾向的嬰兒，也無法被一朵美麗的花成功引起服從反應。但我們或許同樣確信，一般成人對大量刺激的服從反應，已發展到運動自我的平衡，能被一朵玫瑰或紫羅蘭的和諧安排刺激打破。

唯美主義者擁有微妙平衡的運動自我

一般來說，唯美主義者擁有的運動自我，通常被形容成微妙平衡，而不是強度弱或強度低。唯美主義者的態度似乎取決於運動自我的精心訓練，這種訓練使運動自我選擇性地對構成單位之間高度聯盟或和諧的運動刺激做出反應。學習美感態度的過程中，最先選擇量大且安排和諧的環境刺激。例如，先前提到的M，具備了美感態度異常發達的開端。有花有樹的景致或田園風光，會引起M的全然服從，就連她「發脾氣」（過強的支配情緒），都能因為看了幾分鐘這樣的鄉村美景而被壓制和取代。隨著美感持續發展，主體學會以相同方式對任何環境刺激做出反應，無論引起的運動刺激總量是大是小，只要刺激的組成元素對主體而言是和諧排列的。也就是說，美感訓練主要在於無論刺激的總量小到什麼程度，都能學習從和諧安排的任何

5 W. Preyer, *Mental Development in the Child*, pp. 3 ff.

環境刺激獲得服從量的愉快。這種發展有時會走向極端，程度到了缺乏美感的人認為所謂的美感愉快其實乏善可陳。事實上，任何情緒發展平衡的人往往一直需要大量的美感刺激，才能服從地屈服。如果情緒平衡的個體，經過訓練或楷模的引導而服從（對其產生美感興趣）微不足道的和諧環境刺激，由此產生的情緒基調不會有太多愉快，反而往往會被說成「刻板拘泥」或「流於形式」。

內臟運動神經放電為美感服從反應提供最佳的單位運動模式

美感態度是一種完全排除了支配，只服從大量和諧刺激的形式，總是將美滿或和諧的環境刺激視為一個單位來反應。若是只對單位刺激的不同部分做出特定的骨骼肌反應，那就意味著必須犧牲一定量的和諧刺激，才有利於做出更小但更有力的反應。整體和諧或聯盟的運動刺激量如果這樣減少，那就完全違背了這個美感原則：始終對美感刺激做出最大的服從反應。既然如此，倘若目的是有意地將和諧反應量維持在最大，那唯一的方法是訓練有機體，讓美感環境刺激只會引起主體的內臟反應。基於自主神經節的神經網路原則，內臟反應為同時作用的大單位運動神經放電模式提供了更大的可能性。因此，美感態度的一部份，是學習對根據美感價值選擇的刺激做出內臟反應、而非骨骼肌反應，所謂的美感價值，是環境刺激能引起的大量、和諧相關的運動刺激。

許多支配情緒同樣相當發達的唯美主義者，經過引導能以更明確的語言、而非倒抽一口氣和斷斷續續的話語（通常被認為是美感表達的精髓）做出內省報告。他們自述，除了更模糊和籠統的「與客體融為一體的美感」，他們也能覺察到各種骨骼肌的閾下「運動感受」，他們會說「彷彿在跳舞」或「在空中滑翔」。有趣的是，在他們所報告典型美感經驗期間發生的閾下或「想像」運動中，描述的各個運動幾乎總是明顯缺少運動該有的支配階段。

例如，我有機會研究的一個年輕人，他的美感發展似乎異常完備，這樣的他經常感到自己像是吊在高空鞦韆上擺盪。他表示，在他的身體被動地盪過高空鞦韆的握把、有時從一個鞦韆盪到另一個時，自己有種做出優美屈體和轉圈的感覺。我跟這位年輕的唯美主義者進行了六次臨床會談，仔細地反覆詢問他關於想像盪高空鞦韆伴隨的肌肉感覺，並且分析了他說自己感到的運動的神經成分。所有高空鞦韆運動中的顯著特徵，似乎都是**缺乏自主或支配的努力**。例如，他完全沒有感到用手緊抓高空鞦韆的握把——實際上這是盪鞦韆唯一需要肌肉支撐或張力的部分。在他報告的所有運動中，**起作用的都是重力、而非主體**。**他感到有一種力讓自己的身體被動地運動，這種力的量比他自己的大，但沒有那麼強烈**。他也感到**自己身體被迫做出的所有運動都是優雅和諧的動作，沒有任何目的，但卻彼此完美協調**。這個案例似乎代表了美感對量的服從情緒，在這樣的情況下，運動刺激得以部分地傳到骨骼肌，也能無限地傳到內臟。

工作同時包含支配與服從；美感態度是純粹的服從

在先前引用的例子中，到了鄉村的城市孩子，最先折服於大量的鄉村刺激，爾後則對鄉村刺激的各組成部分一次回應一個。每次做出特定的反應時，都有支配注入總反應之中。舉例來說，如果一個小孩服從地開始向溪流走去，起初的動作可能是純粹服從，運動自我維持腳的習慣位置來對抗。然而，當身體因為這種服從運動失去了平衡，運動自我必須藉由再次支配運動刺激來補償，以使身體恢復成適當的平衡狀態。因此，每組特定的服從反應，都必須由一組相應的強烈對抗性支配反應來補償。也因此，孩子的翻山越嶺四處遊蕩，大概是由一半服從、一半支配混和而成。同樣的，誠如我們所見，所有出自服從量的有用工作，都必須包含至少百分之五十的支配。某些非常繁重艱苦的工作類型，儘管起初是對量的服從反應，但在成功完成任務以前，一定有更大比例的支配反應。因此，這種行為與美感反應的對比，可以說是服從和支配的混合物，與只有服從的純粹初級情緒意識的對比。工作或探索活動實際內含的服從量，或許明顯超出了美感反應的服從總量。但後者就其美感範圍而言，只包含了服從情緒，其他什麼都沒有。當佛陀在弟子面前拾起蓮花時，祂不希望以圖示花，或以其他方式表現對蓮花的支配。而當弟子**全然服從**這朵花，亦即帶著美感欣賞花時，佛陀感到十分欣喜。

總結

總之，我們可以將服從反應總結如下。無生命的物理力量會透過在對抗處減少自己的強度，以此服從強過自身的對抗力。這種服從可以稱為「被動服從」。如果更強的力對反應物注入新鮮能量，以此迫使反應物主動往新的方向運動，或是改變形式或物理表現，這種服從可以稱為「主動服從」。無論哪一種情況，原始力減少或活動形式改變的量，就是反應物的初始強度，與獲勝對手的較高強度之間的差異。

生理學家試圖引起去大腦動物的情緒反應研究，似乎得出這樣的結論：除非中樞神經系統還有某些運動區存在，可以整合地主導被迫服從強勢運動刺激的那部分運動自我，否則不會出現服從反應。有些證據出自成人視丘損傷的案例，還有一些來自天生沒有大腦半球的嬰兒研究，這些證據證明了，不受皮質抑制影響的視丘運動中樞，可能產生誇大的服從類型。

人類的服從反應，似乎完全經由學習而來。當然，雖然服從的整合機制天生就有，但個體的服從模式似乎要透過經驗才能形成，而在這些經驗中，嬰兒的運動自我被強勢運動刺激征服。以下步驟構成這樣的服從：

(1)運動自我減少到足以允許運動刺激完全控制爭奪中的運動中樞。

(2)獲勝的運動刺激，透過贏得的運動中樞不受阻地放電。憑藉後放的突觸原則，在引起服從的環境刺激終止之後，服從反應仍可持續一段時間，就像根據動量原則，物理力或客體可以在強勢對手不再對其施力後，持續服從地運動。

儘管以前沒出現過身體疼痛（在嬰兒的腦袋附近突然發出巨響、身體不受重力影響地失去平衡墜下），只要環境刺激的強度足以引起疼痛（手被蠟燭燙到），或是（突然出現的）環境刺激強到足以引起超強運動刺激來壓制緊張性運動放電，似乎就達到了嬰兒的正常服從閾值。因此，服從情緒可以轉移到、或取決於強度相對輕的不適當環境刺激，這有助於對任何破壞性的強烈刺激提出預警。在對正常成人進行的實驗中，已經證明同樣超強且不造成身體疼痛的環境刺激，能夠引起非常類似嬰兒的服從反應。

服從閾值可能以下列幾種方式升高到尋常水準之上。

(1)讓孩子不受強度超高的環境刺激影響，直到他的支配反應發展到遠遠大於服從反應（艾德格和年輕罪犯的案例）。

(2)由於身體異常或其他原因，可能出現持續的支配刺激，使得運動自我過度強烈，無論對抗性運動刺激的強度有多大，幾乎都無法擊敗運動自我（內分泌失調、年輕囚犯性早熟的案例）。

(3)天生或未知的整合原因，使得環境刺激與運動刺激之間的連結器閾值很高。

環境刺激的兩個因素，能有效地產生超過環境刺激絕對強度的反應。

(1)突然出現的刺激，可能引起強烈的運動刺激，在運動自我有機會增強自己以前就將它壓倒。

(2)持續很久的強勢環境刺激，或快速重複的相同刺激，讓運動刺激在對抗運動自我的狀態下一直維持高強度，持續時間長過運動自我能增強到壓制這些刺激所需的不自然高強度（連續幾天被鞭打屢教不改的囚犯案例）。

謝靈頓已經證明，高情感基調的反射往往具有優勢。就像剛剛討論的那些超級強烈環境刺激會引起最不愉快的反射，造成運動刺激與運動自我之間最大的衝突。大量強度中等且按主體感覺效應和諧安排的環境刺激組合，可能引起內部關係和諧的運動刺激，而且量大到足以超越運動自我的量。這樣的運動刺激組合，本身應該內含高度的愉快，同時擁有勝過運動自我並引起服從反應的能力。這種類型的服從情緒，可以稱為**對大量刺激的服從**，與之對比的是，過強刺激引起的**對強力刺激的服從**。

運動自我一開始屈服運動刺激之後，對大量刺激的服從是一種愉快的反應。因為在服從大量刺激的整個過程中，中樞的對抗或衝突沒有任何延長，所以這類型的整合，構成了主體可能被迫主動服從環境刺激的唯一機制。對大量刺激的服從，是唯一能讓任何量大持久的工作有效執行的初級情緒反應。

某些類型的主體，可能比較容易引出對大量刺激的服從，尤其是那些運動自我受過訓練、只屈服強勢環境刺激的人。然而，透過調整或將其他反應轉移成對大量刺激的服從，可以重新訓練這樣的主體。這種訓練可以這樣進行。

(1)起初用過度強烈的刺激（囚犯受的傷害性懲罰）來壓制運動自我。

(2)引起對心愛之人的服從情緒（大量**聯盟性**刺激，隨後轉移成對支配的服從，以此回應大量的**對抗性**刺激）。

雖然以骨骼肌活動表現對大量刺激的服從，一定涉及等量或更大量的補償支配反應，以便每次服從後恢復身體的平衡，但還是有可能以內臟反應的形式，完全地服從大量、和諧的環境刺激，沒有混雜任何支配反應。像這樣沒有混雜支配地服從大量刺激，通常被稱為「美感反應」或「美感態度」。經過訓練或調節而發展出美感態度之後，對於構成元素全都相互和諧的任何環境刺激都會出現純粹的服從反應，即便這些環境刺激引起的運動刺激總量小於運動自我的量。

服從的感受基調可能是不愉快、冷淡和愉快

當徹底地學會了服從反應，運動自我整體減少到毫不掙扎地臣服強勢刺激對手時，服從情緒就能全然擺脫不愉快。接下來，服從的感受基調變成主要是冷淡，也可能變成明確的愉快，至於會往哪邊發展，端看正在服從的運動刺激的量，也取決於總運動刺激內構成元素之間的聯盟程度。

服從強力刺激或許從頭到尾都參雜了「恐懼」，而這種「恐懼」元素，大概是所有情緒狀態中最最不愉快的一種。然而，我們在後續章節會詳細討論，「恐懼」不是源自成功地服從刺激，而是由於未能完全服從。服從強力刺激最多只有微乎其微的愉快，因為誠如我們多次提到的，任何過強的神經興奮，往往都會干擾整體興奮內不同衝動群之間的聯盟關係。然而，不愉快可以完全被消除，然後形成相當徹底的冷淡（如在第四章提到的，對於硫化氫產生情感適應的案例）。

自主服從或許總能避免不愉快，理由似乎是運動自我實際受到有機體的控制（亦即受控於中樞神經系統的高位神經中樞），因此運動自我可以隨時退出對抗性運動刺激的衝突。對手從爭鬥中完全消失的那一刻，無論退出的是哪一方，不愉快都會消失，然後冷淡接手主導。另一方面，支配情緒的目的是消除運動刺激，並且保持運動自我的能量完整釋放。只要環境刺激能夠機械性地將運動刺激強加於有機體，運動刺激就不受主體的控制。因此，出現支配情緒期

間，某種程度的不愉快無可避免地持續存在，直到支配反應完全成功消除了環境的對抗性刺激。完成之後，情緒意識的典型支配性質就會消失，除非為了體驗支配情緒的「興奮激動」，也就是所謂的「凱旋勝利」，才會自主地記住已經消失的不愉快。另一方面，衡量服從情緒成功與否，不是憑藉消滅對手，而是運動自我適應對手的重新調整有多完整。**當運動自我完全退出衝突時，宣告完成的感受基調永遠都是冷淡**。

這種初始的冷淡，或許貫穿整個服從反應，也可能被明確的愉快取代，端看服從的運動刺激本質為何。主體無力產生這種明確愉快的元素。然而，如果運動自我受到足夠完整的控制，無論運動刺激的對抗性或強度有多大，它都能夠藉由保持緊張性運動神經放電不受任何衝突影響，維持冷淡的感受基調。**建立並維持這種冷淡的困難之處，似乎僅在於難以控制所謂「非自主」類型的緊張性神經支配**。如果這些神經支配可以隨意中止，只要主體選擇了完全服從刺激，刺激就不會帶來不愉快的感受。

有些相當可靠的東方「高手」案例可以證明，他們能以看似冷淡的方式，忍受細針和刀劍刺入他們的肉體，甚至可以忍受其他更嚴重的刺激。研究發現，在接受這類刺激期間，雖然他們仍可繼續平和地交談，沒有證據顯示中樞抑制或衝突，但收縮壓和脈搏都大幅下降。心臟能量降低表示緊張性放電減少，與最終來自環境刺激（刀刺等等）的對抗性運動神經放電相互整合。或許，「術士」表演的這種看似奇蹟的特殊雜技，可能終究不是因為觀眾被催眠，而是因為他們奮力學習服從反應。

我沿這個路線進行的自我訓練實驗，得到了肯定的結果，不過只有為數不多的情況，例如在其他身體和環境條件都最良好時。訓練的目的是無論痛苦持續到什麼時候，都願意把它當作自己唯一要做的事，就像對環境刺激決定的任何工作都願意全心投入。參與任何運動活動的任何嘗試，即便是最輕微的嘗試，都會使疼痛刺激造成的運動衝動無法充分放電，因而回到一開始最不愉快的程度。例如，儘管先前已訓練成完全服從而將不愉快降低到冷淡，但一聽說有訪客來，我把注意力轉向與他討論的主題後，潰爛牙齒的疼痛便再次變成難以忍受的不愉快。如果經過更長時間的服從訓練，這種次要活動也能調整成不會干擾疼痛刺激造成的運動神經放電，但我學習這類型的服從，只斷斷續續進行了十年。先前提到的「高手」，終其一生都將心力奉獻於此。

我發現，想要消除疼痛帶來的不愉快，還需要另一個運動動向條件，那就是為了讓路給疼痛激發的對抗性運動神經放電，必須一定程度地削弱運動自我，而且不管運動自我變得多弱都要接受。顯然，疼痛這種環境刺激過度強烈。只要運動中樞一直有過強的心靈粒子能量，勢必就有一些衝動彼此衝突，並且出現一些相應的不愉快。為了消除這種過度強烈，必須開啟足量、暢通無阻的輸出路徑，將中樞壓抑的興奮排除，確保刺激的強度維持在相關運動心靈粒子的正常傳導能力範圍內。為了做到這一點，倘若疼痛太過強烈，就必須減少緊張性放電，這會導致明顯的暈眩、昏倒、全身虛弱等症狀。經過長時間的服從學習，透過更有選擇地減少運動自我，發生這種情況的可能性也會降到最低。但無論如何，主體都必須毫無保留地接受，完全服從可能產生的任何運動自我削弱，因為有所保留就會讓不愉快又回來。

服從反應帶來的明確愉快，似乎只發生在服從量大且強度中等的運動刺激，而且這種運動刺激的構成元素本質上是和諧的。既然如此，服從是否愉快，最終取決於環境刺激的本質。我們先前已經提過，如果人為地適應了不適當或量小的環境刺激，對量的服從反應就會變成冷淡的感受基調。簡而言之，服從帶來的愉快，或許只能透過尋求適當環境刺激來獲得，永遠無法經由學會服從剛好出現的任何刺激來獲得。《大街》（*Main Street*）[6]一書對女主角的描繪，精準呈現了這點，作為一個情緒本質貪得無厭地渴求這種刺激（美感刺激）的女性，她在「大街」的不和諧環境中，找不到這種刺激的替代品。同樣的，我們經常發現，一個片面發展的唯美主義者，生活就只不過是永無休止地尋找具有和諧刺激力量的新東西，希望能藉此引起對量的服從反應（或美感情緒）。

服從情緒的獨有意識特徵

服從情緒特有的意識性質，比相應的支配情緒性質更難找到適當詞彙。一方面，服從經常被視為等同於恐懼，另一方面，服從也常被認為是宗教和美感態度。如果服從情緒是對強力刺激的服從，描述這種情緒狀態的一些比較常見的文學、偽心理學和心理學詞彙有：「恐懼」；

「害怕做」某種支配的行為；「害怕」某種更強大的力量、人或對象；「膽怯」；「謹慎」；「意志薄弱」；「遵從」；「見風轉舵」；「隨波逐流」；「心胸開放」；「坦率」；「言歸正傳」；「認清現實」；「贊同」更強大的力量或人；「適應」；「屈服」；「逆來順受」；「聽天由命」；「行神的旨意」；「敬畏神」；「恪守紀律」；「承擔重責」；「背負自己的十字架」；「逆來順受」；「謙遜」；「尊敬」對手的實力；「敬畏」和「寬容」。

跟愉快服從大量刺激特別有關的詞彙則是：「與大自然合而為一」；「大自然的趣味」；「仰望山丘，我的力量由此而來」；「探索無限可能」；「神秘體驗」；「涅磐」；「佛陀」；「與神合一」；「和諧」；「平安」；「感受性」；「美的感受」；「美感」；「感覺細膩」；「同理心」；「美感態度」；「對美的易感性」；「狂喜」和「美學欣賞」。

從中不難觀察到，表達對強度的服從一般常用的詞彙，與描述美感或宗教上對量的服從所用的文學或宗教詞彙，兩者的情感基調有顯著差異，前者表示不同程度的不愉快，後者大多都跟愉快有關。在絕大多數的西方著作中，似乎認為服從強度會無以避免地伴隨「恐懼」（或頂多算忍受痛苦）。簡而言之，人們似乎不太瞭解或根本不懂，對強度的服從是一種自願接受的情緒反應。另一方面，文學界顯然將對量的服從，視為情緒發展最極致的形式之一。然而，先前提及的多數詞彙，似乎都帶有奇妙的擬人化，或將引起這種反應的無生命刺激理想化地賦予

---

6 譯注：1920年出版的小說，作者為辛克萊・劉易士（Sinclair Lewis）。2014年由書林出版有限公司出版繁體中文版。

生命。這是否意味著，或許對量的服從，沒有被明確視為一種初級情緒，而往往被認為是一種對美化、擁有人類之愛的存在參雜**順從**的混合情緒？

然而，上述兩組通俗的情緒詞彙，似乎全都**含有情緒意義的一個公分母，亦即服從，意思是運動自我減少到讓對手按自己意願控制有機體，可能是被動服從（讓運動自我放棄一些支配活動），也可能是主動服從（迫使有機體以某種反支配的方式移動）**。

對服從情緒的內省（這點很難做到，因為服從最發達的人，往往是最沒有條理、說話也最含糊不清的人）通常指出，服從意識的本質，**是一種自然而然接受某個客體或力量原本就是這樣的感受，隨後自我屈服到足以重新調整自我來適應客體。至於服從情緒的感受基調，如果刺激太強烈而無法完全適應，就是不愉快；如果刺激量很小或由不和諧的元素組成，就是冷淡；如果刺激的量大、強度中等，而且由和諧的單位組成，就是愉快。**

第九章 支配和服從

我們在前一章已討論造成支配和服從的情緒反應是什麼整合機制，我們也分析了一些實際人類行為的簡單例證，以盡可能各自獨立的形式舉例說明這些情緒如何發生。而當支配和服從反應相繼出現時，我們依然必須考慮兩種情緒反應之間正常的相互關係。爾後，我們也必須考慮，當這兩種情緒反應同時發生時，支配和服從反應的正常整合組合為何。

被動支配阻止服從被引起

適當的支配刺激可以引起被動支配反應，無須先前任何服從反應介入。舉例來說，如果嬰兒緊緊握著搖鈴，而媽媽試圖把這個玩具從孩子的手中拿走，她對搖鈴施加的力小於嬰兒握住搖鈴所施的力，孩子的運動自我完全可能迅速有效地增強到實際緊握搖鈴的手絕不鬆開。握緊東西的結果，可能導致孩子真的讓自己懸空吊起。在實驗者開始拉開棍棒時，他已緊緊握住了棍棒。這種反應代表了幾乎純粹的**被動**支配，因為在運動刺激開始爭奪這些路徑之前，運動自我就控制著被爭奪的運動神經放電輸出通道，而在整個反應中，運動自我同樣持續抵抗佔據自己領土的一切入侵。簡而言之，被動支配是運動自我對攻擊自己的對抗性運動刺激所做的簡單抗拒。這類型的情緒反應沒有內含任何服從，除非為了維持既存的動向做出更多努力或釋放更多能量，否則有機體的一般運動動向不會因為回應環境刺激發生任何改變。

支配代表有機體的自然平衡

如果服從反應真的成功取代了運動自我對有機體最後公路施加的支配控制，即便短暫也會出現兩種整合的可能性。第一，服從情緒可能持續不受干擾，直到環境刺激不再引起強度或量更大的運動刺激。這種情況可能含有一種美感反應，這時經歷的情緒是一種服從情緒，完全沒有混雜支配。這似乎相當吻合剛剛討論的情況，其中被動類型的純粹支配情緒一直不被干擾。但有一個重要區別。持續存在的服從情緒如果沒有混和任何支配，那是**主動**的服從反應，而剛剛討論不被打擾的支配只是被動的服從。簡而言之，只要讓有機體一直主動地以反支配的方式運動，主動服從就能持續控制這個有機體。**一旦有機體不再主動地服從特定刺激，自然反射平衡就會自動重建，而支配情緒會無可避免地取代服從情緒**。

例如，只要藝術品引起的和諧運動刺激量高過運動自我的量，一幅美麗的畫，就可以控制注意力和非自主運動神經放電前往內臟的主要途徑。但如果畫廊的燈光開始變暗，或如果看著、看著，個人的感官變得疲勞，那環境刺激便立刻不再引起更大量的運動刺激。運動刺激這樣改變的立即結果是，停止反緊張性類型的主動服從運動神經放電。當然，這會讓緊張性衝動擺脫先前的抑制，運動自我便自動重建它對輸出中樞的控制。運動自我重建控制的這個過程，構成了**主動支配**反應。在多數情況下，主體本身都會出現這種感受，也就是對畫開始感到主動的挑剔或厭倦（當然也要假設這時沒有其他刺激入侵，來轉移主體的注意）。對一件藝術品產生美感服從之後，還有可能出現另一種支配重建，亦即突然決定擁有欣賞的藝術品，接著立刻對它採取適當的購買或取得行動。

主動服從可能抵抗越來越大的運動自我，直到引起支配

既然如此，倘若服從得以不受干擾地持續，直到刺激不再有效，那服從之後勢必緊接著出現支配情緒，伴隨著自動恢復有機體的自然整合平衡。第二類型的服從終止就是剛剛提到的例子：對美麗畫作產生的持續美感服從，被擁有畫作本身的支配嘗試所取代。似乎可以從中清楚發現，服從反應不僅僅會自己消失，還會引起取代它的支配情緒。這類整合因果關係的機制，

似乎是對某種數量限制的超越，超越了極限後，運動自我就無法繼續服從運動刺激，因為運動自我的比例大到足以參與這種反應，而使自己的強度高於對抗性運動刺激。也就是說，如果運動刺激只對抗相對小的運動自我，運動刺激可能比運動自我更強大；然而，**當同一個運動刺激所對抗的運動自我越來越大時，運動自我遲早會強到參與衝突增加的量強過了運動刺激**。到了這個程度，運動刺激變成適當的支配刺激，而非適當的服從刺激，主體的反應也同樣從服從轉變成支配。

在這樣的情況下，主體先是對畫感到美感服從情緒，爾後隨著服從反應進展，突然對畫產生支配態度、試圖擁有它，我們可以合理假設，只要參與服從的運動自我比例相對較小，對量的原始服從反應就能長時間控制有機體。而當對畫的反應傳到中樞神經系統的高位運動中樞，且參與的運動自我比例因此變大時，運動自我增加的總量不再適合服從反應，而是真的足以對畫產生支配反應。

像這樣的情況，亦即環境刺激強度以及運動刺激強度相對較小，整個反應過程會持續存在一種可能性，亦即任何時刻都可能感到刺激的強度低於運動自我的強度。換句話說，美感態度是一種極度不穩定的反應，很難維持一段相當長的時間。也就是說，任何服從反應似乎都會達到這點：主體不再感到環境刺激是適當的服從刺激，在我們目前檢視的案例中，環境刺激引起有機體服從的效果，似乎賦予它後續作為適當支配刺激的積極效力。確實，受過極端美感訓練的人，從美感反應到支配反應的變化可以推遲很久，或事實上可能永遠不會發生。但對一般人來說，在服從反應延長的過程中，運動自我似乎會有某種累積或加總，一旦累積到了臨界點，服從情緒就會轉變成同等或更強的支配情緒。

整個運動自我受到對抗時，從服從到支配的轉變是「自我保護的本能」

眾所周知，當老鼠被逼到走投無路時會發動攻擊。我認為，剛剛提到的美感變成支配反應的背後機制，或許就跟老鼠這種反應的機制相同。老鼠服從更強對手的方法，是逃離對手。只要受到強勁敵人壓制的運動自我仍相對較小，老鼠就會持續這種反應。然而，當完全無路可逃時，可以說老鼠的整個運動自我此時被逼到了絕境。當這隻老鼠的運動自我透過增強機制增加到最強，整個運動自我都涉入了衝突時，運動自我全部的強度，顯然高過最危險敵人可能引起的運動刺激總強度。這就是所謂的「自我保護的本能」。在突然面臨極端危險、卻又完全無路可逃時，最膽怯的人經常出現這類型的行為。事實上，**「自我保護的本能」可以定義成從服從反應到支配反應的變化，到了這個程度，涉入衝突的運動自我大到足以強過運動刺激。**涉及這種變化的情緒意識狀態，通常被稱為「鋌而走險」。

支配永遠都會取代服從

既然如此，倘若在任何情況下，主動服從之後都會緊接運動自我控制有機體重建支配，那就可以定出以下規則：**主動服從通常隨之出現主動支配**。

相同的規則顯然也適用於被動服從。也就是說，如果運動自我被更強的刺激強迫放棄某些爭奪路徑的控制權，那麼一旦障礙消除，緊張性放電會自動恢復對這些路徑的控制，就算這場競爭只是相互對峙，運動刺激本身也沒有成功主動移動有機體。然而，被動服從之後恢復的支配，似乎僅限於被動方面。如果主體的運動自我為了支配客體A增加強度，或一開始剛好處於明顯增強的狀態，然後如果運動自我被迫放棄支配客體A來被動地服從刺激B，當刺激B停止作用時，運動自我不一定會回到先前強度增加的狀態，只會回到沒有對抗性運動刺激發生時的正常強度。運動自我也不一定會回到支配客體A的過程，因為那時客體A可能徹底離開了主體的環境。因此，儘管服從刺激（B）停止作用之後，在重建反射平衡的過程中一定總有些主動支配，但被動服從之後緊接的支配狀態，更可能屬於被動而非主動。簡而言之，支配反應的本質是整合系統正常平衡的增強，從這點來看，似乎**支配最終必須取代主動或被動的服從**。

服從保護有機體不受更強敵人的侵害

這樣的安排，顯然可以讓有機體最有效地成功適應自己所處的環境。如果動物或人類足以良好地適應環境，無論任一時刻受到多大的對抗性影響，都能維持現有的姿勢和狀態，那就是被動支配機制提供了一種方法，用來抵銷姿勢和狀態的微小波動，而這種微小波動沒有任何用處，只會擾亂有機體重大功能的發展。另一方面，如果主體當前的物理環境中，出現任何對抗因子強力到足以摧毀或嚴重傷害主體的身體，那服從機制就允許當下**更強的對手將力量用於移動主體，而不是破壞部分運動自我——在主體的一生中，都作為主體所有行為的動力來源和支柱**。

如果少了這種整合服從的可能性，強勢對抗性運動刺激透過緊張性中樞以上的中樞神經系統中心作用，最終可能成功地完全抑制整個緊張性放電，對有機體造成極為嚴重的後果。

服從反應在引起最有效的支配反應上有選擇價值

有機體總是在服從反應之後重建支配平衡的傾向，賦予了中介性服從反應另一個重要價值。對抗性環境刺激強迫引起的單獨服從情緒，可以作為**選擇媒介，激起特別的活動，即特定**

的緊張性反射，這種反射與中介性服從反射相互對立。也就是說，在被動支配反應中，運動自我出現一種普遍、全面的增強類型，沒有特別針對正在回應的環境刺激。然而，如果那個環境刺激得以先產生一個服從反應，就可以選擇性地增強最適合對抗，和消除對抗性運動刺激的運動自我部分，從而節省能量並提高支配反應的效率。對刺激先是服從、然後支配，這種選擇價值可以在人類的所有基本行為模式中找到例子，其中緊張性反射和動態反射，會交替引起身體或四肢的進行性運動。

例如，手指如果為了服從要抓握的物體而伸展，就會自動增強最適合抓和握那個物體的特定緊張性抓握反射。手為了服從要抓之物的大小、形狀和位置而伸展得越完全，隨後就能越有效地控制或支配那個物體。嬰兒與成人的行為，在這方面的差異相當明顯。當嬰兒缺乏經驗地伸展手指，試圖抓握一個非常小的東西時，他會把手張得大大的，不管要抓的東西形狀和大小為何，都均等地伸展每根手指。另有些情況是，嬰兒可能無法充分伸展手指，圈住要抓的東西。無論哪一種情況，手的伸展似乎本質上都是一般、不加選擇的反應，而不是受物體本身嚴密控制的服從反應。

我們先前已多次提到，服從是一種習得反應，因此，比較嬰兒的行為與成人的反應時，我們應該預期發現成人的服從反應發達許多，事實上，幾乎所有類型的反應都是如此。關於我們目前的討論，有趣之處在於，對任一特定物體的服從反應如果像這樣提高了精緻度與完整性，就會自動造成隨後出現的支配反應也相應提高了強度和有效性。隨著學習服從而提高了支配的效率，這方面的例子可以舉出許多。更細緻有力地攻擊對手的所有動作，無論是殊死搏鬥、還是網球或棒球之類的超級文明運動，準確性和力量都取決於先前服從反應的完整性。

在野蠻的搏鬥中，必須憑藉對手身體引起的小心、準確服從反應，才能將長矛伸向對手身體的要害。武器的支配驅動力與先前服從反應（手臂和握長矛的手掌往**被攻擊者的反方向**回收）的範圍和強度之間，具有固定且持續的關係。打網球時，為了身體、手臂和握拍姿勢能判定接下來最有效的支配反應，必須執行一連串永無止境的纖細服從反應。簡而言之，所有準備都包含了服從反應，而服從反應的主要功能是在有機體的整合中樞充當選擇媒介，挑選出最能有效對抗服從反應的支配反應。既然如此，服從情緒與支配情緒之間的正常關係，就是利用服從來成功支配的關係。我們可以說，**先前服從對手的程度，與緊接在後的主動支配有效性成正比**。

服從一定不能超出它對支配的有用性

這句話有兩點必須加以限定。首先，服從反應可能太過極端，以致於最終的支配反應遲遲無法出現而達不到最大效率，或讓運動自我的強度降低到無法應付對手的程度。第二，即使運動自我已處於最大強度，有機體還是可能服從自己無法支配的對手。服從用於支配的第一個限制，可舉這個例子來說明：在打棒球或網球時，實際開始揮棒或揮拍以前，過度仔細調整身體姿勢反而打不到球。因為準備的服從反應太過了頭，揮棒或揮拍的時機就推遲了太久而無法成功擊球。在摔角或拳擊中，經常發生選手把手臂或腿縮得太緊，導致原本能用最大力量伸展肢體的緊張性肌肉，再也無法對需要用到的肢體施加最有效的力量。唯美主義者的神經衝動也會發生相同情況，當他允許這麼大量的服從運動神經放電控制自己的身體時，或許隨後會發現，自己再也無力以最有效的方式整理藝術收藏來達到美感享受。

服從對於支配是否有價值的第二個限制，我們可以引用十分常見的例子說明：一個人在游泳時，讓自己被水流帶離岸邊很遠。這個人服從了比自己最佳體力還要更強的力。因此，他發現自己與岸邊之間隔著一道水屏障，自己的體力無法克服或支配這道屏障，也就是游不回岸邊。在引用的兩個例子中，雖然服從都是為了支配而出現，但都太過於極端，反而導致隨後的支配不那麼有效、甚至完全沒效。

服從通常先於支配且適應於支配

從上述的分析似乎可以清楚發現，如果支配要維持最大的有效性，就必須讓服從反應先出現。但服從一定不能太極端或持續太久。簡而言之，**利於有機體的支配與服從反應之間，**

最簡單的正常組合，是初始服從反應適應隨後出現的支配情緒。這兩種初級情緒反應之間的關係，可以簡便地用C＋D這個簡單公式來表示。使用這個公式時，應該了解字母順序代表了情緒反應發生的時間順序，＋號則是代表第一個字母（C）的反應與字母（D）表示的接續反應之間，兩者屬於適應關係。因此，在C＋D公式中，C（compliance，服從）**適應於**D（dominance，支配），而且C發生在D開始以前。

在先前的討論中，我們已試圖找出支配與服從反應接續出現時，這些反應之間的正常關係。現在我們必須找出，如果兩種情緒同時出現，服從與支配之間的正常關係為何。首先，從邏輯上能想像的某些支配與服從同時出現的組合，可以透過簡單考慮所涉及的行為元素來排除。例如，主動服從和主動支配可能混雜著同時發生，但不是作為一種情緒複合物。如果同一刺激引起主動支配和主動服從同時發生，它們往往會彼此抵銷，或至少相互修改，由此產生的情緒狀態，整合描述就是運動自我和運動刺激在節點C（服從）和D（支配）之間的關係（參見第四章的情緒環）。

對同一客體的支配和服從反應彼此混和或抑制

舉例來說，當一個人看見幾公尺外的危險動物時，絕對會感覺環境刺激是對抗性刺激，也一定會採取對抗的態度來反應。然而，這種對抗的元素是支配和服從反應所共有的。如果這個人清清楚楚地知道那個動物是狐狸，或其他明顯比自己弱的獵物，他的反應就會傾向往支配性前進，目的在於攻擊對方，也就是追逐支配。另一方面，如果這個人同樣確定，那個動物是明顯比自己強的山貓或老虎，他的反應絕對會是謹慎、盡快逃離動物的服從反應。在剛剛假設的例子中，動物離這個人有一段距離，所以他無法肯定環境刺激比自己強還是弱。在認不出動物的情況下，或是實際上認出，但知道牠某些特點強過主體、另有些特點比主體弱的情況，往往都會同時引起主動支配和主動服從。如果這些反應傾向完全均等且發生時間分毫不差，它們就會彼此抵銷，主體也將繼續進行先前所做的事，既不攻擊、也不逃離那個動物。

支配和服從可能同時存在於不同的中樞

如果同一環境刺激的不同部分引起不同的初級情緒反應，這兩種情緒反應可能在相對無關的運動中樞同時發生，沒有形成彼此整合的關係。這樣或許該稱為情緒混合，而非情緒複合。因此，支配和服從可能以混合情緒的狀態出現。例如，當一個人騎著馬逃離敵人的追捕時，他可能在馬鞍上轉身、朝著追捕者開槍。他的服從逃離，不會因為同時攻擊敵人而被破壞，也不會以任何方式改變。然而，被引出的情緒意識沒有構成任何全新、複合的情緒性質或特徵。支配和服從可能在逃離者的意識中交替出現，它們或許彼此修改到在短暫間隔裡消滅其中一個或兩者都消除；亦或者，它們可能同時共存於意識中，以回應同一刺激的不同部分。追捕者的體力較強，這點可能引起逃離者的服從反應，然而追捕者手無寸鐵且位在顯眼之處，可能引起逃離者的支配反應，以步槍射擊的形式出現。在某一特定方面感到受對手壓制，同時在另一方面意圖支配而攻擊對手，這種感覺一點也不罕見或難以解釋。只不過，它們沒有構成真正的複合情緒或整合樣貌，因為兩個初級情緒的元素在整合方面互不相關。

對不同客體的主動支配和主動服從無法共存於相同的中樞

透過檢視所涉及的整合，或許還能排除一組邏輯上有可能的支配和服從反應同時出現的組合。這樣的檢視發現，對不同客體的主動支配和主動服從，無法同時發生在相同或關係密切的運動中樞。如果假設伸肌A^1受到緊張性運動神經放電的神經支配，那無論針對的客體為何，任何支配反應都必須利用最後輸出公路來收縮肌肉A^1，然而涉及相同運動機制的任何服從反應，也都必須利用最後公路來收縮互相對抗的屈肌B^1。既然如此，倘若有機體試圖透過收縮伸肌A^1來支配環境刺激A，同時又允許收縮屈肌B^1來服從環境刺激B，就會造成進入運動心靈粒子的衝突，這個問題必須在支配或服從反應發生以前，明確地以支持其中一方的方式解決。因此，在涉及最後公路或關係密切的運動中樞時，無論引起這些反應的環境刺激有多麼不同，似乎都不可能整合地形成主動支配和主動服從反應的複合情緒。

同樣的，我們發現，即使針對不同的環境刺激，也不可能整合地結合被動服從和被動支配。舉例來說，倘若環境刺激A引起關於伸肌A^1的被動支配反應，完全就是意味著伸肌A^1的緊張性神經支配提高到足以抵抗客體A引起的任何刺激，使之無法利用最後公路來收縮屈肌B^1。既然如此，倘若客體B傾向在同一運動中樞引起被動服從的反應，那麼可見，刺激B會阻止伸肌A^1緊張性收縮的任何支配增強。於是，如果不同的環境刺激在同一運動中樞同時引起被動支配和被動服從，這個共同運動中樞應該也會出現衝突，就像不同客體同時引起主動支配和主動服從反應的情況。對客體A的被動支配反應，應該會試圖阻止客體B引起的被動服從反應，不讓它利用共同輸出路徑，而被動服從反應同樣會抑制伸肌A^1路徑的增強，這種增強是先前提到的服從反應所需。因此，就算對立的反應是由不同客體引起，被動服從和被動支配反應，似乎也不可能共存於相同或關係密切的運動中樞。

在人類的行為中，不難找到支配和服從反應不能同時發生的實例。如果把一個裝滿美味食物或飲料的金屬容器放在爐子上加熱，熱好當下，食物往往會引起抓著鍋子、移到嘴邊的支配反應。然而，爐子的熱和金屬鍋本身的熱，則會引起手縮回的服從反應。在這個情況中，當主動服從和主動支配同時被激起時，主動服從戰勝了主動支配。另一個情況是，嬰兒抓著一個玩具，媽媽用直尺敲打孩子的手，迫使他鬆手放開玩具，我們從中也看到了被動支配和被動服從之間的對比。媽媽試圖從孩子手中拿走玩具的對抗性拉扯，會引起嬰兒的簡單抗拒或被動支配。然而，敲打手指往往使孩子出現被動服從，放手不再抓著玩具。在我觀察到的許多這類實例中，在與被動服從對手的競爭中，被動支配反應取得了勝利。嬰兒依然抓著玩具不放。

可能的組合

支配和服從同時出現的組合還有哪些可能性？這樣的組合，或許還有另外兩種可能性可以討論。首先，我們可以檢視被動服從一個客體，同時主動支配另一個客體的可能複合。再來，我們可以考慮主動服從一個客體，同時被動支配另一個客體的複合。

被動服從和主動支配可以形成情緒複合物

當我們面臨強過自己的對抗力，被迫尋求環境中比自己弱的另一個對抗力來擺脫時，任何這樣的情況，只要還在尋找和獲得較弱的環境客體，都是基於被動服從和主動支配的混合或複合。我來引用一個具體實例說明。有一個人穿過森林，向著某個諸如聚落的重要目標走去，他計畫在那裡得到補給。他來到湍急的溪邊，發現眼前這道障礙無法憑藉自己的力量通過。水流的強度和岸邊尖銳的岩石，使他絕對不可能活著游到對岸。這是一個強過主體的對手，然而這個對手沒有強迫主體做出任何積極行動，只是迫使他**放棄先前從事的支配行為**。此時，主體必須暫且被動地服從無法渡過的河流，放棄前往聚落的旅程。

然而，這個人看見岸邊有一棵樹，如果這棵樹倒下，就可以從溪流的這岸跨越到另一邊。這棵樹以不太穩當的歪斜角度從岸邊往溪水上方生長，它的根不牢靠地攀著淺淺的土壤。如此不穩當的樹，似乎代表一個**強過河流但弱於這個人**的對手。既然如此，倘若主體可以推倒樹、橫跨水面來支配這個較弱的對手，他立刻就能跨越迄今仍無法克服的障礙。當然，在推倒或支配樹的過程中，這個人必須持續地被動服從溪流，而在支配樹的整個反應期間，都要避免與溪流施加自身的力不相容的一切行為。簡而言之，這個人被動服從更強的對手（溪流），同時企圖支配更弱的對手（樹）。

整體上，只要受支配的運動刺激，不屬於被動服從反應要求運動自我放棄支配的刺激，那麼對一個刺激的被動服從和對另一個刺激的主動支配，就很容易在相同或密切聯盟的運動中樞內同時發生。可以想像，可能存在大量的運動刺激受到運動自我的支配，而不與同時影響同一運動中樞的較強運動刺激相違背。亦或者，誠如先前提到的情況，可能只存在單一運動刺激（由可用的環境刺激，像是懸在水面上的樹所引起），迫使被動服從的較強運動刺激（溪流引起）允許運動自我支配那個單一刺激。心靈粒子的樣貌，可被認為是透過高強度的服從刺激與奮，對一組關鍵心靈粒子進行抑制控制，然而這種抑制控制無法施加於所選的一種或多種運動刺激。因此，可以設想這些運動刺激會激發運動心靈粒子，同時也能產生服從刺激。實際存在的整合樣貌無疑複雜許多，其中涉及中樞神經系統的不同層級，以及大量交叉連結的神經路徑和心靈粒子。然而，若將這個複雜樣貌簡化成圖表形式，就可能以上述提到的方式表示。

pCaD是渴望

意識的複合情緒性質，是以被動（passive）服從（Compliance）和主動（active）支配（Dominance）的整合複合結果存在。這種複合的情緒，普遍被稱為「渴望」（desire）。「渴望」（整合公式可以寫成pCaD）包含兩種類型的意識元素，它們如此錯綜複雜地彼此混和與相互依賴，因此極其難以用內省清晰地分析它們。

我從許多受試者的自我觀察發現，在「渴望」的情緒狀態中，幾乎總是可以找出兩種類型的意識。首先，似乎有種焦躁不安的尋求感（不滿現有的支配活動狀態），並且感到**必須滿足某種任意規定的內在需要**。這種不太容易表達的渴望面向，似乎包含了稍做改變的**被動服從**元素，以及與主動支配的整合而帶有新的情緒性質。第二，自我觀察顯示，渴望意識存在著稍微更明確且主動的面向。關於這個元素的內省報告，可以歸結為「想要支配」特定的環境刺激。

主動決定以某種方式擁有或改變特定客體，似乎可歸因於主動支配情緒透過與服從整合的複合，而被修改並產生新的性質。

作為單位情緒反應的渴望，因其廣泛的主動支配，或許**可被描繪成整個情緒意識的主動面向，與利用強度較低的環境客體，來克服強度高於主體的環境對手有關**。也就是說，支配和服從的兩種可能組合中，被動服從結合主動支配產生的複合情緒，其中運動自我比主動服從和被動支配的複合更主動。

主動服從和被動支配可以形成情緒複合物

接下來，我們繼續分析上述事件中支配和服從的複合。被湍急溪流阻擋旅程的那個人，成功推倒懸在上方的樹跨越河岸後，情緒反應就會發生徹底的轉變。橫跨兩岸的樹幹強度，現在或許增加了主體對抗湍急溪流的強度。然而，為了增加自己的強度，主體必須服從倒下的樹。樹幹此時不再代表強度較低的對手，而是代表比主體的運動自我更大量的環境刺激，因為樹幹的強度是由它克服溪流的能力來衡量，主體本人先前並未擁有這個能力。簡而言之，就像多數以量致勝的情況，溪流對手的高強度，已轉移到量大於主體運動自我的倒下樹木。倒下樹木刺激的整體量優於溪流強度，因此取代了溪流的高強度。這個效應跟先前提到的兒童或囚犯案例完全相同，亦即運動自我可能一開始被鞭打壓制，之後可能學會把要做的工作視為量更大的環境刺激。一旦學會了服從這個工作，就會成為對量的愉快服從而非不愉快，或最多是對強度的冷淡服從。因此，在旅人推倒樹木、橫跨迄今過不了的溪流這個例子中，對量（倒下樹木）的服從，代表在這單一情緒經驗中，獲得了習得或轉移的反應。

整體上，我們可以將溪流引起的運動刺激以及爾後採取的整合控制看作運動中樞，這些運動中樞先前僅僅被抑制性興奮佔據，而這抑制性興奮構成了原始的被動服從。代表倒下樹木（或橋樑）的運動刺激，接著找到暢行無阻的輸出放電之路，這種放電產生的行為，就是對樹的主動服從，它取代了先前對溪流的被動服從。同時，這種主動服從消除了溪流引起的過強運動刺激，允許運動自我繼續支配它原來的放電途徑（亦即中斷的補給行程）。簡而言之，對樹的主動服從，將溪流對手的強度減少到低於運動自我對抗溪流的強度。於是，運動自我立即能夠**抵抗溪流引起的運動刺激的影響**，這就構成了**被動支配**的情緒反應。

旅人接著主動服從這座樹橋，走過它跨越到溪流的對岸。整個活動中，藉由抵抗溪流對自己最初的旅程造成的對抗性影響，旅人被動地支配溪流。於是，我們由此發現了**主動服從和被動支配同時出現的組合**。儘管這兩種反應都是透過相同或聯盟運動中樞的調節產生，但兩者都不需要干擾對方。主動服從雖然取代了針對完成旅程的主動支配，但它的性質依然是透過成功抵抗溪流強度，在運動自我的任務中執行被動的部分。大略地說，引起主動服從的運動刺激，或許可被視為允許運動自我抵抗某些選定的對手，就像前述例子中，引起被動服從的運動刺激，允許運動自我主動支配某些選定的刺激。若將這類型的整合化為簡單圖解，我們可以把樹橋引起的運動刺激，想成為了將神經放電傳導到自己的放電路徑而控制心靈粒子，然而在此同時，這種控制的興奮，不會對運動自我衝動的增加（對阻止先前完全抑制運動自我的對抗性興奮來說有其必要）產生任何對抗性影響。

aCpD是滿足

主動服從和被動支配整合地複合，會產生習慣上稱為「滿足」（satisfaction）的獨特情緒意識。就跟渴望的情況一樣，滿足的內省分析往往也難以進行，因為複合的兩種初級情緒，在複合的過程中各自都會給予和接受新的性質。然而也如同先前一般，自我觀察一致指出，滿足的兩個面向可能有一定程度的區別，第一面向可歸因於主動服從，第二面向則出自於被動支配。滿足的第一個面向有各式各樣的描述：「無所不在的愉快」、「佔有欲」、「享有天賦」、「接受幫助」，以及「美感愉快」。根據我自己的觀察，最能表達滿足這個面向的用語或許是「愉快主動的佔有欲」。這個階段的滿足情緒，似乎可歸因於主動服從情緒透過與被動支配整合地複合，而被修改並產生特殊的性質。

對多數人來說，滿足的另一個面向更容易辨別。它向來被視為「舒緩」、「成功的自我膨脹」、「愉快的自我放大」、「擁有全世界」、「幸福至極」、和「興高采烈」。這些內省特徵似乎特別指稱被動支配產生的滿足面向，但請千萬要記住，其中包含了運動自我的擴大，因此能夠成功抵抗先前獲勝的對手。就我來看，「成功的自我膨脹」，似乎令人滿意地描述了滿足的這個面向。

滿足這個複合情緒（可用aCpD這個整合公式來表示）在運動自我方面，顯然是被動反應類型，正好相對於運動自我是主動反應的渴望。

渴望和滿足構成慾求

滿足達到某個程度，就會取代渴望。整體上，渴望以一種迄今未討論過的方式跟滿足連上關係。我們在上一章提到，服從與支配的組合如果是相繼出現，通常是服從先於支配，而且服從會適應支配，最後被支配取代。對所需對象（說明中使用的樹橋）表現渴望的主動支配，與對同一對象表現滿足的主動服從，兩者之間似乎也存在同樣的關係。此外，對溪流屏障表現渴望的被動服從，與對同一刺激（現在已不再是前進的障礙）表現滿足的被動支配，兩者之間似乎也出現了完全相同的關係。

從渴望到滿足的情緒模式，有如萬花筒般變化萬千，其中控制性元素（支配）從主動變成被動類型，而附屬的反應（服從）從被動變成主動類型。主動服從也是對量（渴望的對象）的服從，這種服從非常愉快，相較之下，先前對強勢對手的被動服從，在持續的多數時間顯然是不愉快的。這種變化**逐漸消除了銳利明確的不愉快，並且逐漸獲得了深厚廣泛的愉快**。從主動支配到被動支配的變化，**逐漸消除了不安、積極、貪戀渴求、並且逐漸獲得了寧靜、消極、自我滿足**。

從渴望到滿足的連續過程中，或許還會注意到另一系列的變化。渴望這種情緒會感受到對外在環境的持續要求，也會感到被迫與有機體自身內在目的（完成被中斷的旅程）的要求和需要協調一致。滿足則是逐漸反轉這種情況，直到完全取代了渴望，這種情緒會**感受到與外在環境（有用的樹橋）心滿意足地協調，也會感到穩定地成功支配主體自身的內在目的（完成旅程）**。

由此分析，渴望與滿足的混合，始於首次知覺到有可能利用樹征服溪流的那一刻，這種混合一直持續到真正跨越溪流，旅人安然地從對岸回頭看向溪流時。只有在整個過程的一開始，主體受溪流阻礙、也還沒意識到推倒樹的可能性時，才會**只感到渴望**。只有在成功跨越溪流後、回頭看向它時，才會**只感到滿足**。而在這之間，**渴望逐漸適應滿足並且被滿足取代。兩種複合情緒（渴望和滿足）之間複雜的相互關係，或許可以適當地稱為慾求**（appetite）**情緒**。因為其中複合元素的混和與依序轉變，慾求情緒獲得了某種全新、獨特的意識情緒性質，這在單獨體驗各個元素時都無法發現。可以利用渴望的公式（pCaD）和滿足的公式（aCpD）簡便地設計象徵慾求情緒的公式，在**pCaD**和**aCpD**之間放入＋號，代表渴望先於滿足且適應於滿足。於是，慾求就由**pCaD + aCpD**這個複雜的公式來表示。因為慾求的**主動**元素是渴望，所以渴望可以寫成**aA**；因為滿足是**被動**的慾求情緒單位，所以能用**pA**表示。既然如此，象徵慾求的公式就是**aA + pA**，而不是**aApA**。

「慾求」一詞在字典裡的定義是：「一種身體上的渴求，如渴望得到食物，也是心理上的渴求。」這個定義指出至少兩個限制，因此在以上述提及的方式將「慾求」作為情緒用語時，必須先排除這些限制。首先，慾求的定義和習慣用法，大多指稱一系列的身體飢餓機制，亦即稱為「食慾」。雖然**滿足身體飢餓的過程中引起的情緒複合物，恰恰相符於上述分析和定義的慾求情緒**，但我們絕不可能、也一定不希望將作為情緒用語的「慾求」侷限在攝取食物。誠如我們後續使用的方式，慾求將被視為「渴望」和「滿足」這兩種複合情緒構成的一種情緒，無論引發渴望和滿足的是身體飢餓刺激、還是其他截然不同的各類型刺激，例如前述分析的溪流和樹木，或是渴望金錢財富和獲取這類東西。

慾求的字典定義所暗指的第二個難處，在於它過度強調渴望面向，太少提及滿足面向。不過，這個難處並不嚴重，不需要特別糾正，只要做出這樣的陳述：慾求作為一種情緒，不該被認為在滿足一開始就終止，而必須認為它會一直持續到滿足終於徹底完結。誠如已經提到的，渴望或許在慾求行為的整個早期階段佔主導地位，而滿足或許在整個後續階段才擔任主導的角色。但兩者必須以適當的相互關係存在，才能賦予所謂的慾求情緒獨特的情緒性質。光是渴望或滿足，都無法單獨構成慾求情緒。

慾求一詞的文學用法，是指一種明確的情緒狀態，大多數情況下，這種狀態是基於對身體飢餓與滿足飢餓相關的典型情緒經驗的內省再認。這樣使用慾求一詞，就跟上述字典的定義相當一致，只要將身體飢餓視為引起慾求情緒的眾多條件之一即可。

總結

總而言之，我們可以將支配和服從定義成初級情緒，簡便地以D（Dominance）和C（Compliance）字母表示。這些初級情緒，各自都有主動和被動的面向。主動面向可以用小寫字母a（active）表示，被動面向可以用小寫字母p（passive）表示，這些小寫字母緊貼在想要附加的情緒符號之前。因此，「aD」表示主動支配，而「pC」表示被動服從。

pCaD意指被動服從和主動支配同時出現的組合。以此整合的複合情緒，可以稱為「渴望」。aCpD代表以相同方式整合的複合情緒，這種情緒可以稱為「滿足」。

當一種情緒符號接在另一種情緒符號之後，兩者間以加號相連，那就表示這兩種情緒的關係是接續出現的情緒組合，發生的順序就是字母的順序，之間的加號表示第一個情緒適應於第二個情緒。因此，C＋D意指服從之後接著支配，而且服從適應於支配。渴望和滿足這樣接續出現的組合與關係，可以用公式 pCaD ＋ aCpD 表示，根據這個公式，渴望先於滿足，而且適應於滿足。

複合情緒這樣接續出現的組合，可以稱為慾求(a)。渴望構成了慾求的主動面向，而滿足則是它的被動面向。因此，公式 pCaD 可以寫成 aA，公式 aCpD 可以寫成 pA。用來描述情緒 A 時，主動和被動是指在所提到的總情緒反應中，運動自我在特定面向的相對主動性和相對被動性。

似乎可以確信的是，慾求情緒是種獲得或習得的反應，就跟服從情緒必須學習而來的意思一樣。我在其他地方也強調過，身體慾求的所有機制都是有機體與生俱來的[1]，包括有機體內造成「餓到痛」的適當刺激。這種刺激機制的先天性，與神經模式（許多生理學家的情緒理論基礎）理所當然的遺傳性完全不同。支配以外的其他任何情緒都先天存在著這樣的預定神經模式，而慾求刺激機制的先天性與此相違背，關於這點我特別想抨擊一下。取決於緊張性放電模式的支配模式，必須真正由遺傳得來，或至少，它仰賴的神經結構必須在孩子出生前就被環境刺激活化。至於其他的情緒模式，我自己的看法是，整合機制的結構一定是天生的，但構成情緒的實際整合模式，則是在出生之後透過有機體對環境的反應而形成的。

1 W. M. Marston, "A Theory of Emotions and Affection Based Upon Systolic Blood Pressure Studies," *American Journal of Psychology*, 1924, vol. XXXV, pp. 469-506.

飢餓是慾求情緒和行為的老師

迫使人類和動物終其一生都得定期尋找和吃下食物的身體飢餓機制，扮演的角色被認為是**慾求情緒的老師**。儘管有機體生來就配備了整合機制，能夠產生支配情緒、服從情緒，以及支配與服從同時出現的兩種複合物（已稱之為主動慾求和被動慾求），但如果新生兒和動物仰賴環境的偶發刺激，來引起適當順序和不同程度的各種情緒模式，那麼這些情緒反應的實際起始和發展，將全都只是非常偶然的事件。然而，事實並非如此。人類和動物不只在出生時就配備了能夠製造D（支配）、C（服從）和A（慾求）的整合機制，有機體內還配備了生化刺激機制，能夠自動迫使形成pCaD（渴望）和aCpD（滿足）的情緒模式。在有機體的一生中，飢餓的刺激機制，不斷地每隔兩到五小時就以其初級情緒模式引起慾求情緒。既然如此，似乎只能透過研究有機體先天的飢餓機制強加的整合模式，才能適切地了解慾求情緒的自然或正常模式。研究成人慾求行為的過程中，我們必須承認這種可能性：偶發的環境刺激、而非身體飢餓機制，或許整體或部分決定了慾求情緒模式。這些環境影響的結果，只要它們不同於飢餓模型，就該被視為強加於自然模式的扭曲或變異，而非描述慾求情緒如何形塑的常態。因此，我提出的想法是，我們對自然或正常慾求模式的理解，應該根據已討論的先天整合情緒機制，也該從生理學方面，描述這些整合模式如何按照飢餓刺激機制（同樣也是先天的）來安排。

飢餓刺激的生理學

生理學家卡爾森和金斯伯（Ginsburg）已經證明，出生兩小時的嬰兒以及足月前八到十天就早產的小狗，都會出現餓到痛[2]。嬰兒胃部的收縮與成人類似，只不過嬰兒的飢餓收縮表現得相對更強勁且更頻繁。卡爾森和盧克哈特（Luckhardt）則證明，剛吃飽的狗如果注射餓了幾天的動物身上抽出的血，也會啟動這些飢餓收縮[3]。這些結果指出，胃的飢餓收縮或許至少部分是由「飢餓荷爾蒙」引起，而飢餓荷爾蒙則是由需要營養的身體組織產生。然而，作者引用了他們的觀點，亦即餓到痛的起源也可部分歸因於中樞和周邊神經特定的神經自主作用，這些作用不會受到傳入衝動的影響。坎農和沃許本[4]首先證明，人類對胃收縮的感受就是餓到痛（**hunger pang**），隨後是對食物的渴望。卡爾森和金斯伯則證明了，在任何食物進到胃部以前，嬰兒和動物的胃都會出現這樣的餓到痛。

因此，根據上述研究結果，我們可以這樣總結身體天生的慾求刺激機制：飢餓荷爾蒙連同先天的神經自主作用一起引發了胃收縮，無論動物和人類都是如此。這樣的收縮可能在出生後

---

2 A. J. Carlson and H. Ginsburg, "The Tonus and Hunger Contractions of the Stomach of the New Born," *American Journal of Physiology*, 1915, vol. 38, p. 29.

3 A. J. Carlson and A. B. Luckhardt, "On the Chemical Control of the Gastric Hunger Mechanism," *American Journal of Physiology*, 1914, vol. 36, p. 37.

4 W. B. Cannon and A. L. Washburn, *American Journal of Physiology*, 1912, vol. XXIX, p. 441.

立即發生，也可能出現在任何食物進入胃部以前。這些飢餓收縮始於賁門端的收縮，然後迅速移向幽門端，強度隨著收縮進展越來越大[5]。這些自動引發的飢餓收縮，就是正常成人感到餓到痛的器官感覺，隨後則是產生對食物的渴望。

運動自我主要透過交感神經放電

既然這些自動的飢餓收縮是一種環境刺激，那麼我們接下來就必須判定飢餓收縮引起的運動刺激性質為何。為了找出飢餓收縮引起的運動放電是否與運動自我對抗，我們還必須檢驗，輸出放電經過最後公路前往運動自我和飢餓引起的運動刺激時，它的自然緊張性狀況為何。換句話說，首先必須找出運動自我的放電路徑，再來就要檢驗飢餓的運動刺激對緊張性放電的影響。

坎農已經證明[6]，只要內臟受到交感神經衝動和迷走神經衝動支配，交感神經衝動就會佔主導地位。也就是說，由運動自我維持的緊張性平衡，相較於迷走神經支配，明顯偏愛交感神經運動放電。一般來說，食道、胃部和腸道是由迷走神經衝動收縮，並且受到交感神經運動放電抑制。正如派特森（Patterson）所證明的[7]，這兩種影響很可能在某種程度上持續作用於消化道。但坎農已經證明，交感神經放電後的情緒往往會抑制胃的迷走神經收縮，減緩消化或完全停止消化。所有這些效應似乎都起因於這個簡單的事實：**內臟的交感神經衝動自然地支配迷走神經衝動或顱神經衝動**。如果用我們的術語來表達這個事實，我們可以說，**運動自我往往供給血管和其他內臟能量，促成骨骼肌的活動，而付出的主要代價，就是犧牲消化過程中使用的血管和平滑肌**。

透過顱神經通道放電的運動刺激與運動自我對抗

因此，運動自我的增強，應該會導致骨骼肌的血液供應增加、血液中的腎上腺素增加，還有其他為骨骼肌活動而做的內臟準備。同樣地，運動自我增強應該也會抑制食道、胃部和腸道的運動，減緩或完全停止胃酸分泌，並且干擾唾液正常進入嘴巴和喉嚨。用我們的術語來說，能夠增加唾液和胃酸流量，以及增強胃腸消化運動的任何運動刺激，都可以描述成對抗運動自我的運動刺激。

---

5 A. J. Carlson, *Control of Hunger in Health and Disease*, Chicago, 1919, p. 60.

6 W. B. Cannon, *Bodily Changes in Pain, Hunger, Fear, and Rage*, Chapter I, "The Effect of the Emotions on Digestion."

7 L. L. Patterson, "Vagus and Splanchnic Influence on Gastric Hunger Movements of the Frog," *American Journal of Physiology*. vol. 53, p. 239.

這種對抗性運動刺激，會將反射平衡移向迷走神經那一邊，正好與交感神經衝動主導的自然反射平衡相反。如果可以證明運動刺激傾向經由迷走神經放電，但結果只導致交感神經運動放電增加，我們就可以假設，運動刺激雖與運動自我對抗，但**強度較低**。骨骼肌和交感神經支配的內臟增加的能量，可以作為支配反應的證據，儘管較弱的對抗性運動刺激試圖打亂這種平衡，但運動自我為了維持自然反射平衡，增強了自身。然而，如果我們發現透過交感神經通道的運動放電一開始增強，隨後這種經由交感神經的放電明顯減少，連同迷走神經運動放電突然出現（證據是唾液分泌增加和類似徵兆），我們可以理所當然地認為，對抗性運動刺激的**強度高於**運動自我。由於強度較高，這樣的運動刺激可能強行突破運動自我試圖建立的障礙，最終透過自己的迷走神經通道來表現。簡而言之，這樣的事件會構成一種情緒反應：**對強度的服從**。

運動自我和運動刺激的自主通道總結

我們可以總結如下：由運動自我維持的自然反射平衡，似乎需要交感神經運動放電壓過迷走神經放電。交感神經運動衝動會抑制消化運動和胃酸分泌，同時增加肌肉的血液供應，並將腎上腺素釋放到血液中。這類型的交感神經內臟衝動，確實通常與提高骨骼肌張力的緊張性衝動並行。

迷走神經衝動會增強消化過程，而且往往會抑制骨骼肌的血液供應和緊張性衝動。因此，經由迷走神經通道放電的運動刺激，會與運動自我對抗。這種運動刺激，往往打亂了運動自我維持的自然反射平衡（交感神經衝動佔優勢）。如果對抗性運動刺激的強度低於運動自我，我們應該預期會發現自然反射平衡擴大，也就是透過交感神經通道傳送的神經能量增加。另一方面，如果對抗性運動刺激的強度高於運動自我，那我們應該會發現，運動自我先是嘗試增強交感神經抵抗，然後交感神經運動放電明顯減少，同時伴隨迷走神經放電相應增加，將反射平衡轉向迷走神經那一邊，這時就可以宣告對抗性運動刺激，戰勝了運動自我。

簡而言之，交感神經放電增加，代表運動自我成功引起支配反應；而交感神經放電一開始增加，接著放電減少、伴隨迷走神經放電相應升高，構成了對強度的強迫服從反應。

餓到痛會引起強過運動自我的對抗性運動刺激

明瞭了以上概述的情況，我們或許希望找出，餓到痛引起的運動刺激是否與運動自我對抗；如果是，它們比緊張性運動放電更強、還是更弱。芝加哥的生理學家卡爾森和同事進行了一系列的研究，探討餓到痛對身體各種其他功能的影響[8]。卡爾森幸運地找到一位受試者FV先生，他的食道完全閉鎖，因此放有永久性胃瘻管。FV先生在十一歲時意外喝下了很濃的強鹼溶液，自那時起，二十多年來他只能依賴胃瘻管餵食。卡爾森的報告指出，這些年來FV先生的健康狀況一直良好，除了食道閉鎖，其他方面都很正常。胃氣球和其他記錄裝置可以藉由胃瘻管輕易地插入胃中，這條胃瘻管直接通往胃的底部，因而不會引起吞下帶著連接管的胃氣球勢必造成的意識異常狀況。卡爾森和同事藉此方法得以進行極其準確且可靠的研究，他們讓我們看到了不同類型的運動刺激（或各種強度的飢餓收縮導致的運動神經放電）相當完整的樣貌。

首先，卡爾森證明了除非胃部收縮非常強烈，否則不會感受到明顯的飢餓。他們已經發現，強烈飢餓收縮伴隨的現象有下列幾項：

(1)膝反射增強、
(2)心率加快、
(3)手臂的血流量增加、
(4)在每次強烈收縮的最高點短暫湧出唾液、
(5)明顯的易怒、不安，無法維持注意力集中。

手臂的血流量增加到接近胃收縮頂點時，然後在收縮結束以前開始減少。倫巴底（Lombard）也發現，飢餓期間的膝反射比飢餓滿足之後更弱（不過卡爾森認為，飢餓期間的反射比不滿足也不餓時更強）。從所有身體症狀的加總可以看出，**強度高於運動自我的對抗性運動刺激**清楚的樣貌。唾液湧出、易怒不安（顯然表示骨骼肌的能量受到干擾），只出現在強烈飢餓收縮的頂點。唯有迷走神經支配才會引起唾液分泌，而迷走神經放電對交感神經衝動的干擾，也能適切說明主體先前從事的支配活動受到干擾，不安和易怒就是證明。每次飢餓收縮早期因交感神經支配而增加的手臂血流量，在收縮達到最高點以前就開始變少，這點指出，迷走神經再次大大地戰勝交感神經支配。倫巴底的結果如果得到證實，那就可能表示，膝反射雖然受到飢餓收縮增強，但因對抗性迷走神經部分獲勝，膝反射就可能降到最大值以下。然而，膝反射的測量還不夠精細，不足以確定這種比較是否絕對準確。另外也經常發現，隨著心跳強度降低，心率同步增加，這點可以從手臂或腿的血流量減少，或在肱動脈測量的收縮壓得到證明。

餓到痛造成什麼身體變化唯一可靠的測量顯示，緊張性平衡（支配反應）擴大到接近刺激的最大強度。此時，餓到痛引起的對抗性運動刺激，似乎突破了運動自我對它們設立的障礙，

---

8 這些研究結果出自卡爾森的著作 *Control of Hunger in Health and Disease*, Chicago, 1919，該著作被視為卡爾森研究結果的官方說明。

這時的運動刺激剛好足以迫使運動自我放棄先前的支配反應，並且尋求某種能與餓到痛刺激相容的支配活動。這樣的分析指出，**餓到痛構成了一種與運動自我對抗的刺激，而且強度精心計算程度高到能強迫引起對強度的被動服從反應。**（說是「被動」的原因是，只有透過迷走神經衝動，才能成功迫使運動自我放棄先前的支配行為。）

主體被動服從餓到痛並主動支配食物（渴望）

這項分析似乎經由檢驗某些胃收縮非常強烈的受試者得到了證實，這些人在胃收縮期間只感受到噁心、虛弱和暈眩。心理學家波林[9]和卡爾森都提出了這類型的受試者報告。我自己也對這類型的一位女性受試者，進行了大約一年半的研究。她在胃收縮期間，感到噁心和明顯的身體虛弱。這時，收縮壓明顯下降，顯然跟著胃收縮同步發生。由於意識不到飢餓，且在飢餓收縮期間出現噁心的感覺，所以這位受試者吃不了多少食物，因此身體處於營養不良的狀態。她曾諮詢多位醫學專家，也試過了各種飲食方案，但都沒什麼效果。分析她的情緒反應之後，我得到一個結論：這個案例的問題在於心理方面而非醫學方面。就我看來，她的服從發展得太極端，以致於服從反應控制了通常不受自主控制的內臟功能。這個案例似乎跟印度大師沒什麼不同，但她多了個難處，就是她過度的身體服從並不適合勤奮艱苦的生活，事實上，在西方文明主導的條件下，她的身體無法應付。如果根據我的理論來治療這個案例，我會勸這位受試者對她的餓到痛採取積極進取的態度，將它們視為敵手，即使噁心讓吃東西變得十分艱難（食道似乎也處於高緊張性狀態），必須用強迫進食來消滅敵手。起初，受試者歷經了極大的艱難，經常無法把食物好好吞進肚裡。然而，在反覆建議下，她終於開始以積極對抗的態度看待餓到痛。之後不久，她就能夠不太困難地吞下食物，餓到痛也每隔兩小時就來報到。半年內，先前伴隨餓到痛出現的噁心和暈眩感覺，變成了極度飢餓和慾求食物的感受。有好幾次，我觀察到這位受試者在過分飢餓的情況下，抓起一整條麵包狼吞虎嚥地咬下去，完全等不到麵包切好再塗上奶油。此時，受試者的體重開始增加，大約三個半月後，她的體重增加了二十三公斤。

關於剛剛描述的案例，我自己的分析是，在受試者對餓到痛刺激的情緒反應中，主動支配的元素已被消除。正如我們先前曾提到的，主動慾求是由同時發生的複合情緒，即被動服從（這個案例是餓到痛）和主動支配（針對抓和咬食物）組成。先前討論的女性受試者，在神秘主義和深奧宗教的種種學派中過度自我訓練，以致於她能夠主動服從任何對抗性運動刺激，無論這個刺激的強度有多大。但她的服從訓練進行得太過火，沒有納入適當結合支配與服從，形成慾求的複合情緒。我能提供這種額外訓練，結果似乎證明了我的分析有道理。

---

9 E. G. Boring, "Processes Referred to the Alimentary and Urinary Tracts: A qualitative Analysis," *Psychological Review*, 1915, vol. XXII, P. 320.

於是我們可以總結如下：餓到痛（始於胃底部的突然胃收縮形成）構成了天生的刺激機制。這種先天、自動的刺激會引起正常人的運動刺激，與運動自我對抗且強度高於運動自我。由此產生的情緒反應是一種對強度的服從。然而，運動刺激的高強度精準調整到只產生被動服從，讓運動自我只對單一種環境刺激（食物）做出支配反應。因此，在身體主動慾求的總反應中，**個體對餓到痛做出被動服從反應，同時對食物做出主動支配反應。**

主體主動服從食物並被動支配餓到痛

選擇食物作為支配活動的對象，顯然主要取決於氣味和味道的化學刺激抑制餓到痛的力量。應該還記得，餓到痛本身無法歸因於運動神經放電到中樞神經系統，因為已經證明，餓到痛可以在與中樞神經系統的所有神經都完全斷連的胃中正常發生。因此，我們發現了一種情況：餓到痛引起的高強度對抗性刺激，透過迷走神經通道引起運動神經放電，而第二個對抗性刺激（食物）雖然也透過相同通道引起運動神經放電，但會抑制或消除第一個對抗性刺激（餓到痛）。因為坎農、卡爾森和其他研究者已經證明，看到或聞到食物會導致：(1)抑制胃的飢餓收縮，以及(2)分泌唾液和胃酸（由迷走神經支配），因而減少骨骼肌的血液供應，並且增加消化內臟的血液。咀嚼食物，以及吞嚥唾液和食物，也已證明可以透過迷走神經放電來抑制餓到痛。**因此，食物引起的運動刺激，整合強度高於餓到痛引起的運動刺激**。

徹底聞到、嚐到和咀嚼食物時，會引起量大於運動自我的運動刺激，因此可能愉快地服從。如此一來，我們全面了解了食物刺激，這種刺激會引起量大於運動自我的對抗性運動刺激，但這種運動刺激的強度比較低。同時，這些食物引起的運動刺激起初能勝過運動自我，因為它們緊接著餓到痛刺激的輸出放電，利用完全相同的運動神經通道，而餓到痛刺激的初始強度足以戰勝運動自我。

最後，我們發現，隨著食物引起的運動刺激抑制和降低餓到痛本身的強度，運動自我能夠再次成功抵抗餓到痛引起的運動刺激。我們發現，在這樣的情況下，**運動自我對食物刺激的主動服從，同時複合了對餓到痛引起的對抗性運動刺激的被動支配**。由不受抑制的迷走神經放電組成對食物的服從反應活動，導致了唾液和胃酸的分泌大量增加，還伴隨了主要血液供應從骨骼肌轉移到消化內臟的胃腸消化運動。簡而言之，對食物的主動服從，是有機體的自然反射平衡從交感神經優勢轉向迷走神經優勢的整體切換。然而，反射平衡這樣的轉換是由量大（強度只有中等）的對抗性運動刺激完成，這讓運動自我得以持續控制自身的正常運動神經通道，就連自身的量都有些增加（例如在飽餐一頓後，收縮壓平均稍稍上升了六到八毫米汞柱）。因此，**對食物的量的服從反應，複合了對餓到痛的被動支配反應**。

滿足期間主動服從擴展到食物以外的其他環境刺激

我自己對身體慾求的滿足所做的研究，證明了被動慾求（亦即如上述的滿足）除了對食物本身，還對幾乎所有環境刺激都帶有一種主動服從的情緒態度；此外，另有一種情緒態度是經常以侃侃而談、淡淡誇耀自身成就和對聚餐同伴略顯居高臨下來表現的自我滿足擴張。顯然，商人如果希望得到大筆訂單或有利自己的商務合約，習慣上會邀請重要業務往來的對象共進午餐，這種行為不是出於偶然。我研究了至少二十個案例，其中有個商人在上午拒絕了推銷員或業務夥伴的提案，但在中午飽餐一頓之後（沒有喝酒），卻熱誠善意地接受了業務的相同提案。吃完心滿意足的一餐後，主體對食物的主動服從，似乎總會擴展到其他帶有慾求性質的刺激，像是商業交易和事業合作、交際，以及各種娛樂活動。如果業務或商人想要自己的提案被接受，就得小心不要過度增加提案的強度（亦即不要過分強調自己的自我或商業實力），像這樣擴展的主動服從，可以用來獲得巨大的金錢利益。

被動支配也使一般男性在身體慾求滿足之後，對其他的慾求刺激更敏感。主體會對自己感到更有信心，幾乎總是清楚感覺自己掌控了所有威脅或危險的對手。雖然這種被動支配的元素確實是因身體的餓到痛而生，但它往往會擴展到剛剛討論的商業情境中的元素，在午餐之前，這些元素似乎對主體自己的商業安全是可怕且危險的。然而，在身體滿足的狀態持續存在的同時，這個人傾向感到更安全許多，能夠承擔更有風險的事業。

身體慾求的總結

既然如此，我們可以總結如下。當餓到痛作用於有機體，迫使他們被動服從時，食物是主體能夠做出支配反應唯一的環境刺激。

然而，一旦食物受到了支配，且在看得到或聞得到的刺激距離之內，就會引起對抗運動自我的運動刺激，這種刺激的量大於運動自我，不過強度只有中等。食物引起的這種量大的運動刺激，能夠自由控制迷走神經通道，儘管運動自我抵抗，但餓到痛引起的過強運動刺激已打開了這些迷走神經通道。此外，食物刺激會透過抑制作用降低餓到痛本身的強度，低到運動自我可以成功抵抗餓到痛引起的運動刺激。這種主動服從食物和被動支配餓到痛的同時組合，構成了被動慾求情緒（滿足）。

滿足實際上是因為食物消除了餓到痛而產生，在滿足持續的過程中，這種情緒複合物的兩個元素（主動服從和被動支配），除了食物，往往也對其他許多適當類型的情緒刺激做出反應。

飲食行為中顯現的支配和服從的特徵

我曾有機會研究一些案例，這些案例呈現了分析飲食行為就能輕易察覺的有趣人格特質。例如，許多男性受試者（無論青少年還是成人）的人格具有非常發達的主動支配，付出的代價是主動服從。這類型的受試者有幾位是大學生，我可以每星期五到六天在大學食堂觀察他們的飲食行為。在這個研究的七名受試者中，有五位總是「狼吞虎嚥」，就像攻擊運動場上的對手那般攻擊他們的食物。他們幾乎總是非常匆忙、用了沒必要的力吞下食物，這個過程通常稱為「大口吞下」。這些受試者當中，至少兩位有嚴重的消化困難，這顯然是因為唾液和胃酸分泌不足，以及食物吞下前沒有充分咀嚼。七人中還有另一位受試者，每當他趕著上課或約會，就會以類似的方式吃東西，即使不趕時間，他也吃得比一般人更快。這種飲食行為，似乎清楚顯示他們對食物不太有或完全沒有主動服從，此外即使面前一整桌食物都是自己的，他們還是對食物持續表現過度的主動支配。這種主動支配過度和主動服從不足，驚人地遍佈在這些大學生的人格中。

成年男性（特別是商人）有時對商業事務的主動支配過了頭，以致於他們就算充分咀嚼也覺得食物嚐起來無味和「像木屑」。在兩個像這樣的案例中，我藉由引導他們學習主動服從食物，使他們恢復了吃東西的愉快滋味。唾液流量會隨著看到、聞到和嚐到食物的反應增加，而對食物的「品嚐」和享受也會相應地提高。其他各類型的商人（尤其是我研究過的「白領」員工），在消化食物時，會感到嚴重的疼痛和不舒服，這顯然是因為他們在吃東西之後沒有放棄骨骼肌的生理活動。換句話說，他們可能在用餐期間主動服從他們的食物，但一吃完就急匆匆地離開，以某種身體活動的方式，充分利用午休時間。亦或者，對於這類型的商人來說，他們可能才剛吃完東西，就立刻回到業務核算與各種計畫之中。如果希望透過充分滿足身體飢餓機制，自然地建立適當的被動慾求情緒模式，就要主動服從食物；若想成功主動服從食物，就必須在用餐之後持續服從二十到四十五分鐘。

餓到痛可以建立慾求情緒的模範整合模式

總結我們對慾求情緒的初始研究時，應該再次強調身體的餓到痛機制所扮演的角色性質。除了身體的餓到痛，還有其他無數的環境刺激，完全足以同時引起被動服從和主動支配（構成主動慾求情緒，亦即渴望）。除了滿足身體餓到痛之外，還有許多刺激都足以同時引起主動服從和被動支配（構成被動慾求情緒，亦即滿足）。然而，**餓到痛機制代表一種天生的適當刺激機制**，如果明智地加以研究並允許它控制有機體，這種機制**在慾求的主動和被動階段，都能建立完全正常且平衡良好的慾求情緒整合模式**。

此外，主動和被動慾求透過身體的餓到痛機制，以最有序的方式集結在一起且相互配合。

隨著食物進入消化道準備消化吸收，主動慾求便逐漸退下並由被動慾求取代。再者，這種天生的情緒刺激機制（餓到痛），正常人在清醒期間每隔三到五小時就會重複刺激，從出生一直持續到死亡。像這樣不斷地重複執行完整、均勻平衡的慾求情緒整合模式，為適當學習慾求提供了一個條件，其他任何專為訓練慾求所設計的一系列實驗刺激都幾乎找不到這種條件。當然，一般人的日常生活，幾乎不太會在多少隨意和偶然的環境中，經歷這樣悉心安排的一系列刺激。因此，餓到痛應該被視為慾求情緒的老師，把它作為模範來設計兒童或成人學習慾求情緒的環境刺激。

第十一章 順從

自然界的凝聚力，可以說是彼此順從。那些相對穩定的能量形式，物理上稱為「物質」，各自對所有物質體都具有吸引力，這種相互吸引的力被稱為「萬有引力」。我們日常接觸到的最大物質體是地球本身。地球吸引力與各個較小物體對自己施加的吸引力共同作用。這種聯盟的吸引力，加上較大物體（地球）的吸引力佔優勢，導致各個較小物體都有向地球中心移動的趨勢，且在運動時會不斷地加速。這種較小物體向地球移動的行為定律稱為「重力」。既然如此，重力代表了聯盟的吸引力，其中**較弱的吸引力由於較強的吸引力施加自身的強迫增強，而逐漸削弱自己**。這種行為完美呈現出「順從」（submission）的客觀樣貌。較弱的盟友削弱自己來順從較強的盟友，使得聯盟更加緊密。

順從反應需要視丘的運動中樞

有個事實似乎很有趣：構成運動自我的持續緊張性運動神經放電，主要是由有機體對重力的反射反應組成。人類和動物的身體，就像地球上其他所有物質客體一樣，往往會在物理上順從重力的拉力。骨骼肌的緊張性能量增加，抵銷了這種重力的拉力，使身體能保持直立。因此，有機體的一生當中，身體順從都必須由心理神經支配來對抗和抗衡。

我們已經注意到，戈爾茨和謝靈頓以及其他關於去大腦動物的研究結果中，當所有皮質影響都被消除時，對重力的支配或緊張性對抗會大大地增強。造成緊張性姿勢增強的狀況被稱為「去大腦僵直」；在沒有大腦的情況下，這種緊張性放電對於所有間斷性再發的運動刺激都會做出支配反應，亦即增強自身來克服對手的增強。服從反應徹底遭到破壞，而在性情緒中一定存在的順從反應同樣無法出現，這種順從反應也代表了去大腦動物主要支配反應的整合對立反應。事實上，戈爾茨發現，這樣無法引起性情緒的任何面向。因此，我們可以相當肯定，順從反應就像服從反應一樣，需要某個整合上高於緊張性中樞的運動中樞作為中介。另一方面，一百多年前就證實了[1]，只有視丘連結是自主性活動和中樞神經支配的性反應所必需的。既然性反應主要仰賴（我們很快就有機會看到）順從類型的整合，我們可以推論，在沒有大腦半球的情況下，順從的初級情緒反應可能是由視丘的運動中樞調節。

嬰兒行為中出現的真實順從

華生將「愛」反應列為非習得的情緒反應類型[2]。他表示，「造成『愛』反應的刺激可能是撫摸皮膚、撓癢癢、溫柔搖晃或輕輕拍打。這種反應也會透過刺激所謂的性感帶引起，像是乳頭、嘴唇和性器官。如果嬰兒正在哭時受到這樣的刺激，他就會停止哭泣，取而代之的是微笑。嬰兒會發出咯咯聲和咕咕聲，也可能伸出手或腳來搔搔癢或摸一摸。陰莖勃起、血液循環和呼吸的變化，也在華生的愛反應列表中。**因此，華生列出的所有反應，似乎全都仰賴對環境的緊張性抵抗減弱，目的在於增強聯盟性運動刺激對有機體產生的效應。**

我們知道，列出的某些反應（像是陰莖勃起）中，對抗運動自我和愛反應的皮質抑制作用，必須在沿著脊髓抵達薦神經節（支配外生殖器）前就先消除。在平常的狀態下，運動自我無法消除這種皮質抑制作用，因此我們知道，**運動刺激一定擁有比運動自我更大的整合強度**。順從刺激成功克服了過度支配反應（像是哭泣）的效果，我們也能從中得出相同的結論。至於能夠引起順從反應的運動刺激如何獲得整合力量，是透過大量的聯盟性刺激、還是透過所用神經通道的先天優勢，這點就不需要討論了。如果運動刺激的強度比運動自我更大且與運動自我

1 A. Desmoulins and F. Magendie, *Des Systemes Nerveux*, 1825, vol. II. p. 626.

2 J. B. Watson, *Behaviorism*, p. 123.

聯盟，那這個運動刺激就屬於第五章定義的適當順從刺激。

雖然自主神經系統的部份交感神經和薦神經分支（分別支配內、外生殖器）看似彼此對抗，不過事實情況是，在整個性行為過程中，內、外生殖器同時興奮，直到性高潮才結束這個狀態。然而，為了同時引起內、外生殖器的興奮，交感神經或緊張性運動神經放電必須明顯降低強度。因此，在華生描述的環境刺激後，陰莖勃起的最終整合條件，似乎是**運動自我為了增加與更強運動刺激的聯盟，降低了自身強度**。這樣**構成的整合類型節點，定名為「順從反應」**。嬰兒在出現華生描述的「愛行為」期間，為了更徹底屈服於聯盟性運動刺激，會降低自己的運動自我。

較大兒童行為中的類似順從

較大兒童對於母親或其他心愛大人的擁抱和撫摸，做出的行為反應就跟華生在嬰兒身上發現的反應趨勢相同。被撫摸時，孩子的反應是身體自由地接受大人的擁抱或其他刺激。如果孩子處於「頑皮」（亦即過度支配）的狀態，撫摸和類似的愛刺激往往會將頑皮和發脾氣消弭。孩子可能自發地摸摸爸媽，而且總能觀察到他們一般會靠近父母。對心愛對象的命令做出所謂遵從的反應，很快成為順從行為模式重要的部分。這樣遵從命令是自發且開心的行為，明顯伴隨著極大的愉快。

學習順從是愉快的，學習服從是不愉快的

我們必須強調順從與服從之間的區別。兩者都是習得反應，亦即出生前，緊張性放電的強度或量似乎不存在順從性降低，或至少沒有被華生描述的誘發嬰兒順從反應的暫時性環境刺激引起。然而，順從看來似乎是種更容易學會的反應，而且透過完全愉快的方式習得。但如同我們已知的，服從通常需要非常嚴厲、甚至毀滅性的刺激才能直接引起。

順從與服從之間這種最初的對比，可以用許多三到七歲的小男孩案例來說明，他們遵從且深情地回應自己的母親，有時是對保母和比他們大的女孩，然而他們或許對自己的父親或一起玩的年長男孩做出支配反應。我曾有機會在短時間內研究三、四個這類型的案例。有個公立幼稚園的四歲男孩保羅，總是遵從十二、三歲姐姐的命令，他不會反抗姐姐，而且顯然遵從本身帶給他很大的愉快。然而，報告指出，這個男孩極度反抗自己父親的權威，也因不願遵從一位相當嚴厲且紀律嚴明的女老師，在學校惹了一些麻煩。

另一個適合用來說明的案例，是第七章提過的男孩傑克。如果你還記得，傑克有某種腺體紊亂的狀況，這點似乎造成他的過度支配，程度到達他無法被迫服從，就連身體受傷也逼迫不

了。然而，傑克對他的「班導師」出現**順從**反應，這位老師是年僅二十三、四歲的溫柔女性。儘管這位B老師的態度溫和且討人喜愛，但在提出要求時非常堅定，眾所周知她班上的學生都能好好地守規矩。傑克甚至比其他的孩子更容易接受這種對待。傑克和B老師是「好朋友」。誠如我們觀察到的，B老師成功讓傑克承諾放棄參與幫派活動，只要孩子的身體異常狀況允許，這個承諾就會一直持續。傑克對B老師的承諾，以及他在教室裡明顯遵從她的命令，這些行為清楚表現了順從反應，而不是服從反應。傑克有點不情願地向我承認，他「很在意B老師」。顯然，對傑克來說，順從比支配愉快許多，不過相較於支配，順從只佔據了傑克生活的一小部分，因為他受到的支配刺激比順從刺激更持久得多。

引起順從的刺激必須跟主體聯盟；引起服從的刺激則是對抗

這些案例足以說明一個事實：順從反應是自然的，當終究要學習時，總是愉快地習得；至於服從，如果試圖直接引起，不但極其困難，而且需要相當嚴厲、不愉快的刺激。相同的案例也可以說明，順從的適當刺激與服從的適當刺激之間的根本差異。能夠引起弟弟保羅完全順從的姐姐，首先是由輕撫摩挲來引起孩子的這種反應。在我研究孩子們的前一年，姐姐E幾乎全權負責照料遊戲時的小保羅。據我所知，她未曾以任何形式苛刻或不公平地對待孩子。她讓保羅和同齡的小孩一起玩，然而每當她決定該結束時，她永遠都堅持保羅必須立刻遵從。媽媽說，E總是準時帶保羅回家吃飯，她也能讓保羅乖乖聽話洗臉和洗手。簡而言之，一直以來E都是為了保羅著想，而不是為了自己好。奇怪的是，這似乎比父親時不時地嚴厲鞭打，更有效地在孩子的意識中留下深刻的印象。**保羅順從E，因為他覺得E是比自己更強有力的盟友**。正是這個刺激的**聯盟**性質，讓它有了激起順從的力量。也正是這種方式和態度（包括說話的抑揚頓挫和姿勢），似乎向孩子傳達了姐姐對他的行為屬於聯盟。

順從不仰賴性感帶的刺激

在剛剛提到的例子中，姐姐E當然會親吻、輕撫和摩挲小保羅，或許也可以認為，這些撫摸是引起孩子順從最重要的元素。然而，就傑克的案例來說，據我從B老師和觀察過B老師與傑克互動的其他人得到的了解，他們兩個人之間沒有任何肢體接觸。就女老師記憶所及，她甚至不曾友好地摟一摟男孩的肩膀，也未曾在交談時握了握男孩的手。然而，傑克對B老師的順從行為，既明確顯著而且始終如一。傑克特別對B老師的公正判斷印象深刻，尤其是她「照顧孩子們」的權益，而非自己的利益。我再次認為，老師的舉止和態度，是讓順從她的孩子們（包括傑克）印象深刻的行為面向。順道一提，這位老師為了精益求精，花了許多時間在校外繼續進修，所以跟孩子們的接觸僅限於學校。因此，**順從的適當刺激是否有效，似乎沒有直接或間接地仰賴「性感帶」的刺激，看來也不取決於刺激的持續時間。**

引起順從的刺激必須強過男孩但不會過強

當孩子（尤其是男孩）接近青春期時，似乎需要更強烈一點的刺激，才能引起順從反應。這種刺激的強度通常需要精細調整，因為如果強度不足，支配性強的男孩就算認可刺激的聯盟性質，還是不太容易認為刺激強過自己。然而，倘若刺激太強，支配性強的男孩幾乎總是一貫地將它視為對抗性刺激，而非聯盟性刺激。有個例子可以說明前一種情況，亦即刺激的強度不足，這個案例來自中學老師R小姐。R老師「喜愛」各個班上的所有孩子，「喜愛」這個詞是R老師對自己態度的描述。事實上，R老師雖然是很棒的老師，但在執行紀律方面卻徹底地失敗。在我實際觀察的一個情況中，有個打美式足球的高大、高支配性小伙子在教室後方安靜地站了起來，往另一個也是美式足球隊員的同學扔出了一本書，當時那個同學正在朗讀課文。

「嘿，愛德華，嘿，」R老師語帶關切地抗議，「你這樣做公平嗎？我沒想到你會這樣，我很**驚訝**。」

愛德華附和地回道：「沒錯，R老師。下次我會等到阿班看著我再丟。我知道，在一個人沒看到時打他是不公平的。」

課堂上爆出一陣壓制不住的嬉鬧喧嘩，這個事件以此收場。R老師雖然滿臉通紅，但她似乎一時無法決定該不該把愛德華送到校長處讓他接受懲罰，最終還是完全忽視那個舉動，繼續上課。我認為，R老師的行為不該被解釋為過度服從或「恐懼」，因為她在教學生涯中做了許多展現道德和勇氣的行為。她自己太過順從，因此無法引起其他人的順從反應。然而，愛德華，還有幾乎R老師教過的所有男孩，都非常喜歡R老師。事實上，在上述事件發生後，愛德華邀請R老師參加了一場學校舞會。他這麼解釋自己的行為：「他怕自己在扔書的事件中，傷害了R老師的感受。」然而，這樣顧慮R老師的感受，並沒有讓愛德華或其他男孩在當時或之後任何時間願意聽她的話。**R老師給男孩們的印象是，比他們弱的聯盟性刺激**，這樣的刺激無法引起順從。

在同一所學校有位副校長，他被男孩們視為紀律嚴明的人。他負責的年輕人中，比較聰明的人不會懷疑他的誠意，也不質疑他對任何不端品行如何定罪的判決公不公平。至於那些不聰明的男孩則捏造了一些傳言，目的是想揭發Y老師的不公平和自我中心。然而，無論聽不聽明，這些年輕人都一致同意Y老師是個「壞人」，他們不只不願聽從他的話，還老是想找出巧妙細緻的方法來「擊敗」Y老師的命令，這已成了他們的原則問題。有個Y老師試圖用來引起順從的嚴厲或過強刺激，足以顯露男孩們不願聽從的情緒原因。

關於小違規的懲罰，學校的慣例是在其他學生放學之後，讓受罰的男孩多做一、兩小時的學校義務工作。有個男孩不小心碰掉了架子上的板擦。撿起板擦後，他把板擦往另一個男孩的背上抹過去，當時那個男孩正背對教室在黑板上寫東西。當然，孩子們都笑了，班導師向副校長提報了肇事的男孩，希望男孩按照慣例受到一些小懲戒。然而，Y老師沒有像往常那樣處罰男孩做一兩個小時額外的勞務，而是將他嚴厲訓斥了一頓，說他就像個殺人犯，長篇大論之後，決定讓男孩在下午多做四十個小時的勞務。我仔細觀察了Y老師和他的方法，我確信他的行為是出於真心誠意，他真的認為這麼做是為了這個男孩好。這個年輕人的學業成績一直很差，Y老師的想法是，應該透過嚴厲的懲罰來讓他順從。然而，Y老師不僅無法引起他希望的順從，實際上，男孩在父母的同意下離開了學校（轉到另一所更好的學校），而不是服從他得到的懲罰。**儘管刺激的本質實際上是聯盟，但如果太過強烈就會被視為對抗，而在這樣的情況下不會引起順從**。

量大的聯盟性刺激可以有效引起順從

H老師是紐約市一所補習學校的校長，用他當例子可以說明，如何使用有效強度的刺激引起十二到十七歲男孩的順從。補習學校的目的，是指導那些沒有完成義務教育就去工作的孩子。這種學校的學生，往往比普通日校的學生更具支配性。例如，當我們對H老師的補習學校進行調查時，發現有個學生根本就是走私販，另一個學生在木工房製作金屬棍棒（男孩的說法是「賣給朋友」）時被H老師攔截。H老師對待這些年輕人的方法是，首先盡一切可能讓他們深深記住這個事實：無論自己有多不便，他隨時都準備好為了他們的利益行事。他為學生爭取職務，只要不違法就會為他們出席少年法庭，還答應為了品行惡劣的男孩承擔某種監護人的角色。因為這些行動，男孩們都毫無疑問地認為H老師是他們最好的朋友。另一方面，H老師堅持要求孩子們嚴格遵從他制訂的規則，不僅限於學校裡的品行舉止，還有在H老師為他們找到的工作中，以及在家中和當地社區的行為表現。

H老師始終悉心地留意男孩們的一舉一動，並且非常迅速、斷然地對可能發現的任何不端品行譴責一番。然而，H老師使用的懲戒方法，跟先前提及的Y老師所用的方法完全相反。如有必要，H老師會用強迫手段限制男孩做他們想做的事，以此作為品性不端的懲罰。但就我所觀察到的，H老師不曾對犯規的人強加積極的懲罰，也就是需要主動服從或造成實質疼痛或痛苦的懲罰。H老師可能會命令男孩待在某間教室，不能去工廠做那個男孩特別喜歡的工作。H老師也可能再次扣留證書，使男孩得不到想要的工作。或者，H老師可能暫時拒絕男孩來他的學校（有個年輕人連續幾個月每天都去學校報到，直到H老師允許他回來為止）。在極端的情況下，H老師可能撤回他對行為太糟糕的男孩的擔保，這樣一來男孩就會失去很好的工作，或在沒有保護下接受一些少年法庭的處罰。

這些全都具有限制或撤回性質的懲罰，**實際上在許多情況下，比嚴厲鞭打身體更嚴重。**但

此處的嚴重性在量的方面、而非強度。量大的效果，在刺激的聯盟面向似乎維持不變，而H老師這個刺激承擔了高強度的角色。當然，在某些個別案例中，受懲罰的男孩會暫時做出支配反應。但我研究的所有案例中（只有一個例外），這種初始支配後來都會轉成順從，在引起了最終順從之後，對H老師的情感遵從會逐漸加深。我們可以這樣總結H老師的方法：**聯盟性刺激如果能讓主體留下聯盟且量高於自己的印象，最能有效地引起順從，尤其是對支配性強的主體**。

青春期的男性很少覺得女性的強度更高

在我們當前（譯按：此著作出版年代為一九二八年）的社會傳統和現有的社會態度之下，相較於能力相當的男老師，女老師或女性管教人員更難讓青春期的男孩女孩留下高強度的深刻印象。我們研究的其中一所綜合高中，主要負責人是位女性，她憑著敏銳警覺和強硬舉止，成功地引起了順從。嘗試這種方法的多數女老師，最後往往只會讓自己成了學生的對手。然而，這位特別的女性不但年輕貌美，而且跟H老師一樣，在校外活動中對維護自己學生的福利相當投入。她以許多方式幫助他們，他們對她關心自己利益所留下的印象，遠遠超過她的嚴厲管教和強硬姿態。然而，有些年紀較大、更具支配性的男孩，無法對她的高強度感到印象深刻，儘管他們表現出對她的喜愛，但他們對她的順從，可能不及只稍微關心學生的男老師引起的程度。

聰明的聯盟性刺激可以引起順從

在高中老師（學生年紀為十三到十八歲）當中，我發現只有一位女老師，能夠讓她負責的、最具支配性的年輕人留下高強度的深刻印象。其中一個學生在成了大學教授之後對我說，他認為，這位老師對他造成的影響，是他感受過最強烈也最有益的影響之一。他對她的描述是「鼓舞人心、很了不起的女性。」這位CM老師似乎竭盡全力地以各種可能方式，幫助她的學生解決他們的個人問題。就我判斷，這位女老師不僅個別深入了解學生，提供最符合各自所需的處理方式，而且證明了自己能多麼深謀遠慮地在釀成大風暴以前，壓制喧鬧年輕人逐漸升高的支配。學生們覺得她對他們的影響，有如魔法般神奇。這位老師的方法可以稱為聰明技巧，能讓對方感到自己的高強度，進而引起那個人對自己的順從反應。這種方法不僅需要老師具備一般意義的智力，還得敏銳地理解學生的情緒。憑藉這種卓越的洞察力，她可以在學生初顯支配時就好好應對，將之轉移到老師以外的對象。像這樣靈巧處理學生的情緒反應，結果似乎讓這些年輕人留下強烈的印象，深深記得老師的影響多麼無可抗拒，他們認為她的力量在於量、而非強度。因此，從CM老師的能力中，我們發現了另一種非常有效的順從刺激類型。聯盟性刺激可以如此熟練地應用在支配性主體的獨有情緒機制，以致於支配性主體永遠不會對刺激者出現支配，而且隨時認為刺激具有較高的強度，從而成功引起主體的順從。

刺激者必須類似主體才能引起順從

從迄今的研究中可以發現，引起順從反應的所有適當刺激有個共同因素，那就是引起順從反應的人（刺激者）與出現順從反應的主體之間，在物種、種族以及行為和說話習慣等方面非常類似。有位中國的心理學教授曾告訴我，他和他的同學在剛開學時，不太對英國和美國老師表現順從。在「外國人」執教的中國學校裡，中國男孩雖然對同為中國人的學者感到真誠的順從，但對外國老師表達的真誠友誼並沒有留下深刻印象。這些中國男孩非常熟練巧妙地服從外國老師的嚴格要求，以此獲得他們想要的指導。然而，他們的反應是一種被動慾求情緒，結合了主動服從老師和被動支配自己的學業需求。這些中國年輕人的行為，雖然表面上是順從，但實際上一點都沒有順從反應。外國老師無法引起順從的理由，似乎是衣著、膚色、眼睛、面部特徵、語言、聲音語調、行事風格，以及社會行為標準都跟學生有著明顯的差異。刺激者與主體之間如此顯著的差異，使得中國學生難以將外國老師視為聯盟性刺激，無論外國老師實際上為學生付出了多少，或在課堂上表現得多麼友好。當然，中國人對外國人的普遍態度，可能會發展成他們行為的條件性原因。但如果不是與外國人相異，那在友善往來中，中國人普遍不順從外國人的情況從何而來？

因此，為了讓主體留下聯盟性質的印象，引起順從的適當刺激必須具備的第一個要件，似乎是刺激需要與主體的種族和文化特徵相類似。正常人類幾乎不會順從動物，也絕不會順從無生命的東西，除非是扭曲地轉移了起初由人類引起的順從反應。關於這點的原因，似乎在於人類與動物和物質刺激之間的相異，因此無法讓主體（人類）留下聯盟性質的印象。有個公認的社會現象是，外國人幾乎不曾如同本地人般被接受。「外國人不被理解。」他們常被視為「古怪」，而且可能（至少暗地裡）有損當地人的利益。社會上經常出現對外國人的抗拒。

另一方面，所謂有教養或高雅的外國行事風格，經常讓某些類型的人（尤其是女性）留下了外國人應該能力更好的印象。通俗的刻板印象增強了外國行事風格的影響，而讓某些外國人更添魅力或浪漫。因此，在美國，英國貴族或法國人、或是義大利外交官的行事風格，往往足以讓一些非常普通的歐洲人獲得了暫時的社會優越感，但他們非常有可能只是個求財的冒牌貨。反觀亞洲人種，無論他們多麼聰明或社會地位多麼崇高，實際上卻很難成功引起美國人（無論男女）的個人順從反應，原因就是膚色、面部特徵，以及具體行事風格和習俗的差異太過明顯。

總之，我們因此可以說，通常只有人類才能跟其他人類聯盟，引起順從反應。膚色以及一般種族身體形態和社會風俗，也必須在相對狹窄的限制內相似，才能成為足以引起順從反應的**聯盟性**刺激。然而，如果滿足了物種和種族的一般相似性要求，語言和社會行事風格的細微差異，或許反而會為某一個體添加了高強度的印象，使他獲得第二個必要屬性——優勢，從而成為順從反應的適當刺激。

女性行為中的順從比男性行為中多

最後，我自己的情緒研究證明了，五到二十五歲之間的女孩，相較於年齡相仿的男孩，總體行為中的順從反應比例更大。必須謹記，這種比較並不是指順從反應和引導反應相比的量，完全是指順從反應在總體行為模式中的相對重要性。我進行臨床行為研究的這些五到二十五歲女孩，順從反應大部分是針對自己的母親，或在少數情況下，是對特別喜愛的女老師或女性友人，這些對象通常比較年長或在某方面比女孩成熟。女性對男性或對父親和男朋友常見的態度，雖然包含大量的順從反應，但更明顯的特徵是引導，我們在後續章節將有機會看到。根據我自己的觀察，女孩對母親、特別是女性友人的態度，含有最大比例的真實順從。

在性格訪談時跟我談過的許多青少女，似乎不曾質疑過完全順從母親是否明智，即使是拒絕女孩非常渴望交的朋友（無論男女）這件事。十四到十六歲的義大利女孩，雖然根本不順從某些學校長官、她們的兄弟和父親，但會順從母親的命令，程度高到每天除了上學還願意在家編織六到八小時。其中幾個女孩告訴我，她們「瘋狂地想去跳舞和看電影」，但事實上，她們一年最多只能去三、四次。然而，據我所知，她們都會按照母親的命令完成工作，絲毫沒有想要反抗。對母親的順從反應，似乎讓這些女孩感到極其愉快。在這樣的情況下，母親當然是為了自己的利益，而非女兒的利益。但與孩子們的關係與早期訓練一向如此，致使女孩們未曾想過母親自私的可能性。打從她們有記憶以來，母親一直照顧她們，為她們供吃供穿，這樣的母親被視為完全聯盟的刺激，也因為相同的最早期經驗和訓練，母親獲得了高強度的屬性。據我所知，肢體撫摸只佔母女關係的一小部分。

在其他例子中，來自不同種族背景的女孩（像是英國人、愛爾蘭人、德國人和法國人）即使已外出工作，但她們也毫不質疑地定期將所有工資交給母親。這些女孩的兄弟，許多在更小年紀就拒絕交出工資，其中有些男孩在被父親以毆打相威脅時，乾脆離家出走。此外，我發現了兩個例子，當父親試圖用懲罰，威脅逼迫她們進一步遵從時，這兩個女孩也同樣地離家出走。這兩個女孩經常被母親鞭打，但卻沒有反抗。然而，這些特殊家庭的慣例，是孩子將自己賺到的錢交給父親而不是母親，也正是這種情況導致了剛剛說的關係破裂。

在面對女大學生的臨床工作中，我發現，藉由女孩特別欽佩或喜歡的另一個女孩協助，經常可以對支配性過強的女孩產生最有效的影響。有個案例是，一個女孩雖然先前無法回應試圖勸說她的親戚和男性愛慕者，但很容易被朋友說服參加某些確實對她最有益的社交活動。在其他幾個案例中，女孩們順從地回應姐妹會的學姐，因此大學成績得到了顯著的提升。

根據我的經驗，在類似的情況下，女性比男性更容易被引起順從反應，而且持續得更久。在本章引用的所有順從案例中，應該特別注意這一點：我們盡可能處理簡單的順從，而不是形成了愛反應的順從和引導的複合情緒。我們有意地強調，主體和刺激者之間的關係，不涉及性質複雜的強烈愛戀依附。如果涉及了愛的完整情緒反應，在此引用的一些結果絕對會出現很大的差異，尤其是那些關於某一性別影響另一性別的案例。

主動順從和被動順從

在迄今引用的所有順從案例中，我們都會發現，刺激物是自身行為與主體行為密切聯盟的人類，但那個人（刺激物）同時表現出比主體更高的強度。如果用描述情緒機制的術語來說，與受刺激的主體密切聯盟且量大於主體的環境刺激，往往會引起與運動自我聯盟且量大於運動自我的運動刺激。在上述討論的各個例子中，順從反應都包含了主體自願削弱對環境刺激的抵抗，以及運動自我的聯盟運動因此減弱，這樣往往使得主體與順從對象之間建立起更密切的聯盟。更精確地說，我們可以這樣描述這種情況：**對適當順從刺激做出反應的運動自我，降低了自身的強度，以便使自己按照刺激的指令行動。**

被動順從現在可定義成，運動自我的強度降低到足以讓主體的運動自我按運動刺激的指令行動，但運動自我沒有主動行動來進一步達到運動刺激的目的。當嬰兒停止哭泣且毫不抵抗地接受摸摸或抱抱時，或當女人被動地躺在愛人的懷裡時，都是構成被動順從的例子。

主動順從不但需要運動自我的強度降低到按運動刺激的指令行動，還需要運動自我主動行動，以便達成運動刺激移動主體的目的。主動順從的例子可以在嬰兒的行為中找到，像是嬰兒在母親的輕撫下自己更貼近母親，或長大一點會在媽媽親吻時主動壓上嘴唇。主動順從也出現在成人的行為中，例如，一個男人在他心愛的女人要求下搬家或換工作。

運動自我降低自身強度到足以被控制

順從期間運動自我強度降低的程度，似乎與支配和服從期間運動自我強度變化的程度有所不同。在順從反應期間，運動自我可能經常根據對象、而非順從刺激增加自身強度，目的正是為了執行順從對象的命令。然而，運動自我在與順從刺激的關係中，必須保持足夠弱的狀態，才能讓運動刺激指引運動自我對其他對象做出反應。因此，這種運動自我降低的程度，大約等於運動自我的原始強度，與運動自我完全受控於運動刺激而順從的強度之間的差異。因此，如果運動刺激非常強烈，而運動自我的強度相對很低，那麼運動自我只需些微降低強度，就可以讓運動刺激完全控制運動自我。另一方面，如果在順從反應剛開始時，運動刺激和運動自我之間的強度差異非常小，那在受到運動刺激完全控制以前，運動自我可能被迫大幅降低初始強度。

以下舉出這兩種極端的例子。有個五歲的小女孩，經過訓練能立即順從母親的命令，她只需要將現有的能量釋放減少到能專注母親所說的話，就能完全受母親的指令控制。因為母女之間的慣性關係（成人與年幼孩童之間體型和力量的巨大差異，加上系統性訓練同一類反應的整合影響而形成），母親引起的運動刺激強度自然很大。另一個極端的例子是，為了對適當的運動刺激做出順從反應，需要大幅降低運動自我的強度，在此引用的案例是一個疲憊的商人，被要求順從地「當馬」讓他的小兒子騎。在這樣的情況下，父親的體型和力量都比孩子大很多。他整個身體所有反應的閾值都因疲憊而升高，他對孩子的慣性情緒態度是引導或命令而非順從。然而，這個男人對孩子的情緒反應（或許透過妻子的影響）可能這樣組織，亦即學會了對孩子要求「當馬騎」做出順從反應。如果父親的運動自我要受控於孩子口齒不清的命令和輕輕拖拉韁繩引起的運動刺激，那父親的運動自我強度就必須大幅降低。然而，從日常經驗中得知，運動自我可以成功地如此大幅降低。

總結

在較小的物質單位被物質單位較大的吸引力拉過去的行為中，我們發現了順從是無生命客體之間的反應原則。兩個客體在彼此施加的相互吸引力中聯盟，較小的物質客體藉由減少自己的力，增加較大的客體對自己作用的力，之後較小客體的吸引力就全然受較大客體的指引。

有個似乎很有趣的事實：運動自我（或持續緊張性放電）的產生是透過一種反射，這種反射能對抗身體的物理順從或地球施加身體的重力。因此，心理—神經的順從必須包含運動自我減少對重力的對抗，少到足以允許量較大的聯盟性運動刺激控制運動自我。去大腦動物的實驗指出，順從這種初級情緒反應，需要某個運動中樞調節，而這個運動中樞在整合方面高於緊張性中樞。生理學家的研究進一步顯示，視丘的運動中樞足以讓順從反應出現。

順從已證明是小嬰兒的一種自發且顯然愉快的反應。雖然就像服從一樣，順從大概也是一種習得的反應，但它與服從的區別，可能在於獲得順從時的輕鬆愉快。習得順從的效率相對較高，似乎是因為刺激的聯盟特性，因為運動自我屈服聯盟性運動刺激時，會體驗到明確的愉快。即使是環境刺激強到受傷都無法直接引起服從反應的過度支配性兒童，也能在他們身上發現完善的順從反應。

若想引起支配性主體的順從反應，環境刺激除了能讓主體留下聯盟特性的印象，還要能夠引起強度明顯大於主體運動自我的運動刺激。我們發現，提高環境刺激的聯盟特徵，無法彌補聯盟性刺激的強度不足。但如果環境刺激的強度太大，就算實際上與主體的利益完全結盟，還是會引起主體的對抗性運動刺激。

若想引起順從反應的主體是人類，那環境刺激必須也是人類，才能具有適當順從刺激的**聯盟特徵**。此外，在多數情況下，唯有順從對象（刺激者）與主體屬於同一種族，且具有相同或類似的身體和社會特徵，才能形成適當的聯盟性刺激。然而，在這些限制範圍內，社會文化中的民族差異，可能導致相較於被引起順從的人（主體），順從對象（刺激者）具有某種虛假的更高強度。

就我迄今對情緒反應的研究發現，五到二十五歲之間的女孩，似乎比年齡相仿的男孩表現出更大量的真實順從反應。女孩的順從反應閾值較低。這些女孩似乎最容易且最廣泛地順從年紀較長或更成熟的女性，尤其是她們的母親、老師和特別選定的女性友人。

主動順從是在順從的運動刺激命令下，運動自我自發地重新調整和活動。被動順從則是運動自我降低強度，低到足以允許主體被動地活動，以及透過順從刺激被動地調整運動自我。

運動自我在順從反應期間減少的量，就是運動自我初始的強度和量與完全受控於運動刺激時所剩強度和量之間的差異，而運動刺激的強度，實際上是由造成順從反應的適當環境刺激所引起。

順從的愉快

內省得出了一致同意的結論：順從反應自始至終都是愉快的。由於就定義來看，順從的環境刺激與主體的整體利益完全結盟，所以一旦引起了順從的適當運動刺激，勢必相應地與運動自我完全聯盟。

然而，在環境刺激的聯盟特性讓主體留下充分印象之前，或許中間有段間隔，此時引起的是對抗運動自我的初步、短暫的運動刺激。在運動刺激足以引起順從並啟動順從類型的整合以前，這些初步的刺激可能造成暫時的衝突，不愉快也隨之而來。舉例來說，一個小孩可能對媽媽的命令先回說：「我不要做！」然後支配退位、順從登場，這時孩子可能語帶悔改地加了一句：「喔，好的，媽媽，我會去做。」一開始爆出的短短支配可能是不愉快的，而它留下的記憶，或許會讓後續的順從反應起初帶有一絲不愉快的痕跡，這抹痕跡是以懊悔的形式出現。然而，一旦完全進入了順從行為，沒有參雜一點支配或服從，反應就會變得極度愉快。

再說一次，永遠都有必要判定反應是真實的順從，或只是一種服從。在服從的情況下（像是孩子被要求在做完各種家事後才可以去玩），情感基調最多是冷淡，通常還包含了明確的不愉快。當然，用來判別是順從還是服從反應的標準在於，主體對強加任務的運動態度。如果工作被視為即使主體不「想要」去做，還是「**不得不完成的事**」，控制情境的運動刺激就是與運動自我對抗，這種反應屬於服從。如果強迫行動的必要性只是希望得到的獎勵，反應也屬於服從。在這樣的情況下，複合情緒還參雜了支配，這使總反應成為一種慾求情緒。但如果主體「想要」去做被迫完成的任務，「因為媽媽希望我去做」，反應就屬於順從。如果行動是「為了取悅母親」而做，那很可能存在一些引導情緒，或許混合了順從和引導，由此形成了「愛」這種複合情緒。但在這種情況下，也像純粹的順從反應一樣，情感基調是強烈且持續的愉快。

真實順從反應的愉快（例如愛的激情），或許從開始到結束都會持續增加。即使順從沒有複合引導、形成愛情緒的任一面向，而是自己作為單位反應出現，伴隨主體與刺激之間的聯盟增加，愉快也跟著增加。換句話說，在主體選擇順從的對方指揮之下，主體順利地完成順從任務，愉快也同步增加。唯有強加的任務讓主體和順從對象不再聯盟，愉快才會朝著冷淡逐漸減少。當然，在這樣的情況下，真實順從反應本身也會削弱，或將情緒特性變成服從，因為順從刺激的實際知覺，是讓純粹順從反應維持在最高強度的必需品。然而，只要跟最初順從的對象密切相關的任何記憶或刺激依然存在，初始順從反應和愉快的一些痕跡也會繼續存在。**在任何情況下，真實順從都不可能是不愉快的。**

順從情緒獨有的意識特徵

大致適用於順從情緒、或主要基於順從的一些複雜情緒模式，各種詞彙條列如下：「樂意」、「馴服」、「甜美」、「善良本性」、「好孩子」、「仁慈」、「溫和」、「心腸軟」、「善意」、「慷慨」、「樂於助人」、「包容」、「體貼」、「溫柔」、「溫順」、「遵從」、「唯命是從」、「欽佩」、「馴良」、「易於管理」、「容易上當」、「利他」、「無私」、「願意服務」、「卑躬屈膝」、「奴役」、「自願為奴」。

列舉的詞彙大多有個有趣的特徵：無論指稱的順從被視為性格特質、還是與他人的關係類型，它們都描述了順從行為的客觀性。在兼具支配和服從的情況中，由內省得出的詞彙（像是「意志」和「暴怒」，或「膽怯」和「恐懼」）似乎很常出現在通俗的用語。然而，當別人做出順從這類型的舉動時，作家似乎相當樂意將它描述成有吸引力的行為，但卻不敢承認這也是自己情緒生活的一個意識元素。當順從得到完完全全的認可時，像是「樂於助人」、「體貼」和「包容」等詞彙，順從他人的自發情緒享受，便因添了一絲服從或慾求的色彩，默默地被合理化或當成藉口。「樂於助人」和「包容」這兩個詞彙內含了某種暗示，也就是把順從的善意行為當作一種行為習慣，而這種行為習慣能有效地獲得慾求獎勵。在最近被詢問的五十位男性受試者中，只有兩位對於成為「快樂奴隸」的可能性表示了無條件的愉快，也只有這兩位毫不掩飾地承認，純粹順從情緒對他們來說就是愉快的。（或許，正如我們在下一章有機會提到的，「快樂奴隸」情緒是一種複合情緒，可以構成激情，但即便如此，它的控制性元素還是主動順從。）

然而，前述那些通俗詞彙所提及的順從行為，其中的情緒意涵幾乎沒有模稜兩可之處。在

任何情況下，順從都意味著運動自我減少，好讓聯盟的對象隨意指引，不僅指引運動自我以外的主體，還包括運動自我。主動順從包含了積極選擇一些活動，這些選擇可能是運動自我受順從刺激強迫而做出。如果運動自我受到順從刺激強迫，自主地抑制一個以上的自然活動，就會出現**被動順從**。

根據順從情緒的內省描述（主要來自女性，但也有些男性報告，講述的是激情期間的順從體驗），順從的獨有特徵為：**想要毫無保留、毫不質疑地讓自己聽令於另一個人。隨著自己越來越順從對方的控制，愉快也跟著增加，這種感受構成了順從情緒。**

第十二章 引導

我們認為，在大和小物質單位間的吸引力作用期間，較小物體的行為，可以適當地描述為「順從」較大物體。此外，我們還要提出，較大物體吸引較小物體的行為，也可以描述為「引導」（inducement）。正如我們了解的，各物體對另一個物體施加的相互吸引力是彼此聯盟。然而，較大物體所施的吸引力（就像地球本身的重力所施的力），強度高於較小物體所施的吸引力，因此迫使較小物體的力將自己移向地球，或移向較大的物體。這種施於較小物質單位的吸引力，可以被描述為引導，因為**較強的吸引力藉由迫使較弱的吸引力遵從自己的指令而越來越強，同時較強的力始終與較弱的力維持聯盟關係**。引導作為無生命物體的行為原則，與順從有完全相同的關係，就像物理客體之間相互吸引的類似原則，人類或動物的引導，也與人類或動物的順從有相同的關係。兩種情況都可視為，較弱的聯盟性物體在運動中行使主動權，這種行為實際上是因為較強和較弱的反應物同時進行聯盟行動。

引導情緒需要視丘的運動中樞

就像服從和順從一樣，除非在整合方面有高於緊張性中樞的某個運動中樞調節，否則引導反應大概也無法作為動物或人類主體的初級情緒發生。也像服從或順從一樣，生理學家研究的去大腦動物無法出現引導反應。誠如我們提過的，在這種去大腦實驗動物中，所有環境刺激似乎都只能引起對抗性刺激。

此外，在這種實驗動物耗竭的中樞神經系統中，似乎沒有一種環境刺激能引起強度高於運動自我的運動刺激。因為順從反應既仰賴運動刺激的聯盟特性，也需要比運動自我的強度更高，因此可以認定，經過戈爾茨和謝靈頓這樣手術的動物不可能出現順從反應。[1]然而，如同順從反應的情況，我們也會發現，引導是性反應（受中樞神經調節）的必要組成部分，因為正如我們提過的，這類自發的性反應可以透過視丘的運動機制發生。引導就像其他初級情緒一樣，似乎很可能也在視丘的運動中樞出現。

嬰兒行為中出現的引導

在華生列舉的愛反應中，我們發現嬰兒的行為有一些天然、非習得的反應，或許可以稱為引導。很小的時候，引導可能包含了自發地伸出手腳來撓癢癢。顯然，再過一段時間，嬰兒可能會抱抱母親或護士。孩子把雙臂伸向一直順從的人，以及發出某些可解釋為請求繼續摸摸的嬰兒聲音，也都可以列入更主動的愛行為類別。所有這些嬰兒的請求和引導，如果成功，就會造成母親或陪伴者按嬰兒的指示行動。然而，嬰兒引導者無法對成人施加對抗性強迫。母親對孩子的順從是種習得的反應，這讓母親對嬰兒的知覺所引起的聯盟性運動刺激，強度高於母親的運動自我。因此，嬰兒早期的引導反應，往往比稍長之後的引導嘗試更成功。

引導是女孩行為的重要元素

在三到五歲女孩的行為中，引導反應似乎經常以一種自發的反應出現。根據我自己的觀察，在年齡相仿的男孩中，這種反應也可能自發地以攻擊的形式出現，像是戲弄喜歡的小女孩或年紀輕、個子小的男孩。然而，就男孩的情況來說，對弱小孩子施加的引導，一開始小到不能再小，而試圖讓他人服從的對抗性強迫則明顯許多，整個反應一開始沒過多久，就逐漸混入

---

1 譯者注：此段原文為「引導」，但因為「引導反應」的組合除了兩種刺激的聯盟性，強度關係應為「運動自我大於運動刺激」；「順從反應」的強度關係才是「運動刺激大於運動自我」，應為順從。

了支配、也受支配控制，通常採取的形式為欺負弱勢的小孩和動物。男性即使在很小的年紀，似乎對**引導**的功效也沒什麼自信。他們很容易陷入試圖**強迫**或**支配**其他人類的情況，他們顯然幾乎無法區分人類和無生命物體。

「玩上學遊戲」和「玩扮家家酒」（通常有個年紀較大的女孩當「老師」或「媽媽」），在心理學文獻中的描述是「模仿天性」或「玩耍本能」，孩子透過模仿最常看見的成人來表達自我。然而，如果「模仿」或「玩耍」（無論是什麼）是這類活動的唯一解釋，那就很難說明為什麼選擇扮演的角色是媽媽和老師，而不是保母、廚師、廚房女傭、園丁或管理員。在許多家庭中，小孩跟剛剛提到的佣人相處的時間，可能比跟父母相處還長很多。但實際上，在世界各地觀察得到的兒童遊戲中，都會發現小女孩面對她能說服參加這類遊戲的所有小孩，扮演的都是母親或某個女老師的角色。似乎相當清楚的是，引導（一種獨特的純粹形式）是這種行為表現的反應。我在觀察小孩玩耍時注意到，相較於也在團體裡的年齡相仿男孩，年紀小於演「媽媽」或「老師」那個女孩的其他女孩，看起來好像更喜愛這種遊戲。

雖然男孩常被鼓動一起玩「家家酒」或「假裝上學」，但通常都相當不情不願。他們選擇的遊戲，往往需要某種競爭或更暴力的身體活動，也就是主要表達支配的活動。雖然「男孩子氣」的小女孩在選擇遊戲活動方面，很大程度與所屬團體裡的男孩有相同的支配偏好，但即便與男孩的競爭，她們的行為也含有相當大的主動引導因素，目的在於贏得那些男孩的欽佩和尊敬。男孩子氣的女孩，顯然比一般女孩更具有支配性，但在女性引導方面，跟一般女孩的正常分布差不多。相較於用扮家家酒當幌子對男孩直接施加引導，在這種情況下使用支配，其實是更有效的刺激方法，更能引起團體裡男孩的順從。許多男孩子氣的女孩到了青春期階段，從她們對其他孩子的領導，就可清楚看出控制性情緒反應的真實引導特性。我有機會觀察到一個案例AB，這個女孩在小時候選擇玩男孩的遊戲，也跟男孩們一起參加少年的體育運動。進入青春期時，她在高中和其後的大學裡，都成了所屬女孩團體中毋庸置疑的領袖。她的領導力表現在各類型的慾求、支配和服從活動中，而不僅僅侷限在體育活動。她是校刊的編輯，班上的班長、話劇社的女主角，大學時還當了班代。在大學的學生自治會中，她是代表全體學生的極少數大學生之一。據我所知，儘管AB有幸擁有高社經地位的父母，但她從未像許多美國學生一樣，將自己的任何成功歸於財富或其他慾求方面的優勢。根據我自己的觀察，AB先從各種體育和社交競爭活動的成功獲得了支配的滿足，但這種支配反應似乎總是受引導控制，因為最終的成就幾乎總是以領導或管理較弱的他人來表現，這些人也願意並渴望得到這樣的指導。

男性的引導受到支配和慾求控制

正如先前提到的，男性的引導通常始於對弱小孩子稍稍虐待的態度，到了青春期後期，似乎變成徹底受到了支配控制。我們在下一章有機會看到，順從的元素對於「迷惑」（captivation）

這種複合情緒至關重要，而迷惑是虐待地戲弄或欺負弱小人類或動物的必要成分。男性到了青春期後期，在多數情況下，主動引導和被動順從之間似乎發生了某種程度的分離，引導往往從愛的複合情緒中完全轉移出來，取而代之的是慾求情緒的控制。當然，迷惑可能繼續作為一種單獨的性的行為，但這不妨礙使用引導來協助支配和慾求。

男性在慾求的控制下逐漸轉移引導行為，可以如下簡短回顧：年輕男孩對彼此表現所謂的「殘酷」，在心理學和文學著作中都一再地提及。一個男孩如果有任何突出的特點或弱點，幾乎毫無例外地會成為同伴嘲笑或攻擊的箭靶。在我們進行的心理健康調查中，有個案例引起了我的注意，這是關於一個右腿變形的男孩，他的右腿比左腿短了八、九公分。這個孩子最近剛剛動過一次手術，但手術沒有成功。手術之後，他的右腳穿著鞋底特別厚的鞋子，以此彌補過短的右腿。

學校的其他男孩（八到十二歲）立刻開始叫他「畸形腳」。因為手術承受了身體和情緒極大痛苦的男孩哈利，對以前朋友的嘲弄特別敏感。他再也無法成功逃離他們，當他試圖逃脫卻以失敗收場時，年紀大的男孩會追著他跑，還養成了每天圍著他以各種方式戲弄他的習慣，這些方式沒有造成身體傷害，卻巧妙地讓哈利的情緒極不愉快。我問了三四個剛剛戲弄哈利的男孩。我發現，他們對於那個孩子沒有絲毫的惡意。事實上，有一兩個男孩似乎還特別喜歡哈利，而所有受訪的男孩（除了一個以外）都對哈利的畸形表達了同情和遺憾。當被問到為什麼他們這樣看待哈利，卻不斷折磨他，讓他的生活悽慘無比，一兩個男孩回答說：「不知道，我沒辦法控制。追著他把他弄哭是很有趣，但之後的感覺不太好。覺得有點對不起他。」另一個男孩說，他認為哈利逃跑很「懦弱」，如果男孩「找他的碴」是他自己的錯。第三個男孩說，「戲弄哈利讓人有點興奮。」但他指出，他們也在其他時候同樣戲弄其他男孩，只是「其他男孩沒有看得那麼嚴重。」

這個相當普通的例子，也就是一群少年戲弄折磨較弱的同伴，可能很容易被視為主要取決於引導，還部分複合了順從而形成迷惑（請見下一章），但受到支配的控制。起初，哈利代表了比其他男孩弱的聯盟或友善的環境刺激。根據我們的定義，這種情況使得哈利成為適當的環境刺激，足以引起較強同伴的主動引導反應。然而，當哈利開始哭和逃跑時，在其他男孩的心目中，他與他們的聯盟被大大地切斷。這時的哈利代表了比他們弱的男孩，他不會順從他們這種支配和引導的混合情緒。這使得哈利成為對抗性刺激，強度低於那些對他做出反應的男孩。較強男孩們的對抗性立即升高，直到支配完全控制了他們對哈利的行徑。然而，他們仍對他有潛在的友善和興趣，因而他們出現某種持續的引導，目的是希望哈利順從他們。在這樣的情況下，引導適應於支配，並且被支配控制。哈利也因此受了苦。

另一個男孩行為的例子引起我的注意，這也可以用來呈現當被戲弄的男孩選擇順從折磨他的人時，較強男孩團體出現的反應有何不同。這個案例是這樣的，學校「迎接」任何新男孩的慣例，是讓他們遭受學長根據情況設計的某些體罰和折磨。在這次「迎新活動」的過程中，幾個剛入學的男孩被割傷、留下瘀青，還有其他不算嚴重的傷，衣服也被撕毀和弄髒。所有因此受傷的男孩，或多或少地抗拒接受這種對待。然而，我在不干擾男孩任何行為的情況下觀察到，在迎新的過程中，有個新生完完全全逆來順受，心甘情願地接受一切的對待。之後我得知，學校友人告訴他可能會遇到什麼，並且建議「不要逃跑」。因此，這個男孩的表現是既不想逃，也不試著違抗「迎新成員」頭頭的命令。顯然，因為這樣的態度，我聽到幾個學長彼此談論道：「他什麼都不怕」、「他是個好孩子」、「他沒問題，放過他吧」、「這樣對他已經夠了。」這個男孩只做了兩種不太困難的雜技就被釋放，而且作為學校的正式成員受到熱烈歡迎。

關鍵點似乎在於，這個事件的一開始，學長們的支配超過了他們的引導情緒。因此，當他們攻擊的對象沒有出現絲毫抗拒或對抗時，大部分的初始支配就因缺乏刺激而消失了。只有在征服了新來的男孩時，引導才會增強，而這種引導（必須複合順從反應成為淡淡的迷惑情緒）的規模不夠大，不足以在支配消退很久之後繼續維持初始情緒。只要成功引起新男孩的順從反應一兩次，就足以滿足這整群年輕男性的引導情緒。簡而言之，我們可以推論，對普通的青少年來說，如果引導完全脫離了支配，引導情緒就無法好好發展到足以控制大部分的行為。

男性不適合引導其他男性

經常有報導指出，同性關係盛行於英國稱為「公立學校」而美國稱為「私立學校」的男校。我有機會觀察一兩對這樣的關係。在我注意到的案例中，有個年長強壯的男孩強迫年輕弱小的男孩為他進行性服務，還要為他提供許多帶有慾求性質的其他服務。在這樣的情況下，年長男孩的引導情緒反應為自己帶來的愉快（食慾和性慾），遠超過了僅僅戲弄和折磨年幼男孩。此外，年幼男孩的順從和引導組合，讓他獲得了某種程度的自由，免於成為支配反應的對象。在這樣的關係中，年長男孩通常會以各種方式保護和偏袒順從自己的男孩。他們往往不只忍著不去欺負或折磨年幼男孩，還會阻止其他男孩這麼做。因此，在這類行為中，我們可能發現男性主體表現出某種程度的引導，而這種引導不受支配控制。

這種關係的限制，似乎在於生理上。因為年幼男孩的身體和情緒發展，都不適合作為有效刺激來引起強壯男孩的激情，所以年幼男孩的支配，屈服於年長男孩的支配，成了弱者對強者的服從而非順從。簡而言之，年長男孩作為環境刺激，引起了強過同伴運動自我的運動刺激，但在多數情況下是與運動自我對抗。因此，強壯男孩成了引起服從而非順從的適當刺激。年幼男孩的屈服，不是因為享受這樣的關係，而是因為這樣似乎對他的慾求有利。接下來，原先的引導者感受到弱小男孩的服從，因此這種引導無法產生長久持續的愉快。

然而，這種關係中的男孩，雙方都經常出現異常完整的慾求發展，將引導漸漸轉移成適應慾求並受到慾求控制。換句話說，年長男孩學會了，自己可以利用引導獲得原本無法得到的服務和愉快。同樣地，年幼男孩也明瞭了，透過對強壯同伴表現的引導和順從複合反應，自己可以得到保護、禮物，或許還能在各種學校活動中獲得進步。至少在我研究的案例中，進入這種關係的男孩雙方，之後都傾向利用引導這種初級情緒，不是為了引導本身、也不是為了完成真正的愛反應，只是作為進一步實現主動和被動慾求或兩者兼具的急救之用。我們之後有機會看到，這樣使用引導會發展成最不幸的性格之一

正常成年男性將引導從虐待轉移到商業

然而，沒有經歷過同性戀情的男性，引導元素往往也依循類似的發展進程。對其他男性所謂的「殘酷」行為，某種程度會在整個成年生活持續表現。商人以及從事專業和學術相關的男性，似乎藉由嚴厲或輕微地折磨聽令自己的其他男性，獲得某種愉快的情緒。如果聽到另一個男人的失敗，就算這個人完全不是自己的競爭對手，也會更明顯地表現出這類型的愉快。多數男性似乎泰若自然地恣意批評和攻擊另一個男性，但處置競爭對手時的支配或慾求滿足，似乎不足以完整解釋整個反應。此外，一想到被攻擊的人受到自己的控制，旁觀的其他人也全都受到影響，就會出現某種情緒上的滿足（迷惑情緒）。

然而，對於正常且非常成功的商人來說，偶爾享受這些不正當的引導反應，必須嚴格限制在一定的範圍內，亦即沈溺於享受他人的被迫屈服，不會損害主體自身的慾求利益。有跡象顯示，到了青春期後期，男性的支配、服從和這兩者的慾求組合非常快速地發展，一直發展到慾求毫無異議地控制了一般男性的情緒反應。隨慾求成熟而來的是，以強力霸凌和傷害其他男性表現的引導，也受到了壓抑和限制。年輕人開始發現，自己擔不起疏離之後可能在某方面有利於自己的其他男性，無論這些人在他有機會傷害他們時，看似多麼微不足道。

例如，在體育比賽或爭取班長或學術獎項的競爭中，一個男孩可能成功地支配團體中的另一個男孩。獲得這樣的成功之後，男性自然的傾向，似乎是公開向對手炫耀自己的勝利，甚至帶有某種居高臨下的姿態，藉此展現失敗者屈服於成功男孩強大的實力。但獲勝的男孩沒有將這個失敗的對手，視為敵人或對抗者。事實上，如果把另一個男孩視為真正的對抗者，那麼引導反應的所有愉快都會轉變成冷淡。為了充分享受這種勝利，必須仍把擊敗的男孩當作朋友，只不過是實力和地位比較低的朋友。然而，很快就會發現，失敗男孩對成功男孩公開表現的優越感做出了反應，成了真正的敵人。或許，在隨後的班長選舉或唸書的過程中，如果兩個男孩選了相同的課，先前成功的男孩需要那個一直被自己視為低下的男孩幫幫自己。但他發現，這種幫助一直沒有出現。先前失敗的男孩，現在以支配回應了另一個男孩過去行為的控制性支配，而先前獲勝的男孩相應地受到損失。我研究了幾個這類型的例子，發現在這些案例中，只要有了幾次這樣的經驗，就足以將引導和公開支配分離，並且開啟新的行為模式。在新的行為模式中，引導被用來進一步達成慾求的目的，而不是阻撓它們。換句話說，主體很快就學會，利用引導來得到和恢復對方的協助和服務以滿足慾求，而不是放任自己恣意享受傷害其他男孩所獲得的愉快。

商業中的引導

在這種情緒組織的系統中，引導常被用作主動慾求最初的輔助，形成了可稱為現代商業的「伸肌」。銷售商品就是這類複合情緒反應明確的例子。銷售員不僅讓買方留下了特定商品有些價格優勢的印象，藉此刺激潛在顧客的慾求機制，還對買方使用了大量的「個人魅力」。也就是說，銷售員努力地讓買家留下自己是好人而且值得信賴的印象。如果潛在顧客與銷售員有所共鳴，銷售員甚至會坦承自己的個人需要和渴望，以此贏得交談對象的惠顧。這一切都是由銷售員相當明確、主動的引導行為組成。這種行為本身，跟待售商品的內在價值或實用性絲毫沒有關係。然而，現今沒有任何商人會懷疑這種引導技巧在影響銷售方面的重要性。

當然，即使是賣方無法親身出現在買方面前的針對性廣告，也盡可能包含了大量藉助文字、圖片以及形式和顏色的聯想來傳達的引導元素。像是輔以漂亮女孩，將要出售的商品動人地呈現在廣告讀者眼前。至於產品的製造商，則被包裝成家庭最好的朋友，或是人類處於困境時的慷慨救星。廣告中還常見另一種可能稱為替代引導的形式，亦即試圖讓廣告商作為潛在顧客家中的某個成員，由這個成員來引導廣告讀者購買廣告的商品。例如，嬰兒的圖片再配上這樣的標題：「想讓你的孩子開心嗎？帶這個可愛、笑容滿面的娃娃回家吧！」或兩個漂亮小孩分享一瓶汽水的照片，可能會出現這樣的文字說明：「讓你的孩子享受這些美味的飲品。」

現代商業幾乎所有的銷售手法，除了描述商品本身有何內在價值和多令人開心的慾求訴求，從中還可以直接或間接地發現一些引導元素。一般男性往往在性成熟時期學會了利用引導反應來服務慾求情緒的作法。此後，他逐漸縮減了利用引導來享受其他男性的迷惑，將這種用法進一步擴展到其他人（不分男女）身上，以此獲得慾求利益的目的。

引導與支配之間的混淆

剛剛談到的行為（可以適切地稱為男性引導的演化），只是用來說明所有男性偶爾展現的傾向，亦即支配和引導反應的混淆和糾纏。**支配和引導中相同的整合元素，是運動自我的強度高於運動刺激。兩種反應之間的整合差異在於，支配情緒的適當刺激是對抗運動自我，而引導反應的適當刺激必須與運動自我保持聯盟。**

如果構成環境刺激的人，對於是否願意接受自己比主體低下出現了絲毫懷疑，那麼一般男性往往會立刻將那個個體，視為對抗性刺激來做出反應。經常可以發現，大人物的男性下屬為了保住自己的位置，做出巴結奉承或卑躬屈膝的姿態，這點足以為剛剛提到的傾向提供可靠的證據。如果助理或職員在任何時候無意出現的行為，讓主管留下了下屬可能強過自己的印象，主管便會立刻覺得必須將下屬的強度降低到明顯低於自己。同樣的，雖然支配和引導反應都有這種情緒目的，但由於男性的主要情緒是支配，所以男性主管總是在無意間透過對抗下屬利益的行動，試圖降低下屬的強度。他可能在別人面前訓斥他、扣他的薪水，或是直接解雇他。我觀察過許多例子，都是有權力的男性利用這些方法降低下屬的強度。

這樣的方法並不侷限在商業關係，或主管和下屬之間可能多半有某些實際利益衝突的其他慾求關係。在家庭中，妻子或兒子也可能被這種方法「挫挫銳氣」。丈夫可能故意對妻子說些挖苦或羞辱的話。兒子如果對於「成功」父親的優越出現了任何質疑，很可能會受到更明確的傷害。身體虐待、斷除兒子的零用錢或特權，甚至（在一個實際的案例中）造成兒子被捕並在少年法庭受審判刑，這些都可以用來壓制男孩的「盛氣凌人」。這些作法全都是支配而非引導，因為所有對待方法都完全忽視對象的利益和福祉，目的只是讓被視為低於主體的對象強度更低。

如果主要的反應是引導，那麼父親或掌權者的行為，必須維持與對象的幸福快樂完全聯盟。如果做到了這點，實際運用了真實引導，那地位較低的人一定會自動受到引導，將自己的強度降低到完全接受引導者控制所需的程度。多數男性似乎沒有完整發展出純粹的引導情緒，因此認為這樣的任務完全不可能達成。一般男性往往會說：「讓男孩有自知之明唯一的方法，就是把他打得半死。」這樣表達的情感，通常比隨後出現的行動更暴力，但兩者在本質上通常是相同的。每當對方的強度需要被降到低於自己時，那個人就被當作對手，而支配十之八九就取代了引導。

女孩表現的引導不會混和慾求

女孩和女人的引導反應發展，與男性相當不同。所有三到五歲的女孩，都能經常出現熟練得令人驚奇的引導技巧。至少在我有機會研究的一個案例中，男性無疑地比女性更容易被當作引導的對象。但有個名叫派翠西亞的小女孩，也對她的母親、阿姨，還有比她年紀小的女孩運用了引導。事實上，大約有三年的時間，引導似乎是這個孩子行為模式中的控制反應。派翠西亞有計畫地試圖引導人們觀看她的滑稽動作，並給予她很高的評價。這種引導似乎沒有結合外顯的情慾，另一方面，似乎也沒有因為慾求的渴望變得複雜。這個孩子似乎一心只想著確立自己優於她喜歡的人，同時追求跟他們更親密友好的關係。

在我研究的其他案例中，年齡相仿的女孩所表現的明顯引導反應，伴隨性早熟出現，也顯然源於性早熟。這個年紀的女孩，以及介於這個年紀和青春期之間的女孩，引導對她們來說，似乎經常複合成一種美妙、有組織的愛反應，表現的形式為照顧嬰兒和年幼的孩子。關於這種愛的行為，可以留待後續章節再詳細討論。此時，我們只需注意，這種行為是主動引導的一種純粹或自然的表現形式，不會因為混和了慾求而扭曲。

女性為了慾求被迫使用引導

數千年來，女性一直被視為弱勢性別。女性較弱這種幾乎普遍認可的概念，不僅包括身體劣勢，也包括了與男性的關係中情緒力量較弱。然而，有關女性情緒狀態的概念，再也沒有比這種說法更大的錯誤。平均而言，目前女性的支配發展確實低於男性，但因為真正的關係（除了商業關係）主要仰賴引導、愛反應和技巧，而不是支配和慾求反應，所以女性毋庸置疑地比男性更有能力擔任情緒的領導者。事實上，女性透過相當程度地掌控家庭生活和子女教育，一直在行使這種情緒的領導權。但她們在履行這些職務的同時，卻反過來受控於男性至上文化所施加的支配和慾求強迫。

女性發現自己一直受支配而不得不弱勢的狀態，結果就是迫使她們利用引導（還有順從），作為獲得慾求利益和得到保護的手段。男性透過控制社會風俗和慣例，迫使自己濫用對女性的引導來為自身慾求服務，至於女性，如果本身擺脫了慾求強迫，她們先天的情緒裝備似乎沒有像男性這樣發展的傾向。如果食物和各種慾求供應的來源，掌握在強度更高且主要做出支配反應的人手中，那麼較弱的成員就只有兩種選擇。弱者可能利用自己的愛反應來滿足慾求以得到供應，或者她們可能死於慾求弱勢。多數女性學會了採用第一種選擇。現代文明最樂觀的情緒特徵似乎是，女性自己的慾求力量開始越來越強，逐漸能夠脫離這個兩難的困境。她們可以養活自己的程度，已經跟男性越來越接近。當女性整體達到了這種慾求平等，她們的引導反應似乎很有機會擺脫慾求的控制。

女性因為慾求被迫引導男性

被迫仰賴引導獲得慾求獎勵的女性行為，似乎漸漸生出了一條有趣的分界線。顯然，這種女性的引導反應，更大程度地取決於男性、而非其他女性。由於女性主體必須對男性（們）運用引導才能得到衣服和食物，且提供慾求供應的男性基本上不受女性的支配控制，所以女性對男性的這種引導反應，不太會混入或參雜支配。簡而言之，如果必須從身強體壯的男性處獲得金錢或糧食，那麼尋求這些協助的女性就一定會表現出純粹引導反應，完全沒有任何一丁點的支配。如果女性對這種男性的態度悄悄滲入了支配，那在任何時候都別想得到任何獎勵。這似乎造成了女性在獲得男性支持時所使用的引導技巧，比男性對其他男性表現的引導行為更明確許多。

為慾求供應而引導男性的女性彼此是商業競爭對手

另一方面，完全仰賴成功引導男性來獲得供應的女性，無可避免地將其他行為相同的所有女性，都視為實際或潛在的競爭對手。如果某位女性成功說服Z先生支持自己，那麼Z先生就不太可能支持競爭中的其他女性引導者。即使Z先生願意同時屈服於兩位女性的引導，但他在她們兩人身上花的錢，很可能比只在其中一人身上花得少。女性引導者會發現自己跟其他女性引導者之間的關係，就像汽車銷售員與另一個汽車銷售員同時向中等財力顧客推銷的關係。

這種情況的結果，似乎增長了女性之間的「社會」或「社交」競爭，其中每個女性對待競爭對手的方式，都與男性對待彼此的方式非常相似，亦即混和了引導和支配。女性關於「墮落女人」或社會地位低下女人的禁忌，似乎體現了男性雇主或部門主管對男性員工施加的支配反應。此外，被排擠或社會上不受待見的女性，對於更具支配性的女性應該保持友好的態度，就像被羞辱的男性下屬需要對他的上級維持的態度一樣。當然，這兩種情況都不太可能引起期待的順從態度。支配可能逼迫出不愉快的服從反應，但真實順從反應只能由引導而生。女性之間的社會支配，淺淺覆蓋著一層透明的引導偽裝，這種支配更不可原諒，因為表現的支配力量是從別處借來，最初是由利用真正的引導從男性身上獲得。

社會競爭之外，女孩對其他女孩表現純粹的引導

然而，相比於「社會」類型的情況，我發現，幾乎所有不過度參與社會競爭的女孩和女人，都對她們的女性朋友、親戚，特別是貧困或在其他方面不幸的人（無論男女）表現出真誠的引導和愛。在我們說明了結合引導和順從形成完整的愛反應之後，或許可以更充分討論這些女性反應。

然而，近期我觀察到一個案例，值得現在就提一提。有個二十歲左右的大學女生D小姐，將一位女性朋友F小姐的陪伴列為最主要的情緒興趣。我有機會觀察這個女孩幾個月的時間，沒有發現任何跡象顯示D小姐和F小姐之間存在徹底的愛或性關係。然而，D小姐投入了相當大量的時間和心力來取悅F小姐。例如，D小姐扔掉了一頂F小姐不喜歡的帽子。為了跟F小姐在一起，她還加入了一個她不喜歡的年輕人團體。不過，在兩人的關係中，D小姐無疑是領導的人。F小姐順從D小姐幾乎是命令的要求，就連大學選課都聽從D小姐的指導（雖然F小姐的功課更好）。在這個案例中，兩個女孩之間似乎沒有激情，所以她們的關係完全沒有成熟的愛的特性，同樣也阻止了任何身體結合的情況發生。據我所知，D小姐渴望與F小姐建立情感的領導關係，而F小姐以非常明顯的主動順從接受這樣的領導。（F小姐可能在這個角色中感受到一些激情，但即使如此，顯然也對D小姐沒有造成任何反作用。）

D小姐的行為似乎構成了一個清楚明確的引導例子，非常適切地說明了純粹引導反應（似

乎是女性的自然產物）與引導─支配混合物（通常由男性表現）之間的差異。當F小姐的任務或興趣跟D小姐的出現了分歧時，D小姐會暫時覺得，最愉快的還是自己的行為與朋友的行為連成一氣。據我所知，D小姐不會服從，因為她總認為自己是F小姐的領導者；D小姐也不會將F小姐視為對手或競爭者，試圖強迫她改變現有的傾向和興趣。D小姐只是維持先前與F小姐的親密聯盟關係，同時她也在這種聯盟關係中表現出自己的較高強度。一頂帽子或一群不感興趣的人，對比於D小姐從兩人來往中獲得的愉快並不算什麼。這些障礙都不值得一提，或僅僅作為她與想引導的朋友建立聯盟關係的方法。結果，F小姐比以往更徹底地接受了D小姐建立的友好關係，對於D小姐不贊同的社交團體活動，最終她也自願採納了D小姐的意見。這一個性成熟年輕女性對女性友人的行為案例，似乎是由幾乎純粹的引導組成，沒混雜什麼其他的初級情緒反應。

引導的適當刺激有何特徵

幾乎所有提過的例子都指出，如果反應是引導而非支配，那麼反應物就必須與刺激保持密切聯盟。但引導的刺激又如何呢？我們已經提過了，男性主體必須認為環境刺激的強度顯著低於自己，而且本質上是聯盟性刺激，才能引起引導反應。就刺激的適當性而言，在順從反應的情況中，重點似乎在於聯盟特徵。大多數的情況下，刺激強度的不同，可以用來判定反應屬於順從，還是引導。在這一章我們提到，每當男性主體認為低於自己的刺激者出現任何提高強度來對抗主體的傾向時，他就會用支配代替引導。如果我們分析這種行為，希望判定適當環境刺激的性質是不是引導，我們會發現，至少在男性的案例中，如果要引起引導，較弱刺激的強度與主體本身的強度之間，差異幅度必須很大。據我觀察，停止引起引導的聯盟性刺激強度，沒有所謂的最低閾值。也就是說，雖然聯盟性刺激必須讓男性留下比自己弱很多的印象，才能引起引導反應，但刺激一旦獲得了主體的注意，無論變得多弱，都不太可能停止引起引導。

男性引導的閾值隨慾求反應的狀態而變

為了引起強度低於男性的運動自我的運動刺激，環境刺激必須維持的自身低強度幅度，取決於男性主體自己的慾求、渴望或滿足狀況，而非刺激者展現的固有強度。因為支配是男性普遍的初級情緒，所以主體很可能比較的是自己與低強度的人所屬的整個刺激情況，而不是比較主體與低強度的人本身。如果一個男人成功滿足了慾求，並且處於所謂的「愉快心情」，他就進入了一種「覺得自己已經證明自己的強度高於環境」的意識狀態。如果有了這種心情，通常就不太需要下屬過於卑躬屈膝來確認他的力量低於自己。

一般來說，男性似乎不太區分人與東西。因此，員工或下屬往往被歸併到環境的無生命單位，而主體對這些無生命元素的態度，往往也擴展到經常構成那個環境一部份的人類。另一方面，每當一個男人遭遇挫敗、或處於一種渴望不被滿足的狀態，通常就會試圖支配所有比自己弱的人和無生命的東西，藉此滿足自己未滿足渴望中的支配元素，除非這些人和東西明顯弱於自己且與自身利益聯盟。男性處於渴望不被滿足的狀態，就會踢狗、苛刻地拒絕妻子的示好、嚴厲地命令孩子上床睡覺、斥責佣人和其他員工，這些行為除了主體自己的壞脾氣沒有其他藉口。極度的卑躬屈膝（亦即強度低得誇張），外加當下異常成功地供應最讓那個男人愉快的物品，或許就有可能成功誘發短暫且有點敷衍的引導反應。他可能因此對妻子說：「愛麗斯，這個雪茄很棒，希望你下次再幫我多買一點。」或是對員工說：「幹得好，瓊斯，如果你能繼續這樣做，我認為這會是一筆好生意。」然而，除了這樣零碎的引導反應，任何刺激無論多密切的聯盟、或相比於主體本身強度低得多明顯，都沒有力量引起進一步的引導。

引導為慾求所用時，引導閾值較低

如果慾求情緒是初始和基本的反應，而引導在滿足慾求需要的機制中只是扮演配角，那麼環境刺激是不是引起整體反應模式的適當刺激，並非取決於引導的整合機制，而是取決於環境刺激是不是引起慾求的適當刺激。在這樣的情況下，引導是以服從的形式開始；然而，如果要成功達到慾求結果，引導反應就必須依循自身的正規進程出現。因此，如果刺激者的任何面向或屬性被詮釋成弱於主體且與主體聯盟，往往就會引起適於引導的運動刺激。這種情況下的引導刺激，與先前討論的情況完全相反。在先前的情況中，處於渴望未滿足狀態的男人，需要的引導刺激是極度屈從且與自己的利益完全聯盟。而在目前討論的情況中，只要稍微出現可能與自身利益聯盟的暗示，加上僅在某一面向有強度較低的可能性，就足以引起極其主動且持久的引導反應。

例如，一位女性想要維持自己和孩子的生活，可能得仰賴出了名小氣且常常很吝嗇的丈夫。然而，受到不可抗拒的慾求渴望驅動，這位太太可能引導丈夫幾天、甚至幾週，以此獲得想要得到的供應。因此，在對明顯不適當的環境刺激施加引導的過程中，妻子被迫細想並選擇她與丈夫可能共有的任何興趣和品味，並且根據過去經驗選擇在他的順從反應機制中存在的幾個反應點。妻子必須持續專注在這些輕微的引導刺激，才能延長引導反應，直到足以帶來成功實現願望的任何希望。然而，這些引導刺激雖然輕微，但對於引起真實引導反應是絕對必要的，也只有真實引導反應才能滿足女性的慾求渴望。如果找不到這樣的刺激，或如果妻子沒能持續注意剛剛那個或多或少不適當的刺激，她的行為就會失去引導特性，還會讓吝嗇的丈夫留下她處心積慮要錢的支配印象。男人對於這種刺激的反應，使他更加對抗妻子最珍視的利益。如果要達成妻子的目的，單純的引導形式起不了作用。因此，引導為慾求所用時會產生一種情況，亦即環境刺激只要與主體稍微聯盟，且略為（如果有）低於主體的強度，就能成為引導反應的適當刺激。

剛剛概述的情況，導致需要考慮一種邊界刺激，亦即難以辨別主體最初回應的刺激是對抗、還是聯盟。主體無論是男是女，往往都將看似難以用引導征服的異性視為對手，會威脅到自己身為專業引導者的崇高地位。因此，刺激者可能因為自身構成了引導主體的障礙或敵手，激起了主體的引導反應。這意味著刺激者最初引起的是主體的支配反應，而正如主體學到的，那個支配反應立刻被迫利用引導行為來實現支配目的。

因此，有個男大生A經常對受男性歡迎的女孩施以精心設計的引導行為，只是為了證明所有女孩都很容易臣服於他的魅力，某個女孩也不例外。當他試圖迷惑選中的那個女孩時，引導情緒似乎是純粹的引導。據我的觀察，他對女孩沒有出現任何支配行為，另一方面，他的引導也沒參雜一丁點的順從來產生真正的愛情緒。然而，一旦達到引導行為的目的，女孩願意接受A所獻的殷勤，男孩的情緒態度就變成了明顯的支配情緒。這種成功意識經常包含了交替和混雜的引導和支配元素，其中主要是支配。我也觀察到許多對愛情異常積極主動的女孩案例，她們試圖引導受歡迎的男孩對自己產生好感，目的似乎是為了不讓這些男孩妨礙自己迷倒眾生的無上魅力。

抵抗可能引起純粹的引導

然而，我也觀察到了刺激者直接引起女性引導的另一個極端，這些刺激者在交往過程中不曾被視為對手。至少在一個案例中，迷人的男性似乎總能引起某個女孩的真實引導反應，這與他對女孩表現的冷淡幾乎成正比。據我所知，那個女孩並沒有把冷淡的男性視為對手，而是將他視為強度低於自己的聯盟刺激者。男人對她表現冷淡這件事，讓她留下了深刻的印象，這顯然是一種適當刺激，將他的較低力量再降低到她應該能輕易操控的程度。此時，純粹引導反應與引導和支配混合反應之間的分界線非常細微，但通常可以透過詳細的個案研究來清楚畫出。

對於引導情緒相當發達的主體（特別是女孩）來說，引起真實引導的幾乎總是迷人的異性，而這個異性則對主體表現出完全的冷淡。在這樣的情況下，主體強大的引導發展，顯然造就了運動自我用來回應聯盟性運動刺激的增強閾值異常地低。環境刺激者的冷淡，有助於引起大量聯盟性運動刺激，這些運動刺激的強度則與刺激者對主體表現的冷淡相當。對這類刺激的增強閾值異常低的運動自我，一受刺激立刻就迅速廣泛地增強，從而產生相應強度的引導反應。因此，**刺激者的冷淡，似乎決定了它所引起的引導反應的量**，而不是**一開始就有任何特殊效力可以引起引導**。

剛剛分析的這種主體，亦即對迷人卻冷淡的刺激者回以真實引導的主體，往往會對任何有足夠吸引力的人（也就是與主體的標準和品味密切聯盟）都做出引導反應。簡而言之，這樣的主體永遠都容易受到引導刺激的影響，唯有在刺激者非常容易受引導而順從的情況下，引導反應的強度才不會過於強烈，也因此整體反應不會太明顯。

引導期間運動自我增加的量

順道一提，我們從這類型的引導反應可以得出這個結論：**運動自我在引導反應期間增加的量，是運動自我的既有強度，與主體完全控制刺激者所需的強度之間的差異。**

女孩與其他女孩的聯盟比與男性的聯盟更密切

像D小姐這樣正常發展出女性引導情緒的女孩，整體而言，相較於男性更容易對其他女孩做出引導反應。似乎可以這麼解釋：比起男性，其他女孩更讓主體留下了密切聯盟的印象。此外，如果主體本身具有的運動自我不強，增強機制也只是普通敏感，那麼主體傾向認為其他女孩的強度低於男性。然而，就D小姐的案例來說，重點顯然在於她覺得與其他女孩的聯盟越來越密切，而在多數情況下，D小姐對男性的反應一直是不加掩飾的支配。簡而言之，她似乎也認為男性的強度低於自己，但與自己的關係是對抗而不是聯盟。

在我觀察到的一兩個同類型的案例中，這種密切聯盟的另一個特徵，似乎是女孩認為同性友誼至上、異性交往次之。像F小姐這樣的女孩，十分輕易就能引起其他女孩的引導反應，但她不會屈服於男性。跟男生談戀愛似乎讓她疏遠了其他女孩，這樣會傷了感情，無法引起女性朋友的引導反應。對男性的**順從**，似乎是她要反對的疏遠行為元素。然而，如果像F小姐這樣引起引導反應的女孩，也對男性表現出大量的**引導**，這種行為似乎絲毫不會干擾她對引導者（如D小姐）的刺激效果。事實上，只要男性被迫順從而女孩本身不順從渴望，那麼成功引導男性，似乎會讓女孩刺激者與女孩引導者之間的聯盟更加密切。

刺激的聯盟要求與其強度成反比

如果刺激者的強度太過明顯低於主體，只要稍微增強運動自我就能引起引導反應，那麼為了引起引導而與主體聯盟所需的程度就比較低。不同種族和膚色的孩子能引起一般女性的引導反應（不過不太可能是愛），幾乎就跟自己的孩子引起引導反應一樣容易。小男孩和虛弱或受傷的男女，可以讓正常成年男性出現相當純粹的各種引導反應，即使男孩或衰弱的成人跟男性引導者的標準和品味天差地遠。就連令人惱怒和反感的動物，都可能經常引起人類的引導。這樣看來，任何情況下，強度差距越大，引起引導所需的聯盟密切度就越低。

如果比較順從環境刺激與引導環境刺激所需的聯盟程度，我們發現，順從刺激整體上與主體的聯盟關係，必須超過引導刺激所需的聯盟關係。其中的原因似乎是，多數正常人學到，降低自己的強度來被另一個人控制，確實是件危險的事，因為順從的對象即使當下與自己密切聯盟，但如果對方的慾求利益決定了態度變化，那麼兩人的關係隨時可能變成對抗。

例如，一個女孩在孩提時可能完全順從自己的母親，這時母親的態度與孩子的福祉和利益完全聯盟。然而，女孩長大之後，要求女孩留在家裡、不讓她到某個遙遠外地上大學，或許在許多地方都非常符合媽媽的慾求利益。亦或者，媽媽的慾求利益，可能使她決定讓女兒跟位高權重的富有男人結婚，但女孩根本不愛這個男人，他也永遠無法引起她的愛反應。在這樣的情況下，媽媽經常利用還能從女兒身上引起的順從反應，進一步滿足自己的慾求。因此，情緒成熟的成人，通常學會了只順從那些與自己的聯盟程度絕對密切的刺激者。

另一方面，主體可能對弱於自己的人出現引導反應，即使後來發現這個人明顯與自己的利益對抗，也不會因為這樣的引導嘗試受到嚴重的傷害。因此，透過學習，引起順從所需的聯盟密切程度，比引起引導的程度高上許多。可能正是這類型的學習，使得人們如果發現他人或動物的強度遠遠低於自己，引導所需的聯盟程度會更進一步降低。

總結

我們可以將本章的研究結果總結如下。如同支配、服從和順從，引導也可以在無生命物體的行為原則中發現。當兩個物質體彼此施加吸引力或萬有引力時，較小的物體會被較大的物體拉過去。這種運動發生期間，較強且聯盟的物體控制並指引較小物體的吸引力，相應地提高自己的吸引力。在整個反應過程中，兩種力的聯盟關係持續逐漸升高。人類和動物的引導行為遵循相同的規則，唯一的差異在於，人類的引導行為經由整合機制引起，從而獲得意識。

引導反應無法在去大腦動物身上出現，很可能是因為在引起引導時，運動中樞的調節整體高於緊張性中樞。作為自發愛反應重要元素的引導，顯然可由視丘中樞成功調節。

在華生和其他人描述的嬰兒行為中，也發現了引導反應，當輕撫摩挲停止時，引導經常接著對撫摸的順從後出現。大約從三歲開始，純粹引導反應形成了女孩行為的重要部分。「扮家家酒」、「假裝上學」和類似的遊戲，可用來例舉說明女孩中十分常見的引導情緒類型：扮演「媽媽」或「女老師」的女孩，引導其他人順從自己。

據報告，進入青春期的女孩，似乎對其他比自己稍年幼或不成熟的女孩表現出純粹的引導反應，這種行為不帶有情慾或所謂的「性」元素。在正常的女孩和女人中，亦即她們的引導不因慾求強迫束縛，而成為支配或慾求的情緒工具，引導反應往往以純粹的形式發展，或構成了恰當的愛情緒（複合了引導和順從）的一部份。在這種正常的女性引導中，整個反應期間，主體都與引導對象的利益和福祉聯盟，讓引導對象的意識留下了她自身強度高於對方的印象，直到引起對方的自願順從。然而，在男性主體中，引導情緒的發展卻截然不同。引導常與支配混淆，而且往往受到支配的控制。到了青春期後段，一般男性學會了不要將引導—支配用於折磨或打敗其他男性，因為這樣的行為得不到好處。他們反而學會了將引導反應作為一種慾求工具，藉以獲得其他男性的協助和利益。

如果女性強制將引導作為滿足慾求的情緒工具，就會使同樣處境（引導男性供應自己所需）的所有女性都成了彼此的競爭對手。現今女性的支配不斷提升，足以供應自己的需求，於是她們越來越能自由地向彼此表現純粹的引導和愛，她們的有機體也傾向自然地這麼做。

一般而言，引起引導反應所需的聯盟程度，低於引起順從反應所需。引導情緒發生期間，主體運動自我增加的量，是運動自我的初始強度，與有效控制刺激者所需的量之間的差異。

引導的愉快

引導的內省報告比順從的報告更直率地表明，引導行為從一開始到結束都是愉快的。因為真實引導需要運動自我與運動刺激之間徹底聯盟，所以只要支配或慾求情緒沒有來干擾，這種反應就不可能有不愉快的來源。

許多受試者報告提到，如果引導不成功、或無法肯定能否成功，引導就會變得非常不愉快。在這樣的報告中使用了「成功」一詞，由此證明「不愉快」行為的真實性質其實是支配。當一個人有意識地努力爭取「成功」時，表現的就是支配而不是引導。這種反應所追求的目的，在於強迫對手與自己聯盟，而不是**領導**或**引導**盟友做出有利於雙方的行為。無論成功與否，真實引導在任何時候都是明確愉快的，因為另一個人自始至終都被視為朋友或盟友。如果打算強迫刺激者做違反他意願的事，那麼支配勢必就會取代引導，隨著支配反應無法達成這個目的而生出了不愉快。

引導反應本身引起了刺激者與主體之間的聯盟密切度升高，引導情緒的愉快無疑也隨之升高。引導這種反應，並不代表有機體的靜止平衡。引導更像企圖將刺激者拉進如此密切的聯盟，這樣主體無須進一步爭取或努力，就可以順從另一個人。因此，有機體的終極靜止平衡越來越穩固，引導的愉快也明顯增加。許多受試者在報告這種自我觀察時相信，增加的愉快是一種支配滿足，絲毫沒有覺察到，當引導企圖融入順從的靜止平衡反應時，愉快達到最高峰，而達成這點無疑是最令人愉快的。

引導情緒獨有的意識特徵

描述情緒行為的主要特徵為引導的通俗詞彙有：「說服」、「吸引」、「迷惑」、「引誘」、「色誘」（即舉止像勾引男人的女人）、「勸說」、「令他人留下好印象」、「誘惑」、「勾引」、「吸引人的性格」、「個人魅力」、「個人吸引力」、「有感染力」、「帶領」他人、「勸說」他人、「轉變」他人、「迷倒」他人、「推銷」想法或自己、「向他人表明做某事對他有利」、「引導他人」做些什麼、「贏得他人的信任」，以及「贏得他人的友誼」。

關於引導行為的前述和類似詞彙，意義上最重要的差異，是慾求目的或手段（整體行為的構成部分）的程度不同。就像順從一樣，這些引導的通俗描述大多是客觀的，對於引導者在引導反應期間自己的意識觀察到什麼情緒，並沒有提供太多線索。

即使是將引導描述成對他人的一種行為，隨意分析這種詞彙，也可看出反應本身實際的性質，基本上有完全一致的意義。在每一種情況下，**引導都包含了運動自我的增加，並且使自我與刺激者的聯盟更完整，目的在於控制那個人的行為。**

男女受試者（雖然男性報告的引導相關反應，是用於商業或其他慾求目的）報告的引導情緒自我觀察，明確指出引導的特徵是：**感到絕對有必要贏得他人的自願順從，按主體所說的去做。這種感受構成了引導情緒，隨著對方的順從越來越愉快。**

很顯然，孩子在主動順從母親的指令時，必須讓自己的運動自我受到母親引起的運動刺激的整合控制。這種控制最初包含母親決定哪些部分的運動自我應該增強。也就是說，造成孩子增強運動神經放電，來支配抓握肌肉的決定性原因，是母親的指令，而不是抓握的物體。如果嬰兒正緊握著一根棍棒，有人將這根棍棒往嬰兒抓握的反方向拉走，嬰兒的運動自我就會增強，以此回應棍棒的對抗性移動引起的運動刺激。另一方面，假設孩子在海灘的野餐結束之後，抓著厚毛毯的一端，幫媽媽一起折毯子。毯子非常厚重，媽媽必須從另一端用力拉，才能把毯子拉直。對毯子沒有支配趨向或初級情緒反應的孩子，在毯子的重量和媽媽拉毯子的力使得毯子往抓的反方向移動時，會讓毯子從自己的指間滑過一點點。

「泰迪，抓緊點，」媽媽下了指令。然後泰迪立刻增強了自己抓毯子的力道，直到他以媽媽要求的方式撐住了毯子全部的重量。在這個例子中，孩子做出的反應，幾乎完全是對母親命令的順從反應，而不是對毯子的支配反應。當然，泰迪之後可能學會利用自己的支配來實行順從反應（D＋S），在這樣的情況下，泰迪對毯子的真實支配反應，會適應對母親的順從反應。

D＋S讓有機體達到靜止平衡

在剛剛的例子中，我們可以假設，媽媽下指令所引起的運動刺激，各方面都與孩子的運動自我聯盟，這種運動刺激能夠同時增加孩子的運動神經放電，伴隨孩子的緊張性衝動，經由輸出路徑前往抓毯子的抓握肌肉。這些肌肉隨之而生的張力升高，反射性地增強緊張性運動神經放電特定的部分，兩者透過肌肉本體受器作用提供了額外刺激和相應的中樞增強機制，對抓毯子的肌肉造成影響。這看似能適當說明，**主動順從反應似乎自然地與支配反應聯盟並加以補充**。

在順從反應期間，從頭到尾主體的運動自我都不會失去它對有機體自然反射平衡的控制。然而在有機體內，可能根據順從刺激的要求，進行適當的部分增強和降低，重新分配總緊張性放電。為了與運動自我保持完全聯盟，這個刺激被迫反過來命令運動自我盡可能對整個環境進行最和諧且有效的調整。因此，順從刺激會完全取代環境刺激，來引起支配和服從，在完美調整總體環境刺激情況的過程中，運動自我憑藉它與順從刺激的順從關係，更有效地維持自己的自然或正常平衡。既然如此，這種整合狀況就代表了運動自我處於靜止平衡，透過更強盟友的直接存在，得到補充和確認。

引導反應需要不穩定的反射平衡狀態

至於引導反應，整合樣貌勢必截然不同。引導這類型的反應，似乎會造成運動自我總放電模式中的某些特定部分出現盟友。基本上，引導不是運動自我對總體環境的靜止調整。運動自我必須自己適應周遭的支配和服從刺激。它還必須維持自身的強度增加，以便確保較弱的聯盟刺激，在掌控聯盟衝動的緊張性運動放電模式中持續存在。

現在我們試著重建母親這個有機體內必須存在的整合情況，在剛剛分析的順從事件中，媽媽成功引導小兒子順從地折毯子。這個案例中的母親，首先觀察到她弱小的盟友泰迪太弱，無法在他們的共同計畫中維持與自己聯盟。既然如此，她的問題就是增加並重新安排自己的運動自我，藉此增強盟友的強度。當媽媽命令孩子用力抓緊毯子時，就產生了這種強度增加和重新安排。在折毯子的其餘時間，母親都必須同樣繼續努力幫助泰迪，甚至發出希望孩子做什麼動作的指令，同時還要維持監督管理的態度，確保泰迪在適當的時候做出適當的動作。

此外，媽媽也要根據泰迪和自己的有機體，對泰迪施加自己的力量。例如，指揮孩子用牙齒咬或用腳踩著毯子的命令沒有作用。再者，她對泰迪的影響只要有一點鬆懈，他的協助就會結束，因為泰迪反應的對象是媽媽，而不是毯子本身。首先，在母親自己的有機體內，她的運動自我必須允許代表泰迪的弱小、聯盟性運動刺激，在自己的總運動神經放電模式中選擇一些部分，而在那些部分中，運動刺激和運動自我可以不斷彼此增強。其次，必須加強母親運動自我已佔據共同路徑的部分，以便充分降低共同路徑的阻抗，好讓弱小、聯盟性運動刺激進入。只要這種狀況持續，弱小的運動刺激就會作為盟友留在共同路徑，但前提是運動自我必須保持以必要模式選擇性地增強。

由於運動自我持續傾向回到自己的自然靜止狀態或平衡，所以**引導反應的整合狀況必然是不穩定的**，因此只要運動自我終止了自己暫時的選擇性增強，就能將較弱的聯盟衝動保持在迷惑狀態。母親的整合調整能夠持久或穩定唯一的方法，是聯盟性運動刺激的強度增加，加到不僅能在沒有協助下維持現有的聯盟狀態，還可以主動選擇能讓母親的運動自我減少或削弱的聯盟路徑。

換句話說，直到泰迪學會了完美執行自己該做的部分，還能進一步主動指揮媽媽好讓他們的動作完美配合，媽媽的自然反射平衡才能恢復到完全靜止或平衡狀況。當然，這會逆轉媽媽和小孩之間最初的關係，也就是變成媽媽順從小孩的引導。從母親的角度來看，以順從取代引導來結束引導反應，不僅能將自己的整合平衡恢復到自然或靜止，還能持久地滿足引導反應的需要，亦即在特定任務中得到永久的盟友。

I之於S就如同C之於D

如果上述引導和順從反應的出現機制大致正確，那麼**當引導和順從接續發生時，引導與順從的關係，就像服從與支配的關係**。唯有當環境引導刺激，使有機體主動努力維持與刺激的聯盟關係，引導才能持續作為有機體的控制性初級情緒反應存在。當這種引導反應停止時，運動自我如果持續對相同的環境刺激（弱於自己的盟友）做出反應，就會自動調整到與環境刺激最密切聯盟的狀態，毫不費力地讓刺激與自己形成更緊密的聯盟。這種條件構成了被動順從反應。在這樣的情況下，聯盟性刺激具有足夠的力量，吸引運動自我進入刺激決定的模式；但刺激施加運動自我的力量，並不足以迫使運動自我在模式中主動反應。因此，主動引導反應後往往自動引發順從。

另一方面，如果引導成功，就像上述母親指揮孩子折毯子的例子，**引導反應本身徹底成功，往往會在成功引導之後，立刻引起主動順從的態度**。引導反應的終極目的是增加聯盟性刺激的強度，程度到達刺激的強度高於運動自我，而不是低於運動自我。例如，我們可以仔細想想在華生提出的兒童非習得行為中，嬰兒會伸出手腳來邀請刺激，或自發地抱媽媽來引導她繼續撫摸自己。在這樣的情況下，引導反應的目的是增加聯盟性刺激的強度，直到孩子可以再次順從強度增加的刺激。

教學是I＋S

任何教學的目的，都是為了提高學生的知識或能力來成功應對某個學科，最終造成的結果，往往是在學生的知識充分增加後，能夠根據自己的主要需求和能力，要求老師提供更深入的指導。**會教書的老師所運用的初始引導，僅僅足以提高學生的智力強度到老師能有效地順從他**。因此，我們發現，至少美國大學的基礎課程，主要是對學生講課和嚴格指導，使他們能掌握特定學科的基本技術。同一領域的進階課程，主要則是專題討論和研究工作，學生在其中對自己提出的假設進行最初的研究或理論闡述，如果需要協助，再請求教授和同學予以幫助和評論。

同樣的，如果我們考量學生在上述行為中的控制性情緒反應，我們會發現，在老師同意指導學生以前，尋求知識的人不得不向老師提供某種引導。潛在學生的最初引導反應相對簡短，其中可能包括支付學校必要的費用、適當申請和註冊相關課程，或許還要徵求教授個人同意學生修這門課。然而，這種簡短的引導行為如果成功，就會立刻造成教授的強度相對於學生增加，在上這門課的整個學期中，老師都能夠引導，而學生都能夠順從。因此，在這類型的行為中，一系列的主要反應可能如下：

(1)學生引導教授接受學生選修教授的課。

(2)教授藉由接受學生修課順從學生的引導。
(3)教授引導學生遵守課程規定的某些心理行為。
(4)學生藉由遵守規定順從教授。
(5)在後續的進階課程中，學生引導教授對自己的問題給予特別協助。
(6)教授藉由給予所需的協助來順從學生。
(7)學生藉由相應地改變自己的方法來順從教授。

在上述的一系列引導—順從反應中，以及先前提過的一系列嬰兒引導反應中，我們可以注意到引導和順從關係的兩個面向。首先，在各種情況下，順從最終都會取代引導。第二，作為選擇媒介的引導反應，決定了隨後順從反應的性質和強度。

透過I＋S學習是愉快的，透過嘗試錯誤（C＋D）學習是痛苦的

誠如先前的分析，引導和順從這兩種初級情緒反應間的適當關係，對整個有機體而言，是最重要且最有益的關係。透過這樣的方法，主體得以向某特定方面比自己更專精的人尋求指導和幫助。此後，只要那位專家受到了引導，給予主體需要的一切帶領，主體就能順從對方的指

導或協助。正是透過這種情緒機制，亦即將引導和順從反應結合成適當的關係，相較於強迫服從、緊接著補償支配的嚴厲方法，人類和動物都能夠較不痛苦地達成相同或更好的結果。強迫服從接著補償支配的學習方法稱為「經驗學習法」，或「嘗試錯誤法」。

如果少了引導和順從反應，人類和動物生命已經夠沉重的痛苦和折磨，將會難以想像地更加升高。所有服從強度的習得反應，在學習的過程中，都無可避免地產生某種程度的不愉快或苦難。此外，必須接續和對抗這種強迫服從的支配反應，往往比原始的服從更讓人不愉快。**相比於透過C＋D法學習所經歷的雙重不愉快，我們在引導—順從機制中發現了一種可能的學習方法，就最後的結果來看，不但更有效地獲得必要的行為能力，學習過程之中還附帶了雙重愉快。**

根據上述的分析，當引導和順從反應彼此處於適當關係時，整個學習過程就能以愉快的運動覺為背景持續。雄性動物或人類男性按照「適者生存」的規則，在「為存活拚搏爭鬥」的過程中學到對強度的服從反應，這通常需要確實破壞學習者的身體和意識的重要部分。幾乎所有童年時的不愉快、異常感受，以及過度服從和不必要支配產生的扭曲、誇大反應（最終導致成年時要看醫生或精神科醫生），都可以被歸類為透過強迫服從的方法學習所受的傷害。另一方面，只要引導和順從反應彼此保持適當關係，那麼透過引導—順從方法學習，絕不會傷害或損失身體或意識功能。如果學習時選擇了使用引導—順從方法的老師，而他對所教的學科知識有誤或不適切，那學生在學了老師的錯誤技術之後，可能因為試圖應用錯誤的知識，亦即嘗試用不適切的工具操弄環境而受到傷害。在這樣的情況下，儘管錯誤出在引導者一開始的選擇，但在試圖利用所謂的知識的服從和支配行為過程中，實際遭受的傷害就跟前面所說的一樣。

英美法系禁止對人類使用支配

只要找出「服從—支配反應」的適當環境刺激與「順從—引導反應」的適當環境刺激之間的差異，就能清楚區別人類主體對其他人類的正常反應，以及人類主體對自然界無生命物體的正常反應。[1]不難發現，文明的基礎（包含法律和所有社會制度）建立在禁止對人類採用服從—支配行為，且必須在一切社會關係中採用引導—順從行為。普通法（英國和美國法學的根源）試圖藉由犯罪和懲罰的法律，防止人類之間的商業和經濟關係出現強迫使用支配的狀況。根據普通法原則，只有國家才能對個人使用不受限的支配，即便以此強迫公民服從國家的強度，至少在理論上，仍是為了順從國內最多公民的最高需求。

體現此一原則的美國憲法包含了眾所周知的條款，亦即「未經正當法律程序」，不得剝奪任何公民的生命、自由或追求幸福的權利。根據初級情緒反應，此一條款保護公民免於服從強

1 基於對人和對東西反應之間的區別，作者正準備撰寫一本探討社會心理學問題的書籍。

迫，無論是同為公民還是國家執法人員本身，都不能試圖對公民施加這樣的支配控制。每個人都被視為擁有與生俱來的權利，亦即不能被迫服從任何他人強加自己的支配強度，除非他對其他公民犯下類似的罪行而受到懲罰。至少在理論上，嚴刑拷問和肢體暴力得到的供詞，在法庭訴訟程序中不予承認。法律不允許警察直接以肢體暴力迫使對方服從他們的命令，除非他們本身或其他公民受到了危害社會安寧的犯罪者類似的暴力威脅。

法律也不允許父母和老師強力地鞭打頑劣的孩子，強迫不守規矩的孩子服從。這樣的孩子必須送上法庭，法庭可以管束、但不能鞭打孩子。如果父母確實對孩子動手動腳到足以強迫孩子服從，那麼父母通常會因為虐待孩子的刑事指控而被送上法庭。這樣反對支配強迫的條款，甚至擴及到禁止使用這種方法訓練或對待動物。美國幾乎各州的法令都對「虐待動物」規定了刑事處罰。

按照普通法規定，不僅禁止人類對同胞使用支配反應（雖然得以對無生命物體使用同一支配反應），也禁止在商業或貿易中對其他人施加某些支配強迫來獲取利益。美國名為《謝爾曼反托拉斯法》（Sherman Anti-Trust Act）的法令，禁止某些「限制貿易的組合」。這條聯邦法規認為，壟斷某種民生必需品的一群人，可能間接對公眾施加支配。如果某個「托拉斯企業」（譯按：托拉斯為資本主義的一種壟斷形式）能夠壟斷這種商品，並將價格定在圖利自身的過高金額，那麼人類有機體的心理生理法則，可能迫使大量的人支付過高的價格。

政府管制食物、房租和衣服的最高定價，在世界大戰期間成了廣為接受的法律原則。我們再次發現，保護人類不受身體強迫的原則得到認可，即使這樣的強迫，實際上是由自己的身體、氣候和環境等其他對抗力施加，隨後才被牟取暴利的人利用，還是不能接受。就連國家對違反法律的犯罪者可以施加支配強迫到什麼程度，現在也受到了人道輿論和立法制定的限制。死刑理論上是對殺人嫌犯施加最大可能的支配強迫（亦即徹底毀滅的威脅），美國正打算廢除死刑。酷刑以及美國法律早已廢除的「殘酷和不尋常的懲罰」，在定罪之前或之後，都不能用來作為強迫服從的方法。

普通法在商業中嚴格執行I＋S關係

在我們分析了商業法領域（包括契約法和買賣法）的普通法原則之後，我們發現商業法的基礎，似乎建立在連續出現的引導和順從反應之間的適切與正常關係。一般而言，普通法要求貨物交付或金錢支付必須遵守此類交付或支付的契約協議，若未遵守，受損失的一方得以要求另一方賠償（如果當事人接受賠償）。根據初級情緒，契約和買賣的法律原則如下：賣方A引導買方B透過支付一定金額購買商品來順從A，A在隨後的日期將商品交付給B。當然，法律沒有要求A應該引導B，或B必須以順從A的引導來回應。然而，一旦B對A出現了順從反應，**法律就要求A必須將B的支付視為順從刺激**[2]，**對此A必須回以交付那個商品的順從反應**。我們已經提到了，這種法律強制的連續引導—順從反應整體上是正確的。**A的引導成功後，他必須接著做出順從反應，對象是已被自己變成適當順從刺激的個體**。早在提出初級情緒機制的數百年之前，已然發現初級情緒的整合原則，並由此巧妙地制訂了法學原則，這點確實令人好奇。

如果主體A引導B，使B確實成為自己的適當順從刺激，A卻無法完全順從B，且如果證實了主體A在引導B順從自己以前，不曾打算順從B，那麼英國和美國的法律大概都會判A有罪，罪名是「詐騙獲得財產罪」。另一方面，如果A打算在B順從了自己後真誠地順從B，但因難以控制的情況而無法這麼做，那麼顯然B只能對A的財產提出民事訴訟，而不是對A的個人提出刑事訴訟。從這樣的區別中，我們可以發現另一個法律認許，亦即正確區分對東西和人的初級情緒反應。如果A沒有將B視為物品而對B犯法，B就無法藉助國家之力以類似的對待來懲罰A。但由於A未能為了B的利益適切地管理財產，所以A被視為喪失了對所擁有東西或財產的優先權。因此，B得以透過A對他產生的順從關係，強制要求A所擁有的財物符合與B的關係，亦即獲得A曾承諾交給B但未能履行的財物。

此外，A的順從必須符合他的引導，相符的完整性受到嚴格的法律限制。「買者自慎之」這句格言源自這樣的情況：被引導者B自願某種程度順從A，程度超出了理應歸因於A的原始引導。亦即，A說：「我有世界上最精美的手錶要出售。」然後他向B展示了手錶，同時對於手錶的優點做了一些誇大陳述。法律假定，這類型的引導本身，無法引起B支付過高價格（相應於A的銷售話術）的順從反應，**因為假定B是帶著支配與順從的混合情緒反應行事**。B應該不會完全屈服於A的引導，除非待售商品本身刺激了B，使他**對手錶出現支配反應**，據其引起的渴望程度，證明了支付所要求的價格是合理的。因此，法律再次承認，慾求支配是對**東西**的適切、良好反應，是交易的最終目標，同時也要求，在與無生命物體打交道所產生的人際關係中，必須採用整體正確的連續引導—順從反應。

法律認可I＋S是適切的學習方法

最後，關於這方面值得注意的是，法律很大程度地認可，某些所謂發展成熟的人，與其他發展不足的人之間存在引導—順從關係是有好處的。不要忘記，憑藉引導—順從關係的各式各樣學習，不必忍受盛行的「經驗學派」中支配—服從學習法無可避免的痛苦就能學會。普通法似乎奠基於這種初級情緒的整合原則，規定了各種關係的存在，目的在於透過引導—順從學習法來要求這類的訓練和保護。這樣的關係在法律上稱為「法律身份」。附屬於某種法律身份的

2 譯者注：此處原文是「引導刺激」，但根據前後文判斷應為「順從刺激」。

法定權利，並非出自特定協議（包含相關人員之間個別的引導和順從反應）。附屬於特定法律身份的法定權利出自身份本身，在這個法律身份解除以前，具有相對固定且恆常的性質。

普通法將未達「法定年齡」的孩子視為「未成年人」的身份。法律規定，父母或監護人必須以各類型的引導和順從，對未成年人做出反應。例如，法律要求父母或監護人必須引導孩子去上學、遵守國家和社會的法律、吃足量的適當食物、維持健康，以及行為舉止一般不得違反小孩與其父母居住的地區當前公認的禮儀和習俗。法律要求父母對小孩的所有反應，全都是簡單的引導反應。另一方面，法律也要求小孩就前述的所有行為要點，必須順從父母的命令。兒童還需要順從在關係中對他表現引導的各種其他人，像是學校老師、醫生、健康專家等等。當未成年人超過了十六歲、十八歲或二十歲（視各地情況而定）的法定年齡時，他對父母和其他人的順從身份即告終止，這些人對兒童的必要引導身份也隨之終止。

法律規定引導—順從身份的其他實例還有警察和平民、國家及其公民、丈夫和妻子（不過目前在這種法律身份中，雙方都需要幾乎完全相同的引導和順從），以及監獄當局和囚犯。

有個事實似乎極為有趣：幾乎是在沒有科學協助下發展的法學原則，竟如此準確地反映人類之間引導—順從關係的基本原則。如果確切地利用這些法律規定的關係，就能憑藉Ｉ＋Ｓ方法（人類學習的唯一正常方法），對成人和青少年進行教育和訓練。某些特定方面處於劣勢的人，因此可以透過法律與可能更有優勢的人產生關係，藉此避開、或至少減緩支配—服從的「適者生存」勢必帶來的痛苦。

第十四章　愛

愛必須跟「性」加以區分。根據字典的定義，「性（或性別）」（sex）指的是男與女之間的身體差異、作為男性或女性的特性。如果接受了「性（或性別）」這個字的意義，那就知道「性情緒」（sex emotion）必定意味著，一個人身為男性或女性而具有的情緒。從未有人嚴正爭辯，愛是一種只有某種性別才能體驗的情緒。男性和女性都毫無疑問地會愛，至少女性之間會以愛男性的相同方式彼此相愛。因此，愛情緒（love emotion）無法被視為「男女之間的身體差異」，也不能認為它應該仰賴性別差異而存在。將愛情緒完全等同於性，是西方文明把愛貼上社會禁忌的主要原因。將愛視為身體結構的性別差異所促進的一種情緒表現，這種看法比較有益。但將愛情緒等同於一般的性特徵，特別是男性的性特徵，就會導致悲慘地無法理解愛，因為男性的主要特徵是慾求佔優勢。這樣也會混淆了愛中的性別差異和慾求中的性別差異。各性別都擁有某些次要的愛特徵，就像各性別也都擁有次要的慾求特徵。在身體結構方面，愛的性別差異侷限於身體的外在；而慾求的性別差異就不那麼明顯，只能透過不同的腺體平衡、不同的飢餓機制，以及不同的身體形態和肌肉組織來體現差異的存在。將性冠以「性情緒」之名來等同愛，就跟將性以類似名稱來等同慾求一樣沒什麼道理。

嬰兒表現主動和被動的愛行為

正如我們已了解的，嬰兒行為顯露出支配和服從的整合複合情緒，顯然嬰兒行為也表現出引導和順從的某方面同時組合。我們已經提過，華生、瓊斯（Jones）和其他研究者觀察到，嬰兒會出現兩種類型的愛行為（love behavior）。在第一種愛行為中，當嬰兒停止了其他活動，完全沈浸於刺激的控制和指引時，嬰兒對刺激者的主動順從構成了外顯反應。這種反應暫且可以稱為**被動的愛反應**，現在我們要考慮順從之外的其他構成元素。在嬰兒出現的另一種愛行為中，嬰兒會緊貼著父母、抱著媽媽或保母，試圖以各種方式控制心愛對象的行動，包括主動引導，即最明顯的情緒反應元素。愛行為的這個面向，可簡便地命名為**主動的愛反應**，也必須加以分析額外的情緒成分。

被動的愛是pI（被動引導）和aS（主動順從）的複合物

在被動的愛當中，明顯的控制性元素是主動順從。在被動的愛反應期間，嬰兒根據刺激自己敏感區的人提出的要求，做出外顯和內隱的反應。在運動自我一開始減弱到足以完全控制聯盟性刺激之後（放棄了支配反應、哭泣等等），運動自我會增加總運動神經放電，達到運動刺激的要求。也就是說，刺激者搔搔癢、摸一摸或輕撫嬰兒，由此選擇了嬰兒身體某些受緊張性神經支配的部分（包括骨骼肌和內臟），這些部分會以緊張性增強，對施加的刺激主動地反應。此外，主動反應不具有對抗的性質，而是表明緊張性放電路徑正不受限地為刺激引起的衝動敞開大門。例如，我們知道陰莖勃起是一種緊張性最終效應，通常受到皮質抑制的影響。[1]因此，當出現這種反應時，運動自我顯然不會受到運動刺激進一步地抑制，而是對敏感區產生的聯盟性衝動做出明確且順從的反應。這就是主動順從。

此外，被動的愛含有第二個元素，這個元素顯然打從一開始就受到主動順從反應的限制。第二個元素包含了第十二章提過的伸出手腳來撓癢癢，以此作為引導的表現。一般人可能認為，兒童極度喜愛主動順從的經驗，以致於把自己完全交付給刺激者來維持這種經驗。這種行為雖然被描述為引導，但相比於之後可能出現的主動擁抱和緊貼著媽媽，性質還是稍微偏向被

1 E. G. Martin and M. L. Tainter, "The Inhibition of Erection by Decerebration," *American Journal of Physiology*, 1923, vol. 65, pp, I39-I47.

動。受刺激的部位只是暗示性地請求進一步的刺激，但沒有試圖主動引起進一步的刺激。可以認為，運動自我在手、腳和其他受刺激部位的緊張性神經支配方面增強了自己，以便吸引他人注意這些部位。然而，運動自我增強自身的強度和明確性，並不足以讓這些部位緊貼著刺激者的身體，從而主動引起孩子可能順從的相應強大擠壓。**既然如此，為了吸引刺激者選擇提供的任何刺激，這種運動自我的部分增強可以稱為被動引導**。

似乎相當明顯的是，被動引導可有效地與主動順從共存，正如剛剛討論的嬰兒行為中實際發生的情況。此外，與主體的運動自我和彼此都相互聯盟的這兩種反應，是由相同的刺激者引起且對相同的刺激者表現。**這種被動引導和主動順從的同時複合，可以稱為被動的愛**（passive love）。

主動的愛是aI（主動引導）和pS（被動順從）的複合物

分析兒童行為中的主動的愛，我們也發現了同時出現的一對初級情緒反應元素。當然，在孩子突然擁抱或貼緊媽媽之前，孩子的有機體內一定有些誘發或決定性的反應。也就是說，媽媽或保母可能經常抱著孩子、或一直留在孩子伸手可及之處，但沒有任何主動的愛行為出現。在其他時候，孩子會自發地表現愛的主動性。那麼當嬰兒自發地對媽媽表現主動的愛時，嬰兒體內的預備反應有什麼性質？

關於孩子內隱的預先決定反應為何，有個線索出自媽媽停止先前摸摸抱抱孩子之後，孩子立刻出現主動的愛反應的頻率。當我觀察男孩的行為時，上述那種主動的愛反應，幾乎每次都在媽媽或保母停止輕拍或撫摸之後立刻出現。有一次，媽媽正在幫三個月大的男寶寶洗澡。水的溫度刺激和媽媽對孩子皮膚的撫摸，引起了看來像是被動的愛反應。洗完澡、也停止撫摸之後，嬰兒自發地伸出雙臂、沒有哭哭。當媽媽的手放到孩子伸手可及之處時，孩子雙手緊握住媽媽的手，抱著她的手貼到自己身上。

我注意到年齡稍長的女嬰也有類似主動的愛行為，但沒有如此緊接著輕拍或撫摸出現。不過在這些案例中，主動的愛行為總是對以前經常撫摸孩子的人表現，或在媽媽已經很久**沒有**撫摸孩子之後出現。

這些例子似乎表示，就男孩來說，主動的愛行為往往發生在主動順從的刺激仍作用於有機體時，但刺激結束之後，它就不再擁有足夠的強度主動指引孩子的運動自我。而就女孩來說，有人認為可能存在一種愛的荷爾蒙，這種荷爾蒙經過一段時間的充分累積，就能以類似的方式作用於有機體，也就是對有機體施加順從的聯盟性刺激，但強度不足以產生主動順從。

正作用於有機體的順從刺激，即使強度不足以主動指引孩子的運動自我，**但或許仍足以迫使運動自我出現被動順從**。在引述的案例中，這種刺激是以中樞神經後放的形式在男孩有機體內施加，或可能是以愛的荷爾蒙形式施加在女孩體內的適當區域。無論哪一種情況，被動順從似乎都包含了簡單地被動放棄不相容於被動順從運動刺激的運動自我的各種活動。

這種情況似乎是主動引導反應的誘因，由媽媽等心愛的人構成的環境刺激引起。就像在被動服從餓到痛的情況下，食物是唯一強過餓到痛的環境刺激，當被動順從刺激是機體內刺激時，心愛的刺激者似乎是唯一可能弱於主體的環境刺激（因為主體已經知道這個人屈服於自己的引導），但又強過目前控制運動自我的被動順從刺激。**這種整合情況誘發嬰兒有機體對母親出現引導反應，就像餓到痛誘發嬰兒與成人對食物出現反應**。即使媽媽沒有在場引起引導反應，只要機體內刺激引起的被動順從反應仍在，有機體就無法對其他環境刺激出現協調的情緒反應。似乎只有這種主動引導反應，才能控制孩子此時的大部分行為，就像唯有食物能控制餓到痛持續期間的行為。因此，在外顯地表現主動引導反應、同時內隱地對某些機體內刺激做出被動順從反應的孩子中，**我們發現了有一種新的情緒複合物存在，其中包含同時發生的主動引導和被動順從，這種複合情緒可以稱為主動的愛**（active love）。

迷惑

嬰兒的反應，例如那些用來描述或命名由此發現的複合情緒反應，其中主動和被動的愛的意識情緒性質都不是那麼確定。然而，我們提過了大一點小孩的行為案例，主動和被動的愛反應特徵在其中顯而易見。在討論引導時，我們分析了一系列的男性反應，其中包含對弱小男性的殘酷行徑或折磨。當時我們注意到，適應且受控於支配的潛在愛反應包含了引導和順從的混合，造成一種旨在「迷惑」（captivate）弱小男性的反應。這種「迷惑」（cpativation）情緒的初級情緒元素及其同時出現的複合，似乎完全等同於嬰兒行為中發現的主動的愛反應。當我們將複合情緒中的支配和慾求完全抽出時，我們發現還留有主動引導反應（旨在引起受折磨男孩的順從），另外加上被動順從反應，而可能引起這種被動順從的環境刺激則視情況而定。在一群男孩（社會心理學稱之為「群眾」）集結起來、戲弄或折磨最弱小男孩的情況中，群眾裡的每一個體似乎都被動地順從作為整體的群眾。當然，「群眾」或團體並不具有一致的「意志」或「心智」，可以主動指引或強迫團體中的個別成員。但團體中如果有八個、十個或二十個男孩做著相同的遊戲，這種情況可能非常有效地引導各成員放棄所有個人的渴望和活動，只留下團體參與的渴望和活動。各個男孩對團體的這種反應，構成了明確的被動順從反應。

應該經常聽到這樣的事：群眾的幾個成員在折磨某一個人時，私下反對這件事，並且表示如果不是因為感到團體的強力影響，不會繼續做這件事。正是這種影響力，迫使他們繼續做下去。當然，在某種程度上，群眾的影響或許是支配的影響，而受到過度影響的團體成員，行為中也混合了相應的服從。**然而，群眾對其中個體成員的影響，主要是引導的影響**，因為更容易影響每個人的，往往是同伴善待自己、不想被認為是「落跑的人」的願望，而不是如果脫離群眾活動可能受到的肢體暴力。簡而言之，顧及同伴的尊重，使每個男孩順從整個團體，甚至到了跟大家一起霸凌另一個男孩的程度，他們共同承擔了這些。

如果被動順從反應再加上對受欺侮男孩的主動引導反應，那我們就得到了一種稱為「主動的愛」的複合情緒。在男性霸凌者的意識情緒中，這種主動的愛元素清楚呈現了**征服（俘虜）刺激者的愉快**特徵。

不要忘記，剛剛討論的男性情緒還包含了控制性支配混合情緒。因此，在看清主動的愛情緒的真實性質以前，必須先略過強迫他人被俘虜和屈從這種暴力和對抗性質的樂趣。抽掉了支配、只留下純粹主動的愛之後，我們依然發現俘虜弱小刺激者的樂趣。但純粹**主動的愛需要俘虜的愉快，自己才能愉快。主動的愛需要被俘虜的人心甘情願、完全順從**。唯有俘虜者自身對刺激者（被俘虜者）的吸引力，大到被俘虜者自願順從所受的吸引，才能達成這個結果。根據這樣的分析，主動的愛必須定義成**透過個人吸引力的力量，俘虜所愛之人**。

最能表達這個意義的詞彙似乎是「迷惑」。迷惑意指「**靠魅力來擄獲**」，這個詞彙非常鮮明地描述了純粹主動的愛情緒。**因此，我們可以採用「迷惑」（cpativation）這個詞，作為主動的愛情緒的語文符號**。

相互的迷惑情緒由兩性之間的爭鬥引起

迷惑情緒最常出現在兩性之間的日常生活中。幾乎所有正常女孩和男孩在與有魅力的異性嬉戲打鬧時，都會經歷大量的迷惑情緒。更常見的是，在同一類的情緒、甚或智力爭鬥中經歷了迷惑情緒。這樣的競爭，不是為了像渴望支配無生命物體那樣支配對手，這種爭鬥的目的，只在於決定誰該引導、誰又該順從。

這類行為，沒有可以引起任一個人被動順從的群眾或團體。在這些兩性之間的爭鬥中，雙方各自引起對方的被動順從。也就是說，男性和女性的身體和情緒之間有一種習得的聯盟。爭鬥時，每個人都試圖增加運動自我來引導另一個人被俘虜。這些引導嘗試每次都能部分成功，可以引起異性的某些順從，但這種順從反應，只能防止對方對引導者以外的刺激者做出反應。這構成了雙方的被動順從反應。

在此同時，每個人都繼續嘗試證明自己的身體或情緒強度高於對方，這就構成了主動引導。因此，我們發現，在先前分析的主動的愛反應中，出現了同一種內隱被動順從和外顯主動引導的組合。然而，在兩性爭鬥的情況下，隨著爭鬥的增加，兩種初級情緒元素的刺激也同步逐漸增加。因此，這種情況會引起爭鬥雙方最愉快的迷惑情緒類型。兩性之間的相互迷惑反應，是日常生活中非常普遍的現象。在穿著最為暴露的海邊，男人經常抓著女伴，試圖帶她們去衝浪。沙灘上的女孩，則是向她們的男伴丟小石頭。這兩種活動的目的，都是引起剛剛分析的那一類相互迷惑爭鬥。

在以傳統相遇形式開啟的兩性社會關係中，女孩比男孩更常積極地挑起迷惑競爭。我在診所注意到一個這種案例，可以用來說明前述的行為類型。有個二十歲的女孩看來真心地抱怨「她完全無法阻止男人對她動粗。」她找我尋求協助，希望有方法能制止她所謂的「男人獸性」，她相信這種行為是由她的「性魅力」激起而無法控制。這個年輕女孩Z講述了一個事件，後來我某程度證實了這件事。

男孩X在一場舞會與Z相遇，他邀請Z一同騎摩托車出遊。車上究竟發生了什麼無法確定，因為Z和X講述的故事大不相同。然而，Z的幾位女性友人描述了她結束機車之旅回來的樣子，我向這幾個女孩詢問了這件事。「她簡直是一團糟」，一個女孩描述道。她的上臂嚴重淤傷，嘴唇割破了、還腫得不得了。她的衣服破破爛爛，滿頭長髮亂七八糟地披散在肩上。沒有證據顯示她跟X發生了性關係。Z在坐X的摩托車出遊回來之後，一見到朋友就哭得歇斯底里。

光從這些事實得到的初步推論是，X在對待異性方面不誇張地說根本是「野蠻人」。然而，仔細詢問之後，沒有發現X曾對其他女孩做出任何粗魯或暴力的行為。有幾個女孩也曾經坐X的摩托車一起出遊，情況就跟Z幾乎完全相同。在一個例子中，我十分確定X跟舞會的舞伴發生了性關係，但沒有出現任何不良的後果。這個女孩告訴我，「是的，X完全沒問題。我輕輕鬆鬆地就讓他知道，我其實不喜歡他。」這個女孩的確以她所說的方式拒絕了X，而且證據確鑿。

毫無疑問地，Z小姐「對待男人的技巧」，解釋了X對Z小姐的反應。Z通常以一種有效的方式接近所有男性（包括我自己），她會故意展現她自己的身體魅力，吸引他們的注意。她的方法大膽刺激，但又具有挑戰性。她會當著男人的面，幾乎是炫耀般地宣示自己戒絕親密行為的無暇貞操，但又向男人提出了明白的挑戰，也就是要男人透過引導她來改變這種自我克制的態度，證明自身高於她的情緒力量。簡而言之，Z小姐非常自在地順從男人對她外表的審視，藉此引起男人的順從，程度到了無可避免地只注意她的魅力。同時，她在兩性問題方面，直率且明顯地宣示自己的優勢，由此引起主動引導和支配的結合。同時發生的被動順從和主動引導，構成了男性的迷惑情緒（當然也混和了男性常有的支配）。

Z向所有男性發起了兩性格鬥的挑戰，但卻沒有意識到，一般男性的迷惑反應絕對免不了混入支配。在騎摩托車出遊的情況下，Z最初賴以壓制X的支配的社會優越支配力量，一旦消除，Z就相應地受苦於X放出的支配。這是一種相當古老的兩性情緒反應，女性卻習慣性地拒絕理解。她們抗拒理解這種情況的真實本質，似乎是因為她們不願接受先前已說明的事實，亦即**在為慾求而引導的體制下，女性的支配是借來的力量，得自於**保護她不受其他男性和強過自己的女性傷害的**男性**。如果她放棄了這種透過引導得到的二手力量的保護，她自己的力量本身很快就會輸給男性的高支配，無論是身體或情緒的支配。另外也很難找到一個男性，可被引起相當程度的迷惑情緒，但卻沒有混雜控制性支配反應。

Z和X的案例，似乎就屬於這樣的情況。Z小姐的行為所提供的刺激性質，與Y小姐的行為形成鮮明的對比，雖然Y小姐的外表跟Z小姐一樣充滿魅力，但Y小姐在拒絕X先生示好的過程中，既沒有引起他的支配、也沒有引起迷惑反應。Y小姐是少見兼具支配和愛發展的女孩。她的支配大概跟X不相上下，還有相應的強健身體。Y小姐對男女的反應主要都是順從，除非自私的對抗引起了她的支配。顯然，Y小姐對待X的方式，幾乎沒有包含什麼引導。她在談話和交往中順從X的品味和興趣，然而，當X漸漸顯露出男性典型的支配迷惑行為時，Y小姐就以明確、堅決的支配反應，回應他行為中的對抗元素，並藉助於X的社交訓練，引起了X的服從、而非進一步的迷惑。換句話說，Y小姐溫和、果斷的拒絕，讓X先生留下了深刻印象，認為這是強過自己的對抗性環境刺激，至少在結合了社會傳統時是如此。在此同時，Y小姐對X先生品味和興趣的順從，引起了X相當純粹的引導行為，包括明顯渴望繼續當朋友，並在她欣然同意的情況下享受兩人的交往。事實上，每每在X的行為中依序觀察到這兩種分歧的情緒反應時，X對Z小姐和Y小姐的情緒反應之間的對比，幾乎總讓X像是擁有雙重人格。然而，情緒反應的對比，不能歸因於X有任何怪癖，而是因為兩種刺激之間的極端對比，各種刺激都會引起自身可預測的情緒。

俘虜男性的男性會體驗到支配——迷惑

凱勒（F. S. Keller）[2]和我自己在一九二五到二六年間，研究了大學生之間的霸凌和階級鬥爭。我們發現，幾乎所有高年級生對新生施加支配—迷惑反應時，都得到了很高的愉快情緒。在幾乎所有報告的案例中，如果學長在俘虜新生以前兩人出現肢體對抗，學長體驗到的支配—迷惑情緒，無論強度和樂趣都會大大地增加。根據大學的傳統，大二生和新生之間會進行一系列的肢體對抗，在此期間各年級都試圖不讓對手舉辦班級聚餐。每當某個年級的男孩有理由懷疑對手計畫舉辦聚餐時，他們就會盡可能多俘虜另一個年級的男孩，將他們綁起來，以這樣的束縛或其他方式拘禁他們，直到後來決定當天無法舉辦聚餐。如果被俘的敵對成員希望脫離拘禁，他可以用名譽擔保發誓「退出」，就算當天有聚餐也絕對不會參加。

被俘虜的男孩只有極少數（大概只有一、兩個）長時間順從了拘禁。他們報告，一旦被對手擊敗和束縛，他們就完全不再感受愉快。在這之後，問題就成了服從，要麼服從受到束縛的不適，要麼服從投降退出的羞辱。然而，絕大多數的勝利者和戰敗者都報告，他們在爭鬥期間體驗了極其愉快的支配—迷惑情緒，直到最終決定了哪一方較佔優勢。

勝利者報告說，在束縛和拘禁對手的過程中，迷惑反應的愉快甚至更加強烈。如果對手退出，整體而言他們體驗到的迷惑情緒就沒那麼愉快。有一些男孩的支配或服從（取決於對抗中扮演的角色）太過顯著，以致於無法內省地觀察到任何可稱為迷惑（或臣服）的情緒元素。然而，這些男孩的行為，還是證明了在整體情緒模式中有一個重要的迷惑反應元素。在這一系列的爭鬥中，**進行肢體對抗的兩個男性，似乎相互引起了被動順從和主動引導，目的並不在於傷害另一個男孩、或將他當作成功的障礙除之後快，而是藉由束縛和拘禁來俘虜他的身體。**

2 這些研究是在麻州的塔夫茲大學（Tufts College）進行，凱勒先生是塔夫茲大學心理系的講師。

這種情況似乎呈現了迷惑情緒最強烈的刺激之一。多數男性主體的支配反應無法完全壓抑或抑制迷惑情緒，這點似乎證明了刺激情境選擇性地引起迷惑情緒。此外，作為刺激者的**另一個男性**引起了男性主體的純粹迷惑反應，這也證明了迷惑情緒不僅限於兩性關係。

懲罰女孩的女孩會體驗到迷惑情緒

奧麗弗．伯恩（Olive Byrne）小姐和我自己在一九二五到二六年學年間[3]，研究了大二以上的女生在一年一度懲罰大一女生時報告的情緒。學校的慣例是，學姐們制訂了一套規則，大一女生全都必須遵守。規則中要求了常見的行為限制、配戴新生徽章，以及服從學姐的所有一般指令。剛入學那年春天，大二女生會舉辦一場名為「寶寶派對」的活動，所有大一女生都被迫參加。在這場活動中，大一女生的不良行為會受到充分審問，如果不服從或反抗就會受到懲罰。之所以命名為寶寶派對，是因為大一女生都被要求穿得像個寶寶。

派對上，新生們在大二學姐的命令下，完成各式各樣的雜耍表演。例如，有次大一女生們被帶進一條暗黑走廊，這時她們全都蒙著眼睛，雙手被綁在後背。一次只有一個新生被帶著穿過走廊，沿途每隔一段距離就有一個大二女生駐守。這種安排的目的，是為了讓被懲罰的女孩，留下不可能躲掉被俘虜的印象。經過一連串無害的懲罰後，各個女孩都被帶進一個大房間，所有大三、大四的學姐都聚集在這個房間。進入大房間的新生被迫觀看各種展示，這些都是專門為懲罰不聽從學姐訓誡的各個女生所設計的。大二女生手持長棍，如有必要，她們會用棍子逼迫新生做出被要求的雜耍。雖然這種安排並不需要女生之間進行一系列肢體對抗（就像先前提到男生們的年級聚餐競賽），但根據大多數學姐的報告，新生屢屢反抗俘虜者和守衛的命令，成了這場娛樂活動最令人興奮的部分。

幾乎所有大二女生都表示，整場派對充滿了迷惑情緒的興奮愉快。當她們不得不以肢體壓制反抗的新生，或以反覆命令和加重懲罰來引導新生做出她們頑強抵抗的表演時，迷惑反應的愉快感似乎更高。另一方面，當新生偶爾哭泣或出現恐懼跡象時，守衛她的大二女生無一例外地表示感到不愉快，同時帶有「同情」和「對她感到抱歉」的情緒。她們幾乎總是告訴因此受影響的新生「不要害怕」，並且**說服她繼續，而不是強迫她這麼做**。（這種行為與男大生霸凌者的行為形成鮮明對比，男生經常傷害性地暴力對待畏縮或「懦弱」的男孩。）

從這些關於女孩反應的研究可以看出，在與試圖逃離囚禁的女孩爭鬥時，女孩們體驗到的迷惑情緒是最強且最愉快的。俘虜所經歷的痛苦或不愉快，總會引起一種完全不同類型的愛反應。

在哭泣或害怕的情況下，或當女孩完全順從時，年長女孩會出現一種幾乎純粹的引導反應，還混和了對受罰女孩來說需要的大量主動順從。大一女生的寶寶裝扮，很有可能大大地增

3 這些研究是在麻州的傑克遜大學（Jackson College）進行，當時伯恩小姐是傑克遜大學的學生。

強高年級女生的被動順從和主動引導情緒，不過由於傳統壓抑一般不願多談這方面的內省描述，所以這類型的反應無法完全坦率地在報告中出現。

整體而言，高年級女生似乎體驗到十分愉快的純粹迷惑情緒。從報告或女孩對待年輕孩子的行為觀察中，看不太出其反應有支配混入。雖然受罰女孩動手動腳打敗俘虜者來逃脫懲罰的爭鬥，顯然帶來了最強烈且最愉快的迷惑反應，但有許多跡象顯示，在整個行為期間一直都有迷惑情緒存在，甚至在寶寶派對之前和之後，迷惑情緒的形式就跟爭鬥情境中幾乎一樣強烈和愉快。或許愛的荷爾蒙從童年早期就在女性體內作用，透過機體內刺激引起被動順從，使女孩和女人更容易產生迷惑情緒。確實，在受試女孩的天真內省和行為中出現的這種反應，形式比男性對相同環境刺激的反應更純粹且更一致。相較於男性的行為，女性行為內含了更多證據，顯示**迷惑情緒不僅限於兩性關係**。在適當的情況下，另一個女孩的外表，似乎跟男性刺激者一樣，也會引起女性主體的強烈迷惑反應。

激情

使用激情這個詞彙來描述被動的愛情緒，需要先提出一些警告。在大眾文學中，「激情」（passion）一詞通用於表示迷惑情緒、真實被動的愛情緒，或兩者的混合物。得到數百名受試者的內省報告後，我發現，在多數情況下，「炙烈激情」、「赤熱激情」或「緋紅激情」可視為等同迷惑，而非描述被動的愛。然而，儘管在此情緒狀態中預先決定了主動的情緒基調，但屈服於情人時，總是混和了大量的主動順從。既然這種情緒元素是被動的愛的主要特徵，所以它驗證了這個結論：**在描述的這種兩性關係中，愛的主動和被動面向密不可分地交纏**。

既然如此，那用通俗的話來說，激情意味著身體上的愛情緒兼具了主動和被動元素，但主動的元素更佔優勢。因為這個特點，依循文學術語使用激情二字似乎是不可能的。迷惑情緒遠比「激情」一詞更準確地描述了主動的愛，**然而，激情（如果正確理解）意指的是對情人的主動順從**。

這個詞彙經過這樣的定義，百分之九十的受試者發現，自己觀察和分析自身的愛情緒的內省能力更為清晰。然而，必須記住一個事實：**在此使用激情一詞，並非暗示愛的侵略性或主動性**。此處的情緒，也不是通常跟紅色、火熱有關的激情。

幼兒行為中的激情

我們在先前章節已經提到，被動的愛情緒同時結合了對引導者的外顯主動順從，與對同一個人的內隱被動引導。然而，先前分析的行為是嬰兒的行為，沒有可用的內省，讓我們得以描述複合這兩種初級情緒元素的情緒意識。因此，現在我們必須考量年齡較成熟的兩性有何反應，以便判定被動的愛的意識面向。

兩到五歲的男孩、女孩都會表現輕微的激情，這是對母親或保母的自然反應。這個年齡的孩子，通常能夠透過簡短詞彙和牙牙學語式的說話方式，表達自己意識的整體趨勢。當母親用前述各種方式摸摸抱抱孩子時，小孩往往會緊緊貼著媽媽、發出輕輕的喘息，有時還會和緩地喘吁吁，就跟大人在兩性關係中的激情沒什麼不同。孩子對母親的愛慕，常以單音節字詞和微笑來表達，也會和緩有節奏地動一動手和前臂，明顯表現出只全心關注作為控制性刺激的母親。

年紀稍大一點、詞彙更多時，小孩可能會說「媽媽好漂亮」或「我愛媽媽」，以及其他似乎表達對媽媽自發且完全順從的愛反應的短句。顯然，其中有種對媽媽的主動順從反應，這種反應作為決定性的情緒因素，複合了剛剛描述的被動引導態度。許多心理分析學家認為，這些被動的愛反應具有激情的意識特徵，於是認定這些反應幾近異常，而在這種異常中，支配性扭曲的男性，習慣用特殊慾求玷污正常的愛情緒。雖然承認這個特殊心理分析結果的準確性，但我還是得強烈陳述自己的發現，亦即**男孩女孩對媽媽感到的激情，是種自然且完全理想的愛反應類型**。事實上，如果孩子在五、六歲以前沒有被媽媽引起某種程度的激情，那孩子的發展一開始就受到了非常嚴重的妨礙。在當前文明規定的條件下，男孩往後的一生中，極不可能再有機會發展純粹激情。

女孩行為中的自發元素是迷惑、不是激情

五、六歲以上的女孩，非常有可能經歷對其他同齡女孩的被動的愛，視情況可能有或沒有生殖器官的相互刺激。這種類型的激情體驗，看似不太歸因於任一女孩有著激情的機體內刺激，而是因為其中一個女孩自發地表現迷惑行為，隨後被迷惑的女孩相應地產生屈服。五到七歲女孩之間這類型的愛情故事，至少有兩個引起了我的注意。這兩個案例中的女孩，根據醫學和心理學檢查，都可以確定是完全正常的。

雖然到目前為止，我還沒有機會針對這點廣泛整理案例，但我諮詢了一些負責照顧孩子的工作者，他們目前的看法似乎是，如果沒有事先進行禁止性多元的教育，女孩之間的這種關係是通例而非例外。由其他小女孩喚起的激情，顯然具有被動的愛的典型情緒基調，會熱切地順從引導者，全心全意投注在有她陪伴的迷人魅力。通常由三個以上五到七歲女孩組成的團體，會自發地在這種關係中產生愛的聯繫。這種反應的兩個面向似乎有害。首先，家長和老師的禁止態度，使得此類行為不得不秘密進行。第二，引導者可能無知和粗暴地實施引導刺激（無論有沒有刺激生殖器官）。在這種自發出現的迷惑—激情關係中，我只發現了正常的女性情緒發展。

女孩容易被其他女孩引起激情

青春期之後的女孩，通常會對其他女孩或對老師和較年長女性感到「迷戀」（crush），這已是個無須特別描述的公認現象。「迷上另一個女孩」的女孩，對自己的戀人會出現異常緊張和令人著迷的激情情緒。有一個例子是，幾個十四到十七歲的年輕女孩「迷上了」同一所學校的另一個女孩。

這個激情的刺激，是個名叫伊薇特的十八歲女孩。她臉色蒼白、身材細瘦，頂著一頭奇形怪狀的特異髮型，走路習慣性地「內八」。正如愛慕她的其中一個女孩對我說的，「她完全稱不上漂亮，但是非常迷人。她似乎身邊少了人，總能把每個人都吸引過去。」這段貼切的描述，出自受伊薇特迷惑影響的其中一個「俘虜」，這個被俘者的主動順從反應完整得很有趣。「迷戀」伊薇特的女孩們，全都開始走路「內八」。她們把自己的髮型打理得跟伊薇特盡可能相同，也開始勤奮不懈地練習畫畫，只因為伊薇特擁有明顯的藝術天分。伊薇特的愛慕者並不滿足於這些順從，她們甚至半夜熬夜，好讓自己看起來跟迷惑她們的女孩一樣蒼白。

伊薇特沒有以任何方式限制自己對這些同性的迷惑，但她習慣在夜裡溜出去見見那些也愛她的男孩。儘管年輕女孩們彼此爭奪伊薇特依戀的那些年輕小伙子的注意，但她們對伊薇特的愛情俘虜們卻沒有表現出絲毫嫉妒。她們會以各種方式幫助伊薇特偷偷跟這些男孩見面，並且認為繼續這些秘密情事的她「非常勇敢」。就伊薇特和那些女孩情人的例子來說，毫無疑問地，這個異常強烈且持久的激情情緒，是由一個女孩在沒有身體接觸或性器官刺激之下，從其他許多只比她自己年輕一點點的女孩中引起的。

大學女生階級關係中的激情研究

為了檢驗寶寶派對情境中是否可能存在激情情緒，傑克遜大學的格里登（L. F. Glidden）在我的指導下進行了一項研究，調查她的同學對於學姐們的欺負表現出什麼態度。進行這項研究時，接受調查的女孩已經升上二年級。她們在前一年春天的寶寶派對中完成了自己對二年級學姐的順從，且在當年有兩個月左右主動參與了管教新入學的女生。然而，接受調查的女孩在大二時不曾參加她們作為俘虜者的寶寶派對，因此她們不可能回溯地將感受從一個寶寶派對轉移到另一個。研究試圖確定，各個女孩在自己大二時對學姐訓練新生順從的態度；以及記憶中前一年，自己在受大二學姐控制時對她們的態度。格里登小姐收到指示接近她的同學，當然她與她們熟識而且關係密切，但沒有讓她們發現自己正在進行一項心理學研究。這個指令執行得相當成功。

受試女孩被問到：(1)大一時，是否曾享受寶寶派對？接著她們被要求，為自己在被俘期間感到的愉快等級評分，從〇到十，十代表愉快程度最高、〇表示不感興趣。(2)前一年被要求以各種方式服務和服從學姐時，自己對她們的態度。(3)現在作為大二生，是否贊同和喜愛自己參加的新生順從訓練？(4)自己自願順從男性、還是女性？(5)每個女孩都被要求說明，如果可以選擇，自己會選擇當一個不快樂的主人、還是快樂的奴隸？格里登小姐充分地記錄了這些問題的答案，以及任何相關的內省描述。結果以表格呈現，如圖4所示。

這個研究的信度，取決於研究者與受試者的接觸親密程度，從而獲得對方的自我觀察，而非結果的統計分析。不僅僅是作為朋友的格里登小姐能贏得信任、得到同學的報告，被詢問的女孩們也都知道，詢問自己的人相當了解自己在相關事件中的行為和一般態度。有鑑於這些因素，我個人認為，相較於往常的這類研究，受試者對格里登小姐報告的自我觀察，較少有意或「下意識」的欺騙。

在寶寶派對囚禁期間經歷的情緒或愉快評分，集中趨勢似乎大約是七。幾個女孩拒絕評定愉快程度，顯示她們在被俘期間，情緒受到了很大的壓抑。特別值得注意的是，有更多女孩將囚禁的樂趣評為九和十，意思是愉快程度最大。同樣有趣的是，雖然只有十四位女孩坦白承認，自己在大一那年喜歡順從大二學姐，但有二十位女孩斷言，自己在讓新生順從時感到愉快。儘管有十七位女孩承認自己的一般態度是順從男性，而有十二位女孩表明願意順從女性，但似乎很有可能，**所謂的「順從男性」，根本不是順從，而是引導，至少在很多情況下是如此**。然而，正如我們已指出的，這似乎也可能是女性在現有的社會體制下，有系統地被訓練成同時利用引導和順從反應，從男性身上獲得慾求利益。

圖4　大學女生階級研究

受試者	寶寶派對的愉快評分	享受被大二學姐征服？	享受征服大一新生？	順從男性或女性
1	10	是	極為享受	都順從
2	1	否	絕對不享受	都不順從
3	1	是	愚蠢，但有趣	都順從
4		是，如果大二學姐是朋友。	是	男性
5	9	是	是	女性
6		否	惱人之事。必要之惡。	都不順從
7	6	不介意	是	
8		沒有注意她們	否	所有男性。兩個女生。
9		意識到她們的優越性	是	都不順從
10	9	不介意	是	都順從（由她選擇）
11	4	討厭	是	男性
12	6	喜歡	「廢話」	
13	5	是	是	女性，如果男性證明她們是對的，也會順從男性。
14	9	不介意	有必要	都不順從
15		願意做些事來取悅她們	必要之惡。	都順從，如果年紀較大。

圖4　大學女生階級研究——續

受試者	寶寶派對的愉快評分	享受被大二學姐征服？	享受征服大一新生？	順從男性或女性
16	10	否	是	都順從
17	10	否	是	都不順從
18		理所當然	是，適度享受	都不順從
19	5		否	男性
20		討厭		都不順從
21	2	願意	是	都順從
22			「廢話」	都不順從
23	5		愚蠢	所有男性和一些女生
24		不感興趣	是	都不順從
25	8	是，但有所保留	是	都順從
26		討厭	不感興趣	一位男性和一位女性
27		不喜歡	是	男性
28		不喜歡	不感興趣	男性
29	8	討厭	還好	
30		討厭被嘮叨	很棒	男性
總計	中位數：7	是：14	是：20	男性：17
	眾數：9、10	否：11	否：7	女性：12

圖4　大學女生階級研究——續

受試者	選擇不快樂主人（M）或快樂奴隸（S）	內省
1	M	在b.p.[1]中感到「刺激快感」。極為不喜歡屈從的概念。
2	M	b.p.很可怕。不喜歡大二學姐。喜歡權力。
3	S	b.p.如果不屈從就沒什麼好玩的。喜歡服務她所愛的人。
4		討厭b.p.，因為變得很荒謬。
5		服從二年級生而感到「刺激快感」。
6	M	b.p.的旁觀者。看見別人被征服感到激動。
7	S	不惜一切代價獲得快樂。在b.p.度過了美好時光，但這不是打從參加以來最愉快的事。
8	M	沒有注意二年級生。在b.p.沒有「快感」，因為蒙著眼還是可以看見。是個大笑話。
9	M	想要告訴朋友她的屈從。討厭在b.p.公開說話。無法忍受屈從。
10	S	
11	S	b.p.實在太「乏味」了。她的手臂被散熱管燙傷了。一定要得到樂趣，可以從服務他人獲得。
12	S	喜歡差遣新生。喜歡被差遣。可以想像當個奴隸。
13	S	做那些雜耍表演沒什麼興奮感。希望看起來不感興趣。
14	S	作為高年級生，喜歡征服新生。享受在b.p.上炫耀。討厭順從。討厭不開心。
15	S	服務中感到快樂。

1　寶寶派對（Baby Party）。

圖4　大學女生階級研究——續

受試者	選擇不快樂主人（M）或快樂奴隸（S）	內省
16	M	討厭順從任何人。
17	S	喜歡b.p.。很喜愛被差遣。作為高年級生，希望新生順從她。在快樂和不快樂之間做選擇。
18	S	b.p.還不錯。不允許任何人屈從。
19	S	作為高年級生，對新生不感興趣。
20	M	願意為朋友做些事來盡量幫忙。不希望別人為她做任何事。
21	S	b.p.很蠢而且幼稚。
22	M	在b.p.被迫做了減肥運動。感到自己被戲弄。
23	S	十分樂意為她「迷戀」的女孩做事。
24	M	對新生的要求不像高年級生那麼多。
25	S	b.p.很棒。喜歡被差遣。討厭屈從的想法
26	M	既然當奴隸不開心，何不擁有權力。
27	S	喜歡我行我素。
28	S	作為高年級生，喜歡對新生「施加高壓手段」。
29	S	喜歡他人屈從自己的「意志」。在b.p.玩得很開心。哄騙二年級生。喜歡權力，但更喜歡快樂。
30	S	極其享受b.p.。喜歡「差遣」新生。如果是個不快樂的主人，她會良心不安。
總計	S：18 M：10	

「快樂奴隸——不快樂主人」選擇結果的顯著性，多多少少令人懷疑。這個問題的目的是引出壓抑的當奴隸意願，這在實際經驗（如寶寶派對等）的自我觀察報告中可能無法明白顯現。整體而言，女孩們似乎比預期更坦率地承認了被俘虜的樂趣。有個結果很奇怪，將囚禁樂趣評為十的女孩中，有兩個女孩選擇了不快樂主人，而不是快樂奴隸。或許，這些女孩在自己的囚禁沒被貼上標籤、或沒這樣描述而讓她們「開始意識到它的真實本質」時，她們坦率地承認被俘虜的樂趣最大；而當她們聽到「奴隸」一詞時，她們的社會抑制立刻開始作用而不願當奴隸，原因真是這樣嗎？從一號受試者的內省可以得到這個說法的一些證實，她將自己在寶寶派對上的樂趣評為十，說她受到大二學姐的懲罰，情緒上得到了「刺激快感」，但表示她極度不喜歡屈從的**概念**。

圖4沒能呈現的某些詳細內省中，顯露的另一個不同點是，「主人」與「奴隸」這兩個詞彙可能存在不同的詮釋。如果不是「女主人」（mistress）一詞已有了明顯禁忌的社會意涵（譯按：mistress亦有情婦之意），那麼這類研究中的「主人」一詞大概更適合使用「女主人」，因為許多受試者將「主人」詮釋為，利用支配強迫他人服務，來謀取自己私心慾求的人。而「奴隸」一詞本身，往往更常被（至少是女孩）詮釋為「愛的奴隸」，而非慾求奴隸。但在對照「主人」之下使用「奴隸」一詞時，或許更可能採用慾求的詮釋。某些這樣理解奴隸意義的女孩，理所當然地堅持，在另一個人的自私支配下，不可能出現「快樂奴隸」這樣的事。一般而言，因為愛對方並享受這麼做而順從那個人，與順從被認為是為了增進自己的支配或慾求

而征服自己的人（像是某些類型的女舍監和教官），兩者之間出現明顯的態度分歧。這樣的區別，完全對應於真實順從—激情反應，與不愉快或冷淡服從反應之間的差異。

研究結論

我們從上述研究得到結論：首先，在寶寶派對上，身體被其他女孩俘虜的女孩中，大約有四分之三體驗到純粹、愉快的激情情緒，其中包含對征服自己的年長女孩的主動順從，還複合了對同樣這些女孩的被動引導。被動引導反應會以這樣的行為出現：女孩伸出自己的手顯示束縛已鬆掉了。我們可以在八號受試者的內省中發現，如果女孩順從而沒有呼叫守衛注意自己的束縛鬆脫，樂趣就會減少，八號女孩說，「沒有從寶寶派對得到快感，因為蒙著眼我還是可以看見。」這個女孩抑制了被動引導（激情情緒的要素），從她陳述自己「沒有注意二年級生」得到了進一步證實。

第二，我們推斷，在大一那一整年，當被學姐要求跑腿或以其他方式為這些「上級」的慾求服務時，絕大多數的女孩會出現一種更為淡化的激情（如果有的話）。在這樣的情況下，新生出現的支配反應至少跟順從反應一樣頻繁，而實際的服務經常帶著服從的意識完成。

第三，我們推斷，當一個女孩被迫服從另一個女孩時，如果作為征服者的女孩讓自己的命令感覺更像引導而非支配，並在要求女孩做的事情中，沒有顯露最終圖謀私利的可能性，被迫服從的女孩就會出現激情情緒。換句話說，作為迷惑者的女孩為了成為激情情緒的適當刺激，必須與她的俘虜徹底聯盟，然而在此同時，還要不斷增加對順從者的束縛。有個大一女生報告，自己在被迫親吻她喜歡的女孩的腳時，感到愉快的激情情緒。但同一個女孩寧願接受額外的大量懲罰，也不願意為她認為自私的年長女孩擦鞋。

總結

總之，我們可以說，激情或被動的愛情緒由兩種初級情緒反應同時複合組成，一是引導者引起的主動順從，另一則是同一個人引起的被動引導（主動順從的必然結果）。

激情情緒的意識情緒特徵，似乎是種極其愉快的感受：**受制於力量強大的聯盟刺激者，且在對方的掌控下越來越無助**。

毫無疑問，作為引導者的女孩，可以在沒有直接或間接刺激性器官的情況下，從所有與自己有適當強度關係的神智健全的正常女孩中，引起強烈且非常愉快的激情情緒。

男性的激情情緒發展

根據我自己的研究，男孩與年輕男人獲得激情情緒的情況，與女孩的情況大不相同。如果我們的討論略過了「戀母情結」（Oedipus complex）和「母親固著」（mother fixation），就文獻和我自己的研究，幾乎沒什麼跡象顯示，絕大多數正常男性的真實激情反應，會到了發生性關係而刺激外生殖器才出現（下一章會討論）。

毋庸置疑，年輕男性的行為中經常出現的迷惑反應，大多混和了支配與受支配控制。大概正是年長強壯男孩的這種支配元素，使得年幼男孩遭受身體上的疼痛和情緒上的不愉快，而不是引起極度愉快的激情情緒，也就是五歲以上的正常女孩回應其他女孩的迷惑行為時，所體驗到的情緒。

當然，男孩的母親在自己身體還強過男孩時，能夠引起男孩的這種激情，但如先前提過的，無須生殖器的刺激就能夠引起。這可能是因為，在母子關係的正常減弱，與男孩跟異性發生性行為的正常時期之間，一般男孩的生活中不太會有激情的其他替代刺激，因此所謂的母親固著就經常發生。在我能觀察到的少數例子中，這種固著真正有害的面向，似乎在於母親引起的激情，與性成熟後女性（通常是男性順從的對象）刺激外生殖器所引起的激情之間明顯解離。在我看來，真正的「阻力」在於，無法將最初經歷的愉快激情，與往後得到的所謂情色刺激連結在一起。這兩種心理元素之間的明確抑制屏障，似乎經常在中樞神經系統中形成。

當然，如果社會認可母親刺激生殖器官，應該可以防止這種情況。在我注意到的少數案例中，早期對媽媽的激情，似乎阻礙了往後對妻子或情婦的激情，這些青年在童年時不曾受到保母或其他女性的生殖器官刺激。在其中一個案例中，這個小伙子苦於無法經由生殖器官刺激，重燃小時候對母親感到的激情，這個男孩曾被年長男孩強迫刺激，後來遭受了身體上的痛苦和情緒上的羞愧（實際上是受挫的支配與順從之間的衝突）。這類型的強烈不愉快情緒經驗，進一步增強了激情情緒與「情色」感覺之間已然存在的抑制障礙。

女性的強度不足以引起某些男性的激情

某種類型的青年到了青春期後半，似乎自發地逐漸產生被迷惑的情緒渴望。這類型的男性，經常無法找到任何強度（身體或情緒）足以充分征服自己的女性。在這樣的情況下，這種男性可能從強於自己的男性對自己的征服中獲得大量激情體驗，縱使那些男性在迷惑情緒之外，無可避免地對他表現支配。

有個這類型的男孩大一時受到嚴重霸凌，他坦白地告訴我，他非常享受這樣的經驗。這個小伙子的報告相當天真，他內省描述了對大二征服者幾乎純粹的激情反應。出於某種原因，這個男孩剛升上大二時，轉學到了我當時任教的大學，而且因為先前的學分不足，不得不再當一次大一新生。當他發現自己受到的欺負不像以前經歷的那麼嚴重時，他表達了非常強烈的失望，還明顯語帶怨恨地批評了學校當局，因為學校的規定，嚴格限縮了大二學生對新生的管教。我相信，其他這類型的男孩之所以選擇軍校而不是一般大學，主要就是因為期待在接下來四年當中，都能受到嚴厲的管教。

大學男生階級關係中的激情研究

然而，情緒研究指出，這類型的年輕男性，也就是儘管必須忍受附帶的各種傷害和痛苦，還是能對強大男性感到愉快激情情緒的男孩，在美國的年輕男性中所佔的比例相對較小。凱勒進行了一項大一男孩對大二征服者的態度研究，形式和題材都跟格里登小姐所做的研究完全一樣。然而，結果大多跟女大生的研究相反。只有一兩個男孩提供了可靠證據，證明大二學長無論是在一整年對自己執行「傳統」期間，或在特殊派對上「用槳拍打」或以其他方式嚴厲懲罰自己，都會引起愉快的激情情緒。除了這一兩個之外，其他男孩全都明確地表示更想當「不快樂的主人」而非「快樂的奴隸」，這些男孩沒有一個人表示自願順從男性或女性。另一方面，幾乎所有男孩都表示，自己相信**服從**高年級生有其必要。

在大二生強加給新生的某個特殊情況中，我們發現了比其他情況更清楚的激情情緒。當時大一男孩被大二學長逼著穿睡衣在女生宿舍前遊行，還得進行各種表演和雜耍，這讓宿舍裡透過窗戶觀看表演的女孩非常興奮。在這樣的情境中，受欺負男孩的意識似乎出現了明顯的衝突，這種衝突來自女孩觀眾引起的激情情緒，與對男性壓迫者（大二學長）感到的受挫支配。然而，受挫的支配情緒無疑地佔了上風，幾個新生粗暴地掙脫了大二守衛。從這些大一男孩的自我觀察來看，似乎可以預見，如果對自己施加強力的實際俘虜者是女孩而非其他男性，他們會極其享受相當純粹的激情情緒。正常男孩似乎學會了，將其他男性視為根本上有害自己利益的人，至於女性，即使自己可能受到假裝輕蔑和討厭的對待，但女孩根本上被他們視為友善和可愛的。

研究結論

我們從上述研究得出的一般結論是：

(1)在我們研究的大學男孩團體中，正常男性即使有、也很少能被另一個正常男性引起純粹激情反應。

(2)以對待大一女生那樣俘虜男孩的女孩，可以引起絕大多數男孩的強烈激情情緒，前提是女孩的強度（情緒或身體）足以透過引導，讓男孩留下了她們優於自己的印象，又不會引起男孩的支配。

總結

一般而言，似乎可以合理地總結，如果缺少了生殖器官刺激，男性的激情情緒無法被其他男性引起。這個結論所具備的必要條件，或許可以參考先前略微提及的男性類型，也就是激情情緒的發展十分強烈，強到足以在軍隊或其他優越男性的征服下持續存在——縱使這種男性征服者更沈溺於支配行為。

第十五章 愛的機制

鑑於先前的分析，迷惑和激情反應在沒有生殖器官的環境刺激下也會發生，因此，生殖器官不該視為愛反應的唯一來源，這點似乎沒什麼必要特別強調。迷惑和激情是複合類型的整合情緒，可以透過各種不同的適當刺激引起。然而，生殖器官似乎是特別為了引起愛整合情緒而設計，就像消化器官是專門為了引起慾求情緒（食慾）的整合模式而設計。生殖器官也極有可能作為愛興奮的循環增強機制，即便愛興奮的受器完全不同於位在生殖器官本身的受器。迷惑和激情這些複合情緒的運動神經放電，可能會以某種固定比例前往內、外生殖器，就像渴望和滿足的運動神經放電，或許總以某種固定比例的放電前往慾求的消化道和骨骼肌。然而，即使是提出試驗性假設，都需要實驗來證明這些可能性。但無論如何，**生殖器官就像消化機制一樣，應該被視為適合啟蒙複合情緒反應的天然、自動的老師**。簡短探討性成熟個體的這些機制有何結構和功能，我們就能清楚知道，生殖器官自動具備了引起迷惑和順從情緒的能力。男女兩性都擁有兩套生殖器官，內生殖器和外生殖器。

生殖器官機制

嚴格來說，陰莖是男性唯一的外生殖器，而睪丸及其附屬結構儘管實際上位於性成熟男性的體外，還是歸類為內生殖器。確切地說，女性的內生殖器始於陰道的開口。對於女性陰蒂的性質和功用，一般人（尤其是女性）似乎大多一無所知，儘管如此，陰蒂的心理功能完全相應於男性的陰莖。有些生物演化的推測理論認為，女性的陰蒂是物種雙性戀的遺跡，目前人類的身體結構發展已經遠離了這種狀況。無論歷史面向為何，陰蒂刺激的心理神經結果，似乎與男性外生殖器刺激產生的結果完全相同。此外，雖然知道的人不多，但女性的陰蒂可以有效地受另一個女性的陰戶（又稱陰門）刺激，幾乎就像男性的陰莖受女性的陰道刺激。女性因為另一個女性刺激陰蒂（在女囚犯的行為中明顯可見）而產生的情緒，似乎相當於男性因為陰莖受刺激而產生的情緒。在這類型的身體關係中，雙方女性往往同時體驗到陰蒂刺激，緊接著是相稱的情緒狀態。當然，雙方都沒有受到陰道口的刺激。

早在一八九五年，蘭利（J. N. Langley）和安德生（H. K. Anderson）就對於內、外生殖器的神經支配，做出了相當準確的描述。[1]男性和女性的外生殖器，主要的神經支配都是透過勃起神經，內生殖器則是透過交感神經而非薦神經纖維。雖然坎農和其他研究者強調，自主神經系統的交感神經與薦神經之間是相互對抗的，但蘭利在其中一篇最全面捍衛自主神經系統這個概念的文章提到，自主神經系統的中央分支與末端分支之間，實際上不存在絕對或完全的相互對抗[2]，這個說法是蘭利的原創。

運動自我同時激發內、外生殖器

隨意觀察動物所謂的性行為就會發現，雄性動物在追求雌性並被接受的過程中，可能出現大量骨骼肌活動，而在骨骼肌明顯活動的整個過程中，陰莖持續處於完全勃起的狀態。因為要活化骨骼肌，必須透過交感神經衝動的調節來提供額外血液量，所以我們知道，至少部分交感神經系統必須同時被活化，這樣薦骨的勃起神經也需要增加放電。此外，在整個性交過程中測量人類受試者的血壓和神經衝動，結果顯示，在性行為的某些階段，收縮壓會持續升高（意指交感神經衝動產生的心跳強度增加），同時伴隨薦神經支配引起的外生殖器血液供應量增加。

交感神經和薦運動神經放電的同時增加，與餓到痛高峰時手臂血管中交感神經衝動的減少形成對比，在餓到痛時，顱神經成功放電到唾腺，並且經過迷走神經放電到心臟。由此我們可

1 J. N. Langley and H. K. Anderson, "The Innervation of the Pelvic and Adjoining Viscera," *Journal of Physiology*, 1895, vol. 19, p. 85.

2 J. N. Langley, "Sympathetic and Other Related Systems of Nerves," Schafer's *Textbook of Physiology*, 1900, vol. 2, pp. 616-697.

以推論，**運動自我**維持有機體的正常緊張性平衡，**需要交感神經放電明顯強過顱運動神經放電，也需要前往內生殖器的交感神經和前往外生殖器的薦神經聯盟地同時放電**。除了皮質的抑制影響，有機體尋常的緊張性狀態，大概會維持在對內生殖器的運動神經放電稍微強過對外生殖器的運動神經放電，因為除非受到特殊的刺激，外生殖器不會處於勃起狀態。

活化生殖器官的所有運動刺激都是聯盟性刺激

如果上述的分析（關於運動自我維持內外生殖器之間的平衡）正確無誤，那麼無論往內還是往外生殖器尋找出口的任何運動刺激，都會與運動自我聯盟。然而，運動刺激如果增強前往內生殖器的運動神經放電，跟運動自我維持的尋常平衡就處於「順從」關係。**如果運動自我增加，是為了強迫這些運動刺激沿輸出路徑前往內生殖器，這個反應就符合我們提出的「引導」這種初級情緒反應。**

另一方面，運動刺激的神經放電如果沿輸出路徑前往外生殖器，那跟運動自我的關係就被視為「引導」。**如果運動自我減少，使得運動刺激增加外生殖器興奮，這個反應就被描述為「順從」這種初級情緒反應。**

男性有機體內沒有週期性的愛刺激

這樣分析運動刺激與運動自我的關係有何意義？我們或許可以進一步發現，在性愛行為過程中，運動自我和運動刺激之間發生了什麼樣的連串整合。幾位生理學研究者盡全力在男性機體內尋找，是否存在堪比女性月經週期這種愛刺激的自發循環，但終究徒勞無功。男性似乎並不具備這樣自動的刺激機制，能像人類女性在月經期間或各種高等動物的雌性在發情期自動發起愛的行為。青春期男孩似乎有可能經歷不受控的興奮，特別是外生殖器，陰莖可能沒有受到任何外在刺激也會勃起。但在性成熟之後，正常男性似乎很少發生這樣的情況。

各方研究者都曾試圖找出引起男性愛興奮的機體內原因，像是精囊膨脹、甚至是排尿。但在我自己的研究過程中，絲毫沒有發現任何證據顯示，男性體內存在任何自發引起興奮的週期性刺激。如果真的出現這類的例子，在我看來，大概都可追溯到先前帶有情色環境刺激的感覺刺激（因為我確實在幾個案例中找到了它們）。許多男性在睡眠時正常出現的愛興奮，似乎也可歸因於先前的情色刺激，那些刺激的運動神經放電在清醒時受到了抑制。這種夜間的愛興奮，年輕男女發生的頻率其實差不多，所以無法歸因於男性特有的任何第二性荷爾蒙。我相信，外生殖器偶爾的自發勃起確實顯示，通常由運動自我維持的緊張性平衡，均勻地分布在內外生殖器之間，因此就算少量情色刺激引起的運動能量，在清醒時受皮質抑制而沒有完全放電，但只要皮質的抑制作用稍微減弱（如睡眠期間），平衡就可能發生變化。我自己的結論是，成年男性並不具有任何自動的機體內刺激機制，任何刺激機制的出現，都跟先前經歷的情色環境刺激有關。據我判斷，正常男性至少在性成熟後，必須仰賴外在刺激（當然包括想像和記憶中的感覺或「影像」），才能引起他的迷惑或激情情緒。

女性的愛刺激週期

然而，我們發現女孩和女人的情況完全不同。至少五十份女性受試者的報告顯示，在月經前、剛結束，或經期前後都有愛興奮明顯地增加。仔細研究少數幾個案例發現，月經快來時與剛結束的愛興奮之間存在某種差異。（月經期間或許也有愛興奮，但由於這通常不會影響兩性關係，所以可以暫時忽略。）經期快開始以前，因為囊狀卵泡（又名格雷夫氏濾泡）的成長與成熟，以及子宮內的組織變化和整個內生殖器管道的血流量，內生殖器一定會受到刺激，導致此時的求愛類型，比經期剛結束時更煩躁不安且更具侵略性。

月經期間引起的 pIaS（？）

在剛剛提到的案例中，經期結束後，女性的求愛行為似乎包含了更多順從元素。根據內省描述，這時的愛興奮比經期前更大量且更普遍。證據指出，經期前後（許多案例還包括整個經期）都會引起運動刺激，這些刺激往往順著輸出路徑前往內、外生殖器。透過觀察陰蒂、陰戶的狀態，有時是觀察外陰陰道腺體分泌的明顯變化，可以輕易偵測到運動刺激是否到達外生殖器。經期結束之後，至少在某些案例中，愛興奮的一般性質表明，外生殖器興奮的比例大於經期之前。這個跡象似乎顯示，經期期間的外生殖器興奮還要更大，而經期後的外生殖器興奮是經期期間興奮的後放。在某些案例中，仔細的自我觀察清楚表明，經期期間因墊衛生棉無意識地刺激陰蒂，使得外生殖器興奮明顯增加。因此，月經期間，外生殖器興奮似乎通常優於內生殖器的運動神經放電。根據這樣的分析，月經期間是一段被動的愛（pIaS）時期。

經期之後的 aIpS

既然如此，假設整個經期刺激導致前往內、外生殖器的運動神經放電增強，但往外生殖器的更佔優勢，我們或許可以輕鬆地分析引起的初級情緒反應是什麼。順從（對內生殖器）和引導（對外生殖器）類型的運動刺激似乎都被引起。有機體的外顯反應（像是性躁動、運動能量和興奮顯著增加），證明了運動自我的強度明顯增加。由於運動自我這樣的增加似乎是對刺激的反應總和，因此我們可以假設，**主動引導的反應更佔優勢**。

然而，這種主動引導無法恢復有機體最初的反射平衡，因為顯然大量的運動神經放電仍在前往外生殖器。因此，對於造成這種放電的刺激，運動自我處於**被動順從反應**的狀態。

女性追求男性

還記得嗎？餓到痛引起的運動刺激，使得有機體無法對食物以外的任一類環境刺激做出反應。在這樣的情況下，食物代表了強過餓到痛、但弱於有機體的環境刺激。因此，主體可以被動地服從餓到痛，同時也支配食物。經期引起的運動刺激所產生的愛反應，就跟慾求刺激引起反應的情況完全相同，亦即迫使有機體只對一種刺激做出既定反應。女性聽從了自己的經期被迫追求男性，因為男性的身體結構，能使女性對他做出主動引導反應，在此同時，女性也對部分經期刺激做出被動順從反應。就像食物可以受到飢餓的主體支配，因為食物接著能夠支配確實強過主體的餓到痛；在愛刺激的情況中，女性能夠主動引導男性，因為男性是弱於女性的刺激，但強過激發女性外生殖器興奮的運動刺激，這種運動刺激也確實強過女性的運動自我。

稍微想想男性身體是為了帶給女性哪種類型的愛刺激，就會明白這一點。伸進陰道口的陰莖，直接刺激女性的內生殖器。假設這種刺激產生的運動神經放電，傾向經過交感神經節回到內生殖器，就像胃刺激產生的運動神經放電，傾向通過顱神經再次回到胃部，我們會發現，性愛接觸期間，男性帶給女性的刺激具有兩個特徵。首先，引起的運動刺激，完全順從女性自己的運動自我平衡。第二，這些順從的運動刺激沿著既定路徑前往內生殖器，因此往往會增加對內生殖器的放電，直到對外生殖器的運動神經放電（由經期刺激產生）完全被抵銷，運動自我恢復平衡。

因此，這種平衡的恢復，或許可由男性刺激產生的運動刺激完成，而受男性刺激之前，女性的運動自我無法自己恢復平衡。誠如先前提到的，這意味著**女性同時感受到對男性的主動引導情緒，以及對經期刺激（仍在她體內活躍）的被動順從情緒**。

當男性在女性體內引起的運動刺激，終於完全抵銷了釋放到外生殖器的刺激時，後一種刺激（可能具有部分抑制的性質）就會激增，同時在子宮和陰道產生一系列有節奏的收縮，構成了性高潮。這種特殊類型的女性性高潮，有時被女性稱為「內高潮（或陰道高潮）」。這代表女性完成了對男性的主動引導反應，擄獲了足夠的聯盟性刺激來（至少）暫時抵銷引起被動順從的經期刺激。外生殖器興奮的激增只是暫時，就算連續三、四次的「內」高潮也無法徹底破壞**alpS**組合，只要經期刺激的後放依然活躍，這個組合就會跟著持續下去。

男性身體只適合激情刺激

由於男性的內生殖器任何時候都無法透過與女性接觸直接地刺激，所以男性在整個性關係中的外顯反應是一種主動順從，由外生殖器不斷累加的刺激引起，過程中，男性的外生殖器完全被女性的內生殖器——陰道包圍（擄獲？）。

我們在第十一章提到，陰莖勃起是一種順從反應類型，由聯盟性運動刺激（如撓癢癢和撫摸等）促成，這些運動刺激能夠引導運動自我進入薦骨放電通道，因為強度高於運動自我，可以克服一般的皮質抑制作用。我們剛剛才說到，當陰莖還留在陰道內時，陰莖受到的進一步刺激會引起順從反應。**但為了讓陰莖留在陰道裡，運動自我必須保持連續增加才足以維持勃起。**運動自我的增加不斷擴展到受刺激的部分，從而邀請並允許女性身體結構唯一適合之處來刺激這個部分。**這種為了獲得進一步的順從刺激而增加運動自我的舉動，構成了被動引導。**

這與孩子伸出手腳得到更多撓癢癢和刺激的反應類型完全相同，我們在上一章以此證明嬰兒愛行為的被動引導。大一女生也做了同一類型的反應，她們鬆脫自己的手吸引二年級學姐來增加更多的束縛，藉此引起進一步的順從。陰莖伸長以接受刺激，只是這種被動引導行為的特殊類型，僅僅適用於特定類型的迷人有機體，亦即女性的內生殖器。

既然如此，整個性愛過程中，男性表現的被動引導（運動自我增加）足以使他的身體受到女性身體的刺激。他也同時透過陰莖和身體的運動來表現主動順從，這些運動是由包圍陰莖的陰道壓力所引起。**這種主動順從和被動引導的同時複合，構成了身體的激情情緒。**

男性性高潮反應是主動的愛

男性的性高潮與剛剛描述的女性「陰道高潮」相當不同。當男性這樣大量增加的運動自我透過外生殖器刺激釋放時，似乎出現了男性的性高潮，這時運動自我的總強度大於先前一直強迫運動自我順從的運動刺激總強度。當這兩種整合元素之間的強度平衡發生變換時，運動自我就會控制局面，立刻恢復自己的反射平衡。根據先前的分析，這種平衡需要對內生殖器的運動神經放電佔優勢。因此，當運動自我恢復這種平衡時，透過**主動**引導，連同新擄獲的聯盟性運動刺激（運動自我先前一直對其順從），內生殖器會一陣一陣地收縮，產生一系列有節奏的肌肉痙攣，這一系列的痙攣，會將含有精子的精液射出。

男性在性高潮期間，表現的愛情緒顯然從被動轉變成主動。男性的被動引導，變成了主動引導。原本只增加到足以保持陰莖勃起的運動自我，現在大幅增加，大到它帶著新擄獲的運動刺激回到自身預定的平衡。也就是說，男性現在透過將活躍的精液射入女性的身體，**主動**地引導女性**創造**全新的情緒反應。

在此同時，男性的主動順從變成了**被動**順從。他不再允許自己的運動自我，受女性陰道引起的運動刺激控制和引導而放出能量。但男性在性高潮期間**被動地**順從女性，因為他允許女性的內生殖器在他身上引起生殖行為所必需的肌肉痙攣。也就是說，男性的運動自我，依然充分受到先前由陰道刺激陰莖所引起的運動刺激控制，調控主動引導以將全部的引導刺激主要導向內生殖器，而不是沿著任一或所有的大量運動自我通道，前往現已自由開放的骨骼肌和鄰近內臟（不過興奮也大量擴散到扣握肌）。

因此，男性在性高潮達頂點時，會將自己的愛表現從激情轉變成迷惑。然而，這種迷惑的目的，不是為了控制女性的反應，而是為了控制即將到來的孩子，這是男性對女性的激情順從達到頂點的結果。

女性「陰道高潮」和男性性高潮之間的主要差異在於，控制主體的情緒反應，與先前的反應類型相似或相反。女性一直表現主動的愛（迷惑），這種主動的愛情緒，在月經引起的運動刺激引導下達到頂點，以致於短時間內運動刺激就不堪負荷，被迫活化內生殖器肌肉的陣發性收縮。但女性身體非常容易回到先前主動的愛的狀態，因為只需稍微放鬆內生殖器刺激的高潮強度，就能讓暫時受引導的運動刺激重回先前引導者的角色，透過再次放電引起陰蒂的被動順從。然而，男性就沒那麼容易回到激情反應（被動的愛）的狀態。激情反應再次控制男性身體以前，新獲得的主動的愛必須精確地逆轉。為了達到這個結果，必須從外進一步刺激外生殖器，而且刺激必須持續，直到運動自我的增量大到足以再次主導陰莖，藉由順從運動刺激，維持外生殖器處於勃起或被動引導的狀態。從主動的愛高潮到再次恢復順從激情之間，可能需要很長一段的靜止時間。因此，相較於男性主動的愛高潮與重新開始激情反應之間的靜止期，女性一次「陰道高潮」到下一次之間所需的恢復期短了許多（或許完全沒有間隔）。

誠如先前提到的，女性能夠體驗主動和被動的愛情緒。透過另一位女性（或由某些人為刺激，像是舌頭或手）的陰蒂刺激，或許能以完全等同男性陰莖刺激的方式引起激情反應。接著這種激情而來的性高潮，完全就像男性引起的激情帶來的性高潮，在這樣的情況下，性高潮同樣代表了激情到迷惑的轉變。（顯然，因為這種高潮的創造特性，亦即結束激情，只被擁有這類愛關係的女性受過愛訓練的意識知覺到，所以常被視為神聖不可侵而受到崇拜，男性在相同行為中很難獲得這種感受。）這類型的性高潮，往往被女性稱為「外高潮（或陰蒂高潮）」。女性的陰蒂高潮似乎很可能比男性的高潮持續更久，隨之而來的，是嚴重的無精打采和身體懶洋洋。

有些女性受試者報告，在普通的性交行為過程中，她們的陰蒂受到了大量刺激。另有些女性受試者在與男性身體接觸的過程中，幾乎沒有感覺到陰蒂的刺激。問題似乎在於陰蒂的位置與其他相關結構之間的關係。女性在與男性發生性關係時，很少因為陰蒂刺激體驗到外高潮。然而，如果女性確實受到這種外生殖器刺激，在結束了與男性的性行為後，這種刺激往往使她們處於激情反應的狀態。顯然，無論多少陰道高潮，都無法滿足這種激情反應。

男性喜歡將愛和慾求混為一談

討論男性和女性的求愛行為時，必須時刻謹記這個事實：幾乎所有主體的情緒機制，都免不了將慾求情緒和愛反應混在一起。我們已經引用了一些案例，呈現了將引導與支配、以及將迷惑情緒與尋求滿足的慾求渴望混為一談的傾向，尤其是男性。有些愛反應的通俗用語，不只清楚呈現慾求與愛之間的無意識混淆，還明顯透露許多男性作者在延續這種混淆時得到的支配樂趣。

若將愛稱為「慾求」，男性立刻就可以了解和支配這種愛。如果就連主動的愛（或迷惑情緒）都被視為主體在反應期間必須全然受控於跟迷惑對象的利益聯盟，那麼這種反應就會讓一般男性感到厭惡，因為這意味著**他只有給予、沒有獲得**，在多數男性的心中，給予的唯一正當理由，是給予之後可能有更大的獲得。對男性來說，將愛反應僅僅視為額外的愉快來源，是一種支配的滿足，這樣他可以藉由自己習慣的方式獲得慾求滿足，亦即透過行使支配和服從來滿足慾求。

如果男性認為愛情緒完全取決於順從另一個人（尤其是女性）的程度，這個男性就會立刻意識到，再也無法以自己的支配來控制這種佔據大半生的愛——這是他迄今最愉快的事。如果認可了這種愛的本質，那就意味著，**男性永遠不可能在愛中獲得真正的優勢地位，除非學會了與支配成正比地變得比女性順從**。當然，這一切都不是經由意識思考得出，但我相信，某種程度上會發現，它幾乎暗暗存在所有男性對愛的態度中。

因為這種典型的男性趨向，在多數大眾文學和科學文獻中（由不受女性控制的男性，或嚴密受控於男性標準和傳統的女性所撰寫），我們發現了一系列或多或少故意為愛反應設計的誤用詞。例如，主動的愛（或迷惑反應）在男性的命名中成了「渴望」；被動的愛（或激情反應）則被稱為「慾求」，還將肉體的愛描述成「性慾求」，進一步把「被動的愛」與「美德之愛」（love of virtue）這種值得讚美但稍嫌活力不足的情緒意識狀態分開。這樣的推論太簡單。無論男女都被形容成這種對愛的簡單錯誤描述：企圖彼此侵佔並支配地擁有對方，每個人都是為了滿足自己的慾求。透過捍衛這種概念堅持混淆愛與慾求的人，只不過是想要支配，試圖逃避現實。

用來滿足慾求的愛終究還是愛

誠如我們在用引導來滿足慾求的案例中所見，如果想引起刺激者相應的愛反應，無論這一系列的愛反應最終結果為何，愛反應從頭到尾都必須保持非支配反應。那些為了慾求使用愛的人，必須先學會愛；爾後，在從所愛之人身上得到所需之物的整個過程，他們必須願意真誠地愛。如果追求者經過短短幾分鐘或幾秒就開始支配對方，他就達不到最終的目的。因此，愛反應不能被稱為慾求，除非是在預期或在回顧時，也就是在愛反應開始之前（此時正在選擇和計畫最終的慾求利益），或是在愛反應終止之後（此時正在享受獲得的結果帶來的慾求滿足）。

當然，在愛反應本身持續期間，慾求反應可能混入整體行為模式之中。然而，只要慾求確實與愛混在一起，他人出現的反應，同樣也會混有自我追求的慾求。這樣一來，愛反應作為支配和慾求工具的有效性，勢必大大降低。**一個人追求另一個人，不該被視為渴望吃掉或佔有心愛之人。只能適當地描述為試圖與另一個人建立關係，其中追求者透過與對方的利益更密切地聯盟，讓自己更徹底地獻身於追求的人。**

一般人通常認為，女性在建立關係時，即使沒有更不單純的經濟動機，也是「渴望」為了自己的愉快而迷惑男性。如果女性迷惑男性真的是為了追求自己的愉快，那她其實無法以此獲得那種愉快，因為永遠無法建立愛的關係。或者更明確地說，如果女性迷惑男性與自己建立真實的愛關係，她是透過引起男性的真實激情反應來做到這點。為了引起真實激情反應，女性必須不斷研究男性的情緒機制，並且只嚴格地按照這些機制刺激他。此外，**她必須更有效地刺激男性，也就是與當時他所受的任何影響相比，她使用的方式能讓他更感到愉快**。簡而言之，為了迷惑男性，女性必須引起男性最大程度的愉快。唯有有效增加他的愉快，她才會愉快。

一旦女性的總反應模式進入了渴望，試圖迫使男性以暫時讓她愉快但讓他不愉快的方式刺激她，這時女性對男性的迷惑就會相應地減少。渴望得到了滿足，亦即女性先前施加的愛影響和迷惑持續期間，男性不斷地向女性送出慾求滿足。此時她已開始收穫慾求獎勵，這是先前愛反應的結果。但愛反應本身已不再起作用，因此女性只能在先前的愛反應不再影響男性之前，盡可能掌握她能抓住的一切。如果她想透過濫用愛的方式得到更多慾求獎勵，她就必須再次放棄所有為了自身愉快的渴望，並且再次試圖引起男性意識中最大程度的愉快。當然，迷惑人的女性可能故意欺騙（參見第十七章），男性也可能錯誤地解釋女性的行為，但這樣的誤解，絲毫不會改變男性所反應的刺激本質，唯一的問題在於，適當刺激是否實際存在於女性身上，或適當刺激是否僅僅存在於男性的中樞神經系統。

以下的愛反應結果無一例外：**迷惑情緒和激情情緒，都不包含任何形式的渴望或滿足。愛情緒不包含任何形式的慾求反應。如果渴望或滿足反應混入了迷惑和激情反應，當混合物受到這兩種慾求元素控制時，就會導致渴望和滿足取代了迷惑和激情。**

性結合之前的外顯愛行為

誠如我們已知的，女性被動的愛或激情反應在經期結束時終止。之後，正常且不受約束的女性，開始尋找男性來迷惑他。在一般情況下，只有最初受到女性刺激或某些相應的適當刺激，成年男性才會出現愛反應。男性一開始的反應，就是被動的愛反應或激情反應。

女性迷惑男性的類型中，最坦率、最清楚明白的，是歌舞女郎和舞者的表演。劇場提供了一種社會認可的刺激情境，女性在其中被動地順從自己內在的強烈慾望（導致外生殖器受刺激的機體內刺激），對男性觀眾做出反應，透過展現和運動自己的身體，最大程度地刺激男性觀眾的有機體。舞台上的女孩嚴格按照迷惑情緒的本質，盡其所能地觀察和分析男性的情緒機制（或由舞台監督為她這麼做），她勤奮不懈地練習刺激這些男性機制，透過這些機制引起男性最大程度的愉快。一旦這種刺激開始有效地在男性的意識中引起激情反應（當然會讓男性極其愉快），這種激情整合的運動神經放電，立刻讓男性對女性的心理—生理機制產生一系列的主動順從反應。

這種主動順從反應最先是送花，並確實地向女性自我介紹，以便之後可以口頭讚美她的美貌和迷人魅力。這些反應接著又會引起女性進一步的迷惑行為，由此再次逐漸增加男性的激情，其中帶有外顯的主動順從元素。男性成了這位迷人女性（迷惑者）的忠實追求者，聽從她的口頭命令，試圖以各種可能的方式順從她未說出口的情緒本質。當然，整個過程可能部分退化成買賣，但如果變成這樣，男性只會得到他所購買的，不會得到任何愛關係的慾求滿足。如果最終女性的迷惑反應和男性的激情情緒控制了他們的有機體，進而產生了性愛關係，如前所述，迷惑刺激實際上會引起男性的身體變化，目的在於使女性的身體能在生理上擄獲它。

兩性的愛結合

藉由適當的運動和陰道收縮，女性的身體持續迷惑男性的身體，而男性的身體正是為了這個目的改變自身形態。因此，迷惑和激情的反應逐漸增強，直到男女之一發生性高潮的時刻。從相關結構的性質來看，似乎女性的性高潮應該會先發生。性愛期間，陰道劇烈地收縮，加上施於男性的肌肉壓力大大地增加，一切似乎都是為了引出男性激情的頂點達到性高潮。但可以肯定的是，如果男性的性高潮先發生，那麼女性可能永遠都不會發生性高潮。正是因為這個原因，許多已婚女性表示，打從結婚以來她們未曾體驗過性高潮。

如果依循正常的反應順序，緊接著性高潮之後，男性會經歷短暫的主動的愛（或迷惑情緒），女性的迷惑反應也隨之停止。誠如我們提過的，此時偶然刺激陰蒂產生的興奮，可能成為女性身體的主要刺激，至少暫時改變情緒反應，從迷惑變成激情。就像男性最終的迷惑反應，女性的這種激情，不該被視為屬於初始的一系列愛反應，而是代表新的一系列**創造**反應的開始，目的在於創造和孕育即將到來的孩子。

訓練男性「保留性交」的必要性

在普通的兩性之愛關係中，先前提到最接近正常的愛反應順序，其實沒那麼常發生。在男女之間發生身體接觸之前，剛剛描述的行為十分典型，尤其是在女性受過迷惑反應訓練的例子中，像是某些舞者和歌舞女郎為了刺激激情所做的舞台表演準備。然而，有了身體關係之後，男性反應的顯著特徵，往往是企圖盡可能迅速擔當迷惑者的角色。從身體方面來說，男性採取的形式為，盡可能奪取女性在性愛中的積極進攻角色，透過相當於自慰的方式盡快結束性行為，也就是說，利用女性的陰道而不是手來抽動陰莖得到刺激。一般男性對於性愛關係的想法，似乎是盡快達到性高潮。這種行為的結果人盡皆知。早在女性受到足夠的陰道刺激、使迷惑反應達到頂點之前，男性的性高潮就發生了。因此，女性大部分的愛體驗與最終的性高潮都被剝奪了。男性過早終結自己的激情、同時結束了女性的迷惑行為，也有效地限制、最後完全破壞了自己身體激情的樂趣。

哈維洛克．艾利斯（Havelock Ellis）和隆恩醫師（H. W. Long）等作家，意識到有必要對男性進行保留性交（coitus reservatus）[3]訓練。隆恩表示，「在這種情況下，性高潮不是迫切需要之物。」[4]艾利斯簡短介紹了一些社群的歷史，其中女性訓練男性練習保留性交，這樣不但不會造成身體傷害，還大大增加男女雙方的愉悅。[5]有個不爭的事實[6]：透過陰道高潮來完滿女性身體的迷惑情緒，需要的時間比產生男性性高潮所需的時間長了許多，男性在性高潮中允許自己不受約束地運動身體，自我刺激隨之而來。

為了調整迷惑和激情反應的先後順序，也要確保整個性愛關係的情緒最愉快和完整，激情反應顯然必須隨時受到迷惑刺激的控制。換句話說，學會保留性交的男性，在性行為過程中，必須讓自己完全受女性控制，就像他在追求時必定得做的那樣，那時唯有激情反應，才足以跟迷惑自己的女性建立渴望的關係。

隆恩醫師建議男性躺在女性下方，而非更常見的表現男性主導的姿勢。他表示：「這時是由**女性**而非**男性**完全控制這樣的交會，因此可以根據她的**喜好**和**需要**調節。」[7]隆恩醫師進一步強調，所有婚姻生活最大的錯誤在於，「缺乏知識的丈夫和缺乏經驗的妻子都這樣假定，一切動作都應該由丈夫發起，女人則該躺著不動讓男人處理一切。」[8]進一步指出男性主導的身體姿勢如何笨拙和不自然之後，隆恩醫師堅持主張，性行為中發起兩方所有動作的人應該是女性，而非男性。男性的動作應該只是回應女性的動作，而且只在女性允許時發生。從這令人欽佩的建議中可以發現，隆恩醫師意識到，發生性行為時，女性的迷惑反應必須從頭到尾都佔優

---

3 譯注：在性交過程中男性儘可能延緩射精，一直維持在性持續期。

4 H. W. Long, *Sane Sex Life and Sane Sex Living*, Boston, 1919, p. 129.

5 Havelock Ellis, *Studies in the Psychology of Sex*, Philadelphia, 1922, vol. VI, p. 552 ff.

6 H, W, Long, *Sane Sex Life and Sane Sex Living*, Boston, 1919, p. 70.

7 H. W. Long, *Sane Sex Life and Sane Sex Living*, Boston, 1919, p. 107.

8 H.W. Long, *Sane Sex Life and Sane Sex Living*, Boston, 1919, p. 81.

勢。

瑪格麗特．桑格（Margaret Sanger）在她進行節育工作的期間，實際研究了大量的性愛關係案例，她寫道：「婚姻問題的癥結點就在這裡。幾百年來，女性一直受到習俗和偏見的洗禮，尤其是在清教傳統為主的國家，所以她們學會了自己應該扮演被動、盡責的角色——順從但不主動參與。同樣的，男性也一直受到傳統的教導，學會了只追求自私的滿足。正是這種缺乏建設性的性愛經驗，造成數以千計的不幸婚姻，還有許多妻子悲慘、虛度的一生，她們因為輕率和無知而受騙，失去了享受婚姻的合法權利。

「如果女性學會了積極主動，而男性學會了抑制狂暴的激情表現，就能取得很大的成果。」[9]

控制愛的支配會同時阻撓愛和慾求

毫無疑問地，正是男性長期以支配控制愛的產物，導致了西方文化男女之間性愛關係盛行著奇怪的方式。在東方，愛被當作一種藝術來實踐，人們不受限地認可女性完全控制性愛行為的必要性，無論那位女性是妻子還是女僕。我們在《一千零一夜》（又名《天方夜譚》）（*Arabian Nights*）這類的文學作品中發現了許多證據，證明東方君主在沈迷於愛的同時，也足夠聰明地讓自己的身體完全聽任迷惑他的女性控制和服侍。

就更細微的情緒和「靈性」價值的發展而言，對自然的愛行為的支配壓抑和慾求扭曲，深遠且具破壞性地影響了西方文化。在《大街》一書中，人們缺乏美感價值的理由，主要在於大街的男男女女都盡可能將自己的愛完全變成慾求。他們往往認為，女性有意地投注時間和精力學習迷惑情緒是「邪惡」且「傷風敗俗」的，而因此在家無法享受激情的男性，只好到別處尋求。

由於一般男性在婚姻中獲得了慾求的主權，因此可以預期，女性先前對男性的迷惑態度，會突然地順應慾求情境並且轉換成激情。另一方面，男性打從得以隨心所欲接觸女性身體的那一刻起，就試圖將自己視為迷人女性般的迷惑者。但因為結構的性別差異，男女身體適合的自然情緒角色，無法以這樣強硬的方式倒轉。試圖倒轉的結果，完全只會造成肉體的愛終止。充其量，可能以家庭舒適、財富和社交活動的方式，部分取代了相互享受慾求滿足。最糟（也更常見）的情況是，關於金錢和慾求樂趣的爭吵隨之而來。

林賽法官（Ben Lindsey）報告了[10]許多自己觀察到的案例，其中有對男女在舉行婚禮以前，一直以十分愉快的愛關係一起生活。婚禮過後，慾求取代了愛，直到提出了離婚。在他報

9 Margaret Sanger, *Happiness in Marriage*, New York, 1926, pp 139-140.

10 Judge Ben B. Lindsey and W. Evans, *The Companionate Marriage*, New York, 1927.

告的一個案例中，有對夫妻在相信離婚得到批准的情況下，恢復了以前快樂的愛關係，然而事實上林賽法官尚未簽署文件。得知這個事實後，男女雙方立刻懇求法官簽署判決書，這樣他們就不必再分開了！在這樣的案例中，似乎可以清楚看見，當男性由提供金錢實際取得了伴侶關係的最高控制權時，他在愛的關係中，就無法繼續感到自己完全被女性迷惑。**如果女性也有工作，並且支付自己的生活開銷，男性在意識中就會不斷地認為，他與女性的關係只是靠著她的忍受來維持。**只要她想就能隨時結束他們的關係，如果男性不再順從她的迷惑愛反應，她一定就會結束關係。自己的身體是為了激情反應設計，而女性的身體是為了擄獲男性而非順從他們設計，關於這點，無論多數男性多麼不願意承認，這似乎就是個清楚明白的情緒事實。

女性的激情

另一個問題，跟女性在與其他女性的關係中表達激情情緒有關。我很坦白地承認，當我開始研究這種愛的關係時，我對於它在女性的情緒生活中有多重要絲毫沒有頭緒，也完全不知道這種關係在愛的行為相對自由的女性中普遍存在，要不因為以前的經驗、要不就是學姐和新生之間的迷惑和激情關係（沒有性器官刺激）。我從個人觀察中發現，同住一個屋簷下的年輕女性，可能互相引起極為愉快和普遍的愛反應，但兩者都沒有身體接觸或生殖器官興奮。然而，透過共同研究者的寶貴協助，我調查了不受大學當局和家庭生活影響的女孩和女人之間的愛關係，結果發現，在可獲得重要資料的愛關係中，幾乎一半都伴隨著身體的愛刺激。

在我研究的女性舞者案例當中，與其他女性有身體接觸的愛關係似乎是常態，而非例外。在幾個案例中，如果少了與其他女性的愛戀情事，她們會感到與丈夫和孩子的良好關係並不足夠。其中一個案例的丈夫（演員）表示，妻子在被另一個女孩引起激情反應之後，自己與妻子的性愛接觸更有樂趣。同樣在這個案例中，據觀察，這位母親和兩個孩子之間的愛關係，似乎也增強了而不是減弱。沈迷這種愛表達形式的女孩和女人，似乎對此沒有感到任何異常或不自然。事實上，她們通常無拘無束地與女性戀人發生自在的肢體接觸，即使有他人在場也不以為意。有位男性心理學家曾向我報告一個案例，這對女性愛侶被學校當局分開了幾個星期。這些女孩在他面前毫不猶豫地做出愛的舉動，顯現了強烈的激情和迷惑情緒。根據這份報告，女孩將她們的愛關係視為一件特別神聖的事，不過報告也指出，在這起事件不久之後，她們兩人都跟男性談了戀愛，但與男性的關係似乎絲毫沒有減損她們對彼此的愛。

有個經過驗證的同一類型實例引起了我的注意，那是關於巴黎舞者與男性和其他女孩的愛戀情事。在一個例子中，女孩懇求她的男朋友，允許她在他們的關係結束時，在他面前跟另一個女孩進行肢體之愛。最近，一個極其能幹又絕對務實的商人，以完全接受且毫不意外的態度告訴我，有人看見兩名女員工在辦公大樓的公共區域彼此享受身體接觸，幾乎可以肯定其他女員工目睹了這些舉動。報告此類女性的愛關係一般趨勢時，我只選擇了激情顯然高過其他影響力的案例，那些影響力可能對兩個女孩之間的肉體關係有最強的抑制效應。只要女性擁有兩種不同的愛機制，且兩者在環境中能受到不同類型的刺激者刺激，那似乎很有可能一有機會她就會繼續享受兩種類型的愛關係，即使社會試圖禁止其中一兩種愛的行為。

關於這種與其他女性的愛關係，對女性身體健康可能產生有害影響的說法，我一直無法驗證在調查一開始得知的男性醫學觀點，亦即女孩之間這樣的愛戀情事，總是對她們的身體健康有害。然而，如果發生前述身體關係的女性，屬於懲戒機構（如監獄）裡被隔離的一群人，確實就會出現一些有害的結果。在研究的這群女囚犯當中，已知約有超過二十名女性（總受刑人數為九十七人，黑人、白人都有）與其他女性發生戀愛關係。其中兩名女性出現了體重減輕和整體健康衰退的情況，這似乎是她們的女性戀人一再引起過量激情反應的結果。在與外界隔離的情況下，表現激情的女性，無法從男女關係中獲得任何對等的愛迷惑興奮。在其他的案例中，監獄守衛和醫生都無法判定任何健康衰退的症狀，是因愛的關係而起。另一方面，也有幾個案例是，開始談戀愛之後，戀人雙方都對監獄紀律和強制工作的情緒態度有所改善。就我所知，女孩間迷惑─激情關係的其他案例似乎指出，這種關係沒有造成明顯有害的情緒或身體結果，這些女孩都可以進行體檢，當然她們都沒有被隔離或關在監獄。

愛（pIaS + aIpS）具有獨特複雜的情緒性質

在討論慾求情緒時，我們觀察到，同時混合或複合渴望和滿足這兩種複合情緒，產生了全新的情緒性質，這在飢餓之際聞到或嚐到食物時可以清楚地認出，我們將這全新情緒命名為**慾求情緒**。同樣的，現在我們或許注意到，**激情和迷惑接續出現的混合中**，迷惑逐漸取代激情，產生了全新且更複雜的情緒：愛。

我們在男性生殖機制的研究中已經提到，性高潮一開始，被動引導如何變成主動引導，以及主動順從如何變成被動順從。雖然在男性的行為中，愛從被動到主動的變換出現得很突然，但它的發起必須是漸進的，幾乎從性結合一開始就開始了。在女性的愛行為（追求與男性的身體關係）中，愛從被動到主動的轉變，大概發生在月經週期的機體內激情刺激之後，或週期結束前後，第一次遇到對自己的主動引導做出反應的男性時。在兩性的愛關係中，從頭到尾似乎通常都有某種激情和迷惑的混合，就像整體慾求行為模式，從頭到尾似乎都有渴望和滿足的混合。正如在整個慾求過程中，渴望必須逐漸屈服於滿足，且必須保持完全適應於滿足；在愛中，激情也必須從頭到尾適應於迷惑，且在某個時間點必須屈服於迷惑。

這種主動和被動之愛的連續混合，任何經歷過的人都十分清楚它的意識特徵，而且男性和女性似乎完全相同。這種混合極其愉快、細膩且精緻，然而到了顛峰時，愛是讓人欣喜若狂地強烈和無所不在，暫時完全抹去了意識中的其他所有情緒。兩性之間相互刺激生殖器官的愛，在整個關係的多數時間，女性的迷惑和男性的激情完全不混合，如果在條件最有利的情況下，完全的愛混合，會出現在兩種反應接近頂點之際。

生殖機制是愛情緒的老師

然而，千萬不要忘記，生殖器官刺激（由女性自動的愛刺激週期，在兩性行為中自發地引起），並不代表愛的唯一來源。前一章討論的案例說明了一個事實，亦即兩性出現的愛的各個面向，實際上是由不以任何方式接觸，或刺激性器官的刺激者所引起的。正如先前提過跟餓到痛有關的胃機制，可視為慾求情緒的天然老師，並且作為進一步建設性發展的可能模範，**女性週期自動引起的生殖器官刺激，也可視為天然老師，也是愛反應的模範**。

無論如何，人的一生當中，各式各樣的刺激都能引起迷惑和激情的整合關係。在許多的愛反應中，如果沒有發生任何生殖器官刺激，只要愛的行為受到適當的訓練，男女都能經常體驗到同時複合的激情和迷惑，也就是純粹愛情緒的獨特、明確性質。

第十六章 創造

慾求和愛情緒，在某些主體的情緒組織中是相對獨立的。不過，絕大多數人的慾求和愛情緒，在整個行為模式中，似乎顯得得錯綜複雜，而且經常難以擺脫相互混雜的關係，當然，人類本就是極其複雜的有機體。在本書提出的這類初步分析中，試圖系統性地呈現臨床研究案例的各式各樣慾求—愛關係，但似乎都只是徒勞。因此，應該強調愛和慾求組合成的正常、有效的創造反應，這種反應似乎是在繁殖的過程中強加在人類和動物身上。正如飢餓機制自動引起渴望和滿足這兩種自然整合，組合成慾求情緒，也如月經功能自動引起激情和迷惑反應這兩種最有效整合，組合成愛情緒，同樣的，**生殖機制也自動引起愛和慾求這兩種自然整合，組合成可適切名為「創造」（creation）的情緒行為模式**。

懷孕期間媽媽與小孩之間的生理關係類型

我們先前提過，在男女之間的性愛關係結束時，男性以簡短表現「主動的愛」，完成了自己的一系列愛反應，而女性透過相應的「被動的愛反應」，同時開始自己新的一系列愛反應。還記得嗎？女性這種被動的愛反應（包含了緊接在陰道高潮後的一段時間），生物上似乎是為了讓陰道接受精子而設計，最終讓子宮毫無抗拒地接受男性生殖細胞。然而，精子遇到卵子時，立刻發生了一個可描述為精子生理上受卵子迷惑的過程。換句話說，兩個細胞之間存在相互的生理吸引，卵子最終將精子吸進自己，完全包圍它。在這之後，兩個細胞持續聯盟，雖然卵子的體積從頭到尾都佔優勢，但可能一般認為，雄性元素的能量，促成了一系列有序的細胞分裂，很快造成了胚胎的出現。

不過，我們在此主要關心的，是媽媽的情緒反應，而不是嬰兒的遺傳起源和發育史。卵子一旦受精，便會連同子宮內的保護組織和膜開始進一步發育，跟媽媽的血流產生營養連結，媽媽和胚胎之間，也建立起明確的關係類型。在這種關係中，分娩前的九個月，胚胎和胎兒一直透過支配母體為了胚胎成長發育供應的營養物質來順從母親。這種營養供應與胎兒的適當吸收組織相互接觸，只要胎兒對母體的控制有所反應，就一定能得到或**支配**這些物質。另一方面，母體主動**服從**胃部攝取的食物，目的在於**引導**胎兒長大、成熟。媽媽的身體必須服從環境裡的食物，不只是以尋常的服從方式，為自己的有機體供應材料，還必須用新的方式服從，以便製造體內新的有機體發育所需的材料。

因此，這就是媽媽與孩子之間建立的第一組生理關係。**媽媽主動服從環境裡的食物，以便引導胎兒成長。嬰兒有機體則透過身體吸收這些材料，來支配媽媽供應的材料，以便順從媽媽的引導。**

此外，兩者間似乎還有第二組生理關係。媽媽透過被動地支配所有可能傷害或攻擊未出世孩子的環境影響，被動地順從體內另一個有機體的存在。簡而言之，媽媽的**被動支配**，目的在於保護嬰兒不受環境對手的傷害。這種被動支配只是完成被動順從反應的手段或方法，只要這個小生命還留在媽媽體內，媽媽的身體運作就無法背離小生命需要的方式，因而被迫做出這種反應。同樣的，為了被動地引導媽媽的這種保護，嬰兒必須被動地服從周遭保護組織和其他材料的物理限制。舉例來說，如果胎兒在成長的後期，活動方式導致臍帶纏繞或任何組織發生破裂，胎兒可能無以維生，或可能不再免受各種有害的影響，最終可能導致胎兒死亡。所以簡單地說，**未出生的嬰兒被動地服從周圍的限制性組織，目的在於被動地引導母體允許自己繼續留在媽媽體內。媽媽透過被動地支配寶寶的對手來保護未出生的嬰兒，目的在於繼續被動地順從嬰兒的需要。**

根據生理關係定義主動創造（pAaL）

當我們將這兩組生理關係放在一起時，我們發現了以下完整的行為模式。媽媽被動地順從，同時主動地引導。我們已經了解，這種特殊的複合反應構成了**主動的愛**或迷惑反應。此外，媽媽也同時主動地服從和被動地支配。誠如我們已知的，這種反應組合構成了**被動慾求**或滿足反應。然而，因為得到的慾求滿足不是為了媽媽自己的渴望，而是為了嬰兒的渴望，所以產生了新的情緒特性。既然如此，構成這種新類型反應的是被動慾求複合且適應於主動的愛（pAaL）。**這種新的反應複合物，可以稱為「主動創造」**（active creation）。

以類似方法定義被動創造（aApL）

嬰兒有機體同時做出被動服從和主動支配的反應，構成了**主動慾求**或渴望反應。然而，在此同時，未出生的嬰兒也同時做出被動引導和主動順從的反應。這種複合反應，也確實構成了**被動的愛**或激情反應。但在這種情況下，亦即只是為了完成被動的愛而感到慾求渴望，我們必須另行假設新類型的複合情緒。**由主動慾求複合且適應於被動的愛所構成的複合反應（aApL），可以稱為「被動創造」**（passive creation）。

誠如先前強調的，前一段分析的反應屬於生理方面，母體調整的主要部分，以及胚胎和胎兒成長對母體刺激的幾乎所有適應，都是透過攜帶適當荷爾蒙的血液調節。然而，必須有相當大量的子宮間刺激，才足以讓運動神經放電再次回到內生殖器，同時慾求刺激也發生變化。由此產生的整合樣貌可能近似pAaL，但在多數情況下，發生這種整合的層次，顯然在皮質之下，因而幾乎沒有內省可辨的愛情緒，主體當然也無法自己觀察和報告這種新的創造情緒意識。

媽媽生了孩子後的主動創造

然而，孩子一出生情況就立刻改變。現今的嬰兒通常是喝母乳，因此媽媽的乳頭會受到孩子吸吮的刺激，孩子的手也對乳房本身有一些操控。華生等人觀察到了，母親由此產生的經驗是一種情色體驗。如果用我們的詞彙來換句話說，似乎出現了一種迷惑反應，引起這種反應的是乳房刺激、加上抱著孩子貼緊身體的其他刺激，還有對孩子表示需要營養的行為，和後續透過母乳供應得到滿足的知覺。有大量證據證明，母親的乳房與內生殖器密切關連，因為乳房特別敏感，在經期快開始和生理期間偶爾會疼痛。因此，似乎可以合理猜測，孩子的嘴唇刺激乳房之後，運動神經放電會前往內生殖器。不要忘記，這種類型的運動神經放電，被認為是所引起的運動刺激會順從運動自我的證據，因此構成了主動引導反應。換句話說，透過乳房刺激孩子的嘴唇，孩子受媽媽控制且與媽媽聯盟。對孩子需要營養的知覺，引起了媽媽的被動順從反應，其中包含放棄所有可能與餵奶衝突的其他活動。這兩種反應（主動引導和被動順從）的同時複合，在媽媽的中樞神經系統引起了真實迷惑反應的整合模式。觀察媽媽哺乳期間的一般情緒表現，以及從她們內省的口頭報告都可得知，媽媽自己經常能夠內省到一種極其愉快、性質獨特的迷惑情緒。

同時還有另外兩組刺激，媽媽也會透過明顯的運動反應來回應它們。首先是孩子的體重、體型等產生的刺激，媽媽必須好好支撐和放對位置，孩子才能以舒適的姿勢吸奶。再過一段時間，當孩子的支配發展到可以坐在桌子旁自己吃東西時，媽媽的服從反應就會指向食物材料，而不是抱著孩子餵奶的姿勢。然而，無論哪種情況，反應的本質似乎是相同的。**媽媽服從某些物體或材料，在服從時它們能滿足孩子的需要（被動支配，pD）**。因此，媽媽無論是抱著寶寶餵奶、還是往後為孩子烹調和準備食材，她所做的都是主動服從的行為，目的在於滿足嬰兒有機體的內在需要。這種需要（飢餓）可以透過孩子的各種行為來顯現，像是哭泣、不安地動來動去，或做出古怪的表情，這都表示他正在經歷不愉快的事。這些刺激會讓媽媽知道孩子的需要。也就是說，媽媽因此得知飢餓刺激正在支配嬰兒有機體，且在寶寶的意識中造成了不愉快。透過服從來將孩子抱在胸前，或準備孩子能輕易支配的餐點，媽媽被動地支配嬰兒的餓到痛。

因此，媽媽同時經歷了主動服從滿足餓到痛的方法，以及在消除的過程中被動支配餓到痛本身。**這種主動服從和被動支配**（譯按：原文為active dominance，但根據前文判斷應為被動支配）**的組合，構成了我們命名為被動慾求或滿足的複合情緒**。在餵食或餵奶的同時，媽媽經常會說自己感到「心滿意足」，或是極其滿意自己能夠滿足孩子的需要，並觀察到孩子的行為不再出現先前顯現的不愉快。

主動創造情緒的意識特徵

因此，媽媽在為孩子好而強迫他吃東西，並以消除孩子飢餓的方式準備食物時，**也同時經歷了主動的愛和被動慾求**。**這種複雜的情緒，我們已命名為主動創造**（active creation）。主動創造情緒似乎具有獨特的意識類型，這種意識類型能輕易地識別，也可以自在地報告，因為它的各方面在社會上都被視為值得讚揚。有時它被描述成「為他人做些什麼而獲得感同身受的愉快」，或「讓他人做了為他自身好的事而感到滿足」。主動創造的第一個特徵，重點似乎在於感到滿足或被動慾求情緒。而在前述的例子中，似乎同樣明確的將重點放在迷惑或主動的愛情緒。主體可能寫出一大堆通俗詞彙和內省報告，用自己的話描述主動創造情緒。而我們會發現，這些詞彙和內省某種程度兼具了迷惑和滿足，根據強調的是主動的愛元素、還是被動慾求元素，大致可以將這些詞彙和內省分為兩類。

主動創造反應的性別差異

顯然，主動創造是一種情緒，「慷慨」的男人在為孩子帶玩具、買衣服給妻子和女兒，或送禮物給情人時，經常體驗到這種情緒。主動創造似乎是種佔優勢的情緒反應。然而，年幼孩子的母親所報告的主動創造，與成年男性所體驗的主動創造，兩者之間似乎或多或少存在明顯的差異。一般來說，男性的主動創造經驗裡，被動的愛元素（激情）稍微比真實的迷惑（主動的愛）多了點。而就我觀察到的行為，母親對女兒表現迷惑所得到的愉快，完全就跟她們讓孩子滿足（這點尤為特別）所得到的愉快一樣。

男性傾向根據表面價值接受女人或小孩的願望或要求，送給心愛之人要求的特定東西。因此在送禮物時，送禮者的主要樂趣，或許在於十分滿足所送物品的花費或物品本身的特殊之處。這種情緒經常被描述為感到「驕傲」，自己有能力「給我的女孩最好的。」愛情緒元素更明顯的是順從，而不是引導。如果慷慨的男性覺得說服了收禮者接受不同於原本想要的東西，即使新的選擇顯然更適合她，他往往還是不會感到愉快。因此，男性最接近主動創造的反應中，展現的順從元素可能主動大於被動（亦即傾向被動的愛或激情）。然而，在這種男性情緒中，滿足的增加往往強烈到無法清楚發現愛反應中的激情面向。

另一方面，如果女兒成功在不受母親指導下自主選擇了洋裝，母親往往會顯著地失去幫女兒買衣服的樂趣。然而，如果小女孩一心只想要藍色洋裝，母親則信心滿滿地認為自己最有能力判斷她適合什麼顏色，並且說服了女孩接受綠色的洋裝，那在引導女孩接受（支配）綠色洋裝來對媽媽表現主動順從時，母親會感到強烈的喜悅。

偶爾，對女性事物的知覺特別敏銳的男性，會利用這種能力重新教育女性在衣著、文學和其他美感方面的品味。在這個過程中，這種男性或許實際上體驗到非常鮮明且清晰的主動創造情緒。由於主體是男性，他的總反應仍往往比一般母親的創造情緒多了一些主動順從。正是基於這個原因，這樣擁有罕見天賦的男性，很可能為女孩的發展選擇最適合的表現途徑，不會受到個人偏見的左右；而被動順從微乎其微的母親，可能經常用自己的支配代替真實愛的引導，實際上是取悅自己，而非關心女兒的利益。不過，基本上，擔負女兒或情人的發展或教育的男性，要不過度地順從、要不自私地支配。在自私支配的例子中，有個年輕男人試圖強迫未婚妻學小提琴，只是因為男孩自己對音樂十分感興趣。女孩的小提琴老師忙亂地嘗試了幾次之後，拒絕給她進一步的指導，因為女孩無法分辨「不同的音符」。然而她的未婚夫繼續堅持，拯救女孩的唯一方法，是學習成為技藝高超的音樂家。

孩子引起的被動創造（aApL）

關於小孩接受媽媽給予的營養和其他慾求利益的情緒反應，也需要好好地討論。誠如先前提過的，心理分析學家認為，嬰兒的情色情緒大多透過媽媽乳頭刺激他的嘴唇而產生。許多不支持心理分析理論的作者也都承認，所謂的「敏感」或「性感」帶，絕不僅限於嬰兒的生殖器官，也包含了嘴唇和身體的其他部位。

經由成人的行為和經驗判斷，嘴唇確實內含了最終引起四種初級情緒反應的刺激受器。某些類型的營養（特別是液體），部分受到嘴唇支配。溫度、接觸，可能還有味覺刺激，可以啟動一些增加唾液分泌和消除餓到痛的反射，也就是對食物的主動服從反應。無論男女，輕觸或親吻嘴唇都能引起外生殖器興奮，我們將之詮釋為主動順從反應。最後，女性利用嘴唇喚起情人的激情，非常可能導致運動神經放電前往女性內生殖器，這已被解釋為主動引導反應。

至於嬰兒吸母乳時出現四種初級情緒反應中的哪一種，至少現在還無法確定。我曾聽說過，有人觀察到男寶寶在嘴唇受母親的乳頭刺激時出現勃起反應。但就我認為，傾向心理分析的人，對於揭露他人看不見的愛（性）反應有多麼異常的熱情，這點也得納入考量、多加斟酌。我只能說，我試圖證實所引用的報告，但從來都沒有成功。既然沒有這樣的研究發現，似乎就不可能自信地假定，乳房刺激嘴唇會引起孩子這種特殊的主動順從反應。

然而，還有一些主動順從的其他證據，像是擁抱反應和發出各種聲音，也很可能表示嬰兒對母親的某種順從態度。此外，即使當下沒有激發反應的餓到痛，孩子也能真的學會做出嘴唇吸吮乳房的反應。這可能代表了孩子的神經系統中，或多或少有某種機械型的順從整合。因為這些次級行為表徵，我們或許可以推測，孩子身上有一些跟吸吮乳房行為有關的順從反應存在。

然而，在嬰兒的這種反應中，更明確且容易觀察的似乎是支配反應。只要嬰兒一學會用嘴唇做出反應，若將手指壓在他的嘴唇直到開始收縮，就能輕易偵測到嘴唇和下巴肌肉組織的緊張性增強。顯然，孩子似乎正在回應相反的刺激（儘管相對溫和），亦即對抗性地壓在嘴唇上的力，孩子透過增加自己的運動自我，以適合受刺激部位（嘴唇）的方法來支配刺激。當藉由這種支配反應真正吸入母乳時，接著就會產生某些大口吸吮和自主吞嚥反應，這些反應具有明確的支配性質。因此，**嬰兒有機體在攝取乳房提供的食物時，可能經歷了相當明顯的支配反應，同時對媽媽有一種比較單純且不那麼明顯的順從反應**。

至於在哺乳前和過程中對餓到痛的被動服從，不需要特別評論，因為這種被動服從反應，想必非常類似成人在尋求食物時，被迫放棄所有其他事物的反應。嬰兒遇到食物刺激會噘起嘴唇，以及無奈地懇請媽媽隨便給點什麼的各種行為，是不是對媽媽表現被動引導，就像含著乳房算不算主動順從，似乎仍無法確定。健康孩子實際上能吸引媽媽注意的各種引導，其實是哭泣和尖叫。

慾求元素在孩子對媽媽的反應中佔優勢

無疑地，這類行為代表了孩子的支配反應。因此，在**嬰兒的意識中，似乎甚少出現明確的激情情緒所需的兩種愛元素，所以相比於構成主動渴望食物的慾求元素，幾乎不值得一提**。此外，吞下牛奶開始消除餓到痛之後，被動慾求也明顯控制了嬰兒全部的意識。如果臉部表情和身體緊張的整體放鬆可以顯現嬰兒體內正在發生什麼，那就表示平息了餓到痛之後，嬰兒感到大大的滿足。看來這種慾求滿足與對媽媽的情緒反應沒什麼關聯，就算有，也少之又少。因此，根據嬰兒行為的常識觀點（當然不可能得到任何嬰兒內省）假定，哺乳中的嬰兒情緒主要是慾求情緒，或許稍微混和了對媽媽的激情反應。

隨著孩子漸漸長大，支配行為也變得更多元、更主動，於是有種情況開始出現，而且越來越頻繁。這種情況就是孩子渴望某些玩具或甜點，但少了媽媽的同意與合作，就不可能得到這些東西。此外，得到了玩具和其他物品時，小孩會開始主動支配它，以此繼續表達渴望反應，而不像嬰兒喝奶時，放鬆到進入寧靜的滿足情緒。

雖然一般成年人習慣性認為，慾求渴望是人類行為的主要需求，愛和順從大多用作獲得渴望之物的手段，但我覺得仍有個問題懸而未決：小孩是透過只有媽媽能給的渴望之物來學習順從媽媽，**還是正常小孩發展順從反應作為內心愉快的行為方法，而這種發展強大到足以控制支配渴望**？採用慾求獎勵方法教導小孩服從的媽媽如此之多，因此在我看來，使用服從或順從來滿足渴望的方法很可能源自訓練，而不是孩子自身反應的自然發展。但可以肯定的是，一旦孩子學到了順從是滿足慾求的手段，即使為了讓孩子暫時保持安靜不妨礙父母，這種順從對媽媽也沒有太大的價值。為了自己而學習順從的小孩，不會一再詢問父母，自己順從的時間是否長到足以得到承諾的獎勵。

此外，從孩子的角度來看，學習為了自己而享受順從的孩子，在收到媽媽給予的渴望之物時，獲得的愉快是雙倍的。我觀察了許多媽媽與小孩的關係，從這些案例中得到了大量的證據證明，**媽媽會引起孩子的激情反應，而渴望情緒很顯然附屬於激情反應，並且經常與激情反應複合**。請求媽媽讓自己幫忙做家務，或去果園採摘她喜愛的水果或莓果然後拿給她等等，這些相當常見的兒童反應，似乎代表了正常混合的激情反應和渴望情緒，其中對母親的激情明顯控制了這些反應。如果主導的元素是渴望，那麼小孩可能請求粉刷牆壁或採摘自己喜歡的水果，至於讓媽媽分享這些自己渴望的東西，不過是整體反應的附帶事件。這類型的反應經常出現在青春期男孩的行為中，他們的慾求發展已開始明確超越他們的愛反應。然而，還沒進入青春期的正常小孩，無論男女對母親的態度通常都是，**渴望得到慾求物品來表達對媽媽的激情情緒**。這種渴望情緒和激情反應的同時複合，而其中渴望適應於激情的過程，可以稱為**被動創造情緒**（aApL）。

媽媽引起女兒的被動創造

青春期的女孩，經常對媽媽發展出誇張的被動創造情緒。女孩的這種態度，似乎讓全心全意照顧孩子的母親得到一生中最濃烈的愉快。年長女性充分發揮自身壓倒性的迷惑反應，如果家庭的經濟條件充裕，媽媽還能把小孩打扮得漂漂亮亮和讓她學習社交技巧（女性慾求的戰場），從中得到極大的滿足。事實上，在這段期間，媽媽對過於激情的女兒所表達的主動創造，往往讓自己產生完美到不行的愉快，以致於她在接下來的日子裡不願放棄這種關係。但過了青春期的女孩，必須擺脫母親的控制、過自己的生活。女孩在被動創造情緒過於密集的階段，養成了情緒束縛的習慣，如果青春期過後沒有勇敢打破這種束縛，很可能終其一生大多保有這些習慣。

我在臨床上遇過兩個案例，這兩個女孩上了大學還受到這類型母親的約束，這對她們造成了極大的傷害。在一個案例中，媽媽絕對意識到了主動創造情緒對女孩最有效的時期已經結束，但依然堅持控制女兒，只為了滿足她自私的愉快。

在另一個案例中，媽媽似乎沒有意識到，自己不再能夠為孩子主動創造進一步發展。引導這位媽媽直接了當地面對這個事實時，媽媽的創造態度沒有轉移成慾求，而是強迫自己對情緒控制不再有助成熟的女兒放手。這位母親展現了真實的愛，並藉由這個行動恢復了她與女孩的愛的關係，現在母親扮演比較被動的角色，女孩則是比較主動的角色。

美國最大公司的一位人事主管，花了超過二十五年的時間，進行一項善意但極為理性明確的研究，對象涵蓋年薪四萬美元的業務經理，到剛達法定年齡的新手女性雇員，目的在於了解她們的需求和性格。這位主管在私下聊天時告訴我，關於女性雇員最迫切的問題之一，就是母親對女兒施加完全的情緒控制。有幾個案例是，五十幾歲的女性依然牢牢受制於愛挑剔、甚至徹底不適任的母親的要求和命令，這些母親對女兒的控制，源自於女兒青春期達到頂點的異常強烈創造關係。這樣的案例似乎清楚呈現，母親的主動創造反應有多麼大的情緒強度，從中也可以看出，女兒當初經歷的被動創造情緒有多麼強。這些案例同樣顯示，再也無法讓女兒進一步發展或更幸福快樂之後，還持續這種情緒關係的母親，對女兒有多麼危險。從此，**由習慣以及社會習俗和法律的力量維持的關係，無以避免地發展成媽媽的慾求支配，以及女兒的冷淡或不愉快服從**。

藝術創作表達被動創造情緒

在成人的生活中，被動創造最重要的表現，或許是藝術作品。觀察了大量的藝術家，加上分析他們的內省和其他言語反應，我得出一個結論：「對藝術的激情」這句流行的話，適切地描述了複雜的情緒反應，這種反應激發了能創作真正藝術的藝術家。至少在男性藝術家中，混入過多的主動創造情緒，似乎往往導致支配取代了引導。「怪異」的藝術或變態、破壞性的藝術，任何這類藝術，都是因為這種控制性支配情緒自然而然地產生。所有偉大的藝術作品，都是為了對某位女性表達激情反應而產生，無論真實或想像，這位女性都強烈地迷惑了藝術家，這麼說或許太過於籠統。但我可以說，就我有機會親身觀察和分析男性藝術家的情緒反應的所有案例，我已經能毫無疑問地肯定，對女人或女人們（有時是想像的女性）的激情，是藝術創作的必要條件。

驅使藝術家收集材料並以渴望的形式成功支配這些材料的主動慾求或渴望，其中可能存在不同程度的支配和服從。有些真正偉大的藝術家極具支配性，不屑為即將產生的作品進行任何服從準備。這種藝術家的成果，往往顯得大膽且極具吸引力。演員莎拉·伯恩哈特（Sarah Bernhardt）、作曲家西里爾·史考特（Cyril Scott）、作曲家里歐·歐恩斯坦（Leo Ornstein）等藝術家在自己特定的藝術領域中，始終堅持創造新的流行時尚，而不是遵從前輩照慣例所信奉的角色演出或和聲學概念，他們大概就是這種強烈支配的例證。在另一個極端，我們發現了其藝術反應的慾求部分有大量服從的藝術家，他們因此產生的藝術創作，極為精緻和纖細。這類型的藝術家，往往也在自己特定的藝術領域中，遵從當前的技巧和慣例。

然而，無論藝術家情緒的慾求部分著重哪種類型的支配—服從，對模特兒或想像的迷人女性（或許「潛意識」訂定了一種理想模式）表達的強烈激情，似乎自始至終都控制了所有真正藝術家的整個創造反應。在風景畫或抒情詩中，對迷人女性的這種激情，無論對象是真實還是想像，都不如裸體雕塑和直接歌頌傾慕女性的詩歌那麼明顯。然而，就我認為，對「自然」的藝術描繪，代表了某種類型的激情反應轉移，從人類或理想女性轉移到美麗或和諧強大的無生命物體和力量。這類藝術家的言語反應，充分顯示了對「大自然」或「自然之美」抱持一種萬物皆有靈的態度，這使人們相信，藝術家對大自然的反應屬於主動順從、而非美感服從的態度。以愛倫坡（Edgar Allan Poe）這樣的藝術家為例，創造情緒的控制性元素，使他能寫出像〈鐘聲〉（*Bells*）這樣無比優美的抒情詩，他的其他詩作中似乎也清楚顯露這個元素，直接透露出對美麗女性的激情。在《創作哲學》（*Philosophy of Composition*）中，愛倫坡堅決主張女性之美無與倫比，心愛的美麗女人逝去是難以比擬的最大損失，「也是世上最具詩意的主題。」這句話出自一位抒情詩人！愛倫坡說：「對我而言，詩並非一個目的，而是一種激情。」[1]

有個事實同樣值得注意，以前絕大多數富有創意的藝術家都是男性。誠如我們提過的，真實激情是男性有機體最適合的愛反應類型。因此，任何被動創造都可能是男性藝術家的自發行為中，佔優勢的創造反應類型。然而，我們也已觀察到，人類女性天生擁有雙重的愛稟賦，能夠建立主動和被動的愛情緒模式。因此，雖然絕大多數女性可能致力於迷惑情緒（唯有女性擁有適當的機制），但如果投身藝術創造，女性的激情反應確實能以異常有力卻纖細的形式表現，這似乎就是那些作品堪比男性藝術家的著名女藝術家的成果。在這方面，人們可能提到抒

1 《烏鴉及其他詩》（1845）序文。

情詩人莎芙（Sappho）、畫家伊莉莎白・維傑・勒布倫（Élisabeth Vigée Le Brun）、詩人勞倫斯・霍普（Laurence Hope）、小說家喬治・桑（George Sand）、詩人伊莉莎白・巴雷特・白朗寧（Elizabeth Barrett Browning）和詩人克莉斯緹娜・羅塞蒂（Christina Rossetti）的作品。女性的激情透過藝術創作表達時，似乎往往比大多數男性藝術家具有更多的純粹激情元素。莎芙和勞倫斯・霍普的詩作可以說明這一點。一般來說，**有創造力的藝術家，無論男女，似乎都由適應於激情的渴望（被動創造情緒）激發創意**。

主動創造激勵醫師、教師、神職人員

在成人的生活中，主動創造最重要的表現，似乎是教師、醫師和神職人員這些職業所代表的類型。神職人員的工作，是迄今為止表達迷惑情緒和被動慾求（滿足）反應組合最坦率、徹底的嘗試。在幾乎所有的宗教和文明中，神職理論都包含了神職人員主動監督人們行為，因此，神職人員的職責是提供精神或／和物質寄託，滿足順從他的人們的需求。這似乎是主動創造反應的本質。根據整個中世紀早期在歐洲通用的教會和國家的政治理論，神職領袖對人類的行為實行了慾求和愛的控制。儘管現在神職人員對一般公民的慾求控制理論上已廢除了，但在這些男性愛的領袖中，依然殘留相當大的慾求力量，只是這種力量現在必須透過控制社會風俗和成規才能行使。至於找出擁有這種神職領導地位的男性，能多大程度地對其他男性表現真實的愛迷惑，也將之用到願意接受他的權力和控制的女性身上，好像完全沒有必要。

誠如我們提過的，政界和企業中的男性領導者，可以自發地對員工或下屬表現真實主動愛反應的人相對較少。就算男性領導者打算表現愛反應的意圖極佳，但支配和慾求會悄悄滲入並控制這種愛反應，因為支配的慾求情緒是「動物的天性」。或許教會的男性領袖並非如此，但我不曾膽大地對他們的情緒行為模式進行任何個人調查。不過，就男性教師和醫師而言，如果順從教學和醫療的學生和患者，正巧相當符合男老師或男醫師的慾求利益，這種主動創造往往就能對學生和患者產生最有幫助的結果。試圖扮演主動創造角色的男性，態度無需變得異常利他，就能最大程度關注可以教導或治癒的人。然而，我個人分析了許多案例發現，對他人的需求做出創造反應的男老師和男醫師，絕對主要都是受到愛元素的控制，儘管這種愛元素很難稱為迷惑情緒。誠如先前提過男朋友或爸爸送心愛之人禮物的例子，在男醫師或男老師受愛元素控制的行為中，主動順從刺激者現有的需要和渴望，似乎大大取代了主動引導刺激者去**改變**自己的渴望或行為——這種行為的特徵正是媽媽對女兒、或女性迷惑者對情人的愛的行為。基本上，就我找到的證據，除了天賦異稟的男人，沒有任何男性在心理和生理上能對任何性別的人，長時間維持一種真實愛迷惑的態度。

總結

愛和慾求同時複合的複雜情緒反應，稱為創造情緒。這種情緒出現在媽媽對親生孩子的反應中，也出現在後來她為孩子提供營養和保護的反應中。媽媽的反應是主動創造，其中包含對孩子的迷惑情緒，同時複合了對滿足孩子需求所表現的滿足情緒。在同樣的關係中，孩子對媽媽的反應是被動創造，其中包含對媽媽的激情反應，同時複合了對食物、或對媽媽擁有的其他慾求利益的主動慾求。

主動創造反應期間，慾求的主要情緒元素，各個都適應於並且用於完滿相應的愛情緒的主要元素。在媽媽的主動創造反應中，她主動地服從食物材料，以便主動地引導孩子支配食物。媽媽被動地支配對孩子有害的影響，以便被動地順從孩子的需求而非自己的需求。

在小孩的被動創造反應中，個別反應元素以相同的方式安排，各個獨立的慾求元素都適應於並且用於完滿相應的愛元素。孩子放棄了其他所有愉快的消遣，被動地服從自己的餓到痛或其他需要，以便被動地引導媽媽來關注自己。接下來，孩子透過支配媽媽指示的任何食物，遵從或主動地順從媽媽。

媽媽與小孩之間自然的身體關係，似乎為整合的創造情緒提供了一種訓練機制和模式，就像餓到痛和月經週期的身體機制，分別為慾求和愛提供了訓練機制和模式。

媽媽對青春期女兒的正常的愛行為中，主動創造情緒似乎達到了極其強烈和愉快的頂點，同樣這個時期，被動創造可能在女兒與媽媽的關係中達到了程度類似的愉快和廣泛。

真正的藝術創造，似乎代表了成年生活中被動創造最重要的表現之一。藝術家無論男女，都受渴望驅動而支配自己的材料，以此創造藝術作品，最完美地實現自己對真實或想像的迷人女性的激情反應。

神職人員、教師或醫師這類職業，似乎代表了成年人主動創造情緒的重要表現。從事教師或醫師這些專業的男性，由於身體的限制和訓練，很少能夠維持純粹主動的愛反應，亦即無法對學生或患者表現真實迷惑情緒。一方面，他們往往把引導換成支配，利用那些順從他們的人達到自己的目的；另一方面，在創造反應中的愛成分，他們往往用主動順從代替引導，因而接近被動的愛反應，就像爸爸和男朋友經常以送禮物給小孩或女朋友表現的那種反應。至於女性，如果學生的年齡適當，女老師有可能像母親一樣，對學生表現真實的主動創造；女醫師也似乎有可能在自己的專業關係中，表現真實的主動創造，至少對其他女性和小孩是如此。

第十七章 逆轉、衝突和異常情緒

我們已經提過了，支配與服從的組合，無論是同時還是接續出現，都需要這兩種初級情緒反應之間存在某種明確的關係才能有效運作。服從是初步、準備的反應。它在一般行為模式中的價值，在於扮演支配的第一助手。服從反應的功用，是選擇運動自我中最有效的部分來增強，也可作為一種排放閥，讓過強的對抗性運動刺激放電，避免過強的刺激破壞了運動自我的某些部分。為了發揮這些功能，服從反應必須先於作為補償的支配反應，它還必須適應於支配反應，才能使有機體回到自然的反射平衡。

謝靈頓[1]近來提到，他在四肢的屈肌中沒有找到緊張性增強機制，肢體自然的反重力姿勢，是由伸肌的緊張性放電維持。於是我們會遇到這種情況：服從反應必須先抑制運動自我對伸肌的正常緊張性放電，然後必須收縮屈肌。這種屈肌收縮接著會讓四肢陷入不自然的平衡狀態，不適合讓動物保持抵抗重力的直立姿勢。除非同等但相反的支配反應來補償並終止這種服

1 C. S. Sherrington, *Lecture given before the New York Academy of Medicine*, October 25th, 1927.

從反應，否則動物就無法再站得直直的，或保持平衡的姿勢。既然如此，服從反應必須只能在這樣的肢體發生：透過其他肢體的緊張性姿勢，來暫時維持平衡，而且運動肢體的服從屈曲必須達到最大效率，以便接下來運用支配反應。如果在支配反應完成以前，肢體的支配性伸肌運動被反射或服從性抑制打斷，那麼這第二個、或介入性屈肌反應也必須終止，並由專門與之配對的支配性伸肌補償。簡而言之，我們可以訂定這樣的規則：支配反應永遠無法在與隨後而來並控制自己的服從反應配對時，還能保持整個有機體的平衡。**服從必須永遠適應於支配；支配永遠不可能在不傷害主體的情況下適應於服從**。

既然如此，這兩種基本的慾求反應之間正常、有效的關係指出，有機體本身的生命仰賴運動自我一直保持優勢，還要選擇這樣的服從反應：這些服從的行為能使運動自我再次高於暫時服從的運動刺激。最終，**必須是環境適應有機體，而不是有機體適應環境。有機體對環境的初期適應，只是為了更能迫使環境以多種方式服從有機體並且供給營養，藉此滿足有機體的需要**。就緊張性和反緊張性神經支配而言，動物透過縮回腳來服從環境，但只為了能把腳伸得比以前更長一點，藉此更徹底地支配環境。在生物學和演化理論中，一直以來過於強調適應環境的概念，因此一開始很難意識到，**適應環境只是人類或動物行為的一種手段，絕對不是最後目的**。

倘若適應環境成為生存的主要目的，而有機體本身至關重要的活動也都為此調節，那麼有機體的毀滅就真正的開始了。**完全適應環境的動物唯有死去的動物**，全身上上下下的組織大體上都已分解，再次回歸到化學能量形式，以此完全適應環境的化學能量形式。簡而言之，只要動物能迫使環境本身適應動物利用環境的方式，就是有效且具建設性的適應。這又回到了機械型原因、還是生機型原因的老問題。環境代表了機械型原因，而人類或動物代表了生機型原因。機械型原因必須得以充分改變有機體的行為，一定程度上在有機體內產生足以作為生機型原因的強大能量形式，而這生機型原因對環境施加的影響，大於環境對有機體施加的影響。就初級情緒來說，有機體必須時時刻刻使自己的服從適應自己的支配。

如果支配適應於服從，由此產生的初級情緒反應關係可以恰當地稱為「逆轉」（reversal）。接續出現的服從和支配反應之間的正常關係，可能因為支配過多、或服從過多而發生逆轉。也就是說，支配可能為了消除強迫服從而大爆發，因此可能阻止有機體採用適應支配性控制的新型服從反應，這樣有機體就無法再次回到正常的支配平衡。這種情況可以稱為「**過度支配逆轉**」（over-dominant reversal）。這就像是一隻公羊用頭頂著動也不動的牆，帶著猛烈的決心要摧毀這個特定障礙，原因正是這堵牆已透過阻擋牠前進來強迫牠服從。因此，**衝突無以避免。而在這場衝突中，支配攻擊了服從**。

支配與服從之間的另一種逆轉關係，可能是由過多的服從造成。服從可能在中樞神經系統中放肆騷亂，阻止有機體採用一種新型支配反應，以某種方式限制已過度放大的服從反應。在這種整合情況中，只會產生那些完全適應於控制性服從反應的支配反應。這種情況可以稱為「**過度服從逆轉**」（over-compliant reversal）。這就像是逃離自己影子的小孩，驚恐地拋棄一切渴望，只想奔向他贏不了的對手不在的地方。服從和支配情緒之間發生了一連串的衝突，服從始終處於掌權地位。**而在這些衝突中，服從攻擊了支配。**

過度支配逆轉——暴怒

純粹過度支配和過度支配**逆轉**之間的分界線，正好落在**固執**（stubbornness）和**暴怒**（rage）之間。如果一個人握住嬰兒的手臂，不讓他做出正常、自發的運動，只要嬰兒的運動自我調動一切可用增強來擺脫強加的束縛，他的反應就是單純的支配。此時嬰兒處於過度支配，或固執狀態。然而，當嬰兒開始哭泣，或帶著有氣無力但報復的音調嚎叫，或是顯現**受挫**的行為元素時，這就是一個信號，表示他對強勢對手的強迫服從，已強行進入他的情緒意識，自此之後，他的支配使他（至少有點）想要傷害他的對手，而不是恢復自己正常的行動自由。嬰兒已經被迫部分地服從。他不再只是努力讓自己的服從適應自己的支配；**而是讓自己的整體支配，適應於攻擊和破壞這個特定的服從反應。嬰兒正在經歷暴怒**（rage）。

暴怒是種異常情緒（abnormal emotion），在成人的生活中經常發生。因為暴怒通常源於過度支配，就像剛剛談到的新生兒行為，所以這種情緒常被許多人誤認為是正常、甚至是有利的。然而，暴怒不但會讓主體的情緒產生毀滅性的破壞，肢體表達的暴怒（公羊的頭骨撞上觸怒牠的牆）還經常會造成主體身體的有形傷害，此外，暴怒對於消滅對手和恢復主體對環境的正常、成功支配，既沒有效、也不有利。如果被激怒的主體最終確實支配了他的環境，成功達到這個結果的，其實是未受挫的支配，而不是受挫的支配（完全放棄了攻擊打敗自己的對手）。如果打算摧毀這個強勢對手，讓主體重新恢復優於環境的地位，實際上需要一系列新的服從反應，這些反應的目的是選擇對手脆弱之處，並支配這些地方。這個過程可能需要將支配提高到相當強烈和暴力的程度，以致於主體本身認為這就是暴怒。然而，**任何這樣成功的一系列攻擊反應，確實都由一系列服從反應組成，這些服從反應恰當地適應於後續的支配反應**。在這樣的行為中一點暴怒都沒有，不過，當然可能會再加入了暴怒，從而相應地失去功效。反應中的暴怒部分總是徒勞無功，因此暴怒屬於異常情緒。

暴怒可能跟成功支配混在一起。造成一般人分不清這兩者的原因是，擁有卓越支配的人類和動物，也往往允許這種支配被打破，這樣經常就會成為暴怒。也就是說，一個力量大於對手的人，可能放任自己暴怒而不會遭逢挫敗。一般人如果沒有仔細分析，往往就會直接推論帶來勝利的是暴怒。因為優越、強烈的支配力量顯而易見，所以許多人可能不假思索地認為，這種支配完全等同不惜任何代價都要立刻擺脫所有服從的受挫決心。如果聰明到足以將這種暴怒視為弱點並加以利用的對手終於出現，這個支配力量較大的人就會被打敗。在登普西（Dempsey）和特恩尼（Tunney）的重量級拳擊賽中，或許可以找到這樣的案例。前冠軍登普西可以打得更猛烈，進攻得更激烈。他是迄今為止最具支配性的拳擊手。但他經常放任自己暴怒，他喜歡發脾氣、亂揮拳，試圖蠻橫地擺脫對手一切的強制服從。至於特恩尼則是非常服從和聰明的拳擊手，在登普西發動反服從攻擊的暴怒時刻，幾乎毫不誇飾地把登普西的臉打成碎片。雖然巨大的支配力經常跟暴怒連在一起，也儘管這樣有力的支配就算陷入暴怒而造成阻礙，還是經常能戰勝較弱的對手，但這個規則可以說絕對正確：唯有服從適應支配，才能獲得高於對手的地位；**過度支配適應服從（就像陷入暴怒），絕不可能獲得這樣的地位**。

有許許多多的異常情緒，都源自於同一類型的過度支配逆轉。受阻的支配、易怒、「壞脾氣」、報復和意志消沈，都可算是這一系列的成員。在這些明顯異常的極端案例中，無論導致反應關係逆轉的，是心理或其他生理原因，躁鬱的瘋狂或許都可追溯到過度支配逆轉。但如書名所指的，本書主要談論的是正常人的情緒，因此這一系列的異常情緒，就留待他處再進一步討論。

過度服從逆轉——恐懼

過度服從和過度服從**逆轉**之間的分界線，可以在**驚嚇**（startle）和**恐懼**（fear）的經驗之間找到。如果貼近嬰兒背後，用棍子大力敲打盆子，可能引起明顯的驚跳、猛躍或驚嚇。這種反應似乎包含運動自我過度突然且過度廣泛的抑制，唐突地切斷了運動自我放出的緊張性能量。

以此勝過運動自我的服從、反緊張性運動神經放電，造成了適當的反緊張性肌肉出現快速、無法控制的抽動。嬰兒學會了適當的C＋D初級反應關係後，這種初始驚嚇反應，可能會立刻接著或爬或走的離開驚跳刺激的來源。這樣的情況不需要逆轉，因此就沒有恐懼。其中或許存在某種程度的過度服從。孩子為了最終支配驚跳刺激，移動得比需要的更快、更遠。這樣的服從運動雖然過度廣泛，但很適合讓孩子處於適當狀態，亦即他的支配反應再次取代強迫服從，如此就能恢復孩子對環境的正常支配。到目前為止，服從依然適應於支配。

然而，如果小孩哭泣、閉上眼睛或摔倒，就像華生[2]在小孩的恐懼實驗中報告的，我們發現這些反應絕不適應於最終的支配。這些反應不僅顯現對強勢對手的過度服從，還無法選擇可以導致支配行為的服從反應。相反的，選擇閉上眼睛和哭泣這類代表支配行為類型的反應，只是因為它們能夠與過度服從反應共存。可以用來重新確立主體優於環境的支配反應，亦即走開或跑開，因為服從強勢對手而受到抑制，所以孩子就摔倒了。簡而言之，少量的支配適應於非常大量的服從，甚至可能剩下的這種支配，也會被服從攻擊和擊敗某些部分。**支配不再試圖終止和取代服從；它只尋求以一種方式來適應，避免與完全控制有機體行為的過度服從發生衝突。過程中，支配一定會受到過度服從的攻擊和大大地破壞（削弱）。這時嬰兒正在經歷恐懼（fear）。**

---

2 J. B. Watson, *Behaviourism*, p. 121.

幾年前，我注意到詹姆斯的著名說法，亦即我們害怕熊，因為我們逃離牠，這句話必須修改為：「我們害怕熊，因為我們逃離得不夠快。」[3] 現在我們必須更進一步地修改詹姆斯關於熊的說法。我們逃離熊的速度不夠快，因為我們正在試圖適應熊，而不是適應自己。**如果逃跑中的心理學家一點也不在乎自己的行動是否充分符合熊的行動，只意識到無論如何都要擊敗那頭熊的強烈支配決心，那他無疑會逃跑，就算不是逃離熊，至少也是逃離對於熊的一切恐懼。因為只在支配試圖適應不共戴天的敵人——過度服從時，恐懼才會出現。**

關於恐懼，向來有一大堆愚蠢的書寫。人們一直在「性」、「慾力」（libido）、童年「壓抑」，以及其他無數晦澀難明和不可能之中尋找恐懼的來源。恐懼其實就是一種初級情緒反應的簡單逆轉，因為本末倒置了，僅此而已。在童年時期學到的，正是這種反應的逆轉關係，而不是對這個或那個的特定恐懼。

瓊斯（Jones）小姐證明了小孩恐懼的「擴散」，從巨大聲響到毛茸茸的動物等等[4]，幾乎普世都接受這個假設：透過產生恐懼的第一個**刺激**與引起恐懼的新物體之間某種假設性關聯，各種恐懼都能與某個新東西形成「制約」。但我更喜歡這麼說：小孩在回應與自身有機體有某種關係的物體（強勢的對抗性物體）時，第一個恐懼反應某種程度教會了孩子做出逆轉反應，亦即支配適應服從。接著透過時間或感覺性質的聯想，小孩進一步學到，其他種類的物體也屬於這個類別。於是，各個新的恐懼反應，不僅僅把另一個或另一組物體加進強勢—對抗性類別，通常在對此類刺激的反應中，這種初級反應關係的逆轉還會越來越增強。因此，**每次引起**

的恐懼都會「擴散」，不僅限於能夠引起恐懼的一些刺激，更重要的是，終其一生，每當任何一個這種反應出現時，都會引起支配適應服從的逆轉反應傾向。

這或許意味著，脫離青春期以前，每當主體試圖在沒有監護人指導下接觸「世界」，他或她就會生活在幾乎永無止境的恐懼狀況。很多時候，這確實意味著支配與服從之間的逆轉變成了慣性，最初的恐懼幾乎總是由未知的新情況和對象引起，每當主體逃離或擺脫了強勢且具對抗性的東西或個人的強迫時，補償性暴怒很可能緊跟著恐懼的腳步而來。

在此沒有必要解決一系列複雜且神秘的「壓抑」和「情結」（除了在治療主體時，可能出於宣傳目的而提出）。在我研究過的任何案例中，一個人學會了引起恐懼的過度服從逆轉，無論原因是狂吠的鬥牛犬，還是三歲時被獨自留在黑暗的房間裡，都沒有什麼差別。然而，只要他學會了支配和服從之間的逆轉關係，現在就有兩個任務要面對：首先，忘掉逆轉；再來，學習正確的關係（C＋D）。除非為了約束主體，否則根本不需要提到「恐懼」這兩個字。**如果主體學會了在對所有客體的所有反應中，都讓自己的服從適應自己的支配，恐懼就會自動消失。**

---

3 W. M. Marston, "A Theory of Emotions and Affection based upon Systolic Blood Pressure Studies," *American Journal of Psychology*, 1924, vol, XXXV, pp. 469-506,

4 Mary C. Jones, "The Elimination of Children's Fears," *Journal of Experimental Psychology*, 1924, p. 328,

在幾個案例中，我花不到十分鐘就完成了這樣的重新訓練。而在其他的案例中，我努力了好幾年，還是幾乎沒有完成顯然必要的重新訓練。關鍵只在於研究個別受試者、建立受試者與訓練者之間足夠順從的關係，然後使用對接受治療的特定受試者最有意義的符號、術語和初級情緒刺激。然而，我們可能會陷入一種概論：**戰鬥最要緊的部分，是消除埋藏在恐懼裡的神秘。只要任一個人把恐懼想成偉大、隱密的宇宙力量，隨時準備跳出來怒嗆一番或大小聲，而這個力量源自於前世、慾力、種族演化史，甚至是自己童年的「情結」和「壓抑」，那麼臨床心理學家幫助這個人擺脫恐懼的機會就微乎極微。根據我的經驗，這些概念一絲不差地有效教導了過度服從逆轉和恐懼，而這是可以消除的。**

擔憂、膽怯、逃避現實、故步自封和「不健全人格」，以及徹底恐怖和恐懼症，一切根源都在於過度服從逆轉。然而，本書不打算在這方面做進一步的討論，因為**所有恐懼都屬於異常情緒。**

欺騙測驗中的支配和恐懼

一九一七年，我在文獻中報告了所謂血液收縮壓測謊法的發現。[5]我的研究結果顯示，每當受試者因被指控某個所謂的「罪行」打算欺騙實驗者時，如果盤問他一個關鍵問題，他的收縮壓往往會呈現上升的特徵曲線。收縮壓升高顯然伴隨著運動自我的增加，也就是通過交感神經通道的緊張性運動神經放電增加。因此，如果這個關鍵問題可能危害受試者自以為是的欺騙任務，有機體似乎會產生一種顯著的力量，應對這個問題帶來的挑戰。如果按照生理學家和心理學家通用的術語，我會將這種情緒稱為「恐懼」，但實際上，應該將它稱為**支配**。

在隨後的一系列實驗中，我們進一步揭開欺騙期間這種支配反應的本質，在這些實驗中，我們測量了欺騙時的反應時間，並從每一系列的反應時間中，減去了欺騙的額外心智工作所需的外加時間。這項研究發現了一種獨特的欺騙者類型，他們說謊時的反應時間，比說真話還要短。[6]戈爾茨坦（Goldstein）隨後發表的結果顯示，在欺騙的過程中，更大比例的受試者屬於負反應時間類型，亦即說謊所需的時間沒有比說真話更多。[7]在後續未發表的實驗中，E. H. 馬斯頓（E. H. Marston）和我測量了男女受試者的聯想反應時間，我們讓受試者在聽到刺激詞之後，有時間想出他們選擇的任何聯想詞，然後要求他們用自己選擇的詞做出反應。（同時用Tycos血壓計記錄血壓。）接著比較受試者在拿到真實字詞（印在給受試者的清單上）時的反應時間，與他試圖用自己的字詞替換，來欺騙實驗者時的反應時間。**這個實驗的結果最終讓我確信，描繪欺騙特性的主動情緒反應元素不是「恐懼」，而是支配。**

---

5 W. M. Marston, "Systolic Blood Pressure Symptoms of Deception," *Journal of Experimental Psychology*, 1917, pp. 117-163.

6 W. M. Marston, "Reaction-Time Symptoms of Deception," *Journal of Experimental Psychology*, 1920, pp. 72-87.

7 E. R. Goldstein, "Reaction-Times and the Consciousness of Deception,"1923, *American Journal of Psychology*, pp. 562-581.

然而，儘管在前述的兩個測試中，讓欺騙者露了餡的是支配，但無論在實驗室還是在法庭上，幾乎所有因所謂欺騙而受審問的受試者，意識中可能真的有大量恐懼。**但正是因為恐懼，使得欺騙的嘗試在許多方面都不那麼有效**；最成功的騙子類型，最容易被呼吸和血壓改變等支配徵兆出賣了自己（誠如貝努西〔Benussi〕[8]和我自己先前所指出的）。至於沒什麼能耐的騙子為什麼經常會曝光，可能是因為反應時間的延長、在聯想反應中透露有罪的消息，以及在盤問之下自我洩密。

當然，較沒能耐的欺騙者雖然更容易受恐懼影響，但還是會對關鍵問題做出支配反應，因此也可能因為收縮壓升高而露了餡。不過這種支配的程度比較小，比較容易被克服，而且因為收縮壓的一系列升高更不穩定、平順，所以更容易曝光。只要潛在欺騙者的反應中存在恐懼，這種恐懼就會以一種衝突徵兆表現：受試者無效地試圖隱藏自己知道什麼，卻又強迫過度服從盤問者的要求。在說謊的過程中，**經由實驗證明了恐懼的真實本質。它由無力的支配組成，這種支配試著適應對刺激（盤問者）的過度服從，而這個刺激是強度高於主體的對抗性刺激，因此主體的支配發生逆轉後，便與他的強迫服從不斷發生衝突，並且不斷被強迫服從部分擊敗。**

關於受試者在接受測謊時的情緒反應本質，我們得到的結論使我們發現了所謂的「欺騙測驗」有兩種不同類型。第一種是測試欺騙者的支配反應（支配測驗），騙子會利用這種支配，硬是牢牢守住自己所知的秘密消息，盤問者則試圖套出這些消息。第二種是測試欺騙者因前述支配失敗所產生的恐懼（恐懼測驗），盤問者藉由施加過強刺激，引起受測者的過度服從。支配測驗可以毫無例外地適用於所有受試者，而恐懼測驗只適用於那些習慣陷入D和C之間是過度服從逆轉的受試者，或能因為測驗條件強迫進入這種逆轉的受試者。**支配測驗透過偵測受試者為隱瞞真相所做的每一次努力，揭露受試者的欺騙；恐懼測驗唯有在受試者對隱瞞事實稍微鬆懈而屈服於拷問時，才能揭穿欺騙**。支配測驗情境必須鼓勵受試者隨心所欲地說謊；恐懼測驗情境則必須設法處處擊敗受試者的欺騙。

欺騙的支配測驗涉及的是收縮壓升高（馬斯頓）、呼氣與吸氣的比例發生變化（貝努西、柏替），以及反應時間**縮短**（馬斯頓）。恐懼測驗則涉及反應時間**延長**；有罪的聯想（魏泰邁〔**Wertheimer**〕、榮格〔**Jung**〕）；言語反應不一致、或拷問下陳述或供詞混亂而自我洩密。柏替（**H. E. Burtt**）[9]和其他可靠的研究者，報告了在實驗室的條件下，收縮壓測試和呼吸比例測試得到最成功且最一致的結果。這些都屬於支配測驗。南費德（**H. S. Langfeld**）[10]和榮格（**C. G. Jung**）[11]等人報告了在類似的條件下，反應時間延長測驗得到良好的結果。這顯然

---

8 V. Benussi, "Die Atmungsymptome der Lüge," *Archiv. fur die Gesampte Psychologic*, 1914, pp. 244-271.

9 H. E. Burtt, " The Inspiration-Expiration Ratio During Truth and Falsehood," *Journal of Experimental Psychology*, 1921, vol. IV, p. 18.

10 H. S. Langfield, "Psychological Symptoms of Deception," 1920, *Journal of Abnormal Psychology*, vol. XV, pp. 319-247.

11 C. G. Jung, " The Association Method," *American Journal of Psychology*, 1910, vol. XXI, pp. 219-269. 另外參見Brain, 1907, vol. XXX, p 153.

屬於恐懼測驗。柏替、特蘭德（Troland）和我自己[12]在法庭和實驗室中，測試了用於戰爭的各類型欺騙測驗，結果發現血壓測試最有用，反應時間延長測試最沒有價值，尤其是在實際的法院案件中。拉森（J. A. Larsen）對法院案件的一千多名嫌疑人使用了各種欺騙測驗，他在後期的技術中省略了聯想字詞和反應時間測試，主要依賴收縮壓測試，「同時保留呼吸曲線作為檢查」[13]。近來對美國測謊的現狀做了最詳盡仔細研究的麥科明克（C. T. McCormick）[14]引用了拉森的話，說他的技術已成功地在洛杉磯（Los Angeles）、奧克蘭（Oakland）、杜魯斯（Duluth）和埃文斯頓（Evansion）的警察局使用。這顯然意味著，實際應用上，支配類型的測謊，是迄今為止最可靠的欺騙測驗。

順從和引導之間的逆轉關係

順從和引導之間正常關係的逆轉會導致衝突和受阻的愛情緒，完全就像支配和服從之間關係的逆轉，會導致衝突和受阻的慾求情緒。我們已在第十三、十四章提到，順從和引導反應之間有效、正常的關係，包含了**引導反應對順從情緒的適應**。也就是說，根據情緒反應的意識組織，所有愛反應中的正常、有效態度，都只為了順從他人而引導那個人。引導和順從反應之間最終的靜止平衡狀態，仰賴最終的順從反應等同並且控制先於它的任何引導反應。

在主體與刺激之間建立的關係中，「愛」是一種跟慾求完全相反的情緒。在慾求反應中，無論主動或被動，對刺激的服從，只是一種為了自身利益而用來支配那個刺激的手段。「慾求」的本質是自我追求和自我膨脹，除非主體自身的有機體在反應結束時完全支配所處環境，否則慾求就沒有達成其目的。然而，愛反應追求的是完全相反的關係。在這種情況下，主體力圖讓自己受另一個人的控制，目的在於部分或全部地將自己交付給那個人。

將自己交付給他人的第一步，始終必須是引導，因為硬是塞給另一個人他不想要的東西，不是愛的一部份。因此，必須先引導潛在接受者心甘情願地接受禮物和順從服務。除非一個人對另一個人的順從，可以讓對方欣然接受和感到愉快，否則最終的付出就不再是真實順從。因此不難了解，**如果總反應是真實愛的行為，引導一定永遠發生，而且完全適應順從反應**。

接續出現的引導和順從反應之間的正常關係，可能因為過多的順從、或過多的引導而發生逆轉。順從可能極具優勢地存在於主體的現有行為中，因此，如果為了可以延續順從而有必要施行引導時，主體即使受情勢所迫**想要引導**，還是會試圖繼續順從。這種整合的混合非常類似

---

12 W. M. Marston, "Psychological Possibilities in the Deception Tests," *Journal of Criminal Law and Criminology*, vol. XI, no. 4, pp. 112-131.

13 C. T. McCormick, "Deception Tests and the Law of Evidence," *California Law Review*, September, 1927, p. 491,

14 C. T. McCormick, "Deception Tests and the Law of Evidence," *California Law Review*, September, 1927, p. 491-492.

前述的過度支配，即使被強迫服從打敗，還是滿懷怨恨地依賴服從刺激，繼續嘗試支配下去。因此，在這樣的情況下，刺激會逼迫過度順從，無力且不快地做出不情願的引導反應。這種情況可以稱為「**過度順從逆轉**」（over-submission reversal）。這就像是一個男人的戀人迷惑了更有魅力的男人，自己只能痛苦地默默啃咬著鬍子。一場最令人不快的衝突正在上演：希望贏回女孩注意的非自願引導，槓上了對女孩魅力的過度順從，而這種過度順從，決心不屈服已默認的引導干擾。**這是一場順從攻擊引導的衝突**。

順從和引導之間逆轉關係的相反類型，可能是由過多的引導引起。如果一個人在與他人的所有關係中，最終目標都是對他人建立引導控制，當他發現作為誘餌的引導終究不足以讓對方順從時，他的引導可能因為突然的抵抗，夾帶滿滿的惡意爆發出來。如果還是想要完成最終引導，就需要進一步順從刺激者，但過度引導正在攻擊刺激者。換句話說，過度引導正在攻擊強迫順從。這種異常整合的變化，可以稱為「**過度引導逆轉**」（over-inducement reversal）。這就像是一個女人對前男友公開示愛、百般討好，引導他跟自己復合，但只得到輕蔑訕笑的反應，於是她猛地撲向男人，一下又一下地瘋狂撕扯他的臉。此時，在女人的中樞神經系統中，過強的引導和強迫順從之間正發生一場衝突。**這是一場過度引導攻擊順從的衝突**。

過度順從逆轉——嫉妒

過度順從和過度順從逆轉之間的分界線，落在失衡地全心投入心愛之人的陪伴和嫉妒（jealousy）之間。華生的實驗呈現了各種情況，其中弟弟（或妹妹）在哥哥面前受到媽媽的疼愛，這時哥哥得到的關注比以往少，但都無法引起哥哥的嫉妒。[15]或許，在兒童受試者中，那樣的愛似乎還沒發展到頂點，而可能造成他對媽媽的過度順從。此外，也有可能在弟弟（或妹妹）進入實驗情境時，哥哥實際上沒有得到媽媽足夠的愛刺激。然而，我曾引發一個三歲女孩的嫉妒，當時的作法是在媽媽正「摟著」和輕撫懷裡的這個小女兒時，讓一個大一點的男孩進來。男孩一來媽媽就轉身對他說話，不過期間一直把小女兒抱在懷裡。小女孩一開始做出正常的引導反應，她拉著媽媽的衣服吸引她再次注意自己，而且更貼近地「依偎」媽媽。當時媽媽只是輕輕告誡了一句「安靜點，寶貝！」小女孩就做出了一個動作，像是把男孩從媽媽的身邊推開，然後把頭埋進媽媽的胸前，開始小聲地啜泣，顯然是由於得遵從媽媽要她保持安靜的指令。從頭到尾，小孩和媽媽都不知道正在進行任何實驗或行為觀察。

在這個案例中，小女孩對媽媽的主動順從，在被男孩打斷時正處於頂點。這種中斷創造了一種刺激情境，通常應該引起小女孩的引導反應，以便恢復對母親中斷的順從。事實上，確實

15 J. B. Watson, *Behaviorism*, pp. 149-154.

引起了輕微的引導反應。但一確認不成功，小女孩現有的過度順從就截斷了她的引導行為。過程中，小女孩**逆轉**了順從和引導之間的正常關係，實際上讓自己的過度順從適應短命的引導反應，她的作法是在引導反應仍不受控地活化她的有機體時，盡可能地順從媽媽。簡而言之，順從和引導之間存在衝突，各自都部分地阻撓了對方。順從被迫適應引導，因為它**無法**完全消滅引導，也**不願**屈服於引導。結果就產生了「嫉妒」（jealousy）這種異常情緒，這大概是這個孩子的意識中最早出現的異常情緒。

我們可以仔細想想，順從和引導之間關係正常的較年長者，如何在沒有逆轉、衝突和嫉妒下解決這種情緒問題。引導必須一直適應於順從。那就意味著，在類似剛剛討論的情況下，無論未來可能發生什麼其他反應，都必須不斷維持對媽媽的完全順從。既然如此，如何保持順從關係，就成了唯一的問題。也只有一種情緒反應，能夠影響媽媽接受進一步的順從，那就是引導。因此，必須選擇一種引導計畫，可以最成功地實現這個目標。**引導必須適應順從**。如果來訪的小男孩讓媽媽感到愉快，那準引導者（小女孩）必須找到某個方法，讓媽媽從男孩的來訪中感到更大的愉快。問個問題，可能引起小男孩做出討母親歡心的反應，或者給小男孩一塊餅乾或一顆蘋果。小女孩對男孩做的這種行為，引導媽媽接受這種新的順從，讓媽媽因為男孩的存在而更感愉快。至於女兒，適應於順從的引導，使她能夠不斷且主動地順從媽媽。在小男孩來訪的情況下，身體輕撫不再是對媽媽的順從。因此，必須找到全新的一系列真實引導反應，能夠影響媽媽接受新的順從。**這樣一來，引導就會自始至終適應順從，也就不可能有任何逆**

轉、衝突和嫉妒。

想得到的過度順從逆轉衝突還有一大堆，各個都會產生自己獨特、異常的情緒。其中可能包括懊悔、悲傷、生活在社會群體之中的孤獨、羞怯和憂鬱（包括這類型的精神病狀態）。因為本書致力於研究正常的情緒，所以在此我們不會進一步討論這些異常情緒。

過度引導逆轉——憎恨

過度引導和過度引導**逆轉**之間的分界線，落在**失衡地決心控制另一個人的行為和憎恨**（hatred）之間。目前似乎沒有明確的實例，證明兒童會出現真實的憎恨反應。大規模憎恨最清楚的例子，可以在種族（當然尤其是戰爭期間）之間找到。大多透過報紙宣傳，有時受政客煽動，但通常是因為某種私人慾求利益，會讓一個國家的「普通人」確信，另一國家的公民「侮辱了我們的國旗」或「妨礙了我們公民的權利」。當美國報紙挑起了西班牙戰爭時，承受苦難的古巴人有權利成了能引起美國人憎恨的神奇試金石。為了完成美國人對受傷害的古巴人明顯感到的愛反應，美國必須**引導**西班牙人改變他們對待受壓迫人民（古巴人）的方式。除了引導西班牙人接受這點，其他方面，美國人都不打算**順從**西班牙人。然而，只要西班牙人繼續殘忍地對待古巴人——目前他們有能力這麼做，縱使美國竭盡全力引導西班牙人停止，美國還是**被**

迫順從。於是，在美國人的意識中，被迫順從西班牙人與過度引導之間產生了衝突，這種過度引導正試圖透過控制西班牙人的行動，來讓順從適應引導，使他們採用美國人願意順從的特定行動方針。因此，只要西班牙拒絕屈服於美國的引導，就會讓每一個因誤解愛國主義，而學會過度引導逆轉的美國人，為此感到痛苦而出現憎恨。除非一個國家的公民，願意只為了更順從他國利益而引導那個國家，否則當一個國家被迫順從他國的行動時，即便盡最大努力引導他國採用自己國家（出於自身原因）願意順從的行動，國家之間的憎恨還是會無可避免地發生。

在這樣恐怖的災難性國際憎恨中，數百萬人受到唆使，而體驗了所有情緒中最異常的情緒，其中的主要情緒逆轉，就跟造成兩個人之間最短暫私人憎恨的情緒逆轉完全相同。在這兩種情況下，情緒逆轉都是出於相同的原因。憎恨他人的個人，或憎恨另一國群體的國家群體，都是如此堅定地想引導他人或他國做一件特定的事，以致於無法知覺到，自己可以輕易地引導他人或他國，做一些引導者**能夠順從**的其他事情。一旦惹事的國家拒絕被引導，引導國會很快出現破壞性支配，然後肇事國就成了對手，這時引導國再也不想引導，而是想擊倒對方。由此，引導國最後被迫出現的不是順從，而是服從。因此到了最終，無論戰爭勝利者贏得多大的成功，**都絕對達不到最初引導他國或他人順從的目的，最多只能支配敵人和強迫他服從**。如果想要達到引導對方順從的最初目的，引導就必須適應於順從。具體地說，這意味著肇事國的某些行動方針，必須讓引導國最終願意順從，而且引導國當前有力量引導肇事國順從。簡而言之，最終雙方都必須順從，各方也都必須選擇一種引導，使對方願意接受自己準備做出的順從反應。這就是「妥協」、「國家情誼」與**和平**。引導必須一直適應於順從，否則人就變成東西並且互相摧毀。憎恨是一種異常情緒，伴隨**人類之事**毀滅**人類之事**而生。

戰爭期間，雖然引導很大程度地屈服於支配，但順從（S）和引導（I）的逆轉關係，仍足以讓激發憎恨的背景條件持續作用，若是沒有這種逆轉，徒勞又無益的支配很快就會消逝。過程中的憎恨和支配很容易區辨。憎恨背後的願望不是讓敵人**服從**，而是讓他**順從**；讓他被迫順從過度引導者任意選擇的一種特定引導。因此，有種持續存在的驅動力，促使引導（現已變形為破壞性支配）一直越來越強，好讓被引導者**感到足以順從**。逆轉的過度引導者完全無法意識到，引導的力量不是出於對抗的強度，而是出於**聯盟**的強度。只要潛在的過度引導者被發現了一絲傷人之意，期望引起順從的這種引導，就會失去所有力量。但是，攻擊者當然不會意識到這點，他的S和I處於逆轉狀態。因此，為了讓自己的引導更有力量，他會試圖盡其所能地**傷害**憎恨的對象。這使憎恨具備了完全不同於支配的意識性質，支配只會試圖強迫刺激對象與自己聯盟，或將之視為主體道路上的障礙完全消除。支配是強烈、無情，但非個人的。憎恨是蓄意的殘酷，甚至比支配更強烈，而且針對個人。

憤慨、所謂「受阻的性」或性憤怒[16]、某些類型的個人惡意、某些偏執狀態，以及其他許

16 我以前試圖將「憤怒」一詞專門用於這類型的情緒（我稱為「真實憤怒」），不同於受阻的過強支配（我稱為暴怒或狂暴）。然而，關於這篇文章的評論表示，在一般人心目中，「憤怒」一詞與支配及其逆轉密不可分。因此，似乎最好強調，憎恨一詞與相互衝突和最終受挫的順從和引導逆轉情緒有關。

多特別危險的逆轉情緒，無疑都跟憎恨一樣，屬於過度引導逆轉情緒。但它們都是異常情緒，因此本書中不會進一步討論。

總結

如果人類希望保持正常，服從就必須適應支配，而引導必須適應順從。這些關係的逆轉，勢必導致初級情緒之間的衝突。

使某些服從反應適應於有機體天生會做的任何替代性支配反應，超出了有機體的能力。如果主體處於過度支配，即使還有其他許多服從能輕易適應最終支配並且被支配取代，但他仍然會堅持嘗試不可能做到的事。這樣過度支配的主體，只能透過不斷試了又試，嘗試讓自己的支配成功適應於打不敗的服從，但在整個期間，因為體認到攻擊的徒勞，支配就會一直部分受挫。**這種情況稱為「過度支配逆轉」，它的典型異常情緒是「暴怒」**。

或許，確實有一些服從反應，有機體完全能夠讓它們適應適當的替代性支配反應。然而，如果有機體過度服從，他就不會嘗試這種可能性。這樣過度服從的主體，允許自己的支配被迫進入對服從情緒的破壞性適應，而在這段期間隨時都會察覺到，支配正逐步地被擊敗。**這種情況稱為「過度服從逆轉」，它的典型異常情緒是「恐懼」**。

如果選擇適當的引導反應，而且這種引導適應於有機體試圖得到的順從，或許就有一些順從反應是有機體完全能夠繼續進行的。然而，如果有機體過度順從，他的順從可能阻礙他選擇和表達這種適當適應的引導反應。結果就是，順從必須適應於主體能做出的任何徒勞的引導反應，期間會一直察覺到，自己的順從正因為無法使用適當的引導工具，而逐步地被擊敗。**這種情況稱為「過度順從逆轉」，它的典型異常情緒是「嫉妒」**。

使某些引導反應適應於有機體最終的順從，超出了有機體的能力。然而，過度引導的個體，可能繼續嘗試不可能做到的事，拒絕放棄這種徒勞的引導，也不肯選擇另一個能夠適應順從，並且被順從取代的引導反應。這樣過度引導的主體，只能透過越來越強烈地繼續這種無效的引導反應，讓自己的順從成功適應於徒勞的引導，但整個期間都會察覺到，自己的順從因適應不成功的引導而無望地受挫。**這種情況稱為「過度引導逆轉」，它的典型異常情緒是「憎恨」**。

愛——慾求逆轉情緒

在先前討論的過程中，我們已經提到愛和慾求之間正常和逆轉的關係。正常的關係是慾求完全適應愛。任何成功且幸福快樂的人生，都必須讓成功適應幸福快樂。某些類型的個體，習慣性地試圖讓幸福快樂適應成功，但最終往往是既不成功、也不快樂。在人類某些種族中，似乎甚至存在一種預設的情緒傾向，可以稱為愛和慾求之間的慢性逆轉。然而，地球上大概幾乎所有人類，或多或少都因這種愛和慾求之間的逆轉和衝突而受苦。佛洛伊德學派的心理分析，似乎主要奠基於所有發現的基礎，亦即慾求應該適應於愛，但在現代生活中，社會法律和習俗都強迫愛要適應慾求。然而，心理分析學家提出此一發現的價值，因為用慾求來定義愛而被否定了。準男（女）朋友被告知，自己對心愛之人的身體或陪伴有「慾求」或「渴望」。愛本身則被描述成「性情緒」，而愛所謂的「正常」表現，僅僅侷限在兩性之間的「性慾求」。愛和慾求之間的逆轉關係，亦即愛適應且受控於慾求（某些心理分析學家認為，這是所有情緒衝突的理論來源），透過將愛情緒描述為「吃掉」和「消化」所謂心愛之人，受到增強並得以永垂不朽。

如果想要了解愛和慾求之間正常且有效的情緒關係，首先必須了解愛本身的真實性質，因為跟慾求處於正常關係的愛，必須是控制性反應，而且慾求完全適應於它。愛是給予，不是索取：愛是感受，不是飲食；愛是心愛之人的無私聯盟，不是與「性對象」的自私衝突。**有機體在表達自身慾求情緒時獲得的一切，都必須在表達愛時再次給予，而「一切」包括了有機體本身**。然而，「給予」並非意味著給予者的毀壞或貶值。僅僅意指給予者擁有的一切（包括自己的身體），都要順從心愛之人的服務和需要。對愛的這種理解，與「性慾求」一詞所暗指的混合及衝突的情緒狀態描述，形成了極端的對比。

女性有機體一定得擁有這種慾求適應且受控於愛情緒的正常關係，至少在生育期間如此。我們已經理解，這個過程教導的創造情緒，使女性必須只為了愛而利用慾求。在這個過程中，女性有機體沒有單獨被耗盡，因為女性必須保持身體和心理的強壯，才能有效達成服務孩子的愛的目的。人類或動物為了完全適應環境，必須死亡並且經歷化學分解。但人類或動物為了順從並滿足心愛之人的需要，就必須比以前更健康地活著。適育年齡的女性，任何退化或衰弱都會相應地傷害或減損她的創造。因此，即便為了心愛之人的發展，最有效的也是慾求完全適應於愛。只要愛實際上處於控制地位，慾求對愛的適應，就不可能成為自我犧牲。唯有關係逆轉，成了愛適應慾求時，愛的目的和慾求需要之間，才會出現任何情緒衝突。

在人類行為中，透過慾求控制愛而引起的種種逆轉情緒，這方面的初步研究需要一整本或好幾本書來專門分析。但存在於人類或動物行為中的這些逆轉情緒，代表了真正的異常情緒，因此大多不屬於本書探討的範圍。然而，為了清楚說明正常的情緒態度和關係，本書會大略提及一些逆轉情緒。

主動和被動的愛與主動和被動慾求之間的逆轉情緒

當主動的愛適應且受控於主動慾求時，會引起一種複雜的情緒行為，這種行為在美國以

「淘金」（gold digging）一詞而聞名。歌舞女郎、夜總會招待、為錢結婚的小伙子、在茶室出沒的「舞男」等，全都是專業的淘金者，他們下手的對象通常是丈夫不再熱情的中年婦女，他們以舞者的身份接近那些人。然而，業餘的淘金者比比皆是。事實上，在某些「社交界」和大學圈子裡，很難找到一個情緒結構完全不帶拜金屬性的女孩或年輕女人。

顯然，淘金特別有吸引力，因為不需付出任何東西交換，就能得到慾求利益。主動的愛包含了迷惑所選之人作為慾求供應的潛在來源。如果確信對方受到足夠的愛的控制，主動慾求就被打開，迷惑者從愛的俘虜（被迷惑者）取走供應，最終歸為自己所有。淘金的過程中，既不需要主動順從、也不需要主動服從，而這是人類最難學習和表達的兩種情緒。誠如我們提過的，當愛受控於並被用於慾求情緒時，主動的愛和主動慾求就會處於不斷的衝突之中。每當淘金者開始明確地挖錢或出現主動慾求反應，主動的愛就會明確地全部結束。如果榨取被迷惑者的金錢或財產可以非常巧妙或迅速地完成，那麼可能再次打開迷惑，由此獲得另一個慾求獎勵。然而，接續出現的一連串迷惑和取得，總有明確的限制，這一連串能延續得多長，取決於在受害者的情緒組織中愛和慾求的比例。有些年長男性的慾求情緒差不多得到了滿足，愛反應也因此擺脫了抑制束縛，他們為了彌補過去生活中完全缺少了愛而試圖進行失衡的情緒控制，這似乎使他們成了這種逆轉情緒刺激最可能的受害者。雖然拜金女可能以異常強烈的主動愛情緒展開她的逆轉活動，但在慾求控制的衝突影響下，這種情緒無可避免地漸漸減弱，變得受阻和歪曲，直到最後她的愛迷惑力量全然消逝，而她作為拜金女的生涯也自動終止。

當主動的愛適應且受控於被動慾求時，通常稱為「誘惑」（seduction）。誘惑的終極目標不是從迷惑對象獲得財富，而是強迫愛的俘虜帶給誘惑者感官上的樂趣，就像精緻的食物或有趣的消遣，可以讓主體產生滿足情緒。

當被動的愛適應且受控於被動慾求時，往往稱為「肉慾」（sensuality）。在這種情況下，無論男女都希望為了體驗激情而被迷惑，隨後激情又被當作極其愉快的慾求滿足形式。

當被動的愛適應於主動慾求時，就會造成法律上稱為「賣淫」（prostitution）的行為。在這樣的情況下，一開始是真正激情的愛反應，適應且受控於從主體順從的身體俘虜，獲得金錢或其他報償的渴望。在所有的婚姻中，如果一方雖然體驗到對另一方的激情，卻讓這種激情適應於取得金錢或地位，並且允許這種激情受控於這種主動慾求，這樣的婚姻可恰當地歸入這一類。我也觀察到了幾個例子，其中男孩和年輕男性似乎對年長男性顯現真正的激情反應，他們仰慕這些年長男性，並對他們存有「英雄崇拜」。在每一個案例中，年輕男性為了獲得地位、薪資和晉升等最大的慾求利益，利用了被動的愛反應對待年長、有權力的男性。

主動和被動的愛與支配之間的逆轉情緒

當主動的愛適應且受控於主動支配時，就會造成異常極端的情緒表現，名為「虐待狂」

（sadism）。迷惑另一個人的願望，受控於摧毀愛的俘虜的主動支配目的。其他形式的虐待狂、即薩德侯爵（marquis de Sade）本人讓我們熟知的形式，就像是在戰爭中使用主動支配，目的在於強迫受害者徹底順從過度引導—支配者的意願。在這種形式的虐待中，支配反應對受虐者的身體強加各種折磨，由此我們發現了一件事：當下受虐者被當作無生命的對抗性物體，必須強迫他與支配者聯盟。施虐行為帶來的愉快情緒經驗，是主動的愛迷惑反應，這種反應源自於受虐者可能出現的任何自發、自主的愛囚禁和激情感受。例如在幾年前，有個惡名昭彰的美國虐待狂，強迫被他殘忍鞭打的男孩寫下他口述的「順從書」，期間還要他唸誦難堪的愛囚禁感受，想像男孩正在經歷什麼的虐待狂因此而感到開心。**倘若接受者在身體上或情緒上都沒有受到傷害，此外，迷惑者也只以能讓對方最愉快的方式來試圖征服對方**，那麼不輕不重的鞭打、拍屁股或其他形式的虐待，就不一定可以稱為虐待狂。只要支配控制了主動的愛，就會立刻降低愛俘虜的愉快和激情，迷惑者的迷惑興奮和愉快也會相應地減少。因此，試圖讓愛適應支配，就像虐待狂和其他形式的逆轉情緒，只會造成兩者相互衝突和削弱，或完全抑制了愛情緒。男性在生理上天生就沒有擔任迷惑者的能力。因此，每當男人試圖利用支配來迷惑女性或另一個男性，他的支配幾乎總會控制他的迷惑情緒，使他暫時成為一個虐待狂。每當男人「虐打」女孩或他的妻子或情婦時，他可能一開始是擔任迷惑者，但在他的興奮達到最高點時，幾乎一定會突然變成虐待狂。

當被動的愛適應且受控於主動支配時，通常被稱為「背叛」（treachery）。一個人如果主動順從另一個人、被動引導對方與自己形成信賴可靠的親密關係，然後利用因此得到的資訊或權力來支配那個人，就可稱為「背叛」。在背叛中，背叛者被動的愛態度全然適應且受控於支配決心，要不摧毀妨礙自己達成目的的背叛對象，要不就是為了增進自己的利益，而強迫對方與自己聯盟。

順從和引導與慾求的初級情緒（支配和服從）之間的逆轉情緒

當主動順從適應且受控於主動支配，或實際上受控於支配和服從的任何正常慾求組合時，就會造成可以稱作「偽善」（hypocrisy）的反應。在這系列的逆轉情緒中，一個人為了自己的目的利用了另一個人，卻以真誠關注那個人的需求和利益，來遮掩或偽裝自己潛藏的控制性支配。在偽善的整合樣貌中，也可能混入了引導。某些類型的偽善行為，以相當有序的形式，顯現了創造情緒的所有元素，這些創造的元素單獨或集體地被用來促成慾求目的。因專業「改革」活動而收受高薪和國際名聲的「改革家」，似乎經常代表了這種創造情緒與自身慾求渴望適應逆轉的極端例子。有時候，這種人的最終目的出現一種幾乎純粹的支配反應；另外有些時候，他們追求金錢獎勵，這時整體來說，主動慾求才是最終的控制性反應，引導、順從，或許還有主動創造情緒，都適應於這種反應。

當引導適應且受控於支配或慾求時，就會產生某種形式的「欺騙」（deception）。使用主動引導來引起受騙者的順從，目的在於利用受騙者的順從行為，達到欺騙者的支配或慾求利益。請不要把造成最初欺騙行為的初級情緒組合，跟律師或心理學家盤問騙子、意圖揭穿欺騙行為的情況混為一談。律師或心理學家對可能的騙子測謊的情況，主要是盤問者與被控欺騙者之間，那種攻擊者與被攻擊者的關係。受測者如果在盤問下說謊，最終可能發現他的總情緒反應混入了一些引導。但在多數情況下，受測者僅僅試圖在某種程度上捍衛自己的自由或生命，對抗施測者的支配嘗試，不讓對方套出他隱瞞的秘密訊息。在實際的法庭程序中，情況多少有所不同，因為證人必須引導法官或陪審團相信他的說法，同時還要抵禦敵人或對抗者（檢察官或盤問的律師）的攻擊。這種情況無論最終如何分析，主體的情緒反應，跟形成最初欺騙動機的基本逆轉反應幾乎沒有關係。

主動引導可以用來達成主動慾求的最終目的，即妄想他人的財產。換句話說，擁有財產的人可能受引導做出某些行為，讓騙子能夠支配他的財產，卻無需為此給予補償。這或許可以稱為**巧立名目騙取財物**。

同樣的，主動引導也可能適應且受控於被動慾求情緒。這樣的情況是，一個犯罪或言行不檢的人，利用主動引導，來引起檢察官或有權懲罰他的其他人對他順從。這樣的順從形式，包含了相信騙子所說的話完全符合事實，隨後往別處尋找其他的嫌疑人。如果一個社會嚴懲所有違反獨裁規定的人，懲罰的殘暴程度與所犯罪行完全不成比例，那麼這類型的欺騙，通常被認為是一種或多或少可以原諒的逆轉行為。因此，法律本身如果體現了男性施虐和偽善，就會刺激成人做出欺騙逆轉，正如父母對待孩子，如果讓愛適應慾求，就會刺激孩子做出欺騙逆轉。

最後，可以提一提比較簡單的欺騙類型，其中主動引導適應且受控於簡單的主動支配。在這類型的行為中，欺騙者在比賽或涉及某種個人聲望的競賽中，透過一種能讓自己支配對手的方式，引導對方從順從，進而成功地支配對手。為人類或動物設置的各種陷阱，都是這種主動引導和主動支配之間逆轉的例子。在各式各樣所謂的運動競賽中，這樣逆轉使用引導來達到支配的目的，被視為極其聰明且受到高度推崇。這類型的逆轉行為有時稱被為「欺騙性詭計」。然而，在比賽中，如果規則允許某些類型的欺騙行為，競賽雙方確實就會被提醒要小心提防。因此，比賽的這個部份成了一種欺騙競賽，有效地訓練了引導對支配的異常適應。

第十八章 情緒再教育

一個人無論多麼正常，從最小的時候開始，就一直學著要用傳統的評估標準來衡量自己的行為。父親在他面前所做的事、鄰居在他周遭正做著什麼，這些構成了常態的標準。而這荒謬的衡量方法，相當程度地受到當今所謂的「社會科學家」認可，顯然這是因為截至目前為止，除了統計的描述，心理學家仍無法提供任何關於正常人類的具體描述。不久前，有位大膽的精神科醫師坦白地說，如果一個年輕女孩就讀一所其他多數女孩都在抽菸喝酒的學校，只要她不肯一起抽菸喝酒，她就可能需要檢查是否患有精神疾病。我認為，提出這種主張的知名醫生，並不是建議將抽菸喝酒當作對女性友人的社會順從測驗，而是強調特定群體的一般行為，構成了科學地衡量群體中任一成員是否正常的適當標準。對於個人如何學習和改進，再也沒有比這個更有害的原則了。

人們看到他人行為的正常部分少之又少

說它有害的原因有好幾個，但最主要的是這個。人類群體任一成員的行為中，任何其他成員可觀察的部分，僅僅是這個人總意識活動的一小部分，而且不具代表性。任一個體允許他人觀察到的行為，都是這個人認為在他人（觀察者）眼中最有價值，也因此可能為自己（被觀察者）帶來各種最大利益的部分。

人們從很小時候就被教導，「正確的事」就是那些能給自己獎勵的人告訴自己要做的事。因此，小孩在父母面前，往往按照父母設定的行為準則來表現。至於對其他小孩，他們的行為就完全不同。儘管如此，他們的反應也不是全然正常，因為他們已經學會如何形塑自己的行為，藉此對其他小孩產生最有利自己的影響。然而，在完全沒有他人在場、絕對秘密的情況下，小孩的行為表現又會徹底不同。這種秘密的行為舉止，才是最正常的。不過，小孩很快學會了，把這種行為視為最不正常的。隨著年齡漸漸增長，個體的外顯行為，越來越受控於自己認為他人贊同並能為自己帶來最豐厚獎勵的事。由身體構造決定的正常自我，只能繼續秘密表現，漸漸地，這種正常的行為變得幾乎完全隱藏起來，以免同伴看到某些不利自己的行為。因此，人們透過緊緊遵守所屬群體中**可觀察**的一般行為，學會了將一半以上的正常自我視為異常。為了繼續不被當成異類，他們必須繼續將自己自然、秘密的行為視為異常。此外，儘管他們可能敏銳地懷疑，所屬特定群體的其他成員，也有跟自己非常相像的秘密行為，但他們很快學會，只要一發現，就將同伴的這種秘密常態，同樣視為討厭的異常。一旦知曉了鄰居約翰・史密斯正秘密地享受與某位女性的真實愛關係，而這位女性無法正大光明地成為史密斯夫人，每個帶著秘密的正常人，都會很快地使盡全力譴責史密斯的行徑。異常所背負的重擔之上，又添加了一塊石頭。

異常性的「自由心證」

就情緒再教育而言，這一切都意味著，臨床心理學家面臨一個難上加難的任務，就是說服正常人相信，自己情緒中的正常部分是正常的。越是正常的人，越容易對異常抱持「自由心證」。因此，非常容易找到一些正常的愛渴望，被主體當成了徹底的異常，並且說服自己（或更可能說服對方），自己的秘密情緒必須「昇華」成學習演奏聖樂，或書寫永遠不會發表的藝術文章。但荒謬的是，相信這些所謂的「昇華」，除了剝奪女性部分的正常自我以外，真的有其他功用。在「分析」之前，這部分的正常自我至少還有一絲機會正常地公開表現。

行為的心理——神經常態不取決於鄰居的行為

唯一可行的情緒再教育，是讓人們學會行為有一種心理—神經常態，不管怎樣都不取決於鄰居在做什麼，也不取決於認為鄰居希望自己去做什麼。人們必須學習，自己向來視為異常的愛，其實是完全正常的。不僅如此，人們最終必須學會，在人類有機體中，「愛」（**真正**的愛、而非「性慾求」）是所有活動的最終目的，為了達到這個目的，慾求情緒必須從一開始到最後，永遠都要適應於愛。

提出這種教學時，情緒再教育者立刻面臨到一個問題：如何讓一個人充分擺脫慾求控制的現有社會標準，好讓他能正常表達自己的心理—神經自我。情緒的異常性，主要透過對**東西**的強迫服從而永垂不朽。現代人的慾求發展得驚人強大。為了滿足驚人慾求，即使是部分滿足，我們必須擁有東西，越來越多的東西，為了得到這些東西，我們不得不服從現在擁有這些東西的人。東西擁有者設定了標準，而他們設定的標準，自然是強迫他人服從得到東西的活動，並且傾向使這些活動越來越成功。用任何群體可觀察的一般行為，來定義正常行為的學說，實際上意指的是，任何人表現出對東西的服從程度，就是衡量他有多正常的基準。這是什麼令人目瞪口呆的學說啊！根據這樣的學說，你的正常程度，與你**為了得到更多東西**，而願意放棄多少自我、或認為有多少自我是異常的成正比。

既然如此，我們要如何才能讓主體的正常部分，不再為了滿足自己的慾求而必須服從異常的標準？首先，人們必須學會，得到東西所需的服從，不是服從東西擁有者的異常部分，而是服從這些人的正常慾求。這些擁有者無論是自己、還是祖先，在贏得所有物時，除非預謀藉此支配那個對手，否則絕不服從任何強勢對抗性力量。至於如何應用慾求的首要規則，來成功克服東西擁有者試圖強加的錯誤常態標準，那就必須建議想當正常人的人，不要將東西擁有者視為必需順從的強勢盟友，而是將他們視為暫時優於自己的對抗者，**服從**只是為了最終支配他們所需。

慾求領導者不是愛的領導者

事實就是，具備慾求優勢的人（東西擁有者）憑藉自己優越的慾求強度，奪取了愛的領導地位。他們不只規定了想分走他們財富和權力的人必須做些什麼，而且（大概為了自己的利益）還規定了一般大眾必須做些什麼，卻一點也不希望跟他們分享戰利品。終其一生都在進行慾求活動，或自己的卓越地位仰賴成功維持大量財富的人，不可能制定超出慾求規則的任何行為規則。同樣的，這些人也絕對會利用自己的支配優勢，強迫那些力量不足的人，按照有利自己的方式行事。於是，如果大眾普遍接受這類型的人，不只將他們視為慾求獨裁者，還把他們當作人道的愛的領導者，那麼目前對愛的徹底異常壓抑就一定還會繼續。

然而，如果情緒再教育者有能力讓一般人學會，對於慾求領導者制定的行為規則，服從程度只到足以支配生活所需的來源，並且獲得自己的獨立方法，那就還有希望改變現況。這樣一來，人們就能不受約束地認出自己的常態，並且逐漸建立一種基於愛至上而慾求從屬的全新行為準則。我在男性的臨床案例中，充分測試了這個計畫，十分確信這麼做是可行的。

但在這種再教育的過程中，受教的男人發生了什麼？當他首次獲得慾求成功後，他也得到了每個東西取得者和擁有者相同的控制性情緒，更隨心所欲地對所有愛情緒進行支配抑制。顯然，男性有機體內並不存在可靠的機體內愛刺激。但他們有強烈的機體內慾求刺激機制（餓到痛），每天都在體內作用好幾次。由於這種身體狀況，成功男性總是具有嚴重失衡的慾求情緒反應。在與其他男性競爭時，如果利用這種慾求趨力獲得成功，本已大過愛的慾求還會進一步擴大，而在正常情況下，即便女人（們）給予再多的愛刺激，似乎都無法讓愛的重要性，恢復到男人成功以前總情緒模式中的程度。

有幾個罕見的例子沒有發生這種情況，在這少數案例中，男性獲得成功後試圖改變慾求準則，好讓愛的某些部分被認為是正常的，但這種男性非常可能因自己魯莽地捍衛愛而遭逢慾求災難。丹佛市的林賽法官似乎正是這樣的案例，最近他失去了自己的法官職位，原因顯然是他讓愛從慾求控制中解放出來。[1]根據我至今為止的觀察，我得出了一個暫時性結論，男性實際上不可能成為愛的領導者有兩個原因。首先，男人的身體不是為了主動的愛而設計，因此無法充分受到愛刺激來控制過度發達的慾求。第二，即使他獲得了慾求領導地位，也無法將這種領導轉變成愛的領導，因為其他人不會充分順從他。

愛的領導者的資格

在我們討論的情況下，主動的愛的領導者應該具備什麼資格？必備的屬性有四種。第一，有機體的機體內刺激機制，能夠引起主動的愛情緒，這種主動的愛（迷惑）優於被動的愛（激情）或慾求情緒的任一相位（主動和被動）。第二，慾求力量足以自給自足，無須直接或間接依賴那些順從領導者指令的人。第三，具有充分的智慧，能夠理解成人有機體的所有情緒機制。第四，對現行的社會和經濟制度具有充分的實務知識，能夠適應社會重組的必要措施，以便最大程度地引起大眾的常態情緒。

當今世上，大概沒有任何人能符合這四個必要條件。但這些要求代表了完全實用的人格模式，如果情緒教育特別針對訓練和養成愛的領導者，同時也教導需要愛領導的眾人發展出相應的被動的愛態度，那麼不出幾代，就能進化出這種人格模式。

1 林賽法官對於這個議題的見解，可以參考他的兩本書：《現代青年的反抗》（*The Revolt of Modern Youth*）和《伴侶婚姻》（*The Companionate Marriag*）。

使女性成為愛的領導者的情緒再教育

情緒再教育者該去哪裡尋找能夠受訓、最終成為愛的領導者的人？我們已經知道，除非男性有機體發生徹底的改變，否則無法指望他們。因此，培訓愛的領導者，唯一可能的候選人只有女性。但先前具體說明的四項資格，現今女性只具備了第一項，亦即有機體內含了適當的機體內愛刺激機制。

然而，就我看來，在可知的人類歷史中，關於情緒進化迄今最有希望的徵兆是，女性開始越來越有能力和意願自謀生計（譯按：本書出版時間為一九二八年）。當這種力量發展到目前能力的三、四倍時，至少會有一些女性獲得了愛的領導者的二種必要屬性，亦即慾求的自給自足。此時，應該再次強調，這種慾求獨立在真正愛的領導者中實屬必要。在人類歷史的絕大多數時間，男性光憑慾求優勢，就統治了整個世界。

想必，正是因為女性極度偏好愛勝過了慾求活動，所以她們的支配發展長久以來受到抑制，到了無法使慾求自給自足的程度。例如，最近我請班上的三十位女孩在擁有理想戀愛和擁有一百萬美金之間，選出自己的偏好。這些女孩是體育班的學生，而且在其他的測驗中，她們比一般女性團體表現出更多支配。其中二十五位女孩選了戀愛，五位選了一百萬。然而，儘管多數女孩的偏好是「愛」，現代女性還是終於領悟到，只要自己必須為了慾求而利用愛，以此靠丈夫或戀人維生，家中就完全不可能存在愛的關係。女性現在正讓自己相應地更具資格，一且她們不只贏得充分的支配力量來自力更生，還要求在與男性的所有關係中，有權利繼續自力更生，就有很大的希望讓愛跟慾求之間，不再像目前一樣是異常的逆轉關係。在多數的兩性結合中，生育孩子（創造反應）沒有合理地進行。只要合理地進行創造反應，就有堅實的心理基礎建議女性事先準備充足的資金，在身體無法從事慾求工作期間，維持自己和孩子的生計，同時也能要求男性至少平等地分擔家務和照顧孩子。

女性何時能獲得愛的領導地位的最後兩項資格，目前還遙遙無期。然而，情緒再教育者必須負起責任，找出並描述人類的情緒機制，然後悉心指導女性了解情緒機制的意義和控制。至少在我的經驗中，我發現了，無論我們擁有了什麼實務知識，特別是關於愛和創造機制，女生的吸收速度都比男生快許多。當然，目前關於慾求機制的知識，情況正好相反，男生比女生懂得快。不過，如果女性為了教育自己的小孩（女性愛的領導的現有類型）也需要這些知識，她們就會熱切追求並勤奮學習，這點可從近年來「兒童研究」組織驚人的成長得到證明。

至於女性如何獲得這種領導地位的最終必要條件，亦即對政治和社會方法，以及當前機構擁有實務知識，應從女性越來越發達的支配，以及隨之而來對各種慾求活動的積極參與中培養。女性已經開始參與公共事務，不過尚未得到滿意的結果，至少在美國是如此。對現有政治和社會的方法和程序進行情緒分析，應該成為女性的情緒再教育計畫中重要的組成部分。

使男性和女性遵循愛的領導的情緒再教育

在我提出的情緒再教育計畫中，第二個部分，亦即訓練男性，以及對主動的愛的領導者不太主動發展激情反應的女性，顯然必須留給女性自己。一旦公開承認了情緒的常態性，這項重大任務就非情緒裝備正常的女性莫屬。但是，女性必須先學會將自己愛的力量完全用於人類福祉，而不是像當前慾求體制下的許多女性，為了滿足自己破壞性的慾求。

男性極度討厭「順從女性」這種想法。然而，他們同時也竭盡全力與迷惑了自己的女性建立這樣的激情順從關係。當女性接受了這種關係時，如果她已經學會在與男性的愛關係中，從頭到尾都保持迷人女性的愛優越地位，那麼雙方都會得到最幸福快樂的結果。這樣一來，在整個關係中，男性可以不斷被引起順從的激情樂趣，而不是像現在經常發生的那樣，在女性結了婚被迫轉成順從的角色後，悲慘地失去了這種激情。

服從如果源自順從，學習服從就會令人感到愉快，這是我所提的情緒再教育計畫附帶的好處。如果為了實現激情而施用，無論服從或支配都會得到激情的所有愉快，既取代了先前的不愉快，也不會失去分毫的慾求功效。因此，我提出的情緒再教育計畫，很有潛力讓人同時獲得慾求成功和愛幸福。在當前的時代，幸福快樂適應成功的這種逆轉衝突關係，使人們既沒有十足快樂、也無法完全成功，所以，重點就是**成功必須適應幸福快樂**。

亞當斯密 039

正常人的情緒

DISC人格行為分析原典，了解自己，了解主管與大企業如何認識你的最佳理論模型

Emotions Of Normal People

作者　威廉・莫爾頓・馬斯頓
譯者　李明芝

堡壘文化有限公司
總編輯　　簡欣彥
副總編輯　簡伯儒
責任編輯　簡欣彥
行銷企劃　游佳霓
封面設計　周家瑤
內頁構成　李秀菊

出版　堡壘文化有限公司
發行　遠足文化事業股份有限公司（讀書共和國出版集團）
地址　231新北市新店區民權路108-3號8樓
電話　02-22181417
傳真　02-22188057
Email　service@bookrep.com.tw
郵撥帳號　19504465遠足文化事業股份有限公司
客服專線　0800-221-029
網址　http://www.bookrep.com.tw
法律顧問　華洋法律事務所　蘇文生律師
印製　呈靖彩藝有限公司
初版1刷　2025年1月
定價　新臺幣620元
ISBN　978-626-7506-50-9
978-626-7506-47-9（Pdf）
978-626-7506-48-6（Epub）

國家圖書館出版品預行編目（CIP）資料

正常人的情緒：DISC人格行為分析原典，了解自己，了解主管與大企業如何認識你的最佳理論模型／威廉・莫爾頓・馬斯頓著；李明芝譯. -- 初版. -- 新北市：堡壘文化有限公司出版：遠足文化事業股份有限公司發行, 2025.01
面；　公分. --（亞當斯密；39）
譯自：Emotions of normal people.
ISBN 978-626-7506-50-9（平裝）

1.CST: 人格心理學　2.CST: 人格特質

173.75　　113019518

Liés par la douceur:

les pâtissiers à Taïwan à la recherche de leur identité

法式甜點裡的台灣

味道・風格・神髓
台灣甜點師們的自我追尋

Ying C. 陳穎

目錄

Chapitre 2 台灣甜點師的養成

Chapitre 3 台灣風格、台灣味的形塑

Chapitre 4　國際甜點人在台灣

Chapitre 5　台灣味的國際化

推薦序

冷硬的甜蜜

李承宇——媒體人、飲食書寫者

總是很好奇，為什麼一個甜得迷人、又會做甜點的女生，筆下關於法式甜點的書寫，是這麼思路清明、力求精確，完全打破法式甜點應該是耽溺於玫瑰花床的公主形象。

而這位公主，竟埋首故紙堆中。

在《法式甜點裡的台灣》書中，作者陳穎（Ying C.）引用了 1921 年的黃旺成日記、引用了 1942 年的呂赫若日記，追索日治時代西洋點心在台灣的軌跡。

同為飲食書寫者，Ying 是我很尊敬的一位朋友，她的文字好、採訪也扎實；我們都關心飲食的定義、歷史、發展與認同，也觀察思考餐飲界當下的現象；但她書寫的嚴謹、精確勝我許多。這裡指的「精確」不是坊間甜點食譜書裡的「鮮奶油幾公克」、「果泥和砂糖一起加熱到攝氏幾度」；而是宛如學術論文般一絲不苟的注釋，以及對訪談內容的徵引。

Ying 對法式甜點定義、觀念的釐清，有著冷靜而不容分說的一錘定音。她筆下的法式甜點，不是教科書裡的技術知識，而是一種欣賞甜點的態度與觀點。一如她的上一本書《法式甜點學》書腰文案所形容：知識量與美感迸發。

在本書中，沒有太多關於甜點的夢幻絮語，有的是如法朋李依錫師傅分析亞洲與法國對甜點喜好的差異；是全統西點麵包陳星緯主廚說：「甜點做得再漂亮、好吃，也要市場能接受。」的現實。是果醬女王柯亞想將金棗打造成台灣標誌，不斷在國際賽事強化台灣印象；是 COFE 創辦人顧瑋提醒，要在甜點裡找到台灣認同，必須建立屬於自己的方法學、價值系統。

從《法式甜點學》到《法式甜點裡的台灣》，Ying 的書寫總是很「大氣」。談法式甜點以「學」名之，作者非得要有一定的功力與自信。要替台灣在不是日常主流飲食的法式甜點中找到定位，也足以見到作者的豪氣。Ying 的問題意識很明確：藉由法式甜點尋找「自我認同」，回答「我是誰」。

這或許與生在台灣這個充滿了認同矛盾、衝突與尷尬的寶島有關，這或許與一個來自充滿了認同矛盾、衝突與尷尬地方的台灣人，長年旅居歐洲有關。我問 Ying：「妳有發現，在妳訪談超過 20 位甜點職人中，具有國際比賽經驗或需要經營國際品牌者，對於『台灣風格』這件事感觸尤深嗎？」

Ying 回答得很快，顯然已深思熟慮：面向國際市場，當然要突顯台灣特色，自然需要面臨「差異化」的問題，也就是「我們和其他亞洲國家，特別是中國、日本有什麼不同。」

她又講了一個學術意味極濃的句子：關於「主體性的建立與他者的凝視」。

是的，無論人類學者或社會學者都告訴我們，飲食在吃飽喝足之外，透過生食與熟食、獨食與共食、好吃或不好吃、能吃與不能吃，以及進一步的餐桌禮儀、飲食品味，塑造族群、塑造階級，並塑造一個其心必異的「他者」以凝聚我群意識。

在《禮記．王制》裡，這個正在凝視、「其心必異」的他者，是「不火食」的蠻夷、是「不粒食」的戎狄。然正如人類學者文思理（Sidney W. Mintz）所言：飲食並沒有堅固的界線與嚴格的規則，而是活在烹煮與食用者的心中。如今索價不菲的日本握壽司，是「不火食」；法式甜點，是「不粒食」。餐飲世界的全球化，打破了飲食堅固的藩籬與界線。

拜讀完《法式甜點裡的台灣》，除了 20 篇訪談讓我深受啟發；Ying 在每一章開頭的論述，從甜點在台灣的歷史，談到台灣甜點人養成、台灣味的國際化，更讓人激賞，也使人低迴再三。

Ying 透過這本書，觀照了自己的人生課題，也回應了我對飲食思之再思的困惑。我想，應該也會觸動喜歡法式甜點，或有興趣在飲食中探詢「我是誰」的你。

推薦序

過去、現在與未來之書

葉怡蘭 —— 飲食生活作家 ·《Yilan 美食生活玩家》網站創辦人

這是一本，台灣法式甜點的過去、現在與未來之書。——完讀此書後，我深深有此悟。

其實有些意外，去年春天，才剛出交出沉甸甸大部頭的《法式甜點學》的 Ying，短短一年多，竟又一部三百多頁巨作出版，同為寫作者，對她的強大的毅力與寫作能量著實佩服不已。

和前作之以「全書」形式，抽絲剝繭、章法有序歷歷呈現法式甜點之歷史人文、類型定義、組成元素、評鑑賞析、趨勢潮流以至產業學界狀況很是不同，《法式甜點裡的台灣》由於以台灣為書寫主題，法式甜點之形構版圖與自我特色仍在醞釀發展之地，Ying 因而採取了截然迥異於前的敘事結構和視角——

轉以「人」為綱，透過一篇又一篇在地甜點創作者、工作者們的專訪，藉由個別歷程、作品與追求的娓娓述說，彷彿拼圖一般，點滴逐步勾勒、梳理，台灣法式甜點的過去、以及今時面貌。

讀之屢屢動容。不單單書裡所載這近數十年來的一路演進均曾近距離親身體驗甚至參與，不單單從中瞥見曾師事或上過單堂課的曾美子、柯瑞玲老師以及早年愛悅的芙麗葉、朱里兒等店家的懷念身影，不單單此刻日常依賴的甜點店甜點師的生涯與創作故事都趁此一一更深入認識、回味……

更從中清晰看見、印證，台灣法式甜點人們，包括作者自己，在全心全意擁抱夢想、實現自我的同時，更一致奮力踏尋、探索、刻畫，屬於台灣、屬於台灣人以及我們心心念念的「台灣味」的身世面目、形貌輪廓，以及，立足位置。

事實上，這樣的探索不獨甜點，近二十年來，在台灣各個領域、特別餐飲界都正風起雲湧發生著；而 Ying 則以她的精采之筆，熱情感性、同時縝密理性地，精準完整記錄、詮釋、論述了台灣法式甜點世界的追尋與實踐軌跡，別具意義。

而同樣可喜是，從中點滴領會、覺出，在這追尋路途上所共通的一路前行與進境：

走過剛剛開始也許出乎亟欲連結土地、建立認同、朝外張看，遂而難免略顯急切的強尋強解強說強加，繼而漸漸清明，回歸周遭素材與自身的成長環境、味覺經驗情感記憶，自然而然如實踏實含英咀華而發……

是的。正如我對這一切的始終希望：懂自己、做自己、做好自己，專注在此、樂在此；而我們所共同願想的，自明自信自在自得的未來，也將逐步浮現此中。

推薦序

為「台灣味是什麼」填補空白

韓良憶 ——飲食旅遊作家

我不常為他人著作提筆寫推薦文，一來忙，二來由於比起寫作，我更樂於當單純的讀者，好看好讀的書，看了讀了就滿足了。不過，偶爾也有例外，有些書就是會在某些點上打動我，讓我覺得不以白紙黑字推薦一下，於心不安，Ying C. 陳穎的《法式甜點裡的台灣》便是這樣的一本書。

其實，在未閱讀書稿前，便對她的這本新作存有一定的信心，在其前作《法式甜點學》中，我已見到具有法國專業甜點師資格認證的作者，如何結合製作甜點的實務經驗、攻讀社會科學的學術訓練，加上曾是行銷人的背景，深入淺出地介紹法式甜點的概念和內涵，分析法式甜點的趨勢，讓讀者吃「懂」法式甜點。

透過其著作，我感受到作者對法式甜點抱持著一股並不膚淺故而能持續燃燒的熱情。那或也是一種「信仰」，而真誠的信仰常有動人的力量，更何況，陳穎還具備足夠的「理念」支持其信仰，使其信仰更具厚度。在《法式甜點裡的台灣》中，她進一步發揮其信仰和理念，依舊在理性當中流露出感性，這本書感動我的力道之大也因此更勝前作。

感動，主要是因為陳穎忠於自我，堅持行走於與別人不同、甚至偏「小眾」的道路。這一次，她仍以法式甜點為主題，但是將眼光聚焦於台灣的法式甜點和職人，走訪多位本土或來自異鄉但在台發展的職人，以對職人深度訪談當成全書的架構，希望能夠更清楚地傳達一個事實：甜點師並不如若干人的想像，並不是夢幻職業，也絕非夢想，那是一份必須務實以對，天天都得腳踏實投入的專業。

雖然書中介紹的職人，生活背景、專業養成經過、創作哲學和自我定位都不盡相同，但陳穎在訪談中一定會問幾個大問題：「為什麼我和別人不一樣？」、「為什麼台灣的法式甜點和其他國家的不一樣？」、「為什麼台灣的甜點師和其他國家的甜點師不一樣？」、「不一樣的地方在哪？」、「為什麼甜點師選擇這麼做？」，而正如陳穎在書中所言，這些問題都指向一個終極的質問，即「我是誰？」這個「我」，擴大來講，也正是「台灣」，我們共同的家鄉。

台灣本質上是原住民和新舊移民組成的社會，「台灣味」自然會反映台灣社會的結構和面貌。在思索、探究「台灣味」的論述已成顯學的當下，我樂見《法式甜點裡的台灣》出版，讓「台灣味是什麼」這個尚未完成的拼圖，少了一片空白。

作者序

我們既是獨一無二的，也是彼此相連的

── 在法式甜點中尋找台灣，回答「我是誰」

2020 年出版《法式甜點學》的前夕，我在巴黎家中翻箱倒櫃找出一個口罩，當下便上網訂了四天後的機票回台灣。當時只想著新書宣傳完便要回到巴黎，卻沒想到世界轉眼間變了樣。我離境三天後，巴黎便宣布封城，此後一年，巴黎的朋友們在反覆的煎熬中適應新生活；我則彷若被邀請進入了一個平行宇宙，無視全球的疫亂橫行，在這個我出生、成長，熟悉卻認識不深的島嶼進行探索之旅。

因疫情而起的奇異旅程

由於甜點啟蒙地在巴黎，自己過去十年間在台灣的日子也少，除了本就認識的開業朋友外，我對本地的甜點業者、職人的認識大多來自網路與業界的口耳相傳。滯留台灣的這段期間中，我終於有機會拜訪那些一直列在名單上的店家、希望認識的朋友，也受邀參加了不少餐會。台灣職人們的熱情和靈活令人感動，餐飲界的活力與無框架更使人訝異。如果說在巴黎看到的作品，像是在一個已經構築華美的世界裡持續深入，為一個滿腹經綸的學者持續產出更精闢的見解而拜服；在台灣的所見，則像是造訪一片生機盎然的新天地，處處皆是怒放的奇花異草卻鮮為世界所知。

由於過去數年中，自己扮演的都是將法國的甜點、甜點師推廣給台灣市場的角色，但並未有機會深入了解本地市場，更不用提將台灣的（法式）甜點、甜點師介紹給台灣讀者，甚至國際讀者，我於是很快決定要將自己的經驗發展成系列採訪計畫。雖然明明還在《法式甜點學》宣傳期，卻幾乎沒有太多猶豫，立刻將自己在 2019 年許下「出完書一定要放一個大假，最好能去夏威夷發呆曬太陽」的願望拋在腦後。採訪計畫大致訂定後，我便決定要將其成書，不僅為自己的見聞留下紀錄，也藉著深入梳理台灣代表性職人們的養成及相關作品，在力所能及之處，深入思考身為「台灣甜點人」的意義。

接下來的日子，雖然隨時都像處在壓力鍋中一般，最後甚至幾乎將自己完全耗盡，收穫卻超乎想像地豐富。我每日一面留意法國的疫情消息，做好馬上要上飛機返法的準備，一面依照計畫聯繫受訪者，還透過他們熱心的引介，去了屏東、彰化、埔里探訪可可、芭樂、香草、茶葉等產地，雖然皆是來去匆匆，但已像是打開了神奇寶盒。僅是驚鴻一瞥，便為其中所藏之富而感嘆，每一顆寶石都是一個浩瀚的宇宙、一個涵納百川的汪洋。

法式甜點中的台灣身分識別

在開始大部分的採訪前，我曾與一位自己極為敬重的出版界前輩有過一次深入且有趣的談話。當時我解釋自己希望寫的，不只是訪談集、人物誌，而是透過這些訪談，反映出台灣甜點師們的自我追尋；在面向世界、選擇究竟要製作何種風貌的甜點時，照見自己腳下稱為「台灣」的這塊土地及身為「台灣甜點師」的看法。前輩的觀點畢竟實際，認為一般而言，台灣甜點師要在台灣製作法式甜點（或來自西方的果醬、巧克力等），自然會使用本地合適的食材，形成台灣風格的法式甜點更在情理之中。而我試圖在法式甜點中尋找台灣身分識別的角度過於刁鑽，也不會是本討好的作品。

真話總是不那麼美妙，對當時雄心勃勃的我來說，這番話確實有些苦澀，卻也難以反駁。2021 年 5 月，台灣疫情出現破口，很快直升三級警戒，開啟了連續兩個月以上的「自主性封城」，所有我在業界的朋友皆受到沉重的打擊，和法國在封城期間，甜點麵包業一枝獨秀，擁有穩定生意、甚至逆勢開店的案例完全不同。原因就是因為甜點、尤其是法式甜點，在台灣不僅是小眾，還是小眾中的小眾。既然不是必需品，生活不便時自然是第一個捨棄的對象；而法式甜點過於嬌貴，以致於外送、宅配風險皆高，即使死忠的顧客也難以一再承擔碰撞毀壞的失望。如果在華麗的外表和巨幅媒體聲量下，它其實是個如此邊緣的商品，我怎麼能不質疑，自己一直以來在做的事是否真有意義？

不過，縱使心中懷著巨大的問號，我並未因此更改太多原來的訪談大綱，決定持續依照計畫進行訪問，待寫作時再一邊思考呈現方式。前輩認為，《法式甜點學》是在帶領讀者看懂、吃懂法式甜點，因此本書的任務，應該是帶領讀者看懂、吃懂「台灣甜點師做的法式甜點」。但對我而言，能夠懂得這一點，必得先回答如「誰是台灣甜點師？」、「為什麼要做法式甜點？」、「他們做的甜點真的是『法式』嗎？」等問題。而為了理解甜點師的作品，回答「為什麼他們選擇這麼做」，就需要碰觸到每一位職人獨特的創作哲學、生長記憶及自我定位。更進一步，在國際交流如此頻繁，品牌進軍國際也不新奇的今日，這些職人們也得回答：「為什麼我和別人不一樣？」、「為什麼台灣的法式甜點和其他國家的不一樣？」、「為什麼台灣的甜點師和其他國家的甜點師不一樣？」、「不一樣的地方在哪？」而這些問題都指向一個終極的質問，即「我是誰？」

「我是誰」與「我的甜點是什麼樣的甜點」

由於不確定自己什麼時候得回法國、什麼時候能再有機會與受訪者們深入聊聊，每一次訪問我都抱著「錯過這次沒有下次」的心情，也因此，光是訪談大綱便動輒超過兩千字 。在訪綱中，我將希望探討的問題分成五個面向：養成經歷、創作哲學與品牌精神、台灣味與台灣身分識別、對本地市場的觀察、對未來產業樣貌及品牌發展的看法，其下再切出五至六個子題。雖然每一次約訪時，我都試圖先打預防針:「我只是習慣把問題寫得很細。」以減低受訪者們看到訪綱的衝擊，但沒有一次訪談不超過三小時，有幾個採訪甚至分成兩、三次才結束，還不包括事後各種細節確認。令我感動的是，每一位受訪者都毫無二話、非常慷慨地把他們寶貴的時間留給我，和我侃侃而談自己養成經歷中那些難忘的故事，那些他人看來或許微不足道的細節，以及自己對「做甜點」、「成為甜點師」、「經營品牌」的信念。

整理訪談內容及寫作的過程異常痛苦，但對我來說意義重大。那不只是一個「台灣再發現」的旅程，更是「自我再發現」的旅程。藉此機會，我回顧了過去十數年中，每次對外國朋友介紹自己家鄉的種種思量、不知道該選哪一道菜代表台灣參加派對的苦惱，以及在每一個日常生活場景中猝不及防的尷尬片段。受訪者們用他們的生命經驗和作品告訴我，我們既是獨一無二的、也是彼此相連的，而我們應該要為能夠說出「我們」感到驕傲。或許整個亞洲都喜歡蜜紅豆或紅豆沙，但我們曾經一起在暖和的冬至揮汗排隊吃一碗紅豆湯圓；就算日本有抹茶、中國有百年名欉，但我們皆曾和父母一同招待來訪的客人喝茶聊天談生意，也曾用兩根手指拎著半空的軟塑膠杯、嘴裡嚼著珍珠和椰果，走過那腦筋暈眩發脹、彷彿不會結束的夏日午後。

因為有這些生長記憶與生活經驗，所以我們的盤式甜點中能出現冬瓜茶、鳳李冰、麵茶；甜點中能有鹹蛋黃、肉鬆及芋泥。對生根萬華社區的主廚來說，將法式甜點做成「紅龜粿」的形象自然無比，而曾經留法的主廚以「黑森林」（Forêt-Noire）為基底，結合杏仁茶與櫻桃，創作出「白森林」也是信手捻來。在台灣餐廳工作的新加坡籍主廚端得出椪餅與清粥小菜，在新加坡餐廳工作的台灣主廚也能將台星兩地皆能欣賞的摩摩喳喳和綠豆蒜糖球上桌。我於是明白，重要的並非向別人解釋自己是 A、不是 B，而是接受自己既有 A、又有 B，但是和兩者都不一樣，所以能堂堂正正地當一個既不是 A 也不是 B 的「自己」。

唯有知道自己是誰，才能更堅定地成為誰

所以，究竟為什麼非得在「法式甜點」（或至少是「舶來的甜點」）中找自己、識別台灣身分？除了延續《法式甜點學》中提出「法式甜點是甜點界的官方語言」，也是「想站到世界舞台上的甜點師都要能流利使用，以訴說自己故事及思想哲學的語言」之論述[1]，或許還因為，縱使「法式甜點」的內涵與定義還未在台灣有廣泛的認知，但以其為基礎的「西點」早已是台灣日常的一部分，也已碰撞出許多火花。想想傳統麵包西點店內的泡芙、焦糖布丁，它確確實實存在於常民生活中。

日本東京大學教授、歐洲中世紀研究專家池上俊一在其著作《甜點裡的法國》[2]中，以一整本書的篇幅論述法式甜點如何作為法國文化的精髓，成為影響世界的「文化霸權」重要武器；在台灣，從「中菜西吃」的風潮到「在 fine-dining（精緻餐飲）中尋找台灣味」的討論，乃至餐飲界大量投入、直至獲得《米其林指南》的肯定，更逾數十年。飲食成為文化，以「軟實力」輸出早就不是新聞；飲食便是政治的一環，以飲食區分人我、定義身分實屬稀鬆平常。

「風土」（terroir）概念從法國葡萄酒區分產區發展至今，已超出氣候、土壤等自然環境因素，當地人文與特殊技術皆含括在內[3]。倘以近年來受到國際矚目的「台灣可可」為例，作為世界上少數有能力生產「bean to bar」、甚至「tree to bar」巧克力[4]，並以此製作甜點的國家之一，「台灣的風土」將是我們和世界溝通的利器。再想想那些在國際賽事上拚搏的台灣職人們，若我們將目光更多聚焦在當下或未來，不僅需要向法式甜點及投身其中的甜點師們給予更多關注，也須了解身世來歷、梳理來龍去脈與各方觀點，才有機會迎向無限可能。唯有知道自己是誰，才能更堅定地成為誰。

我懷著這樣的信念完成本書，雖然有許多遺珠和力有未逮之處，但衷心感謝所有受訪者及以各種形式提供援助的朋友們。希望本書不僅回覆了前輩的擔憂，也回答了我旅歐十年間的困惑；不只回應了台灣數十年來的焦慮，也為我輩及後進的職人們提供了前進的線索。

---

1 參見《法式甜點學》第 1 章第 1 節〈為什麼談甜點不能不談到法國？〉。

2 池上俊一著，邱顯惠譯，世潮出版，2020。

3 關於「風土」概念的討論，可參見張峻嘉、許嘉麟（2017），〈Terroir 意涵之探討〉，地理研究，第 67 期，頁 33–58。

4 「bean to bar」指從選取可可豆（bean）到製作巧克力（chocolate）的過程皆能由同一店家掌控；「tree to bar」則更進一步，納入可可樹（tree）的種植。

前 言

本書章節安排大致以法式甜點在台灣的發展時間軸貫穿，以五個不同的主題切入，探討「台灣風格」成形的可能。

第一章　法式甜點在台灣：

簡述西洋點心與法式甜點從清朝末年海關紀錄開始的早期發展，到西式烘焙業在台奠基，至台灣與日本、法國間的交流，爾後獨立小店蔚為風潮的歷史，並以三篇訪談探討台灣法式甜點店的風格與路線差異，反映本地產業概況及人才養成的軌跡。

第二章　台灣甜點師的養成：

回顧台灣餐飲與烘焙教育的發展，探討甜點師們「出國進修」取得技術、知識的動力，以及回國開業，成為「文化中介者」的過程與意義。近年流行的「自學開業」風潮也涵蓋其中。本章訪談中，四位甜點主廚以迥然不同的學藝過程和作品風格，呈現甜點師們既是法式甜點文化的學藝者與接收者，也是具能動性的生產者與傳播者。

第三章　台灣風格、台灣味的形塑：

從台灣不同群體間對身分認同的焦慮談起，探討「何謂台灣味」追尋的核心。本章訪談從四組不同品牌、職人的創作哲學及作品風格中，思索「台味」是否能成為可供辨識的風格；去除台灣味框架後，「我的甜點」又該自何處生根、在哪裡站穩腳步。

第四章　國際甜點人在台灣：

台灣當前餐飲市場發展活絡、國際交流頻繁，但究竟是什麼吸引外籍專業人士在台開業或受雇呢？外籍主廚製作的甜點算是台灣的甜點嗎？當他們有國際曝光時，我們能說這是「台灣之光」嗎？而當台籍主廚在異國料理餐廳製作出既合乎道地精神，又融入本地飲食文化的作品時，是否又該否認「這不是台灣的甜點」？本章訪談中，三位不同國籍的甜點主廚在各自的崗位，展現他們與台灣相互豐富彼此的努力。

第五章　台灣味的國際化：

「被世界看見」一直是所有台灣人的焦慮根源。若在國際上擁有一席之地是理所當然的目標，究竟有什麼方法能夠腳踏實地地向前邁進？目前在國際賽事上，台灣職人們都屬於被評鑑的標的，是否有一天，我們能成為制定標準、擁有詮釋權的一方？本章的數位受訪者從不同的角度出發，給出了關鍵的答案。

雖以「法式甜點」為題，但本書並不僅侷限於此，在法式甜點中扮演重要角色的果醬、巧克力、香草等也包含其中，希望在以開放的角度探索「台灣法式甜點」的可能性同時，也為相關領域的職人們聚光。

謹以本書獻給每一位在甜點界中努力的朋友、每一位未來的甜點師，以及每一個喜歡甜點、期待看到更多精彩作品、更多閃耀新星的讀者，也希望本書的探討，能為台灣以外，同樣在追索身分識別、尋找自我的專業職人們帶來一些勇氣。

Chapitre 1

法式甜點在台灣

法式甜點在台灣・緒論

法式甜點近幾年在台灣的蓬勃發展算是有目共睹。以「法式甜點」為名發展的店家林立，市場對法式甜點的內涵也愈加熟悉。五年前還沒有多少人能夠說出到底什麼樣的甜點算是法式甜點，最大公約數可能是「馬卡龍」（macaron）；如今不僅拗口的「聖多諾黑」（Saint-Honoré）成了很多年輕人慶生、派對的首選，台灣的甜點師們更發展出數字、星座、注音符號等造型的客製化商品，一方面傳承了經典永不過時的精神，二來展現了甜點師的個人創意，為傳統添加了與時俱進的新意，這正是法式甜點能夠在全球引領風潮的精髓所在，也顯示法式甜點從舶來品開始逐漸在地化的過程。

西洋點心在台灣的早期發展

根據〈日本化的西洋味：日治時期臺灣的西洋料理與臺人的消費實踐〉[1] 文中引述《清末臺灣海關歷年資料：1867-1895》[2] 與《臺灣日記與稟啟》[3] 的記載，早在1885年，淡水海關檔案就已有「洋餅、美國煉乳、麵粉、香檳」等西洋食品的進口紀錄，據說煉乳與洋餅特別受到富有的台灣人喜愛，其中洋餅甚至曾是官方餽贈品。「法式甜點」可能是在日治時期初次登場，當時西洋料理在日本已有一定的普及程度，而日本政府以法式料理作為國家典禮晚宴的餐飲慣例[4]，在台灣可能也無例外。大正四年（1915年）6月24日台灣總督官邸晚宴的菜單[5] 便記錄有如「クリーム製生菓　飾付」（奶油裝飾西點）與「チヨコレート製氷菓」（巧克力冰淇淋）等餐後甜點。大正五年（1916年）3月16日的總督官邸晚宴中的餐後甜點是「アマンド製蒸菓子」（杏仁蒸點心）、「バナヽ製氷菓子」（香蕉冰淇淋）[6]，雖然菜單上並無記錄做法，但從品項看來，似乎已有在製作（蒸製）與取材（香蕉）上在地化的趨向。

總督府晚宴畢竟不是一般台灣人有機會接觸到的場合，但時髦的「カフェー[7]」（咖啡館）與「喫茶店」在日治中期後於都市逐漸擴散，許多社經地位較高，或有歐美、日本留學經驗的台灣人開始會在這些地方享用西洋點心，前述〈日本化的西洋味〉中便提及如台南作家、醫師吳新榮便在其日記中多次記錄自己於咖啡館內參與文壇聚會，並在森永喫茶店品嘗奶油泡芙（シユウクリム）、喝可可亞（ココア）[8]；《民報》總主筆黃旺成在其日記中經常提及吃冰淇淋的休閒活動，台北新公園內的「ライオン」（Lion）是他常去的咖啡館之一[9]；有「台灣第一

1 陳玉箴（2013），台灣史研究，第 20 卷第 1 期，頁 79–125。

2 黃富三、林滿紅、翁佳音主編（中央研究院台灣史研究所籌備處，1997），第二冊：1882–1895，頁 679。

3 胡傳（1960），臺灣銀行經濟研究室，臺灣文獻叢刊第 71 種，頁 148。

4 日本在 1873 年指定國家典禮晚宴須以西式餐宴方式進行（M. William Steele, Alternatives Narratives in Modern Japanese History, Routledge, 2003, p.126–127），當時的「西式」其實是「法式」，菜單則仿照當時西方外交晚宴的慣例，以法文書寫（Katarzyna J. Cwiertka, Modern Japanese Cuisine: Food Power and National Identity, Reaktion Books, 2006, p.13–14）。

5 〈手島兵次郎文書〉中之〈大正 4 年 6 月 24 日於臺灣總督官邸晚餐會之菜單（一）〉（T1003_02_02173_0346），檢索日期：2021/03/25，檢自中央研究院臺灣史研究所館藏臺灣史檔案資源系統：http://tais.ith.sinica.edu.tw/sinicafrsFront/search/search_detail.jsp?xmlId=0000291014。

6 〈手島兵次郎文書〉中之〈大正 5 年 3 月 16 日於臺灣總督官邸晚餐會之菜單〉（T1003_02_02194_0430），檢索日期：2021/03/25，檢自中央研究院臺灣史研究所館藏臺灣史檔案資源系統：http://tais.ith.sinica.edu.tw/sinicafrsFront/search/search_detail.jsp?xmlId=0000291037。

7 日文的「カフェー」語源來自於法文的「café」，意為「咖啡館」。日本自明治時代末期開始出現「カフェー」，如「カフェーパウリスタ」（CAFE PAULISTA）於 1911 年在大阪箕面市與東京銀座開業、「カフェー・プランタン」（Café Printemps）也於同年在銀座開業；台灣的「カフェー」則現於 1910 年代初期。「カフェー」原本是希望模仿法國的咖啡館，成為文人、藝術家等聚集的社交場所，但法國由男服務生負責外場，「カフェー」則設置了「女給」（女服務生）陪伴客人，也提供酒類與其他飲料，後來逐漸變質為風化場所，日本政府曾經在日本本土與台灣都訂定過相關營業管理與取締法規。

8 「食後、張文環君が用事があると云ふので彼と別れ、私達三人だけ森永へ行った。そこで旨いシユウクリムとココアを飲んでゐる時に、藤野雄士君と名和榮一君が見えた。」（吳新榮著；張良澤總編撰。吳新榮日記 /1942–01–15。檢索日期：2021/03/22 ，檢自中央研究院臺灣史研究所臺灣日記知識庫：https://taco.ith.sinica.edu.tw/tdk/ 吳新榮日記 /1942–01–15）。另，本篇緒論中提到的外來語如「チヨコレート」、「バナヽ」、「シユウクリム」等，皆為文件原始書寫方式，和現代日語略有不同。

9 如 1921 年 7 月 29 日記載「ライオン食アイスクリーム　乘車回寓」（黃旺成作；許雪姬編著。黃旺成先生日記 /1921–07–29。檢索日期：2021/03/22 ，檢自中央研究院臺灣史研究所臺灣日記知識庫：https://taco.ith.sinica.edu.tw/tdk/ 黃旺成先生日記 /1921–07–29）

1-1

堅持法式精神，推介島嶼迷人風貌

林淑真（Susan Lin）

珠寶盒法式點心坊 boîte à bijoux 創辦人、總監

（照片提供：© 珠寶盒法式點心坊）

「我比較想做的是把台灣的物產帶到國外，用珠寶盒的東西、即『法式甜點』做呈現，例如開一家台灣的選物店，在裡面供應台灣的珍珠奶茶、或是用法式甜點的基礎與台灣的米做成米布丁等。」

2020 年年末，當全台灣都幾乎被國王派（galette des rois，又稱「國王餅」）的風潮籠罩時，我走進了安和路靜巷中的珠寶盒法式點心坊（以下簡稱「珠寶盒」）。冬日的台北日照時間非常短，下午四點鐘就已天光曖曖。灰色的巷子中有盞燈亮著，路過的行人偶爾探頭一望，會發現溫暖暈黃的光線中，飄著麵粉奶油的香氣，還有不少人笑語晏晏。12 月的珠寶盒宛如森林中的糖果屋，除了蛋糕櫃一如既往地滿載著小巧可愛、宛如寶石般的法式甜點外，還有各種歐陸年末節慶必備的經典糕點麵包，如法國的木柴蛋糕（bûche，又稱「樹幹蛋糕」）、德國的史多倫（Stollen）、義大利的潘朵洛（Pandoro）與潘妮朵尼（Pannetonne）等。法國人每年在 1 月 6 日主顯節必吃的國王派也沒有少，今年除了經典的杏仁口味外，珠寶盒另外推出了受歡迎的栗子口味以及最新創作，以糖漬洛神、草莓和玫瑰為主題的「花冠國王餅」。

「我們做國王餅今年已經是第 15 年了喔！」珠寶盒的女主人林淑真（Susan Lin）這麼告訴我。從 2006 年，台灣人對法式甜點認識尚淺之時，珠寶盒便在麗水街開幕，並且在十數年間屹立不搖，是許多台北人提到「法式甜點」時第一個浮上心頭的品牌，也是許多名流送禮的首選。珠寶盒的名氣在台灣甜點圈有目共睹，甚至台北東方文華酒店在開幕前，還來商借廚房測試前來應徵的甜點主廚，「他

珠寶盒法式甜點安和店置身靜巷，是許多當地居民的愛店。

們覺得不可思議，覺得在台灣竟然可以看到這麼完整的法式甜點產品線與專業的廚房」，Susan 語氣中帶著驕傲說道。

沒有華麗轉身，只有腳踏實地、努力不懈

因為媽媽廚藝太好，過去十指不沾陽春水的 Susan，笑著解釋自己開始接觸廚藝的契機，其實是婚後「第一次自己煮飯之後，才知道原來可以那麼難吃」。一心想著雪恥，她開始發奮學習廚藝，參加各個飯店主廚、甚至農會開設的課程。原本在日商公司從事室內設計工作的她，在繁瑣的工作之餘，發覺自己「對飲食、做東西」產生興趣，而對甜點、麵包的認識，則來自於在法國的美好回憶。過去她常陪著代理醫學檢測設備的先生出國洽公，「他去開會的時候我就自己去玩，去街上晃、去吃東西。」Susan 眼裡露出頑皮的神色說道。「甜點跟麵包對獨自旅行的人來說，是很容易取得的食物」，當時在巴黎街頭聞到的麵粉、奶油香氣，她如今仍記憶猶新，「會覺得為什麼街頭隨意買一個麵包都那麼好吃，但台灣都那麼難買到？」她開始自己在家試著手作烘焙，獲得的正向回饋更成了持續進修的動力：「設計師是一個很難取悅客戶的工作，因為客戶幾乎不可能稱讚你做得很好，通常都是說哪裡做得還不好，另外還有很沉重的維修與售後服務工作。但

Susan 的第五個品牌「TAKE FIVE 五方食藏」店內，在擺放自釀梅酒的架上立了一張說明，以「有著研究主義」來形容 Susan。

烘焙只要客人喜歡，回饋是即時的，在他們臉上可以馬上看到微笑」。

在不同地方四處學藝的Susan，於工作告一段落後，終於有機會前往中華穀類食品工業技術研究所（以下簡稱「穀研所」）進行系統性學習。「選擇穀研所，是因為理論的部分比較深入、完善，學程也規畫得也比較好。」雖然她已自己在家開始做甜點、麵包，但仍「想要了解科學性的問題」。她語帶感激地回憶，當時「穀研所跟日本藍帶學校有合作」，將法式甜點的基礎拆成三、四期，開辦了「麵包、慕斯、西點、巧克力」等課程，另外還有和菓子研修班。兩年中毫無間斷，她將中、法、日的糕點全數循序漸進上完，毅力令當時的老師都佩服不已。

和她一起研修的同學中，「1/3是專業廚師、1/3是中年想要第二個事業，另外1/3是年輕人」，而純粹就是「想要深入研究」的她，在班上似乎是個異類，卻是所有同學裡最下苦工的一個。她一週五天，早上七點即從木柵驅車至八里上課，回家之後做完家務、陪伴孩子後，又立刻從頭到尾「重做當天上課的作品」。深夜等待麵包發酵、甜點烤製的時間，她便整理白天上課時的筆記，第二天再將自己重做的作品與過程中發現的問題帶去課堂上向老師求教。回想起每天只睡數小時的那兩年，她隻字不提辛苦、疲累，只說覺得當時「最大的挑戰是設備」，因為家中「只有一個中部電機單口爐烤箱，連發酵箱也沒有」，萬一哪個步驟做錯，「重新實驗可能會到早上」。 想要徹底探究原理的好奇心，加上不服輸的執著，成就了那股打死不退的毅力，「那時候只覺得：『要怎樣才能做得一模一樣？』」當時的同學們紛紛對她的努力感到驚奇，她只覺得可能是「當時大家都很單純」，不過或許真正單純的是她自己。她神采飛揚地表示，如果晚上複習當天的所學，第二天「馬上可以得到答案，又不用出國」。

以經營者而非主廚的角色貫徹理念

中途轉行的故事，其實在台灣的餐飲產業中並不特殊，但有趣的是，從兔子聽音樂餐坊（目前已歇業，以下簡稱「兔子聽音樂」），到珠寶盒、L'Air Café·Néo

Bistro 風流小館（目前已歇業，以下簡稱「風流小館」）與 TAKE FIVE 五方食藏，歷經四個飲食相關品牌，Susan 都從未想過由自己擔任主廚。笑稱自己「是一個知道自己可以做到後，就覺得可以不用再繼續的人」，雖然無法當主廚，但她卻在學習的路上拚盡全力。一開始只是為了興趣，後來逐漸變得更為嚴肅、認真，Susan 不僅取得了各種烘焙相關證照，為了能看懂第一手資料與食譜，也去學習法文和日文。另一方面，她開始將自己的所學分享給社區住戶，「每一天做出來的麵包很多，就會請家裡朋友、社區好友來拿」，結果大獲好評。她笑稱「家人、朋友給的鼓勵很大，可能免費的都覺得很好吃」，但「在朋友用愛催眠的狀況下覺得可以開店」時，竟也剛好遇上臨門一腳的契機。兔子聽音樂的主要執行者之一退股，她鼓起勇氣接下，就這樣踏入了餐飲界。

一開始，兔子聽音樂的甜點由天母的朱里兒法國甜點工房（已歇業）供應，品質好但價格過高、還需要天天取貨，Susan 在短暫改由與元寶食品旗下的莎瓦法式烘焙（已歇業）合作後，決定要成立小型工作坊，「一天出爐兩次麵包，供應餐廳使用與附近鄰居購買」。她也因此結識現在珠寶盒的靈魂人物之一——甜點主廚高聖億，「一開始由於人手有限，我自己做、也跟穀研所一個朋友一起，當時高師傅是顧問」。一年下來後，甜點的產量穩定，她便詢問高師傅，「要不要開一間店來自己做？」這便是珠寶盒成立的背景。

雖然並未擔任主廚，但 Susan 卻將自己的理念貫徹在經營的細節中。她設定珠寶盒的產品線，並與高師傅討論每一款的甜點研發。「我們先列出應該要展現的東西，一定要有水果軟糖、馬卡龍、慕斯、常溫蛋糕、無添加麵包等」，這些原本就是 Susan 本人喜歡的產品，但開店並非只是為了自我滿足，而是以自己的經驗角度出發，看到未被滿足的市場需求。當時台灣還沒有人製作的法式水果軟糖，以其酸甜清新的滋味、Q 彈的口感引起注目，更在 2010 年底被藝人大 S 徐熙媛選為結婚喜餅禮盒，一舉奠定珠寶盒在台灣法式甜點界的龍頭地位。

堅持真、善、美的法式核心精神

從開店之初，Susan 便堅持製作「100% 的法式」甜點與麵包。在她的理解中，法式的精神共有三個重點，「一是一定跟土地有所連結，二則是健康、安全無虞，三則包含了工藝的呈現」。她回憶珠寶盒剛剛開幕時，因為只做 100% 的法式麵包，「有包餡的麵包、蔥麵包等統統都沒有。所有業界的人來看，都說無法開過半年」。但台灣畢竟不是法國，所有的「經典」或「正統」飄洋過海總需調整，為了要在台灣市場生根，珠寶盒在過去十數年中仍然做了一些改變，「譬如現在麵包的部分，法式占 70%，30% 則是做在地的口味」。不僅口味，台灣的氣候也

上　TAKE FIVE 五方食藏推廣當時當令、無添加的精緻飲食，經常請許多才華洋溢的主廚前來客座。店內也有販賣各種高品質的台灣食材。

下　讓珠寶盒聲名大噪的法式軟糖。

與法國大不相同，為了維持產品的新鮮度，她從與自己相熟的日本師傅身上，學到如何將再製麵包變成符合本地口味的長銷品。她舉東京 Boulangerie Sudo 的明星商品，「每人只能買五條」的「ハニートースト」（Honey Toast）為例，便是由新鮮吐司切成長方條型，四面裹上薄脆焦糖再製而成。她解釋，「麵包店要面臨損耗跟再製的利用，如果讓再製麵包變成長銷品，正規品也必須生產更多」。目前穩居珠寶盒銷量前三名的「法式核桃」麵包便採用相同作法，「再製品以此當底，上面加洋菇起司、明太子起司等」，由於再製品受歡迎，「法式核桃麵包的產量也會穩定、鮮度也會提高」。

Susan 以「追求生活中的真、善、美」來概括珠寶盒的品牌精神，「探討食物來源的『真』；對員工、顧客，甚至環境等，以種下『善』的因子為出發；『美』則是看到的視覺呈現」。而為了要追求使用食材的「真」，珠寶盒也以「無添加」（防腐劑、人工香料、色素等）為訴求。開店當時為了達到「100% 無添加」的目標，「連馬卡龍都是白色的」。不過，對 2006 年當時的市場喜好及技術來說，100% 無添加顯然過於前衛，Susan「後來放棄在甜點這一塊無添加。但還是盡量使用天然的色素，如巧克力、抹茶等，也自己提煉洛神花等染料」。她更舉店裡的芋泥相關產品為例，「我們芋泥都自己製作，自己削皮、自己蒸、自己磨碎，

極受歡迎的法式核桃麵包。

這樣才可以確保無添加」。

開業經過十數年，台灣消費者對法式甜點的認識早已不可同日而語，但 Susan 的堅持卻始終如一。珠寶盒剛剛開始賣歐式麵包時，遇到不少挑戰，「客人覺得底部的粉是發霉，上色他們說是烤焦」，更不用說是需要焦糖化的千層酥皮（feuilletage）與蘋果派。一般店家或許會因此調整烘烤上色的程度，或是選擇不厭其煩地與消費者溝通，但珠寶盒「為此做了色票」，確認「麵包究竟烤到什麼顏色算是『黑』」。十數年過去，珠寶盒的消費者對此不再有疑問，但進到外部通路，許多努力還是需要再來一次。2020 年年初，珠寶盒商品進入主婦聯盟，「他們跟我們反應（麵包的）顏色太深，消費者覺得是烤焦，我們給他們看一排色票，讓他們理解石爐烤出來就是那個顏色」。過去學習時傲人的持續力，如今同樣在經營管理上，成為品牌建立的基石，「在台灣，餐飲這個行業創業真的不難，難的是日復一日的堅持，以及你為這個堅持願意付出多少成本」，她這麼總結道。

大手筆培養員工、投資挹注年輕職人

由於同時經營不同餐飲品牌，Susan 比一般專精在某些特殊領域的主廚，更能從

各式各樣的歐式麵包，是珠寶盒自開店以來始終用心製作、引以為傲的商品。

甜點櫃中裝滿了琳琅滿目、精巧細緻的法式甜點。

不同的角度察覺到不足之處，例如她每回從風流小館回到珠寶盒，就會「改變一些服務流程」。「最多的體悟來自風流小館。由於風流小館的客單價平均是（台幣）3,500 元以上，有專業經理人與侍酒師」，她觀察侍者「端盤的樣子、上水杯的樣子，與餐具視覺的呈現」，再回來對照珠寶盒的店內體驗，發現後者「比較吵、提供的水比較沒那麼好」，許多細節還能更加完善。得力於這些心得，現在她也會將不同分店的店長相互調動，「要不然連花圃枯了一片也看不出來」。

一間店的靈魂是人，能夠形塑品牌精神與價值的，是每天在這此工作的員工。她不僅藉由內部調動來培訓員工，更在需要的時候為他們大筆投資。得益於自己的親身經歷，Susan 認為多讀、多做、多吃都是必要的，因此經常帶員工出國進修、考察，對創作者的培養更是不遺餘力，她認為「很多甜點主廚沒有在外面吃甜點的經驗，所以他的喜好會和消費者的喜好差很多」，而「主廚創作的東西就是個人經驗值呈現，所以我們會希望主廚多去看看、吃吃別人的東西。他們出去我們都會給旅遊金」。以高師傅為例，在珠寶盒剛開店時第一次前往法國，「他說他站在塞納河遊船上面，雖然非常冷，只有他一個人，但他終於體會到巴黎這個城市到底浪漫在哪裡，回國後因此將法式甜點的概念發揮得更完整」。

由於自己個性不服輸，Susan 也欣賞同樣有毅力的人。她回憶自己當時放心將珠寶盒交給高師傅，是因為「高師傅對於做甜點這件事很專業，他不太妥協」。她舉為巧克力覆面（enrober）為例，「他所有做的東西從第一個到一百個都一模一樣」。而高師傅總是身在現場親力親為，不僅腳踏實地，更造就了工作水準的穩定性，「很多主廚只出一張嘴，他都自己做，而且從第一個做到 100 個、甚至 500 個也都一模一樣」。她過去與游育甄（Dana Yu）[1] 合作，聘其擔任風流小館主廚，甚至目前投資前九日風主廚楊豐旭成立全新巧克力品牌 TERRA 土然 [2]，都是因為覺得他們是「很有理想的人，對自己的東西和產品很堅持、要求，也願意做這件事情」。她說自己「希望看到台灣很多有想法的品牌經營者」，笑稱「投資這些人、再和他們合作，就不用什麼都自己做」。

發揚台灣物產、引介島嶼之美

2020 年的中秋禮盒「山裡的味道」， 是珠寶盒與台灣原味 [3] 合作開發的產品，這不僅是 Susan 口中「考慮怎麼樣讓大家一起合作比較好」的實踐，也是珠寶盒將更多注意力轉向在地的證明。諸如樹豆雪球、土肉桂林茲、刺蔥餅乾、馬告沙布列等，都是以原民部落的高品質香料與食材做成法式甜點的有趣案例。目前台灣流行將台味點心以法式手法重新轉化，珠寶盒也在 2018 年中秋便曾經嘗試，「我們將台中知名的甜點如芋頭酥、蛋黃酥等做成常溫蛋糕，蛋黃酥是以沙布列（sablé）做餅乾殼，內裡放入蛋黃餡，再加上餅皮；芋頭酥則是在很薄的船型塔模中放入新鮮自製芋頭餡、再加上奶霜」，Susan 向我解釋，「吃到會會心一笑」。

過去珠寶盒對真實食材的要求、對環境傳遞善意的出發點至今未變，「珠寶盒可以影響的，是每個人重視這個環境的價值，所以我們做一些對環境友善、對大家

---

1 台灣知名女性主廚，過去曾任 L'ATELIER de Joel Robuchon Taipei 台北侯布雄副主廚與 L'Air Café·Néo Bistro 風流小館主廚，現與從事服裝設計的友人嚴慶昭共同在台北大稻埕經營私廚「涼州游嚴行 D-place」。

2 本書第 2 章第 4 節有其深度訪談。

3 成立於 2011 年的社會企業，輔導超過 20 個原住民部落農業轉型，實施不噴灑化學農藥、肥料的有善農法，並嚴選食材製作高品質商品。目前與土生土長（參見本書第 5 章第 4 節）及珠寶盒皆有合作。

「山裡的味道」中秋禮盒與台灣原味合作開發，使用了許多原住民飲食中常用的食材。

身體好的東西」。Susan 認為「吃麵包和吃米飯一樣，是很多人每天吃進去的食物。所以我都會和團隊說：『一定要注意安全和品質。』但十數年過去，面對目前台灣法式甜點圈百家爭鳴的現況，她豁達地說，「假如不是過去那個時間點創業的話，應該不會開店」。身為品牌經營者的她，從市場競爭角度分析觀察，「開店是為了彌補需求，現在有這麼多店、這麼多好的產品，我根本不需要開店」。

她觀察過去十幾年間，「最大的改變是原物料的選擇變豐富，從沒得選變成什麼都有」，如今台灣豐富的物產與更上一層的農業科技，對餐飲業者來說是「一大福音」，「還有更多很有想法的年輕人投入、回溯到原本產地」。也因此，這幾年，她「希望珠寶盒的價值轉變」，自己也成立「好時．好物」平台，「幫小農策展，讓台灣餐飲業能夠使用越來越多好的在地農作物」。她對台灣物產的高品質深信不疑，認為應該開發更多需求，「不然我們的物產只靠主婦們使用根本不夠」，「珠寶盒三年前開始就用環境友善、有機的草莓來做甜點」，其他如芒果、水蜜桃等，「只要農友有需要的話就會協助消化」。

展望未來，她認為自己該做的並非將珠寶盒這個品牌帶出國際，先是笑稱「在法國也不太需要像珠寶盒這樣的法式甜點品牌」，後來開始語氣真摯地描繪自己的

珠寶盒 2021 年的母親節蛋糕「茉莉洋梨夏洛特」，將法式甜點中常見的西洋梨與清爽的茉莉、檸檬、柚子搭配，十分可人。

願景：「我比較想做的是把台灣的物產帶到國外，用珠寶盒的東西、即『法式甜點』做呈現」，例如「開一家台灣的選物店，在裡面供應台灣的珍珠奶茶，或是用法式甜點的基礎與台灣的米做成米布丁等」。Susan 的「好時·好物」平台在 2020 年 11 月底，和 Sogo 百貨合作策畫「台灣在地小農展」，四天的展期中匯集了 90 位小農，有超過 70 個攤位，還請來飲食界的好友們共襄盛舉，如游惠玲[4]以台灣在地物產設計「咖哩土鍋飯蒸蛋」套餐外賣，前台中英雄餐廳主廚蕭淳元、林凱維設計套餐、舉辦餐會等，熱鬧盛大，不僅吸引了許多關注飲食議題、在乎友善耕種與環境的消費者，更創下台灣百貨界最大小農展的紀錄。下一個 15 年，誰說甜點女王不會再變身為台灣物產的最佳代言人，為大家引介這座多變但始終迷人的島嶼？

4 十餘年生活飲食媒體記者，曾任《商業周刊》〈alive 生活專刊〉資深撰述，現為自由工作者，經營個人品牌「水方子廚房」，並於 2017 年出版《飲食是最美好的教養：給孩子的 40 篇美味情書》（寫樂文化）一書。

Susan 希望將來能在海外開一家台灣的選物店，將台灣的物產帶至國際。

總監 林淑真 (Susan Lin)

協和工商、中華穀類食品工業技術研究所麵包、西點蛋糕、和菓子、傳統麵食全修班、穀研所與法國藍帶國際學院、日本東京製菓合作課程

專業經歷：兔子聽音樂、L'Air Café · Néo Bistro 風流小館、TAKE FIVE 五方食藏

Instagram | @susielin77

珠寶盒法式點心坊 boîte à bijoux

– 師大麗水店
台北市大安區麗水街 33 巷 19 號之 1
(02) 3322–2461

– 遠企安和店
台北市大安區安和路 2 段 209 巷 10 號 1F
(02) 2739–6777

– 信義穀倉店
台北市信義區莊敬路 239 巷 1 弄 1 號
(02) 2720–4555

https://www.boitedebijou.com.tw/
Facebook | @bdbtw
Instagram | @boiteabijoux_tw

甜點主廚 高聖億

Instagram | @eason0501

1-2

日法交融孕育在地美味，從社區走向國際

李依錫（Hugo Lee）

Le Ruban Pâtisserie 法朋烘焙甜點坊負責人、主廚

「『引導』很重要。要先從客人喜歡的東西出發，才能一步一步引導到做你想要的東西。想要客人接受你，就要先知道他的口味，才能慢慢地去改變它。」

16 歲進入業界，李依錫（Hugo Lee）師傅在南台灣麗景酒店、華王大飯店（目前已歇業）等地，親身見證了「師傅要你做什麼，你就照他的方式去做」，不能有任何異議、不需有自己想法的師徒制。退伍後，他將人生第一筆積蓄全部賭上，前往瑞士學習拉糖、巧克力，世界冠軍的指導老師和學員分享經驗與作品，他第一次知道「不只是做甜點，還能用很多方式呈現自己想表達的東西」。回國後他開始積極參與各種比賽，代表台灣多次於香港、日本、法國等地出賽，在 2006 年獲得巴黎公開賽金牌與拉糖特別獎，接著又與遠東飯店的隊友一起代表台灣參加法國里昂甜點世界盃。決定開店前，他赴日於熊本、福岡兩地實習，深受「社區型甜點店」使用在地農產品、與當地居民生活緊密連結的情景啟發。如今，Le Ruban Pâtisserie 法朋烘焙甜點坊（以下簡稱「法朋」）不僅是台北市大安區許多家庭的共同回憶，也早已超越社區甜點店的規模，是一個廚房有 30 人的團隊，每年特色節慶禮盒皆被瘋搶的店家，顧客群涵蓋整個台灣、甚至海外消費者。

李師傅的經歷，是過去台灣甜點師養成的一頁縮影，但他從眾多甜點師中脫穎而出，甚至在市場風雲變幻下，仍能始終站在浪潮之端屹立不搖，則需歸功於從不懈怠的強韌心志，與始終能抓住消費者喜好的精準商業眼光。

深入街坊生活、引領顧客體驗

現下獨立法式甜點店極多，每一家都定位不同，消費者為了某一家店的某個作品而特地前往，其實已是常態。但李師傅在開店之初，就明白自己想經營的，是一家受到當地居民喜愛的「社區型甜點店」。他在日本實習時待過的兩家店，一家在前往知名景點阿蘇火山的要道上、另一家則位於九州玉名市市郊，都不在大都會區，和社區民眾間有緊密的互動，附近居民下班後帶塊蛋糕回家和家人分享，再自然也不過。店家與生產者間也有直接的連結，「他們用當地的產物做甜點，例如用熊本的米磨成米粉做千層；使用當地的水蜜桃、草莓等」。融入在地、成為日常風景之一的產銷體系，讓他極為歆羨。他回憶，「如果在台灣或是在法國學的是技巧，真正回到本質、初衷的，是在日本那段時間的領悟，這才是開法朋

在大安區開業多年的法朋，是當地居民享用甜點的最佳去處。

這家店的靈魂。」

回到台灣，他以同樣的出發點開立法朋，服務家庭客戶。考慮到不同年齡層的需求與喜好，店內開發不同的品項，「我們會依照每個顧客的特性、喜歡的甜度設計商品，像小熊、小貓餅乾，是特地為小朋友做的；也會為牙口不好的長輩設計不要太硬、他們可以咬的；考慮哪些東西不能加酒、哪些可以等等。」李師傅闡述，家庭客群是法朋的主力，「我們的客群可能是從 3 歲小朋友到 60 歲，我希望法朋是容易親近、比較沒有距離的地方。我盡量營造那樣的空間，例如進來東西自己拿、價位設定好看一點、讓人覺得價值感很高等。顧客家庭聚會想要用到的點心、蛋糕等，我幫忙準備好。」過去在飯店體系與食材廠商擔任研發技師的經歷，讓他自然而然懂得分眾行銷，「在飯店的養成還有後來做的研發，都是對消費者」，在飯店時推出的產品若不合消費者胃口、銷路不好，會立刻受到檢討；「當研發技師時，幫店家設定的東西賣得好或不好，店家會告訴你，例如：『師傅，你做的這些東西都賣不出去耶！』那我們就要想辦法調整。」

不過，身為甜點師，除了滿足顧客需求外，自然也有希望帶領顧客體驗新事物、藉作品表達自我信念的時刻。認為「做出客人喜歡的味道很重要，不能只照自己

法朋琳瑯滿目、色彩繽紛的甜點櫃。

喜好來做」的李師傅，其實對如何「培養顧客」，也有獨到的看法。他解釋，「『引導』很重要。要先從客人喜歡的東西出發，才能一步一步引導到做你想要的東西。想要客人接受你，就要先知道他的口味，才能慢慢地去改變它。像台灣的甜點文化，從早期不接受慕斯，到現在已經慢慢可以接受，這怎麼來的？是因為二、三十年的演變。可能從飯店的 buffet[1]，先從不要錢的給你吃，你習慣了、養成了，覺得這很好吃，慢慢地才會去甜點店去買一個蛋糕來吃。」以 2020 年 5 月法朋推出的哈密瓜系列甜點為例，「哈密瓜不是客人想做的，而是我想做的。引導還是我在引導、主題還是我在想，可是我會思考客人喜歡什麼樣的甜度、呈現方式、價位多少可接受？若不喜歡慕斯，我該如何減少慕斯的比例，不要這麼油膩？這些就是為他們思考的。」

清爽、均衡、當令的日系法式甜點

縱使資訊流通迅速，消費市場在過去數十年中也有劇烈的變化，亞洲消費者對甜

1 原指在派對或公開場合中，或是在飯店、車站的咖啡部、點心吧等，將冷食餐點放在長桌上，由賓客自行取用的一餐。在台灣則演變為「自助式吃到飽」的餐點型態，多出現在飯店中，也有專門餐廳。

點的喜好仍與法國不同，「蛋糕體」與「慕斯」的比例便是其中之一。法式蛋糕（entremets）[2]的主體為形形色色的慕斯或奶餡，蛋糕體通常作為基底、提供口感對比，所占比例極低；但亞洲市場幾乎完全相反，消費者更愛享受蛋糕體，慕斯或奶餡反而位居配角。由於西式蛋糕甜點在台灣發端的歷史須追溯至日治時期，比起法國，台灣人的喜好更接近日本。在2014年多位留法甜點師回國開店前，台灣西式甜點市場的主流一直更偏向日系風格。

李師傅談起自己創立法朋時，由日系法式甜點出發，其實是極為自然的選擇，「我們那個時代基本上接觸的都是日本的蛋糕店，這幾年才開始有法國的部分。其實台灣人喜歡甜點，是喜歡日本的甜點而不是法國的甜點。法國對台灣人來說比較遠、比較不容易到，跟日本距離相對比較短；而且早期法國的甜點基本上很甜、比較酸，而且太多慕斯，台灣人並不那麼習慣。」法式甜點極受歡迎、甜點文化也非常盛行的日本，一直是台灣甜點師們努力的標竿，「當時對日本的甜點店就已經有很好的印象，覺得『我們如果能做到像這樣，是非常不容易的』。」

日系的法式甜點特別注重蛋糕體與均衡的口味搭配，李師傅帶著驕傲地說，在法朋，「光蛋糕體的種類就 30 幾種，每一個都不一樣」。他也特別注重口味的平

層次細緻的千層可麗餅蛋糕（mille crêpe）是日本甜點師以法式可麗餅為基底創造出的作品。法朋的「茉莉花茶 22 階」在此基礎上又加上了台灣風味。

衡感，他解釋，「法國很多老一派的甜點酸的很酸、甜的很甜，差異性、衝突感、對比性很高。現在日本的甜點師傅，除了如河田勝彥[3]、金子美明[4]等保持法國原本的味道、連修改都不修改就直接引進日本外，其他的日本師傅都會稍微融合一點，包括把法式甜點做得更清爽，如酸度、甜度差異不要那麼大。我們到日本吃法式甜點，基本上吃的就不是對比，而是整個平衡感。我自己做的也是這樣，清爽、平衡，酸要有一個程度，而不是十分跟一分的極端差異。」

法朋的甜點也特別注重時令的變化，而有「水果王國」美譽的台灣，特別適合以水果來呈現季節遞嬗。李師傅說明，「希望法朋非常季節感」，但「即使草莓季業績都是平日的 1.5 倍，但不能一年到頭都做草莓，客人會疲乏。哈密瓜也是季節限定一個月、頂多一個半月就要結束」，他會「盡量找到當季對的食材」來製作甜點。以芒果為例，「5 月的芒果都是催熟的，品質沒有那麼好，量也很少；6 月才能真正出到台南玉井的芒果」。在水果當季盛產時，法朋會開發多種品項，以呈現不同品種的特色，芒果季時，法朋就以「愛文、夏雪、黑香等四五個品種做開發，讓大家很明顯知道每一個品種的甜度、風味不同。」

---

2 「entremets」的意涵從中世紀至現代改變多次，詳見《法式甜點學》第 1 章第 3 節。如今特指一種以牛奶或鮮奶油為基礎做出的甜點，由多層的海綿蛋糕與奶餡製成，即所謂的「法式蛋糕」。包含各類慕斯蛋糕、「Opéra」歌劇院蛋糕、「Fraisier」法式草莓蛋糕等，甚至大型、多人份的「Saint-Honoré」聖多諾黑泡芙、「Mont-Blanc」蒙布朗等也在此列。

3 被譽為「日本甜點教父」，於 1967 年前往法國，歷經 10 年研修，後於當時的巴黎希爾頓飯店（Hilton de Paris）擔任甜點主廚。返日後設立「河田甜點研究所」，並於東京世田谷區開設 Au Bon Vieux Temps（「昔日的美好時光」之意）甜點店。由於他在法國學藝時，曾周遊法國搜集各地的鄉土甜點與文獻，該店充滿了法國各地的特色甜點，更保留了許多如今在法國都難得一見的傳統點心，被稱之為「法國甜點博物館」。河田主廚對日本的法式甜點界貢獻甚鉅，他培養了超過 200 位甜點人，更在 2012 年榮獲日本厚生勞動省卓越技能者（現代の名工）的肯定。

4 日本知名甜點主廚，作品外形簡潔現代，擅長在經典中創新。金子美明的職涯曲折，他在數年的甜點工作後進入設計事務所，擔任 7 年平面設計師之後才又回到甜點界。1994 年赴法，在 Ladurée、Arnaud Larher、Alain Ducasse au Plaza Athénée 等知名店家與餐廳歷練。2003 年返日後在東京自由之丘開設 Paris S'éveille，是甜點愛好者必訪名店；2013 又在巴黎凡爾賽開始 Au Chant du Coq 甜點店，也頗受好評。

發展節慶禮盒、企業化建立制度

除了新鮮甜點外，法朋也以變化多端、挖空心思設計的節慶禮盒出名。在台灣，逢年過節時，親友與商業往來對象間相互餽贈禮品是重要的社交禮俗；「伴手禮」的往來，也蘊含相當複雜的社會互動與象徵。除了需考慮受贈對象的喜好、代表送禮者的心意，也同樣關係著雙方的身分地位和「面子」。許多人不見得捨得在自己身上花費過多心思，送禮時卻相當大方，因此，攜帶方便、容易保存且外觀精緻的禮盒，其實是台灣糕餅、甜點業中不可忽視的商機。對台灣市場消費生態極為熟稔的李師傅，同樣也是法式甜點禮盒市場經營與開發的先鋒者，「日本的節慶感、儀式感給我很大的啟發，像女兒節他們也會做女兒節的東西，大大小小的節慶都會做特殊商品。剛回來台灣的時候，並沒有法式甜點店針對節慶做特殊的產品，我發覺這是一個非常大的機會。」

目前「每年的中秋節都是幾萬盒餅乾在賣」、「端午節、中秋節、母親節、父親節、春節……每一個節日都沒有放過」的法朋，對每一個禮盒的設計都極為用心，「每一次我們商品出來，都會特別請設計師為禮盒做特殊包裝 」。外表美觀精緻、內容豐富的禮盒，除了抓住牢牢「送禮」的社交與心理需求，同樣也是品牌宣傳的利器，李師傅解釋，「我們非常重視禮盒，即使法朋在台北，可是香港人會知道法朋；高雄、金門……所有人都會知道，因為伴手禮會從這裡被帶走。」

精美的節慶禮盒與美味的新鮮甜點，讓法朋營運迅速擴大，初始社區型甜點店「前店後廠」、「廚房四個人就能應付」的規畫不再符合現況。李師傅坦言，在法朋的客群超過當初設定的範圍後，遇到不少挑戰，「社區原本設定可能是方圓5公里，變成10公里就已經太遠了、到中正區那裡去了。但我們後來發現中正區的客人也跑來這裡買甜點，（法朋的客群）可能從方圓5公里擴大成10公里、20公里、30公里」。他分析，「因為吃甜點是比較有儀式感的、不是每天吃的，所以客人可以花很長的時間前來、或是很久之前就已經預訂蛋糕，只為了表達儀式感、表示隆重。」在這樣的客群過大後，法朋經歷了一段適應期，「原本設定的人力不符需求，就要一直跟著調整。我們一開始一直被罵，說服務不好、排隊

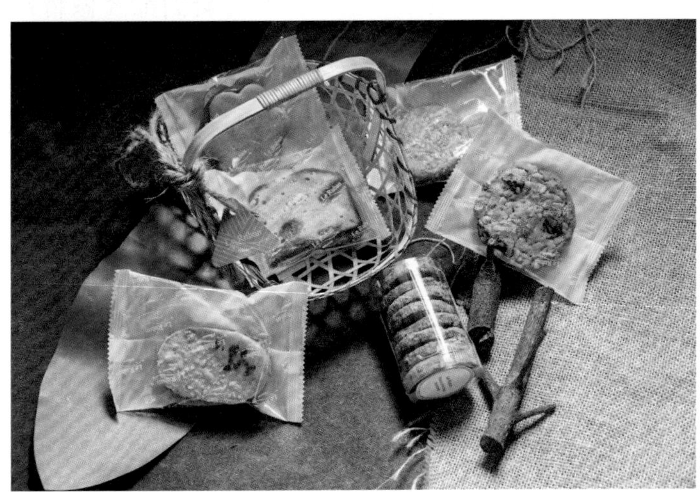

上　法朋的「哈密瓜生鮮奶油蛋糕」，從取材上便極為費心，李師傅將過去使用的「香華」哈密瓜改為日本品種的「阿露絲」，雖然「成本比香華貴了快兩倍」，但因為「它的軟度和蛋糕體一樣」，能使口感更為協調。後來為了創造更有層次的風味與視覺效果，更混用了橘黃與青綠兩種哈密瓜。

下　精美的端午節禮盒，小提籃中裝著多種小點心，包裝設計極有巧思。

動線很差、怎麼那麼難買、電話打都沒人接等，所以就從客人抱怨的地方開始修正、一直調整，例如客人抱怨電話打不進來，就只能找人來專門接電話；接訂單、設計等等都要越來越完整，變成一個完整團隊，現在有 60 個員工。」原本在店內的廚房，現在也遷出集中製造生產，30 人的廚房團隊分為「慕斯、巧克力、鮮奶油、餅乾常溫、蛋糕體」等五個組別，分門別類掌握每一個元素。

李師傅認為，選擇以企業化方式壯大品牌，其實蘊含了自己希望長期培養人才、減少斷層的理想。他希望從完善制度、明確目標開始，成為一個員工願意一起成長的企業，「我們都知道甜點師傅的養成很久、很慢，投入的人越來越少、可以經過洗禮留下的人更少，（因此）我們自己就是讓工作分工更細緻，讓人員能夠更穩定的上下班，然後把制度做好，明確地規畫公司要往哪個方向。員工就慢慢不會是『我只是來跟你學、學完我就要走』的心態，他知道公司是有制度的，就會想要跟你長期一起發展，而你要相對地讓福利、公司變得更好。」

在實踐中尋找台灣味

在法朋各式各樣的禮盒中，有一款以台灣各地特色物產製作而成的法式餅乾組，不僅受到本地消費者青睞，也吸引了海外的目光。李師傅向我介紹，「『漫步台灣』禮盒有一個台灣的地圖，我們選了台灣從南到北的食材，如南投的玫瑰、鹿港的麵茶等去做成餅乾，還有關廟的旺來果醬、阿里山的烏龍茶、烏來的馬告、台中的桂圓、佳里的芝麻、屏東的鹹蛋黃……吃了就知道台灣產物的特色。這款餅乾禮盒被日本旅遊網站 Allabout 選為 2019 年台灣伴手禮第二名。」

在同一個票選中，法朋的巧克力禮盒位居第四。該網站說明「如果你是一個巧克力愛好者，那一定有聽過『Le Ruban Chocolat 可可法朋[5]』」，接著介紹可可法朋

受到日本顧客歡迎的「漫步台灣」餅乾禮盒。

李師傅在巧克力上也造詣極深。菊欉、龍眼花等台灣風味夾心巧克力都令人印象深刻。

於 2017 年參與東京巧克力沙龍（Salon du Chocolat Tokyo）、2018 於「國際巧克力大賽」（International Chocolate Awards，以下簡稱「ICA」）的三金、三銀、二銅[6]的好成績，以台灣特色食材製成的巧克力商品相當知名，其中特別推薦茉莉花與菊花的口味。茉莉花口味「完美地結合了花的魅力與巧克力的優雅，口味微酸、非常迷人」，而 2017 年獲得金獎的菊花巧克力，則由「主廚施展魔法，將菊花特殊的苦味轉化為巧克力的風韻，是極具深度且令人難忘的味道。」

李師傅與巧克力的緣分，從退伍後進入新竹國賓飯店時便已結下，「當時甜點和烘焙的行業對巧克力很陌生，會調溫的師傅只有 10％左右。那時我還不會，但我們有一個巧克力房，我就每天進去練習製作。退伍後我找了機會，把所有的積蓄拿去瑞士做學巧克力和拉糖，從那時開始就對巧克力一直很有興趣。後來做甜點的工作也和巧克力無法分割，不管是裝飾、製作等，當中一直有累積。開了法

5 Le Ruban Chocolat 可可法朋是李師傅於 2014 年在法朋本店附近開設的巧克力概念店，販賣手工巧克力與各種巧克力相關甜點商品。2019 年 5 月店面結束營業，商品則合併至本店販賣。

6 金獎：龍眼花、炭焙烏龍、馬告杏仁；銀獎：菊欉、桂香、白玉（白芝麻）；銅獎：野薑花、煙燻馬告。

朋之後，終於有機會可以把自己想做的做出來。」

「因為一直想要把台灣的食材帶入作品中」，在受到日本旅客青睞有加的「菊欉」夾心巧克力中，他採用花蓮原生產的小油菊，而非迪化街最常見的中國杭菊。找到品質好的食材不是終點，而是千百次測試的起點。他發現原本單泡「味道很重、會澀」的小油菊，「和乳脂結合之後，味道柔和許多」，接著試著調整口味，「一開始做出來基底比較沉，因為油菊的關係味道比較木質調，我試了很久，後來想到喝菊花茶時會加蜂蜜，於是加了東山農場的百花蜜把基調往上調，變得比較清新。」

在 2018 年 ICA 比賽中獲得金獎的龍眼花巧克力，則是李師傅想說的台灣在地故事之一。由於長期與樸活農場合作，使用它們的柴燒黑糖，老闆與他分享平日農民們自己泡來喝的龍眼花，「龍眼在長果實時花會掉落，因為農民們都很節省，所以會搜集起來泡茶喝，不然掉了就是掉了。」「甜度不高但香氣很足」的龍眼花，製成巧克力也費了一番工夫。由於「只有龍眼花，基底會比較單一」，李師傅想到拿同樣來自台東的鳳梨搭配，「中間有台東鳳梨做的果凍，讓它有不同的層次」，水果酸度在花香尾端顯現，確實更有個性。

不僅是巧克力和餅乾，李師傅也將走訪各地農園、與同業好友交流精選而來的食材放入新鮮甜點中。他提及店內的人氣商品「果然蜜桃」，是因為吃到好友顧瑋[7]在 COFE 提供的包種茶巧克力，為包種茶的花香驚豔，「我第一次知道有這麼乾淨、清楚跟舒服的味道」，於是想到可以和香甜的水蜜桃搭配；「雨露茉莉」則使用了「彰化花壇茉莉花茶與『花滿蹊』屏東友善農場出產的第一萃茉莉花細胞水」。他回憶與花滿蹊農場主人樹馨姐結識，是因為要製作「台灣六花[8]」巧克力系列，「因為想找無毒、有機的野薑花，就打電話去問可不可以去參觀農場。我一開始都和她進冷凍的花，後來她慢慢開發出花露、花的細胞水，介紹給我，我就想說用用看。」李師傅形容「細胞水是用生物科技的技術把花的味道萃取出來」，雖然非常貴，但因為「花香味如果不是天然的，味道會很人工、不舒服」，

使用了茉莉花細胞水的「雨露茉莉」，花香純淨清雅。右後方是「果然蜜桃」。

他以天然的純露來補足茉莉花茶的香氣，讓「味道穿透性更強、記憶度更深刻」。

努力不懈、堅持不斷突破的甜點路

開業至今即將要邁入第 10 個年頭的法朋，創造出許多經典，如「老奶奶檸檬蛋糕」與「生乳捲」等，在對新品要求極為嚴苛、熱潮一波接著一波的台灣市場相當罕見。李師傅坦承，根據他自己的經驗，即使是「月銷 3,000 顆」的檸檬蛋糕，在推出之前，他也根本不知道這會變成經典，「店裡什麼東西會大賣，其實連你也不知道。這是要經過市場考驗的，通常是消費者決定你的東西什麼賣得好，刻意去經營好像未必會成功。」已經成為經典的品項，他不會更動，但會以不同的形式或變化去充實其內涵，「檸檬蛋糕一開始只有 7 吋，後來變禮盒、變 5 吋、出現沒有檸檬的口味，如日向夏橙蛋糕等」；而在消費者品嘗經典的頻率之間，他大量研發新品，「讓客人每次來都有驚喜」。他解釋，「客人也許不會頻繁到

7　在欉紅、土生土長、COFE 等品牌的創辦人，本書第 5 章第 4 節有其深入專訪。

8　包含菊花、龍眼花、茉莉花、野薑花、桂花、玫瑰花等六款。

每週都想吃一樣的東西，但他會習慣，可能這個月吃到了、下個月還是想要吃一次。我可以藉著不停創新在兩次購買之間吸引他過來，這次不吃檸檬蛋糕，可以吃其他的東西，帶給他新的感受。」他從反面思考消費者愛嘗鮮的特性，認為這反而代表「他們一直勇於接受新的產品、很願意給新的店家機會」。

在李師傅入行後的二十多年間，本地市場從「就是愛拜拜蛋糕」，到留法甜點師以獨立小店吸引不同的顧客；甜點的角色從「西餐的陪襯」，變成「消費者會為吃蛋糕特地來店消費」；從日本、法國甜點師對來自台灣的甜點「不太看、也不太在意」，到來台舉辦大師課、講習會，與本地主廚交流，轉變不可不大。但無論在哪個階段，李師傅都沒有一刻放鬆過對自己的要求。即使法朋如今已是成功的甜點品牌代表，同業們也總是能在各個講習會上看到他的身影，他也是最積極關注圈內新聞的主廚。談起自己究竟為何努力不懈，李師傅語調放緩，誠懇解釋，「我覺得甜點就是這樣，它沒有辦法無法讓你停歇。三個月、半年……你沒有跟上就是落後，所以它幾乎沒有讓你喘息的空間，所以得想辦法突破自己，每一年告訴自己要進步一點，你就會越來越好。這些堅持都是希望給你的客人有更好的體驗，這些心願都會 push（推動）你一直要成長。」

「老奶奶檸檬蛋糕」是法朋的招牌商品，如今已開發出各種延伸品項。

成立至今，法朋雖早已超越社區型甜點店的範疇，但「用心做出好的商品」、「與人產生連結」的初衷卻從未改變。李師傅談起自己與顧客之間的交流，語氣頗為觸動，例如有顧客「從結婚喜餅到第一、第二個孩子的彌月禮盒都交給法朋」；也有顧客因為家中孩子連續遭逢變故，把「到法朋吃一塊蛋糕」視為「得到休息的空間，讓自己更有勇氣」。他認為，無論悲喜，能夠以甜點參與到顧客的人生，便是繼續前進的動力。

過去因為家中經濟不允許繼續升學，學廚成為最實際的選擇，但李師傅認為「當你只有一條路可以往前走的時候，就不會一直回頭，才能一路走到終點。」他建議年輕甜點師，「既然選擇這條路，就把它走到最後、做到最好，不要給自己太多退路，太多猶豫會讓你無法前進。」「真誠」與「堅持」是他堅信的價值，「我覺得每個人的個性不一樣，但相同的是堅持。每個人的才智有高有低、想法有左有右，但唯一不變的是，你要對你的消費者、對自己真誠，要堅持地去走這一條辛苦的路。」

如同家裡巷口始終散發光芒的那盞燈，無論未來如何發展，法朋的顧客們想必都還是能在店裡見到李師傅的笑容，能夠在一塊蛋糕中，嚐到一個甜點師努力不懈，為自己加油、守候的心意。

主廚 李依錫（Hugo Lee）

真理大學專科同等學歷、瑞士烘焙學院拉糖、巧克力、法式蛋糕專業科目受訓

專業經歷：新竹國賓飯店、台南大億麗緻酒店、台南香格里拉遠東飯店、元寶實業股份有限公司等

Instagram | @zu4237

Le Ruban Pâtisserie 法朋烘焙甜點坊

大安區仁愛路四段 300 巷 20 弄 11 號 1 樓
(02)2771-3922

Facebook | @LeRubanPatisserie
Instagram | @lerubanpatisserie

1-3

追本溯源，與世界大師同行

謝美玲（Linda Hsieh）

187 巷的法式 187 allée française 創辦人

「我想要讓這一群學生知道大師的技術。就像之前我不想要找替代品去替代法國食材，我想讓這些人知道什麼是貨真價實的法國味。」

法式甜點在台灣在過去幾年中風起雲湧，不僅有許多甜點人在法國深造後回國開店、也有許多法國大師級主廚到訪台灣，舉辦講習會與大師課。過去，有能力與國外大師接洽、有專業設備與場地供主廚們大展身手的主辦單位，多半皆是多年深耕烘焙市場的原料與食材進口廠商，但「187 巷的法式 187 allée française」（以下簡稱「187 巷」），卻是其中的異數。位於台北士林，187 巷有除了有面向大眾販賣商品的甜點店面外，二、三樓還有極為專業的烘焙教室，從 2016 年開始，逐年邀請法國知名主廚如 Vincent Mary[1]、Cédric Grolet[2]、Amaury Guichon[3] 與 Yann Couvreur[4] 等，不僅在台灣的法式甜點圈中引起轟動，也帶起全台的法式甜點風潮。

「真正的法式究竟是什麼？」前往發祥地尋找答案

「我想要看看別人的法式是什麼」，187 巷的女主人謝美玲（Linda Hsieh）談起自己的法式甜點之路，其實是因為對「真實」與「正統」追根究底的好奇心。天母朱里兒法國甜點工房的日本主廚田口啟一，是她的法式甜點啟蒙老師，當時主廚只是希望找到接班人，沒想到這個願望卻在十年後以另外一種方式傳承實現。從一開始「只是希望有得吃就好了」的 Linda，接著找到了曾美子老師創辦的巧思廚藝教室，循序漸進上完初、中、高級甜點課與麵包課，她還跟著老師一同前往日本，也去過辻製菓專門學校短期研修。個性認真的她反覆思索「自己從來沒有吃過真正的法式（甜點）」，也擔心「萬一有一天有人問我：『你有去過法國嗎？

---

1 法國雷諾特學院的講師主廚之一，於 2016 年應 187 巷之邀來台開課。

2 法國巴黎莫里斯酒店（Le Meurice**）甜點主廚，是當代最知名的甜點主廚之一，以其「水果雕塑」系列作品在全球掀起風潮，也是「明星甜點主廚」現象的肇始人物。《法式甜點學》第 5 章第 2 節中有其深入專訪。

3 當代最知名的甜點主廚之一，以其鬼斧神工的巧克力工藝技巧風靡社群媒體，在全球有數百萬的追蹤者。目前在美國拉斯維加斯開設自己的甜點學校 Pastry Academy，並巡迴全球開設大師課、提供甜點顧問服務。

4 知名法國甜點主廚，以其不使用人工色素與添加物的甜點創作，在巴黎引領「返璞歸真」的潮流。其同名甜點店以「狐狸」為吉祥物。《法式甜點學》第 5 章第 3 節中有其深入專訪。

187 巷店內。牆上描繪的是巴黎蜿蜒曲折的街道。

到底什麼是法式？』我回答不出來」，於是找到最早在台灣致力推廣法國糕點與美食文化的柯瑞玲老師[5]，一邊上課、一邊向她詢問前往法國深造的可能。

雖然當時台灣只知道藍帶學院，但曾老師與柯老師都推薦 Linda 巴黎麗池－艾斯考菲廚藝學校，麗池採小班制、又有短期課程，她後來回想，覺得自己很幸運。她在麗池接觸到法式料理與烘焙的基礎，「原本只有報甜點，但柯老師偷偷幫我報了麵包跟料理」。原本不敢拿刀，「連在做甜點時也一樣，只要用到刀的地方都是同學幫忙」的她，在柯老師的鼓勵與學校主廚的堅持下，竟也克服心魔，從此能夠專業地處理肉品，「OFII 體檢[6]那禮拜是要做魚的主題，原本我很開心可以逃掉，Chef 說我中午應該可以回來，竟然留了三大條的魚等我回來殺。現在我技術很好，可以去魚皮、魚骨。」

從麗池畢業後，她又報名了斐杭狄法國高等廚藝學校的暑期班，再度精修甜點與馬卡龍，後來還為了「要對麵包有所了解」而前往德國上課。三年後拒絕了數個法國工作機會回台的 Linda，終於不再畏怯回答「什麼是真正的法式」。她從教學開始，帶領台灣學生們認識正統的法國風味，「第一堂課是檸檬塔（tarte au citron），學生覺得這裡上的東西和其他地方不一樣，他們喜歡，又去拉別的學

187 巷的甜點櫃，有大師作品、也有法式經典。

生來」。稱自己「生涯從檸檬塔開始」的她，藉著週間教學、週末販賣甜點，逐漸建立口碑。當時的第一間店面位於中正路 187 巷，「台語『187』聽起來像是『預備，起！』」，她認為自己「準備好了、要開始了」，便將品牌以「187 巷的法式」命名，後來果然如期望般平穩起飛。

不卑不亢，與國際大師建立深厚合作關係

原址租約到期後，她搬到後來中山北路的店址，並且連二、三樓都一起租下。「從二樓這面窗戶往外看出去，就像是巴黎的感覺」，窗外那片讓她立刻下定決心的綠意，也守護著 187 巷烘焙教室，讓後者成為驚豔每個高傲法國主廚、也為台灣學生打開眼界的甜點殿堂。「總共有四位 chef 來，第一位是 Vincent，原本很高傲，一上去說：「Wow ！」；第二位是 Cédric，他一來，臉上就一副『明明是一家咖

5　柯瑞玲女士的經歷請見本章緒論〈法式甜點在台灣〉。

6　法國長期學生簽證的第一年需要經過「OFII」（Office français de l'immigration et de l'intégration，法國移民與歸化辦公室）認證，過去需要經過體檢才算完成手續，正式取得居留。

啡店，哪裡來的教室？』的表情，但一上去就說「magnifique ！」（太棒了！）。他第一次來訪到了最後一天，才知道還有三樓，上去之後發現更喜歡，才奠定下次再來的原因。其他 chef 也覺得，明明是一間店，怎麼會有教室？」

Linda 外表溫厚，內在卻極為強韌、不服輸，與這些眼界甚高的法國主廚們交手，她從來不會屈意討好。2018 年邀請 Cédric Grolet 主廚來台時，她多次聯繫卻未獲對方回應，第四次去信時，她有些動怒，直接表達希望對方不要置之不理的請求，「我知道你是國際大師，你有你的時間表、我也有我的，你這樣很沒有禮貌。你可以只回一句話拒絕我，我就不會再來騷擾你，但不要什麼都不回。」她抱著必死的心情寄出訊息，沒想到卻獲得 Cédric 的親自回覆，隨後與助理聯繫後續細節時，再度被無視，她直接向 Cédric 說明情形，最終順利敲定後者來台時間。此前國內的歐洲食材進口商聯馥食品也曾試圖邀請 Cédric，得到「2019 年之後才有

187 巷二樓明亮寬敞的甜點教室，吸引了許多法國大師。照片中巧克力師黎玉璽師傅正在授課。

空檔」的回覆，「但我不相信，我就是要親口聽到你說不可能，我才會死心。」與 Cédric 的初次合作非常愉快，為 Linda 與 187 巷奠定了極好的口碑，「Cédric 來的時候，曾經在吃飯時叫我留下自己的聯絡方式，說幫我請 Yann Couvreur 來。我也有問他，如果年底請 Amaury 來如何？他說：『啊，我昨天晚上才跟他通電話。』」國際甜點大師之間的頻繁交流，讓她不需每次皆鉅細靡遺地介紹自己，在她親自飛往新加坡參加 Amaury 的大師課時，Amaury 向她詢問：「Cédric 在那邊開心嗎？」想了解兩人之間的合作情形，她怕自我宣傳不夠客觀，便請對方直接詢問 Cédric，肯定的答覆促成了 Amaury 的訪台。Yann Couvreur 也是如此，「他來台前兩天，去找 Cédric 詢問合作經驗，Cédric 一直誇獎這裡，讓他吃了定心丸。」

每個主廚有各自的眉角，邀請他們來台開課，要注意的細節多如牛毛，Linda 也

和 Linda 合作愉快的 Cédric Grolet 主廚，主動提出要在台灣舉辦快閃甜點活動。

親自打點，務求盡善盡美。例如 Cédric 第一次訪台，不僅邀請時一波三折，為了要搭乘哪家航空公司，也曾讓她頭痛，「原本一開始幫他訂長榮，後來秘書說一定要訂法航，否則課程取消。最後只好勉強重買一張法航（的機票）。」但臨上飛機前，竟然又剛好遇到法國航空罷工事件，Linda 原本想請主廚改搭之前訂好的長榮班機，能夠確保在開課前一天到達，但後者堅持非法航不搭，最後她一直保持手機聯繫暢通，接訊息到凌晨三點、確認他已平安上機才去休息。

做事有如拚命三郎的她，特別能同理許多主廚的堅持與固執。她後來發現 Cédric 堅持要搭法國航空公司，「是為了里程數」，縱使好氣又好笑，「但他一下飛機，我發現他已把所有的材料都包裝好、準備好，其實滿感動的。」Amaury 來台時，凌晨剛到台灣，便堅持提早進廚房確認，她也使命必達。她解釋，「我覺得只要願意去溝通，能夠把自己準備好，就沒有想到會遇到困難。」她總是在開課兩個

Amaury Guichon 主廚來台示範的作品之一「鵪鶉蛋」（The Quail Egg），可愛精緻的造型喚起童心。

月前，便開始追著主廚確認食譜、食材，由於製作的是法式甜點，許多原料台灣沒有，她便需要自己一一確認，尋找進貨來源，「如果沒有我就自己去找、晚上不睡覺去找。」包括 Vincent、Amaury 等主廚，都曾經驚訝地問她：「為什麼我跟你要什麼東西，你沒有變不出來的？」她的答案是：「因為我是 Linda。」「我會希望所有的事情準備好、就緒了才要做，做到讓大家滿意。細節安排好、找食譜上的東西也要找得一模一樣。」

成為台法交流平台、世界最新流行的窗口

Linda 對於「一模一樣」的堅持，來自於她探索「究竟什麼是法式」的初心，「我有這個疑問，別人一定也有這樣的疑問」。她開辦大師課，是希望讓身在台灣的甜點師，不出國也能親炙法式甜點在原鄉的正統風味，「我想要讓這一群學生知

結合聖多諾黑與反轉蘋果塔的「焦糖蘋果泡泡」。

道大師的技術。就像之前我不想要找替代品去替代法國食材，我想讓這些人知道什麼是貨真價實的法國味。」她提及自己過去在歐陸進修，每年飛至國外參與不同的大師課程，「我很幸運，可以自己飛出去，但很多人不行。我想要讓這些人吃到之後可以進步。如果你沒有走出這個世界去看，就不知道外面的世界有多大，自己哪邊可以更好。」

如同被 Cédric「將材料一包一包地帶來」、說出「我想讓你們吃到跟我店裡一模一樣的東西」的專業態度感動，Linda 也「想讓大家知道 chef 做出來的法國味是什麼，跟我們停留在自己的空間中做出來的法國味差在哪裡」。她希望 187 巷能夠成為「台灣跟法國之間交流的平台」，「就算我不是請大師來，我的大門都是敞開的，我知道的任何法國的東西都會告訴你。」她也鼓勵學生犯錯、同仁接受批評，「沒有被批評就沒有進步的空間跟動力，所以我跟店裡的同仁說不要怕，如果有人跟你說哪裡不好，是指導而不是批評，是上了一課。」「反轉蘋果塔（tarte Tatin）也是在錯誤中做出來的，所以我跟學生說你們不要怕做錯，也許會成為下一個名廚。」

國際級大師來台，Linda 也會讓店裡的同仁們參與上課，在反覆的實驗中學會大師的配方與技巧，「例如當 Cédric 做『黃檸檬』，加檸檬汁的時候，他（和學生）說：『要注意看，這是沒配方的，要用眼睛和手去感受。』學生後來去測試，發現（量）是 200g，但因為每一次的狀態不一樣，所以必須要因情況改變，使得每一批成品保持穩定」。187 巷店內也販賣經過原創肯定的複製甜點作品，其中水果雕塑系列，是亞洲唯一得到 Cédric 本人授權的商品。「所有甜點測試超過十次，不斷反覆重練，如檸檬、青蘋果凝乳的部分因流動性難以掌握，需要多次試驗。每一次操作都要注意確認細節，例如鏡面的使用溫度，須依甜點的狀態調整，東西從冷凍庫、急凍箱或冷藏拿出來都不一樣。還有沾取鏡面的角度、動作等，都要注意。」Linda 談起自己希望挑戰本尊的認同，認為除了配方外，也「必須要了解 chef 的企圖、目標」，她認為「雖然做的是複製品，但我要做到一模一樣」，最大的挑戰是「得到本尊的認可」，而她希望「做到對方無話可說」。

經過 Cédric Grolet 主廚肯定的「紅蘋果」水果雕塑作品。

Linda 對本真性的追求，並非來自於高下優劣的價值判斷，「我不是說法式一定是最優秀的，即使是做台式（甜點），我也要做到很有樣子。」每年 187 巷在春節、中秋節等傳統節慶時，她都會親手製作蛋黃酥、鳳梨酥、綠豆椪等販賣，她學以致用，融入歐式烘焙技法在傳統糕餅中，「我發現維也納用橄欖油和葡萄籽油做 streudel（奶酥）[7]，做出來可以很酥，所以我便用奶油與橄欖油去製作中式的油酥、油皮，發現更酥脆。」在法國主廚來台時，她也把握雙向交流的機會，「跟他們分享我的台式（糕餅）」，「例如我用法式的技術去做台灣的鳳梨酥、蛋黃酥，用法式的塔皮做酥皮，他們覺得是在吃一個塔，就可以理解跟接受。」

7　一種以糖、奶油、麵粉揉搓成顆粒的甜點元素，有時也會加入香料或堅果粉等豐富香氣，通常在烘烤前灑在糕點表面，增加口感變化。「Streusel」的名稱來自於德語的動詞「streuen」，意指「撒」、「使散落」。在法國，這類型的糕點是亞爾薩斯（Alsace）與洛林（Lorraine）地區的特色。

透過觀察與體驗，帶領消費者感受法式甜點的精髓

2019 年 7 月，Cédric Grolet 主廚不僅二度來台，還和 187 巷合作開設快閃甜點店。原本兩人討論，預估三天賣出 1,000 個，但台灣消費者反應熱烈，最後三天賣出近 3,000 個水果雕塑甜點，甚至排隊超過數百公尺，也登上台灣電視媒體，是近年來最為轟動的外籍主廚來訪事件。Cédric 與「水果哥」的名號，也一舉取代過往的 Pierre Hermé、青木定治等大師，成為台灣人心目中名聲最響亮的法國甜點主廚。

除了將世界級大師引進台灣、販賣大師商品外，187 巷的商品線中，也有一半是 Linda 與店內主廚 Erin 的創作，譬如結合焦糖蘋果與聖多諾黑的「焦糖蘋果泡泡」，以香草慕斯取代冰淇淋，加上覆盆子果醬、手作糖漬水蜜桃與玫瑰氣泡酒，轉化奧古斯特．艾斯考菲的經典「Pêche Melba」的「Momo」，以及將屏東大花農場的玫瑰花冷萃一晚取其香氣的「瑰蜜」，使用宜蘭噶瑪蘭咖啡香甜酒的提拉米蘇等，都是擁有許多忠實支持者的人氣甜點。

由於 187 巷過去有內用座位，能夠直接與顧客互動、接收回饋，Linda 也有機會能將自己對法式甜點的理念，以「實地體驗」的方式傳達給更多人。以許多台灣人認為「不甜的甜點才是好甜點」的認知為例，Linda 也有自己的一套方式，溫和帶領消費者從「如何品嘗」的角度重新理解甜度，「我們的櫃檯曾經跟我說，有些客人覺得太甜，我會先和他們確認『客人是怎麼去品嘗這個甜點？』請他們也要觀察消費者、再給建議。例如有些客人會一層一層吃，但我會請他們一口氣先吃全部、欣賞完整的風味。每一個層次都是為了整合、均衡、互相搭配，而不是一層一層做出來，大家各走各的路。」她也會貼心地在端上甜點時，「附一杯水、倒一杯茶給消費者，讓他們（和甜點一起）去品嘗，之後客人會發現其實沒有那麼甜」。

過去在法國，她自己也曾對「減糖」執著，並詢問主廚「（糖量）可不可以少一點？」但主廚的回答是，「你做甜點為什麼要減糖呢？」自己開店以後，面對沒

玫瑰香氣濃郁的「瑰蜜」。

有甜點製作經驗的消費者，她「用蓋房子的理論去解釋」換糖、少糖的做法，「你可以用少一半的砂，或改用海砂去蓋房子嗎？」甜點製作其實涵蓋了許多物理與化學作用，糖量會影響到甜點的保水度、蛋白質凝結程度、打發程度等，不能隨意更改；而「糖量」的絕對值，不見得能完全等同於味覺上的甜度。她舉檸檬塔為例，認為檸檬奶餡嘗起來甜、酸與否「不是在糖的問題，而是如何去挑檸檬」，如何凸顯檸檬的香氣，協調舌尖感受的甜度才是重點，「我會用酸一點的綠檸檬，若覺得香氣不足，就增加綠檸檬比例」。她也在教學時告訴學生「不是減糖就能解決所有的問題」，並提出「可以多加檸檬汁或加酒來平衡味道」的實質建議，讓學生透過實際操作與品嘗感受不同。而此前因為她貼心送上茶水，發覺「其實也沒有那麼甜」的消費者，她甚至會進一步告訴他們「其實糖也不少」，再趁機「和他們講解理論」。

沒有店面，也能持續快樂做甜點、做自己

2020 年 5 月，由於所在地的社區即將進行都市更新，187 巷的法式甜點咖啡、烘焙教室不得不暫時結束營業。從 2013 年初春開幕，超過七年的時間內，Linda 與 187 巷一同見證了台灣甜點市場的改變，不僅店家「開始注意到什麼是法式的味

道，也會結合台灣本土的食材去呈現法式甜點」，消費者也「越來越能去欣賞細節」。她舉十數年前自己購買朱里兒法國甜點工房「一顆 50 元的馬卡龍」為例，過去她會一口氣購買 50 幾顆和人分享，但因價錢昂貴，「送人還會被罵」，如今消費者卻已能「知道背後的費工、細膩的味道呈現」。她觀察，「現在即使會抱怨，吃下去也會了解其細緻和精緻度。越來越少人會說：『你怎麼賣這麼貴，別人都賣很便宜。』也會願意坐下來慢慢品嘗。」她發現，現在消費者更常說的是：「好貴，但是好值得。」

在中山北路的店面停業之後，Linda 將許多店內設備暫存先生廠房，在家中設立

左　「Lika」杯子甜點，結合覆盆子與荔枝，再加上粉紅酒的酸甜香氣，轉化大師 Pierre Hermé 經典的「Ispahan」玫瑰荔枝覆盆子風味組合。

右　結合榛果、牛奶巧克力與花生的「乞力馬札羅山」，是 187 巷最受歡迎的法式巧克力蛋糕。

工作室持續製作甜點販售。目前與台北市的「哆炊食間 Tobe Cooking Studio」、「Le Toii」等合作商品販賣與甜點課程，並考慮出書分享所學與和大師共事心得。她給想要進入這個產業的後進忠告，除了「多看、觀察細節」外，「堅持」是不二法門。她深知前路道險且長，如有夢想，就得去挑戰，「需要去回想自己的初衷是什麼，初衷會讓你保有正面跟勇敢的心態」。如同此時的她，雖然笑稱持續做甜點，是因為「家裡廚房很大」，但比起是否有店面、有名氣，其實只是和十數年前剛剛開始學習甜點製作時一樣，單純地樂在其中、單純地專注把手上每一個作品做好。

創辦人 謝美玲（Linda Hsieh）

美國 Pine Manor College 商業與管理系、法國巴黎麗池－艾斯考菲廚藝學校（École Ritz Escoffier）麵包、法式甜點、維也納麵包、料理課程畢業

工作經歷：
法國巴黎麗池酒店（Ritz Paris）實習

187 巷的法式 187 allée française

目前沒有實體店面，可於其 Facebook 與 Instagram 官方平台確認最新販售地點

Facebook ｜ @187patissiere、
@187patissiere.store
Instagram ｜ @187allee

Chapitre 2

台灣甜點師的養成

台灣甜點師的養成・緒論

要能夠製作、販賣甜點，首先要擁有製作相關技術與知識。如同第一章所述，法式甜點是徹頭徹尾的舶來品，既非本地生成，就需要向外學習。生產、製造甜點的甜點師角色尤為重要，但經常被忽略。

如今在台灣，甜點師是許多人心目中的「夢想職業」[1]，法式甜點在這幾年更紅得發紫，大街小巷都是以「法式」為宣傳賣點的店家。但「法式甜點」之所以在台灣、甚至世界各國，擁有比其他國家甜點更強勢、更高階的形象，並非因為甜點本身更優良，而是在跨文化的飲食傳播中，法式甜點被賦予了一套從職人養成、概念發想到生產製造，都更為嚴謹、完美、優越的論述。一般大眾很容易想像「媒體」與市場溝通、輸出資訊，卻難以察覺「生產者」，也就是甜點師，在這套論述間擔任的角色 。

甜點師們藉著製作與販賣甜點，形塑了本地的甜點消費市場風貌。在他們向外學習、訓練養成的過程中，內化了法國從 19 世紀以來形成的、對本國烹飪藝術極為自豪的國族主義（nationalisme culinaire）[2]；接著在歸國執業、開店時，擔任了「文化中介者」的角色，一方面將異國點心「轉譯」為本地消費者能夠欣賞、享用的商品，另一方面建立了一套新的文化價值體系，讓「法式甜點」代表的「法式生活風尚」、「法式美學品味」成為值得欣羨、追求的目標。更進一步，在法式甜點逐漸於台灣生根之際，甜點師們藉由創作帶有本地風土特色、融入在地飲食發展脈絡的作品，建立了新的論述，反向擴充了「法式甜點」的意涵[3]。也因此，如要探究當代台灣法式甜點市場的面貌，必然得從「一個甜點師的養成」開始談起。

接下來，我將為大家簡略回顧台灣餐飲教育的發展史，接著討論甜點師出國進修的考量與近年蓬勃發展的自學開業風潮。在對甜點師、乃至餐飲專業人才的養成有較為完整的概念後，再閱讀書中的深入訪談，當更能理解目前台灣市場現況、體察自己手中甜點承載的文化意義。有興趣進入甜點業界的讀者，也可以此作為參照，思考合適自己的訓練與進修方式。

台灣餐飲與烘焙教育的發展

台灣的餐飲教育正式化時間並不長。1985 年淡水商工設立第一個餐飲科，是餐飲教育進入正式體制的開始，1995 年成立的國立高雄餐旅專科學校（於 2010 年改制，現為「國立高雄餐旅大學」，以下簡稱「高餐」）則是國內第一間餐旅專業學校。在此之前，台灣餐飲人才的培養，主要仰賴師徒制。

台灣專業餐飲教育之所以能夠正式化，很大一部分須歸功於嚴長壽的遠見與努力。1979 年，時任亞都麗緻飯店總裁的嚴長壽，觀察到餐飲業廚師擔心招不到學徒、可能發生傳承斷層的危機。他認為這可能需歸因於獲得高等教育學位的年輕

---

1 「yes123 求職網」於 2021 年 3 月 3 日至 16 日期間，針對 39 歲以下已畢、退伍（免役）的會員進行「青年勞工甘苦談與職場追夢調查」網路問卷調查，2021 年 3 月 23 日發布結果，發現在可複選的情形下，「烘焙師傅」在女性青年勞工的「夢幻職業」中名列第四；「廚師」也在男性青年勞工的夢幻職業中排名第六。

2 19 世紀法國開始形成一種對本國烹飪藝術、餐飲充滿自豪的國族主義（nationalisme culinaire），並將其神聖化。世界最早的明星主廚卡漢姆（Marie-Antoine Carême, 1784-1833）就是其中的代表，他在 1822 年出版的《法國餐廳經理》（*Le Maître d'hôtel français*）第二冊中（impr. de Firmin-Didot, p.214）即表示：「法國真的是烹飪藝術的祖國，也是世界上唯一一個聚集了人類生活所需最豐盛、最多樣物產的國家。」（原文為 La France est véritablement la mère patrie de l'art culinaire, et le seul pays au monde qui réunisse avec le plus d'abondance et de variété, les productions nécessaires à la vie de l'homme.）將法國菜與廚房編制變成整個西方餐飲標準的奧古斯特・艾斯考菲（Georges Auguste Escoffier, 1846-1935），也是熱切的法國料理信徒。他認為法國有著最好的蔬果、最好的酒、最好的肉類、海鮮，而且由於擁有熱愛美食與生活的文化傳統，很自然地成為美食家與優秀廚師的搖籃。法國甜點師繼承了同樣的文化傳統，在法國料理與甜點向外傳播的過程中，這個價值觀也一併被擴散至世界各地。此部分的相關論述，可參考《法式甜點學》第 1 章第 1 節〈為何談甜點不能不談到法國〉一文。

3 林宜潔（2016），〈跨國飲食文化的生產與轉譯—在臺法式甜點研究〉（未出版之碩士論文），國立政治大學新聞研究所 。

人，不願意進入以體力勞動為主、又多職業傷害的餐飲業，且當時的人才養成法，無法訓練出能夠思考創新的下一代廚師，因此向教育部反映，促使高職成立餐飲科[4]。除此之外，由於早期餐飲科多由家事、家政科轉型而來，他也推動餐飲科的師資與教學內容升級，例如指派亞都麗緻廚師前往淡水商工協助課程規畫、指導實作課，甚至如當時亞都麗緻巴黎廳 1930 的法籍主廚 Jean-Claude Herchembert 都曾前往教授西餐實務課程[5]。

此外，嚴長壽更運用自身資源，建立實習制度，讓餐飲科系的學生能夠於在學時至亞都麗緻飯店實習，增加實務經驗。如世界知名的台籍主廚江振誠，便是在淡水商工時期至巴黎廳 1930 實習。嚴長壽亦協助開平工商職業學校（以下簡稱「開平」）於 1991 年成立餐飲科、並給予國立高雄餐旅專科學校課程規畫建議。2007 年開平轉型專注教授餐飲，更名為「開平餐飲職業學校」，是全國第一所餐飲專業學校；高餐亦於 2000 年改制為技術學院、2010 年再度升格為大學。兩校成為台灣餐飲人才培養的重鎮，餐飲界乃有「北開平、南高餐」一說。

高餐與開平兩校的餐飲教育中，皆包含烘焙相關學程。高餐在創校第二年（1996 年）即設有「西點烘焙科」，1997 年開始第一屆招生，後來隨著學校改制為學院、大學，「西點烘焙科」也改制為「烘焙管理系」，並陸續增設二技、四技部學制。開平日間部目前則是採取初期綜合教學，學生於入學時會同時接觸中、西餐、烘焙與外場餐飲服務等專業課程，於一年級下學期才進行烘焙分組。不過開平設有包含中、西餐廳及烘焙坊的「主廚之家」學生教學餐廳，開放一般民眾前往用餐，學生在校期間，即有與業界接軌的體驗學習。

在正規餐飲教育之外，第一章介紹過的「財團法人中華穀類食品工業技術研究所」（穀研所），也是台灣專業烘焙教育的要角，培養了許多專業人才。本書受訪者如林淑真（珠寶盒法式點心坊 boîte à bijoux 創辦人、總監）、柯亞（好食光

Keya Jam 創辦人、主理人）皆有在穀研所學習的經驗；Le Ruban Pâtisserie 法朋烘焙甜點坊（以下簡稱「法朋」）的李依錫主廚、全統西點麵包（以下簡稱「全統」）主廚陳星緯也曾於穀研所擔任講師。

出國進修動力來源

本書受訪者中，包括洪守成（SEASON Artisan Pâtissier）、吳庭槐（Salon de Marie Antoinette 瑪麗安東妮手工法國點心工作坊）、賴怡君（Quelques Pâtisseries 某某。甜點）、鄭為修 （HUGH Dessert Dining）、韓慧婷（JL Studio**[6]）、黎玉璽（Jade Li Chocolatier）等多位主廚，皆出身於高餐；陳星緯（全統）則來自開平，「北開平、南高餐」的說法確實不假。不過，即使台灣的餐飲教育已取得相當成果，大部分的主廚仍持續出國進修，其中數位甚至是在經過台灣正式餐飲教育後，仍然前往法國廚藝學校，從頭接受完整的訓練。而對在台灣實際工作經驗中養成的主廚或職人們來說，「去法國」、「去日本」的念頭，也始終在他們心中占有一席之地。驅使他們向外探求的動力究竟是什麼呢？

早期台灣的法式甜點多仰賴來自日本的影響，日本曾是許多本地烘焙師傅進修的首要目的地，日本主廚也是在台傳播法式甜點的重要推手。以台北天母的朱里兒甜點工房為例，這裡是許多人認識法式甜點的啟蒙地，日籍主廚田口啟一剛來台時曾任職亞都麗緻飯店，隨後自行開業。本書中訪談的 187 巷的法式創辦人謝美

---

4 許嘉麟（2017），〈臺灣西式料理廚師在餐飲教育和海外學習之現況和轉變〉，中國飲食文化；13 卷 2 期，頁 159—198。

5 吳謹勳（2010），《你可以不一樣：嚴長壽和亞都的故事》，天下文化，頁 239—240。

6 餐廳後方以「*」表示《2021 米其林指南臺北臺中》、《2021 米其林指南法國》或當地米其林指南最新版本所頒予的星等。若餐廳已歇業，則標註歇業前最後獲得的星等。

玲與 SEASON Artisan Pâtissier 的洪守成主廚，皆受到相當影響。謝美玲曾隨著田口主廚學藝、洪守成則在朱里兒拓展了自己對法式甜點的認識。

不過，透過日本學習法式甜點的情況在近年來已有所改變，許多人開始直接前往法國學藝。在我的訪談過程中，「正統」兩字出現的頻率極高，許多主廚提及，由於當時台灣非常難找到正宗的法式甜點，學校教育裡學到的東西也偏向台式，私人廚藝教室中，也有很多是經由日本二次傳播的甜點風格，他們希望去法式甜點的發源地，看看法國人究竟如何製作甜點，究竟「什麼是真正的法式」。
某某。甜點的主廚賴怡君在訪談中談到，「當時學校的教學，雖然會講到雞蛋、糖、麵粉的烘焙基本知識，但實務操作還是台式的。當時餐飲界提倡的是技術證照，所以學校的推動都是引導學生去考取餐飲證照，考試內容則著重於帶蓋吐司、山形吐司、紅豆麵包、菠蘿麵包、小餐包等台式烘焙。畢業之後找工作，才碰觸到比較接近法式甜點的東西，就是馬卡龍，但是接觸到的知識也不多。」
187 巷的法式創辦人謝美玲則清楚地表達，即使經過天母朱里兒法國甜點工房的田口主廚與巧思廚藝教室創辦人曾美子老師的訓練，甚至前往日本辻製菓專門學校進修，她仍然充滿疑惑，「『你們都說自己是法式，但我沒有吃過真正的法式』。我一直在思考這個問題，萬一有一天有人問我『你有去過法國嗎？到底什麼是法式』我回答不出來。」

對「正統法式」的探求，成為許多主廚決定負笈法國的原動力。歷經數百年的發展，歐美廚藝學校早已不是當初主要目的為訓練婦女的廚藝或家政學校，而成為培養專業餐飲人才的搖籃。隨著法國料理與甜點主導全球餐飲圈，法國的廚藝學校更在媒體與校友的共同推動下，成了世界各地有志進入專業餐飲圈人士的夢想之地。在台灣，這個現象在近年來更為顯著。2012 年後，隨著一波留法主廚歸國開業，到法國學甜點再回國創立屬於自己的品牌，成了許多人實現夢想的標準流程，JL Studio 的韓慧婷主廚就曾是其中一人。

根據《聯合報》在 2013 年的報導，台灣在 2010 至 2013 年間，出國前往法國藍帶國際學院學習廚藝的人數每年皆倍數成長，甚至成為全世界第三高。而所有目的地中，法國占了 96%[7]。不過，隨著留法學習甜點的人數越來越多，法國也越來越多以英語授課的甜點、廚藝課程，藍帶已不是唯一的選項。近年來斐杭狄法國高等廚藝學院（以下簡稱「斐杭狄」）與雷諾特廚藝學院（以下簡稱「雷諾特」）在台灣都有相當知名度。以自身經驗為例，在我 2012 年進入斐杭狄就讀國際甜點密集班時，當屆 25 名學生中就有 6 名來自台灣。

其他選擇法國學藝的原因，有如全統主廚陳星緯一般「想知道台灣甜點界和世界頂尖的差異究竟在哪」的進取心、也有受法國成熟的實習制吸引等考量。有些法國廚藝學校擁有自己的中央工廠（如雷諾特）、有的附屬於高級飯店（如麗池－艾斯考菲廚藝學院），也有的擁有業界寬廣人脈（如斐杭狄），在課堂學習之餘，學生能藉由實習進入當地知名店家、飯店、餐廳工作。不僅確實在實務經驗中掌握製作技術、達成原本學習「正宗法式甜點」的目標，名店資歷加身，更為個人增添重要文化與社會資本。擁有法國習藝經驗的主廚們，即是取得了「法國文化代言人」的正當性。而他們對法式甜點的認知、選擇在自己店家中製作並呈現給本地消費者的產品，便隨之影響了台灣社會對「法式甜點」乃至「法國風格」的認知。以 187 巷的法式為例，店中販賣的商品即標榜「原汁原味的法式」，而引介法國甜點大師來台舉辦大師課，則更直接地體現了「文化中介者」的角色。

除了就讀廚藝學校，已經身在業界，但想要進一步進修的專業人士，也能選擇以實習的方式，透過業界人脈直接進入國外的店家，進而取得資歷。本書第一章中訪談的法朋李依錫師傅，就曾短期至日本店家實習。

7　鄭語謙（2013 年 8 月 19 日），〈瘋廚藝！全球藍帶學生數 台灣第 3 多〉，《聯合報》A16 版文化。

值得觀察的自學開業風潮

在台灣人瘋法國廚藝學校現象的幾年後，也有一股自學開店的風潮隱隱浮現，許多人藉著看食譜、影片或參加講習、坊間廚藝教室等，自學製作甜點。過去自學甜點多半是為了個人嗜好，學習的成品也多與親朋好友分享，但由於網路與社群媒體普及，許多過往只有在專業廚藝學校或工作場域才能獲得的技術與知識，都能輕易地觸及，自學成為甜點師並販售商品、乃至開業已非夢想。明星主廚們透過社群媒體經營自己的現象，也升高了一般大眾對「甜點師」職業的嚮往。而自學成功的甜點師，也會藉由社群媒體分享經驗、販賣商品，更推動了「有為者亦若是」的風向[8]。

然而，由於法式甜點層次繁多，製作複雜，自學者通常很難完全掌握各類型甜點的細節與關鍵；且許多以「網路工作室」管道而非實體店面販售甜點的品牌缺乏專業設備與廚房，因此販售的商品侷限在製作程序較為簡單的塔及常溫蛋糕等，法式蛋糕較為少見；也有人選擇開設僅製作單一甜點類型的專門店，如達克瓦茲（dacquoise）、可麗露（canelé）等。擁有更高技術與設備門檻的「盤式甜點」（desserts à l'assiette）則少有號稱自學成材的甜點師進入。

「自學出身、成功開業」的論述下，帶來的是有別於「正統」的成功法則。它在法式甜點隨著社群媒體發達，變得更為普及、平民化的同時，顛覆了廚藝學校（特別是法國廚藝學校）隱含的高階文化資本，塑造了另外一套「追夢」的途徑。這個途徑看似平順輕易，實則同樣挑戰重重。「人人皆可」的低門檻，其實表示競爭激烈、難以差異化，更弔詭地為專業訓練出身的甜點師，反向提供了加值空間。因此，除非有銷售實績或社群影響力，許多自學者仍然需要再進修或取得證照，在進一步發展時獲得專業認可。

影響世界的「文化中介者」

在法國歷史中，廚師著述立言的傳統從中世紀就已開始。《膳人》（*Le Viandier*，暫譯，13 世紀）[9] 以降的各食譜書，幾乎都是由大廚們編著。許多知名的主廚與糕點師著作之豐富、價值之高，完全不遜於其作品。世界最早的明星主廚卡漢姆（Marie-Antoine Carême, 1784 - 1833）與被稱為「西方現代料理之父」的奧古斯特．艾斯考菲（Georges Auguste Escoffier, 1846 - 1935）[10] 都繼承了此一傳統，法國菜與糕點能夠被學習、複製與傳承，需要歸功於這些系統化的著述 。

與世界其他地方的廚師不同，法國的大廚們一直以來都非常在意提升廚師與烹飪藝術的社會地位。19 世紀末期倡議建立專業廚藝學校的多位主廚，曾經創立如「法國廚藝學院」（L'Académie culinaire de France）、「環球廚藝進步協會」（Union Universelle pour le Progrès de l'Art Culinaire）、「法國廚師廚藝進步協會」（Société

---

8 在社群媒體上擁有眾多粉絲、影響力極大的黃偈為其中代表。他 18 歲開始，以「黃先生的甜點日記」為名，在社群網站分享自己的自學過程並販賣商品，引起相當關注。後雖前往法國雷諾特廚藝學院與巴黎貝魯耶甜點學校（École Bellouet Conseil）學習、旅法數月，但仍以「自學」與極具個人風格的甜點在大眾心目中留下印象。黃偈於法國回台後，開設「河床法式甜點工作室」爆紅，從新店遷往台北市信義區開店，前六個月營業額皆破百萬。河床工作室後於 2019 年歇業，但黃偈的社群影響力不墜，於 2020 年出版《黃偈的甜點日記：32 道法式甜點與追夢隨筆》（麥浩斯）並推出線上甜點教學課程，反應皆極為熱烈。目前正在籌備台南新店。

9 Le Viandier 是一本中世紀的食譜集，過去被認為是擔任過法蘭西國王查理五世（Charles V, 1338–1380）與查理六世（Charles VI, 1368–1422）的御廚，人稱「泰爾馮」（Taillevent）的吉堯．提赫爾（Guillaume Tirel, ca. 1310 – 1395）所作，但現存於瑞士瓦萊多媒體中心（Médiatèque du Valais）的錫永手抄本（Manuscrit de Sion）於 1951 年被重新發現、並受到重視後，泰爾馮為作者的真實性便受到了質疑，並引起廣大論戰。因錫永手抄本被認為是 13 世紀後期的作品，比泰爾馮出生時間更早，且手抄本最前面被截去，因此無法斷定作者真實身分。

10 法國現代料理之父，是奠定整個西方餐飲系統發展的傳奇人物。他影響最深遠的幾個事蹟包括制定 5 種基礎醬汁、確立廚房團隊編制、簡化菜單，發明單點方式（à la carte menu）讓顧客依個人喜好單點菜餚等。艾斯考菲繼卡漢姆之後，被稱為「廚師之王、王者之廚」（le roi des chefs et le chef des rois），其最知名的甜點創作為「美麗的海倫」（Poire Belle Hélène，糖漬西洋梨搭配巧克力醬）與獻給歌劇名伶 Nellie Melba 的「蜜桃梅爾芭」（Peach Melba，糖漬蜜桃搭配香草冰淇淋與覆盆子果泥）。

des Cuisiniers français pour le Progrès de l'Art Culinaire）等組織，他們在辦學之外，也同時提出發行刊物與舉辦廚藝競賽的目標，希望將廚藝提升至「科學」的地位。創立於 1883 年的法國廚藝學院就曾經發行《廚藝科學》（*La Science culinaire*）與《廚藝學院》（*L'Académie culinaire*）等期刊；「廚藝與食品科學專業學校」（l'École Professionnelle de Cuisine et des Sciences Alimentaires）短暫經營的一年多中，發行期刊《廚藝》（*L'Art Culinaire*，暫譯）的銷售所得，便是學校經費來源之一[11]。而法國廚藝學院的會員資格，甚至需要審查申請者著作、包含深入歷史研究的「論文」[12]。

對廚師研究、著述及表達能力的要求，使得法國廚師們能夠廣泛傳播自己對法國餐飲的信念。隨著廚藝學校的發展，以及法國廚師們頻繁赴海外工作，尤其是進入上層階級家庭與高級飯店的機會[13]，法式料理與糕點的優越形象也一併輸出至全世界。此一歷史與前述朱里兒法式甜點工房的田口啟一主廚案例，及現代甜點主廚們透過社群媒體積極宣傳個人與作品等[14]，再次證實甜點師作為文化中介者，不僅能塑造甜點消費市場的風貌，也能進一步改變大眾認知，而這個認知甚至會影響國家形象。

在本章中，我挑選了四位甜點主廚作為代表性案例，他們各自有著不同的養成歷程。洪守成與吳庭槐主廚同樣自高餐出身，但洪守成在畢業後進入了義大利餐廳工作，而吳庭槐則在君悅飯店服務後選擇赴法，兩人在多年歷練後各自創立自己的甜點品牌；陳星緯主廚則是台灣老字號西點麵包店的第二代、開平的校友，他在台灣多個飯店任職後負笈法國，並在當地參加比賽獲得冠軍、甚至成為 MOF[15] 主廚的副手，但最終選擇回到台灣繼承家業；而身兼在欉紅與 TERRA 土然兩個品牌主廚的楊豐旭，則跟隨曾於法國習藝的台灣甜點師學習，逐漸成為獨當一面的品牌負責人。

有趣的是，在他們的案例中，個人偏好和抉擇，或許是在學習與工作經歷之外，更強烈影響作品風格的元素，如洪守成對法式甜點始終如一的嚮往，讓他即使在義大利餐廳工作，仍堅持製作擁有法國心的甜點作品；吳庭槐則是在法國找到了他嚮往的唯美藝術原鄉，作品也反映了極其雕琢的細膩風格；陳星緯在法國的輝煌經歷後回台，在保留老店傳統精神之餘，依心而行製作自己所愛的甜點、並帶領品牌現代化；楊豐旭師從留法甜點師，但後期則選擇將法式精神應用在呈現台灣水果之美，並以巧克力擁抱更廣闊的世界。

法國大廚們數百年前早有啟發，台灣的甜點人如何做自己的甜點，如何與外界溝通、闡述自己的創作理念，都是未來台灣在世界甜點圈形象的關鍵，也是世界認識台灣的途徑。在享受甜點之餘，你怎能不將自己的好奇心，也分一些給賦予它們生命的甜點師？

---

11 Kilien Stengel (2012), *L'enseignement culinaire au carrefour de l'histoire : focus sur l'école hôtelière de Paris*, Academia. https://goo.gl/HYAs4P.

12 Theodore Zeldin (1993), *A History of French Passions 1848-1945: Intellect, Taste, and Anxiety,* Clarendon Press ; New edition, p.743.

13 據說至 1900 年為止，大約有一萬名左右的法國廚師在海外工作。（Theodore Zeldin (1993), *A History of French Passions 1848-1945: Intellect, Taste, and Anxiety,* Clarendon Press; New edition, p.743.）

14 可參考《法式甜點學》第 4 章第 5 節〈媒體如何造就當今法國甜點界的盛況〉、附錄之一〈社群媒體對法國甜點人與甜點界的挑戰〉與第 5 章重點人物訪談。

15 MOF，即 Meilleur Ouvrier de France 法國最佳工藝職人的縮寫簡稱。這是法國所有工藝領域的職人們的最高榮譽，每三或四年舉辦一次專業競賽，獲得 MOF 榮銜的職人們將可參加在法國總統府愛麗榭宮的授獎儀式，由法國總統親自授與獎章。以甜點師為例，競賽時程可能長達兩年，初賽與準決賽、決賽之間分別相隔半年至一年，讓參賽者能在此期間受訓與練習準備。每一次比賽時間大約二至三天，長度視競賽主題與內容而定。知名紀錄片《Kings of Pastry》就是在講述 2007 年 MOF 甜點師比賽的過程。

Column.1

世界廚藝與餐旅學校的建立

甜點和廚藝的學習路徑相同，主要分為在工作場域或學校上課兩種，前者最古老的方式是學徒制（apprentiçage / apprentice），學徒跟在有經驗的師傅身邊，從實際工作中習得製作方法。學徒制在廚藝被學院化、制度化之後逐漸式微，但直接進入工作場所學習的方式卻始終不衰；無論是否支薪，「實習制」（stage / internship）在今日更是許多餐飲人取得名門資歷或再度進修的首選。與此相對，在近代建立的專業「廚藝學校」、「餐旅管理學校」（包含餐飲與旅館、乃至觀光管理）等，則是能夠以系統化的教學方式，培養大批業界人才的方法[1]。

世界最早的廚藝學校，可能起源於 17 世紀晚期的英格蘭，此一事實發現必須要歸功於廚藝學校創辦人留存下來的食譜。過去食譜多半是大廚的筆記或備忘錄，例如現存最早的法語食譜集《膳人》，每個食譜都僅有短短幾行描述，並沒有詳細的食材分量與烹調時間的指示，推測或許是早已知道烹飪方法的作者寫下為自己備忘。16 世紀的歐洲開始有一些預設婦女為讀者的食譜書，18 世紀後，這類書籍讀者群擴展為主管中饋的主婦，使她們能夠據以指導家中僕佣。這些食譜書也揭露了廚藝學校的存在[2]，如最早在英格蘭印行的《Mary Tillinghast 夫人的珍稀優良食譜》（暫譯，1678）[3]，完整書名便點明「僅為她的學生們使用印行」（now Printed for the Use of her Scholars only）。最知名的案例，是一位名為 Kiddler（Edward Kidder, 1665/66–1739）的糕點師。Kiddler 於 17 世紀晚期在倫敦的齊普賽街區（Cheapside）開了第一家糕餅舖，專賣鹹甜塔派，由於極受歡迎，他開了第二家店，並開始教導富家仕女們製作塔派。Kiddler 在倫敦數個地方教學，教學內容也從塔派擴展至廣泛的廚藝，如果醬、醃漬蔬菜、各種肉類料理等[4]。

早期的廚藝學校開辦招生對象是婦女，目的是為了培養能夠掌管廚房的主婦，教學主題則偏重於糕點。許多廚藝學校的創辦者也都是婦女，例如 1879 年，美國第一所具規模的廚藝學校「波士頓廚藝學校」（The Boston Cooking School）由波士頓女子教育協會（Woman's Educational Association of Boston）創立。目前以各廚藝學校享譽全球，並藉此輸出飲食文化霸權的法國，則在稍晚的 1890 年，由當時的大廚 Auguste Colombié（1845–1920）在 1890 年於巴黎西北的勒瓦盧瓦－佩雷（Levallois-Perret）鎮以自己的名字創立了一所廚藝學校，教學對象仍然是主持家務的婦女，但由於內容專業，他甚至曾被同業攻擊「洩漏職業機密」[5]。

1895 年，由法國女記者 Marthe Distel 成立的法國藍帶國際學院（以下簡稱「藍帶」）則面向女性。雖然初衷也是為了培養婦女照顧家庭的技能，但由於學校開辦的第一場廚藝秀，即請來當時的名廚 Charles Driessens 示範，一舉奠定了藍帶的知名度，隨後不僅名廚紛紛前來教學、學員也蜂擁而來，其中包含許多社會名流，最知名的

---

1 關於法國學徒制、實習制、廚藝學校與相關證書的介紹，可參見《法式甜點學》第 4 章第 2 節〈「我的甜點是 chef 做的嗎？」——廚房裡的階級與分工〉與第 3 節〈甜點師的養成〉。

2 Alan Davidson (1999), *The Oxford Companion of Food*, Oxford University Press, p. 217–218.

3 原書名為 *Rare and Excellent Receipts by Mrs. Mary Tillinghast*。

4 Edward Kidder 在 1739 年出版了《E. Kiddler 糕點與廚藝食譜集》（暫譯，原書名為 *E. Kidder's receipts of pastry and cookery for the use of his scholars: who teaches at his school in Queen Street near St. Thomas Apostles on Mondays, Tuesdays & Wednesdays ... Ladies may be taught at their own houses*），原書名中即點明這是為了廚藝教室學生製作的教材，並包含他的兩個廚藝教室上課時間與地點，另外還提及「仕女們可以在她們自己家上課」的私塾服務。這本書可在美國國會圖書館（Library of Congress）線上瀏覽並全文下載：https://www.loc.gov/item/44028152/。

5 Alan Davidson (1999), The Oxford Companion of Food, Oxford University Press, p. 218.

學生便是 1950 年入學的茱莉亞・柴爾德（Julia Child, 1912–2004）[6]。藍帶蜚聲國際，也始於那場廚藝秀，1897 年便有來自俄羅斯的學生，第一位日本學生也在 1905 年入學 [7]。

值得注意的是，這些廚藝學校都是由私人成立，目的也並非為了培養專業廚師。占據專業領域的男性廚師在當時多半仍憑藉古老的學徒制養成 [8]。法國第一個受到政府補助、培養專業廚師的廚藝學校於 1891 年、在巴黎六區波拿巴路（Rue Bonaparte）成立，創立者正是使藍帶一舉成名的 Charles Driessens 主廚。該校名為「廚藝與食品科學專業學校」，目標為培養整個廚藝領域中的專業人才，包含料理、糕點、糖果、行政與仕酒、熟食冷肉（charcuterie）、食品罐頭等。多位當時的名廚皆以志願性質擔任教師，甚至包括法國現代料理之父奧古斯特・艾斯考菲，可惜學校在成立 14 個月後因無法盈利、政府也無法持續補助而關門。

在著重教授烹飪與糕點製作的廚藝學校之外，結合旅館管理的「餐旅教育」也在此時出現。19 世紀中葉後，歐洲的觀光業由於蒸汽船與鐵路運輸的出現而蓬勃發展，餐飲與旅遊業對專業人才的需求變得十分迫切，1893 年，瑞士洛桑管理學院（EHL, École hôtelière de Lausanne）成立，從此開啟全球餐旅管理教育濫觴。該校強調實務訓練，要求教師與學生在理論之外熟悉實務現場的「洛桑模式」，為許多國家餐旅教育仿效。

6 美國知名廚師、作家與電視節目主持人，出身自美國加州，在二戰期間任職美國情報局，並結識外交官夫婿保羅・柴爾德（Paul Child）。婚後兩年，保羅被派駐至法國巴黎，茱莉亞隨同前往，並對法國菜的烹飪藝術產生興趣，於藍帶學院入學學習；其後運用所學，將法國料理食譜現代化，與 Luisette Bertolle、Simone Beck 合著 Mastering The Art of French Cooking。此書於 1961 年出版後大受歡迎，至今全球再版無數（中譯本為《法式料理聖經》，台灣商務出版，2018）。茱莉亞從此開始出書與電視節目不斷的名廚生涯，直到高齡 88 歲都還在螢光幕前亮相。她改變了美國人對飲食的態度與文化，也將法式料理的魅力傳播至全世界。過去形象高貴、遙不可及的法式料理得以打破藩籬、進入平常家戶，她居功厥偉。

7 見藍帶國際學院官網：https://www.cordonbleu.edu/news/paris-school-opening/en

8 英國歷史學家 Theodore Zeldin 在其著作 *A History of French Passions 1848-1945: Intellect, Taste, and Anxiety*（Clarendon Press; New edition, 1993）中指出，由於名廚卡漢姆立下的傳統，19 世紀許多法國大廚都是在糕點店（pâtisserie）擔任學徒開始職業生涯，成功者會進入貴族或富裕人家中工作，最優者則會選擇金融家或外國貴族擔任雇主。他們會在歐洲的大飯店或知名俱樂部中工作數個寒暑，最後自己開餐廳或是成為食品工廠管理者。（p.744）

2-1

不瘋魔不成活，樂在其中才能走得更遠

洪守成（Season Hung）

SEASON Artisan Pâtissier 創辦人、主廚

（照片提供：©La Vie；攝影：龍彥坤）

「熱忱是一種很膚淺的東西，今天有、明天就沒了。好奇心很重要，如果只是運用耐力，再怎麼忍，總會有理智線斷裂的時候，還是要在工作中找到樂趣。」

從小不愛正餐，偏偏喜歡吃零食，放學後還要流連超市的洪守成（Season Hung）主廚，在台北的甜點業界是個獨特的存在。從2011年在大直創立的SEASON Cuisine Pâtissiartism，到現在位於大安區靜謐住宅區中的SEASON Artisan Pâtissier，他都試圖在法式甜點以外，提供「甜點師製作的餐點」選擇。而他自高雄餐旅學院[1]（以下簡稱「高餐」）烘焙管理系畢業後，明明有興趣的是法式甜點，卻連續經歷兩家義大利餐廳，並推出馬卡龍轟動全台，也極為特殊。他的創意與彈性，來自於對飲食不可自拔的喜愛與瘋魔般的研究，在台灣還未認識「foodie」[2]一詞時，他已身體力行地在全台進行美食之旅；他也是飲食作家葉怡蘭女士的舊識，早在後者於1999年創辦「Yilan美食生活玩家」網站時，就活躍於該站社群，見證台灣飲食圈的風雲變幻。

媒體、社群、餐會與國際交流，一個 foodie 的養成

出身彰化二林，外公年輕時有辦桌經驗、後來經營冷凍食品公司；阿姨經營麵攤；媽媽、舅舅等都手藝極佳。Season從童年時期開始，生活中就從來不缺好吃的東西，但他卻唯獨著迷於各種零食，喜歡超市裡包裝精美的進口餅乾、糖果。長大後，他赫然發現「小時候其實吃得很好」，但一直要到服完兵役，在《美食天下》雜誌上讀到醍醐[3]的專欄時，才真正對飲食發生興趣。「那時候沒有人在說米其林是飲食的東西，大家的印象裡就是輪胎。醍醐專門寫在美國的頂級餐廳，有一次專訪Le Cirque[4]，那時候才知道什麼是朝鮮薊。」

1　2010年8月升格為「國立高雄餐旅大學」。

2　濫觴於1980年代英、美的新穎詞彙，用來形容「愛吃的人」，與老派、正式的「gastronome」、「épicure」、「gourmet」等形容老饕、饕客等詞彙更為輕鬆、民主、心胸開放。

3　即知名美食家吳錫欽，他過去以「醍醐」為筆名，在《美食天下》、《吃在中國》、《聯合報》等長期發表美食文章。

4　Le Cirque是20世紀最知名的紐約高級法式餐廳之一，1974年開幕、2017年年底閉店，許多政商名流都曾是其座上賓。2020年4月，其創辦人Sirio Maccioni以高齡88歲逝世。Maccioni極具個人魅力、也曾培養一整個世代的紐約名廚，是紐約餐飲界的代表性人物。

法式料理是 Season 的 Foodie 之路起點，照片中是 SEASON Artisan Pâtissier 店中提供的「阿爾薩斯水煮豬腳」。

醍醐文章中描繪的法式料理，像門後閃閃發亮的世界，令他神迷，「因為看了食材想像不出味道，例如雁鴨[5]配野莓醬汁、鵝肝凍配干邑白蘭地果凍等，我會去看相關的書。例如去書局買《起司大全》，然後去百貨公司看，有書上看到的食材就會買來吃，就這樣第一次吃藍霉起司」。接著他開始接觸西方的食材、餐飲，從台中的法式餐廳開始，一路吃到台北、台南，「有一次阿朗·杜卡斯（Alain Ducasse）來西華（飯店），我就很好奇，因為一頓飯居然要一萬多塊，然後才開始踏上所謂的 foodie 行程。」他談起當時知名的高級餐廳如數家珍，「台南有一家法國料理『那個時代』（已歇業），是醍醐很喜歡的餐廳，他回來台灣都會去。廚師是任全潍，是早期全部藍帶證書都拿到的人，簡天才[6]師傅最早就是跟任全潍師傅在那裡做。當時那邊竟然已經出現雁鴨和貝隆生蠔[7]，什麼特別的料理都有，單價甚至可以衝到三、四千塊。也會特地北上吃台北知名的法國餐廳，例如那時候還有的法國鄉舍（已歇業），現在都不見了。」

在 Season 到處吃喝的行程中，也包括了甜點、麵包店和餐廳點心房。當時的亞都麗緻飯店，宛如法式料理與糕點、麵包的櫥窗，「他們引進很多國外的人才在台灣，當時就已經出現 croquembouche（法式泡芙塔）、pièce-montée（甜點裝置藝術）的東西，我才知道原來這一門學問如此有趣。」當時野上麵包坊的野上智寬師傅口中「台灣做甜點最好的師傅」，是過去也在亞都麗緻服務過，後來自行在天母開設朱里兒法國甜點工房的日本師傅田口啟一，「我在那裡體會到什麼是（法國）最傳統的東西，例如檸檬塔、草莓塔、生巧克力塔，阿爾薩斯鄉下的糕點，還有蒙布朗、馬鈴薯（patate）[8]等，我第一次吃到國王餅也是在那裡。」一邊細數著這些糕點，他的眼神亮了起來。後來考上高餐，他還與同學集資，前往元寶食品開設的莎瓦法式烘焙掃貨，並參加遠東飯店邀請法芙娜（Valrhona）技師、MOF 等的示範教學。民生報記者趙敏夙的文章，則被他當成情報誌來閱讀，「他專門跑法式料理、甜點，我都會看他的報導，他報什麼我都會專程去吃。」

在好奇心迸發，四處探聽、踩點的時期，Season 聽說一家「在住宅區裡很有名」、「都在做一些奇奇怪怪麵包」的麵包店，因此結識台中堂本麵包的陳撫洸師傅，再由後者介紹，認識了野上師傅。野上麵包挑戰了他對麵包店的認知，「法式特別的麵包全部都出現，我覺得好有趣。也從來沒想過竟然有一家麵包店可以（下午）四、五點麵包就都賣完了。」而印象中「長頭髮、很瀟灑」的野上師傅啟蒙了他對歐式麵包的認識，「他看我對他們家麵包很有興趣，就帶我參觀廚房。他跟我說：『擀派皮要去一個 5°C 的冰箱室。』我覺得太奇妙了。我也第一次吃到好吃的 baguette（長棍麵包），氣孔、香氣、酸味……都是在那邊才知道怎樣算是好的。」Season 從此學會如何分辨麵包店的好壞，「這是我第一次吃麵包會流

---

5 野雁（oie sauvage）和野鴨（canard sauvage）都是法國料理中著名的禽類野味。

6 南台灣首席法餐名廚，出身屏東，歷經墾丁凱撒飯店、高雄環球經貿聯誼會、台南那個時代法式餐廳等，後擔任帕莎蒂娜餐飲集團廚藝總監 11 年。2012 年於高雄以自己「Thomas Chien」之名開設法式餐廳，多次邀請歐洲米其林星級主廚來台客座，並帶員工前往歐洲觀摩考察。Thomas Chien 曾於 2016、2017 年兩度獲法國外交部認證為台灣最道地的頂級法式餐廳之一。

7 貝隆生蠔（huitre Belon）產自法國布列塔尼地區的貝隆河口，是法國三大名蠔之一（另兩個分別是「芬迪奇生蠔」[Fine de Claire] 與「吉拉朵生蠔」[Gillardeau]），充滿濃郁海潮與榛果香氣，礦物質強烈，有金屬氣息。

8 法式傳統糕點之一，目前已極為少見。將瑪德蓮（madeleine）或全蛋打發海綿蛋糕（biscuit génoise）與杏仁粉、糖粉、香草精、蘭姆酒及蛋白霜等混合（另有一種做法是與質地較稠的甜點奶餡 [crème pâtissière] 混合）成麵團，塑形成馬鈴薯狀，再以杏仁膏（pâte d'amande）包覆，戳洞或點綴上松子等模擬馬鈴薯芽眼，並滾上可可粉。

淚，那時候我認為那家店是獨一無二的」。不只如此，野上師傅還是他考入高餐的推手，「我覺得對麵包很有興趣，就問師傅是否可以去那邊做學徒，師傅看著我對我說：『你太會享受了，這個苦你吃不了，你去念書吧。』」

質疑保守、衝撞叛逆，成為個性法式甜點師

被野上師傅判定「太會享受」的 Season，在考進高餐烘焙科後，仍舊因瘋狂的 foodie 行程，被學校同學傳聞為「某一科有一個紈褲子弟都在到處吃很貴的餐廳」。但他實際上並非只懂得享受當下、不考慮未來。明明是對西餐有興趣、半途又為麵包著迷，最後卻選擇報考烘焙科，便是理性抉擇的結果，「當時想過開

左　蓬鬆、充滿空氣感的「AIR 國王餅」自從推出之後就極受歡迎。
右　SEASON Artisan Pâtissier 店面設計清新淡雅，充滿閒適的巴黎風格。

一間餐廳一定會花很多錢，寧願當一個食客就好。但如果開糕餅店或麵包店比較單純、門檻比較沒那麼高。那時候也發現法式甜點在台灣，是一個還不到沙漠、但很可以去投入的領域，表面看起來似乎很多人做糕餅，但真正鑽研的人很少。」

不過進了高餐，Season 卻沒有就此如魚得水，反而因為發現「學校為了『認證』導向，在教一些自己不喜歡的東西」而「瞬間覺得沒熱情」。他「翹課去台北吃東西、大量累積餐廳跟米其林星星」，還曾經在課間喝酒，並藉著酒膽質疑講師「你怎麼做這麼無聊的東西？」、「甜點師傅應該做一些更有趣的事情啊！」他自承當時的自己「目中無人，只聽得下去兩位老師的話」，一位是台灣葡萄酒專家陳千浩[9]、另一位則是知名作家彭怡平。他會翹本科系的課去聽兩位老師的課，前者「熱愛一個東西到變成使命」，對他影響深遠；後者對法國藝術文化閱歷豐富，且「有一種很像法國人的高傲態度」，深深吸引著他。

由於我行我素，從不參加校內活動、有空就往各地吃喝，Season 的校內實習分數掛零，差點不能畢業；前往校外實習時，也沒有太多選擇。第一個實習地點是台北忠孝 Sogo 百貨的 Yamazaki 山崎麵包，但工廠式機械化的工作讓他不耐，便向學校要求更換實習地點。過去在課外累積的經驗與人脈，意外在此時幫了他一把，「當時美食網路人物興起，（代表人物）就是葉怡蘭。PEKOE[10] 第一間店面誕生就在 Forchetta* 餐廳[11]，他們當時和葉怡蘭合作，她引進了很多高級食材，如鹽之花（fleur de sel）；二十、三十年份的巴薩米可醋，小小一瓶兩、三千塊；風乾多久的義大利麵……給我很多體驗，例如我第一次知道罐頭也有分年份。我

9　陳千浩為台灣首位取得法國葡萄酒釀造技師執照者，過去是法國勃根地大學（Université de Bourgogne）釀造系史上首位亞洲學生，曾在巴黎世界酒類競賽奪下台灣首面葡萄酒國際金牌，目前擔任高雄餐旅大學飲食文化暨餐飲創新研究所助理教授。

10　PEKOE 食品雜貨鋪，是由台灣知名飲食作家葉怡蘭於 2002 年所創立，販售來自台灣、日本、歐美之自製與精選食材、食品與食具等，於 2008 年開設實體店鋪。

11　選用台灣在地時令食材，呈現義大利、法國、西班牙等地中海沿岸烹調的地中海式餐廳。原本位於台北市安和路，2015 年遷址至台中，2020、2021 年獲得《米其林指南臺北臺中》一星肯定。

融入手搖飲的泰式奶茶泡芙，為法式經典增添新意。

託葉怡蘭去問，知道 Forchetta 要開，才去那裡實習。」他在 Forchetta 餐廳跟隨 Max 主廚的指導，「養成自己去找素材、做功課的習慣」，最後實習完成，順利畢業進入職場。

Season 的第一份正式工作，是在前財政部長顏慶章鍾愛的紅利義大利餐廳（已歇業）擔任甜點師，這也要歸功於他過去翹課、不務正業追求高級餐飲的瘋狂 foodie 行徑。由於長期多次光顧亞都麗緻飯店，他結識黃光宇師傅，後者接任紅利餐廳行政主廚時，便一起帶上了他。他接連在兩間義大利餐廳落腳，但心裡的最愛始終是法國料理與法式甜點，於是「專門做一些很曖昧但很有趣、外表看來是義式，骨子裡卻全是法式」的甜點，「例如巧克力的 ravioli[12]、cannoli[13]、semifredo[14]，或是千層派[15]、糖煮（compote）水蜜桃與番茄等。」在他心中，「法式料理是無國界的、什麼人都可以做」。他舉數個主廚為例，「江振誠待過的雙子星餐廳[16]做過鳳梨裡面放料對折，就叫做『ravioli』；Gilles Marchal[17] 的巧克力

sabayon（沙巴雍醬）[18] 是一個杯裝甜點，但 sabayon 原本是義式甜點」，而「Pierre Gagnaire[19] 做了很多東西讓人摸不著頭緒，他一定還是說自己的是法式料理」。

廢寢忘食研究、自費出國進修，掀起馬卡龍旋風

紅利餐廳給了 Season「很多空間做很多東西」，還舉辦純甜點餐會，「很多客人經常問有沒有新的東西，西餐部門的人壓力很大，但我很開心。」本名洪璽勝的 Season，也在此時收獲了許多死忠顧客，闖出「季節師傅」的名號。他享受研發新品的過程、閒暇時也廢寢忘食地研究，最終開始渴求與法式甜點的大師們近距離接觸，「Pierre Hermé 突然說他跟斐杭狄合作，要開大師課程。看到我好喜歡的甜點竟然可以知道是怎麼做的，我超興奮，就跟公司報名、請款，請他們贊助我，我自己累積休假去那邊上課。」雖然並不完全通曉法語、與同學一起實作時很艱辛，他仍然堅持上完整個系列課程，之後也多次前往斐杭狄和貝魯耶甜點學

---

12 義大利麵餃。

13 義大利西西里的特色糕點，在小巧的油炸麵糰捲中填入新鮮瑞可達起司（ricotta）、巧克力或糖漬水果等。

14 一種義大利冰糕，質地類似冰淇淋，但不需經過冰淇淋機攪拌，經常加入糖漬水果、焦糖堅果、海綿蛋糕、義大利杏仁小餅乾（amaretti）等一起食用，作法與食用方法都與法式百匯（parfait）非常相近。

15 千層派（millefeuille）在世界各國都有變化的版本。在義大利稱為「mille foglie」，除了千層酥皮和奶餡外，有時也含有海綿蛋糕層。

16 指由 Jacques Pourcel 與 Laurent Pourcel 兩位雙胞胎主廚在南法開設的米其林三星餐廳「感官花園」（Le Jardin des Sens）。

17 法國知名甜點主廚，過去曾歷任巴黎克里雍酒店（Hôtel Le Crillon）、雅典娜廣場酒店（Hôtel Plaza Athénée）、布里斯托酒店（Le Bristol Paris）等宮殿級酒店（palace）廚房的甜點副主廚、主廚，也曾掌管巧克力之家（La Maison du Chocolat）5 年。目前於巴黎蒙馬特開設自己的同名甜點店。

18 義大利文稱作「zabaione」或「zabaglione」，是一種將蛋黃、砂糖和甜酒（通常是 Marsala 瑪莎拉酒）混合，再以隔水加熱法不斷攪拌、乳化並打入空氣製成的甜醬，可以與水果相佐食用，也可以拿來當成充填甜點內部的奶餡或料理醬汁使用，在法國也非常流行。

19 世界重量級名廚，曾與阿朗．杜卡斯（Alain Ducasse）、喬爾．侯布雄（Joël Robuchon）並稱法國三大名廚。旗下有 14 家星級餐廳分布全球，法國巴黎同名餐廳目前為米其林三星。

校（École Bellouet Conseil）[20]參加如Christophe Felder [21]、Gilles Marchal主廚的大師課。在巴黎有機會親炙名廚與他們的作品，Season 自然發揮 foodie 本色。他帶著知名旅法美食作家謝忠道的《美饌巴黎》作為導覽四處品嘗。當時在布里斯托酒店（Le Bristol Paris）擔任甜點主廚的 Gilles Marchal，以華美細緻的作品、大氣精巧的結構、經典的風味組合徹底擄獲了他的心，「去了 Le Bristol 就被嚇到，不只是口味，而是見識到 fine-dining 的甜點。Gilles Marchal 不是用糖片、巧克力片等裝飾，而是用在盤子上的比例，讓我見識到什麼是巴黎式的奢華，包含美感與口味」，他進一步解釋，「它有獨立一個甜點菜單，有巧克力、水果等分類，還有主題，例如柑橘類的各種變化，很有詩意。其中法式甜點的食材、狀態都寫得很清楚，例如巧克力甜點使用很多不同的產區的巧克力、桃子有很多不同種類等。我第一次知道水蜜桃要跟馬鞭草組合，他也大量使用玫瑰和覆盆子。Gilles Marchal 在 Le Bristol 的甜點影響我很深。」

Season 大膽將芹菜頭、小黃瓜等蔬菜元素與青蘋果、薄荷等結合的夏季盤式甜點，清新優雅。

除了令人目眩的盤式甜點，他也突然對「不知道是蛋糕、麵包，還是餅乾，搞不懂是什麼東西」的馬卡龍著迷，買了十數家名店的作品來研究，結果卻更一頭霧水，「買了十家十家都不一樣，不知道要做哪一種；自己做十次、十次好像也不太一樣」。從法國歸國後，他「半夜不睡覺」去鑽研自己認定是「鑑別甜點師傅技術高低」的杏仁蛋白小圓餅。他回憶「那時台灣的馬卡龍是用來做蛋糕裝飾，只有 MOF 來台才會示範」，所以沒有人知道其中的眉角。由於「不管怎麼做都做不出在法國吃到的味道」，他從蛋白霜的穩定度、杏仁粉的粗細、糖粉的種類開始，徹底研究每一個元素，並「買加熱器、擠完後放在出餐的烘盤機、買大型發酵箱烘」等，「想了各種千奇百怪的方式」測試乾燥與烘烤過程，最終發現創造美麗裙邊的祕訣，最後促成台灣的馬卡龍旋風。「老闆覺得我對這東西瘋狂執著，就順水推舟在台灣推出馬卡龍的專門店[22]。當時台北還有一間小法國法式甜點店，主廚 Eric 那時候好像也有去 Pierre Hermé 那邊實習還是上課。我們在台灣市場點燃『一顆馬卡龍比一個便當貴』的事件。」

創立同名品牌、堅持玩心初衷

馬卡龍旋風的尾端，Season 認為自己足夠成熟、可以獨立，便成立「四季紅甜

---

20 貝魯耶甜點學校位於巴黎 15 區，1989 年由前雷諾特甜點學校教師 G. Joël Bellouet 與前 Fauchon 代理甜點主廚（chef pâtissier adjoint）Jean-Michel Berruchon 創立，該校授課教師均為目前法國一線甜點主廚，如 Yann Brys、François Daubinet（現任 Fauchon 甜點主廚）、Julien Álvarez（2011 年甜點世界盃冠軍、現任 Ladurée 甜點主廚）、Johan Martin（國際甜點顧問）等。

21 法國知名甜點師，出身阿爾薩斯。1988 年擔任克里雍酒店甜點主廚時年僅 23 歲。在職長達 15 年期間，他重新整頓克里雍酒店的甜點部門，強調當日製作，被一些食評家視為「盤式甜點的再創造者」（réinventeur des desserts à l'assiette）。Christophe Felder 出版過近 20 本食譜書，並於 2004、2012 年分別獲得法國藝術與文學騎士勳章（Chevalier de l'ordre des Arts et des Lettres）及國家典範騎士勳章（Chevalier de l'Ordre national du mérite），現於阿爾薩斯的 Mutzig 小鎮與昔日弟子、同樣也是早慧天才名廚的 Camille Lesecq 一起經營名為「Les pÂtissiers」的甜點店。

22 紅利餐廳的馬卡龍部門全盛時期在台灣設有 5、6 個點（包含專門店與百貨公司櫃點），廚房有 6、7 位甜點師，現任 Quelques Pâtisseries 某某。甜點主廚的賴怡君（I-Chun Lai）與目前在法國波爾多開設甜點店 Pâtisserie S 的 Stanley Chan 主廚，都曾是其中一員。

點工作室」，一開始沒有內用座位，他製作軟糖、磅蛋糕、塔等商品面交，並運用過去在紅利餐廳的經驗舉辦甜點餐會。後來受到喜愛的客人賞識，入股投資並成立店面，還與台北101貴賓室合作，提供甜點給對方的頂級客戶。他的招牌作品——以杏仁蛋糕、紫羅蘭慕斯搭配多種莓果的「感官花園」，吸引了能率集團千金董怡佳Aika，最後兩人決定共同在大直創建「SEASON Cuisine Pâtissiartism」，寬敞的店裡除了一般蛋糕櫃裡的甜點外，也供應早午餐和現做盤式甜點，是名噪一時的「甜點概念店」。

過去在餐廳工作的Season對盤式甜點非常熟悉。比起甜點店的小蛋糕，盤式甜點能夠運用更多元素、表現跨度更廣，更能發揮甜點師的創意與美感，「一直以來蛋糕櫃對我來說是消費者認知甜點的門面，但我認為現做甜點可以更有個性。」但回到2011年，將消費者心目中的「甜點」以「餐點」的方式上桌，對

充滿莓果與紫羅蘭香氣的「感官花園」，是SEASON Artisan Pâtissier開業以來就極受歡迎的招牌作品。旁邊則是與手搖飲品牌珍煮丹合作開發的「感官花園」限量飲品。

現點現做的千層派，圖中是草莓版本。

當時的市場是個挑戰，因此，他特地思考了店內呈現的品項，「味道組合不複雜，讓消費者『易懂』。穿插現烤、現做的，有些要去法式餐廳才能吃到的，在這裡就可以吃到。譬如舒芙蕾（soufflé），就不用去吃完整套餐才能品嘗。」在巴黎的體驗也給了他不少靈感，「大直店剛開的時候，千層派是桌邊服務，很多客人很喜歡，這是我第一次去 Le Meurice**（莫里斯酒店）時，看到現場組裝千層派得到的啟發，客人可以自己選擇想要什麼食材。現做甜點能跟客人有互動，他們也會覺得吃甜點是很有趣的事。」

自 2011 年大直店開幕以來，Season 的店內便一直有提供鹹食，過去是早午餐，現在在敦南店也有「甜點師製作的法式料理」。過去法式甜點屬於小眾，同時販賣鹹食有一部分是市場考量，「當時跟 Aika 討論，覺得在台北市專賣法式甜點很難生存，一定要有鹹食，她也同意。」但對自己喜愛的事物總是一頭栽入便難以自拔的 Season 來說，初衷其實非常簡單，「有這樣的想法是因為 Forchetta、紅利的工作經驗都是餐廳，（甜點師）有 1/3 的時間需要支援前菜，大家輪流要做員工餐，所以就有接觸到料理，覺得很有趣。」也因此，即使到了市場相對成熟的現在，他仍「堅持要保留鹹食」，而 Season Artisan Pâtissier 在台北市始終是一個獨特的存在。

以往愛用法式技法來做義大利甜點的 Season，在自己開店後也從來沒有限制過自己。他會將蜂巢塊放入麵團中，做出純粹麥香中有若有似無甜美香氣的蜂蜜拖鞋麵包（ciabatta），也會以製作「terrine」（法式凍派）的方法製作水蜜桃凍；芹菜搭配小黃瓜與青蘋果，對他來說也是信手捻來。2020 年夏季將數道經典法式甜點改成更符合台灣市場的冰品，更是極為靈活之舉。他經常從閱讀中尋找靈感、受到國外大師們的啟發，例如一道「黑蘋果、蘋果雪酪、羅勒」中，為整道甜點增添風味層次的「黑蘋果」，就是他閱讀 Noma 主廚瑞內．雷澤比（Rene Redzepi）主廚的《NOMA 餐廳發酵實驗》（大家出版，2020）後身體力行的成果。他說明自己並不會為作品設計限制，「一開始不會想『我該如何改造經典的東西』」，因為「主題訂太小就沒那麼有趣、彈性比較小」。他寧可從自己感興趣

「黑蘋果、蘋果雪酪、羅勒」使用發酵手法增添蘋果的不同口感與風味。

重新詮釋普羅旺斯經典甜點「Calisson」的「普羅旺斯杏仁冰糕」溫柔淡雅，冰品的表現法更適合台灣。

的地方入手，「譬如說夏天想吃冰的東西，最後把傳統聖多諾黑變成冰的聖多諾黑」。從經典的「calisson」卡里頌杏仁餅[23]脫胎的「普羅旺斯杏仁冰糕」，則順手取用了台灣的好食材，「我之前覺得杏桃是酸的，去普羅旺斯時發現熟成的杏桃像桃子一樣甜美。因為不可能空運普羅旺斯的味道，所以選用台灣水蜜桃取代杏桃。」他解構 calisson 的組成元素，將「哈密瓜用薰衣草逆滲透，讓它有薰衣草味；以杏仁奶、鮮奶油、蜂蜜製作『blanc-manger[24]』冰糕，加上不可少的蛋白糖衣」，最後再淋上低溫真空烹煮台灣水蜜桃後產生的果汁與木耳糖水混合的澄清水果高湯，便成了一道優雅無比、適合台灣夏季的沁涼冰品。

開店至今已邁入第 10 個年頭，和他同期開設的店家大部分早已從市場上消失，但 Season 卻始終是那位靈感迭出、為新品研發興奮不已的季節師傅，「大家認為我是高餐科班出身，但我內心很清楚自己在學校很混，所以我其實會說自己是

---

23 法國普羅旺斯的代表性甜點，以研磨甜杏仁混合當地盛產的糖漬蜜瓜、橙皮、蜂蜜等製成糊，以橙花水調味，再以模具壓成鳳眼型狀的迷你甜餅，上方覆以雪白的皇家糖霜 (glace royale，由蛋白、糖、檸檬汁等混合而成)。

24 一種法式奶凍，傳統以杏仁、鮮奶油等製成。

自學的。我都是自己揣摩自己有興趣的東西，有興趣的東西就會花多一點時間去觀察它的變化。」對他而言，製作甜點始終不只是一份工作，廚房更像能玩得不亦樂乎的遊園地。他坦承自己認為人人都在談的「熱忱」很不可靠，「熱忱是一種很膚淺的東西，今天有、明天就沒了」，能夠享受工作更重要，「好奇心很重要，如果只是運用耐力，再怎麼忍，總會有理智線斷裂的時候，還是要在工作中找到樂趣。」縱使在專業的路上早已斐然有成，但謙稱「一直不敢講『創意』兩個字，只是用自己的方式重新排列做出來」的 Season、那位「覺得自己成為別人眼中『有趣的人』也不錯」的主廚，或許一直都是那個在超市為琳瑯滿目的零食流連忘返的少年、也是那位會在課堂上公然質疑「甜點師傅應該做一些更有趣的事情啊！」的年輕甜點師。

法式米布丁加上糖漬栗子與黃金糖蜂蜜寒天凍製成的「呷肉粽」，
外觀幾可亂真，享用時再淋上模擬甜辣醬的焦糖醬，樂趣十足。

主廚 洪守成（Season Hung）

高雄餐旅學院烘焙管理系

專業經歷：Forchetta* 餐廳（實習）、台北紅利餐廳、L'Étoile 樂朵

Instagram ｜ @season_hung

SEASON Artisan Pâtissier

台北市大安區敦化南路一段 295 巷 16 號 106 號
(02)2708-5299

Facebook ｜ @Season- 敦南旗鑑店
-500872289982014
@ SEASON.CuisinexPatissiartism
Instagram ｜ @seedbyseason

2-2

在古典中尋求永恆，以甜點擺渡文化記憶

吳庭槐（Ting-Kwai Wu）

Salon de Marie Antoinette 瑪麗安東妮手工法國點心工作坊創辦人、主廚

（照片提供：© 瑪麗安東妮手工法國點心工作坊）

「我們期待自己也可以成為一個 passeur（擺渡人），把我們在法國所獲得的美好飲食經驗與文化帶回台灣。這樣的經驗不只是味覺的，也是文化氛圍的。」

天鵝絨蕾絲小枕頭、骨瓷珠寶盒、大理石浮雕、珍珠白燈飾⋯⋯任何人看到瑪麗安東妮手工法國點心工作坊（以下簡稱「瑪麗安東妮」）的作品時，都很難不為其細膩精緻、宛如模型的外型所傾倒。如果說法式甜點和其他各國甜點最大的不同之處，在於其華貴精美，瑪麗安東妮便可謂將此面向發揮到了極致。以 18 世紀的法國知名王后瑪麗．安東尼[1]（Marie Antoinette, 1755-1793）為名，也呈現了創辦人與主廚吳庭槐（Ting-Kwai Wu）的企圖心，意圖藉著法式甜點的創作，召喚出那個藝術文化高度發展、不同思想勃發的年代。

為甜點的迷人魅力傾倒，從西餐轉向

初次來到瑪麗安東妮取貨的顧客，會很意外地發現，他們其實沒有店面，廚房則藏身於斗南火車站斜對面的吳國猷診所樓上。出身於三代醫師世家，庭槐選擇了一條與祖父、父親、叔伯們完全不同的路，將探求的眼光、精準的手勢運用在甜點製作。不過，這並不是他的第一選擇。高雄餐旅大學（以下簡稱「高餐」）畢業後，曾在台北君悅酒店工作的庭槐，原本學的是西餐、工作接觸的多是法式料理。到法國學甜點，是「因為想透過不同領域的學習，來充實自己的眼界、挑戰自己」。原本想開餐廳，「但不想被點心師[2]牽著鼻子跑」的他，想著去法國深造，「就算不會做也學個知識」，結果沒想到與甜點就此結緣。他理智上判斷，鹹食廚房「油煙很大，又高溫、高壓」，出餐時「跟打仗一樣」，但甜點「可以平均分配，只要在時間內做完就可以平均掉那個壓力」，情感上更抵擋不住向甜點傾斜，「我覺得點心是滿厲害的，當然分子廚藝是另外一回事，但『牛肉就是牛肉』，市面上的菜你一看 90% 就知道是那個東西；但甜點你一看，不會想說那是麵粉、巧克力、糖、蛋可以做出來的，很不可思議」。甜點將想像化為現實、

1　本文採用較常見的「瑪麗．安東尼」為王后的譯名，並以此和「瑪麗安東妮手工法國點心工作坊」的品牌名區隔。

2　庭槐將「pâtisserie」稱為「點心」（中文多譯為「糕點」或「甜點」），文中保留他的慣用語。關於「糕點」與「甜點」有何不同與重疊之處，可參閱《法式甜點學》第 1 章第 3 節〈「pâtisserie」、「desserts」、「goûter」，who's who ?〉一文。

宛如魔術般的魅力，將他徹底擄獲，也成為如今瑪麗安東妮的風格基調，「所以我們才會盡量把很多東西做得有點不太可能，因為『餐做不到的，點心應該可以做到』。」

在法國，庭槐先上了兩年語言學校，接著在雷諾特廚藝學院（以下簡稱「Lenôtre」）以另外兩年的時間學習甜點、巧克力、冰淇淋等課程。和高餐「手把手的師徒制教學」不同，Lenôtre「全部都是實作課，一開始就是設計給主廚和研發人員的課，所以去上的主要都是各店家的高階主管」。同學們都是主廚，他雖過往也有廚藝的經驗，但在甜點的領域卻是新手。他以法文「nager」（游泳）形容自己摸索的過程，「看到一些新技巧，覺得『喔，原來是這樣！』但手完全跟不上」。不過 Lenôtre 在全是實作課的課程安排中，仍然注重概念與原理的提點，讓他後來在創作與製作細節上都更為得心應手，「其實只是很小的原理，但他們會把那個概念跟原理告訴你。即使一開始沒辦法做很漂亮，因為那是手藝的問題，但是至少會有一個雛形」。他以切割千層派為例解釋，「很多人會喜歡冷凍切，因為比較好切、（切得）比較漂亮。但冷凍狀態時切，斷面會看到酥皮、奶油一層一層（交替）；如果是在半解凍的時候切，一刀切下去，皮的部分就會包覆切面，這樣烤的時候油才不會滴下來，因為整個是封住的，所以（烤好後）會比較漂亮。」

在 Lenôtre 時期，庭槐前往三星餐廳 Le Pré Catalan*** 實習，高分畢業後又被師長發掘，邀請前往甜點麵包店 À la petite Marquise 工作。他在兩地分別接觸到精緻與普及甜點的製作，「Pré Catalan 是非常有歷史的三星餐廳，甜點充滿原創性與高精緻度，因此在創造上相當具有啟發性；À la petite Marquise 則是一家服務一般民眾的甜點店，所以必須要大量產出一定品質的產品，對於訓練一家店的經營很有幫助。」本來就被法國豐厚藝術文化底蘊深深吸引的庭槐，原本希望能夠長久留在當地發展，但受到當時法國排外政策的影響，餐飲業不再簽發工作簽證給外國人，他於是申請英國的打工度假簽證，前往英國威爾斯 COSMO 餐廳（已歇業）甜點部門工作。後來因為想去的餐廳甜點部門都不缺人手、留在法國的妻子又即

左　精雕細琢、以古董燈飾和知名畫家常玉[3]《玻璃瓶內的藍色菊花》畫作為靈感創作的「盧米埃 Lumière」茉莉花茶慕斯蛋糕。

右　「Forêt Blanche 白森林巧克力蛋糕」，上方綠色的花圃是微波開心果蛋糕體，內裡則是香草、蜂蜜、佛手柑、草莓、日本柚子的清爽組合。

下　瑪麗安東妮的「檸檬塔 Tarte au citron」。上方的可可粉裝飾看似容易，但要讓如此精細的花紋與刻字清晰分明、又不破壞檸檬奶餡表面，其實是非常具挑戰性的手工，至今店內只有庭槐一人能夠做到。

3　常玉（1895–1966），知名法國華裔畫家，是 1920 年代巴黎畫派的活躍人物之一，與徐悲鴻、林風眠等人同為中國最早期的留法學生。畫風簡潔秀逸、自由不羈，有「東方馬諦斯」與「中國的蒙德里安」之稱。

將臨盆，於是繞了一圈又回到法國，並在兒子出生後回到台灣。

瑪麗安東妮精純華美的法式風格

在法國的最後一年，他開始規畫台灣的工作室。熱愛法國皇室精緻文化的他，特別鍾意洛可可與新古典期間的法國美學，因此，在預備開創自己的品牌時，就立刻決定將其命名為「瑪麗安東妮」。至於王后在歷史上的爭議性，從來不在他考慮的範圍內，「她在歷史上，有很多的面貌與歷史定位，但對我們來說，最重要的是她將奧地利的甜點文化帶到法國交流這一點」。庭槐提及過往歐洲皇室間藉由聯姻達到政治目的，從奧地利遠道而來的年輕王后同時也帶來理髮師、裁縫師、點心師等，「她把 viennoiserie[4] 帶進法國，讓法國的點心更完全」。欽慕法國與奧地利間的飲食文化交流，「一樣的道理，我希望把法國的點心帶回來，讓

14 歲便從奧地利嫁到法國的瑪麗．安東尼王后，雖在歷史上有諸多爭議，卻是促進法國與奧地利間飲食交流的重要人物。（圖片來源：Wiki Commons）

「Bavarois 巴法華斯小蛋糕」，內裡是由經典「Ispahan」玫瑰、荔枝、覆盆子風味組合的慕斯蛋糕，外型則是一個花邊蕾絲鵝絨小枕，確實像是瑪麗．安東尼王后宮中會有的精品。

台灣的點心更完善一點。」

和台灣許多甜點主廚希望呈現此時、此地的味道不同，庭槐創作時唯一的考量是「這東西出現在瑪麗．安東尼皇后的餐桌上，合理嗎？」而這個考量，其實不僅僅是對 18 世紀中末期的法式美學追求，也是他自己的養成背景呈現。2014 年工作室剛剛開幕時，對自己的期許是做出「最純正的法式甜點」，縱然這個宣言現在看來可能「稍缺謙遜」，但庭槐解釋「自己的甜點味覺是在法國養成，也只懂得法國的味道，所以盡可能地使用能夠實現這個味道的純正食材」，這也是瑪麗安東妮多半使用「進口的果泥、以及大部分（和法國當地甜點一樣）所需要的食材」之故。因為如此，店裡的作品「不會出現法國甜點店裡不會出現的東西，像是日式千層（蛋糕）之類的」。

4　維也納麵包類，如可頌 (croissant) 、巧克力麵包 (pain au chocolat) 、螺旋狀的葡萄乾麵包 (pain au raisin) 、富含奶油的布里歐許麵包 (brioche) 、有著濃厚節慶風味的咕咕霍夫 (kouglof) 等都屬於此類。可頌麵包起源於奧地利維也納，據傳由於充滿童年回憶，是瑪麗．安東尼王后最喜愛的糕點，每天早上都要以此搭配牛奶咖啡。

瑪麗安東妮的甜點作品繁複細膩的程度，甚至被許多庭槐的法國友人斷定「不是法國會做的，比較偏俄國皇室的風格」，「就像 Café Pouchkine[5] 那樣」。以「潘朵拉 Boîte de Pandore」、「柯蕾特 Colette」與「碧茱 Bijoux」為例，需要用畫筆沾白巧克力徒手畫出複雜的大理石浮雕花紋，「一開始每個人兩小時才能畫完一顆」，如此高度人力與技術密集的作品，即使在巴黎都見不到。最近他甚至在動腦筋考慮如何以糖包裹油脂，重現過去有噴霧幫浦的香水瓶，「把油脂先凝固，裹滿了糖浸在糖水裡，等形成結晶之後，再把油脂放掉，這樣就變成空心的的糖殼」。庭槐解釋，由於外型過於精巧，「很多人會以為我們是外表先決，但事實上，我們是先有味道，再去尋找適合那個味道的樣貌」。

雖然是以「瑪麗·安東尼王后餐桌上會出現」為考量基準，但這並不表示瑪麗安東妮完全不考量使用台灣本地的元素，庭槐首先提到自己著迷於台灣的茶文化，認為「茶是一個在不同文化中都能找到共鳴的東西，跟酒一樣，既具有文化個性又能豐富食材風味」。他舉例「在巴黎的餐廳或法式甜點中也有類似的趨勢，像是 Pierre Gagnaire[6] 餐廳以及 Jacques Genin[7] 的甜點店裡，都會選用巴黎桃花源茶坊（La Maison des Trois Thés）[8] 的東方茶作搭配」，並說明自己曾有製作一系列台灣茶口味冰淇淋的想法。雖然目前仍然分身乏術，但在瑪麗安東妮豐富的法式冰淇

需要以人工一筆一畫完成作品外殼精細浮雕的「潘朵拉 Boîte de Pandore」。

瑪麗．安東尼王后想必也會喜愛的低脂法式冰淇淋，照片中分別是血橙哈密瓜（左）與黑糖老薑口味（右）。

淋系列中，除了法式血橙哈密瓜、紅酒西洋梨、白酒水蜜桃等，也有來自台灣的黑糖老薑與芝麻口味。「瑪麗．安東尼王后可能吃不到台灣的黑糖老薑或芝麻，但她可以吃到冰淇淋」，他解釋，「我們始終是味道先決」，為了要讓味道完美，「需要什麼我們就加入什麼，不會囿限於這食材是台灣的還是法國的。不過在呈現上，我們始終希望保持一定的調性，那就是屬於瑪麗．安東尼的甜點。簡單來說，我們希望瑪麗．安東尼即使來到了台灣，也能成為她自己。」

5　巴黎的俄國餐廳，過去主要經營甜點、咖啡，近年涉足餐點，是俄籍藝術家、企業家 Andrey Dellos 創立的餐飲集團 Maison Dellos 旗下品牌之一。以俄國著名天才詩人普希金（Alexandre Sergueïevitch Pouchkine, 1799-1837）為名，該店的甜點以俄國皇室的繁複華貴風格出名。

6　法國名廚，以極具原創性與藝術性的料理風格出名，擁有諸多頭銜與稱號，如「廚藝界畢卡索」、「瘋狂前衛大師」、「味覺拓荒者」等，並在 2015 年由 *Le Chef* 雜誌評選為「全球最偉大的星級主廚」（plus grand chef étoilé du monde）。目前在巴黎擁有同名餐廳，並自 1998 年保持三星至今。其集團在世界各大都市如倫敦、拉斯維加斯、東京、首爾、香港等地皆有開設餐廳，共擁有超過十數顆米其林星星。曾於 2018 年應高雄簡天才師傅邀請來台舉辦餐會。

7　巴黎知名巧克力師與甜點師，該店的巧克力與焦糖也供應許多星級餐廳。

8　位於巴黎五區 Place Monge 旁的東方茶館，由來自台灣的茶師曾毓慧開設。除販售她本人自台灣與中國搜羅而來的超過千種茗茶，也提供台灣功夫茶茶道體驗。

以甜點擺渡文化、傳遞價值

對庭槐來說，成立瑪麗安東妮遠遠不只是為了販賣甜點，更是為了和台灣人分享自己在法國的美好體驗，並進一步傳遞文化與價值，「我們很喜歡一個字叫做『擺渡人』（passeur）」，如法蘭西院士[9]的程抱一（François Cheng）[10]就被譽為是『le passeur de culture』（文化的擺渡人）。某種程度上來說，瑪麗安東妮也是甜點文化的 passeur，而我們期待自己也可以成為一個 passeur，把我們在法國所獲得的美好飲食經驗與文化帶回台灣。這樣的經驗不只是味覺的，也是文化氛圍的。希望以甜點作為載體，藉此傳遞我們的信念與對美的追求，並讓更多人可以擁有我們當初所經歷過的相同感動。」

以此為出發點，庭槐也在許多法國主廚來台舉辦餐會、大師課時擔任翻譯與接待，甚至會在此期間關閉工作室，帶著助手一起前往幫忙。「不管是 187 巷[11]的大師課程，還是高雄 THOMAS CHIEN[12]的三星餐會，都是我們優先定下來的行程。一方面是私交，另一方面則是私心。因為私交而有這些機會，而私心則是希望透過這些與頂尖師傅交流的機會，讓自己與團隊有新的學習與刺激」他謙遜地說。除了從 Cédric Grolet、Amaury Guichon 等甜點主廚身上學到新的概念與技法運用外，他也從近身接觸主廚的經驗中，親炙真正的大師風采，「Pierre Gagnaire 和 Anne-Sophie Pic[13]台上台下一樣好，（無論在公眾或私下場合都）一模一樣，就是有點像 MOF 那種感覺」。

擺渡、交流並非只限於單向，他與這些大師們也有禮尚往來的溝通，「我們都是一樣的創作者，所以是在平等專業的基礎上交流；都能看到彼此的優點，並且互相激勵以創造更多美好的東西。」2018 年，Amaury Guichon 來台教授大師課，和他同行的女友 Fiona 曾經提及「想吃紫羅蘭口味的甜點」，庭槐便答應對方「如果明年有做、你有來，就帶一個給你品嘗」。結果 2019 年 Amaury 二度應邀來台，他也守信帶了自己的得意之作，以紫羅蘭奶餡搭配紅莓果的「柯蕾特 Colette」和兩人分享，結果 Amaury 這位在全球擁有數百萬粉絲的巧克力工藝大師，面對精美無匹的蛋糕，竟然也忍不住發出「真的不忍心切下去」的嘆息。

庭槐曾多次擔任知名主廚來台的翻譯與接待，照片中即是他在 Cédric Grolet 主廚來台時，協助其接受台灣媒體採訪的情形。

---

9 「Académie française」（法蘭西學術院，在中文媒體中經常被譯為「法蘭西學院」）是「Institut de France」（法蘭西學會）下屬的五個學術院之一，成立於 1635 年，是五院中歷史最悠久、聲譽最隆的學術權威機構，主要任務為規範法國語言及保護、資助文藝創作。法蘭西學術院共有 40 名院士，集結了法國學術界的權威與各界名人。院士為終身制，只有在一位院士去世後才能補選新人。過去院士擁有皇家成員待遇，如今身為院士仍被視為無上的榮譽。法蘭西學會的另外四個學術院分別為法蘭西文學院（Académie des inscriptions et belles-lettres）、科學院（Académie des sciences）、藝術院（Académie des Beaux-Arts）與人文院（Académie des Sciences morales et politiques）。

10 程抱一（François Cheng）是法國知名華裔詩人、作家、書法家，2002 年被選為法蘭西學術院院士，是迄今為止唯一一位亞裔院士。他早年在法國國立東方語言與文明學院（Institut national des langues et civilisations orientales）任教，中年後轉向文學創作，以法文發表多部詩集與小說，並翻譯多部中法大師之作。他的許多作品是西方學術界研究中國詩歌、藝術的主要素材，法國學術界譽其為在東西之間的「文化擺渡人」（passeur de culture）。

11 即「187 巷的法式」，女主人為謝美玲，在本書第 1 章第 3 節有其深入訪談。

12 即「THOMAS CHIEN Restaurant」，是在西餐領域有深厚經驗與造詣的簡天才師傅於高雄開設的法式餐廳，曾多次邀請世界星級名廚來台舉辦餐會，是台灣餐飲界國際交流的重要推手。

13 法國第四位摘下三星的女主廚，曾於 2018 年應簡天才師傅之邀來台舉辦餐會。她的「Maison Pic」餐廳位於法國東南方的 Valence，自 1889 年開幕至今，傳承家族四代中便有三代摘下米其林三星。Anne-Sophie Pic 於 2011 年獲世界 50 最佳餐廳評鑑（The World's 50 Best Restaurants）選為「最佳女性主廚」（Best Female Chef），除了 Valence 的 Maison Pic 餐廳外，她還在巴黎、倫敦、洛桑、新加坡等地擁有數家星級餐廳。

在舊時代的美感中找到永恆

如同法國人總說「甜點要好吃、也要好看」，瑪麗安東妮的魅力，除了庭槐的手藝之外，還來自於每一款作品精細的外型設計，「一般來說，我們會以風味出發，討論出可能的表現模式後，交由設計專業負責規畫。藝術總監會針對品牌的整體風格來做篩選、調整以及修飾，以讓內外皆有相輔相成的效果。」庭槐口中這位「統整內外」的「藝術總監」，正是同樣留法、主修藝術的太太敏綺。極為低調的她，平時需要確立品牌風格、調整所有甜點設計細節、撰寫文章記錄創作過程，責任極為重大。庭槐認為，「她才是瑪麗安東妮的靈魂人物，如果沒有她，瑪麗安東妮就不會出現這麼扎實的風格；如果她哪天不做總監，我們就要關門了。」從大學開始便沉浸在藝術領域的敏綺，「對圖像印象很深，只要看過的圖片基本上不太會忘記」，在法國留學時，更得力於該國深厚的藝術文化資源，「學者都

讓國際級大師 Amaury Guichon 也不忍下刀的「柯蕾特 Colette」。（照片提供：© 瑪麗安東妮手工法國點心工作坊）

夫婦倆在法國時就同樣愛逛古董市集、自家也有許多古董收藏。

可以進入博物館、圖書館，可以調閱很多資料、看很多一般人看不到的東西」。

除了作品復刻 18 世紀後半葉的洛可可、新古典風格，夫婦倆都愛舊物，在巴黎時就經常逛古董市集、在博物館消磨時光；回到台灣也與各種古董為伍，工作室放的是古典音樂、在車上則聽法國香頌，在他們心中，過往的璀璨風華從未磨滅，比起紛亂的現代或不可知的未來，那個被藝術品與溫暖懷想堅固保護著的過去，才是理想年代。「我們是固執地朝著反方向走的人。我們不望向未來，而是期待在舊時代的美感中找到一些永恆的東西。我們很愛古代的美感、古代的藝術、以及古代的文化，我們想要把這樣的東西傳承下來，所以這就成了瑪麗安東妮創作的主調。」比起追求新的風潮與流行，夫婦倆坦承自己「更想要強調的是文化與記憶的部分」，「希望甜點能成為一種美好的生活體驗，就像瑪德蓮在普魯斯特（Marcel Proust, 1871-1922）筆下所具有的意義一般」。

「台灣味是一個很好的方向，但我們的想法比較簡單，就是追求自己想要的味道。」在眾聲喧嘩、人人都亟欲以作品傳達自我、尋找主體性的當今台灣，堅持以法式甜點、法式美感重建自己精神上的原鄉，毋寧是逆風而行、極具挑戰性。然而，如此堅持的姿態，卻同樣也釋放了「邀請」的訊息。不僅是邀請能傾慕同樣美學的同類，也是邀請更多人加入，從理解到欣賞。而大眾接受、喜愛的法式甜點正是開門的鑰匙。強調「一個人的創作代表了這個人的本質，所以我也做不出不屬於我的甜點」的庭槐，非常欣賞友人的一句話：「在巴黎，一百家甜點店就有一百種味道。」但正如他自己補充的，「人生最有趣的地方，就是不會永遠一成不變。或許未來我們受到台灣更多的啟發，就會創造出更多不一樣的味道也說不一定」。不論是否身在台灣，誠實地面對自己、如實呈現並傳遞自身的轉變與思考，「致力於將當下最好的狀態、最真實的信念呈現出來」，或許正是「文化擺渡者」該有的姿態。

瑪麗安東妮每年的母親節蛋糕都細膩地令人屏息，2021 年的「司南」是指南針的古名。藝術總監敏綺參考了許多古籍與文物後找出合適的設計元素，造型援引 18、19 世紀法國流行的「牛眼」（œil-de-bœuf）掛飾；裝飾印花中的莨苕葉（acanthus）、卷草紋（rinceau）出自歐洲古代圖飾，鈴蘭（muguet）則是法國人 5 月 1 日會互贈祝福的花朵。莨苕葉有長壽、健康的寓意，「鈴蘭」則表「帶來幸運」（porte-bonheur）。「司南」中指針的製作技法，也受到 Amaury Guichon 主廚「時鐘」作品的啟發。（照片提供：© 瑪麗安東妮手工法國點心工作坊）

主廚 吳庭槐（Ting-Kwai Wu）

國立高雄餐旅大學餐飲管理系、法國雷諾特廚藝學院（École Lenôtre）甜點專業課程

工作經歷：台北君悅酒店、巴黎 Le Pré Catelan***（實習）、À la petite Marquise、英國威爾斯 COSMO Restaurant Swansea 等

Salon de Marie Antoinette 瑪麗安東妮手工法國點心工作坊

雲林縣斗南鎮南昌路 124 號（僅供取貨，未開放內用）
0975-753-386

Facebook ｜ @salon.de.ma
Instagram ｜ @salon_de_marie_antoinette

2-3

不是只有廚房才是戰場，和自己的比賽永無止境

陳星緯（Hsing-Wei Chen）

全統西點麵包 CHUAN TUNG 經營者、主廚

「第二代接班永遠是最難的，做得好會被人說是前輩厲害、做不好則說是砸招牌，但我一路上過來已不需要跟別人證明我自己，就是跟自己比。」

「很多人問我，你在法國那麼多年，有沒有感覺被歧視？我回答：『老實說沒有。』因為我覺得廚房就是一個戰場，不會因為你的膚色而歧視你，而是因為你實力不夠。當你實力夠強的時候，沒有人敢歧視你，因為他在你下面，他怎麼可以歧視你？所以你只能逼自己要比他們更厲害，如果他們要花一小時把這東西做好，那我就花 30 分鐘。如果 Chef 覺得這台灣人能力好配合度又高，又有一些法國人沒有的想法，他們當然就會很願意嘗試。」對旅法八年的全統西點麵包（以下簡稱「全統」）主廚陳星緯（Hsing-Wei Chen）來說，預先設定目標並直面挑戰、過關斬將，從來都是不二選項。

在法國歸零，從語言不通、人脈全無至全國冠軍

台灣赴法學習甜點的人數年年增加，但留在當地工作的人卻是少數，能夠取得工作簽證、甚至擔任重要職位的人更是鳳毛麟角，陳星緯便是其中代表。和大部分的人更不一樣的地方是，他原本即為科班出身，畢業自開平餐飲學校，赴法前已有六、七年的扎實工作經驗。但即使如此，初抵法國時，星緯也同樣面臨語言不通、沒有人脈、資歷不被肯認的困難時光。他在安錫（Annecy）念語言學校時，曾向當地知名的甜點店 Pâtisserie Philippe Rigollot[1] 投了六、七次履歷，卻始終不獲錄用，「我說可以無薪工作，但當時我語言完全零基礎，Philippe 主廚就問我有沒有 CAP[2]？我說沒有，他又問有沒有甜點學校學歷？我說我有台灣的，他就好像沒興趣。」

失敗的面試經驗，讓他決心增強自己的法語能力、考到職業證照。他開始尋找有 CAP 課程、且採法語授課的學校，最後選擇了當時鮮為人知、位於法國東南

1 由 2007 年獲得 MOF 頭銜的 Philippe Rigollot 主廚開立的甜點店。Philippe Rigollot 同時也是 2005 年世界盃甜點大賽（Coupe du Monde de la Pâtisserie）冠軍得主法國隊參賽者之一。

2 「certificat d'aptitude professionnelle」的縮寫，意為「職業能力證書」，是法國初階專業檢定。

部的國立高等甜點學院（以下簡稱「ENSP」）。他形容「ENSP 那邊是一個沒有公車、什麼都沒有，晚上八點之後路上就沒有燈了的城市，除了學校沒有別的東西。」但就是在這樣「非常無聊」的地方，他得以專心致志上課、取得證照，並且節省開銷，在課餘參加各種大師課程。順利取得 CAP 證照之後，他又前往貝魯耶甜點學校參加長期班，並由 ENSP 的甜點助教介紹，認識了正在籌備 Pâtisserie Tourbillon（陀飛輪甜點店）的甜點大師 Yann Brys[3]，以及未來的戰友如 Alexis Beaufils[4] 與 Luc Balavoine[5] 等人。

陀飛輪甜點店的開店計畫後來因故中止，但星緯卻在那短短的一個月實習中獲得 Yann 的肯定，在 Yann 回任老店 Dalloyau[6] 研發顧問時隨同前往。原本對下一步始終感到不確定的他，終於取得法國專業甜點界的門票。他開始大展身手，不僅在半年內升至裝飾部門的副主廚，更因有了正式工作，而能報名參加比賽。在 2015 年的索隆美食節（Journées gastronomiques de Sologne，又稱「Romorantin」〔何莫宏登〕）甜點競賽中，他於杯子甜點（verrine）與法式蛋糕類別拿下冠軍，Dalloyau 對他另眼相看，決定為他申請工作簽證，同時也願意挹注資源，支持他參加下一個令他在法國揚名的比賽——圖爾巧克力師國家盃（National des Chocolatiers de Tours）。

「五個月沒日沒夜的練習」讓星緯至今記憶猶新，但印象更深刻的，則是能用專業能力說話，扭轉法國人驕傲的態度。「看到比賽選手的公司（受雇企業），大家都覺得我是肉盾，覺得去了就是會被電的。包括 Yann 那時候也說，你就當作去學經驗。」但他到了現場，比賽還沒結束就發現，專業能力就是為自己贏得尊敬的資本，「比賽前有一個雞尾酒會，沒有人過來跟我講話，我想好啊沒關係，他們就聊、我就在旁邊聽。但比完還沒有頒獎之前，我們又去外面喝雞尾酒、等評審打分數時，大家都靠過來問：『欸，你這是怎麼做的？』對我感到很好奇。人家開始覺得這人是有料的，就會想要跟你交流。」

他談起當日宣布得獎名單時，從緊張忐忑到不可置信，至今仍宛如夢中，「其實

2016 年圖爾巧克力師國家盃比賽主題為「美國」，星緯以瑞典藝術家陸特斯瓦（Carl Fredrik Reuterswärd, 1934–2016）為約翰・藍儂（John Lenon, 1940–1980）暗殺事件設計的〈非暴力〉（Non-Violence）紀念碑為靈感製作巧克力雕塑作品，傳達和平、反暴力的理念，獲得冠軍殊榮。（照片提供：© 陳星緯）

3 Yann Brys 主廚師承 MOF Philippe Urraca，在 Fauchon 時跟隨 Sébastien Gaudard 主廚，接著經歷巴黎數個豪華酒店，包括宮殿級酒店的巴黎布里斯托酒店，隨後前往老店 Dalloyau。他在 2009 年發展了世界聞名的「陀飛輪」（tourbillon）擠花手法；2011 年通過一系列的嚴格比賽與鑑定，獲得 MOF 甜點師頭銜，並在同年被任命為 Dalloyau 的創意總監。Yann Brys 現於巴黎近郊經營自己的甜點店 Pâtisserie Tourbillon，並擔任許多知名品牌的甜點顧問、於全球教授大師課。他曾於 2016 年訪台示範。

4 現任巴黎布里斯托酒店甜點副主廚。

5 現為巴黎五星級酒店洛林斯基巴黎（Nolinski Paris，屬於 Evok Hotels Collection 集團）甜點主廚。

6 法國知名老字號甜點店，1802 年法國大革命後於巴黎創立。Dalloyau 家族與美食的淵源，可追溯至自 1682 年起於法國宮廷負責國王路易十四（Louis XIV）擔任糕點師的 Charles Dalloyau，其子孫也一直在宮廷內擔任膳食相關負責人。Dalloyau 不僅是法國首創「外帶」概念的店家，也創立了巴黎第一家冰淇淋店，還是法式經典甜點「Opéra」（歌劇院蛋糕）的創始品牌（另一甜點老字號品牌 Lenôtre 也宣稱自己發明了 Opéra）。1982 年，Dalloyau 在日本東京開設首家海外分店，從此成為國際知名品牌；1997 年首度將馬卡龍引進亞洲。

那時候看完大家作品，我也不覺得我是第一名，但我估計大概有前三名。公布第三名時，沒有叫到我的名字，我看了一眼台下的朋友，想說：『哇，第三名不是我，那應該是第二。』結果第二名又不是的時候，我心都一沉，想說五個月都沒怎麼睡覺還沒贏，完蛋了、這下慘了。正在沮喪時，突然第一名跑出來是我的名字，我還問旁邊的選手說，他是叫我嗎？還是叫你？他推我說：『你趕快出去！』我才出去。那應該是我職涯中最難忘的一天。」

參與陀飛輪甜點店開幕，與世界大師成為夥伴

一路上總給自己設好目標，然後全力以赴完成的星緯，談起為何會想在法國參加比賽，幾乎沒有思索地就回答，「因為我想要證明亞洲人也是可以的，我想證明我們沒有差異。我是亞洲人、你是法國人，但不代表我輸給你。」這股不服輸的意志，或許就是 Yann Brys 主廚決定重啟陀飛輪甜點店計畫時，選擇他擔任開幕夥伴的原因之一。和受僱於發展完善的品牌不同，他參與了一間店從無到有的創建過程，「我們剛開幕時整間店只有四個人，兩個外場、兩個內場，內場就是我和 Chef。他找我去的時候廚房什麼都沒有，是全空的，就是廢墟。機器都空運來，我們一邊看施工、看機器搬進去，兩個人一邊打掃。然後我們一起去 IKEA 買櫃

陀飛輪店中的小蛋糕，造型簡潔、口味清爽。螺旋紋狀的擠花法「陀飛輪」(Tourbillon) 就是店名由來。(照片提供：© 陳星緯)

Yann Brys 主廚與星緯感情深厚，對他也極為信任。（照片提供：© 陳星緯）

子、去 Mora[7] 買攪拌機、真空機……連 bonbon[8] 機器不知道怎麼裝，我們就一起在那邊看說明書嘗試老半天。」

開幕初期，他與 Yann 幾乎肩並肩無休地工作，自然建立起深厚情誼。「那間店不在巴黎，在市郊，我們想說慢慢開始、慢慢擴展，但狀況很恐怖，一開始每天十點開門、十點半就賣光。小蛋糕我們一開始差不多做 100 個，100 也不少，但都差不多十分鐘就賣掉。後來就慢慢加，加到後面實在 cover 不過來，當時工作時間很長，我們早上凌晨五點多上班，做到半夜兩點回家，Yann 載我回去，跟我說『à demain（明天見）！』，我回：『什麼 à demain，是 à tout à l'heure（等

7 巴黎知名專業廚藝工具與食材店，位於一區 Les Halles 商場附近。

8 指夾心巧克力（bonbons au chocolat）。

下見）！』然後就回家洗個澡，睡兩、三小時又去上班。中午吃飯也是只有三、五分鐘。」

開店雖然艱苦，但回憶當時，星緯臉上閃現懷念與溫柔，「Yann 有說過一句話：『今天就算開店十幾年、你離開了，我記憶最深的還是前五個月。』那五個月我也一輩子忘不了，那是我這輩子最累的時候，但讓我進步很多，因為等於一個 MOF 每天跟你單做耶！到後期他為什麼給我那麼多自由？他自己說：『因為你很清楚我要什麼，你太了解我的產品了。』而且那種革命情感，我說不出來。」兩人互相扶持，Yann 原本在他心中是崇拜的對象，後來宛如親人，「那時候因為我們都沒什麼睡覺，他免疫力失調，手腳都冒出很多奇怪的東西。而且開幕那麼忙，他還在準備 *Tourbillon*[9] 那本書。」他對 Yann 的關心溢於言表，「我一個禮拜就休一天禮拜一，但休假還是會去，因為不想讓他自己一個人辛苦。」

Yann 的無私分享令他印象深刻，「法國人如果要教你的話，會毫無保留地告訴你。他們完全不怕你學，因為他們一直在想新的東西。尤其是像我跟到 Yann、Luc 這樣的人，他們都非常肯 share（分享），不怕讓你知道他們的食譜、想法。一開始我真的滿驚訝，有點嚇到，突然有一隻眼睛被打開的感覺。」大師也給他信任，甜點店到後期，廚房增加到 14 個人，星緯其實是真正的主管，「全部的研發都是我在做，他也不管我，他就是說：『你要做什麼就做什麼。』他很常在外 demo（示範教學），內場都是我講的算，所以後期我滿自在。」

因為由星緯負責設計開發，陀飛輪甜點店內的作品也偶有台式風格，「我曾經做鮮奶油蛋糕捲給 Chef 吃，他一吃也覺得果然不錯，說那我們來做。我不想直接做一個生乳捲夾草莓，就做了法國人喜歡的柚子榛果口味，Chef 也沒改就讓我們自己上。還有店裡的一顆 bonbon 是芝麻柚子口味，我做了黑芝麻帕林內[10]和柚子甘納許（ganache）[11]，他吃了說好吃，我們就開始賣。」

檸檬柚子蛋糕捲（Roulé Citron Yuzu）以法國人喜愛的口味改良台式生乳捲，一樣大受歡迎。（照片提供：© 陳星緯）

回台承接家業，做自己沒有包袱

在法八年，星緯給自己設定的三個目標：「代表台灣去比世界盃、在法國贏得當地的比賽、跟 MOF 一起工作」一一達成[12]，最終在 2019 年決定回台。與家人感情深厚的他表示，「我一直知道要回來，只是時間問題。父母都在台灣，尤其後期爸爸身體不好，是促使我最後回來的原因。」家中是台北天母老字號西點麵包店，我好奇回台接手家業，是否會因為商品、經營風格與過往在法國差異巨大而感到不適應，或因需要延續傳統而感到被束縛？但他表現極為自在，「遇到問題就想辦法解決。如果方向是對的就繼續執行、需要調整就修正。第二代接班永遠是最難的，做得好會被人說是前輩厲害、做不好則說是砸招牌，但我一路上過來

9 中文版《TOURBILLON：楊・布里斯的陀飛輪擠花甜點聖經》（商周出版）於 2020 年 7 月出版。

10 「帕林內」是法語「praliné」的音譯，傳統是將被焦糖包覆的杏仁或榛果磨碎成糊狀的焦糖堅果醬，現在經常可見使用其他堅果做的變化版本，例如開心果、芝麻等。

11 「甘納許」是法語「ganache」的音譯，是由融化的巧克力與鮮奶油攪拌乳化而成的一種奶餡，可以融合許多食材製作出不同口味，多用於夾心巧克力與甜點內餡。

12 星緯曾於 2018 年與甜點師蔡馥如搭檔，代表台灣參與在巴黎舉行的世界甜點藝術大賽（Mondial des Arts Sucres），可惜並未奪牌。

上　全統西點麵包店是天母老字號，至今已有 40 年歷史，深受當地顧客喜愛。

下　濃郁的原味香草布丁，是全統店內最受歡迎的品項之一。

已不需要跟別人證明我自己，就是跟自己比。」

過去設計法國人愛吃的甜點，回台轉換台式口味，他也不感扞格，「我最喜歡的是布丁和草莓蛋糕，這是我從小吃到大的，有不可取代的地位。」他提及，「之前在 Yann Brys 做過無蛋的 flan[13] 賣得很好，但在台灣卻不怎麼樣，我覺得這就是消費者還不習慣。像我以前也不喜歡氣泡水，後來越來越喜歡，但我覺得那是因為我在法國。在台灣不用強迫消費者喜歡他們不習慣的東西，可以用法國技術導入台灣的元素。」

他接掌全統，從內涵開始悄悄升級所有商品，「品牌精神沒有改變，同樣是以高品質原物料做出以健康為訴求、精緻的產品，只是我用自己的方法去做。我把西點類產品八九成都改掉了，我想要再提升原物料、加入更多自己的想法，例如舊的鮮奶油蛋糕一顆不留、植物性鮮奶油換成日本中澤奶霜[14]與動物性鮮奶油等。我覺得自己運氣很好的是，天母是一個客人素質很高的地方，他們比我還要專業，他們懂得什麼是好的產品。你肯把成本提高，客人是吃得出來的。」

星緯認為自己的作品「強調平衡」，「因為我自己不喜歡太酸的東西，現在也不會做太甜的，但又不能無意義的減糖，需要做一些調整，譬如加水果來搭配。」他觀察到市場比以往更重視健康需求，所以「盡量往無色素、無香精、無麩質前進」。他發現「店裡很多客人在找無麩質的產品，無麥麩無香精是勢在必行。雖然香精是合法的，但要減少它的比例。」無色素的門檻則較高，「我們在法國用全天然色素，但飽和度不高，而且會褪色。在台灣更難，因為成本很高、很難找。」不過，他仍想辦法突破，2020 年情人節，他推出一個無麩質、無色素的蛋糕，「以杏仁粉、榛果粉、核桃粉取代麵粉」，並以天然「紅寶石巧克力[15]」取代色素。

他提及自己開發產品，都是「做我喜歡做的、喜歡吃的東西。像我喜歡芋頭就做芋頭、喜歡無花果就做無花果，不會侷限在框框中。只要運用學到的技術加喜歡

---

13 法式布丁塔，有多種變化，巴黎最常見的版本為以酥塔皮（pâte brisée）或千層酥皮製成有深度的塔，內餡則為甜點奶餡（crème pâtissière），或澱粉含量相對較少，質地柔滑的蛋奶醬。

14 動植物混合鮮奶油，質地濃厚。

15 紅寶石巧克力（Ruby Chocolate）是由比利時巧克力品牌嘉利寶（Barry Callebaut）研發，在 2017 年 9 月推出的產品，號稱是黑巧克力、牛奶巧克力與白巧克力以外的「第四種巧克力」。廠商宣稱其天然粉紅色澤與莓果香氣，是來自生長於南美洲巴西、厄瓜多、非洲象牙海岸的罕見「紅寶石可可豆」品種，可可豆本身即色澤淡紅。但 2009 年 1 月，嘉麗寶為紅寶石巧克力申請專利權，申請中說明該巧克力為未經發酵、或發酵時間在 3 天內的可可豆生成物，其可可豆多酚含量超過一般發酵、烘乾後的豆子，再經酸性物質處理，保留原本的花青素，因而呈紅、紫色。

全統店內另一人氣商品——芋頭寶盒，將台灣人喜歡的芋頭以杯子蛋糕形式呈現，更易儲放與運送。

的食材，銷量有就可以，雖然不一定是法式甜點。」過去在法國的經驗給了他自由創作的養分，「在法國這幾年真的對我來說很重要，學到很多呈現的技法，用我喜歡的味道，而不是一定要法國或台灣的食材。」他坦言「回來台灣之後更沒包袱，因為我們從來不會說我們是法式甜點店。我只想成為一家提供好吃甜點的店。」

擔任品牌經營者，在研發以外的考驗

目前同時擔任全統的西點主廚與品牌經營者，對星緯來說是新的挑戰，「經營者跟西點主廚是完全不同的角色。所以我現在也告訴廚房裡面的人：『我雖然是西點部主廚，但現在我一腳跨在你們師傅、一腳跨在老闆的角色，不能只為你們著想，也不能只為營收著想。』」他相信「全部的產品不管你做得再漂亮、或覺得再好吃，也要被市場接受。通過市場考驗、 讓營收提高，這是最重要的。」

許多甜點店會找員工一起試吃新產品、搜集意見後修改，但星緯相信，「銷量就是最大的測試」。他從過往的經驗發現，「在 Dalloyau 時試吃會花很多時間」，於是傾向「在設定產品時聽別人的意見」，但做好後則直接「讓市場給我意見去調整，銷量不好就下架。」除了縮短產品開發流程，他也更注意生產流程的規畫，如更換設備、調整動線，甚至從改變甜點製作方式下手。過去在陀飛輪甜點店時，他便給 Yann Brys 主廚提出許多建議，「我經常跟 Yann 溝通，說：『Chef，我們不要再做那麼複雜了。應該要看該怎麼量產，不然會讓裡面的人做得很累又賺不到錢。』」

陀飛輪店內後來出現許多切片、長條型蛋糕，星緯解釋，「我們不是純粹在想新口味或新外型，而是想怎樣讓流程更流暢。」他舉例，「當然我不能替很多師傅發言，但你有沒有發現，像 Thierry Bamas[16] 或 Vincent Vallée[17] 等主廚，他們店為什麼那麼多切片蛋糕？ Sadaharu Aoki[18] 也是。切長條不見得是他們想要表現長條，單純是因為那是最好生產的方法。」同時身為主廚與經營者，他認為，「當然也不能偷吃步」，畢竟「吃的東西是不能騙人的，所以品質更要注意」，但「還是要想辦法以提高效率為出發點。」

在流程改善、產能擴張同時，他也考量人才儲備，「（這個產業中）大家都會遇到人員的問題，在人才短缺上很嚴重。我們現在還 ok，但在擴大同時，就要準備好人才，才能繼續成長。」全統的人員流動率相對低，星緯笑稱，「公司員工到職日期比我年紀大的其實滿多的。不過我回來之後確實有調整、補了一些人進來。」他提及，「因為不是只做甜點，同時還有很多事情要處理，包括人事，很

---

16 2003 年歐洲盃甜點賽冠軍（Champion d'Europe de Pâtisserie）、2005 年歐洲拉糖冠軍（Champion d'Europe du Sucre d'art）、2010 年世界冰品冠軍（Champion du Monde des Desserts glacés），2011 年成為 MOF 甜點師。

17 Thierry Bamas 的得意弟子之一，2015 年獲得世界巧克力大師賽（World Chocolate Masters）冠軍、同時贏得「世界最佳巧克力職人」（Meilleur Artisan Chocolatier du Monde）頭銜。

18 日本甜點師青木定治，過去在台灣也有分店，但於 2019 年全面閉店，現在僅餘馬卡龍、餅乾禮盒等線上訂購。

「養芋之恩」是全統2020年推出的母親節與父親節蛋糕，最上方的螺旋狀裝飾手法即為Yann Brys主廚獨創的「陀飛輪」擠花法。

繁雜。」但他在過去多年的磨練中成長，「我學會更不在意別人的看法，更能接受『不應該』，因為每個人都不一樣。我剛回來時特別兇，覺得『這樣做不行！』『應該要怎樣』，但現在不會了。不是說不在乎品質，而是不要想著去改變別人，可以改變做法或是換個人做。」

不進則退，每日工作就是最大的挑戰

如同為自己設定目標，星緯也為全統設定目標，「像2020年把產品更新、精緻化，2021年目標是希望能再整合、有更多活動。全統成立至今40週年，但希望不會因此給人很傳統的印象。它可以是很有歷史、但東西走在很前面的店。」

許多人問他是否會考慮推出自己的品牌，他與我分享，「我每天都過得很忙。對我來說，這些產品是我自己從小吃到大的，我自己設定的、我自己喜歡的，短期內不會拿一個新品牌出來，未來是有可能的」。他透露，「如果可以的話，我也不想繼續做法式甜點店，我想開一個bonbon巧克力專賣店，因為這個其實我也花了很多時間在研究。」若有機會，他希望「把全部時間花在甘納許，那是有趣又複雜的東西。甘納許真的很深奧，這也是我去法國才知道的。台灣那麼多人做 bonbons，但我們可以精確地說保存期限是幾天嗎？在法國是可以的，有一套精準的公式可以計算，但這要對原物料非常了解。」

現在全心放在經營全統，開巧克力店的夢想只能先往後延；讓他成名的巧克力、拉糖工藝也不能像以往一般頻繁接觸，但他透過教學、分享，延續自己的熱情。「穀研所的西點全修班會找外師去做拉糖、巧克力示範，我還滿常去，在那邊兩個都有教過，所以還是有機會做到。穀研所讓我可以實現平常沒機會實現的想法。」他感嘆，「30 歲時就是一心想比賽，現在就不是我的目標。但對我來說現在更難，因為每一天都是不同的比賽。」

過去在法國拚命工作、刻苦學習是為了證明自己，如今在家鄉經營父親交給他的品牌，同樣也是證明自己。或許正如星緯的選擇般，能夠將每日工作切實完成、帶領團隊通過市場考驗，其實才是身為甜點師最重要、且不可迴避的挑戰。

主廚 陳星緯（Hsing-Wei Chen）

開平餐飲職業學校烘焙西點班、法國 ENSP 國立高等甜點學院 CAP 課程、巴黎貝魯耶甜點學校長期課程

專業經歷：
台北喜來登大飯店、W Hotel、
法國巴黎 Dalloyau、Mandarin Oriental Paris、Pâtisserie Tourbillon 等

Instagram ｜ @allen7898

全統西點麵包 CHUAN TUNG

— 德行西路店
台北市士林區德行西路 70 號
(02) 2832-3699

— 天母北路店
台北市士林區天母北路 2-3 號 1 樓
(02) 2873-7898

— 天母東路店
台北市士林區天母東路 36-4 號 1 樓
(02) 2871-1041

https://www.ct-bakery.com.tw/
Facebook ｜ @chuantungshop
Instagram ｜ @chuan_tung

2-4

對「真」的渴求，以土地和世界相連

楊豐旭（Danny Yang）

TERRA 土然暨九日風創辦人、主廚
在欉紅 Red on Tree 行政主廚

「我不想要為了做而做，如果只是想要有台灣感在裡面，我覺得沒有太大意義。既然要做，就得像『可可三味』這樣，很清楚地思考它成為法式、成為一個 bonbon 到底合不合理？如果它今天吃起來就是醬油的鹹味，而不是一個 bonbon 該有的好味道，那我們就不應該做這件事。」

2021 年農曆春節假期中的台北市宛如空城，不僅路上行車幾乎絕跡，街上行人也屈指可數，這是一年一度台北難得極為安靜的時刻。不過，在溫州街的巷弄中，卻有一家外觀看來極為灑脫現代的店家，連日以來皆有人員進進出出。燈亮的時候，映照著店內大片的淺褐大地原色裝潢、閃著細細金光的展示架、氮氣壓縮機……令人十分好奇營業內容。年後收假、謎底揭曉，原來這就是九日風與在欉紅主廚楊豐旭（Danny Yang）的新巧克力品牌「TERRA 土然」（以下簡稱為「TERRA」）。

「TERRA」為義大利語的「大地」之意，直白地揭露該品牌「根基於大地」、「由土地厚植生命力」的核心精神。承接了前身「九日風」的「bean to bar」特色，但提供了更寬廣的空間與商品型態，除了巧克力本身以外，還包含飲品、甜點、餐點等，讓消費者能夠由多種角度親近、了解巧克力，自開幕以來便相當受歡迎。

從後見之明看來，Danny 在大學與研究所學的是園藝、專長為農產品加工，和後來經營水果產品（在欉紅）與巧克力（九日風與 TERRA）品牌有直接關聯，他也確實比學院派出身的甜點主廚們，更容易掌握產品製造過程中的細節；但其實從研究所畢業，到他真正進入甜點業、最後將主軸聚焦在此，中間也峰迴路轉了好幾次。

TERRA 土然粗獷又現代的店面，仿如帶著訪客穿越時空、親歷巧克力的千年之旅。

Danny 在海地時，輔導當地農民農業技術，很獲信任。（照片提供：© 楊豐旭）

研究與農業轉向，踏上甜點之路

在大學時就已對烘焙產生興趣的Danny，不但曾加入台大知名的「蛋糕研究社」，在大學與研究所期間也經常與喜愛甜點的好友們一起造訪台北名店。但他一直循規蹈矩直至研究所畢業、服完外交替代役後進入中研院，每天面對研究與機器，才「發現研究不是自己想做的事」。他開始思考，「什麼事情是自己覺得做得很開心、又能夠求得一份溫飽的？」做甜點時得到的成就感、與眾人分享的快樂於是浮上心頭。原本他也想和大家一樣前往法國如藍帶、斐杭狄等廚藝學校就讀，但昂貴的學費讓他決定「先找一個迅速存錢的方法」。在尋找各種打工機會時，他發現海外農業技術團有開缺，「運氣也不錯就應徵上了」，就這樣到了全球最貧困的國家之一 — 海地。

雖然一到海地，他便被交接的同事一路恐嚇，之後也數次被當地物資缺乏、治安不平的情形動搖決心，但最後還是順利地任務完成。兩年半之間，Danny 學會以法語和當地的克里歐語（Créole[1]）和海地的農民直接溝通，也從幾乎沒有實際種植經驗的學院派，轉身為技術團團長極為倚重的助手。他回憶，「因為海地什麼都沒有，所以回到台灣會很惜福。例如在海地一個禮拜可能供應電力就只有兩三個小時的時間，要吃什麼、買什麼東西都是非常珍貴的。回到台灣之後，發現這裡真的太方便了，會更愛惜自己的家跟土地。」

經過海地資源極為匱乏、但人生體悟卻有飛躍性成長的兩年半，Danny開始對是否要將所有積蓄一口氣花掉感到猶豫，「回來之後手邊有兩百多萬的存款，就開始想，真的要花掉去國外上學嗎？還是要直接進入業界學習？後來我選擇了第二個方案。」他得知，出國前便非常欣賞的甜點師David[2]當時在在欉紅擔任甜點主廚，便與創辦在欉紅的學弟林線取[3]聯繫，「詢問是否可以不支薪進去當學徒學習」，才終於跨入專業廚房，正式開始他的甜點旅程。

當時的在欉紅由主廚David花了約兩年的時間，針對台灣水果的特性，確立不同的處理與烹煮方式，「將家庭手工果醬進化為精品手工果醬」。除了一步步建立起科學化、精緻化的果醬生產與論述系統，從法國里昂保羅·包庫斯廚藝學院畢業歸來的David主廚也負責製作甜點。回想起David的甜點，Danny至今說起來都有些激動，他一邊搜尋著記憶、一邊用手比劃，「我其實都還記得當時他的幾個品項，像他以前有做過自己版本的歐貝拉（Opéra，即「歌劇院蛋糕」），平常是一層一層疊上去的蛋糕，但是他做成兩邊翻開的樣子、再以巧克力飾片做成書頁的紋路，之後把蛋糕包覆起來，他的歐貝拉就變成一本書。還有檸檬塔，以蒔蘿跟蘋果結合的蒔蘿蘋果塔、使用台灣栗子手打成栗子泥的蒙布朗等，都非常經典。」

創辦九日風、接手在欉紅，台灣本土甜點師的養成

30歲起步、又非科班出身，Danny深感沒有時間可以浪費，決心要在最短的時間內充實自己、迎頭趕上同一代的甜點師，於是拚命在各種學習、實驗中累積自己，

1 由於18世紀時受法國統治，當時統治階層使用的法語，和當地原住民的語言及其後外來種族的語言混合，形成一種特殊的語言，是海地的兩種官方語言之一。另一官方語言為法語。

2 前台北「La Fourvière 芙麗葉里昂教堂點心」（目前已歇業）甜點主廚，在離開芙麗葉後加入在欉紅，並與顧瑋一同發展出台灣水果處理系統，奠定當前台灣手工果醬製作法（見本書第5章第3節）。

3 在欉紅創辦人、台灣咖啡協會（Taiwan Coffee Association）與台灣咖啡研究室（Taiwan Coffee Laboratory, TCL）理事。

上　在欉紅法式果醬、茶抹醬與果凝系列。

下　TERRA 的甜點櫃中各式各樣的巧克力甜點，結合 Danny 過去向 David 主廚習來的技術與自己廣泛學習獲得的風味認識 。

幾乎沒有休息的時間。進入在欉紅一年多之後，他跟著 David 在全年季節變換中大致學習過不同水果的特性與處理方式，於是開始一天兼三份工作，「早上先去深坑的湛盧咖啡，中午去在欉紅、晚上去學長的咖啡店『配個咖啡吧』打工」。

「咖啡」在 Danny 的養成過程中占有重要地位，在他讀大學期間，第三波咖啡浪潮開始興起，台灣也逐漸出現重視咖啡豆品種、產地風土、烘豆發酵製成的獨立精品咖啡店。在去海地之前，他便是在湛盧咖啡認識了顧瑋與林繰取等人，種下日後合作的因緣；在他的回憶中，咖啡也是啟蒙他做甜點的推手之一，「想要做甜點，除了是想找一份自己喜歡、也可以溫飽的工作外，也是因為那時我在學長的店裡喝了咖啡，覺得少了可以和咖啡搭配的東西。」而從品飲咖啡習得的風味系統[4]，更幫助他日後有條理、有邏輯地去理解不同面向的風味、香氣，進而掌握花、茶、可可、酒等食材。

回憶起這段瘋狂自我充實的日子，Danny 認為，這對自己後來能夠成為獨當一面的甜點師而言非常重要。他觀察，「因為我們是從做開始學，所以很容易犯錯，很容易犯錯就會自己去找答案。學校體系出來的人，也許犯的錯會比較少，但發生的錯誤可能比較不會解決，因為大部分都是學校 Chef 給他指示，比較少自己去做功課、找答案。」

2014 年，Danny 決心要創立品牌工作室「九日風」，便一度離開在欉紅。他計畫將自己的住處改造成工作室，並向在 Flügel studio[5] 認識的雷斯理[6] 買了一台二手的中部電機半盤烤箱、請獲得紅點設計獎的朋友學弟設計品牌 logo，品牌名則由極有才華的朋友發想，將中文名「豐旭」拆開後倒轉而成，「太陽溫暖、風不受拘束、沒有限制；後面還可以延伸，太陽代表溫度、風代表空氣，都是做烘焙非常重要的。」一切就緒，他便開始製作屬於自己風格的甜點，向店家販售。一年

4 1995 年，美國精品咖啡協會（Specialty Coffee Association of America, SCAA）發布第一版的咖啡風味輪（Coffee Taster's Flavor Wheel），之後便成為咖啡杯測師與高端品鑑者廣泛使用的工具。2016 年 SCAA 與世界咖啡研究室（World Coffee Research）合作，大規模更新與調整風味輪的內容，推出含有 116 種風味的新版本。咖啡風味輪不僅科學化地將「風味」（flavor）拆解為香氣（aroma）、滋味（taste）及口感（mouth feel）三者綜合產生的味覺感受，也讓品飲者之間能夠以共通的語言溝通、描述並討論品嘗到的咖啡風味，使「品飲」成為一門能被系統化學習與推廣的學問。咖啡風味輪的應用影響諸多飲食工作者，如巧克力和台灣茶也紛紛借鑒、制定了專屬的風味輪。

5 在台大附近開業多年，以手作家常甜點聞名的咖啡館。

6 即 2007 年創立 Leslie Pâtisserie & Café 雷斯理法式甜點小館的黃安國（Leslie Huang）主廚。雷斯理法式甜點小館於 2019 年 6 月結束營業，黃安國主廚成立「雷咖哩 Les Currys」，轉身由香料咖哩再出發。黃主廚剛剛從加州的美國廚藝學院（Culinary Institute of America）學藝完成歸國時，就在 Flügel studio 和 Danny 結識，雷咖哩也數次和 Danny 合作，並在 TERRA 推出輕食。

後，九日風逐漸建立起穩定的通路、也有了一些喜愛該品牌的客人，但 2015 年年中，他卻接到了一通意外的電話，「學弟問我要不要回去接在欉紅主廚的位子，因為 David 主廚由於健康因素要離開」。由於不想放棄自己培養已久的品牌，他幾經思考，決定將九日風納入在欉紅中成為副牌，並同時經營，從此成為身兼兩個品牌的主廚 。

從生產源頭出發，果醬與 bean to bar 巧克力的共通點

外界對在欉紅的印象，多半來自果醬，但其實該品牌還有其他如法式手工水果軟糖、冰淇淋、甜點等品項，樣樣都做工細緻、口味立體。Danny 解釋，在欉紅希望能「使用台灣在地水果，以不同的方式去展現水果本身的美好與風貌，不侷限在做果醬。」不過，因為希望能真實呈現水果本身的美，在欉紅的商品「不會使用不合季節性、或是進口的水果」，每到水果產季時，都需和時間賽跑處理食材。以萬年紅酸荔枝為例，全台僅存南投草屯三棵老欉，每年採收季僅有一週，但荔枝的處理特別麻煩，需要以手工揀選、篩除不良品，接著以純手工剝皮、去核，處理果肉上的黑點等。Danny 說明，「一顆荔枝平均約 10 至 12g，手工剝皮去核之後只剩一半重量的果肉；而兩公斤荔枝果肉才能煮成 16 到 18 瓶果醬。」荔枝採收季時，員工的親朋好友們都會被徵召來幫忙，因為「有時需要一天處理兩百斤以上的荔枝，這需要六到八個人、共十小時以上的工時。」他笑稱，通常參與過一次的親友，「都會覺得一瓶賣 350 塊實在是太便宜了！」

九日風的品牌精神也受到在欉紅的感召，雖然 Danny 自承「初期時沒有清楚的定位，因為設定是『適合給商家販售的甜點』，考量耐放、適合儲運等特性，主要就是塔類」， 但「在欉紅的理念影響我很多，自己又是學農業出身，希望能把台灣食材的特性帶出來。所以就會做一些比較沒那麼有效率、但覺得一定得做的事。譬如做鏡面或慕斯，其實我們都知道買果泥，打開來加進去很方便、甚至不需要考慮裡面搾出來的纖維;如果要做鏡面，自己榨出來的果汁或是切好的果肉，裡面還是有很多纖維必須濾除。你說它做出來的效果是否有比用果泥好一點？可

上　荔枝季時，Danny 總會徵求親朋好友來幫忙處理大量的荔枝。(照片提供：© 楊豐旭)

下　在欉紅的 2021 春節水果酥禮盒，有「金鑽鳳梨酥」與以神農獎得主江再郎阿伯栽種的香蜜芭樂製成的「神農鳳梨酥」兩種口味。

能也沒有。但我還是很希望從原料開始到最後產品都是自己手作，作為九日風的中心思想。」

而九日風之所以從甜點品牌轉向為 bean to bar 巧克力品牌，則始於 2016 年前往日本參訪的契機，「bean to bar 巧克力的風潮在亞洲始於日本，我和學弟一起去日本參訪時，發現和咖啡概念類似，才開始思考是否能把巧克力當作九日風發展的主題。」他回憶，自己與夥伴們從精品咖啡講究產地、風土、發酵與烘焙技術的概念入手，發現幾乎都能與 bean to bar 巧克力直接對照，便決定開始自學製作巧克力，「比較後端的操作，像調溫這些是小事情，因為（對甜點師來說）本來就是應該要會的；在前端的部分，除了網絡上的資訊，我也看了很多書。」

Danny 觀察，當時屏東開始對可可有所著墨，只是還未成熟，他認為「九日風的優勢在於烘焙可可豆這一段。因為我們自己本來對咖啡的認識就很足夠，而咖啡也需要經過烘焙，所以我們很容易掌控烘焙對可可風味的變化。像我們團隊裡的外場、店長等對咖啡風味的認知，便有助於他們學習巧克力。在當時，你說台灣有哪個地方是真的能夠專門學習有關巧克力的知識？幾乎沒有，所以我覺得還滿幸運的，因為有前面這些原因，我們在製作 bean to bar 巧克力時可以更快入手。」

決心製作巧克力後，他便開始繞著地球跑，「我們最早是跟日本 bean to bar 的巧克力店學。印象很深是在北海道的 Saturday Chocolate，老闆非常熱情，知道我們是從台灣去的，就帶我們參觀他的製作空間，每一台機器都講得好清楚，包括產地、好不好用等；在採買機器之前，我們也去了義大利參訪全球生產 bean to bar 設備數一數二的廠商 Selmi，看那些機器怎麼樣被製造出來；我自己後來還和 Liz（飲食作家高琹雯）、Wilma（顧瑋）去秘魯上巧克力品鑑課。」

連結與創造味覺記憶、巧克力的台味詮釋

雖然巧克力後來居上，成為九日風的主軸，但 Danny 對食材來源、真實風味的講究始終未變，「bean to bar」巧克力的概念，更為他的堅持找到了著力點。他解釋，「九日風呈現的東西其實是『真』。我希望透過調整烘焙條件，呈現可可原本的風味，我很在意自己是不是有忠實的詮釋。」他再度與咖啡類比，「這跟咖啡的概念有點像，我們在烘焙時，就是很忠實地呈現出這一隻豆本身最好的風貌。」過去九日風的店內有一面巨大的黑板牆，上方畫著九日風產品中的可可豆來源，包含中南美洲、越南與台灣等。不過，Danny 的野心並不只是在搜集世界不同產區的可可豆製成巧克力，而是「自由地使用世界各地的巧克力搭配台灣的食材，發展出台灣的系列。」例如在 2018 年世界巧克力大賽（以下簡稱「ICA」）調味

TERRA 的 bean to bar 產區巧克力系列。

黑巧克力類拿下銀牌的「甘苦人生 C'est La Vie」牛蒡巧克力，是以哥倫比亞產區具堅果調性與椰子香氣的可可豆搭配台灣產的牛蒡，苦中回甘，恰似人生；而在同年亞太區決賽中同樣拿下銀牌的「黑金 Black Gold」烏魚子黑巧克力，則將台南烏魚子以高粱浸泡後去膜、烘乾、炙燒出香氣後，一半與委內瑞拉沉穩、具果香的產區可可一起研磨，另一半則在巧克力調溫後刨成細絲灑在表面，鹹香濃郁、海味鮮明。九日風自 2019 年開始發展的台灣味系列夾心巧克力（bonbons au chocolat），則由飲品與菜餚另闢蹊徑，例如以冬瓜茶、薑、茶酒搭配委內瑞拉產區可可製成的「復刻」、融入麻油、醬油、米酒、九層塔的「可可三味」以及結合花生、香菜的「花香」等，都是台灣人吃了會跌入回憶漩渦的口味。

不過，味覺的培養深受地域與文化的影響，台灣人熟悉並充滿好感的口味，不見得能夠帶給外國消費者同樣的感受。對「一開始就打算把九日風與在欉紅兩個品牌推向國際」的 Danny 來說，這是一個極為現實的挑戰。以「復刻」與「可可三味」為例，雖然兩者在 2019 年的 ICA 亞太區決賽中獲得銀獎，但是否能在國際市場上一樣受歡迎？外國消費者們是否能因此分辨出「這是台灣的味道」則是另一個層次的疑問。Danny 對此有自己的看法，他認為在做出台灣味之前，需要先回到巧克力本身，「九日風是以巧克力作為載體去呈現其他的風味。我不想要為

九日風在 ICA 中得獎的台灣味商品如甘苦人生、黑金、萬靈丹等，由 TERRA 完整承接。

了做而做，如果只是想要有台灣感在裡面，我覺得沒有太大意義。既然要做，就得像『可可三味』這樣，很清楚地思考它成為法式、成為一個 bonbon 到底合不合理？如果它今天吃起來就是醬油的鹹味，而不是一個 bonbon 該有的好味道，那我們就不應該做這件事。」

他對「台灣味」的詮釋，也針對不同的目標消費者分為兩個層次，「台灣味對我來講，是一個呈現的方式，但它不是我想要強調、去追尋的東西。我會希望台灣人吃到這樣的味道後會勾起某段回憶，觸發『現在好想去吃三杯雞』的想法，它是一個記憶的聯結；如果今天是一個國外的朋友來，當下這個味道對他來說可能很陌生，從來沒有吃過、從來不知道原來醬油跟薑、米酒跟九層塔可以用這樣的型態結合，但或許未來某一天，他在其他地方吃到時會想起：『喔，這個是我在台灣感受到的東西』，我覺得這就是成功的。」

除了自己的品牌，Danny 也與許多餐飲圈的朋友合作聯名商品，其中和老友顧瑋合作開發的「COFE 喫的精品咖啡」、「COTE 喫的台灣茶」，是他認為「最艱難的挑戰」。 要把原本巧克力中的風味來源 — 可可置換為咖啡與茶，製成如巧克力般的固態產品，需要長時間將茶與咖啡和可可脂一起精煉成混合漿液再調溫，

TERRA 的 bean to bar 產區巧克力系列。

時間長了香氣容易在高溫下佚失、時間太短又無法融合；調溫也是難關，因為缺少可可固形物，可可脂的比例較高，需要比一般巧克力降到更低的溫度才能形成結晶；COTE 系列還需在不使用奶粉的情況下平衡茶葉的澀味、降低台灣可可脂豐厚的發酵風味[8]，他和顧瑋無數次激辯、重做，慘烈的過程至今記憶猶新。

不過，將不同種類的台灣茶以可可脂低溫油萃，再以黃豆粉包覆澀味、穩定質地，並加入少量冰糖調味製成的 COTE 最終成品，在近幾年的 ICA 比賽中表現特別耀眼，以台灣茶變化多端的溫婉深邃風味降伏外籍評審。他引用江振誠主廚過去接受《好吃雜誌》訪問[9]時提出的看法，認為「台灣味已經走過定義的階段，下一步要朝向『到底要用什麼方式去表現台灣的精神』思考，而不是只是把台灣食材

8　黑巧克力的基本組成為：可可、可可脂（beurre de cacao）、糖；牛奶巧克力再加入奶粉；白巧克力則完全沒有可可成分，僅有可可脂、奶粉與糖，因此嚴格來說並不算是真正的巧克力。COFE 與 COTE 系列商品則因為以咖啡和茶替換可可，被視為白巧克力品項。不過，如同品名「喫的精品咖啡」、「喫的台灣茶」所昭示，COFE 與 COTE 是將兩種飲品改為以「吃」的形式呈現，因此並未使用奶粉，也盡量降低可可脂的特殊油膩味，概念上更接近「固態咖啡或茶」而非「咖啡或茶風味的白巧克力」。

9　見《好吃雜誌》第 36 期〈江振誠專訪——台灣味論壇，六年的前與後〉。

加進去」。他進一步闡述，「很多外國人吃到COTE時大為驚豔，其實他們一直都認識、知道茶的味道，但是他們沒有想像到原來茶可以換一種形式去展現。顧瑋把台灣茶又再往上提升了一個層次，所以我一直期待COFE可以有更好的發展，尤其是世界性的。」

與土地相連，在地風物的寬廣未來

2020年年底，由於九日風門市的租約到期，Danny在反覆思考後，決定打造新品牌TERRA土然，「因為工作室的型態發展有限，我們花了很多時間跟很多chef、甜點師、酒吧及品牌玩了很多合作，但因為缺乏讓消費者可以好好體驗的空間，其實很可惜。」TERRA提供多種豐富的巧克力產品型態，也花了許多心思設計「讓消費者想要進來」的空間。九日風「希望外國朋友來台灣，想到bean to bar巧克力，就會直接想到九日風」的雄心壯志將由TERRA承接，「把巧克力的美好傳遞給更多人」，即使原本「不喜歡巧克力的朋友，也能重新認識」。

另一方面，在Danny領導下的在欉紅，也有長足而深厚的進展。他以自己的農學背景、食品加工專長科學化地完善了在欉紅果醬的製程；也以虔敬的心每年走訪產地，不僅公開在欉紅的水果來源、也記錄下辛勤揮灑汗水的農友身影，建立起甜點師和農民之間的橋梁。由於果醬利於儲放與運輸，在欉紅在國際上也有不小知名度，如2016年被收錄至*Louis Vuitton City Guide Taipei*、2017年獲邀東京國際食品展FOODEX JAPAN、上海簡單生活節參展、2020年在英國時裝周成為首罐登上伸展台的果醬等。2021年，他們也隨著台灣選物品牌「神農生活」在日本大阪近鐵百貨本店展店，正式進軍日本。

從園藝到甜點、從在欉紅到九日風、TERRA，從海地、日本、義大利、秘魯等地再到台灣，Danny看似複雜的軌跡，其實從未偏離腳下的土地；若能忠實展現那份與大地相連的深厚情感，想必也能超越國界、感動不同的味蕾。

在 TERRA 可以品嘗到不同產區可可製作成的氮氣巧克力，以現代科技重新詮釋數千年前風靡眾生的可可飲。

主廚 楊豐旭（Danny Yang）

國立台灣大學園產品及加工研究所、義大利 Carpigiani Gelato University 義式冰淇淋進階專修課程修業

專業經歷：在欉紅、IICCT 巧克力品鑑課第一級、第二級通過、ICDF 國際合作基金會約聘食品加工計畫專家

Instagram ｜ @danny_yang_patissier

TERRA 土然巧克力專門店

台北市大安區溫州街 7 號
(02) 2363-6355

Facebook ｜ @TERRA.BeanToBar
Instagram ｜ @terra_beantobar

在欉紅 Red on Tree

新北市新店區北新路三段 213 號 1 樓
(02) 8911-5226

Facebook ｜ @redontree
Instagram ｜ @red_on_tree

Chapitre 3

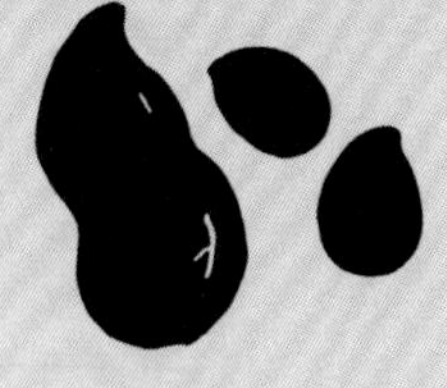

台灣風格

台灣味的形塑

台灣風格、台灣味的形塑・緒論

曾經有國外居住經驗的人，多半有過以下遭遇：同學或朋友們決定要開派對，每個人要做一道家鄉菜帶來和大家共享，順便介紹家鄉的飲食文化。那麼，你會選擇做哪道菜？又會怎麼訴說家鄉的故事呢？面對朋友們詢問「這就是台灣的味道嗎？和中國菜有什麼不同？」時，你是怎麼回覆的呢？

混雜的身世、交融的文化，我是誰？

台灣是一個充滿移民與不同文化的島嶼，我們之中大部分的人都是這片土地的外來者。歷經兩波主要的移民潮[1]、不同政權的更迭，不同族群可能有著截然不同的家族故事，飲食記憶也大不相同。飲食研究學者陳玉箴在《「台灣菜」的文化史 — 食物消費中的國家體現》[2]中分別探討了日治時期、國府威權、民主化等時期中，不同階級與行為者間對「台灣料理」、「台灣菜」的製作、消費、展演，如何讓「台灣菜」產生了豐富多元的景致，最後以「玻璃沙拉罐裡的台灣菜」作結，將「台灣菜」比喻為「一個貼了標籤的空瓶，在不同的歷史時期，不同的台灣住民在其中填入不同的內容，定義者則在外面的標籤寫上不同的名字」，「不僅標籤上的名稱無法代表全部的瓶中內容，標籤上對於瓶中內容物的說明文字，更因為掌握詮釋權力者的不同而呈現差異」，直指台灣菜從「名稱」到「內涵」都在持續變動，因而難以定義的複雜面貌。

由於歷史複雜，台灣的國族認同也始終曖昧，要選出代表台灣的「國族菜」格外困難[3]，這也是為何「台灣味」的議題始終在飲食圈內熱度不墜。「誰能代表台灣？」、「誰的味道是大家都認可的台灣味？」、「真的有大家都認可的味道嗎？」都受到熱切的討論。

「自我」的建立與完善，來自於意識到「他者」的存在、並找出差異，將自我與他者區分開來。「國族」與「國族性」建立與此相類，但範圍從「自我」與「他者」擴大為「我們」與「他們」。台灣人如此熱切地希望找出「屬於台灣」、甚至「僅屬於台灣」的特殊味道與菜餚，其實是希望回答「我是誰」與「我們是誰」，其中也隱含了「我們是不是能成為同一個群體」的疑問、希冀與焦慮。

台灣在飲食文化上繼承與混雜了多種不同的源流，因此難以與中國切割、甚至與日本分別的情形，在飲食場域中極為明顯。在國際交流極為頻繁的當下，無論是台灣品牌前進海外，「台灣」作為招牌吸引外籍消費者與工作者，或是參與國際競技，如何找出自己的定位，傳達「來自台灣」的訊息，確實值得本地的餐飲人們深刻思索。

「台灣味」的表現方式

如同台灣的主廚們在做菜時，對「何為台灣味」有不同的見解，台灣的甜點主廚們也有各自不同的看法。其實，如同前兩章中反覆強調的，法式甜點的本質其實是舶來品，無論是食材還是製作技法都是外來的，要在本地生根發展，本來就需經過調整與改變。基於品質、產季、取得便利性、符合當地消費者口味等因素，使用本地產的食材，是最直接、也最初步的做法；消費者對新品的要求、在市場競爭中建立獨特性、甜點師自身的創作欲望等，則會進一步驅動創新的發生。然

---

1 17–19 世紀間（大約是明末至清代）與國共內戰的 1945–1949 年間，台灣有兩波主要的漢人移民潮。第一波移民主要來自福建、廣東的閩南與客家人，另外也有江蘇、浙江、山東等地人士；第二波移民的組成則更為複雜，來自中國各省份。

2 陳玉箴，2020，聯經出版。

3 《「台灣味」的文化史》第 1 章〈序論：台灣菜的文化史〉中，詳盡解釋了國族、國族性與國族菜的概念。「國族性」使「國族」可與其他群體區別，是歸屬感的來源，也是排除他者的根據，簡單來說，便是區分「我們」與「他們」間的界線。而「國族菜」則是被鑲嵌或賦予了「國族性」的特定菜餚，同樣也被視為劃分「我們」與「他們」之間的界線。（頁 23）

而，大部分的創新都奠基於過往的積累，從生活與經驗中尋找靈感非常自然，於是風味組合的變化、外型設計等，便會反映創作者的閱歷與飲食脈絡。再往前走一點，甜點創作同樣也是藝術創作的一種，甜點師能藉著作品設計傳達自己對某個事件、議題的感悟，甚至是對環境、社會、未來等的思考與關懷。在這樣的考量下，台灣主廚製作出的法式甜點，自然會與法國主廚完全不同。「台灣味」也就不僅侷限於「味道」，還包含「概念」及「風格」，「態度」與「觀點」。

本章中的四組受訪者，就分別呈現出幾種相異的台灣味詮釋途徑。以台灣傳統糕點「紅龜粿」為靈感創作法式慕斯蛋糕「紅龜」聞名的菓實日 Kajitsu Pâtisserie（以下簡稱「菓實日」），擅長結合本地飲食、文化傳統，以台灣小吃滷肉飯為造型創作的「滷肉飯」，不僅加入八角、香菜等風味，使用地瓜與肉鬆，還結合「大口扒飯」動作，使得品嘗法式甜點的行為本身也染上了台灣庶民氣息。其他諸如台灣島嶼造型的「人之島」、為艋舺青山宮設計的「斷開糾紛餅」以及台灣國民飲料——珍珠奶茶反轉法式經典甜點聖多諾黑的「珍珠半糖去冰」，皆是以本土文化反向擴充，甚至改寫「法式甜點」內涵的精彩案例。

與此同時，也有堅持呈現「法式傳統、美學與味道」，但加入「個人特色」、自然反映「台灣脈絡」的品牌。Quelques Pâtisseries 某某。甜點（以下簡稱為「某某」）的主廚賴怡君與品牌主理人 Lynn Lin 觀察到，「聖多諾黑」是法國每一家甜點店都會有、但是每一個主廚都會盡力做出不同特色的品項，於是為此設計了獨一無二的造型，並將其作為某某的招牌品項之一。除了經典的大溪地香草口味之外，也會隨著季節變化，加入本地的特色水果與茶飲，諸如「紅心芭樂高山烏龍」、「芒果椰奶」、「大吉嶺紅茶香蕉」等。而配合本地消費者「慶生」的大蛋糕需求，她們製作字母、星座、注音符號等造型的聖多諾黑，引起轟動與諸多仿效，同樣是本地飲食脈絡擴充舶來品內涵的實例。

對某某的賴怡君與 Lynn Lin 來說，這些做法都不是為了強調「台灣味」或「台灣身分識別」而做，僅是忠實地反映了兩人的所思所想。而以盤式甜點及全甜點套餐出名的 HUGH Dessert Dining（以下簡稱「HUGH」），則以數道重新詮釋台灣手搖飲品、傳統甜湯的作品呼應了某某的看法。無論是轉化深受不同世代台灣人喜愛的「冬瓜檸檬」創作出的「冬瓜果膠、柑橘冰沙、自製冬瓜糖」、還是現代外表中包藏著傳統內涵的「仙草茶、黑木耳、洋薏仁、蕎麥」，或是呈盤設計與口味有極大反差的「白木耳白酒凍、桂花白巧克力慕斯、桂花泡泡、風味白酒雪酪、糖漬枸杞」，其實都是主廚鄭為修與品牌主理人應庚宏的生長記憶之一。他們無意藉此宣告自己的出身來歷，而僅僅是以過去所學的純熟歐陸餐飲技法，呈現生活中的一景。

將茶飲結合法式甜點的 One Tree Hill Taipei（以下簡稱「One Tree Hill」）則是以嶄新的「茶甜點」形式，在台灣特色與法式手法間，開闢了全新的發展領域。兩位創辦人甘碧華與林衍成皆有法式精緻餐飲的背景，和直白地將「台灣食材」、「台灣風味」融入甜點中不同，兩人選擇以法式甜點的技法與概念結合茶飲形式來表現台灣風格；店內作品則一律使用手工茶葉沖泡，為傳統工序賦予了現代意義，和使用碎茶、香精的手搖飲有著根本上的差距。無論是融合「吃」與「喝」，抑或將茶文化現代化，茶甜點都為「台灣味」創造了更寬廣的表現空間。創辦人之一的林衍成來自新加坡，以台灣以外的華人[4]視角，提供了深入思索台灣特色、豐富本地文化內涵的機會，值得與第五章的討論相互對照。

---

4 「華人」含義廣泛、曖昧，可泛指全球中華民族的後裔或非中國國籍的華僑及其後裔，甚至是認同中國文化者。但由於英文的「華人」和「中國人」皆為「Chinese」，除非特地以「ethnic Chinese」、「Pan-Chinese」或「culturally Chinese」等說明種族與文化認同，否則難以區分。「Chinese」的模糊性本身就是學術與政治論戰的焦點，台灣人是否能以華人涵蓋也爭議頗多。因討論篇幅過大，本書暫不處理，有興趣的讀者可自行深入研究。

「台味」是否能成為可供辨認的風格？

如果觀察日本甜點師的法式甜點作品，很容易可以發現一股特殊氣質存在，除去使用抹茶、柚子、黑芝麻等代表性食材，即使是徹頭徹尾的經典法式甜點，也能一眼辨識出其中纖細、清澈的日式風情。與法國人較為華麗、複雜、雍容的風格相較，日本職人手下的作品多半更洗鍊輕簡、小巧可愛，且即使是不同的品牌，在裝飾技法、配色與尺寸上也散發著某種協調與一致。我始終好奇這種風格形成的來由為何，也想知道是否有「台灣精神」、「台式神髓」的存在，於是在訪問中詢問了多位受訪者的意見。

過去我認為所謂的「日式風格」多半源於日本獨特的美學觀，但對日本烘焙業更為熟悉的李依錫師傅（Le Ruban Pâtisserie 法朋烘焙甜點坊），卻指出這和日本政府針對「殘業」（加班）的規定有關，「法國用色比較大膽，形狀很強調藝術感或強烈的個人風格，可是日本就不會，日本人強調協調性。尤其是這幾年，因為加班的問題被重視，所以他們變成很多東西是切片、簡單的裝飾就好了，在人工上面有很大的改善。從以前到現在日本的甜點店就沒有加班費這件事，就是六點到晚上十點、或要到做完為止。現在政府重視這問題，所以希望它改善。它還是不給加班費，但希望他們下班時間早一點，所以很多蛋糕變成切片、模具減少使用。」

某某的兩位創辦人也提出相同的看法，Lynn Lin 與賴怡君觀察，在日本調整勞動法規後，日本的甜點業開始「做現成品或製程上的調整，譬如不每天做新鮮的塔、或再也不分蛋」，也「簡化裝飾、淋面等，所以有『裸慕斯』出現」，和「法國人都很厚工，每一個蛋糕都做淋面等裝飾」大不相同。菓實日的曹羽君與周轀豐，也從日本甜點店的價格設定考量，為日本的法式甜點尺寸提出解釋，「日本主廚做的冷藏蛋糕尺寸都偏小，因為他們的定價其實也滿便宜的。小蛋糕大概都 400 塊到 500 塊、頂多 600（日幣）。他們的時薪大概 1,000 日幣。就算時薪比較低的人也可以買兩顆蛋糕，而且大師的店大概也是這樣的價錢。」

不過，即使揭祕了部分「日式風格」的形成來由，仍然不能忽視其效果：高識別度與容易辨認來源地的代表性標誌（icon），無論是食材或風格，對國際市場的溝通與宣傳極為有利。那麼，台灣的甜點，是否也有機會呈現具識別度的風格或整體印象呢？以菓實日的「滷肉飯」為例，在八種層次中展現了法式甜點多種層次、口感對比的特色，同時融入台式混搭精神，並結合在地獨有的風味組合與飲食脈絡，澎湃、自由、彈性。對「混」如此坦然自若、玩轉於心的態度與觀點，是否有可能為台灣開闢出一條有別於日本的路？

另一方面，若是從某某和 HUGH「結合法式訓練與台灣飲食記憶」的創作方式來思考，台灣水果、茶飲、手搖飲文化等元素，是否有可能在越來越多台灣甜點人得到關注後，形成一幅更為清晰、更具指標性的圖像？ One Tree Hill 的案例，則為我們在手搖飲和傳統茶文化之間，指出了第三條路的可能。若跳脫廉價、快速、大量的製作邏輯，以精確、精緻的法式甜點、餐飲觀點，克服傳統茶文化現代化的挑戰，發展更多對飲品、甚至冰品具深入思考的作品，創新的茶甜點，是否有機會成為建構「台式甜點」的主力、甚至成為世界嚮往的對象？

台味甜點 VS. 我的甜點

縱使我們都希望「台灣」能有一天在國際舞台上成為獨樹一格的存在，但對這些主廚來說，腦海裡湧起的日常片段、飲食經驗、童年記憶，市場上出現的食材、路邊的手搖飲，甚至皮膚感覺到的濕度與熱氣、鼻腔中充盈的氣味等，都是組成「自己」的一部分。以此創造出的作品，既是自我的延伸，也是生活的切片。「成為國際品牌」容或是遠大的目標，但在每一日的實踐中，忠實地呈現自己的思考與感受，不見得非有「讓世界看見台灣」的前提；創造出忠於自己信念、消費者喜歡的作品，也不必考慮「台不台」。與其執著於做出「台味甜點」，或許不如做出「我的甜點」來得更自然而然、腳踏實地。而對生活、家鄉的真摯感情，總能超越文化與國界，與人直面相對。

更進一步，若回歸到日常的生活體驗，在台灣與在中國、日本顯然不可能相同。One Tree Hill 的創辦人林衍成便清楚地點出，「無論是亞洲味還是台灣味，屬於這個地方的人，要先為自己所在的地方感到驕傲」，如果我們的確生活在同一片土地上，一起經歷過、也同樣珍視那些點點滴滴，我們就有機會真正成為「我們」；「我的」甜點也有可能在哪一天變成「我們的」甜點。在此當下，「台灣味」是尋找的過程。縱使當下沒有答案，尋找、實踐的行動本身，就是一種姿態與宣告。

3-1

台味形、意、神，傳統在現代裡的安身之處

曹羽君｜主廚
高韞豐（Evan Kao）｜品牌主理人

菓實日 Kajitsu Pâtisserie

（左）高韞豐、（右）曹羽君。

「光台灣文化本身的定位就有點困難，因為我們就是移民社會啊！所以到底什麼是台灣文化，（定義）這件事情就超級困難，所以我們也都一直在思考到底如何定位台灣文化，然後又把它融合在甜點裡面。」

2015年，我剛剛結束在巴黎莫里斯酒店（Le Meurice**）的實習，正在思考下一步，剛好在同學 Sugared & Spiced 的部落格上看到她在台北拜訪菓實日的紀錄，對這個小小的甜點工作室產生了興趣。文中提到「青山抹茶糖漬金桔磅蛋糕」，是以菓實日附近的艋舺青山宮[1]為創意發想，在墨綠山形的磅蛋糕中揉入糖漬金桔，並在頂端淋上由抹茶白巧克力製成的淋面、加上珍珠糖裝飾。那時候的我剛剛開始想要自己「創作甜點」，試著把自己腦子裡覺得搭配的風味組合、想要表達的概念透過甜點呈現，也曾經試著使用紅豆泥取代糖漬栗子泥重新設計蒙布朗，並灑上抹茶粉，命名為「Mont. Jade」（玉山），但從來沒有想過，原來法式甜點還能夠與台灣的傳統文化結合。

後來幾年，我一直關注著菓實日的作品，並為其心折不已。如果說巴黎有日式銅鑼燒店 Pâtisserie TOMO 作為日法甜點水乳交融之作的代表[2]，菓實日便似乎象徵著法式甜點真正能在台灣生根、與在地庶民文化結合開出的芳草奇卉。TOMO 以法式甜點技法重新詮釋日式甜點，外型融入了銅鑼燒與法式經典，如巴黎．京都（Paris-Kyoto）[3]、檸檬塔、反轉蘋果塔、日本威士忌巴巴（Baba au Whisky）等，口味也兼有兩者之長；菓實日則不受限於單一類型糕點，無論是法式蛋糕，還是泡芙、小點（petits-fours），在他們手中都玩轉自如。

菓實日代表作「紅龜」以法式甜點的手法重新詮釋台灣傳統糕餅「紅龜粿」，不只是採用了傳統的外型，其組成結構一樣是將傳統消化後轉變而來，譬如以紫米甜酒釀製成酒釀慕斯保留傳統米製糕點的脈絡，中間的紅豆餡以萬丹紅豆搭配法國發酵奶油手工自製，外層的鮮紅淋面則以天然的莓果果泥與紅麴替代傳統的食

1 創建於 1856 年（清文宗咸豐 6 年）的艋舺青山宮，為直轄市定古蹟之一，與艋舺龍山寺、清水巖、西門町天后宮並稱「艋舺四大廟」。主祀青山靈安尊王為福建泉州府惠安縣青山宮的鄉土守護神，是艋舺居民為了弭平此地於咸豐 4 年發生的瘟疫而分靈來台。每年在青山王壽誕日前都有隆重慶典，例祭中的正日（農曆 10 月 22 日）的迎神是萬華區年中慣例最盛大者，稱為「艋舺大拜拜」，名列台北市三大廟會之一。

2 參見《法式甜點學》頁 156、241、336、337。

3 以銅鑼燒餅皮取代環形泡芙，轉化巴黎．布列斯特泡芙（Paris–Brest）。

左　以「艋舺青山宮」為靈感的青山抹茶糖漬金桔磅蛋糕，後來調整取消了頂端的淋面，視覺上更為洗鍊。（照片提供：© 菓實日）

右　菓實日與台灣在地精神相連結的各種作品，包括：台灣花磚系列常溫小點（蛋白霜餅、餅乾、費南雪〔financier〕）、斷開糾紛餅乾、滷肉飯、紅龜。

用色素，兼具美觀與健康。「紅龜」之後，菓實日陸續推出「人之島」、「珍珠半糖去冰」、「滷肉飯」等，還為艋舺青山宮設計了「斷開糾紛餅」與「諸事棒蛋糕」， 儼然成為以法式甜點傳承並推廣台灣傳統文化的代表，更在 2020 年受邀參與國慶酒會，將極具識別度的招牌作品介紹給總統與外賓。

設計出這些甜點的曹羽君[4]與高韞豐（Evan Kao）夫妻，原本都不是學甜點專業出身。羽君在台大心理系實習時，發現自己容易過度與諮商個案共感，不適合繼續投入心理諮商的領域，因而畢業之後花了一段時間尋找適合自己的新方向。她回憶自己大學畢業、在政大擔任研究助理時「沒什麼目標，下班唯一的樂趣就是

左　菓實日的代表作「紅龜」，傳統糕餅外型下，其實是一個法式慕斯蛋糕。圖中是 2020 年母親節限定版本，和好食光 Keya Jam 合作，以紅心芭樂果實醬取代紅豆泥、加上覆盆子果醬、杏仁蛋糕，底層並以 Ruby 紅寶石巧克力杏仁角淋面批覆。

右　「紅龜」2020 母親節限定版本切面。

買蛋糕」，對當時迷惘的她來說，「甜點也是某種程度的安慰和陪伴」。她想起自己從小就喜歡手作，過去製作草莓鮮奶油蛋糕得到媽媽的稱讚、為哥哥煮飯、和阿嬤一起包粽子的片段，都是印象最深刻、也最快樂的回憶之一，因此決定轉向擔任甜點師。韞豐則是從長庚大學化工系轉到工業設計系，接著在工業設計研究所研究互動藝術畢業、並有設計業界的實務經驗。過去羽君在為了轉換跑道苦惱、以及現在產品設計、研發階段時，都有他的支持。

---

4 曹羽君的綽號是「饅頭」，許多客人、課程學生和圈內朋友都親暱地稱呼她為「饅頭主廚」。

從選址開始，和在地產生連結

和台北市其他法式甜點店皆在市中心設點不同，菓實日創立早期的工作室與現在的店面，都位於萬華。轀豐敬佩法式甜點背後深厚的歷史與傳統，「覺得甜點這種東西應該是跟文化比較有關係」，也希望自己能夠透過設計與轉化的方式，保留台灣傳統文化素材，而位於台北舊城區的萬華，便成了菓實日生根的首選。

看似靦腆的轀豐，其實對台灣的糕餅文化、傳統習俗與現代設計都有不少研究，謙沖的談吐間帶著自信。他談起菓實日創立初期設計的「青山磅蛋糕」，其實是因為無法坐視傳統逐漸從現代生活中流失：「因為我覺得那一區有點可惜，很多觀光客可能對龍山寺比較熟悉，可是我們（工作室）旁邊貴陽街的青山宮也有數百年的歷史，但沒有得到相同的關注。這一兩年才開始有比如像立委林昶佐辦音樂會、青山祭等等的活動，這個區域才慢慢被人家知道。」在青山宮「完完全全沒沒無名」的時候，菓實日做了青山磅蛋糕，「其實很單純的，只是一個造型，是山的形狀，我們想說就在青山宮的門口發送，送了 100 個。然後我們就跟我們的粉絲說，希望大家可以來這邊走走。」輕描淡寫的幾句話中，其實藏了兩人希

夫婦倆曾接受《La Vie》雜誌 2019 年 5 月號「信仰的設計，眾神接招」專題訪問，與編輯團隊在青山宮前合影。（照片提供：© 菓實日）

望能夠藉由甜點讓更多人了解街區裡深厚歷史的初衷，因為他們其實不是只送磅蛋糕，「我們做了一個散步地圖，放了這條街的布店、紅龜粿店、涼粉店、青山宮等大概10個景點，他們（參加活動的粉絲們）拍照發給我們看，就換甜點」，羽君補充。

由議題出發，以「外型」、「記憶」、「行為」設計台味甜點

每一個甜點主廚在發想作品時，都可能有其步驟與邏輯，有的主廚從食材出發，希望能夠以不同的元素、口感、質地等去呈現特定食材的不同風貌；也有的主廚會設法將自己記憶中的味道以現代的技法重現；還有的主廚會從生活、旅行中的所見所聞出發，試圖從外形、顏色、風味等面向捕捉當時的印象或感受。菓實日的作品設計，則相當有趣地從「議題」出發，「像『滷肉飯』的產生，是因為之前非洲豬瘟的關係[5]。那時候很多人從中國帶肉乾、香腸回台灣，我們覺得怎麼大家都不珍惜（台灣的產業和文化）呢？所以就把甜點做成滷肉飯的造型，希望大家可以注意這件事。」韞豐說明。「人之島」的創作，則來自於他喜愛的樂團「青春大衛」的同名歌曲，「那首歌在講的就是社會底層的人，加上我們是在萬華，有認識一些在地的協會，我們那時候覺得，其實在台灣這個島就是像一艘船一樣，大家同在船上，不要分得那麼清楚。[6]」

5 2018年年末，中國大陸非洲豬瘟蔓延，擴散波及至周邊國家，包含台灣在內的許多國家紛紛宣導禁帶豬肉製品入境，但仍有許多旅客試圖闖關。台灣將防疫工作上升為國安層級，防檢局主秘鄭純彬公開提醒，若非洲豬瘟在台灣爆發，不只將使豬隻減少、產業損失慘重，民眾也可能有段期間不敢食用豬肉，平民美食滷肉飯將受到嚴重衝擊，甚至「可能會消失」。網路上因此有人發起「滷肉飯防衛戰爭」。（參見《自由時報》〈網友崩潰！非洲豬瘟若襲台 防檢局：滷肉飯可能會消失〉報導，2018/12/14）

6 萬華區長期為台北市最貧窮的行政區，可支配所得經常居於台北市12個行政區之末（資料來源：臺北市家庭收支訪問調查報告），加上社區老舊、過去還有紅燈區與幫派問題，長期給人陰暗的印象。台北市政府還曾於2011年12月，應當時的市議員應曉薇要求，安排公園路燈工程管理處在寒夜於萬華艋舺公園噴灑冷水，驅散龍山寺前聚集的遊民，引起正反兩方巨大論辯。（參見《蘋果日報》〈寒夜 噴冷水驅遊民 這樣的市府和議員 你們太殘忍〉報導，2011/12/25）

希望能夠喚起台灣人「珍惜在地飲食文化」意識的「滷肉飯」。

從議題發想之後，兩人再試圖從「外型」、「記憶」、「行為」幾個方面切入，設計甜點作品。「因為對一般大眾來說，外觀就是會更直接」，羽君解釋，對一般消費者來說，最先接觸到的就是甜點的「外型」，「如果連一開始都引不起興趣的話，就沒辦法」。韞豐進一步說明，「『紅龜』、『人之島』就是一個台灣的具象。其實我們那時候也考慮過是不是要抽象一些些，採取形式、形而上的台灣精神等等，但這樣最後販賣時會有點困難，太抽象一般的人看不懂。」再以「珍珠半糖去冰」為例，其實是經典法式甜點「聖多諾黑」的重新詮釋（revisite），但韞豐觀察「其實幾乎沒有會說：『哦，這個是聖多諾黑！』的客人」因此以聖多諾黑上小泡芙圓滾的形狀、焦糖口味試圖連結台灣的珍珠奶茶印象，降低與消費者之間的距離感，設計出黑糖甜點奶餡搭配阿薩姆紅茶香緹鮮奶油（crème Chantilly）、中間藏了珍珠粉圓的聖多諾黑，以「固態珍奶」的方式呈現這款法式經典，並命名為台灣人都熟悉的「珍珠半糖去冰」，「而且它香緹的部分是茶

「人之島」試圖傳達「同舟共濟」的感悟。

色的，搭起來比較 make sense（合理）。」

「記憶」擷取了大家熟悉的味道與造型，「紅龜」、「滷肉飯」、「珍珠半糖去冰」等，從外型到風味都可能勾起你我的回憶，如「紅龜」中的甜酒釀、紅豆餡；「滷肉飯」中的八角與「珍珠半糖去冰」中的黑糖珍珠。至於「行為」就更進一層，試圖將日常儀式化的行為滲透入作品的設計中，如「滷肉飯」承裝在碗中、需要以手捧起靠近嘴巴，再以叉子或湯匙挖取品嘗，與平日吃滷肉飯時豪邁大口扒飯的動作重合。韞豐提到自己最崇拜的日本設計大師深澤直人[7]，「他的設計

7 日本當代活躍的產品設計師，目前擔任無印良品 MUJI 的設計師，也擁有自己的設計公司 Naoto Fukasawa Design。他本人解釋自己簡潔純粹的設計風格為「without thought」（無意識設計、直覺設計），將無意識的行為轉化為可見之物，注重物與環境、文化之間的關係。

比較講求一些形式上的概念，比如說他的產品會希望在設計時，用形狀引導使用方法。比如說為什麼茶壺要有這個把手，它也可以不要有把手，可是有把手，你就會不自覺的去握它、使用它。這些概念在我們設計甜點時，也都會慢慢帶入。」

除此之外，菓實日也會在作品「命名」上用心，引起消費者興趣。「珍珠半糖去冰」融入了台灣人再熟悉不過的手搖飲料店點餐場景，「家吶子」則是以菓實日所在地南萬華的平埔族語舊稱「加蚋子 Ka-lȧh-á」為名，羽君解釋，「它是一個泡芙，有些客人會問說為什麼叫做「家納子」，我們就會跟他解釋說加蚋是萬華

上　在菓實日被叫做「珍珠半糖去冰」的黑糖阿薩姆紅茶聖多諾黑。（照片提供：© 菓實日）

下　藉由甜點記錄當地歷史興衰的「家吶子」。（照片提供：© 菓實日）

以前的地名，而為什麼做茉莉花口味，是因為以前這邊是茉莉花田[8]等等。」

由以上方式設計出的甜點作品，不僅能引起年輕朋友的興趣，也提升了長者對法式甜點的接受度，韞豐說明，「我們原本也沒有想過做紅龜粿這樣的造型，可能會產生什麼樣的效用，但我們一直都比較希望來店裡面的，不是追求很流行甜點的年輕人，而是一些有點年紀的長輩也能來。我們之前也有 60 歲的媽媽，推著阿嬤過來過生日。這樣子的產品似乎有達到我們的一些目的，像是希望可以把法式甜點介紹給台灣人。」菓實日的努力在這幾年中慢慢見到了成效，羽君回憶，紅龜慕斯蛋糕「有公廟跟我們訂過、媽祖生日也有買過」，「這也是我們做的東西稱得上有點意義的地方，把原本舊有的（文化、糕點）重新轉化」韞豐補充。

以產品設計、空間與服務方式深入庶民生活

自從駐地在萬華後，菓實日也積極地參與當地街區的保存與復興活動，例如加入「我是萬華人」社團，了解當地發生的大小事，參加聚集了南萬華東園街區在地店家、社區居民的「拾光市集」，還有響應「台灣美化協會」的街道清掃活動等。而來到菓實日，最令人印象深刻的，除了別出心裁的台味甜點外，或許還有這家店和左鄰右舍之間緊密的互動。在訪談期間，就有隔壁的阿姨前來詢問目前的營業狀況，羽君笑著和我解釋「平日阿姨對我們諸多關照，我有時烤了瑪德蓮也會和她分享」。

除了 60 多歲的顧客推著阿嬤來讓她感動，她和韞豐也發現附近的媽媽會帶著小朋友們一起來店裡，「剛好有一次我們出去，就在對面停機車，就看到媽媽牽著小女孩說：『要不去買瑪德蓮？』」韞豐提及菓實日希望能讓法式甜點更平民化、消弭和一般民眾之間的距離感，「以前聽一個朋友說，在法國甜點店看到很多媽

8 「加蚋子」在平埔族語中意為「沼澤」，而南萬華後來發展為台灣最大的茉莉花產區。

店門招牌下放著簡單的飼料，連街貓也會自在地來串門子。

媽帶著小孩，可是我想這種情景在台灣是不可能發生的，因為（法式甜點）太貴了。」菓實日於是努力在「距離感」中拿捏，試圖傳達「法式甜點可以融入台灣」的訊息，「因為我們已經過了農業、工業社會，該是可以追求一些生活品質的時候了。」

「我們會設計比較符合大眾（口味）、符合他們預算的產品。因為我們畢竟是在一個老社區，所以會有很多五六十歲的客人，如果他們走進來的時候，發現沒有東西可以買的話，那就沒有機會了，那就是敲門磚。其次是空間跟服務方式，我覺得要做出比較有格調的法式甜點的話，也不能太過『那種（刻意）親切』地服務客人，因此我們希望透過比較不做作、直接的親和力去讓客人感到親近。」透過產品的設計與空間、服務方式，韞豐闡述菓實日如何讓法式甜點變得更親和、更在地，也更融入常民生活。

「台風」甜點中的台灣神髓

在許多日本媒體報導中，菓實日是台灣的「個性派甜點店」，還有媒體以「台風」來形容他們的作品風格。但究竟什麼是台灣風格呢？說到「台灣味」，或許每個人腦子裡浮現的味道與風味組合皆不相同，但是不是有所謂的「台灣精神」、「台灣神髓」，能夠讓人一眼、或一口就能辨識出作品的身世來歷呢？

試圖以「外型」、「記憶」、「行為」甚至「命名」來設計甜點的齟豐坦承，不僅表現抽象的精神很有挑戰性，要找到一個大家都有共識的定義也不容易，「光台灣文化本身的定位就有點困難，因為我們就是移民社會啊！所以到底什麼是台灣文化，（定義）這件事情就超級困難，所以我們也都一直在思考到底如何定位台灣文化，然後又把它融合在甜點裡面。還在思考當中，真的現在還無法（給出具體的答案）。」他另外補充，「目前大家的手法可能比較多從台灣食材來入手，這個比較單純；其次就是從個人經驗跟記憶去重現，這個作法我們也滿多，比如說紅龜就是類似的手法。再之後的話，我覺得可能可以創新一個東西，然後這個東西變成大家的習慣、或者一個風潮。那樣子的時候台灣人才會覺得：『啊！那個東西已經變成我們生活的一部分了。』那時候才有可能變成一個文化吧。」

在被日本媒體形容「遠離繁華街」的萬華中，夫妻倆努力以法式甜點為媒介，留下寶貴的文化記憶。

對於一個移民社會來說，無論飲食、習慣、日常所見，許多都是外來的，是否需要在融合的過程中再創造出一個新的東西來統合共識，是值得思索的途徑之一。但有沒有可能，「接納」與「包容」本身就是共識、就是這個島嶼重要的共同價值呢？在揉合了不同族群、承接了不同歷史記憶的台灣，尋求「純粹的」台味很難不落入徒勞無功的下場，而台灣的活力，確實也來自於那種能將不同文化輕鬆且毫不做作地混搭、交融的自在。

我望著手中的那碗「滷肉飯」，不僅有著法式甜點繁複多層的特質，還非常奇妙地揉合了台味無比的混搭創意：以蜜漬地瓜丁加焦糖醬模擬了滷肉飯的靈魂元素——滷肉與滷汁、米香白巧克力薄殼包裹著八角慕斯則成了晶瑩的米飯。最妙的是一匙舀起，還會意外地發現碗底的驚喜——肉鬆加自製奶酥（crumble）和生乳酪蛋糕體，最上方點上一片鮮綠的香菜，就變成了一碗技法完全是法式、但風味組合與精神卻100%台味的滷肉飯造型甜點。多達八層，且有香菜、地瓜、八角、肉鬆等台灣常見的料理元素，被穩穩妥妥地收納在這個「法式蛋糕」中。或許你無法一口氣分辨出每一種元素與層次，但是它們卻如此完滿、歡欣地在嘴裡融合在一起，讓人不由得脫口而出「好吃！」哎呀，這不正是「台灣」和「台灣神髓」嗎？

老闆，再來一碗啦！

「滷肉飯」體現了看似大膽奔放、但成果無比協調的餘裕，這難道不是「台灣神髓」嗎？

主廚 曹羽君

台灣大學心理系

工作經歷：
珠寶盒法式點心坊、日本 Patisserie du Chef Fujiu（研修）

Instagram ｜ @yuchuntsao

品牌主理人 高韞豐（Evan kao）

長庚大學工業設計研究所

工作經歷：同樂設計工作室

菓實日 Kajitsu Pâtisserie

台北市萬華區德昌街 10 巷 12 號（實體店面休店中）
(02) 2305-5663

https://www.kajitsu.com.tw
Facebook ｜ @pojowowo
Instagram ｜ @kajitsu_patisserie

3-2

不具指定性但根植生命經驗，台灣的世界級感染力

賴怡君（I-Chun Lai）｜主廚
Lynn Lin｜品牌主理人

Quelques Pâtisseries 某某。甜點

（左）賴怡君、（右）Lynn Lin。

「我們就是台灣人，所以呈現的就是台灣的風味。用台灣茶，也不是為了要推廣台灣有這個茶，而是『茶』本身就具備了台灣飲食的概念。」

「我常常覺得自己已經長大了，不好意思再以一個留學生回台開店的身分被採訪。」在我和 Quelques Pâtisseries 某某。甜點（以下簡稱為「某某甜點」或「某某」）主廚賴怡君（I-Chun Lai）與品牌主理人 Lynn Lin 一起接受《BIOS Monthly》訪問過後，Lynn 這麼表示。

確實，距離我和 Lynn 從斐杭狄的法式甜點專業密集課程（Intensive Professional Program in French pastry）畢業之後早已超過七年、Lai 畢業也超過六年，某某也早已悄悄過了五週歲。在這幾年間，不僅我們三個人都變化很大，台灣的甜點市場也已不是某某創立當時的樣貌，消費者不僅認識了什麼是聖多諾黑，Lai 別具心裁創作的「字母聖多諾黑」與「星座聖多諾黑」系列，也成為許多甜點愛好者的慶生派對指定款。過去「那個什麼某某某的」甜點店，如今已是法國專業甜點雜誌《Fou de Pâtisserie》也曾刊載、多次轉錄作品，且包含 Cédric Grolet、Yann Couvreur、Amaury Guichon 等多位世界一流主廚[1]來台必訪的店家，其中 Yann Couvreur 主廚更公開給予極高評價，不僅稱某某的作品「給了他一記小小的耳光」，更稱讚「如果某某甜點來巴黎開店，也絕對不會輸給當地店家」。

重現法國獨立甜點店，與世界同步

掌管著廚房的主廚 Lai 與負責打理品牌、管理外場的 Lynn 在巴黎認識，但兩人經歷卻截然不同。Lynn 在大學時念的是服裝設計，到了巴黎一邊念語言學校、一邊思考未來，最終卻被花都的甜點擄獲，將自己過去對衣飾的熱情轉而傾注其上；Lai 雖為科班出身，也經歷過馬卡龍專賣店、法式麵包甜點店、餐廳等職場，但卻是到了巴黎，才把過去那些片段的學習與知識連結，成為完滿的體系。

對兩人來說，法式甜點代表的，是能夠放鬆心情的幸福時光，也是自己在巴黎或

1　另有包含擁有 MOF 榮銜的 Franck Michel、Yann Brys、Frédéric Hawecker，以及知名甜點主廚如 Jêrome Chaucesse、David Landriot、Frank Haasnoot 與 Fabrizio Fiorani 等人。

悲或喜的生命經驗，「以『某某甜點』這個店名來說，本來就是希望呈現『不具指定性』的甜點；在個人介面上的回憶、地點中很有價值的甜點。」Lai 解釋。Lynn 隨後補充，「可能也是希望能夠勾起那些曾經去過法國、曾經住過法國、

上　某某甜點的聖多諾黑與檸檬塔。在經典法式甜點中加入個人風格詮釋，正是巴黎獨立甜點店的樣貌。

下　在法國，每一家甜點店的聖多諾黑都面貌各異，某某甜點也在開店之初，就設計出自己的版本，目前會依季節不時更換口味，Lai 更發展出嶄新的字母與星座版本，不僅成為許多人的生日蛋糕首選，更引起其他甜點店爭相仿作。照片左是字母 Q，照片右是天蠍座星座符號。（照片提供：©Quelques Pâtisseries 某某。甜點）

曾經旅行過法國、曾經（在當地）吃過難忘甜點的人的回憶吧。像我有時候看到很多 Instagram（貼文）或客人（在某某）打卡，都會說：『天啊好懷念喔！因為我那時候每天都要吃一個這個』、『天啊這個味道⋯⋯』、『好想念法國』這樣。」也因此，她們兩人努力追上「巴黎首屈一指甜點店」的腳步，但加入自己的個性，「我們用有限的資源和規模，但我們想要跟世界同步，我們一樣在做甜點首都會做的事。」Lai 在仔細思考過「品牌定位」的問題後如此回答。「我們開店就是一直在做很像法國獨立小店在做的事，希望能將法式甜點裡面該有的傳統、美學跟味道在台灣呈現，但是是非常有個人特色的。因為我們是台灣人，所以作品一定有台灣的脈絡在裡面。」Lynn 這樣總結。

在台灣、由台灣甜點人做出的法式甜點

還在巴黎時，我曾經有幸吃到 Lai 親手製作的伯爵茶馬卡龍和生日蛋糕，當時就為她能夠結合茶的細緻與甜點的優雅感到印象深刻，在某某開店之前，Lai 開始使用一系列的東方茶如焙茶、玄米茶等製作馬卡龍，也很自然地採用了台灣的鐵觀音、東方美人等。Lynn 則是本來就很喜愛茶味的甜點，接觸到台灣茶後，不同的香氣、特色讓她印象深刻，想著「把自己喜歡的元素加入熟悉的法式甜點中，想辦法讓它呈現非常融合的狀態」。「鐵觀音巧克力塔」是兩人第一個嘗試，絲滑濃郁的黑巧克力甘納許留存了濃釅的茶香，令人印象深刻，那以後如「東方美人 Oriental Beauty」揉合葡萄柚與東方美人茶凍、「Longan」結合紅水烏龍與龍眼等，都一一成了某某極受歡迎的代表作。其他加入了台灣花果與食材的作品，也都極富巧思，如「小茉莉 Petite Jasmine」以茉莉花為鳳梨、香蕉妝點清新的香氣、「南島美人」以百香果、芒果、椰奶等呈現南國之夏、「黑豆咻咻 Black Soybean」以不同元素表達黑豆的多層次風味，還加入了醬油提味、「花神咖啡 Café de Flore」以花生奶餡搭配耶加雪菲咖啡慕斯，替換了法國常見的榛果、杏仁等堅果、「芝麻小事 Sésame Noir」用黑芝麻、百香果搭配瑪黑兄弟（Mariage Frères）的馬可波羅茶（Thé Marco Polo）[2]等，無不在純正的法式甜點中，傳達出台灣甜點人玲瓏婉轉的心思。

結合葡萄柚與東方美人茶的「東方美人 Oriental beauty」。

不過，對 Lai 和 Lynn 來說，將台灣茶、花果、食材放入法式甜點中，其實並非有意識想要做出「台味法式甜點」。誠如在闡述品牌精神時，她們提到某某想做的，其實是在台灣呈現「有個人風格」的法式甜點店，就和在巴黎的「獨立小店」一樣。「台灣味」與其說是目標，倒不如說是自然呈現她們兩人的成長經驗。加入台灣茶、花果等，說是「測試後覺得滿意而選擇繼續發展」都不太精確，毋寧是像 Lai 說的：「我回到台灣其實並沒有多想，直覺地就使用了茶。」她的「沒有多想」或許是受了 Lynn 敲邊鼓的影響：「因為我很喜歡，所以就很想要吃這個東西呀！」但無論是無意識地選用了手邊有的素材，還是出於自己的偏好，都並非獨立於她們的生長脈絡之外，而這和台灣市場上經常可見對於「古早味」、「傳統」的標榜也有顯著區隔。

「台灣味」的思考與使用

當被問到在創作時，會否有意識地加入「台灣元素」、呈現她們對「台灣味」的理解，還是這一切都不如做出「自己的」甜點來得重要時，兩人首先給了一段關於「怎樣的味道是台灣味」、「對誰來說是台灣味」的辯證：「我不會去較量哪件事情比較重要，但我同樣有疑問的是，在現代這個社會來說，到底什麼樣的甜

外型是一粒黑芝麻的「芝麻小事 Sésame Noir」，結合黑芝麻、百香果與馬可波羅茶。（照片提供：©Quelques Pâtisseries 某某。甜點）

點是台灣味？因為對現代社會來說，把哺、爆米香、龍鬚糖、枝仔冰都不是台灣的甜點。我們意識中很多覺得是台灣甜點的東西，是因為被教育的，而不是自己小時候吃過。我們很多要添加的台灣味，甚至都不是我們這一代的台灣味、古早味。」Lai 說完之後，一邊的 Lynn 補充：「鳳梨酥跟我們的生活比較有關係。或者珍珠奶茶、刨冰、東區粉圓等。」她認為「也許每個世代有不同世代的台灣味，譬如我們的爸媽對珍珠奶茶沒有連結。」聽到這裡，前一刻還在大嘆「你們二十幾歲的人怎麼會對這個有感情？連我都沒有了，你們在感情個什麼！」的 Lai，立刻接著又說：「對於要不要加入台灣味，我的考量就是這一點。」她解釋自己的「白森林」創作，「靈感來自生活，所以我可能會做杏仁茶，因為那是我有記憶的。我會加入的風味可能是甜櫻桃、茴香，因為這個才是我的回憶，它來自法國。大家對法式甜點的認知是甜杏仁，那是扁桃的種子，跟我們平常（在台灣）喝的杏仁茶用南杏、北杏不一樣，所以我用台灣的食材去置換法式甜點常用的，這才是我覺得的台灣味。」

2 瑪黑兄弟（Mariage Frères）是世界知名的法國茶品牌，於1854年創立。充滿花果香氛的紅茶「馬可波羅」（Marco Polo®）、有著巧克力與焦糖香氣的「皇家婚禮」（Wedding Impérial®）皆為該品牌的代表作。

日本學者岩渕功一（Koichi Iwabuchi）曾經在他研究日本流行文化的著作[3]中提出「借來的鄉愁」（borrowed nostalgia）論點，解釋「藉由消費『從別處而來、經由大眾媒體傳播的文化形式』的經驗，人們的記憶被建構，因而產生『懷舊情緒』」的現象（p.174）。換句話說，經由媒體的大量宣傳，現在許多原本沒有在夜市吃把哺、枝仔冰、路邊看到現爆爆米香、現做龍鬚糖經驗的人們，縱使對「古早味」從未親身經驗，也可能感到十分親切、懷念。但對 Lai 和 Lynn 來說，他們選擇忠實面對自己的成長經驗，無論那是在法國還是在台灣。如果今天某某的甜點裡，有著你我都熟悉的食材、味道，那必是因為這是「我們」共同的生活記憶，而這可能是台北的炎夏、也可能是巴黎飄雪的春天。

由於目標是創立一家「法式甜點店」，兩人對「是否會特意強調『台灣味』」回應一致，都是認為「我們從來沒有強調這樣的事情，因為我們做的就是食品，所

以杏仁茶中的南杏製作慕斯去置換西方杏仁的「白森林 Forêt Blanche」。（照片提供：©Song Hao Lin）

以巴黎地標「花神咖啡 Café de Flore」命名的作品，卻俏皮地以台灣人習慣的花生取代了法國常用的榛果與咖啡搭配。

以就用好的食材。這個地方產出來的東西是好的時候我們就使用。」Lynn 更直接點出，「使用在地食材是很自然而然的，如果垂手可得，為什麼要用進口的？但如果台灣的東西品質沒有那麼好，為什麼要屈就？」

「台灣到現在才有點意識到『台灣意識是什麼』，過往的古早味並沒有被大家植入記憶。現在如果要放入台灣味，我不會把這放入裡面。」在闡述著自己的創作哲學同時，Lai 進一步思考了「連結」的重要性：「以我們店來說，是要做出法式甜點，再從這裡出發。我們就是台灣人，所以呈現的就是台灣的風味。用台灣茶，也不是為了要推廣台灣有這個茶，而是『茶』本身就具備了台灣飲食的概念，因為台灣人的泡茶和日本人的泡茶、喝茶是不一樣的。我們呈現的就是台灣泡茶喝到的味道。不是特地（和日本）區隔開來……當然也只有這樣，自然而然地才會有生長跟呈現，不然如果刻意去加入一些沒有記憶點的東西會很勉強，沒有辦法開枝散葉。因為沒有連結。」Lynn 點頭同意：「我們不強求、不會逼著自己去做（呈現台灣味）。」縱使平日「真的很少去強調（台灣身分識別）」，「但

3 *Recentering Globalization: Popular Culture and Japanese Transnationalism* (Koichi Iwabuchi, Duke University Press Books, 2002)

所有台灣的茶我們幾乎都用過」，她細數店裡的飲料單，「一頁是法國茶、一頁是台灣茶、一頁無咖啡因、一頁是大吉嶺，所以很廣泛。」既是回應 Lai 對台灣與日本茶文化的比較，也像是回應這幾年在巴黎看到抹茶大行其道，她認為「我們在台灣，很自然的用台灣食材，不用去想說『因為日本有抹茶，所以我們要有什麼』。當時日本在發展法式甜點的時候，應該也是很自然而然的，所以我覺得我們會自然而然地走出台灣的路和特色。」

不過，萬一有一天，某某要走出台灣、拓展海外市場，甚至反攻巴黎呢？「那當然一定要表揚台灣身分啊！」兩個人毫不思索地喊出聲。Lai 接著說：「當然可以的話，要把烏龍茶變成跟抹茶一樣紅、台灣的芒果贏過泰國的芒果、荔枝贏過泰國的荔枝……」話還沒說完，Lynn 已經在旁邊急忙地想修正：「荔枝是我們的！泰國是紅毛丹！」但 Lai 接著解釋：「可是你知道在法國，他們都只認識泰國的荔枝、泰國的芒果啊！所以如果我們走到法國的話，我們的荔枝要贏過泰國的荔枝、我們的芒果要贏過泰國的芒果、我們的烏龍茶要贏過日本的抹茶啊！就是這麼簡單，不需要思考就一定要做的。」她們認為，如果到了海外，「因為角色不一樣，就會更去強調（台灣的身分識別）。在台灣當地，我們也不是不願意這麼做，只是覺得需要去呈現和大家有記憶點、有連結的台灣食材 。」

「梨 La Poire」以紅水烏龍搭配西洋梨，甜潤回甘。（照片提供：©Song Hao Lin）

在「不適合做法式甜點的地方」面對挑戰，站穩腳步

回顧兩人甜點生涯之初，和所有甜點愛好者一樣，Lynn 從愛吃、手作開始摸索，「第一次在巴黎吃到千層派驚為天人，就開始很愛買甜點，進而在家做做看，在非常之小的廚房裡自己看書學」；而 Lai 則從馬卡龍開始，逐步接觸了如千層派、檸檬塔、蘋果塔、草莓蛋糕、等經典法式甜點，冥冥中宛如受到甜點之神的指引，「好像在學校（高餐）上課之後，雖然沒有經過設計，卻從淺到深的安排」。兩人在巴黎學習、實習後，懷抱著「做出自己風格的法式甜點」的心意開店，卻也在過去幾年中，體認到經營管理一家店和「快樂做甜點」是截然不同的兩件事。

「一直以來最大的挑戰都是人力資源」，兩人在談到某某未來的發展與現在的挑戰時，坦承「因為人員流動跟技術培養不容易」，使得許多心中的想法無法成形。縱使被世界級大師肯定、登上法國專業甜點雜誌，但台灣甜點產業中的人才養成缺失，與現下許多人認為「成為甜點師、開店能夠速成」的想法，卻可能造成未來發展的斷層。「我們遇到很多離職員工，都是因為親朋好友說：『你怎麼還不開店？』但這是一份技術要求很高的行業，沒有經過一定的磨練就要出來做主的話，失敗率是很高的。」Lai 認為，「以任何『因為風土而產生』的這個論調來說，台灣就不是做法式甜點的地方。我們本來就沒有生產任何相關的東西（麵粉、奶

將東方美人茶融入內餡的馬卡龍。（照片提供：©Quelques Pâtisseries 某某。甜點）

油、鮮奶油、巧克力、香草等），所以對這些原物料的理解、了解跟知識都很薄弱。只能從每天去做，成為我們的事業、成為我們的生涯規畫，開始去認識。」由於無法像法國人一樣從小耳濡目染，「他們從 3 歲就吃 pain au chocolat（巧克力酥皮麵包），所以就是知道它長這樣，沒有什麼認知上的問題」，因而更加需要後天長時間深入且扎實的訓練和實作。許多在不同店家中來來去去、半年便離職去別家店或是自己開業的「甜點師」，「基本上不過就是才剛適應一個廚房就走了，甚至沒有學到任何東西。然後一個人一生中能夠有幾個半年？」

對過去從不同領域轉換跑道的 Lynn 來說，「半途而廢」不算太嚴重，「早點摸清楚自己的喜好不是很好？不要那麼有壓力（覺得自己需要從一而終）。」但她同樣指出「做什麼事情就是要對自己負責，一定要用心去做，要從中獲得快樂，不要投機取巧，投機取巧是最不好的。譬如衛生上面不能隨便，邏輯不能亂七八糟，要做就要做好，不要隨隨便便、模稜兩可。」Lynn 觀察現在的台灣甜點市場，經常看到基本功不扎實的現象，她舉了「費南雪麵糊都 tranchée（油水分離、出現顆粒，沒有乳化成滑順的麵糊）」的案例，認為「有很多人去開店就像那種『速成』的概念，速成的學習、然後回來開店，可能他也還抓不到任何（麵糊油水分離）的原因，學習也不過兩個月就開了店。」

兩人從受雇，到變成職人身兼經營者，深刻了解「甜點業」其實是一個以人為本，需要整個團隊目光、腳步都同步的產業。之前提及過去許多員工因親朋好友鼓動而離職自行開店，Lai 進一步解釋，「餐飲業就是失敗率很高的行業，這樣（經驗、訓練不足）就開店就變成惡性循環。我到現在比較深刻的體悟是，大家沒有真的認知到這項工作是團隊性的工作。它跟人是非常有關的，它的生產模具是人、不是器具。所以即使要管理這些生產器具，也都是在管人。再加上生產器具之所以不穩定性高，是因為人的技術有高有低。」

技術以外，心態自然也是重點。近年來，明星主廚旋風席捲全球，再透過社群媒體的推波助瀾，甜點師轉眼從「不會念書的人才去做的工作」變成光鮮亮麗、性

甜點師從養成到能獨當一面，需要極長的時間與扎實的訓練。

感、時髦的職業，但即使是在此中鋒頭最健的 Cédric Grolet 主廚，都曾經表示「媒體、社群網路讓甜點師成為如明星一般的存在，結果全世界的人都想要當甜點師，因為他們誤以為當甜點師很容易。我們需要跟年輕人解釋，這一行非常非常辛苦」[4]。彷彿在與過去一同工作的主廚隔空對話般，Lai 提及「不要把世界級大師變成自己的目標、當成唯一成就感的來源，要成就團隊的成功。」她舉小時候寫將來的志願為例，「可能有人寫『我以後長大要當太空人』，但你知道升上太空的人有多少嗎？很多人可以是在這個產業中的一分子跟零件，你不會、也不應該把你的志願放在『要成為最有名的那個人』，因為那個人只有一個、兩個。」

在過去的五年之中，某某從甜點工作室網路販賣、面交，到成為台北市的法式甜點地標，不僅有許多海外教學邀約，連 Yann Couvreur 主廚都說出：「如果 Lai 開課，我也要去上課。」然而，在這樣的某某甜點裡，Lai 與 Lynn 每一天的工作，並非只是端出一個一個宛如珠寶般閃耀的甜點，也不是接受國際媒體訪問、接待明星主廚，而是日復一日，在廚房與外場面對各種生產、營運、管理的壓力，在

3　參見《法式甜點學》第 5 章第 2 節〈締造時代傳說 —— Cédric Grolet 主廚〉

一個美麗的甜點背後，是許多人多年努力的心血。想要跳過這些流程，追求快速「變成有名的甜點師」、「開店當老闆」，其實是忽略了這個產業的複雜度，也忘記了團隊的重要。照片中是某某甜點將胡荽子（香菜籽）太妃糖結合巧克力榛果慕斯的「巧岩Chocostone」。

每一個細節上斟酌，每一天都要端出符合標準的作品，讓眼前的顧客由衷地感到開心。能夠完成這一切，若只有這兩個人達標，也不可能成功，而是需要團隊裡每一個人的用心、每一個人的配合。如果要給有志於投身甜點業的年輕人建議，Lai 誠懇地說：「每一項專業都要深入，能力都要達到一定地步之後才能領導團隊。不是只想成為明星，或光是想要創作甜點，而沒有達到每一項的技術門檻。這是和烘焙產業相違背的，因為這是一個團隊的事業。當沒有團隊、只有個人時，是沒有力量的。」

如果將來某一天，我們能在巴黎或世界其他角落看到某某、品嘗到她們詮釋的台灣味法式甜點、回憶生命裡那些難忘的片段，別忘了 Lynn 那句「我們要往外也是一個門檻，先得在台灣站穩腳步」。看似謙詞，實則毫無矯飾，是自兩人五年中從不懈怠的努力裡袒露的肺腑之言。

有一天，我們也能在巴黎或海外其他城市品嘗到某某甜點的作品嗎？

主廚 賴怡君（I-Chun Lai）

國立高雄餐旅大學二專部餐飲管理科、二技部烘焙管理科、巴黎斐杭狄法國高等廚藝學校法式甜點密集班（2014）

工作經歷：
台北紅利義大利餐廳 MACARON 專賣店甜點師、法國巴黎 Pavillon Ledoyen***（實習）、Le Meurice**（實習）

Instagram ｜ @lai.lai.lai

品牌主理人 Lynn Lin

國立實踐大學服裝設計系、巴黎斐杭狄法國高等廚藝學校法式甜點密集班（2013）

工作經歷：
法國巴黎 Café de la Paix、Le Meurice**（實習）

Quelques Pâtisseries 某某。甜點

台北市大安區安和路一段 102 巷 23 號
(02) 2755-4097

Facebook ｜ @QuelquesP
Instagram ｜ @quelques_p

3-3

不藉台味之名也同樣芳美，那朵從日常中開出的玫瑰

鄭為修（Victor Cheng）｜主廚
應庚宏 （Kent Ying）｜品牌主理人

HUGH Dessert Dining

（左）應庚宏、（右）鄭為修

「現在的環境對塑造一個甜點師來說太速成了。應該要思考的是要怎麼長久地做下去、做出自己的特色，不然就是在茫茫大海裡浮沉。」

「9 月份內用訂位已滿，我們將於每月 15 號公告隔月開放時間，並於 20 號的 00：00 整點（19 號午夜）開放 Facebook 私訊訂位，我們也會依照訊息時間依序受理訂位，謝謝大家。」點進 HUGH Dessert Dining（前身為 HUGH Lab，以下簡稱為「HUGH」）每一幀照片皆精準設定，視覺畫面乾淨俐落，主題明確的 Instagram 帳戶頁面時，除了會為作品本身既細膩婉約，又善用幾何圖形收束的風格吸引目光外，也很難不注意到這家「甜點店」獨樹一格的營運方式，以及一位難求的熱門程度。

以盤中的空間為方圓，表現主廚心中丘豁的「盤式甜點」（dessert à l'assiette），通常作為一餐的收尾[1]，但是不論是在法國、德國還是新加坡，皆有盤式甜點專門店，提供來客單點或套餐的選擇。在 HUGH，四道甜點的菜單每季更換，以本地當季食材為主題，經過主廚的匠心設計、品牌主理人的細緻考量，消費者過去在 fine-dining 餐廳得到的 amuse-bouche（開胃小點）、entrée（前菜）、plat（主菜）、dessert（甜點）、mignardise（伴茶小點）的用餐體驗，在此被轉換為由甜點呈現。在「餐後甜點」文化並未深植，甚至對何謂「盤式甜點」理解也不多的城市開立盤式甜點專門店，已是極大的挑戰，而 HUGH Lab 時期甚至沒有給消費者單點（à la carte）的選項，不由得讓人好奇，究竟經營者有著何種背景、經過哪些訓練養成，才能採取如此自信大膽的營運方式，且總能端出不負這般自信的作品？

本地餐飲與營運背景養成

我第一次拜訪 HUGH 時，他們還是 HUGH Lab，當時其實暗暗吃了一驚，因為沒有想到眼前兩位極為年輕也極為靦腆的年輕男孩就是經營者。主廚鄭為修（Victor

1 盤式甜點（dessert à l'assiette / plated dessert）顧名思義指的是在盤子上呈現的甜點作品，而非將甜點放在盤子上後才做裝飾。譯為「盤飾甜點」不僅限縮了作品的意涵，也弄錯了創作時的思維模式。詳見《法式甜點學》第 2 章第 4 節〈盤式甜點（dessert à l'assiette）的內涵與哲學〉。

HUGH Dessert Dining 隱身在台北大同區的老舊民宅，想要一探究竟的消費者，須遵守公告時間、預約成功才有機會一訪。

Cheng）與品牌主理人應庚宏（Kent Ying）都是從台灣本地的餐飲環境訓練出身，Victor 在高雄餐旅大學五專部學的是廚藝，當時只覺得烘焙很有趣，一直到退伍後找工作時，怕熱的他才決定投身甜點；Kent 則是大學連續念了企業管理與圖文傳播，但始終沒有找到自己能夠毫無質疑投入的領域，幾經周折，決定休學進入業界，從西華飯店外場開始做起。

第一次上台北找工作的 Victor，首先應徵了當時在台灣仍有店面的 Pierre Marcolini（已撤出台灣）生產工廠，但過去曾有類似實習經驗的他認為「在工廠工作很需要毅力」，一方面也猶豫自己適合什麼樣的環境。隨後在珠寶盒法式點心坊面試中，總監林淑真給了他兩個完全不同領域的選擇：在珠寶盒店裡、或是在風流小館做甜點。他判斷自己「剛畢業，需要快速累積經驗，在餐廳做甜點最符合需求」，而風流小館「主廚一個月換一次菜單，也覺得比較有趣」，就此踏上了餐廳甜點師之路。當時風流小館的主廚游育甄（Dana Yu）帶領他打下深厚的基礎功底，由執行想法逐漸到獲得信任，Dana 並透露有意讓他創作的意願。後來由於結識當時 Raw 餐廳的主廚黃以倫（Alain Huang），他進入 Raw** 的團隊，擔任 demi-chef de partie[2] 的職位，「我的基本功在風流小館學的，但是在 Raw 增廣見聞，算是補足在風流小館的不足。」

Victor 的作品「香草白花椰菜泥、烤杏仁冰淇淋、杏仁脆片、白花椰菜薄片、焦化奶油」，以杏仁、焦化奶油的堅果香氣平衡白花椰菜可能有的蔬菜感，同時強化白花椰菜泥的溫潤，令人印象深刻。

在 Raw 的多場國際餐會中，Victor 與來自丹麥、秘魯、荷蘭等地的團隊共事，見識了截然不同的風格與創作哲學，也拓寬了自己對廚藝的認識。如與來自秘魯的 Central 餐廳合作的餐會裡，一道名為「安地斯山脈的植物」的甜點，主廚「帶了很多他們從那邊自己做的植物粉來，甜點就是一個盤子，灑了五種不同植物的粉在上面，搭配很厚重的 ganache（甘納許），加上食用的黏土去混白巧克力」。當時曾與同事戲稱「人生只吃一次就吃吧！大家都說：『我們在吃土』」的 Victor，從中感受到不同菜系的迥異面貌。他回憶起當時與丹麥 Amass 餐廳合作的餐會，在一道「牛肝菌、焦化焦糖、栗子」的甜點中，Amass 團隊與 Matt Orlando 主廚將「同一個栗子麵糰做成生的跟烤熟的，不同的口感，搭配很輕的焦糖冰淇淋和牛肝菌油滴在上面」，那是他「第一次真正接觸到北歐的餐，覺得跟法國餐完全不一樣」。他十分嚮往這種「味道更著重在某一樣東西上面，重點很明顯」的風格，也一直希望能做出「主體很強烈，旁邊的東西主要是襯托，不是平行式發展、而是金字塔型」風貌的甜點，曾經和他一起飛至丹麥，前往不同餐廳與甜點店考察的 Kent 補充。

2　廚房團隊中的「副小組長」，台灣多譯為「副領班」。關於廚房中的組織編制，請見《法式甜點學》第 4 章第 2 節〈「我的甜點是 chef 做的嗎？」——廚房裡的階級與分工〉一文。

如今是 Victor 最佳夥伴的 Kent，同樣在各種不同的工作經歷中，發掘了自己在許多領域的興趣，也培養了不同的專長。他在西華飯店的 buffet 部門發現自己對酒水很感興趣，接著於 Belgian Beer Café 與 Woolloomooloo 學習到啤酒與葡萄酒的相關知識。在後者於西門町展店時期，他帶領團隊總理籌備工作，「才有營運跟分配能力的概念」，並發現「如何在社會上宣傳、活動企畫、吸引人潮」很重要。原本也很喜歡甜點的他，在其後幫朋友籌備甜點店的過程中，發現一般的甜點店似乎不太適合自己：「那時候覺得『純粹販賣』這件事對我來說沒有吸引力，客人湧進來，外場需要一直包（裝甜點）、一直出，覺得沒有交流。」這個發現結合了 Victor 的專長，間接明確了往後 HUGH 的營運模式。

左　全神貫注準備出餐的主廚 Victor。

右　重視品牌管理的 Kent 同時也負責外場服務。

「白木耳白酒凍、桂花白巧克力慕斯、桂花泡泡、風味白酒雪酪、糖漬枸杞」，以盤式甜點呈現台灣人熟悉的白木耳、枸杞甜湯等。

Kent 在影像傳播上的涉獵，也在管理 HUGH 的社群媒體平台、形象呈現時有所發揮，攝影、設計等都是由他負責。笑稱自己「對發文、排版有強迫症」的他，會花很多時間測試下一則發文的照片，確認對整體帳戶風格的影響，「而且會為了沒有對齊，把已經發了有兩三百讚的文章刪掉然後重發一次」。他自陳「把 Instagram 的平台當成作品集的概念去經營」，每一季換菜單時，會「先想出這季要做的主題、想要的風格，自己做好一個 reference（參照標的）」，然後請設計師與攝影師做出理想的樣子。以 2019 年夏季為例，「確認當季食材方向後，我就會告訴攝影師這次想要拍什麼風格」，由於「冬瓜、西瓜、荔枝、芒果，都是清涼解暑的」，所以「選擇淺藍色系發展」，希望呈現「涼涼的、在冷氣房裡吃甜點」的風格。旁邊的 Victor 補充，「他之前有在說，不知道有人有發現我們每一季大頭貼跟封面都有換嗎？」

出國進修或工作並非唯一的選項

由於法式甜點、餐飲等，都非台灣原生，在本地的知識與技術系統尚未建立完整時，很自然地需要向外學習。前往法國、日本或海外其他國家念廚藝學校、短期進修，或於當地實習、工作等，在許多台灣主廚們的養成背景中都很常見，

Victor 與 Kent 也有過相同的想法。不過，對當代的年輕餐飲工作者來說，達到目的的選項不只一種，海外旅行與社群媒體一樣能提供資訊與體驗。Victor 平日便在 Instagram 上參考世界各國主廚的作品設計，他清楚地認知盤式甜點「主體是一個盤子而不是單一的甜點品項」，需要考量「在（盤子）上面如何用不同的方式呈現」，但在尋找參考標的時，「更偏向關注餐點，跳脫甜點這個領域」，因為「怎麼用甜點的東西去做出菜的樣貌，也是自己的挑戰」。

除了 Instagram，他與 Kent 也選擇「出國吃甜點」來寬廣視野。Victor 認為，「出國工作必須有段時間待在同一家餐廳，工時又很長」，思考後覺得「出國吃甜點、嘗試不同的東西效益比較大」。每次出國都把行程規畫得極為豐富、細緻的 Kent，同樣也考量出國的目的與效益。但與出國求學相較，他認為現在的自己更想「研究現在生活的這個地方的趨勢、市場動向跟背景」。他選擇「用旅遊的方式」了解異國，並在行前「研究每間店的背景和主廚經歷」， 讓這些所得能夠真正消化與累積。

兩人分享過去的歐洲行，不同的店家讓他們分別在食材、風味搭配、服務與經營型態得到不同的體悟。在哥本哈根遇到的甜點店 Leckerbaer 盒裝小點的外賣形式，

受到哥本哈根 Leckerbaer 啟發的伴茶小點。

成為後來 HUGH 內用與預定取貨的伴茶小點靈感來源。由於 Victor 憧憬 Bo Bech 主廚個人風格強烈、「簡約、很有重點的甜點」，他們也拜訪 Geist 餐廳，那裡「像空氣一樣輕」的巧克力慕斯讓他至今回味。不過現場的體驗，卻和之前在書上、Instagram 得到的印象大不相同，「他的 Instagram 看起來是 fine-dining 餐廳，但到了現場像是 seafood bar（海鮮吧）那種」Kent 說明。簡約絕美的餐點設計和「路邊快炒海產店」一樣輕鬆、奔放的環境反差，讓他們進一步思考，「用餐體驗」也是品牌塑造的一環。

在哥本哈根唯一三星餐廳 Geranium*** 的「21 道菜，從中午十二點吃到下午四點」的經驗，對 Victor 來說則是一個「震撼教育」。餐點中的大膽呈現，「如葉片形式的脆片、蝸牛的卵」等，讓他得到很多啟發，「讓人讚嘆的精緻」作風也讓他深感「自己還有很多要努力的」。Kent 則為該餐廳提供「為客人調製專屬味道」的服務傾倒，希望將來也有機會嘗試：「他們會推推車到你旁邊，上面有一些不同的植物，然後問你：『今天比較想要柑橘類、薄荷類還是哪一種的植物？』接著現場幫你剪、放在熱水裡沖泡，讓每一桌客人照自己喜好現場調配花草茶」。

他們也在柏林的 CODA Dessert Dining**[3] 考察甜點餐廳的經營模式，「CODA 的全甜點套餐有七道到十道，但我們後來去吃宵夜場，共有四道甜點」。驚嘆「宵夜場還是很多人！」的兩人，除了羨慕歐洲甜點市場的潛力，也各有所得。晚間十點鐘吃四道甜點搭配飲品，雖不符合台灣人的飲食習慣，Kent 仍然從中觀察到甜點與飲品搭配的重要，「CODA 的每一道甜點都搭配兩杯飲品，譬如兩杯（飲料）都是紅色的，一杯有酒精、一杯無酒精。」他們在這裡吃到令人驚奇的「Wassermelone」（「西瓜」），Victor 描述：「它做了一個海藻蛋糕、海苔碎片撒在上面。西瓜是切成片放在裡面」，「還有放橄欖」Kent 補充。Victor 認為西瓜、

3　《2021 米其林指南德國》中獲得二星。目前的經營模式分成晚餐（7pm·Dinner）與宵夜（10pm·Late Night）兩個場次，晚餐為 7 道甜點搭配 7 杯飲品與點心、宵夜則是 4 道甜點搭配 4 杯飲品與點心。

海苔「意外很配，就像小時候吃西瓜灑鹽」，兩個其實都是台灣人熟悉的元素，「只是我們沒有想到把它做成甜點的形式」。

根植日常生活與記憶中的靈感來源

從國際餐會與海外旅行的經驗中，Victor 觀察「西方主廚跟台灣主廚思考的角度不太一樣，台灣人比較侷限在自己想法裡面」。Kent 推測「可能跟文化背景有關係，亞洲人比較拘束自己，比較怕別人不喜歡或不能理解。西方人做的東西是創作，覺得越新奇、古怪的東西加進去就越好」，但 Victor 後來也思考「是不是其實只是成長的背景不同，他們（西方主廚）不覺得那是新奇的？」誠如秘魯 Central 餐廳的菜單「依照海拔去列可以吃的東西」、主廚 Virgilio Martínez Véliz 認為安地斯山上面的東西都可以吃，「像試毒一樣什麼東西都去試」，才有了那道

從手搖飲「冬瓜檸檬」轉化而來的「冬瓜果膠、柑橘冰沙、自製冬瓜糖」。

「芒果雪酪、百香果優格泡泡、茴香頭與蒔蘿」，靈感來自台灣夏天受歡迎的冰品「芒果冰沙」。

以五種植物粉末組成的「安地斯山脈的植物」，Victor 與 Kent 同樣在日常生活與本地文化背景、自己成長經驗中建立資料庫，從中汲取創作的養分。

對 Victor 來說，創作時的許多靈感來自於「逛市場」，他會「看當季有什麼水果比較有趣，先抓到資料庫裡面」。不過，與許多主廚不同，他通常會先有對甜點外型的想法，「然後看當季的水果，再決定可以如何把質地套進去」。而「日常生活中接觸到的感官、質地」，如「老磁磚，屋簷、磨石子地、記憶中的顏色」等，就會被他「運用在排列組合上」，構思甜點外型設計。與當代台灣日常生活密不可分的「手搖飲」，也經常是靈感的謬斯。

我回想自己第一次拜訪 HUGH Lab，三道甜點都極為可人。「冬瓜果膠、柑橘冰沙、自製冬瓜糖」在圓形酒杯中裝著柑橘冰沙與冬瓜果膠，杯緣上擺著一串香草檸檬冰糕方塊，搭配蘋果細絲、冬瓜茶漬水梨丁、自製冬瓜糖與蛋白霜餅。白、透明、金黃、橙黃交錯，夏季的暖陽在杯中化為一片清涼，更溫柔喚起童年用吸管在袋裝冬瓜茶上戳洞啜飲的回憶。「芒果雪酪、百香果優格泡泡、茴香頭與蒔蘿」以茴香頭的清脆口感和略有彈性的百香果薄凍，平衡了雪酪和優格泡泡的軟綿細緻，蒔蘿的清香則讓芒果與百香果的濃厚熱帶風情頓時清新起來，順利過渡到主

2020 年夏季主甜點「西瓜薄片、荔枝檸檬冰糕、接骨木花牛奶冰淇淋、西瓜冷湯」。

甜點「西瓜薄片、荔枝檸檬冰糕、接骨木花牛奶冰淇淋、西瓜冷湯」。Victor 將料理的概念與甜點結合，加了橄欖油的西瓜冷湯節制了荔枝檸檬冰糕與荔枝果凍中濃郁的甜香，柔和的接骨木花牛奶冰淇淋和清甜的西瓜薄片更是夏季的絕配，西瓜白也登場增加口感。然而，直到 Kent 問我，是否有發現「冬瓜檸檬、芒果冰沙、西瓜牛奶，這一季三道甜點的來源其實都是手搖飲」時，我才恍然大悟，為什麼這三道甜點在新鮮中總留有一絲親切的餘韻。

記憶中的滋味不一定要名為「台灣味」

Victor 回想自己在創作「西瓜薄片、荔枝檸檬冰糕、接骨木花牛奶冰淇淋、西瓜冷湯」那道作品時，一直想要加一個口感，但始終找不到合適的元素。最後「小時候覺得很煩、不好吃」的「西瓜白」突然浮現腦海，他憶起「小時候媽媽說西瓜白要吃，這是最營養的部分」於是採用。Kent 則反應，自己本來希望「用其他酥脆的元素代替，因為很多客人可能會有『那是廚餘，應該要處理掉』的印象」，但因為 Victor 堅持而保留。為了提高接受度，他要求將西瓜白「經過糖漬，後來還用真空把生味抽掉」，「上桌時也會特別向客人解釋」。費了很多額外心思處理的西瓜白，對 Victor 來說，是他「自然地從自己的資料庫裡去抓可以用的東西」，且傳統「不浪費」的智慧在他心裡生根，讓他認為「如果整個西瓜全部都有使用到很不錯」。

手搖飲之外，HUGH 也經常向台灣傳統的甜湯與冰品取材。在和 logy** 與一時無酉、Salon Flowers 合作的餐會裡，兩人將台灣夏季消暑必吃的「仙草蜜」轉化為盤式甜點。仙草仍然以凍狀呈現，但是用吉利丁和洋菜分別做出兩種不同的口感。加了吉利丁做成的冰糕裡塞了炸過和煮過的洋薏仁、烘烤過的蕎麥，刀子一切就從中流入盤中的香草黑木耳露裡，饒有趣味地重現了傳統甜湯中以穀類和豆類作為主角的視覺印象。炸過的洋薏仁與烘烤過的蕎麥在一片軟綿與 Q 彈中跳出，又給傳統添上了完全不同的現代風韻。壓軸的「鳳梨、柚子、楊桃、橄欖油」中，有著金黃色的白酒鳳梨心薄片與跟著液態氮煙霧一起登場的鹹楊桃冰沙，時

轉化台式甜湯的「仙草茶、黑木耳、洋薏仁、蕎麥」。

造型現代、滋味古樸的「鳳梨、柚子、楊桃、橄欖油」

尚的外型中藏著比涼補的仙草更加古樸的滋味。如果你知道鳳梨加紫蘇梅的「鳳李冰」、曾經嘗過鹹酸甜的「楊桃露」，bingo！這就是這道甜點的發想來源。

2020年末，在由網路媒體《Tatler Taiwan》舉辦的「Off-Menu」餐會中，HUGH是唯一一個受邀的甜點品牌，與十家餐廳、兩家酒吧一同列席，演繹「Heritage 文化傳承」的主題。他們端出「草莓、雪利酒醋、酸梅」，不僅將台灣的「飯後水果」與西方「餐後甜點」結合，還別出心裁地轉化了「水果沾梅粉」的本地習慣，將梅肉與糖漬檸檬加入雪利酒醋果膠中，以撒了梅粉的蛋白餅搭配草莓甘納許，然後在草莓脆片之下，加上一球酸梅雪酪。這道作品不複雜，卻心思婉轉，所有嘗過的來賓都印象深刻，還有外籍主廚好奇探聽其中酸、香、鹹兼具的神秘元素——「酸梅」的真身。

「看到每個人如何重現自己記憶中的味道，覺得很有趣。」這是Victor對「台灣味」成為本地最熱門的飲食議題、各家主廚分別以不同的作品重新詮釋台味甜點，或將台灣食材融入作品時的看法；而Kent談起重現記憶中的味道，提及「滿大部分是飲品」。有趣的是，他們從來沒有要透過作品來昭告天下「我來自台灣」，「台不台」也從未成為創作的重點，但那份反映了本地生活與成長經驗的

巧妙地以盤式甜點呈現台灣吃水果沾梅粉習慣的「草莓、雪利酒醋、酸梅」。

自然而然、將台灣飲食習慣以法式手法轉化呈現的玲瓏剔透，或許正是台式甜點風貌正在成形的證明。

「課本上都沒有教」的營運行銷與創作同樣重要

不過，要讓一個品牌長久立足，除了創作以外，如何營運也同等重要。「現在的環境對塑造一個甜點師來說太速成了。應該要思考的是要怎麼長久地做下去、做出自己的特色，不然就是在茫茫大海裡浮沉」，Victor 感嘆。他認為製作本身「可能可以很快速地學習」，但外場領域、人力營運、動線等，「課本上都沒有教」，且「不是可以速成的，需要前面的會了之後，再花很多時間去學習。」他和 Kent 之間「內 — 甜點製作」與「外 — 服務管理」的區隔並非偶然，而是結合了兩人的專長，再經由謹慎思考的分工。長久以來負責外場管理的 Kent 認為「營運需要下功夫在外場部分」，Victor 補充「因為外場是最直接接觸客人的地方」，Kent 更直接肯定營運與行銷管理的重要，「真的需要創業的話，很多事情要 take care（打理），如何賣跟如何呈現，比創作更重要」，「很多店會行銷歸行銷、營運歸營運，但行銷不是只在 po Instagram（於 Instagram 上發布照片），而是在管理品牌架構。」

兩人在台北的老城區中打造自己心中甜點餐廳的樣貌，從套餐的道數、分量、口味與整體用餐體驗，都經過仔細思索。HUGH Lab 時期提供的四道甜點，「starter、pre dessert、main dessert、petits fours [4]，他們自己有很明確的角色在套餐裡面」，Victor 說明，「第一道是小食，第二道是銜接、開始正餐，主甜點是重點，最後以 petits fours 結尾」。兩人考量「在一至一個半小時的時間內，將三道甜點製作上桌」，最後加上小點，「才不會讓客人覺得太過緊湊。希望是吃完整個套餐後他們還可以稍微坐一下、稍微休息一下再離開這個環境」。和單點不同，由於每個客人需要獨立吃完四道甜點，分量與口味都不能過於沉重，各道甜點間「最大的差異是分量上的差異」，且「基本上味道都不會過於強烈，各個甜點的角色不會過於搶戲，吃下來比較偏和諧、舒服」。他在編排順序時，「是以想要呈現的分量，決定它在套餐的角色在哪裡」。「想呈現的樣式」也是關鍵，譬如 2020 年夏季的套餐中，芒果跟西瓜都可以當主角，但他「後來覺得西瓜的視覺比較能讓人專注在這上面，所以把它放在主甜點的位置」。

到了 HUGH Dessert Dining，兩人希望將「甜點」作為主角的企圖不再只是實驗性質，而成為扎實的實踐。目前團隊多了一人 [5]，能夠更細緻地照顧來客需求；餐點新增一道、並多了主廚即興創作的選項；場地的規畫也更接近兩人心中「甜點餐廳」的樣貌。不過，對 Victor 與 Kent 來說，「專注與穩定性」是一直以來的重點，他們也始終如一地謹慎對待每個細節。即使不能確定是否有人發現，Kent 仍然在每季更換 Facebook 和 Instagram 的大頭貼與封面，Victor 也在日復一日的瑣碎工作

---

4 如瑪德蓮、費南雪、餅乾、馬卡龍等法式小點心。Petits fours 的範圍很廣，不僅有鹹（petits fours salés）有甜（petits fours sucrés），還依成品的含水程度高低分為「petits fours frais」（新鮮小點，多半是經典甜點的迷你版）、「petits fours demi-sec」（半乾小點）、「petits fours sec」（乾燥小點）等。

5 擁有紐西蘭與台灣雙重文化背景，曾在巴黎斐杭狄學藝，並於倫敦 Alain Ducasse at The Dorchester*** 服務過的甜點師 Jeannie Lan 於 2021 年 7 月加入 HUGH 團隊。

6 新加坡知名甜點師，在當地擁有同名盤式甜點餐廳，過去在東京也有分店，現在東京僅提供外賣小點。

7 法國甜點餐廳，《2021 米其林指南法國》獲得二星，是法國唯一一個獲得米其林星星的甜點專門餐廳。位於法國庫雪維爾（Courchevel）滑雪勝地，屬於宮殿級酒店 K2 集團。

兩人合作無間、考慮周詳，希望帶給消費者舒適的體驗。

中尋找突破與進步。疫情之前，即使訂位困難，HUGH 已有海外來客與不少死忠粉絲，相信在品牌穩定經營、作品也愈加成熟的未來，HUGH Dessert Dining 將會如 Janice Wong[6]、CODA Dessert Dining 與 Sarkara**[7] 一般，不僅在當地餐飲地貌中閃光熠熠，也會成為值得繞路、專程造訪的秀異存在。

主廚 鄭為修（Victor Cheng）

國立高雄餐旅大學五專部餐飲廚藝科

工作經歷：台北 L'Air Café · Néo Bistro 風流小館、Raw**、Cochon

品牌主理人 應庚宏（Kent Ying）

台灣藝術大學圖文傳播系

工作經歷：台北西華飯店、Woolloomooloo、聯馥食品

HUNG Dessert Dining

台北市大同區重慶北路三段 136 巷 56 號 1 樓

Facebook ｜ @HUGHdessertdining
Instagram ｜ @HUGH_dessert_dining

3-4

為傳統創造現代價值，為台灣打造世界嚮往的品牌

甘碧華 (Katia Kan) ｜創辦人、主廚
林衍成 (Yen Seng Lim) ｜創辦人、執行長

One Tree Hill Taipei

（左）甘碧華、（右）林衍成

「無論是亞洲味還是台灣味，屬於這個地方的人，要先為自己所在的地方感到驕傲，如『我從哪裡來』、『我很驕傲可以取得那麼好的食材，且這又是屬於我的文化的一部分』。」

「為什麼法國有愛馬仕、日本有職人，我們華人只有商人。我們這一代年輕人還要繼續走這條路嗎？我覺得我不要做這件事，因為沒有價值、也對我們文化沒有貢獻。」

One Tree Hill Taipei（以下簡稱「One Tree Hill」）創辦人林衍成（Yen Seng Lim）講話雖慢條斯理，但每一字皆透著熱度。在他旁邊的妻子，One Tree Hill 共同創辦人、同時也是甜點主廚的甘碧華（Katia Kan）看著他，表情有些忍俊不住。Katia 正想向我解釋 Yen 之所以情緒越顯高昂時，Yen 一句：「因為我很生氣」，便簡潔但充滿力道地勾勒出那股支持著他們一路走過種種曲折，如今以創新的「茶甜點」（tea dessert）揚名的堅持。

在新加坡與法式精緻餐飲相遇

如同茶與甜點之間的碰撞令人驚喜，Yen 與 Katia 從相遇到結為連理、一同打造 One Tree Hill，也頗有傳奇之味。兩人在新加坡聖淘沙遊艇俱樂部 ONE°15 Marina 的泳池邊認識，彼時 Katia 還是中華科技大學觀光餐旅系學生，在遊艇上的酒吧外場實習，Yen 則是自新加坡管理學院（Singapore Institute of Management）經濟系輟學的叛逆小伙子，在泳池擔任救生員。在回到台灣開立 One Tree Hill 前，兩人各自歷經了各種人生起伏，為了真正進入廚房，取得內場專業經驗，都付出不小代價。在這段艱辛路途中，啟發他們一路走來、始終不悔的人物，是世界知名的台灣主廚江振誠。

從小就喜愛手作點心的 Katia，雖然在大學時念的是觀光，卻一直希望有機會能踏入專業廚房。遊艇俱樂部的實習結束後，她進入 L'Atelier de Joël Robuchon Singapore***（以下稱為「新加坡侯布雄」）外場工作，但某次放假回台灣時，意外讀到江振誠主廚的《初心》一書，發現他融合東方哲學與深厚法式技法的風格，與自己在新加坡侯布雄接觸到的傳統、經典法式料理完全不同，「畫面呈現完全不是侯布雄華麗、濃重的顏色，像是另一個菜系，引起我的好奇心。」她決心前往江主廚在新加坡的餐廳 Restaurant André**（以下簡稱「André」）一探究竟，開始在侯布雄的休假時間於 André 內場實習，協助組裝甜點與製作沙拉。完全沒有休假、每天工作超過十二小時的日子持續了近一年。

在此同時，因為不願走家人安排好的路而輟學，在遊艇俱樂部當救生員賺取生活費的 Yen，讀了 Katia 從台灣帶回的《初心》後，頓時找到新的目標，「我被他的美感和料理的哲學深深吸引，覺得太浪漫了。我覺得如果要嚮往一個人，不如嚮往一個華人，所以把他當成榜樣。」巧合的是，他發現 André 竟然就在家對面走路五分鐘的距離，於是鼓起勇氣寫信給江振誠，「我寫信給他說要當無薪學徒，

左 Katia、Yen 與江振誠主廚在 One Tree Hill Taipei 外合照。曾經是嚮往的對象，如今江主廚也是他們的商業夥伴之一。（照片提供：©One Tree Hill Taipei）

右 One Tree Hill Taipei 位於日本設計師平田晃久操刀的「富富話和」建物一樓。不同樓層的陽台中錯落有致地種著綠色植栽，和「One Tree Hill」的品牌名稱頗有呼應。

連續寫了兩封他才答應見我。他說：『你要來我很頭痛，因為也不知道你要做什麼。但如果你真的要來，就買雙廚師鞋，先來看看再說。』我就辭掉我的救生員工作去了餐廳。」

實習生涯從零開始，自然不會好過，「一開始什麼都不能碰，做大家最不想做的事，如挑菜、削蘿蔔……第一個月後教你怎麼封 sous vide[1]，再來教你怎麼殺魚。我在那邊殺了人生中第一條魚。」他數著，除了魚，還有兔子、龍蝦……廚房裡鮮活上演的血腥，衝擊了因嚮往魚在水中悠遊的姿態而熱愛游泳、甚至因此當上救生員的 Yen，但他並未因此放棄。江主廚將他的努力看在眼裡，一度派他去當地的日本串燒店工作，「給我多一點磨練」。六個月後，正職工作的機會落在眼前，他卻因已將身上積蓄幾乎耗費殆盡、薪水實在不足以支撐生活而決定離開。認識的長輩建議他如要自己創業，可以研究在新加坡人氣沖天的手搖飲，他於是進入連鎖品牌 KOI Thé 從基層做起，一路晉升至店長，並且以能在兩、三秒內完成一杯飲料的技術，成為「新加坡效率最高店長」。

對自己認定的目標總是全力以赴的 Yen，為了說服集團經營者一起合作至印尼展店，甚至撰寫了詳細的品牌發展報告，協助培訓儲備幹部、提升客戶服務。雖然後來因為不是台灣人，最終沒有獲得老闆完全的信任，他仍然利用自己在 KOI Thé 學到的經營管理知識與過去的廚房訓練，和 Katia 一起在新加坡開了一爿小小的咖啡甜點店「Sun Tea Atelier」。「那時候想說就守著那間店到老，反正是喜歡做的事。沒有想太多」，但變故來得措手不及，Yen 的親戚中有人眼紅外婆對夫婦倆的支持，向主管機關檢舉當時剛剛新婚、還在等著身分核准的 Katia 無照工作，竟然讓她被抓進拘留所。好不容易平安歸來後，親戚的風言風語讓他們痛下決心關起店門，回到台灣發展。

---

1 此處指的是將食物裝入真空低溫烹調袋並封口，準備之後放入真空低溫烹調機烹煮。

台灣終成安身立命之所

對兩人來說，台灣也非一開始就是順風順水的寶地。Katia 雖是「回家」，但當時對內場的餐飲工作仍然認識不深，才剛剛要從頭開始。她從桃園的小店開始做起，確認自己確實還是想持續做甜點之後，才由時任新加坡侯布雄主廚的 Tomonori Danzaki 介紹，面試進入 L'Atelier Joël Robuchon Taipei**（以下簡稱「台北侯布雄」）甜點部，「我那時候在新加坡就問他可不可以去甜點廚房，他說：『這跟妳以往經驗很不一樣，要想清楚。』所以我才去 André 看。我覺得無論是內場還是外場都一樣辛苦，不管怎樣都需要付出時間跟努力，回台灣後覺得還是想繼續在專業廚房裡工作，就又跟 Tomonori 主廚說。他說：『妳想好了我就幫妳。』我才去了台北侯布雄。」

幾乎像是跟著 Katia 私奔至台灣的 Yen，則是連根拔起到了異地。他回憶，「我剛來台灣時不熟悉語言，很長時間都沒工作。一開始很怕講中文，因為口音很不一樣，連去 7-11 都聽不懂店員的問題，總是被白眼。有段時間 Katia 早上六點多去上班，我不想留在家裡，因為要和她媽媽說話，就送她去，然後在星巴克坐一整天。」「那時候又很冷，玻璃都起霧，我還拍了星巴克玻璃的照片」短短幾句，就道盡了當時的惶惑。台北的陰雨幾乎成了 Yen 的心病，兩人一度打算搬至

和侯布雄餐廳相同，One Tree Hill 也是開放式廚房，除展示組裝甜點與泡茶的過程，也顯示團隊的自信。

高雄，但就在要簽下房屋租約前一刻，Katia 接到了當時台北侯布雄主廚高橋和久（Kazuhisa Takahashi）的電話，又匆匆趕回台北面試。高橋主廚得知 Katia 專業經歷不多，仍安排她直接跟在自己身邊製作盤式甜點，爾後 Yen 也進入台北侯布雄，生活才總算安定下來。

從盤式甜點到慕斯蛋糕，Katia 在台北侯布雄從最初階的甜點師開始做起，直到離職開店前已是甜點部的小組長（chef de partie）；而 Yen 在侯布雄待了一年半後，轉至台北特色餐廳香色擔任副主廚。兩人在平日忙碌的工作之餘，也開始接一些外燴的訂單、設計屬於自己的甜點。在香色時，Yen 結識了十間茶屋的創辦人 Franco 並備受賞識，共同為許多時尚品牌與媒體活動開發飲品與甜點。在與《GQ》雜誌合作的活動上，他與 Katia 結合十間茶屋的兩款冷泡茶，推出了初步的「茶甜點」，「一個是在茶上面放上 espuma[2]，再加入一顆櫻桃；另一個是將 petits four 掛在杯子上。」兩款作品雖然簡單，但大獲好評，且為兩人帶來更多機會，隨後經由 Franco 介紹，他們結識現在的投資人，漫長的波折才似乎終於到達盡頭，能夠依己所願，打造有機會將台灣茶文化以嶄新形式傳播至世界的品牌。

什麼是「茶甜點」？

所謂「茶甜點」，並非只是將茶視為一個元素加入甜點中、也不是茶與甜點兩者分開製作再行搭配，而是茶飲本身就是甜點、甜點以茶飲型態呈現，即「喝的甜點」。Katia 以目前店內的經典「Cheese mousse」（起司慕斯）系列為例，解釋研發過程，「這幾款其實發想自台灣手搖飲『奶蓋』。奶蓋喝起來鹹鹹的，我想到起司蛋糕也是鹹味；但是它輕盈的感覺，又讓我聯想到慕斯」。她發現「法式慕斯蛋糕、日式輕乳酪蛋糕、美式起司蛋糕這三者質地很像，同時也都是具有代表

2　西班牙文中的「泡泡」、「泡沫」之意。由西班牙主廚、分子料理先驅 Ferran Adrià 發明，將奶餡、醬汁、果汁等打入空氣或藉由氮氣瓶製作出綿密的泡沫，現在已成為盤式甜點中經常使用的手法。

性的甜點」，因此決定結合法式甜點手法，在茶上方加上起司慕斯，「端上桌的時候客人問說是不是奶蓋？我說不是，是起司蛋糕，可以試試它的口感。」店內另外一款創新的作品，則是「Thé Straw」，將季節水果、花草及甜點元素裝入吸管中，搭配茶飲一同啜飲，「品飲」的瞬間轉為「品嘗」，在舌尖感受到甜點口感、滋味的同時，鼻腔中也充盈著茶的芬芳，形式上更接近「茶甜點」的核心。

兩人迄今為止最滿意的作品──「Tea artisan 佛手烏龍四重奏」，是一套以台灣佛手烏龍茶製作的單一茶品甜點套餐，「將這款茶以冷泡、無酒精特調、盤式甜點、台灣的傳統糕點綠豆糕、功夫茶……從傳統到現代的不同呈現方式，結合在一個套餐裡面。」Yen 說明。由於佛手烏龍本身有柑橘香氣，也有焙火的熱度，在無酒精特調飲品中，Katia 選擇以柑橘橄欖油、爆米花與薏仁冰淇淋來烘托其特色，而盤式甜點則選擇在茶碗裡重新詮釋法式經典檸檬塔，呼應茶本身的柑橘香。最別出心裁的設計，則是結合傳統器皿與東方品茶的習慣，「碗蓋中盛裝的是佛手烏龍茶凍加手指檸檬，中間的綠葉是萬壽菊，以其百香果的風味提升檸檬塔層次感。先吃茶凍，再吃檸檬塔主體，吃完後再將泡熱的功夫茶加在碗蓋上直接品飲。我們發現容器和空氣接觸的空間大小，也會影響茶湯風味，同時淺淺地含著蓋碗時，茶香會直接上來，滋味會更回甘。」Katia 解釋。

「Flat White」結合了紅水烏龍、起司慕斯與橘皮，用吸管時可以分層品嘗茶和起司慕斯，就口品飲時不僅能同時享受兩者不同的口感與風味，還能嗅聞到橘皮的香氣。

佛手烏龍四重奏套餐中以茶碗呈現的檸檬塔及碗蓋中的功夫茶。（照片提供：©One Tree Hill Taipei）

許多人或許會認為，不過就是在茶上方加上慕斯、或是在茶中加入水果，「茶甜點」究竟有什麼難度？難道只是噱頭？但其實複雜度還真不小。Katia 說明，遇到的第一個挑戰，是「要能讓甜點元素漂浮在茶上面」，Yen 補充「因為甜點都是固體，要怎麼在液體上面呈現，而且維持其穩定度？」兩人在初期曾為此徹夜苦思，測試良久才找出技術突破。而「要用液體的狀態去呈現固體甜點的風味」同樣困難，身為甜點主廚的 Katia 分享，「甜點（元素）跟茶的味道也要平衡，不能其中一個搶過另一個、或兩者無法結合。我曾經也有在腦袋裡想過要用某幾款茶設計，但實際做出來卻和甜點完全不搭。」

另外，One Tree Hill 的茶甜點多半是冷飲，但茶的風味需要透過熱度與浸泡才能釋放，這構成了另外一個嚴苛挑戰，「因為一般我們喝茶會看茶葉、聞茶香，喝

2021年4月推出的「楊枝甘露」限定版「Thé Straw」甜點，以南投杉林溪烏龍搭配椰子泡沫、芒果果泥、葡萄柚風味碎冰與葡萄柚果肉。為了增加品嘗的樂趣，完整詮釋這道港式經典甜品，搭配的玻璃吸管中有新鮮芒果、葡萄柚、佛手柑，還有有著百香果香氣的萬壽菊及不可少的西谷米。

完茶的杯底也要聞。但冷飲沒有這個步驟，也不能這樣做。」Katia 指出，「最難的就是香氣的表現，冷飲茶真的侷限很多」。

過去在新加坡曾經拜師學過茶藝、也在手搖飲品牌歷練的 Yen 提及自己的堅持，「我們的茶跟市面上所有的冷飲茶都不一樣，做法是獨創的，不是只用熱水沖泡而已。要先了解茶的烘焙程度、發酵到多少、是球狀還是條狀，考量種種條件後才決定怎麼泡它。」他解釋，One Tree Hill 的茶需要呈現足夠的飽和度，才能製作茶甜點，「我們有一個獨創的 SOP[3] 去把風味鎖住，讓茶葉的滋味完全釋放出來，茶湯明亮、風味飽和，不是漂浮的，喝起來不會覺得是在喝一個沒有味道的水。」

為了能完整表現茶的香氣，除了泡茶手法外，也須「透過發酵增強香氣的明顯度

「Tea Shakerato」結合碳焙凍頂烏龍、龍眼蜜與焦糖泡泡，並使用雪克杯創造出氣泡的口感。

跟特色」，兩人與熟識的焙茶師密切合作，並時時依照茶的狀態調整甜點的樣貌。「焙茶師其實也沒有辦法告訴你，他焙的茶適不適合你的甜點，所以通常我們拿到茶時不會馬上決定要做哪一種甜點，而會先在焙茶師那裡品嘗，回家的路途中就可能改變我們的想法，實際做出來之後也許又跟我們想的不一樣，所以又會換一個方向。」食譜無法固定，聽起來像是個苦工，但 Katia 的表情卻透露著躍躍欲試的興奮，「這個程序比較耗時。但每一批茶從摘下、烘焙，到你拿到的時候，風味都不一樣。」「把它放置過一年後也不一樣。茶的味道會轉化，所以這是一個挑戰，也是創作的機會」，Yen 適時總結。

---

3 「Standard operating procedure」的縮寫，標準作業程序之意。

台灣茶與茶文化的優勢

「One Tree Hill Taipei」的品牌名稱，來自於 Yen 的外婆在新加坡舊宅所在地——One Tree Hill 街，寄寓了他被茶香圍繞的童年回憶，「我的外公外婆從福建到新加坡白手起家。外婆是女強人，他們在新加坡開了一間非常大的家具店，我從小都是在家具店裡和表哥一起玩耍，外公都會坐在家具店的搖椅上喝茶，喝的都是傳統的福建茶，如鐵觀音、大紅袍等味道比較濃厚的，小時候就經常聞到茶香。」而對 Katia 來說，茶充滿了人情味，泡茶、喝茶，是輕鬆拉近人與人之間距離的橋梁，「爸爸過去經營紡織業的貨運公司，常常會有客人來家裡聊天、談生意，他都會在一個木雕茶几上泡茶。爸爸泡茶時我也會在旁邊一起喝，喝的都是烏龍茶、高山茶等。對我來說茶更貼近生活，是用來享受，或和朋友聯絡感情、交流的東西，不是拿來表演的。」

在兩人生活中，茶一直都是極有親和力的存在，One Tree Hill 選擇以茶作為發展

兩人堅持以高成本手工茶製作冷飲茶，不僅讓認識的茶人嚇了一跳，還曾被供應商預言「還沒開就會倒」。照片中前方是將伯爵紅茶結合生巧克力起司慕斯的「Cocoa Expresso」，後方則是「Chante Tea」，佛手烏龍茶上有著顏色繽紛的甜點元素如法式香緹鮮奶油、莓果泡泡、芒果雪酪。

的主軸並非偶然；但店內每一款作品皆以成本極高、產量極少的手工茶製作，也包含了 Yen 與 Katia 保護並發揚台灣製茶專業的決心。手工茶指的是以手工採摘、揉捻、烘焙的茶葉，在目前推行機器化的產業浪潮中已屬罕見，「因為我們人力短缺、氣候變化，技術正在慢慢流失，農委會、茶改場為了保留農民的飯碗，教育茶農以機器採摘、機器烘焙，全部都是機械化」，Katia 解釋。她與 Yen 在研發茶甜點的過程中，結識推廣自然農法與手工茶的焙茶大師呂禮臻[4]老師，不僅學到許多相關知識，也因為認同其理念，而決定一同推廣台灣茶。

「日本人都會來台灣學焙茶技術，但他們沒有台灣的優勢。台灣的氣候從早上的露水到中午的陽光、下午的起霧，特別適合茶葉生長，還有土壤、水質、海拔等條件配合，不是任何一個國家能夠輕易擁有的。」Katia 說。Yen 進一步提出，「日本沒有這個自然的條件，需要以人工為茶樹遮陰，但台灣茶就是老天給你下雨、起霧，茶葉就不會被曬傷。這是很珍貴的，我們應該要珍惜，不要炒作或想辦法讓它量化，因為這是不可能被量化的，大自然不是你要它怎樣就怎樣的。」

除了自然優勢，Yen 也指出，「台灣跟新加坡的差異在於，台灣有產地，有對製茶的專業、對茶的美感表現，這是新加坡沒有的」。他認為，比起新加坡，台灣茶文化更為講究，「台灣茶文化很多元，有像 Katia 爸爸那樣與老朋友聚會的享用法，也有茶餐廳如春水堂，或傳統茶館等。茶藝也是非常成熟的領域。」由於新加坡終年如夏，又經過英國殖民文化洗禮，年輕一代「被珍珠奶茶灌溉，到連政府都出來呼籲不要喝那麼多的程度」；而像外公外婆那樣的傳統飲茶文化，並未進一步昇華，英式下午茶更為風行。他感嘆，「台灣真的是回到茶的根源」。

而比起茶的發源地 — 中國，台灣同樣有難以取代的優勢，那便是焙茶的手法。

---

4 致力推廣台灣茶與茶文化的茶人與自然茶法推廣者。曾在日本教授台灣茶 23 年，是世界茶聯合會（World Tea Union）會長，也是帶動普洱茶文化復興、掀起兩岸古董普洱茶收藏的推手。

茶的滋味會受到生長時的氣候狀況與烘焙手法影響，因而許多特殊風味的茶經常只有一批，售罄即不可能再複製。如照片中是 2015 年的「馥郁烏龍茶」，有著罕見的波特酒與花蜜的香甜風味。

Yen 解釋，「台灣茶師對烘焙溫度上的掌控、揉捻的手法與製茶過程中細節的專精，其實很多中國的製茶師也會來台灣學習。」不過，他也指出，「台灣茶雖然世界聞名，但四季能採收就能採收，所以茶的根部無法深入地下，取得的養分都在土壤表面；中國茶如武夷岩茶等百年老欉，則已是列入聯合國教科文組織保護的區塊，一年只採一年一次或兩次，讓它變成自然的生態在維護它。」他認為，台灣應像法國發展葡萄酒產地認證一般，保護傳統製茶手法，「你看法國的葡萄酒有酒莊、咖啡也有咖啡莊園。我們華人的茶，除了中國有名欉外，沒辦法說它是歷史悠久，也無法保留傳統的工序，讓全世界敬佩。」

不只是食材，「台灣味」同樣也是形式的創新

在 One Tree Hill 開業前，Yen 曾多次自問，「如果還有機會創業的話，要做什麼？」並深刻反思，「我覺得華人最大的毛病，就是抄襲現有、成功的例子來複製；或是抄別人已經做好的東西，然後再套上自己對它膚淺的理解，快速把它推出去市場。為什麼法國有愛馬仕、日本有職人，我們華人只有商人。我們這一代年輕人還要繼續走這條路嗎？我覺得我不要做這件事，因為沒有價值、也對我們文化沒有貢獻。所以最後還是決定，想辦法把華人的茶做現代的表現。」

打造成功的品牌、創造獨樹一格的概念，有時是因為看見市場沒有被滿足的需求，也有許多時候，來自對現況不滿的憤怒。Yen 舉一路以來的經驗與觀察為例，發現許多品牌經營者或投資人強調複製成功的「商業模式」，卻不願花費精力從零開始打造品牌，「華人就是會買別人成功的例子來複製，成功之後就會說：『欸你看法國有愛馬仕、美國有藍瓶咖啡，你怎麼不學著點？』」他對此不以為然，認為「你沒有花心思去創造品牌，不願意付出這些代價，怎麼創造出這種質感？怎麼創造出歷史？所以很矛盾嘛！那你要矛盾下去多久？要把這個風向帶壞到什麼時候？我寧願被犧牲，也不要走這條路。」

雖在極度西化的新加坡出生長大，但在 Yen 的眼中，華人身分應該要成為自信的

左　「茶甜點」以形式的創新為「台灣味」提供了新的思索途徑。

右　將法式水果軟糖的口感透過紅玉紅茶、糖漬檸檬、愛玉、檸檬雪酪與新鮮檸檬切片展現的「Pâte de Fruits」。

來源；而奠基台灣的 One Tree Hill，則有機會成為全球華人的驕傲。他直指，比起使用食材、創作產品，「自我認同」才是風格形塑的關鍵，「無論是亞洲味還是台灣味，屬於這個地方的人，要先為自己所在的地方感到驕傲，如『我從哪裡來』、『我很驕傲可以取得那麼好的食材，且這又是屬於我的文化的一部分』等。」而他與 Katia 兩人經過法式料理與甜點的訓練，使得他們能夠「用這些成熟的技術去表達屬於我們自己文化的題材」，就有機會「把它做成台灣聞名世界的代表作」。

「茶甜點」不同於將本地食材加入法式甜點，也非以法式手法重新詮釋台灣傳統或特色，而是以「形式」的創新，為「台灣風格的甜點」開闢出一條新路。Katia 認為，「『Tea dessert』是一個很創新的東西，在國際上比較少見。其他國家像日本的海產、農作物，法國的食材，在這麼多年來都有被端到檯面上，但是台灣一直都沒有。像我們去了幾次茶園拜訪茶農，發現一個土地在短距離內就可以種植出非常多不同風味的茶，這是台灣一直在國際上都沒有被發現的。而且，就算大家知道台灣有茶，但是台灣的甜點呢？還是一直都是問號。」

One Tree Hill Taipei 及茶甜點的未來

One Tree Hill Taipei 現代雅緻的空間，新奇的產品形式，經常會被人誤會是注重外觀的「網美店」，但對 Yen 與 Katia 來說，這是一個他們打算要長年投入、創造歷史的品牌，「不論是媒體或是客人，很多人誤會我們在做網美店、網紅店。我覺得在做這種原創的事情很容易被誤會，但我們很堅持在被誤會的當下，還是繼續做自己相信的事」，Yen 以和緩但堅定的語氣陳述。

創新不是天馬行空，而是從傳統中淬煉出精華，為其找到現代的生存方式。Yen 對茶甜點的開發充滿了繼往開來的使命感，「『Tea dessert』結合我對茶的熱情、Katia 對甜點的熱情，同時用東方及西方的手法創造出新的產品、新的語言、新的體驗。最終目標是希望能把華人的茶發揚光大，不是從手搖茶、也不是從傳統茶藝的路線，而是找出年輕人可以接受的方式，同時間也沒有對不起種茶的前輩，或是焙茶大師對茶的用心。」

Yen 的夢想，是希望將 One Tree Hill 打造為如鼎泰豐一般的國際品牌，「讓大家覺得當一個華人是一個很驕傲的事」。他也希望有一天能回到家鄉設點，「因為新加坡也是一個國際城市，可以從新加坡讓更多人看見這個品牌。」對他與 Katia 而言，杯中盛裝的，不僅是嶄新的概念，也是令人振奮的未來，「為什麼我們要做茶甜點？因為我們是 One Tree Hill，我們不再只是崇拜別人，我們也可以令人嚮往。」壯哉斯言。

主廚 甘碧華（Katia Kan）

中華科技大學觀光餐旅系

專業經歷：新加坡 L'Atelier de Joël Robuchon Singapore***、Restaurant André**、Sun Tea Atelier、台灣 L'Atelier de Joël Robuchon Taipei**

執行長 林衍成（Yen Seng Lim）

新加坡管理學院（Singapore Institute of Management）經濟系

專業經歷：新加坡 Restaurant André**、KOI Thé、Sun Tea Atelier、台灣 L'Atelier de Joël Robuchon Taipei**

One Tree Hill Taipei

台北市中山區中山北路二段 27 巷 5 之 1 號
(02) 2571-2000

Facebook | @OneTreeHillTaipei
Instagram | @onetreehill_taipei

Chapitre 4

國際甜點人在台灣

國際甜點人在台灣・緒論

台灣在發展法式甜點的歷程中，大部分時間都是「學習」與「接收」的一方，不過隨著國際交流與移動愈加頻繁，資訊與技術取得幾無時差與國界限制，本地的甜點製作水準也有飛躍性地進步。過去與法國、日本間可能有的數十年技術與美感差距，正迅速縮短中。許多法國主廚來台，也為台灣甜點師們的作品感到印象深刻。

台灣餐飲業近年整體發展也極為活絡，不僅許多國際品牌與主廚來台插旗，擁有國際視野的台灣主廚們也越來越多。2018 年 3 月 14 日，《米其林指南臺北 2018》正式發行 [1]，無論背後有多少政治與資金運作，也暫且放下「西方舌頭是否真的能吃得懂亞洲菜」的質疑，被一個發行超過一世紀 [2] 的世界權威美食指南劃入其評鑑體系中，確實宣告台北成為世界級的美食城市之一，有著足以吸引國際旅客與老饕的深厚能量。第一屆的《米其林指南臺北 2018》經常被詬病對本地菜系了解不足，20 家摘星的餐廳中有 1/4 都是日本料理，另外也有四家是法式料理，由外籍（或非本地出身）主廚掌勺的餐廳也超過 1/3；但反過來看，這是否也表示台灣餐飲界其實被許多國際品牌與餐飲人視為值得深耕、乃至生根之地？

若將目光再度收束至台灣甜點界，除了如東方文華酒店、晶華酒店等長期聘僱外籍主廚的國際級旅館，獨立店家中也早有不少外籍甜點主廚，如為「Escape from Paris 芙芙法式甜點」擔任品牌顧問的 Alexis Bouillet [3]（法）、曾在大直擔任「Yellow Lemon」甜點餐廳主廚的 Andrea Bonaffini [4]（義）、台中甜點店「CJSJ」的 Joaquin Soriano [5]（法）等。不過，其中有許多人是隨台灣籍的另一半來台發展。如果沒有個人與家庭牽絆因素，外籍甜點人主動選擇來台灣開店、工作、生活的考量點為何？過去長期向法國、日本的台灣，是否已經有足夠的能量創造出合適外籍餐飲人員發展的市場、甚至成為值得學習的模範？在台灣從事甜點，甚至餐飲業的吸引力究竟在哪裡？是本章希望能夠探索的第一個問題。

台灣吸引外籍餐飲工作者的能量為何？

在本章中，我為讀者訪問到三位具有代表性的甜點人，第一位是在台北開設獨立甜點店折田菓舗的日籍主廚折田將大、第二位則是台北 Taïrroir 態芮 ** 的新加坡籍甜點主廚賴思瑩，最後一位則是台中現代新加坡餐廳 JL Studio** 的台灣甜點主廚韓慧婷。賴思瑩與折田主廚都是隻身來台的外籍人士，兩人之所以能在本地長期發展，語言障礙低、在台有人際網路支持、能夠打造施展才能、甚至為理想職涯鋪路的工作環境等因素，都至關重要。

折田主廚雖是日本人，卻說了一口流利的台式中文；賴思瑩則是新加坡華裔，中英文都極為流利，完全不需要透過第三者就能夠與本地人溝通無礙。而兩人在來

---

1 《米其林指南》分為綠色指南（Guide vert）與紅色指南（Guide rouge），綠色指南以行程規畫、道路指引和旅遊資訊為主；紅色指南才是餐廳與旅館評鑑。「綠色指南」早在 2011 年 4 月即出版過台灣版，此處的《米其林指南臺北 2018》指的是「紅色指南」。

2 《米其林指南》首次發行時間為 1900 年，初衷是為了推廣汽車與輪胎銷售。當時法國的公路多半標示不清、路況凶險，米其林因而為駕車旅遊的人規畫了包含法國公路與城市地圖、換輪胎與加油地點、旅遊相關資訊，乃至如何更換輪胎、維修保養汽車等實用資訊的小冊，第一本指南共有 400 頁。《米其林指南》一直免費發行至1920 年，直到創辦人之一的 André Michelin 意外發現它竟被某輪胎經銷商拿來當成墊高工作台的工具。André Michelin 認為「人只會尊重需要付費的東西」，因此從當年度開始以 7 法郎一本零售。也是自 1920 年開始，指南開始刊登廣告，並加載餐廳、旅館與相關分級資訊等。1926 年，《米其林指南》開始頒給提供美食的餐廳一顆星（étoile de bonne table），1931 年則增至三星，並設立評鑑標準。

3 現為國際甜點顧問，過去歷任台北東方文華酒店甜點副主廚、STAY by Yannick Alléno（已歇業）甜點主廚；來台前曾在巴黎喬治五世四季酒店（Four Seasons Hotel George V）與雅典娜廣場酒店擔任甜點師，並於 2011 年的「WorldSkills」競賽中獲得甜點類的世界冠軍。「WorldSkills」在法國稱為「職業奧林匹亞大賽」（Olympiades des métiers），是每兩年舉辦一次，表彰各領域年輕職人的大賽，參賽者年齡須在 23 歲以內。

4 西西里出身的義大利甜點主廚，來台前曾歷任香港 W Hotel 甜點行政主廚、倫敦 The Fat Duck 餐廳擔任甜點主廚。離開 Yellow Lemon 後曾於台北晶華酒店擔任行政甜點主廚，後以自由工作者方式與不同品牌、職人合作。Andrea 目前已結束在台近 8 年的生活前往曼谷，擔任曼谷四季酒店（Four Seasons Hotel Bangkok at Chao Phraya River）的甜點主廚。

5 CJSJ 創辦人、主廚，來台前曾於法國坎城 Le Park 45 餐廳（時為米其林一星）擔任副廚，並於巴黎莫里斯酒店、Pâtisserie Luc Guillet、Boulangerie–Pâtisserie Bédouin 等地擔任學徒。

台之前，在台灣都已有認識的朋友或重要的工作夥伴，因此能夠快速進入狀況，減少四處碰壁的可能。賴思瑩是在態芮主廚何順凱（Kai Ho）的邀請下來台，也是在後者不屈不撓的堅持下最後拿到工作簽證；她參與了態芮完整的開幕準備，也與 Kai 合作愉快，其實是自己打造了合適的工作環境。折田主廚則是一開始就以「開店」為目標，雖然創業過程艱辛，但在來台初期於苗林行[6]擔任研發技師的工作經驗，卻讓他進一步了解本地消費喜好和食材供應鏈；自己擔任品牌創辦人與主廚，決定未來發展樣貌的自主性，也遠比受雇員工來得高。

賴思瑩和折田在來到台灣工作、創業前，都曾經在旅遊時被本地溫暖的人情、美味的食物深深吸引。雖說「美食」與「人情」幾乎已成了提到台灣時的標準配備，或難擺脫陳腔濫調之譏，但對餐飲從業人員來說，一個人人喜愛美食、食物種類豐富的國度，象徵著發展機會；人情則體現在願意接納外來人士的包容心中。賴思瑩在訪談中提到自己與餐廳團隊人員交流，並在各地尋訪特色點心的經驗，她特別點出，台灣出色的農產品與農業技術，能夠近距離與產地、生產者接觸的機會，與新加坡大不相同，讓她極為驚豔。她在台灣參與了多次國際餐會，與許多知名主廚、餐廳團隊合作，也有許多本地好友，顯見在台灣的餐飲界，國際交流與視野提供外籍主廚足夠的吸引力與挑戰空間。折田主廚則在訪談中提及自己曾於屏東參訪可可園區，印象極為深刻；他並告訴我，曾在中和緬甸街順利找到香蘭葉，讓他憶起過去在新加坡的日子，十分驚喜。台灣人對日本人的友好親善態度，使他極為感動，他也積極以各種方式回報台灣對他的熱情。

和前述兩位不太一樣，台中 JL Studio 的韓慧婷跟隨新加坡籍主廚林恬耀（Jimmy Lim）[7]製作現代新加坡料理。Jimmy 主廚在創立 JL Studio 之前，曾於台中知名法式餐廳「樂沐」擔任陳嵐舒主廚副手多年。原本 JL Studio 預定做的是現代歐陸料理，但在開幕前，Jimmy 為心中強烈的新加坡身分認同感召，決定改弦易轍，在台灣做自己心目中的現代新加坡菜，從餐廳籌備期便一路參與的韓慧婷便跟著一起踏上了意料之外的學習與探索旅程。韓慧婷在訪問中詳細講述了從 JL Studio 開幕至今的心路歷程，包括自己與家人的心態轉變、外界的觀感等。JL Studio 在 2017 年開幕，當時人人心中都有質疑，但團隊迅速證明了自己，2019 年即被「亞洲 50 最佳餐廳」（Asia's 50 Best Restaurants）[8] 關注，2020 與 2021 年則名列第 26；2020 年甚至在《米其林指南臺北臺中 2020》中一進榜便獲得二星，成為亞洲區最受關注的餐廳之一。

台灣市場開放的心態給了 Jimmy 主廚尋根溫暖的支持，也讓年輕的韓慧婷有機會在兩地相異又充滿熟悉感的飲食文化中探索，為她提供了「在台灣看新加坡」及「從新加坡回望台灣」的多重視角，思索「台灣人在台灣做新加坡風格甜點」的意義。JL Studio 的存在，豐富了本地飲食文化地貌，「在台灣的現代新加坡餐廳」代表台灣在國際飲食圈發光，也確實值得我們驕傲。這便連結到我希望與讀者一起思索的第二個問題：台灣人就理所當然代表台灣味嗎？只有台灣人能夠代表台灣味嗎？那新加坡主廚做台灣風味的甜點呢？與之相對，在台灣做日本與新加坡風味的甜點，就不是「台灣的甜點」了嗎？那麼在台灣做法式甜點，又為什麼就理所當然是「台灣甜點市場的一景」呢？

6　1964 年創立於台灣苗栗，原為傳統食材、原物料雜貨商，後轉型為烘焙專用食材原物料廠商。2010 年開設「Boulangerie Le Gout」、2017 年創立「Foodhood 苗林選品」，顯現經營 B2C 通路的企圖心。

7　來自新加坡、祖籍潮州的 Jimmy 於 2006 年自新加坡酒店協會酒店與旅遊管理學院（Singapore Hotel and Tourism Education Centre；SHATEC）畢業，有豐富的國際工作經驗，先後歷練多個世界知名餐廳，包括 The French Laundry、Per Se、Noma 與 Geranium。在創立 JL Studio 之前，他曾於台中樂沐法式餐廳服務 7 年。

8　亞洲 50 最佳餐廳（The Asia's 50 Best Restaurants）評鑑是由創立「世界 50 最佳餐廳」（The World's 50 Best Restaurants）評鑑的 William Reed Business Media 集團在 2013 年設立，旨在表彰亞洲區的美食文化，鼓勵國際饕客深入了解當地的飲食文化。由亞洲區超過 300 名的餐飲業專家、意見領袖組成評審團投票，並依得票數高低依序排列選出進榜者。

「台灣的甜點」究竟是什麼？

2021 年的亞洲 50 最佳餐廳名單中，台灣共有五家餐廳上榜，是表現最佳的一屆。五家餐廳分別是祥雲龍吟 **（46）、JL Studio**（26）、logy**（24，首次入榜）、Raw**（21）與 MUME（15），其中四家餐廳主廚不是台灣人[9]，且沒有一家是做台菜，但是我們能說他們不是台灣的餐廳、不夠格代表台灣的飲食風貌嗎？恐怕很難。縱使做的是日本、新加坡、歐陸料理，這幾位主廚比許多台灣人更熱中爬梳本地餐飲脈絡，更經常上山下海尋找本地的好食材，並加入國際視野。本屆的另一個大亮點，還在於態芮的賴思瑩主廚獲頒年度「亞洲最佳甜點主廚」（Asia's Best Pastry Chef 2021）。愛封「台灣之光」的台灣媒體沒有落後，立刻將新聞標題下為「台灣第一人[10]」，新加坡籍的賴思瑩是否願意在自己以外背負「台灣」招牌暫且不論，她為自己身為態芮團隊一員感到驕傲，當日整個台灣餐飲圈熱烈為她喝彩、同感榮耀卻一分不假。

如果「包容」與「開放」是讓台灣之所以成為台灣、擁有獨特魅力的特色，我們有必要在追求「純粹」、「正統」台味的同時，屏棄這些讓自己內涵更豐富的元素嗎？而去除外來影響的純粹，正統「台味」究竟又是什麼呢？身在島上的「四大族群」，閩南、客家、外省、原住民，再加上其後的新住民，誰比誰更有權利定義跟詮釋？ 2014 年底，江振誠主廚曾經舉辦影響台灣餐飲界至深的「台灣味論壇」，其中有多種關於台灣味的論述，舞者許芳宜「我不知道什麼是台灣味，但我知道我站出來，就是台灣味」的宣言感動了很多人，也讓很多台灣餐飲人因此有了足夠的自信，更加重視自己的成長背景與學藝脈絡。但這並不意味著不是台灣人，就沒有資格參與塑造台灣味。

《「台灣菜」的文化史 — 食物消費中的國家體現》（陳玉箴，2020）中提出，在政治與文化要素之外，「成員的主觀認同」也是構成「國族」、維繫「國族性」，並影響「國族菜」的關鍵要素。擁有共同記憶、對共同生活有所想望、高度重視共有文化，都是在共有文化的「事實」以外不可或缺的情感連結。如果外籍主廚們對他們工作、生活的所在地 —「台灣」有著情感上的高度認同，實際上也是主動參與塑造當代台灣餐飲界風貌的行動者，那麼，我們能說他們不是台灣的主廚嗎？他們的菜和甜點不台嗎？

本書第五章第三節專訪的土生土長、COFE 與在欉紅創辦人顧瑋，就在「台灣味論壇」中提出「認同」才是關鍵。她與我分享自己的想法時，恰好就舉了 logy 的田原諒悟主廚與 JL Studio 的 Jimmy 主廚為例，「logy 的菜單封面就講得很清楚，他們做的是台灣食材，可是是日本 identity（身分認同）[11]。田原諒悟主廚沒有動搖過他的認同，但是他用的都是台灣食材。這種我們會尊重，就是你不用在台灣賣台灣人的認同感，你就擺明說你做自己想做的東西。像 JL Studio 也不是做台灣味，但是它還是得了台灣米其林二星。我們也很感謝它沒有一起做台式西餐。不是說台式西餐不好，只是不用所有人都做。你要做真的自己相信的事情，才會有機會把它做好，你做好了就會有那個價值出現。我們多高興台灣有個好的新加坡餐廳，而且這樣的人願意留在台灣，不是很好嗎？誰說新加坡（餐廳）不能是台灣味？」

9　5 家餐廳的主廚分別為稗田良平（祥雲龍吟，日籍）、林恬耀（JL Studio，新加坡籍）、田原諒悟（logy，日籍）、Raw（江振誠，台籍）、林泉（MUME，香港出生、加拿大籍的印尼華僑）。

10　高婉佩（2021 年 3 月 25 日），〈台灣第一人！態芮賴思瑩獲 2021 亞洲 50 大最佳甜點主廚〉，《聯合報》。取自 https://udn.com/news/story/7270/5344195。

11　logy 是東京米其林二星餐廳 Florilège** 在台北開設的姊妹店，希望能夠成為「亞洲文化的交會點」。主廚田原諒悟（Ryogo Tahara）曾於義大利學藝 5 年，來台前原在 Florilège 擔任副主廚。logy 於 2018 年 11 月開幕，2019 年 4 月即於《2019 米其林指南臺北》中摘下一星，2020 年 8 月又竄升二星，速度飛快。顧瑋提到的 logy 菜單上的那段話原文是：「We use seasonal local ingredients to creative an inventive style of cuisine that celebrates the diversity of Asia, while staying true to our Japanese identity.」

目光朝南同樣有精彩收穫

過去台灣在發展西式糕點時，日本與美國都曾是主要的取經對象之一。離台灣更近、比西方國家更沒有距離感的日本，在各種生活風尚領域，都一直是台灣的標竿。有很長一段時期，台灣法式甜點店與飯店的點心房做的是「日式風格的法式甜點」，影響至今都清晰可見。由於受日本影響至深，也和亞洲文化圈分享類似的元素，如抹茶、紅豆、新鮮水果等，台灣的甜點、麵包、糖果、巧克力等品牌與職人，在進入國際場域時，經常面臨面目模糊，難以和日本區隔、突顯自己特色的窘境。

台灣的地理位置處於東南亞與日本、中國的交界，和東南亞其實有著千絲萬縷的關係。占台灣人口 2% 的原住民和包含汶萊、東帝汶、印尼、東馬來西亞、菲律賓與新加坡的「海洋東南亞」（Maritime Southeast Asia）國家的主體人口同屬「南島民族」（Austronesian peoples），在語言、飲食文化、風俗習慣上都緊密相關。台灣人去到東南亞，經常能在熱帶異國風情中發現熟悉之處，觸發懷舊親切感。如色彩斑斕的娘惹糕中，其實暗藏了客家九層粿遠渡重洋的歷史，甜鹹合一的口味在兩地都極為常見等。然而，東南亞卻長久以來在台灣的視野中被忽視。

2020 年 11 月，態芮與 JL Studio 合辦了一場別開生面的「Starry, Starry Sweets 星新鄉映」甜點餐會，由賴思瑩及韓慧婷各自從台、新飲食中擷取共通點，再加入特色變奏，端出整套共有七道甜點的套餐。無論是融合了台灣鹹蛋糕、新加坡粿的「蝦米、鹹蛋黃、鳳梨」，還是以兩地皆有的黑白混合飲品重新詮釋的「仙草、豆漿、百合」，以及最後極具特色的六樣伴茶小點，「你泥中有我、我泥中有你」的交融感，熟悉中又帶著陌生的刺激，極為動人。

整場餐會中最有趣的，是讓平日「製作台灣味甜點的新加坡主廚」與「製作新加坡風味甜點的台灣主廚」，同時從本地與異國的角度來構思與完善彼此的創作。

兩位主廚身量相當、又同樣綁著短馬尾，站在一起相視而笑時，彷若與鏡中的自己對話。她們同時是台灣人、也是新加坡人。這幅情景在我腦海中留下極為深刻的印象，也不禁讓人思索，如果將長期以來缺失的那一塊補上，藉由南向的目光重新設定參照點，審視自己的由來，台灣的甜點風貌是否會更為深邃完整？

國際甜點人在台灣，並非僅能標誌異國風情，販賣遠方生活想像，或單向傳遞價值；他們作為文化中介，同樣也在進入台灣餐飲市場時，受到本地的影響，或主動融入在地，甚至參與形塑共同的未來。感知他人的存在，是建立自我概念的關鍵，期望本章三位主廚的經歷，也能夠為台灣的甜點人在審視自我、思考定位時帶來一些有別以往的啟發。

「星新鄉映甜點餐會」紀錄

4-1

珍惜彼此不同，在認同與信賴中實踐台灣夢

折田將大（Masahiro Orita）

日式甜點 折田菓舖創辦人、主廚

「外公外婆說：『如果在日本開店會給多一點資金。』但我告訴他們：『我不是想要開店，是想要在台灣開店。』『在台灣生活』和『開店』是連在一起的。」

2013 年 5 月的某天清晨，我和 Lynn[1] 兩人正在巴黎某間甜點店的地下室廚房裡瘋狂地為眼前推積如山的泡芙填餡、霜飾，這時突然進來了一位滿臉笑容的日本男生，自我介紹說自己是從藍帶來的學生，接下來將在這裡和我們一起實習。在早晨的忙亂中，我們驚奇地發現，除了法文和英文外，他竟然說了一口極為流利的台式中文，一問之下，才知道他在台灣學過半年中文、之前在新加坡工作。我還記得自己當時興奮不已的心情，畢竟，在一天長達十數小時的全法文工作環境中，能夠有個溝通無礙的同伴在身邊，感受會完全不同。那之後，這位日本男生成為我和 Lynn 可靠的夥伴，無論工作多辛苦，都會盡力完美達成任務，只要輪到和他一起工作，當天都會愉快許多。再後來，我們發現他甚至能用中文傳訊息。更不可思議的是，他和我們似乎比和其他日本實習生更加親近，還說之前在台灣時感受到很深的台灣魅力，以後想來台灣發展。一轉眼七年過去，這個當時和我一樣在廚房裡被呼來喝去的夥伴，現在是獨當一面的折田將大（Masashiro Orita）主廚，能夠在鏡頭前氣定神閒地完成水果千層蛋糕，也是在台灣綜藝節目如《2 分之一強》、《WTO 姐妹會》裡引人注目的新住民，更是和日本最大食譜網站「Cookpad」合作，在台灣開辦親子烘焙教室的老師；而他的甜點店「折田菓鋪」也已在台北慶祝四歲生日。

棲身忠孝復興捷運站附近巷弄的折田菓舗，外型簡約低調，直到現在都沒有掛上招牌，只有店內的門簾印著「折田」字樣。即使如此，僅有十數個座位的店面卻日日客滿，每個下午都人聲鼎沸，還經常看到一口氣外帶好幾個蛋糕的客人。「我們店裡比較少遇到客人詢問『沒有新品嗎？』，反而是經常有人問『那個什麼什麼今天還有嗎？』、『之前我在這邊吃過洋梨塔，怎麼今天沒有？』這種回饋讓我很開心」四年來店內沒有每週定休日，平常要在店裡工作，還要開課，手上還有好幾個計畫（包括籌備新店）的折田主廚，其實忙到幾乎沒有什麼睡眠時間，但他臉上盡是滿足。

---

1 台北 Quelques Pâtisserie 某某。甜點品牌主理人。本書第 3 章第 2 節有其深度專訪。

低調經營，直到現在仍然沒有招牌的折田菓舖其實是台北人氣甜點店之一。

與母親之間的溫柔回憶開啟甜點之路

出身日本名古屋的折田主廚，小時候就很喜歡和媽媽一起做甜點，「媽媽很會做磅蛋糕、布丁、日式和菓子，放學回家會有一些蛋糕可以吃。外公外婆住得很近，生日或慶祝的時候，我也會和媽媽一起做蛋糕帶給他們。」講起這段童年回憶，他的語氣滿是溫柔。不過，當時領略的手作樂趣，並未帶他立刻踏上甜點之路，他一路順遂地進入大學英文系、還去澳洲學英文，畢業之後去新加坡上班，實現了自己對「美好人生」的憧憬。但某天，他突然開始懷疑這份工作「好像大家都可以做，沒有用到自己的想法、經歷跟特殊性」，並問自己，「如果就這樣一直做下去，到三、四十歲時會變成自己理想的大人嗎？」

「『想做什麼』跟『能做什麼』不一定一致」，務實的他開始考慮自己的興趣及能與之搭配的能力，想起「自己能做烘焙、也喜歡去咖啡店和朋友一起喝咖啡」，認為「也許可以開一個小店，讓客人也能享受自己喜歡的空間」。這樣的想法其實並不特殊，但他立刻付諸行動，「要做就要做到好」，他決定前往法式甜點的殿堂——法國學習甜點製作，並說服父母、換取支持。有趣的是，過去大學時期在甜點店打工，「工時長、低薪，且幾乎都是女生」的產業現狀，曾經一度讓他覺得「還好沒有成為甜點師」。但後來「想要擁有一家自己的店」的念頭大過一切，他認知到「一開始沒資金一定得自己做」，且「就算後面（營運）穩定、（甜點製作）交給別人，自己還是要懂」，便毅然決然到了巴黎。

在學校廚房中，他再次體認到，專業的甜點製作並不是什麼療癒的事，「動作要很快，跟想像得不太一樣，很辛苦」。他主動爭取在學校當主廚的示範助手、磨練技術，但到了店家實習時，廚房裡「天天都有人哭、有人踢門出去」的場景，也讓他發現，就算甜點本身做好，也只是營運的其中一環。「工作內容還好，慢慢磨練技術，自己調整就能跟上；但廚房裡空間很小，每天遇到同樣的人，所以（人際）關係很重要。」職場的工作氣氛會影響到員工心理健康，並反映在店家營運上，「我現在也會跟員工這樣說，會希望（和他們）保持好關係。」

在廚房中製作日式水果千層蛋糕的折田主廚。

能夠接受「不一樣」，台灣成為實現夢想之地

結束法國修業後，他短暫回到日本，在名古屋的知名甜點店「Pierre Précieuse」擔任甜點師，一年半後根據自己的規畫來到了台灣。他解釋，「國、高中時來台灣旅行，單純覺得很有興趣；大學時來學中文半年，感受到深刻的台灣魅力，當時希望以後可以以不同的身分再回來生活。那要怎麼生活呢？我做甜點，如果因為在台灣開店、可以在此生活的話就很完美。」去法國前設定的「開店」目標，在別人眼中看來並非一定要在台灣才能實現，當初為他提供開店資金的外公外婆也是同樣的想法，「他們說：『如果在日本開店會給多一點資金。』但我告訴他們：『我不是想要開店，是想要在台灣開店。』」台灣在他眼中，已經不只是那個「深感其魅力」的國家，而是理想的生活所在，「『在台灣生活』和『開店』是連在一起的」，他努力說明，「台灣的社會跟日本不太一樣，比較能接受每個人不一樣，有不同的能力、會不同的事物」，且「每個人有權利選自己要做的事情」；「日本則比較一致，（如果個人和群體）做不一樣的事情不見得會受到支持。」

來到台灣後，一次在探朋友班的途中，他意外結識台灣專營日本烘焙原料、食材的廠商苗林行老闆，應後者邀請應邀擔任技師，「老闆說可以熟悉台灣市場、認識廠商和原物料。雖然本想馬上開店，但考慮到也是一個經驗，就先做看看。」

風格簡潔明亮的折田菓舖，讓很多來訪的客人感覺「好像回到日本」。

沒想到，不只是了解了原物料和供應商，他也在和台灣同事互動的過程中，掌握了台灣人的口味與喜好，「我做蛋糕給台灣同事吃，結果（法式）慕斯蛋糕到了下班還沒人吃，同事反應：『太甜、太膩』，但如果是一條普通生乳捲，馬上就沒了。」

在苗林行工作一年多後，他決定還是要「趁著年輕」開店，但「並沒有覺得準備好了」，而是認為「想要趁年輕，還有體力、熱情時開店，因為老了之後不一定身體健康，不一定家人也身體健康，甚至老了也可能放棄」。雖然父母、朋友都說「準備好了再開店就好」，但他認為「沒準備好也沒關係，就把現在的自己、二十代的感受呈現出來」，因為「永遠都可以成長、學習」。他坦承「現在還是覺得自己不夠好」，但「如果有一天覺得準備好了、完美了，後面就沒有了。現在（距離『準備好』）的空間，是讓自己更成長、也能讓客人開心。」

不以創作表現自我，以沒有距離感的日式甜點融入台灣生活

2016 年 11 月，滿載他夢想的折田菓舖終於在台北開幕，以「融入在生活裡面」的甜點如日式水果千層蛋糕、戚風蛋糕、蛋糕捲等作為主打。當時台灣留法甜點師陸續返國開業，如 Quelques Pâtisseries 某某。甜點、WUnique Pâtisserie 吳一無二法式甜點、Escape from Paris 芙芙法式甜點等，皆在此前不久創業[2]，但和他們一樣在巴黎習藝的折田，卻沒有選擇精雕細琢的法式甜點為主題，「大家都做得太好、太厲害，我覺得我特別來到台灣，又是日本人，如果又做一樣的，好像沒有說服力。」但折田的謙虛，並非沒有自信，而是藏著希望自己的店能夠長久經營、融入台灣人生活的決心。「這些大家很熟悉，但是是甜點師做的甜點，會讓客人覺得親切，但錢花得有價值」，「日本很多甜點店經營很久，10 年、20 年那種，我想要走那個路線」。

---

2 WUnique Pâtisserie 吳一無二法式甜點、Quelques Pâtisseries 某某。甜點、Escape from Paris 芙芙法式甜點分別在 2014 年 10 月、2015 年 11 月、2016 年 4 月於台北開業。

「宇治抹茶戚風」，是開店至今皆有的重點品項。

比起繁複的法式甜點，日式風格除了「蛋糕體、口感比較多」外，也更沒有距離感，「講不好的話，是比較常見、比較普通、大家比較熟悉的蛋糕；講好一點的話，就是大家比較能接受的」，折田主廚笑著說。刁鑽華美的法式甜點他不是不會做，而是有意識地選擇了「大家吃了還會想再吃」的、充滿親切感的蛋糕。他認為「我們的蛋糕比較像（每天都會吃的）吐司」，「人還是喜歡基本、simple（簡單）的東西，像生乳捲，人生中可能會吃到很多次」，就像「喝水可以一天喝很多、但咖啡不可以」。對他而言，品嘗法式甜點比較像喝咖啡，也像是一個特殊事件，「就像『我看過這部電影了，那我為什麼要再看一次？除非我真的很喜歡。』」他認真地思考後，認為「想要藉由創作表現自我」並不是他所追求的目標，「我開店的時候想的是，不想做大家不熟悉的。做一個外表看不出來是什麼的蛋糕，取一個複雜的名字，然後說：『這是我的 creation（創作），裡面有（例如）達克瓦茲、什麼、什麼等等』，這好像不是我想要的。」

「不藉由創作來表現自我」也反映在折田菓舗製作用心、卻不過於雕琢外型的甜點上。「我的店沒有追求漂亮、美。我希望看起來好吃，即使擠花有點歪」，他解釋，「我希望聽到的是『哇，看起來好好吃！』而不是『看起來好美！』然後拍完照覺得：『裡面是什麼東西？我剛剛吃了什麼？』」對於時下因社群媒體

折田菓舖的蛋糕不是華貴、美豔不可方物的類型，但會讓人由衷發出：「看起來好好吃！」的感歎。

使用習慣影響、重視甜點外型與表現方式的現象，笑稱「自己一開始就放棄（經營社群媒體）」的他，坦言「我的店原本就沒有在那（些注重外表的店家群）裡面，所以（這個趨勢）對我和店沒有太多影響」。 以社群媒體作為和大眾之間的溝通管道，他「還是有在做，但不想做太多」 。

他觀察，「以貌取人」的社群媒體使用者，不見得會是真正的消費者。「做漂亮的蛋糕、拍很美的照片，可能會有很多人按讚，但不見得會來買。」他舉例說明，「像我今天發蒙布朗的照片，因為是隨便拍的，所以沒有什麼人按讚，但還是會有人看了之後來買。我覺得那是不同的兩回事。」他指出，「靠美觀去吸引客人的，客人不一定會來。」因為一開始就沒有在雕琢外觀上下工夫，也不靠經營社群媒體來營造聲勢，折田菓舖的客人們「原本就不是因為（作品外觀、照片）美才來的」，而是「看到這家存在，所以想要吃吃看，然後吃了覺得好吃所以再來。」

藉由甜點呈現感受到的台灣與日本

剛到台灣時，為了維持手感，折田自己在家接訂單賣甜點，「原本做的是藍帶學的東西，但大家給的回饋是，『有沒有生乳捲、抹茶起司蛋糕之類的？』」他感受到台灣人對日本、日式甜點、日本甜點師有既定的印象，但這對他來說並不是一個困擾，反而像找到著力點。「付錢吃的人不是我，判斷的不是我，我會想：『台灣人看到的日本是什麼？』」他舉例，「很多日本人喜歡台灣，想到台灣會去吃小籠包、去逛九份，但台灣人不會覺得那個很台灣」，「但那也沒有關係」，他不會否定台灣消費者對日本的刻板印象，「譬如在台灣，有時候會有弄得很漂亮的店賣抹茶，旁邊擺很多（日式的）東西，但我們日本人不會那樣喝抹茶、不會那樣吃，這就是落差」。他並未存著「因為我是日本人，所以我做的東西（無論是什麼）就是日本的東西」的本位主義，反而希望「做出台灣人心中的日本（甜點）印象，譬如有很多水果、濃郁的抹茶、柚子等。」

不過，除了盡力帶給台灣消費者「印象中的日本」，以「簡約、舒服的空間」讓來店的客人「感受到像是去日本的樣子」之外，他也希望藉著自己的店，拓寬台灣人對日本的認識。2020 年 12 月，他與沖繩觀光局合作，使用沖繩的特產「紫芋、黑糖、香檬做活動一個月」。台灣人可能原本知道沖繩黑糖很有名，但他「希望大家可以藉著蛋糕的力量，看到新的東西」，店內也會配合做海報、放沖繩的裝飾物等，「以不同的方式讓大家感受到日本」。

不過，身在台灣，使用本地食材非常自然，折田菓舖也不例外。折田舉店裡的人氣商品之一「鐵觀音生乳捲」為例，即使賣的是日系甜點，仍然能將台灣食材融入做變化。他認為「台灣茶是可以代表台灣的一種食材」，「外國旅客來台灣也都會去喝茶」，光是鐵觀音，他已試過多種處理方式，餅乾、巧克力、戚風蛋糕、奶餡等，也用過台灣的紅玉紅茶與本地的薰衣草、龍眼蜜等，甚至嘗試以九層塔取代羅勒，將香氣融入檸檬奶餡中。他解釋，傳統的法式浸漬法會需要將食材與鮮奶油一起加熱，但經過測試，「九層塔加熱後味道會變得很奇怪」，為了保留新鮮、獨特的香氣，他「葉片不切、直接浸漬（infuser）在鮮奶油裡面，冷藏一個晚上後再取出使用」。

雖對台灣的食材用心研究、有自己的心得，甚至對台灣有深厚的感情，但折田並不認為「重新詮釋台灣味或台式甜點」是他考慮的方向。「對我來說，那會是想要嘗試、吃看看的東西，但不是我想做的」，「菓實日的東西，我做起來可能會很奇怪」。他認為需要維持自己的日本印象與主體性，「我做也可以，會是一個話題性，但只能做限定款，做多了（自己的）印象會變得模糊」。他也舉了在台灣市場極受歡迎的「芋泥蛋糕」為例，「我不是不會做，但其實讓別人做就好。就跟自己之前（在新加坡）的工作一樣，（大家都能做的東西）為什麼要我來做呢？」

上　使用沖繩特產紫芋製作的「紫芋黑芝麻蒙布朗塔」。

下　折田菓舗2021年的新年禮盒，選用台灣阿里山蜜香紅茶搭配店內最受歡迎的幾款常溫點心。

受到顧客信賴，思考如何長久經營

在台灣穩步經營超過四年，折田菓舗也培養出一群死忠顧客。雖然也觀察到「很多台灣人喜歡新的東西」，但是在折田的店裡，更多顧客會詢問自己喜歡的商品「今天還有嗎？」店裡如果調整品項，不得不將某些蛋糕輪替下架時，也會讓一些消費者失望，「他們會問，那個怎麼沒有了？」「昨天還有一位從新竹來的歐吉桑，他每次來都吃紅茶焙茶戚風蛋糕，可惜今年沒有。」喜歡某些蛋糕，「已經吃過、還想再吃一次」的消費者，以及為了某些商品多次前來光顧的客人也有不少，他舉例「有常客一個禮拜來吃三次，三次都吃都一樣的。」常客們發自內心的肯定，讓他非常開心。

折田分析自己店裡的訂單，發現「好像越來越多生日蛋糕的訂單」，母親節蛋糕或耶誕節蛋糕也有不少。「很多人是來店裡吃過我們的蛋糕，（覺得好吃）然後才訂大蛋糕。也有很多客人跟我們說：『我先來吃某種口味的小蛋糕，如果好吃的話再訂大的。』」他和員工說，「大蛋糕是（顧客的）信賴」，而他不能辜負這份信賴，「因為真的不便宜，他們願意訂、而且覺得（訂了我們的蛋糕）有面子」。面對那些說著「今年也麻煩你們了！」的顧客，他內心充滿無限感激。

能夠長久地將自己的店經營下去，是折田的目標。他坦承，台灣有許多店家選擇販賣掀起熱潮的流行商品，但「自己不想變那樣」。他說明，「流行快閃的方式也許也是投資者要的，但我的目的不一樣。我希望把這家店做得久一點，所以不想賣那種曇花一現的東西。流行的東西大家都在做，我可以當作其中一個（品項），但不想當成主要的（經營方式）。」

透過認同與回饋產生連結，新住民就是新台灣人

因為參與台灣綜藝節目而開始受到關注，也在 2020 年底出版了第一本食譜書《今天的點心吃這道好嗎？》[3] 的折田，看似搭上了「明星主廚」風潮的順風車，但他其實並未以此為目標。比起成為媒體寵兒，他更在意，若要在台灣長久經營，

代表著顧客信賴的大蛋糕。

「該怎麼以一個外國人、外國人開店的身分去做出自己的特色？」他「不希望因為外國人身分受到關注、變得有名。而是希望有特色、好吃的蛋糕。」

過去他也曾經因為迷惘自己的身分「究竟是經營者、甜點師，還是新住民」，「不知如何發展」，但最後他選擇安於自己的不同角色，並盡力讓它們都成為繼續努力的動力。「雖然折田菓舖只是小小的甜點店、咖啡店，但是上了電視，媒體願意幫我介紹，或是一些朋友幫我分享，有很多人幫忙，我會想著：『不能讓他們丟臉，我要做更好。』」他認為自己「雖然出書、上電視很忙」，但這也讓他「維持熱情」，他「覺得很幸福」。

3 日日幸福出版（2020）。

在忙碌工作之餘，仍花費許多時間製作的食譜《今天的點心吃這道好嗎？》內容豐富，記錄了折田主廚與甜點之間的回憶及 101 道美味食譜。

來台超過六年，自認「越來越幸福、越來越開心」，折田也希望能夠將這份幸福「回饋給台灣社會」。他在 2020 年開設了甜點教室，也預計在 2021 年設立新店，「以前我的看法是從『一間店』、『我的店』出發，現在希望跟教室與新店做連結，以公司的身分去發展，希望這公司有多一點的價值」。他進一步解釋，自己不斷地在思考「這公司能給台灣帶來什麼、貢獻什麼樣的價值」，第一步是在 2020 年底和聯合勸募基金會合作舉辦公益活動，將期間限定蛋糕的販賣所得捐出。他說明，「自己原本想以個人身分去醫院擔任義工」，但疫情之後變得困難，所以思考若以公司的立場，結合自己的工作，可以如何發揮力量。他和演藝圈的朋友如西瓜哥哥、莎莎、郭彥均合作，「關店一天不營業，現場和小朋友一起做薑餅屋、找記者來拍攝」，「我做甜點、借用他們藝人的知名度把愛心分享給大家，一起用不同的角色和專長，做更多有力量、有意義的事。」他說，「雖然是一間甜點店，其實可以做的事不少，我希望花點時間去想，不是只是賣甜點賺錢」，「希望小朋友以後也一直記得那一天」。

童年時和媽媽一起度過的手作甜點開心時光，造就了今日的折田主廚。如今，他也透過自己的努力，將這些美好傳遞給在同一片土地上生活的人們。訪談那天傍晚我回到家後，突然想起來忘了問他，未來是否有長居台灣的計畫，後來收到回覆：「變台灣人很棒啊！我願意，哈！」當下我想起他對台灣甜點市場的觀察：「台灣人的大蛋糕、生日蛋糕一定要圓的，不可以是方的」，不禁嘴角上揚，提醒自己，下次真的要記得，他已經是台灣人了呢！

主廚　折田將大（Masashiro Orita）

日本愛知淑德大學文學部英文學科、法國巴黎藍帶國際學院法式甜點證書課程

工作經歷：法國巴黎藍帶國際學院高級班助理、日本名古屋 Pierre Précieuse、台北苗林行

Facebook ｜ @zhetian.taiwan
Instagram ｜ @zhetian.taiwan

日式甜點 折田菓舗

台北市大安區仁愛路三段 123 巷 6 號 1 樓
(02) 2721-6350

Facebook ｜ @orita.japancakes
Instagram ｜ @orita.japancakes

折田菓舗 甜點の教室

台北市中山區中山北路一段 140 巷 18 號 4 樓

Facebook ｜ @orita.okashiclass
Instagram ｜ @orita.okashiclass

4-2

不負傳承使命，國際甜點人的台味詮釋

賴思瑩（Angela Lai）

Taïrroir 態芮 ** 甜點主廚

「新加坡沒有什麼自己的農業，也比較少在地食材，多半都是進口的； 但台灣自己的農業發展很好，自己研發出來的（農產品）也很棒」。以夏天盛產的芒果為例，「明明就是一個芒果，怎麼可以有這麼多種？而且每一個味道、香氣都不一樣！」

第一次見到賴思瑩（Angela Lai）的時候，她正在廚房裡準備即將開始的餐會。身邊人潮來來往往，她眼觀四面、耳聽八方，手完全不停地將巧克力慕斯擠入管狀模具中，一邊不時沉著地向團隊給出指令，一邊還以幽默的口吻和前來尋求指示的同事開玩笑。明明之前沒有見過，她卻在看到我的瞬間，親暱地說了一聲：「欸，妳來了！」然後極為自然地開始解釋當日的餐點、創意發想的過程、自己在 Taïrroir 態芮（以下稱為「態芮」）的工作與當下的心情。和 Angela 講話的時候，很容易會有錯覺，似乎已經和眼前這位爽朗愛笑的女孩認識很久；而聊到台灣各地的小吃和特色時，她如數家珍，只有偶爾在她嘴巴裡蹦出「這個我們新加坡也有！」那一刻，才會赫然想起，其實她不是台灣人。

雖然早在十多年前便造訪過台灣，每年也都固定會來台旅行一到兩次，是十足的台灣粉絲，但來到台灣工作，並不在 Angela 原本的人生規畫中，就像成為甜點師也不是。

從餐旅管理到烘焙，從辦公室到廚房

從小就和媽媽一起在廚房裡煮飯、做甜點的 Angela，雖然一直希望將烘焙當成自己的工作，但仍一度屈服於新加坡社會對廚師「壞小孩、不會念書」的刻板印象、家庭成員人人高學歷的壓力，選擇攻讀餐旅管理，並在畢業後進入知名豪華飯店 Swissôtel Merchant Court 擔任業務助理。這樣的故事對身在台灣的我們來說也毫不陌生，而她不適應複雜的辦公室生態，加上不愛整天坐在電腦前面工作，一年多後終於決定要轉向。她前去參加 At-Sunrice GlobalChef Academy[1] 的招生講習會，並被當時擔任甜點與烘焙部門的 Frédéric Deshayes 主廚「passionate（充滿熱忱）、所有細節都講得很清楚」的教學方式吸引，立刻決定要進入 At-Sunrice 就讀。

1　2001 年於新加坡創立的專業廚藝及餐飲學校。

為期 15 個月的課程中，Angela 歷經飯店、甜點店、餐廳等不同的工作型態，還歷經實習的店家倒閉、不得已轉換實習地點的事件。即使工作時間長，需要大量體力勞動，和過去在辦公室完全不同，她談來卻眉飛色舞，臉上煥發著光彩，「從飯店管理變成甜點師的挑戰，一開始可能是長時間，但因為比較喜歡甜點，後來也習慣了，所以覺得還好；反而是在飯店管理的挑戰比較多，外表光鮮亮麗，但私底下勾心鬥角，我覺得如果繼續在那邊工作，會變成很 bitchy（惡毒、惹人厭）。」

當初被 Frédéric 主廚「嚴格但認真」的教導方式吸引的 Angela，看待自己的工作也極為認真。實習時曾看到「量很大所以品質上比較馬虎」、同事「用 shortcut（捷徑）」方式工作的她，很清楚「這是不對的」，因為「無法過自己這一關」。她明白自己不適合在這裡繼續工作，後來也因為對品質的堅持，選擇在餐廳擔任甜點師，「在餐廳大家都會很注重品質，我覺得那是最重要的」。畢業後歷經了兩份不同的工作，她隨後在朋友的介紹下進入新加坡的 Guy Savoy$^{**}_{2}$ 餐廳，並遇到另外一個嚴師 Alain Guy Herber。在她口中有點「情緒化」，會在她身上發脾氣、也會在事後泡一杯她喜歡的洋甘菊茶想跟她道歉的 Chef Alain，同樣也是最信任她，讓她能夠拓展自己能力的 mentor（導師），「很榮幸他很信任我，讓我去做

在態芮廚房中專注工作的 Angela。

service（出餐）、確定自己的方向。」

熱愛餐廳工作，成為獨當一面的甜點師

有餐廳工作經驗的人都知道，出餐時的節奏極為緊湊，需要在考量不同餐點中不同元素時效性的狀況下，同時準備數道餐點、與同事相互配合出餐；如果外場有任何變化，還可能得隨時重做。因此，能夠勝任出餐的廚師、甜點師們，通常都有極強的專注力、多工協調、隨機應變能力，還得在高壓下維持理性、穩定的思考。長期在餐廳工作的 Angela，自然也很習慣出餐時手與腦同時高速運轉、腎上腺素狂升的情境。最開始強調因為「餐廳大家都很注重品質」，和自我要求相符的她，在哈哈大笑後，坦言自己「很喜歡這種高壓型的工作環境」，「覺得那種 rush（匆促、匆忙）很棒、很爽，才會喜歡在餐廳工作」。

除了享受在速度感與壓力下完成工作的爽快，她也特別喜歡盤式甜點寬廣不受限的創作方式，能「用到很多無法用在 entremets（法式蛋糕）、gâteaux（甜點）上的技巧與元素」，她補充，「而且我很喜歡 play around textures and flavours（嘗試不同的質地與口味），甚至在做蛋糕的時候，也會從盤式甜點的角度，去想是否可以把某些元素加入。」在 Guy Savoy 工作時，便有以特定水果作為主題，以不同質地的元素發揮其魅力的甜點作品，譬如「Strawberry Texture」、「Coconut Texture」、「Apple Texture」等[3]。以「Strawberry Texture」為例，包含了「compote（糖煮草莓）、granité（冰沙）、sorbet（雪酪）、chips（脆片）等『零浪費』的做法，還在桌邊淋草莓 consommé（法式清湯）。」

---

2 Guy Savoy*** 餐廳以主廚 Guy Savoy 本人為名，是巴黎頂級餐廳，自 2002 年在《米其林指南法國》奪下三星後一直保持至今，被譽為「世界上最美妙的 fine-dining 餐廳」之一。代表作是黑松露朝鮮薊濃湯。新加坡分店於 2011 年開幕，但已於 2014 年歇業。目前海外還有美國拉斯維加斯分店。

3 這三道甜點的命名，意指以同一種水果（草莓、椰子及蘋果）製作不同質地（texture）的元素，享受口感變化的樂趣。

Angela將酸梅湯、桂花、啤酒凍與冷凍葡萄柚結合、口感與層次皆多所變化的「忘憂」。

新加坡Guy Savory不僅菜單設計緊跟著法國本店，連甜點中使用的水果，都「隨著法國的季節變化」。新加坡本來就缺乏本地農業，Guy Savoy又必須傳達和巴黎相同的概念，上的是原汁原味的法國菜，因此大量進口食材，「幾乎沒有用到新加坡本地的」，如法國進口的Granny Smith青蘋果、草莓、秘魯進口的哈密瓜等。雖然不符合減少碳足跡、從產地到餐桌的餐飲趨勢，但卻讓Angela拓寬了自己對食材、風味的認識，她睜圓了眼睛回憶，「我第一次吃到法國的Garigutte和Mara des Bois[4]的草莓，覺得很神奇，竟然有花香！」

在Guy Savoy，Angela不僅在甜點製作技術上獲得充分訓練，也在上司嚴格的要求下，逐漸成為一個能夠獨當一面的甜點師。她提起Chef Alain與當時的副甜點主廚Regina，語氣中充滿感謝，「我一開始會覺得自己到底哪裡做不好，比如食材、模具等，我沒有在做mise-en-place[5]時就先準備好，因為覺得走過去拿就好了，所以直接放在原本的地方。他們會告訴我可能發生的狀況，例如東西摔地上、拿的時候花時間、也可能臨場不夠等等。Regina和Chef Alain改變我滿多做事的方式跟態度。」「很嚴格」、「會用嚴厲的方式push（要求）」她的Regina，並非只用單向說明的方式讓她遵守，而是在「告訴你做錯的地方哪裡不好、要如何解決」前，「先讓你想一下，不會立刻告訴你答案」，讓Angela逐漸養成自動

甜點師的訓練不只是製作甜點的技術，還包括流程管理、計畫組織、團隊合作等。過去從前輩身上學到的，Angela 現在也一樣教給自己的團隊成員。

自發、凡事先做好規畫的習慣。她笑稱教會自己「plan 和 organization（計畫與組織）」的 Regina「像媽媽」，看到她有所成長時，也為此感到驕傲，「那時可以把 service（服務）做好，都是 Chef Alain 和 Regina 他們兩個人帶我的緣故。後來有餐會活動時，我會提前進來算好盤子、做額外準備等，他們看到的時候，臉上都充滿了『就是這樣！』的欣慰表情。」

玩笑中見真心，任職態芮甜點主廚

除了讓她大步成長的嚴師，Angela 在 Guy Savoy 也遇到改變她職涯選擇的同事——現任態芮主廚的何順凱（Kai Ho）。兩人當時關係就頗為親近，Kai 也常為 Angela 規畫她的台灣行程。Kai 回到台灣工作後，Angela 在自己來台旅行時特別抽出了一天，和過去的同事一起前去拜訪，「Kai 叫我們去 The First[6] 教他做 Paris-Brest（巴

---

4 法國出產許多不同品種、風味各異的草莓，Gariguette 和 Mara des Bois 是最常見、也最受歡迎的其中兩種。Gariguette 尺寸為中型，外表豔紅、瘦長，酸甜多汁；Mara des Bois 則接近野莓，個頭較小呈圓錐狀，口味偏甜，香氣極為濃郁。

5 法語的廚房詞彙，意指將食材、器具等依照用量與順序安排好，「各就各位」。

態芮的招牌甜點「態芮鳳梨酥」，以苦茶油取代奶油做成酥餅、加上金鑽鳳梨果醬與雪酪，再以主廚Kai童年回憶中的蘭姆酒葡萄乾奶餡提味，最後低溫風乾手切鳳梨片後趁熱摺疊成四方型圍邊。

黎－布列斯特泡芙）和macarons（馬卡龍），我們就花了一天在他廚房教他。他說那時候在台灣，大部分的甜點師幾乎都從飯店出身，習慣大量製作，品質和fine-dining餐廳有差，我開玩笑說：『那你又不請我？』他笑笑回答：『有機會、有機會。』」她沒把這個玩笑放在心上，沒想到有一天卻接到他的電話，在極為家常的三言兩語中就決定了她的未來，「我第一次還沒接到電話，後來接起來，聽到他說：『你在幹嘛？』我回答：『在忙啊！幹嘛？』他說：『你要來台灣工作嗎？』我驚呼：『真的假的？』然後立刻說好，他才稍微解釋了一下，說：『我有一個project（計畫），你要來我才接。』」Kai輕描淡寫的說法，沒讓Angela完全信服，但過了幾天後，「他寄來所有的合約」，她才發現「自己真的要來台灣了」。

和Kai一樣，在看似半開玩笑的對話中，Angela的回應也是真心，她說自己「7、8月接到電話、11月就到台灣了」。不過聘僱外國人需要經過複雜的手續、證明職位必要性，而當時她沒有參加過專業比賽，只有一些零星媒體報導，Kai為了能讓她順利拿到工作簽證煞費苦心。她原本拿著旅遊簽證直接來台灣，沒想到所需的行政手續時間遠超過預期。原本都想放棄，還勸Kai「不要勉強，辦不下來我就回去了」的她，在Kai的堅持下留了下來，還飛去香港一趟再重新入境，最終等到工作簽證核准。

在台灣餐飲界，如果說到對「台灣味」的探索與詮釋，態芮絕對是最具有代表性的餐廳之一。許多媒體形容Kai做的是「台魂法菜」，但他自己從來不這麼定義。他認為「我的菜就是我的菜、就是台灣的菜」，無論使用什麼技巧，做的其實都是自己喜歡的菜、想做的菜、曾經感動他、在記憶中占有一席之地的菜。他是土生土長的台中囡仔，學中菜出身，且懷抱著「想為台灣、台灣餐飲做些什麼」的理想回台，很自然地會在做菜時從成長脈絡與飲食記憶中尋找連結；過去在美國工作、中國開店、新加坡接受正統法菜訓練的經歷，則讓他能夠在「扎實地把菜做好」的前提下，自由地以不同的技巧呈現心中理想的味道。這樣的彈性，正好給了新加坡出身的 Angela 相當大的空間去理解、揣摩自己心中的台灣味與台灣印象，端出只有在態芮才會成立的作品。

態芮的台味甜點，Angela 的台味挑戰

在正式來台工作前，Angela 早已是台灣通，第一次來台就跑遍了北台灣如九份、平溪、宜蘭、花蓮等各處知名景點，之後還經常負責規畫父母、朋友的台灣行程。不過工作畢竟和私人生活不同，要做出「台灣人熟悉」、又要「讓全世界能更認識台灣和台灣味」的甜點，對她來說仍舊是個挑戰。如同過去學習法式甜點，需要掌握法式製作技巧；在Guy Savoy餐廳工作時，得了解法國食材、熟悉法國時令，她開始負責態芮的甜點創作後，也運用了所有手邊可得的資源來了解台灣，不僅勤於查找資料、拚命測試，也從周遭朋友與團隊成員的生活故事中得到靈感；如果是沒有嘗過的食物，則會親自前往體驗。

她舉態芮 2020 年冬季菜單中一道脫胎自「宜蘭麻糬米糕」的甜點 「扉泥墨糬」

6 Kai 曾於 Taïrroir 態芮開業之前，短暫於誠品松菸的 The First 餐廳（目前已歇業）擔任主廚。

以法式技法轉化宜蘭麻糬米糕的
「扉泥墨糬」

為例，「是外場的 Nina 跟我說的，她媽媽是宜蘭人。她說麻糬米糕只有宜蘭有，而且只有那一家有賣[7]，宜蘭人都知道，我就特地去了一趟。」親自嘗過後，雖然未被「綠豆、麻糬、米糕」的簡單口味驚豔，她卻被「奇妙的口感」觸動，決定把它做成甜點，「讓大家知道宜蘭有這個」。她以法式手法變化原始元素的口味和質地，想到「在台灣比較少吃到米布丁」，便嘗試「將花生打成花生醬、做成米布丁，上面撒上像綠豆糕做成的 crumble（奶酥顆粒），鹹鹹甜甜的」；接著考慮「麻糬單吃可能有點無聊」，於是先將麻糬「煮到黏稠、再灌入 Paco[8] 筒中」冷凍攪打做成冰淇淋，保留原本的 Q 度，「再加上黑芝麻脆片和初春蘭香茶[9]的茶湯」的口感與風味變化，就成了一道清香繚繞，餐後享用特別舒心的作品。

態芮早期的「椪餅」，也是 Angela 親自前去台南觀察老師傅製作後習得，但她不僅重現正宗的口味與質地，還轉化了台灣的傳統習俗。態芮的椪餅「烤出來後直接把底部剪開當成蓋子」，食客品嘗時敲開，會驚喜地發現裡面藏了薑汁冰塊、麻油冰淇淋和黑糖珍珠。薑汁與麻油的口味搭配，來自於她得知過去台灣婦女坐月子「會把椪餅加蛋、麻油、薑一起吃，還會用麻油煎椪餅」，黑糖珍珠的焦糖風味，則呼應了椪餅內部濃醇的糖香，為古早味瞬間添上現代的時髦風貌。她也親自跑去鹿港看麵茶的做法，傾聽夜市煮麵茶時「燒一壺水，讓它一直逼逼逼」

記錄了台灣傳統習俗與特色風味的「椪餅」。（照片提供：Taïrroir 態 芮，© 名 廚 Mingchu）

7 指位於宜蘭市新民路 104 號的「游家麻糬米糕」。

8 Pacojet 冰磨機搭配的專用容器。

9 茶品牌「十間茶屋」以新鮮樹蘭花瓣薰染南投名間鄉四季春茶葉製成的不焙火、輕發酵綠茶。

重現台灣清粥小菜風景的「地瓜粥」。

的聲響，只因被團隊成員分享的故事感動，「家裡在耕田，阿公阿嬤為了讓小孩不要在大人農忙時餓肚子，就煮一杯麵茶，中午讓他們喝一杯撐到晚餐」。她設計一道以麵茶冰淇淋、海綿蛋糕、雪酪等組成的作品，記下台灣的故事，並還原傳統「加入油蔥提味」的特色，傳達給年輕的客人，宛如進行文化交流。

Angela 熱愛鹹甜的口味搭配與多種質地、口感變化，前者很容易與台灣人的味蕾產生共鳴，後者則讓她的作品靈動鮮活，總有神來之筆。譬如她的「地瓜粥」，在地瓜達克瓦茲的基底上，放了醃漬脆地瓜、鹹蛋黃雪酪，再以烏龍茶口味的米糊泡泡覆蓋，最後加上以瓦斯噴槍炙烤過的地瓜脆片。一匙舀起，不僅僅是地瓜粥本身，搭配的鹹鴨蛋、醃漬小菜，以及飯後清口的烏龍茶……台式「清粥小菜」的餐桌風景便瞬間在眼前浮現。

新加坡觀點，從物產與飲食中看台灣

出身於新加坡的華人家庭，Angela 其實經常在台灣飲食中找到似曾相識的風味，例如「台灣有黑糖糕，新加坡有白糖糕；麻糬米糕也有類似的，但新加坡的沒有那麼 Q」，「炸冰淇淋」和「鹹鹹甜甜的味道」也令她倍感親切。但兩地畢竟不

同，她提到「新加坡沒有什麼自己的農業，也比較少在地食材，多半都是進口的；但台灣自己的農業發展很好，自己研發出來的（農產品）也很棒」。以夏天盛產的芒果為例，「明明就是一個芒果，怎麼可以有這麼多種？而且每一個味道、香氣都不一樣！」她進一步解釋，「新加坡的芒果就是泰國芒果、菲律賓芒果，如果在新加坡說『台灣芒果』，指的就是愛文」，來台灣之後，才發現「愛文只是其中一種，其他還有超多種，而且都很好吃！」

由於每一季都會設計新甜點，Angela 經常要尋找不同的食材，不只芒果，她對其他台灣水果也都如數家珍，「鳳梨也有不一樣的品種，新加坡的鳳梨甜而不香，但台灣的金鑽鳳梨味道和香氣十足，連切起來的紋路都很美」。她讚嘆本地的農業技術，「連有些在這裡比較難栽種的東西也有，譬如無花果、香蘭葉、Laksa 葉（叻沙葉）等。」過去在新加坡從來沒有產地參訪經驗的她，還對能夠近距離看到食材生長、生產的情形感到興奮不已。一次在態芮與新加坡 Odette***[10]、香港 Ta Vie**[11] 餐廳共同舉辦的六手餐會中，為了帶 Julien Royer 與 Hideaki Sato 主廚了解台灣食材，他們一起南下至雲林西螺參觀瑞春醬油工廠，她發現「台灣釀造出來的醬油很不一樣，有時候會混豆，發酵過程、溫度、濕度等，和新加坡也完全不同」。

在我們聊著新加坡與台灣間時有異同的對照間，我突然想起，新加坡也是一個種族混雜、文化多元的國家，不禁好奇地詢問，新加坡人是否也曾和台灣人一樣迷惘過自己的認同？熱中於尋找什麼樣的味道才是新加坡的代表風味？一直以來都侃侃而談的 Angela 此刻也沒有猶豫，說出了毫無矯飾的看法，「因為我們種族多、多元化，會認可馬來人有馬來人的文化、華人有華人的文化；而且新加坡華人也

---

10 新加坡知名現代法式料理餐廳，2016 年獲得《米其林指南新加坡》授與二星、2019 年榮升三星；2019、2020 年皆在亞洲 50 最佳餐廳排名中名列第一，並於 2019 年名列世界 50 最佳餐廳第 18 位。

11 《2021 米其林指南香港澳門》評鑑二星餐廳，2019 年名列亞洲 50 最佳餐廳第 50 名。

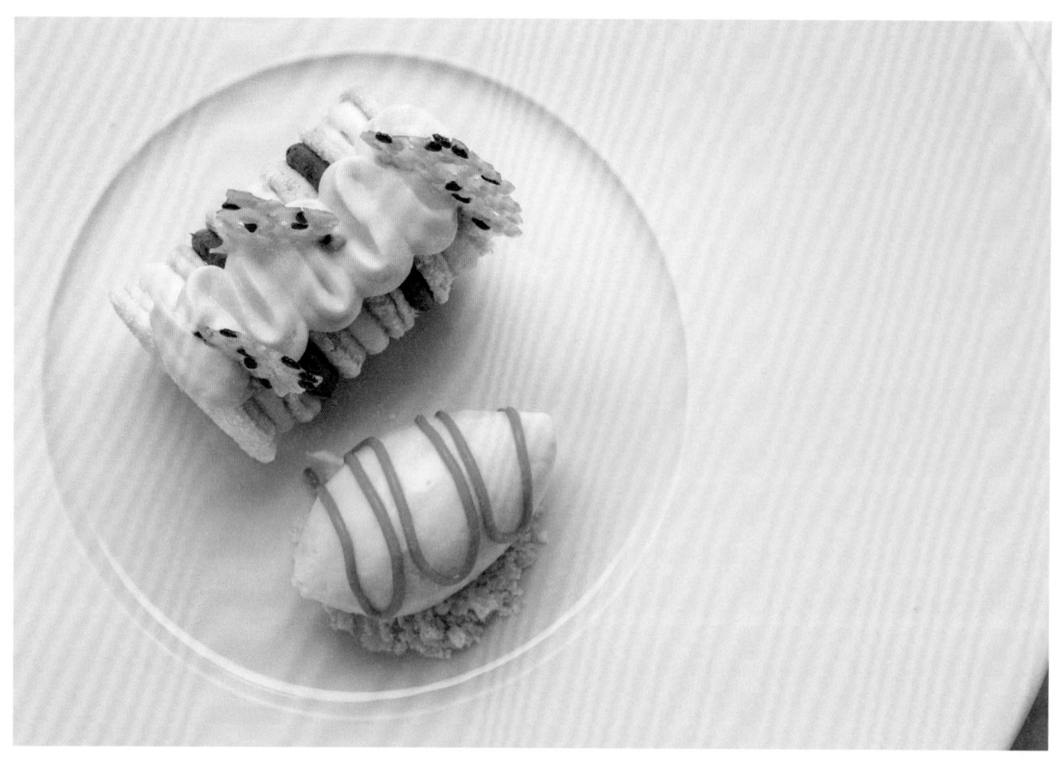

「燒早豆晚」是Angela最知名的作品之一，她以法式甜點的手法重現台灣早餐燒餅與豆漿、米漿的經典搭配，甜燒餅有如小巧的馬卡龍，中間夾著巧克力醬油與豆漿慕斯林奶餡，再搭配芝麻脆片與米漿冰沙，吃一口就能喚起溫暖豐美的回憶。（照片提供：©Taïrroir 態芮）

有很多，華人之間也有很多不同的，潮州、客家、廣東、福建……雖然我們祖先都是從大陸來的，但我們不會說自己是大陸人，我們會說自己是新加坡人，然後加入自己不一樣的華人文化（到新加坡）。但在台灣，可能有些人會覺得自己不是台灣人，因為認同的關係，太多聲音，所以找不到，而不是沒有。」她接著說，「其實以一個新加坡人來說，很多東西我都覺得是很台灣的味道，但台灣人可能不會這樣覺得」，例如「鹹中帶有甘甜、還有 umami（鮮味）」的醬油；香氣濃烈奔放、在英語中被稱為「Thai Basil」（泰國羅勒）但香氣和泰國種完全不同的九層塔（「像鹽酥雞裡面加的！」她一邊補充）；還有以九層塔做成的「三杯」味、散發堅果香氣的麵茶味，對她來說，都是「一聞就知道是台灣的味道」。

突破舒適區，尋找持續前進的動力

在餐廳擔任甜點師，意味著顧客如果想吃到自己的作品，就必得來餐廳完整吃過一整套菜，才有可能品嘗到。不過，對熱愛盤式甜點與出餐服務的 Angela 來說，上餐廳吃飯「是一個完整的體驗」，所以她「並不覺得可惜」，反而希望自己的作品能讓大家知道「甜點有多重要」。雖然笑稱自己平日和主廚Kai「總是吵架」，「都不溝通、也不合作」，但其實她在端出自己的作品前，都會先了解 Kai 的規畫，如果可能互相衝突，她便會與 Kai 協調，例如有次午餐菜色中有毛蟹，原本想做柿子甜點的 Angela，考量到螃蟹與柿子同吃可能會造成腸胃不適，便「直接換掉那道甜點，即興改成另外一道，將柿子轉去晚餐使用」。

目前在態芮與團隊合作愉快，主廚 Kai 也給她許多自由，但 Angela 坦言，「偶爾還是會出現 comfort zone（舒適區）」。不過，她一向不安於在原地停滯不

使用台灣濃口醬油搭配桂圓與美祿冰淇淋的「美祿、桂圓、濃口醬油」，是新加坡與台灣風味合璧的一道作品。

前，總會主動尋找突破動力。她希望藉由餐會與活動「接觸到更多人、與其他人合作」，如 2020 年攜手台中現代新加坡餐廳 JL Studio** 甜點主廚韓慧婷[12]（Una Han），舉辦「Starry, Starry Sweets 星新鄉映」甜點餐會，在新加坡與台灣的飲食文化間碰撞火花；2021 年與台北 Heritage Bakery & Café 合作，重新詮釋美式經典甜點等。

過去曾想過「去別的國家，如法國、韓國、日本」歷練，對 Angela 而言，台灣雖是意料之外的轉折，卻充滿驚喜。過去來台旅遊時，就被台灣人「熱情但不過度」的友善與美味的食物、豐富的物產吸引；如今作為一個國際工作者，在她心中，台灣已能和身為餐飲文化始祖、甜點殿堂的法國相互抗衡了嗎？我問，如果同時有在台灣跟法國的工作機會，她如何選擇？ Angela 有點猶豫，想了幾秒後回答，「雖然也很想去法國，但如果最後選擇台灣，就會是因為這裡的人和 produce（物產）」。

本書完稿前，傳來 Angela 獲「亞洲 50 最佳餐廳評鑑」選為「2021 亞洲最佳甜點主廚」殊榮的超級好消息。來台灣當甜點主廚原本並不在 Angela 的規畫中，這趟旅程卻為她和台灣都帶來無限的驚喜。五年前，因為想要找一個受過正統法式甜點訓練的甜點師，能以清晰邏輯設計出擁有起承轉合的作品，提升整體餐點水準，Kai 從新加坡挖角 Angela，台灣卻因此獲得一位比本地人還要用心做功課、把傳承視為使命的甜點主廚。面對眼前一邊大笑，一邊說著「反正這兩年哪裡也不能去」、「兩三年後年紀可能也不行了」的 Angela，我不禁暗自希望，台灣能持續和她一起成長、給她前進的動力，真正成為她心中最能揮灑自如的舞台。

---

12 本書第 4 章第 3 節有其深度專訪。

左　「Starry, Starry Sweets 星新鄉映」甜點餐會中的「仙草、豆漿、百合」，融合了新加坡名為「Michael Jackson」的仙草豆漿飲品與台灣的「燒仙草豆花」。

右　左起：態芮主廚 Kai、JL Studio 甜點主廚 Una、Angela 與 JL Studio 主廚 Jimmy 四人在「Starry, Starry Sweets 星新鄉映」甜點餐會後開心合影。

甜點主廚 賴思瑩（Angela Lai）

2021亞洲最佳甜點主廚（亞洲50最佳餐廳評鑑）

新加坡 At-Sunrice Global Chef Academy 甜點與烘焙課程

專業經歷：新加坡 Fulleton Hotel（實習）、Guy Savoy Singapore** 等

Instagram ｜ @angela_sy

Taïrroir 態芮 **（《2021米其林指南臺北臺中》二星）

台北市中山區樂群三路 299 號 6 樓
(02)8501-5500

Facebook ｜ @tairroir
Instagram ｜ @tairroir

4-3

從南洋回望台灣，在星洲找到自我

韓慧婷（Una Han）

JL Studio** 甜點主廚

「在一個地方傳遞另一個地方的文化時，需要讓本地人有共鳴，就像在泰式打拋肉加番茄，縮短距離感。台灣食材這麼多這麼棒，我們應該要做很好的發揮。」

我和許多媒體朋友在 Tãirroir 態芮的廚房中穿梭訪問、拍照，再過不到 15 分鐘，他們與 JL Studio 合作的「Starry, Starry Sweets 星新鄉映」甜點餐會即將開始。廚房裡非常節制有序、絲毫不見慌亂，甚至連緊張的氣息都感受不太到。我和態芮的甜點主廚 Angela 開始聊得熱絡，一邊四處張望，正在好奇今天的另一位主角是哪一位時，突然見到一位同樣綁著馬尾的短髮女孩靜悄悄地從廚房另外一邊走過來，拿起桌上的擠花袋和模具，表情專注地開始工作起來，不時低聲和 Angela 討論著。我當時就知道，這就是 JL Studio 的甜點主廚 — 韓慧婷（Una Han）。但直到餐會開始，我都沒有機會和她說上一句話。

那是一場令人印象極為深刻的甜點餐會，雪花糕、炸冰淇淋、鹹蛋糕、仙草、豆漿等台灣人熟悉的傳統點心，都被抹上一股斑斕熱麗的南洋風情，散發不同以往的魅力；連最後佐茶的六樣小點，在規矩經典的外表下也個個擁有曲折的身世。我被告知這次的甜點都是由兩位主廚共同設計，那麼，能和元氣奔放的 Angela 四手協作卻勢均力敵，作品既不示弱也不霸道的甜點人，到底是什麼個性呢？果不其然，餐會成功結束後，我終於和明顯放鬆下來的 Una 說上話，便立刻發現她安靜的外表下，其實也是一個古靈精怪的女孩，能認真深沉地解釋自己的創作理念，也會突然大笑說出「我覺得自己有點變態，出餐的時候甜點一直來一直來，需要同時在腦子裡一直思考，這感覺很爽」。

夢想要向遠方追逐？還是在現實中實踐？

年紀輕輕卻已擔任二星餐廳甜點主廚的 Una，雖然真正進入業界其實只有六年，卻擁有極為豐富的國際餐會經驗，從東南亞各國到日本、韓國，再到瑞士的知名餐廳廚房，都有她的身影。不過，在高雄餐旅大學（以下簡稱「高餐」）念餐飲管理並沒有啟發她，螢幕上的明星主廚與讓人垂涎欲滴的甜點，才是吸引她投身業界的關鍵，「大四那一年暑假真正開啟我想往甜點走的大門，那時每天都守在電視前看 TLC 頻道，很多節目都很吸引人，包括《蛋糕天王》（*Cake Boss*）、傑米·奧立佛（Jamie Oliver）及奈潔拉（Nigella Lawson）的節目等。」她開始想要擁有

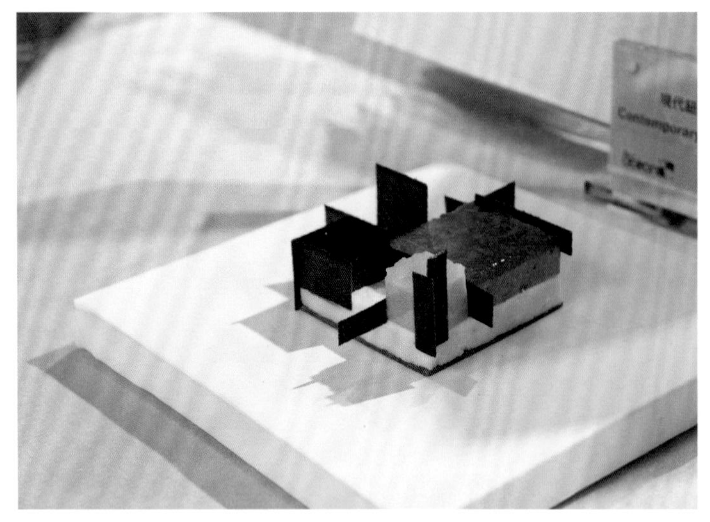

前樂沐甜點主廚平塚牧人的代表作之一——現代紐約起士蛋糕，結合他觀賞現代藝術家 Piet Mondrian 和現代主義建築家 Ludwig Mies van der Rohe 作品得到的啟發設計而成。以 3D 立體的方式呈現，比平面更有趣味；甜椒、蝶豆花、鹹檸檬、芒果等元素結合起士蛋糕，在風味上也突破框架。

更多甜點知識，便頻繁地往圖書館跑，「我在學校圖書館找到《Classic Patisserie: An A-Z Handbook》，這是我人生中第一本重要的甜點書。我整個暑假都在翻譯它，從 A 到 Z，裡面介紹經典的法式甜點做法、典故等，那時就志願未來要當一名甜點師傅。」

高餐畢業後，她憧憬著「未來可以去世界餐飲與甜點的殿堂 — 法國學習法式甜點」，所以選擇進入知名法式餐廳樂沐（已歇業，原址現為「小樂沐」法式餐酒館）工作。當時 Una 非常興奮，她為陳嵐舒主廚「細緻、溫柔、協和」的菜所吸引，甜點主廚平塚牧人（Makito Hiratsuka）[1] 新奇的風味組合、優雅的擺盤也讓她大開眼界，「我過去在外場，甜點都是自學居多，看書學到的會有既定風味組合，Makito 主廚讓我開了眼界，例如他用鐵觀音茶搭配卡蒙貝爾（Camembert）乳酪，真的讓人覺得『怎麼會這麼合』！他擺盤是意境派，像他的『睡蓮』，我那時候覺得『哇，好漂亮！』簡單舒服、印象深刻又好吃。」

不過，過去幾乎都是從電視和書籍上自學甜點製作的她，在進入專業廚房後，才發現真實的世界比電視上呈現的要嚴苛許多，「想像跟現實差很多，工時非常長，東西非常多、細跟瑣碎。專業廚房裡要求品質跟速度是一致的，對剛畢業的

在廚房中快速成長的 Una，現在已經擁有自己的甜點團隊。

我來說真的滿辛苦。」她原本想轉身逃離，但想起自己是「和媽媽抗爭過後才來台中」，覺得「放棄太丟臉」，只好選擇撐下去。剛好當時樂沐糕餅舖（已歇業）開張，平塚主廚開始讓團隊在餐廳與糕餅舖中輪調，她因此有機會體驗不同的甜點類型和工作節奏。當時 Una 甚至「不清楚甜點店和餐廳的甜點有何不同」。

受訪時平心靜氣說著自己「比較過後發現自己比較喜歡盤式甜點」，因為「喜歡餐廳裡每天會遇到不同的挑戰，例如來了一位飲食忌口的客人，或剛好某樣食材沒了需要換」的 Una，其實一度非常迷惘。由於團隊流動率太快，她不足一年資歷便被晉升主管，不僅得把手上的事情做好，還得帶人，於是再度萌生想要逃走的念頭。她解釋，自己想「離職後先去學法文，然後去法國學甜點再回來開店，像是一個 SOP」。但前一分鐘才聽到她形容在糕餅舖「工作分成幾個基底，如泡芙、慕斯、組裝等，一個人專門做其中一件事，無法碰到全部，跟自己想像有非常大的落差」，我不禁疑惑地發問：「所以你發現自己比較喜歡盤式甜點，卻決定出國後回來開甜點店？」

1 我為博客來 Okapi 專訪 Makito 主廚的文章連結。

眼前的 Una 不好意思地笑了起來，爽快承認「當下可能只是逃避，只是想要換一個環境，可能回來也沒有要開甜點店」。另一個對此發出質疑的人則更為犀利刻骨，「我和副主廚 Jimmy 討論，結果他說：『你錢從哪裡來？』我說我跟爸媽借，他當下大笑，說：『你們這一輩的人都很天真耶！可能你們家很有錢吧？』」雖然 Jimmy 後來試著轉圜「如果你們家支持當然可以去」，但自尊心極強的 Una 已被深深刺傷，她試著為自己辯解，「我說要去學基本功，他說：『基本功？你每天都在學基本功，你不需要花那麼多錢去外國學基本功！』他接著問：『那妳回來要幹嘛？妳現在都已經在這工作了，為什麼要去繞一圈？』」她以餘悸猶存的口吻回憶，「他說：『現在小朋友都很多美夢。』我到現在都記得，那刺激太大了！」

人生轉彎的關鍵，參與創立 JL Studio

與 Jimmy 主廚的這段對話，被 Una 形容為自己「人生的轉折」。這位「不是罵人，而是刺死你」的主廚，後來成為她感謝不已的 mentor。既是嚴師、又像夥伴，「他真的人很好，教我很多東西，沒有因為我經驗少就不分享哪些東西；但我做錯的地方他絕對用罵的，而且他講話很難聽！」雖然說話總是一針見血，對 Una 鞭策

影響 Una 極為深刻的林恬耀 Jimmy 主廚，在台灣餐飲界極受矚目。

也毫不留情，但 Jimmy 其實也一直是對她最有信心的一位。在她決定離職回高雄沉澱後，他便邀請 Una 加入自己籌備中的新餐廳核心團隊，這便是開幕三年半即在《2020 米其林指南臺北臺中》一舉獲得二星的 JL Studio。

眾所周知，原本 JL Studio 要做的並不是現代新加坡菜，而是時下熱門的「以台灣食材做北歐風格或法菜」。一直到開幕前三週，來自新加坡的 Jimmy 在反覆質疑自己後，才終於下定決心要在台灣開一家與家鄉、自己的根有緊密連結的餐廳。他將決定告知團隊時，所有人都大吃一驚。「他跟我們說要做新加坡菜，我們說我們又不是新加坡人，怎麼知道怎麼做？但他說他就是要做！」回想起當時的震驚，Una 有點莞爾，「如果一開始就說要做新加坡菜，我會猶豫很久，因為覺得自己什麼都不知道」。不料突如其來的轉換卻意外成為她脫胎換骨的關鍵。

「老大都這麼說了，還能怎麼辦？」不服輸的她硬著頭皮接下挑戰。不過，因為沒有去過新加坡，她「很多味道都很不熟悉」，剛開始只能盡力去揣摩 Jimmy 的味覺，「那時候都是他告訴我要什麼，我去操作。做出來讓他試了之後，去比對記憶中的味道，再告訴我需要怎麼調整。」開幕半年後，Jimmy 決定帶著 Una 和幾位同事一起前往新加坡。他的返鄉之旅，卻是 Una 等人的開拓之旅。被 Una 以「瘋狂」形容的那三天，他們每天都從早上六點吃到晚上九點，大宴小酌、菜餚糕點、傳統現代……Jimmy 帶著他們體驗了自己生長的環境，在當地的傳統咖啡店裡參與街坊長短；在夜市裡親歷多元種族熙來攘往、人人多聲道的鮮活日常。

那次之後，Una 彷彿開了竅，不僅「知道原來店裡的味道是這樣」，也不再只是單方向接收 Jimmy 的指示。她關注東南亞最新飲食趨勢，也開始主動思考，「看到他們有什麼甜點我會去試做，讓 Chef 去嘗嘗看是不是這味道，又需要再加什麼去呈現細節」；「如果在路上看到有趣的食材，我會想可以用它做什麼東西，然後去給 Chef 試，也會在創作時，設想這東西要傳達的是什麼？」

認為「我認知的甜點跟 Chef 認知的甜點有很大差別」，過去經常對 Jimmy 以鹹食做甜點的想法不以為然，和他時有爭執的Una，開始慢慢卸下自己心中「甜點」的框架，她舉「Starry, Starry Sweets 星新鄉映」餐會中壓軸的小點之一「Rojak 馬卡龍」為例，認為對自己而言是個突破。Rojak 是星馬的特色蔬果沙拉，以新鮮小黃瓜、鳳梨、芒果、青蘋果等與蝦醬、糖、辣椒、青檸汁製成的醬汁混拌，最後再撒上花生碎與切碎的薑花莖。原始版本鹹、甜、辣、鮮，每一個味道都極為濃重，她以法式甜點的經典重新詮釋，將甜蝦醬、花生、金桔混合製成內餡，上方綴以火炬薑，少了張揚卻保留特色，台灣人也能輕鬆欣賞。Una 談及改造過程，「這味道沒辦法一開始就喜歡，因為甜蝦醬味道太多了」，於是試著在保留本質的前提下將其柔和呈現，認為「我可以說服自己就能說服別人」。

她用同樣的角度出發，檢視過去 Jimmy 的提案，思考合適的呈現方法，「像辣椒與咖哩葉，這些我覺得是鹹食派的東西，要如何放進甜點中但不違和？」嘗試後發現，「其實客人不會排斥，都是自己的心魔」。Jimmy 給了她許多在甜點師框

Jimmy 以牛肉取代豬肉轉化新加坡代表菜色「肉骨茶」的「牛菲力、娃娃菜、黑蒜」。
這道菜分成湯與牛三寶飯兩部分，將當地喝肉骨茶搭配豬油拌飯的習慣也忠實呈現。

「Starry, Starry Sweets 星新鄉映」餐會中的伴茶小點。右上方有火炬薑裝飾的即為「Rojak 馬卡龍」。

架以外的建議，「以前打一個醬汁或是 sabayon（沙巴雍醬 [2]），要加入蛋黃打很多氣泡在裡面，但其實加大豆卵磷脂進去也可以，我當時就會覺得『怎麼可以這樣做？』Chef 卻說：『為什麼不可以？』後來自己也會發現『欸，對耶，為什麼一定要用蛋做？要花那麼多步驟？』把自己打開一點就會發現很多可能性。」

台灣餐桌上的新加坡味道

Una 解釋，由於「Chef 希望來到 JL Studio 的人去了解新加坡的文化、了解他的根」，但並非直接將傳統照搬，團隊花了很多心神制定菜色與呈現方式。JL Studio 以保留傳統南洋風味主幹為原則，將東南亞特色食材與台灣的當季食材結合，表現「現代新加坡料理」。他們時而解構經典、時而另創新作，以海南雞飯為例，Jimmy 的最新版本「白蘆筍、茭白筍加米湯」，「吃起來是海南雞的味道，但沒有雞」。甜點也遵循同樣的原則，Una 以她重塑經典的「Chendol」說明，「Chendol

---

2 參見第 2 章第 1 節註釋 18（第 95 頁）。現在沙巴雍用途廣泛，不限於甜醬，也可以將甜酒替換為甜度較低的白葡萄酒、柑橘類果汁、高湯等做成鹹醬，和魚類、肉類料理搭配。

Una 與態芮甜點主廚 Angela 共同發想的「蝦米、鹹蛋糕、鳳梨」，結合了台中名產鹹蛋糕與新加坡的粿。蝦米鹹鮮、鹹蛋黃方塊酥香脆、鳳梨辣椒雪酪酸甜微辣，鹹蛋糕中還有以貝禮詩沙巴雍甜醬（Baileys Sabayon）模擬傳統做法夾層中的沙拉油，既南洋又台灣，風味、口感體驗完整，極為出彩。

是以紅豆、椰奶、棕櫚糖漿、斑蘭葉米苔目做的傳統甜湯，我保留紅豆、椰奶、米苔目等主題。為了讓客人閉上眼睛品嘗的時候可以想到，所以將米苔目做成果凍狀保留其口感，加上紅豆冰沙、椰子泡沫跟棕櫚糖漿，全部混在一起就是 Chendol，但視覺上看不出來。台灣人能欣賞這道甜點，但新加坡人不會一看就知道是它。」

而另一道台灣人都很熟悉的「摩摩喳喳」，Una 也在對新加坡當地版本有所了解後，選擇用富有童心的方式重新詮釋，「我自己和台灣人對摩摩喳喳的印象停留在瓦城泰式料理的做法，但去了新加坡後，我才知道新加坡有加地瓜跟芋頭，這是泰國版本沒有的。我們用糖球做出地瓜的樣子，出餐時讓客人實地把地瓜『挖出來』，但裡面是摩摩喳喳。這很新加坡、也很台灣，台灣人對地瓜的情感其實滿濃厚的。」

Una 提及，「以前為了讓台灣人知道什麼是新加坡菜，所以會有新加坡菜的原型；現在會以食材去發想，將東南亞食材跟台灣食材做連結。」她說明，自己之前做過「檸檬葉跟水梨的 pré-dessert[3]」、也曾將台灣的黑葉荔枝與椰奶搭配，這些甜點創意的來源並非根基於東南亞傳統，而是個人的發想，「我認為荔枝跟椰奶的

上　重新詮釋新加坡傳統甜湯 Chendol。（照片提供：© 韓慧婷）

下　以糖球做成擬真地瓜，透過讓客人親手「挖地瓜」的方式，呈現新加坡風的摩摩喳喳。（照片提供：© 韓慧婷）

風味一定搭得起來，而你不會在新加坡找到這一道菜，台灣也沒有。這就是我們在做的事，也就是連結新加坡與台灣。」她進一步解釋，「在一個地方傳遞另一個地方的文化時，需要讓本地人有共鳴，就像在泰式打拋肉加番茄，縮短距離感。台灣食材這麼多這麼棒，我們應該要做很好的發揮。這也是 Chef Jimmy 留在台灣的一個原因之一，因為新加坡東西多半都是從中國、馬來西亞等地進口，所以他

3 「前甜點」，意指在正餐後、甜點前的一道承先啟後的小品。

對台灣珍貴的在地食材很著迷，覺得應該要多使用。我也覺得『對，我們應該要這麼做，而不是單純複製新加坡的東西。』」

在台灣的新加坡餐廳、和新加坡主廚一起做現代新加坡料理，讓 Una 開始學會重新審視自己的生長環境，「我透過 Jimmy 的眼睛重新發現台灣，現在自己很喜歡去逛菜市場，發現在地與當季食材」。在我造訪 JL Studio 當日，她親自在廚房中示範新版的「糖球豆蒜」，「跟台灣的綠豆蒜很像，只是台灣版本沒有香蘭葉香氣。我放入綠豆沙牛奶的概念，但將原本的去皮綠豆改為帶皮，所以外觀看來是淺褐色。又因為在我家附近吃到一家很好吃的涼皮，想到可以增添口感，所以就加上涼皮。」「靈感來自於生活，而且要不刻意」，她為自己的體悟加上註解。

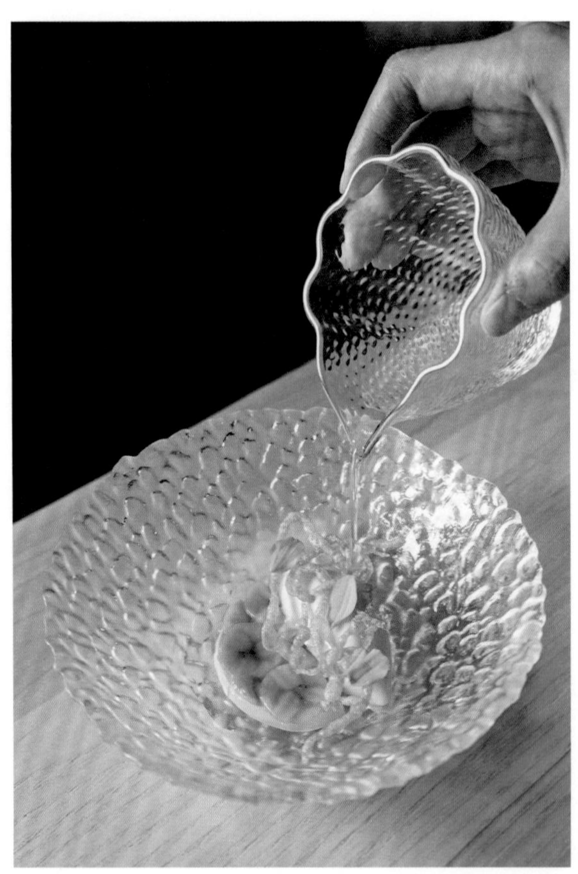

「香蕉、焦豆腐、發酵香蕉」使用台灣本地香蕉，以不同口感與處理方式為星洲小吃「炸香蕉」添上層次與對比。

在餐會現場成長，成為獨當一面的甜點主廚

在 Jimmy 的帶領下，Una 征戰過多場與異國餐廳合作的餐會。她解釋，由於在外地參與餐會，「不在自己家裡，需要考慮風險跟限制，在不熟的環境下克服困難，跟別人溝通，確定人家跟你想的是一樣的」，她因此快速成長。每一次出國，Jimmy 主廚還會「帶團隊去吃當地的餐廳，都是在亞洲 50 最佳餐廳或米其林榜上有名的」，讓她能進一步觀察當地頂尖廚師怎麼做菜，「JL Studio 第一場受邀的海外餐會是在峇里島的『Locavore[4]』。在峇里島就是大家很 free（自由），但他們很認真，食材的醃漬、發酵、烘烤等，都令人大開眼界。我第一次知道原來椰子可以烘烤，可以這麼甜這麼香。他們有一個發酵室，裡面都是我從來沒有想過、看過的東西；在泰國跟『80/20*[5]』的餐會，則看到食物的表達方式可以很純粹、很自然。」菲律賓「Toyo Eatery[6]」的烹飪方式同樣「很熱情、很直接，單純卻做得很好吃，不像義大利法國有很多技巧」，這不由得讓她思考，「自己為什麼一定要拘泥怎麼做？或是用複雜的方式去做？」

在「Starry, Starry Sweets 星新鄉映」甜點餐會中，她第一次成為主角，需要主理各種執行細節，「以前做餐會，就是乖乖聽 Chef 做出他要的東西就好，這次從頭到尾都要自己規畫，要跟 Angela 討論菜單、設定主題和細節。原本以為只要做菜就好，後來發現是自己太天真了。」Jimmy 主廚也在背後推了她一把，「Chef 說：『就是要讓你學新的東西啊！』自己就要正面迎擊，要和設計部討論菜單，和公關討論有誰要邀請，餐點要如何呈現，食材、酒水、餐桌布置……才知道原來以前這些東西都是 Chef 在做的，原來其實沒有人應該要幫你做。好幾次覺得好崩

4　2020 年在亞洲 50 最佳餐廳中排行第 37。餐廳 95% 的食材來自印尼本地，強調環境友善、永續發展，與當地農漁業者及飲食工作者建立長期穩固的合作關係，並使用當令食材與經人道飼養的肉品。

5　位於曼谷，2020 年在《米其林指南泰國》中獲得一星、亞洲 50 最佳餐廳排行第 47，以嶄新食材和烹飪技巧翻轉傳統泰國料理。

6　位於馬尼拉，2020 年在亞洲 50 最佳餐廳排行第 44。餐廳主旨是希望透過菲律賓當地的物產、料理與文化重新思考並發掘菲律賓的國家認同，與台灣近年來餐飲圈的熱門議題有異曲同工之妙。

跟著 Jimmy 一起參加的數次海外餐會，都讓 Una 大開眼界。照片中是在菲律賓的 Toyo Eatery。（照片提供：© 韓慧婷）

潰、好累，但崩潰完之後還是得站起來。這才發現原來一個活動的組成非常不簡單，沒有親身經歷過都不知道有多困難；站在外面看都覺得還好，但真的沒有『還好』。」

Una 透露，「JL Studio 甜點主廚」的職稱其實 2020 年才出現，「過去 Chef 曾經有提過想培養我為 pastry chef，但他會說但你現在還不夠，我就會去想哪些是他覺得我不足的，怎樣是符合一個甜點主廚該做的，然後去補足。」笑稱「我就是很容易被激將」的 Una 說，「這職位已經比我想像的來得快了，因為我認為一個 chef 的養成需要很長時間，原本想說應該要再多三年。」她坦承，星新鄉映甜點餐會是因為 Jimmy「肯定自己的成長」才讓她去做，因此，在她「很崩潰想求救」的時候，他一句「這東西是你的，你就要去完成。你要亂弄的完成還是好好的完成？」就讓她不得不打起精神面對。

樂於迎接挑戰的彈性未來

JL Studio 開幕之前，Jimmy「肯定自己出身、將自己的本發揚光大」的出發點並未立刻得到支持，連 Una 自己的家人都懷疑地問，「什麼？東南亞料理？會不會

在廚房中聚精會神製作「綠豆蒜糖球」的 Una。

很快就倒了？」但團隊連獲肯定，2019 年在「亞洲 50 最佳餐廳」評鑑中獲得獎勵餐飲新興的「Miele 最值得關注獎 [7]」（Miele One To Watch Asia Award），2020 年中甫進榜便位居第 26，接著奪下米其林二星，成為台灣重要的指標性餐廳。曾經一度因為餐廳要轉換方向而感到困擾的 Una，現在非常感激 Jimmy 的決定，「我發現近幾年的台灣很多地方開始使用東南亞食材，也很容易取得。我會跟他說他很棒，我覺得我們走在正確的路上。」

在這裡工作的這幾年間，Una 不僅開了眼界，也「敞開心胸去接納更多文化之間的融合與發展」。雖然是做新加坡風格的甜點，但她卻在探討新加坡文化及餐飲脈絡時發現，「小時候常常吃的九層糕、綠豆蒜、白糖糯米粿等，其實與星馬娘惹文化都有相關」。驚喜之餘，也加深她「想要探討與發揚兩地文化的心」。她思考台灣本地文化的價值，自己與家鄉間的聯繫，感嘆「新加坡的族群們會各自去維護自己的東西，台灣人也有，但比較少，大部分人還是在追求外國的東西」。

---

7 此獎項由「亞洲 50 最佳餐廳」主辦單位與該地區餐飲業專家評審投票，選出 50 最佳餐廳名單以外的餐廳，表彰其明日之星的潛力。

以新加坡對外籍人士的開放政策為例，「他們國家認為外國人進來很優秀，可以帶來新的東西，但這要自己很有自信才行」。反觀台灣，「過去很少人把傳統糕點現代化，大家小時候接觸過，但覺得那不是應該要去捍衛的東西。例如合興鬆糕[8]，原本有人真的會把它發揚光大嗎？是因為近幾年有人把「台灣味」拉進（飲食議題中）來，才會有人做。可能我們覺得傳統沒有進一步發展的可能，可能我們的民族認同感沒那麼強。」她認為，「義大利、日本因為民族認同感很強所以才能渲染別人，台灣還要再努力一點。」

至於未來，Una 語出驚人，說她「不一定會繼續做甜點」，因為「不喜歡把未來規畫得好好的」。她解釋，「現在的我也不是以前規畫的我，我是有新的挑戰就會想要去接的人」，所以「如果沒有新的挑戰就會想要離開，自己去找」。停頓了一下，她接著又說，「我的資歷可能沒有那麼豐富，但我接住了現在的挑戰，想把它做好。前輩和團隊花了很多時間心力，現在我是有些壓力，但要如何把這壓力轉換成動力？」她思考，「已經被冠上『甜點主廚』這個 title（職稱）了，要如何做出符合這 title 的事？」

訪談末了，她轉身回到廚房，專注地面對即將來臨的晚餐時間，小小身影散發出堅毅氣息。我想，我們真的應該感謝 Jimmy，不僅在台灣重新發掘了自己，拓展台灣人對新加坡、新加坡菜的認識，也為我們培養了一位既柔軟又堅韌，未來無論在哪都大有可期的年輕主廚。

8 指台北南門市場名店「上海合興糕糰店」，創立於 1947 年，專賣各種中式傳統米麵點心，上海鬆糕與八寶芋泥是其招牌。2016 年，第三代接班人在大稻埕迪化街設立了外型古雅的「合興壹玖肆柒」，將老店產品精緻化、迷你化、個人化，並結合茶飲與伴手禮形式，為傳統注入新意。

連結台灣、新加坡的「西米露、芋頭、酒粕」。原型是新加坡的潮州芋泥（Teochow Orh Nee），使用了台中大甲芋、霧峰酒廠釀造的濁酒酒粕等食材。

甜點主廚　韓慧婷（Una Han）

高雄餐旅大學餐飲管理系

專業經歷：台中樂沐法式餐廳、樂沐糕餅舖

Instagram ｜ @unahanht

JL Studio**（《2021 米其林指南臺北臺中》二星、2021 年亞洲 50 最佳餐廳第 26 名）

台中市南屯區益豐路四段 689 號 2 樓
(04)2380-3570

Facebook ｜ @jlstudiotaiwan
Instagram ｜ @jlstudio_tw

Chapitre 5

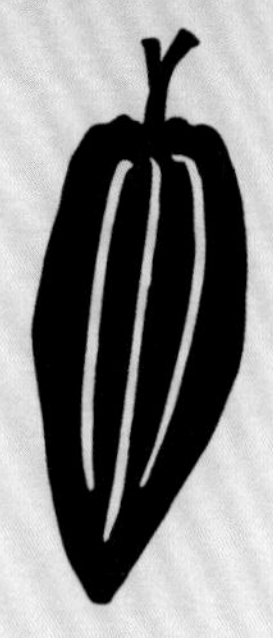

台灣味的國際化

台灣味的國際化・緒論

「台灣味」的討論在這幾年本地飲食圈中已成顯學，討論與實踐皆百花齊放。如同前幾章所討論的，對台灣味熱切的追尋，其實真正的關鍵在於身分認同的形塑。然而，對內找出「什麼是台灣味」的共識，僅僅是第一步。

台灣味的世界挑戰

台灣的甜點圈在近年與世界交流愈加密切，不僅國際大師頻頻來台，台灣的主廚們也收到許多國際邀約與關注，更有不少外籍主廚們選擇台灣為發展基地。近三年中，台灣巧克力與果醬品牌在國際比賽中表現突出，則成了另外一個突破點。隨著國際曝光增多，這些職人、品牌便需要面對「如何建立國際上的台灣印象」、「如何讓這些味道成為足以被國際辨識的『台灣風味』」的挑戰。這些挑戰並非僅源於競爭意識，而是在訴說作品故事、講述創作哲學時，不可能架空於自己的生活環境與風土之上。

以全球巧克力品牌的盛會巴黎巧克力大展（Salon du Chocolat）為例，當鄭畬軒主廚（Yu Chocolatier 畬室法式巧克力甜點創作，以下簡稱「畬室」）前往巴黎參展時，他該如何在會場成千上百個商家之中突出自己的特色，讓國際巧克力愛好者、廠商、主廚們在認識畬室之餘，也認識品牌由來之地；讓「來自台灣」不只是一句介紹詞，而成為有意義的說法，能夠連結主廚的創作哲學與作品帶來的體驗，同時與其他亞洲國家如日本、越南、菲律賓區隔，顯然需要深入思考。

好食光 Keya Jam（以下簡稱「好食光」）品牌主理人柯亞在飛至倫敦領取「世界柑橘類果醬大賽」（The World's Original Marmalade Awards）獎項時，感受最深的不是得獎的榮耀，而是國際對台灣「毫無印象、一無所知」。美味與否或囿於個人品味與飲食經驗，但對於不熟悉的味道、從未聽過的品牌，對來源地的認識，或一個飽滿動人的好故事，便構成了最初的印象，甚至影響其後口味的判斷。若國際評審與消費者們對台灣的認識是一張白紙，那麼，他們會以什麼樣的角度與認知去了解「來自台灣」的商品與它的企圖心？

由於國際市場對台灣很可能一無所知，縱使是台灣人認可的台灣味，也不見得能夠得到國外消費者的共鳴與理解。過去九日風曾發展過的「台灣味系列」夾心巧克力，無論是融合麻油、醬油、米酒、九層塔的「可可三味」，還是結合香菜、花生的「花香」等，都是本地飲食中常見的風味組合，但距離它們擁有足夠鮮明的辨識度，能夠讓嘗到的人喚起「這就是我曾經嘗過的台灣味」的回憶，建立起「原來這就是台灣味」的認知，中間其實還有好幾個關鍵需要強化，如「台灣印象」的整體國際露出（「台灣在哪裡？是個怎樣的國家？」）、台灣整體飲食文化的論述（「台灣人都吃什麼？台灣飲食有哪些代表性的口味？為什麼？」）等，如果沒有前面環節的仔細鋪墊，台灣人認為的台灣味，對國際市場而言，終究只是「又一個奇特的異國風味」。

「究竟什麼樣的味道是台灣味」的命題，在經過「台灣人認為台灣味是什麼」、「國際上認為台灣味是什麼」的思考後，指向「我們希望國際上認為的台灣味是什麼」的思索。這三個問題其實是一個反覆循環，最終須回歸至對自我認識與去蕪存菁的提煉。唯有足夠認識自己，才能機會說出信服人、感動人的故事。

說好國際語言是基本功

有了內容，故事還得說得有趣才能吸引聽眾。讓人聽得懂僅是入門基礎。

如果「進入國際場域」、「在國際舞台上被看見」是目的，那麼，「說國際語言」便理所當然。由法國發展出的「fine-dining」系統是當前國際餐飲圈的共通語言，「法式甜點」若非甜點界的官方語言，也絕對是強勢語言。縱使美式甜點、日式甜點等愛好者眾，也有自己的美學標準，但在全球參與、視為權威的國際賽事上，考驗甜點師們的，仍然是法國在過去三百年間建立的類別與評鑑系統。即使是在本章討論的巧克力、果醬等類別，法國的影響力也無法忽視。

近年來台灣大出風頭的「國際巧克力大賽」（以下簡稱「ICA」）尊崇的是「bean to bar」（可可豆到巧克力），比起工藝、美學等法式傳統價值，更看重風土與在地，世界各可可豆產國因而受到前所未有的關注。然而，我們怎麼能忘記，「風土」概念中重視每一地的特殊氣候、水土、人文、技術等產生的風味差異，正是來自法國？建立於法國的葡萄酒品酒文化，幾乎是所有嗜好性商品的風味評鑑濫觴[1]；而法國品牌 Valrhona 法芙娜的「產區巧克力」（chocolat grands crus）系列，突出各產區、莊園的風土特色，便是「bean to bar」巧克力風潮的發端。

說國際語言有如取得參賽資格，若要得到關注，則需將參賽規則、評審喜好、評比標準等熟透於心。以日本的職人為例，無論做什麼，他們都有能耐「將外來的變成自己的」，在全盤模仿、學習之後青出於藍，並在此之上發展自己的風格。第一章中提到，1873 年，日本的官方正式晚宴從和式轉換為西式，其實始於天皇與皇后的每日飲食，正式更改日期甚至訂在極具象徵意義的 11 月 3 日 ── 明治天皇生日當天[2]。明治時期的「文明開化」政策，不僅是學習西方的制度或章法，而是徹底地從自身的飲食、穿著、休閒習慣開始「脫亞入歐」。許多西方外交使節與家屬亦留下紀錄，當時縱使日本官員外語一個字都不會說，仍然身著西方服飾、懂得西洋餐桌禮儀，飲宴席間演奏的音樂也是西洋樂曲，使人驚異[3]。

好食光主理人柯亞在本章專訪中提及，日本為在「世界柑橘類果醬大賽」取得好成績，最終成為評審、影響比賽結果，除了「傾國之力」發展高品質、競爭力的食材，輸出統一的國家識別外，也從「了解比賽」的源頭開始，多年苦心孤詣。不是蜻蜓點水地一次、兩次觀摩，也不是只在網路上尋找比賽資訊、搜集情報，而是「派實習生去比賽舉辦地學習柑橘栽種」。

將自己變成他人，並非唯一能脫穎而出的方法。創造另一套遊戲也是一個選項，但若以「參與現行遊戲」為前提，身體力行地了解遊戲規則、掌握制定規則的邏輯與文化，便有機會玩得比創辦人更好，進一步獲得話語權，改寫遊戲規則。如台灣巧克力近幾年能在 ICA 大放異彩，便須歸功許多遠見人士。如福灣巧克力創辦人許華仁在取得英國倫敦國際巧克力與可可品鑑機構（International Institute of Chocolate & Cacao Tasting, IICCT）認證，成為首位來自台灣的巧克力品鑑師後，便積極推動台灣可可農與巧克力經營者的進修教育，他將 IICCT 的講師，同時也是 ICA 的評審們引介來台，為屏東可可農上課；也居間為屏東縣政府牽線，讓 ICA 的亞太區決賽連續兩年（2019、2020）在屏東舉辦，是台灣以 bean to bar 巧克力獲得國際關注的幕後大功臣。

若不肯下苦功打好基礎，僅將「參賽得獎」視為錦上添花、奪人眼球的手段，「台灣之光」的零星成績將永遠只是轉瞬即滅的花火，而非一塊亮堂的百年店招、讓人無法忽視。本章受訪者之一的巧克力師黎玉璽便對此有深刻的觀察與分享。

建立論述與評鑑標準

知己知彼的下一步，是建立論述與評鑑標準，為「好」下定義，說明「為什麼好」。「定義」與「詮釋」的資格，其中一部分來自於「比別人更懂」的專業，無論是基於先行者優勢，還是得天獨厚的條件。以餐飲評鑑為例，人人都有自己一套評斷「美味」與否的標準，但《米其林指南》將其系統化，首創能夠被推行至全國餐廳的評鑑標準。時間一長、資料庫變大，便累積了更多能夠參照的樣本，能據

---

1 巧克力的風味品鑑系統的建立受到「咖啡風味輪」（Coffee Taster's Flavor Wheel）的直接影響，而咖啡風味輪的靈感則直接來自於 1984 年推出的「葡萄酒香氣輪」（Wine Aroma Wheel）。

2 M. William Steele, *Alternatives Narratives in Modern Japanese History,* Routledge, 2003, p.126.

3 Ibid., p.126–127. *Katarzyna J. Cwiertka, Modern Japanese Cuisine: Food Power and National Identity,* Reaktion Books, 2006, p.21–22.

以調整、修正、擴充；當更多人同意這套標準，評鑑也隨之變得更有公信力。如今，《米其林指南》早已不是區區法國公路指南，而是全球餐飲圈奉為圭臬的紅色聖經。縱使「來自法國的餐飲標準」是否能吃懂不同菜系的質疑，在米其林每推進至一個新的地區皆引來議論，但隨著時間推移，評鑑範圍逐漸深入、擴大，《米其林指南》同樣會學習、成長，一屆比一屆更理解當地的飲食脈絡，一次比一次更值得信賴。

在本章中，我特別選擇了巧克力與果醬職人、品牌作為訪談對象，一方面是由於經由國際比賽，他們在國際與本地都受到關注，突出台灣品牌需要在「台灣之光」以外，建立更深刻論述與系統化發展的急切性；另一方面則是台灣雖生產水果與可可，但加工產品的果醬與巧克力皆為舶來，比起西方國家在此領域的長遠發展史，極為年輕的台灣品牌在學習過程中，如何克服困境、發揮優勢突圍，特別具有啟發性。

巧克力師黎玉璽在訪談中分享參與國際賽事，推動台灣可可產業發展的觀察。她身為巧克力師，又與農民密切合作；在國際賽事中，同時擁有參賽者及評審的雙重經驗，多重視角點出本地產業在得獎光環下的闇影，提醒從種植源頭起直至生產皆亟需關注與改善的環節。喜樂可可咖啡園主人張凱晃、陳美芳則分享他們從對可可與巧克力一竅不通，到種出全球前20最佳可可豆、巧克力並獲獎的歷程。一句「因為我們沒有自己的認證機構，所以才將產品送去比賽，想知道還有哪裡需要改進的」，即點出台灣需要在產業發展同時，有能力篩選、評鑑自家產物的必要性。在南投種植香草，有進軍世界企圖心的味正琳師傅，則揭露生產與製造、消費端間缺乏溝通的現實，指出比起仰賴政府與學界，了解市場要求的甜點師更應成為積極行動者，協助制定標準，為生產者及農民指引方向；深厚的甜點文化也有助產業發展正循環。

連續三年參加巴黎巧克力大展的畬室主廚鄭畬軒，帶著實際與歐洲消費者面對面的經歷指出，台灣擁有成為「西方觀看亞洲的『顯微鏡』」潛力，而他的目標是「深化台灣在『甜』這個風味的主體性」。同樣在國際比賽大獲肯定，好食光主理人柯亞也毫無保留地分享第一線觀察。她由「單槍匹馬的台灣之光」角度，看日本品牌如何從生產源頭即良好組織，參賽時更聯合宣傳國家特色，以及如何在將比賽規則、評審喜好爛熟於心的同時，取得好成績，最終制定自己的標準，發揮影響力。而長年研究台灣物產，連續創立多個飲食品牌的顧瑋，則從茶、咖啡、巧克力、果醬與餐飲各領域檢視台灣現況與未來。她觀察台灣的咖啡農與可可農如何藉由知識與品味，翻轉非原生國的劣勢。她更指出，台灣應以對「茶」的深湛認識建立獨特身分識別，更進一步發展國際認可的評鑑標準，搶下詮釋權。

直到目前為止，台灣都是「被評鑑」的一方。但參與評鑑並非僅為取得佳績、自我滿足，而是在了解主流價值的同時關照自身，梳理、完善對自己的認識，接著發展自己的價值觀。法國、英國、日本不見得會永遠都是遊戲規則的制定者，但是如果有一天，台灣有機會成為輸出評鑑標準的國家，我們是否對此有足夠的底氣，能夠有憑有據有理地提出我們的判斷，讓「台灣味」不止步於塑造自我認同的階段，還能成為世界準則？一切就從當下踩穩的每一步，不迴避問題、不求速成開始。

5-1

在被評鑑與輸出觀點之間，論一瓶果醬改變世界的可能

柯亞（Keya）

好食光 Keya Jam 創辦人、主理人

「台灣必得先定義好台灣果醬是什麼，我們才能去國際說這是我們的果醬；必須建立自己的論述，才能成為穩固的思想跟文化，才能出口。」

台灣媒體從來不吝於給人華麗的頭銜與稱號，但偶爾也有一些事情說得挺中肯，柯亞（Keya）就是其中一個例子。「果醬女王」在各果醬大國都有無庸置疑的代表性人物，法國是 Christine Ferber[1]、英國是 Kate Bridges、美國是 June Taylor，日本則是五十嵐路美；台灣根本不是一個國際上認知生產精品果醬的地方，但柯亞和她的品牌「好食光 Keya Jam」卻在專業的領域赫赫有名。2019 年，她的作品在定義「究竟什麼是柑橘類果醬」的英國奪下「世界柑橘類果醬大賽」雙金（Double-Gold Winner）、二金、二銀、二銅，在所有參賽果醬中，獲得雙金肯定的共有三個，但只有柯亞與 PEKOE 食品雜貨鋪共同研發的「橙花金棗黃檸檬」罕見地在每個評比項目中獲得滿分；同年她再以「純粹金棗」赴日參加「世界柑橘類果醬日本大賽」（The Dalemain World Marmalade Awards in Japan），擊敗地主國日本的多位參賽者，奪下最高榮譽金賞獎。

半途出家，失敗果醬開啟廣闊新天地

台灣的各領域都不乏半途出家、轉換跑道的案例，在飲食圈似乎特別多。每個人帶著自己過去不同的訓練，試圖描繪自身投入領域的輪廓、建基打底，再向外擴展成長路徑，讓這個圈子萬花齊放、熱鬧無比，中文系出身的柯亞也是其中一員。畢業後在尖端出版社擔任生活風格編輯，但超過身體負荷的工作量，逼使她不得不停下腳步，搬回彰化伸港家鄉養病。終於空出時間的她，和妹妹一起在草莓季時購入草莓，打算做「人人都會」的草莓果醬，沒想到成品「超級焦糖化，幾乎不能吃」，而這竟成了她一頭栽入果醬世界的起點，「妹妹覺得累了一整天竟然不能吃，不如去超市買；但我時間太多，產生很多問題，想要解答這些問號。」

她開始試圖了解果醬的種種。過往的訓練乍看與果醬製作毫無關聯，卻在她動身探索未知的世界時，為她定下座標，畫出未來航行的方向，「過去讀《紅樓夢》、

1　法國人自己其實用更有詩意的「果醬仙子」（la fée de confiture）來稱呼她。

柯亞至今保留著當時做出的第一瓶草莓果醬。

《山海經》等經典文本，需要畫出架構、產生全知觀點，才能產生個人思考與看法。我一開始沒想到未來要做果醬，只是想要了解它，所以自然地畫出架構來」。她將果醬拆解為「水果、糖、酸」等元素，發現光是糖的種類，就讓她忙個不完，「冰糖、二砂、蔗糖、甜菊糖、椰糖、歐美煮果醬專用的糖、日本上白糖……這些糖用來煮果醬出來的成品都不一樣」。視野再上升一點，她從各國稱呼果醬的不同名稱，發現還能從「風土、文化習慣、傳統、歷史、科學」等向度來了解瓶中世界。編輯的養成，也讓她掌握化繁為簡、整理資訊的工具，甚至擁有行銷概念……不過，這些都是後話。

原本將製作果醬稱呼為「玩」果醬的柯亞，「原來是當 freelancer（自由接案工作者），把收入拿來學做果醬」，後來逐漸多了更多認真的意味，她開始「一直買、一直吃、一直用、一直學」。「我一開始到市集去，十多年前剛好農夫市集在台灣崛起，參與者又是知識分子，將學術性的東西透過輕鬆的方式呈現出來，例如

推著小推車在烈日下載回食材的柯亞。

自然農法、有機農法、慣習農法等等。農民們充滿熱忱，如果你帶著問題來，他們很樂意解答。」不只從源頭了解水果種植，她也想豐富自己的味覺體驗，「無知」成了勇往直前的動力，「我在上品嘗課時，老師帶我們品嘗大吉嶺紅茶，說的都是台灣很難碰到的味道，例如麝香葡萄。我發現自己的認識太不足，所以覺得要趕快去學習。」她進一步學習所有可能與果醬搭配的元素，「花、香料、茶、酒都要有相關的知識，才能建立風味的資料庫，才能知道要把什麼東西跟什麼放一起。」她以「蜂蜜」為例，解釋「開始學習之後，才知道不是只有龍眼蜜，還有荔枝蜜、草蜜、樹蜜等，草蜜帶有酸味、樹蜜有木質調香氣……」自發的驅力極大，她還曾經「開車一整天八小時去北橫，向部落學習發酵的大白菜」，因為果醬是「醃漬、保存的藝術」，包含「糖漬、鹽漬、油漬」技術的「保存食」與含有「微生物技術」的「發酵食」都在她的架構圖中亟待填補。移動力極高的她，「回來後才發現很危險」，但「當時沒想那麼多，只覺得那東西很重要、非學不可。」她以語言學習的過程來說明這些過程，「就像學語言需要先有足夠的單字，再來有文法、接著練習寫文章，然後才能寫得好。」

果醬成為生活重心，為她連結世界

她將自己「玩果醬」的歷程記錄在社群媒體 Plurk 噗浪上，沒想到吸引了同樣好奇的心，「遇到一個設計師，他觀察了一陣子開始有點興趣，就私訊問我可不可以買。一開始我說要送，但後來他堅持要買，當時很陽春，連瓶身標籤都是我用 word 打的。但他吃了非常喜歡，在噗浪上介紹我，就開始有人也向我訂購。這對我來說是非常大的肯定。」玩票開始變成商品，接著遇到更大的平台肯定，柯亞接受台中文化局設計週的採訪，參加了設計週的市集，剛好遇上「想要調整、更接近台灣在地化」的「薰衣草森林」，雖然兩位創辦人一開始覺得她的果醬「是門外漢的東西」，但留下深刻印象，事後透過策展方與柯亞聯繫，詢問是否可以製成商品，「它們幫了我很多忙，譬如登記營利事業、如何製作商標等，經過它們的推動我才有品牌化的開始。」她的果醬也受到關注台灣農業的媒體平台《上下游新聞市集》負責人的喜愛，開始在網站上販賣。有了這兩大通路，她的果醬受到更多矚目，不得不慢慢添購設備、完成訂單，這是柯亞開始修改生活重心，認真考慮將果醬當成「事業」來經營的關鍵。

台灣水果的高品質受到世界肯定，但屬於「水果加工」的果醬卻從來未受重視，大罐豔紅、甜度極高的草莓果醬，是許多台灣人提到果醬時，心裡浮出的第一個印象。不少人認識很多複雜的蛋糕與甜點、對日常入口的食物也有許多講究，但提到果醬，在「塗吐司」以外，便沒有更多的想法，這對一個果醬職人來說，是非常痛惜的。柯亞試著從歷史、風土與生活習慣中尋找問題的根源與可能的解方，「我在爬梳台灣水果加工歷史時，發現台灣沒有果醬這一塊，因為熱帶的水果甜度高但水分多，適合鮮食，但不適合做果醬。高甜度、低水分的水果比較能保存，所以台灣有傳統的蜜餞，像『鹹酸甜』。另外，由於不產小麥，過去台灣沒有麵包，所以沒有果醬的需求。」她觀察「英國把柑橘果醬當成中性的醬，是家庭常備調味品，也和料理自如搭配」，發現自己在把果醬賣出去之前，需要先

烹煮果醬時需要在鍋前守著，確認鍋中的溫度與質地變化。

教會消費者怎麼運用果醬，包括如何以鮮食以外的方式品嘗水果。

2012 與 2014 年，柯亞出版《這才叫果醬！》（幸福文化）與《臺灣好果食》（時報出版）。後者談水果料理與水果甜點，試圖讓一般人「更認識水果與其延伸運用」，包含推廣多元的水果飲食方式，跳脫「果醬只能跟吐司在一起」的貧乏想像；前者是至今「已 14、15 刷」的超級暢銷書，她在其中毫不保留地分享自己的果醬製作心得，「我完全不藏私，希望能夠透過一本書做解答。希望成為全世界做果醬最詳細的工具書。」「果醬女王」雖然是媒體給她的封號，卻也是她給自己的目標，「我希望自己可以變成台灣的果醬女王，期許自己要成為全台灣最懂果醬的人。」出於強烈的學習動機，她前往世界各地閱歷，果醬在她心中，逐漸超越了「事業」的中心，成為自己想探索一生的「志業」，「它讓我看到世界。如果沒有果醬，我不會去探索 Christine Ferber 所在的東法小鎮、或去越南，然後去京都、馬來西亞在那邊拚命做果醬；因為有果醬的連結，我們去英國（參加比賽時）才有學習跟交流。」

2016 年在日本旅行時，她「在果醬瓶上發現獎章，發現五十嵐路美參加英國的『世界柑橘類果醬大賽』得到金獎」，立下志向有天也要參加，但由於語言能力的限制，一直要到 2019 年找到通曉英語的朋友幫忙，才有機會前往。由於工作忙碌，她沒有時間特別為大賽調製參賽品，想著使用平常製作的品項參賽「才是公平的」，「最後從架子上抓了幾瓶就出去了」，沒想到平常心卻被積極肯定，「威士忌柑橘」、「白酒伯爵金棗」以及和 PEKOE 食品雜貨鋪共同研發的「橙花金棗黃檸檬」在大賽中表現驚人，從超過 40 個國家、近 3,500 瓶作品中奪下雙金、二金、二銀、二銅，其中「橙花金棗黃檸檬」更是所有品項中唯一得到滿分的果醬。首次參賽，原本只是「想要有評判的場合，知道自己的水準是否可和世界接軌」的她，竟然成了終結英國品牌獨霸雙金獎項 15 年的大黑馬，主辦單位更來電致意，「希望我們無論如何都要去領獎」。同年 5 月，她再以全新研發的「純粹金棗」參加該獎項移師日本的「世界柑橘類果醬日本大賽」，擊敗包含地主國日本在內的 1,600 多瓶果醬，獲得最高榮譽金賞的殊榮。

法國果醬女王 Christine Ferber 位於阿爾薩斯小鎮 Niedermorschwihr 的甜點店，店內陳列著各種口味的果醬，有許多是當地限定版本。

好食光 Keya Jam 的果醬商品，其中有多項獲得國際比賽大獎。

國際比賽啟發，學習建立論述、輸出觀點

好食光 Keya Jam 的官方文案上，以「以大地果物寫詩，豐存島嶼旬味」來說明柯亞製作果醬的出發點，她以「大地的香水」來形容自己的果醬，「把土地的芬芳轉化成果醬讓大家品嘗」，試圖以此傳達故鄉風物。然而在世界果醬大賽的會場，她卻發現，即使自己是最高榮譽的得主，但「國際對台灣沒有印象，一無所知。根本不知道台灣是哪，很吃驚來自台灣的果醬可以得雙金。」反觀日本，以「團體戰」的方式，傾國家之力宣傳，成為注目焦點，不僅「在人多的頒獎場合拿微型相機、攝影機，在英國最高等級的外交官也出席」，「日本人女生都穿和服、男生也穿和服，果醬下面還放 spotlight（聚光燈）」。她進一步補充，「他們（的果醬）全部都用同樣的國家識別，例如清見柑橘[2]、抹茶、柚子、櫻花等。所以大家都知道那是日本的東西。」她於是把握機會，不僅在會場拚命觀察，還請當時駐英國台北代表處的林永樂代表協助前往各處參訪。

---

2 來自有「蜜柑王國」之稱的日本愛媛縣「清見」柑橘（Kiyomi Tangor），取名自靜岡縣名勝地「清見瀉」，是以宮川早生溫州蜜柑與特洛維塔甜橙（Trovita）雜交育種而成。果型碩大、無籽，果肉柔嫩多汁、風味鮮爽，是市場上最具競爭力的品種之一。

柯亞發現日本的國際能見度來自於整套縝密的規畫，從源頭的農業與蔬果加工開始，「日本以『鄉鎮』為單位去推廣，發展蔬果加工品種，展現蔬果多樣性，提升產品的卓越度，最終增加銷售、出口」；接著日本以「國家」作為最大公約數，使用高品質、競爭力強的食材，向世界輸出統一的識別、強化國際形象。不僅如此，為了能夠搶下話語權，影響世界果醬的評鑑標準，日本人從徹底了解競爭場域的規則、評審喜好與參與者優劣點開始，先在現有制度內將遊戲玩得有聲有色，接著提升自己的層級，最終成為制定遊戲規則的一方。柯亞解釋，「日本人（在世界柑橘類果醬大賽中）鋪陳七年，現在就有評審進入、影響評鑑。他們還派實習生去彭里斯（Penrith）[3]去學習柑橘栽種。」她以急切的語氣分享著自己的發現，「2019 年世界柑橘類果醬大賽移師到日本舉辦，目的是要把愛媛的橘子推廣到全世界。評審都是日本人，只有兩個來自歐洲。」

柯亞從自己的收藏中，打開一罐來自香港的陳皮柑橘果醬說明，「這罐果醬在英國大賽中得到金獎，歐洲的評審看到時間感和新舊交融；但是在日本卻只獲得銅獎，雖然日本評審喜歡味道，但覺得顏色太暗。」她說明，製作果醬時，顏色與風味不見得能同時兼顧，「有時會顧此失彼，煮至七、八分可以留下鮮豔的顏色，但可能未到最好的風味」。日本的果醬一向對果醬色澤、果實、果皮的完美極度重視，偏好「顏色留在最鮮美的時候」，因此質地多半較稀。她的「純粹金棗」參賽時，也因為「果皮上有斑點」的小瑕疵被日本評審扣了 0.5 分，這正是日本人「用日本果醬的觀點去改變世界比賽機制」，進而定義「何謂好果醬」的現在進行式。

創作複方果醬，以生活經驗呈現台灣味

英國重視柑橘果醬，且發展成熟，能用來佐餐；法國善用莓果；日本則偏愛鮮美的色澤，柯亞從果醬中看到不同國家的精神與內涵，發現需要找出台灣自己對果醬的定義和論述；而日本的操作，也讓她重新思考未來努力的方向。她發現在柑橘類的水果加工品中，「金棗」很有可能成為代表台灣的標誌，「金棗的風味強

柯亞獲得 2019 年英國世界柑橘類果醬大賽雙金，受主辦單位之邀前往領獎，也在英國參訪過程中獲益良多。照片中另兩位分別是比賽創辦人 Ms. Jane Hasell-McCosh（左）與評審主委 Dan Lepard（右）。（照片提供：© 好食光 Keya Jam）

烈，能夠讓人了解在台灣、亞熱帶生長的柑橘風味」，而且台灣有著金棗加工得天獨厚的優勢，「在英國，金棗是舶來品，十來顆就要 7、8 英鎊（約台幣 250 至 300 元），不可能拿來加工；日本也有金棗但適合鮮食，所以金棗製作果醬有稀有性。」她觀察到契機跟切入點，不僅在會場大力推廣台灣金棗，也「決定以後每年參加比賽都要使用金棗，強化台灣印象」。

金棗以外，柯亞認為「鳳梨、荔枝、芒果」同樣是「台灣風味的前哨」，而台灣卓越的農業改良技術提供了優越的基礎。她以自己在越南和馬來西亞製作果醬的經驗說明，當地「農改技術不足、水果纖維太多」，縱有相同的水果，也不適合製成果醬。除了找到關鍵食材，柯亞也反覆思考，究竟對她而言，什麼是「台灣

3 位於英格蘭西北部湖區國家公園附近的小鎮，也是世界柑橘類果醬大賽舉辦處。

味」？她自己的「台灣果醬論述」又是什麼？

重視不同水果與風味間搭配組合的「複方果醬」，是好食光 Keya Jam 的強項，諸如「鳳梨桂花黃檸檬」、「草莓橙花香蕉」以及在世界比賽上得獎的品項等，在台灣市場一面倒的單方果醬中顯得特別不同。柯亞解釋，「我在學習果醬時，因為台灣都是單方，可以做出很好的草莓、橘子果醬等等，我也可以做出，但我就思考市場上為何需要我？」她說自己「做『桂花鳳梨黃檸檬』、『草莓橙花香蕉』的原因之一，是要證明便宜的水果仍有很高的價值，也能做出很精彩的東西」，但追根究底，其實是因為這麼做才是她，才符合她的個性。過去使用文字表達自己的她，即使變成了果醬職人，仍然習慣以寫作的邏輯去思考自己的作品，「我用寫文章的方式來創作果醬，考慮色澤、風味，以及風味上的轉變，來對應文章的起承轉合，如果醬品嘗時的前韻、喉韻、後韻；我也很喜歡文學裡面的排比、轉化，並把寫劇本的方式帶入創作果醬中。劇本中說要建立「圓形人物」，果醬也應要有滋有味。重視風味的層遞，自然而然就轉化成為複方」。

如同製作複方果醬出自於本真的發揮，柯亞在全世界尋尋覓覓一圈後，發現所謂的「台灣味」，其實也就是好好地呈現自己的生活樣貌。「我從國際大賽回來之

日式果醬通常質地較稀，顏色較為飽滿鮮豔。

金柬有機會成為代表台灣的柑橘類水果。（照片提供：© 好食光 Keya Jam）

後，問徐仲[4]老師：『什麼是台式果醬？』他說沒有。後來我覺得，把自己的生活經驗放進去裡面就是台灣味。」例如她的「鳳梨桂花黃檸檬」果醬，試圖呈現的就是「一天忙完在街頭散步」的片刻，而「夏天的晚上會聞到桂花、夜來香、七里香的香氣」。這瓶果醬以鳳梨為主體，黃檸檬和桂花則從酸香、微苦與甜熟的三個面向增添了鳳梨風味的深度和廣度，使其個性和魅力瞬間立體起來。嘗一口便彷彿整個人沐浴在台灣的季夏，大暑盛極之後，即將轉入秋天的金黃，但南風的溫暖還牢牢地留在身上，細節把握極為精確，轉折也無比細膩，確實精彩。另一款「紅心芭樂果實醬」則呈現了樸實但豐饒至極的感官印象，明明沒有花的

---

4 營養師、食材研究者，為台灣首位取得義大利慢食大學碩士學位者。致力探究義大利與台灣在地食材及飲食文化。著有《義食之選—從產地到餐桌：義大利經典食材》及《知味台灣：徐仲談慢食》、《釀醬油：臺灣醬油之釀製》。

「紅心芭樂果實醬」在甜美之餘帶有花香，十足熱帶明麗風情。

成分，卻能在口中重現夏日滿樹繁花、夏夜花香甜熟襲人之景。

建立與土地的連結，定義自己的價值

曾經短暫在三重建廠，希望能夠以規模化的方式切入世界果醬市場的柯亞，發現在工廠化的生產下，許多製程複雜的品項會被迫犧牲，「桂花鳳梨黃檸檬就是第一個被拿掉的」。她赫然明白，原本是好食光 Keya Jam 核心價值的東西，「進到系統內價值就會被抹煞掉」，於是忍痛關掉廠房再度回到伸港，決心從這裡重新出發，走自己的路、堅持自己的價值。

柯亞談起過去千里迢迢走訪法國果醬女王 Christine Ferber 所在的阿爾薩斯小鎮 Niedermorschwihr，她「買了一大堆她的果醬，覺得手快斷，但心裡的興奮卻能克服它的重量」。興奮的不只是見到 Christine 本人、和她有所交流，而是發現她能夠在繁華世界繞了一圈之後 5，選擇回到群山圍繞、極為偏僻的家鄉，然後以果醬搭建了通往世界的橋梁。Niedermorschwihr 位於阿爾薩斯知名文化與觀光小鎮科爾瑪（Colmar）近郊，沒有直達的交通工具，需要從科爾瑪火車站搭乘一天僅有數班的公車，或是從附近的火車站徒步半小時才能抵達。雖然聯外交通極為

柯亞致力在家鄉尋找高水準食材，經常自己前往產地拜訪，並與農民有著深厚情誼。「紅心芭樂果實醬」與「香蜜芭樂」的食材來自神農獎得主江再郎阿伯的園地。江阿伯自 1970 年代起即在彰化員林種植並推廣芭樂，他的芭樂園儼然一座博物館，有各種品種。1994 年，他培育出馨香滿溢、口感綿細的香蜜芭樂，在市場打響名號。他的芭樂享譽盛名，除好食光 Keya Jam 外，包括在欉紅、COFE、菓實日等品牌也都與其合作。惜阿伯已於 2021 年 2 月辭世，目前由女兒接手，傳承其神農之藝。

不便，但是與土地之間深厚的連結造就了果醬女王，阿爾薩斯盛產梨、蘋果、杏桃、桃子等豐富食材，Christine 因而能創作出一瓶瓶吸引了全球美食家的美味果醬。柯亞對自己說，「只要有地方能夠發酵、煮果醬就可以。她可以在那個地方，我也可以回到家鄉。」

5　Christine Ferber 15 歲時前往巴黎，跟隨當時極為知名的甜點師 Lucien Pelletier 學藝，其後又前往比利時布魯塞爾，在當地住了 3 年。20 歲時才返回家鄉，成立自己的果醬工坊並協助家中的糕點店營運。

回到家鄉後，世界柑橘類果醬大賽的評審介紹了澳洲媒體前來採訪，柯亞發現「自己不是一定要變大、品牌化，才能做出海外的連結，即使是如今這樣的規模也可以。」她與農友合作契作，復育「有奶油香氣、口感」的豐香草莓；與陳耀訓．麵包埠 YOSHI BAKERY、Le Ruban Pâtisserie 法朋烘焙甜點坊、CAFE!N 硬咖啡等品牌跨界合作；將來還準備向在倫敦訪問過的 Bao London[6] 提案合作……工作室的白板上寫著滿滿的行程，她對未來充滿希望。

「東京伊勢丹百貨 B1 有一大區全部展演全世界最厲害的果醬，我每次去都會花一個下午在那邊看著，我希望有一天台灣的果醬可以在那裡，有一天好食光也可以在那裡。」柯亞以無限憧憬的語氣說著自己的目標。不過，面對日本她可不是只有嚮往。她認為，台灣必得「先定義好台灣果醬是什麼，我們才能去國際說這是我們的果醬；必須建立自己的論述，才能成為穩固的思想跟文化，才能出口。」2019 年參加比賽，因為金棗皮上的斑點，被日本評審扣了 0.5 分，朋友問她，下次會避掉嗎？她說不會，因為那不是她的哲學，不是她最重視的價值。「只要拿到兩次雙金就能成為評審，所以我想繼續參加比賽！」柯亞語氣熱切、眼神晶亮地侃侃而談。

「我去英國、日本比賽中學到最有價值的，是把自己學的東西當作公共財。我很願意和大家分享，因為也需要台灣的大家一起投入。」如果柯亞在尋找自我定位的路上並不感到孤獨，那距離台灣的職人們發展自己的論述、制定遊戲規則，告訴世界「我們認為什麼是重要的」的那一天，或許也不會太遠。

---

6 位於倫敦的新潮台灣刈包餐廳，以迷你精巧的外型，豐富的口味搭配掀起英倫刈包熱，位列《米其林指南英國 2021》必比登推介（Bib Gourmand）名單中，在海峽對面的法國媒體上也很受關注。Bao London 營運極為成功，目前在倫敦共有五家分店。

蒐集各國果醬，在品嘗與鑑賞中學習、建立自己論述的柯亞。

主理人 柯亞（Keya）

文化大學中國文學系文藝創作組、穀研所烘焙西點蛋糕全修班

專業經歷：好食光 Keya Jam

好食光 Keya Jam

彰化縣伸港鄉彰新路七段 549 號（未有實體店面，僅供出貨與聯絡資訊使用）
(04)798-0800

https://www.keyajam.co/
Facebook ｜ @keyajam
Instagram ｜ @keya_jam_taiwan

5-2

千錘百鍊不改初心，帶故鄉風土重歸甜點聖殿

鄭畬軒（Yu-Hsuan Cheng）

Yu Chocolatier 畬室法式巧克力甜點創作創辦人、主廚

（照片提供：© 鄭畬軒）

「因為台灣集中了亞洲非常多元的文化，是很有趣的存在，如果西方把台灣當成觀察亞洲的『microscope』（顯微鏡）的話，會是一個很棒的視角。」

2015 年，鄭畬軒（Yu-Hsuan Cheng）帶著他自學琢磨數年的巧克力技藝、在巴黎歷經三星餐廳和煉獄廚房淬煉的視野，於台北仁愛圓環旁邊的巷子內成立了「Yu Chocolatier 畬室法式巧克力甜點創作」（以下簡稱「畬室」）。彼時小巧、低調的一家店，後來成為 *Louis Vuitton Taipei City Guide* 中唯一上榜的巧克力店，也是第一家在世界巧克力大賽（以下簡稱「ICA」）中獲獎的台灣品牌、更是目前為止唯一一個由巴黎巧克力大展主動邀約參展的台灣廠商。在台灣本土巧克力品牌紛紛在國際比賽揚名之際，畬室已經悄悄啟動了下一個計畫 — 前進巴黎開店。

說是前進巴黎，或許更接近「回到巴黎」。2014 年，畬軒結束兩年的法國之旅回到台灣，在用全副身心感受過這個甜點人的聖地、嘗遍大師傑作後，他向自己許下了一個看似狂妄的諾言：「有朝一日回到法國巴黎開一家巧克力店，用巧克力展現台灣的迷人風土」。夢想從來都是因為困難才有挑戰的價值，2019 年，畬軒帶著畬室的自信之作第三次參加巴黎巧克力大展，收服擁有最嚴苛味蕾的法國消費者，更收穫許多年年來訪的忠實顧客。如今的巴黎和五年前一樣，除了日本人之外，檯面上仍然沒有任何一位知名的亞洲甜點師與巧克力師，但畬軒當時看來不知天高地厚的發言，如今卻已水到渠成、只待繁花成蔭。

畬室的夾心巧克力在 2016、2017 年都在 ICA 獲得亮眼成績，因此成為踏入國際市場、返回巴黎的契機。

以台灣為根向外發芽擴散

在畬室成立之前，畬軒就已確信將來要回來巴黎開店：「當時只是純粹的夢想，沒有太多思考成分。因為喜歡這裡、喜歡這邊高規格與高品質的競爭，認為可以挑戰這裡的市場很好。」但即使是一個沒有經過縝密思考的目標，他仍然穩紮穩打，先花了兩年時間從基本、單純的口味出發，將應該要完備的基礎元素做好，並一面沉潛、重新熟悉並挖掘台灣的特色食材與風味。品牌開始運行，畬軒不再只是單純製作巧克力與甜點的主廚，還多了品牌經營者與廚房管理者的角色，他意識到回到巴黎開店沒有那麼單純，不能只憑滿腔熱血，但「在過程中並沒有感覺到這個想法有絲毫減弱，反而隨著台灣店的成長穩定，感覺更加強烈」。

開店隔年，畬室報名參加 ICA 比賽，甫出手就獲得美洲亞太區一銀一銅。首次參展的耀眼成績立刻引起倫敦巧克力大展（The Londen Chocolate Show）主辦單位注目，畬室因此成為首位受邀參展的台灣品牌。畬室巧克力中的「台灣主體性」也在同時逐漸明朗，倫敦大展中推出的烏龍茶、桂圓、醃梅，以及柴燒黑麻油鹽花等口味的夾心巧克力，結合台灣風土與法式技藝，為品牌的國際之路打下基礎。倫敦參展的好評又成為巴黎巧克力大展的參展契機，「命運無形中將我們帶回法國，非常奇妙，更加令人確信未來的方向是冥冥中註定的。這給了我們更多力

畬室的巧克力塔有五種口味，以經典呈現巧克力的多種面貌。

量」，他堅定地說著。

2018 年二度參加巴黎巧克力大展後，畬軒開始覺得自己的巧克力已經準備好可以面對法國市場，台灣的畬室團隊也足夠穩定，「已經有足夠的能量、提供足夠的創作元素可以支撐我來巴黎發展」。他強調前進巴黎，是一個「連續、延續的過程」，不會把巴黎店視為「分店」，而「期待雙邊透過團隊移訓與兩地成員的交流，在實際創作層面上互相影響」。

故鄉逐漸深化成熟，成為堅實後盾

畬室在台北的甜點市場其實是個非常獨特的存在，首先法式甜點已經屬於高端，市場雖然有熱忱但仍未形成文化，一個完全以巧克力和巧克力甜點來直球對決的店家想必更為艱難。台灣市場喜愛嘗新的特性，更對店家造成不小壓力，很難維持自己的步調。不過回顧幾年來的發展，畬軒充滿感謝地認為，雖然自己選擇了一條比較艱難的路，「就台灣市場而言很緩慢的步調，去將每個產品做出禁得起考驗的經典性」，但仍然深深感到「畬室很幸運」。他說：「這五年其實市場待我們非常不薄，我們堅定的推廣心中的巧克力面貌，也建立了非常忠實支持的客

在巴黎巧克力大展與國際消費者互動的畬室團隊。

群、他們很理解也很認同我們在做的事。」

從開始自學巧克力至今已超過 12 年，留法期間嘗遍頂尖手藝人的作品，更曾用味蕾踏遍全球可可豆生產地。探索巧克力的世界對畬軒來說有如漫步無垠的宇宙，他衷心希望能和台灣的消費者分享窺見浩瀚星河的感動。「一般在平常的甜點店，有兩三種巧克力甜點已經很多了，但那只是呈現一種巧克力的樣貌而已」，在畬室，光是巧克力塔就有五種不同的口味，接下來還會再推出一個台灣可可巧克力塔，六種巧克力塔的陣容，即使在巴黎都沒有店家如此瘋狂。「當消費者來到畬室，可能覺得店裡怎麼沒有巧克力以外的甜點，也許他不得已點了三個，但最後卻會發現三個甜點中的巧克力完全不一樣，且吃到最後沒有負擔，還有餘力去品嘗別的東西。這是我當初希望能達到、最後也很幸運有達到的狀態」，觀察台灣市場的變化，他發現「越來越多消費者可以欣賞巧克力可以有很多不同的面貌，大家開始擴張自己對巧克力的想像」。家鄉與畬室一同成長，讓巧克力人更有自信地面對世界。

畬室的香草千層派，堅持手擀派皮、新鮮製作，是店裡的招牌人氣商品。

口碑效應顯現，國際消費者給予肯定

連續三年參加巴黎巧克力大展，畬軒也在與巴黎當地顧客交流的過程中，感覺到耕耘國際市場的變化。消費者從對來自台灣的巧克力品牌不了解而「有戒心、畏懼」，一直到願意嘗試、最後給予高度評價，態度的轉變讓他更加確信，在這個市場裡只要能交出好的作品，就能得到回饋。他談起 2019 年在展場遇到的回頭客，口吻依舊謙和，但眼裡充滿自信的光芒。有一對來自布魯塞爾的夫妻，過去曾到訪畬室台北店面，這次聽說畬室在巴黎參展，便特地搭火車南下，其他消費者如「我已經買了兩年，今年有什麼新口味？」、「我信任你，請幫我推薦」等反應，也給了畬室最自然真實的支持。

由於畬軒學習巧克力的歷程發生法式系統中，能使用純法式的巧克力技術創作，但身為台灣人，「風味的骨幹自然帶有台灣味」。法國市場有百年的文化累積，品嘗巧克力是日常生活的一部分，在這裡不需要耗費心力教育消費者如何品鑑巧克力。若能純熟掌握當地語言，只要能突破消費者「願意嘗試」的門檻，這些充滿台灣味的故事，便如盛放的花朵，自然吸引群蝶翩翩來訪。

日復一日履行風味之道

在巴黎展店既然是畬室品牌的延續，台灣的積累便是不能斷的根。台灣蓄積的能量是畬室前進世界的動力，巴黎展店的初期更需要台灣團隊的全心合作。與畬室一同成長的這幾年，讓畬軒領悟團隊的重要性。「其實全世界餐飲業都是如此，最後需要建立起能夠永續經營的系統。我們不是 Pierre Hermé 那種大企業，在只有一兩家店的時候，團隊就是一切。每個人都很重要，Everybody counts.」談起畬室這幾年逐漸發展出團隊向心力，以及能為「味道」投注別人無法想像的心力時，畬軒的口吻滿是驕傲。

「我始終最在意的就是味道。大家可能會覺得食物最重要的當然是味道，不知道我講的是什麼廢話，但是在當今的世界裡，這往往是最容易被忽略的」。在

Instagram 的時代，視覺壓倒性的重要，「大家拿到東西時最先是拍照，甚至有時候拍到東西的味道都已經改變了。你說味道對於所有人來說都是最重要的嗎？不是，但對於畬室來說是。我們非常在意味道，也希望客人可以感受到我們在這方面的用心。」如此堅持的身影，其實早被顧客看在眼裡，並用同樣專注的態度來回報。對許多人來說，甜點店是好友們聚會的首選場所，但在畬室卻經常可以看到獨自前來的顧客，這些孤獨的美食家不為別的，只希望能單純「享受自己與風味互動的時光」，這讓畬軒非常感動。他能回報這些顧客的，就是在追求風味的道路上持續前進，「我們不會為了節省程序而犧牲味道，即使是製作甜點元素的半成品，也會在允許的範圍內盡量爭取做最新鮮的。這個做法在某個層面上來說非常多餘，但這些細微之處我自己感受得到，會希望能讓消費者也感受到」。

畬軒向我透露，「過去的生命經驗告訴我，自己在藝術創作上的美感是很缺乏的，因為我從小在美勞課上做出來的東西都很低分，感覺得出來自己很沒有 artistic（有藝術天賦）的那一面」、「我學過很多音樂但完全不行，我可以對藝術創作有感知力，但在『創造』上完全不行。所以當時發現我會煮菜、我會產生味道、我會做巧克力，發現自己也是有產生美的可能的那一刻，對自己感到非常驚訝」。

在畬室不會有一般甜點店的吵雜，顧客都能恬然自得地享受與甜點、巧克力共處的時光。（照片中為 2021 年 5 月改裝前的畬室）

追尋風味之美，就此成為他負笈前行、始終不悔的大道。許多人認為大師或名店便能不顧規則、恣意而為，但其實他們是每天重複那些細瑣的動作，不因為無聊、煩悶、熟練等任何理由放鬆，才能在滴水穿石中漸露神貌。「日復一日地要求各種細節、追求極致的新鮮，能為更好的風味做到一般人無法想像的地步，便是畬室品牌的價值」。

甜點與巧克力相互滋養，世界更寬廣

在巴黎展店，因應市場條件與消費習慣不同，品項自然也會跟著調整。在畬軒的想法中，巴黎的畬室將會更偏向「巧克力店」（chocolatier），提供更多口味的夾心巧克力。「因為法國的消費市場有辦法支撐這樣的量、流動也快速，且由於濕度、溫度都比台灣低，巧克力保存狀態會比台灣來得輕鬆」。畬軒提到，觀察法國的巧克力店一般起碼都有 25 種以上的夾心巧克力品項，他「很樂意將種類推到這個數量以上」。近幾年在家鄉的探索，已讓畬室發展出 20 幾款口味，「以台灣為中心，再加一些法國人認為比較經典的歐式風味進來」，近 30 種的口味已能讓巴黎店彈藥充足、準備好打一場勝仗。

如同畬軒所言，優秀巧克力師的巧克力甜點總是有超水準的表現。圖中是比利時知名巧克力師 Pierre Marcolini 的巧克力甜點作品「Désir」系列酸櫻桃（griotte）口味，外型精緻、細節無懈可擊，切開之後發現慕斯蛋糕體包在巧克力殼內，中央再度用巧克力隔出空間，裝入酸櫻桃內餡，從裡到外都如同一個精美的禮盒。

那麼甜點呢？甜點對畬室品牌來說究竟是什麼？對血液裡流淌著巧克力的畬軒來說又是什麼樣的存在？「我一直認為，一個優秀巧克力師傅做出來的甜點一定不會太差，尤其在巧克力甜點上會有超水準的表現；但相反的話不一定，甜點師傅不一定會做巧克力。」侃侃而談的巧克力師繼續說道：「再換一個角度想，甜點世界如果拿掉巧克力就跛腳了、會變得很無聊耶！」、「所以巧克力是甜點世界很關鍵的一個東西、反之亦然。我那時候想，既然我喜歡吃法式巧克力，法式甜點又是世界上最霸權的甜點，那一定要來巴黎學。」

畬軒向我剖白當初從西子灣來到巴黎的決定，也提及「在大家的想像中，巧克力是一個需要學很久、很困難的東西，但事實上巧克力易學難精。難的都不在操作製作，而在真正理解運用、設計風味」。最具挑戰性的部分需要自己探索、練習，技術課程自然也是短期，因此不需特地來法國學；反而是有機會能在甜點和巧克力的聖地待下，將生活中習得的感官記憶、日常在心靈鐫刻下的痕跡融成自我體悟的一部分，才是最難能可貴的。

在個人的成長軌跡中，甜點和巧克力對他來說都不可或缺；而在品牌經營的領域，將甜點品項放在巧克力店裡販賣，不僅在情理之中，也有實際的考量。畬軒分析

台北畬室店中的巧克力甜點，每一樣都是經典。

「台灣的畬室產品裡，有一半是甜點」，因為「台灣市場很難支撐一家純巧克力店」，但是「即使在巴黎，巧克力店也會有一些甜點，這就不見得是營業數字上的考量，而是大家自然會想在那裡吃到超越平常水準的巧克力甜點」。

這位早在 19 歲就戀上巧克力的男人，如今也用同樣熱切的眼光望著甜點，「我一直很享受做甜點的過程，因為那和製作巧克力的邏輯完全相反」。畬軒向我解釋「甜點」如何擴充了自己創作的維度:「巧克力是必須要在小巧的東西裡集中、擴張各種風味；甜點則必須要在很大、很複雜的層次架構中將不同的風味融合、創造出和諧感。」巴黎學藝讓他有機會在甜點與巧克力互有交疊又截然不同的概念中切換、遊走，不僅有趣，兩個領域「能夠互相滋養彼此的創作」，更讓他感到幸運。

「找到自己並忠於自己」的時代挑戰

藉著參展重回巴黎，畬軒當然沒有放過四處觀察、品嘗的機會。我們很自然地從味道聊到外型，接著就談起甜點界那個「味道與外型孰重」的永恆命題，現在還要加上網路與社群媒體傳播、特別是 Instagram 的影響。一開始製作巧克力，是透過飢渴地從網路上查找資料、訂購原文書自學，然後再反覆無數次地實驗，曾經為 Valrhona 的「Manjari 64% 巧克力」和 La Maison du Chocolat 的原味夾心巧克力心蕩神搖、不可自已的畬軒，認為社群媒體給了當代的甜點師「過去沒有辦法享有的經驗，特別在學習上面」。在現今的世界「甚至不用來巴黎學，只要積極地在網路上搜集各種資訊、資源，就可以在技術上和巴黎同步」。但即使技術上能達到一定的水準，「對風味的境界未必有同樣深的領會」。

在 Instagram 影響力如此摧枯拉朽的時代，畬軒認為反而「必須適時地關閉自己（去接收這些龐大的資訊）」。他提到前陣子看到某位日本師傅說自己從來不接觸社群媒體，因為覺得會受到影響，他認為「你可以說他很極端，但某個層面上來說，這個做法也是正確的，因為在社群媒體出來之前，哪一個人不是這樣？當時的環境非常閉鎖的，你只能透過自己硬生生、實際地去探索，才能發掘出世界上還未曾有的東西」。如今在 Instagram 上火紅的各類甜點風格，宛如「一個個框在甜點師們頭上的框架」，「你一定會被限制，或者你的想像力會被用在突破那個框架，可是框架本身就已經是一個預設的東西了」。每個年代有著不同的挑戰，畬軒認為當下的挑戰其實正是「如何找到自己、並忠於自己」。

前段時間他剛好讀到甜點大師 Pierre Hermé 為 Valrhona 總監 Frédédric Bau 編修的 *Encyclopedia of Chocolate*（Flammarrion，2018 1）一書所撰寫的序言，裡面有一句話讓他非常感動：「一個甜點師必須要花很長的時間去學習所有的技術，可是最後你必須要把你學到的東西都忘掉，『unlearn what you have learned 2』（忘掉你所學

左　畬室 2019 年七夕情人節巧克力禮盒，以水銀溫度計為靈感，「你融化了我的心」（You melt my heart）為主題，以紅黑雙色巧克力傳達情人間甜蜜如火的愛意。

右　畬室改裝前的店內一角。小書桌上擺了畬室與主廚的受訪紀錄、報導，包括文中提到的 *Louis Vuitton Taipei City Guide*。

的一切）。」畬軒認為「這句話道盡了一切」，因為「你可以學會很厲害的技術、可以做出跟 Cédric Grolet 一樣的水果，可是『what defines you as a unique chocolatier or pâtissier』（究竟是什麼讓你成為一個卓越的巧克力師或甜點師）？其實必須要『unlearn everything you have learned』，去發展出屬於你自己風格的東西」。

能夠找到自己是一個挑戰，能夠持續忠於自己，則是另外一個參雜了運氣的考驗:「想要忠於的那個自己必須要面對市場的競爭、必須要能夠存活，也有時候有些人忠於自己，但那個自己是不適合市場的」。他雖然為追尋風味之美堵上了全部，決定窮盡一生用精煉、純粹的味道來詮釋自己心中絕美的巧克力風貌，但也深刻認識到巧克力「自始至終都是一個商品」。這個商品為人帶來其他商品難以比擬的愉悅，因為這個愉悅感而踏上巧克力師之路的畬軒，也會繼續複製、傳遞這個愉悅感，「盡力讓大家有更多機會願意去嘗試、欣賞它，而不會閉門造車，太誇張地違背市場對巧克力的想像」。

台灣還是法國？「Taiwan Twist」的探索與回歸

每年在巴黎的巧克力大展，畬室都會帶來最新創作與國際消費者分享，2019 年的全新創作以「Taiwan Twist 玩味台灣」為主題，橫貫台法兩地的風味記憶，將兩國風情融為一體。包括「薑汁椰奶」、「辣椒香草」、「桂花荔枝」、「黃芥末椪柑」、「馬告開心果」、「焦糖醬油」的六款口味，都是個性鮮明又充滿趣味之作。

畬軒談到六款新商品中自己最喜歡「辣椒香草」，溫文的語氣開始興奮起來，他

---

1 此處為英文版，譯自 *Encyclopédie du chocolat*（Flammarion，2015）。書名為「巧克力百科全書」之意。

2 整段話包含上下文的法文原文是「Le parcours d'un pâtissier peut se résumer en trois étapes : l'apprentiçage, la maîtrise, la transmission. La phase d'acquisition de l'ensemble des techniques constitute un préalable indispensable pour se libérer du système de référence. « S'appuyer sur ce qu'on a appris pour ne pas reproduire ce qu'on a appris. »」意為「一個甜點師的職涯可以分為三個階段：習藝、精通、傳承。在獲取整體技術的過程中，『為了能不複製所學地去學習』，是一個將自己從參考系統中解放出來的必要先決條件」。

認為「香草給世人的印象就是很甜、很香、很柔和，我特地選擇用辣椒去做碰撞，同時保留下香草的印象」，是玩得非常開心的一款創作。從「Taiwan twist」主題下出發，先天就是一個有強烈個性、扭轉一切的叛逆存在，「和過去總是走『平衡感、細膩、優雅』的調性不同。我就是硬是要做一個不一樣的、特立獨行的風格」。不過就像認為自己的創作是為了傳遞愉悅感一樣，他柔軟節制自己個性中的叛逆，經過多次嘗試找到兩者並存的平衡感，讓成品「在能夠感受到辣椒的熱力同時，也控制了力道，並未影響香草本身的細膩」。他特別提到因為法國人不吃辣，所以這個品項在巧克力展反而特別受到矚目，許多人都感到好奇、想要品嘗，「是試吃品中最早發完的」。

「Taiwan Twist」中呈現看似兩極拉扯的張力，對畬軒來說毋寧更像「輪迴」。他自問：「我的巧克力起點究竟是台灣還是法國？」雖然是從台灣開始，但卻是

畬室每年都會帶著最新創作的六款夾心巧克力前往巴黎巧克力大展，2019 年的禮盒組中就包含有「薑汁椰奶」、「辣椒香草」、「桂花荔枝」、「黃芥末椪柑」、「馬告開心果」、「焦糖醬油」等以「Taiwan Twist / 玩味台灣」為主題的最新創作。

法國巧克力給了他如同天啟般的召喚。「所以那個『Taiwan Twist』到底是twist（扭轉）什麼東西呢？出發點是法國的香草、還是台灣的辣椒呢？」他認為追尋、探索的意義本身就是一個 twist。

我問畬軒巴黎是否就是最終目標，之後是否還計畫將品牌帶至世界其他的角落，他頓了一下回答：「（去別的國家）感覺好遙遠喔！巴黎完成之後，別的國家如果有機會的話會很樂意，但那不是一個目標。」他接著解釋在巴黎設點之後，自己的目標其實是「深化台灣在『甜』這個風味領域中的特性與主體性」，因為台灣「集中了亞洲非常多元的文化，是很有趣的存在，如果西方把台灣當成觀察亞洲的「microscope」（顯微鏡）的話，會是一個很棒的視角」。他認為「台灣如果有朝一日在巴黎受到認同、那在世界也可以」，「就像日本一樣能被世界看到」。如果能把這件在巴黎做好，有幸能夠成功，本身就意義重大。我半戲謔半認真地問：「所以巴黎對你來說是世界甜點和巧克力的最高殿堂嗎？」他也同樣認真又戲謔地反問我：「難道對你來說不是嗎？」

修煉沒有止境，邁向最高殿堂也是回歸原點

畬軒是我在斐杭狄的學長，在他回台之前，我們曾有一回在杜樂麗花園的習習涼蔭下交換過實習跟巴黎生活的酸甜苦辣，沒想到數年之後又有機會在巴黎重逢，面對面聊對巴黎、對甜點、對巧克力、對產業、對品牌經營、對專業跟自我成長的看法。採訪畬軒和採訪其他法國主廚不同，因為他和畬室品牌的成長軌跡，很大一部分也是我和其他台灣甜點人走過的路；他對自我的省察和期許、對家鄉的關懷、對法國甜點與飲食文化如何藉由專業訓練與日復一日的浸淫、馴染、碰撞，直至成為自身信念的一部分，並反射觀照自己與台灣在世界舞台的位置，都讓我有不少共鳴。

在訪問過程中，畬軒提到「不知道自己的巧克力生涯起點是法國還是台灣」、「『Taiwan Twist』的創作靈感既是台灣也是法國」，讓我聯想到「莫比烏斯環」

（Möbius strip）這個在數學上有如魔術般的存在。莫比烏斯環可以用一張長紙條製作，將其中一端扭轉 180 度再接到另一端粘接起來，就可以得到只有一個面和一條邊界、沒有正背面分別的環狀結構。如果用一支筆在莫比烏斯環上的任何一點開始畫線，你會發現自己能一筆畫盡它的每一面。一般的紙條有正面和背面之分，兩面沒有相交的一天，但如果是莫比烏斯環，朝著自己認為的正面不斷前進，不知何時就會繞到背面來。正面和背面不僅是相通的，也是循環無盡的。如同畲軒在自己的著作《前進甜點之都：巧克力師的巴黎學藝告白》（奇光出版，2014）中所言：「巧克力，乃至任何工藝，都沒有學成的一天。日復一日專注在他人眼中微乎其微的事物上，用天地力量展現人類意志之美，永遠不應止息。」修煉之路沒有終點，秉持初心、享受自我突破的過程，不管是在台灣還是法國，遠方的目的地其實一直都是最初的起點。

後記

本篇訪談是在 2019 年 11 月完成，首次收錄在《法式甜點學》中。由於訪談內容對本書的完整論述實為重要，因此再度收錄。畲室前進法國的計畫雖被新冠肺炎疫情打亂，目前暫緩實行，但並未中止。衷心期盼全球疫情及早獲得控制，畲軒能早日在世界甜點之都一展抱負。

畬軒在一塊塊夾心巧克力中，以法國養成的技藝體現他心中的故鄉風土。對他來說，哪裡是起點並不重要，能夠秉持初心、與更多人分享穿越時空的感動，才是他的終極之道。

主廚　鄭畬軒（Yu-Hsuan Cheng）

國立中山大學外文系、巴黎斐杭狄法國高等廚藝學校法式甜點密集班（2012）

專業經歷：
法國巴黎 Pavillon Ledoyen***（實習）、
Jacques Genin（實習）

Instagram ｜ @yu.hsuan.cheng

Yu Chocolatier 畬室法式巧克力甜點創作

台北市大安區仁愛路四段 112 巷 3 弄 10 號
(02) 2701-0792

Facebook ｜ @yuchocolatier
Instagram ｜ @yu_chocolatier

5-3

扭轉不可能為可能，巧克力師的傳道授業之路

黎玉璽（Yu-Hsi Li）

JADE LI Chocolatier　創辦人、主廚

（照片提供：© 原水文化）

「一個巧克力師傅如果自己國家有生產可可，怎麼可能不會想去 push（推動）呢？ 因為你走出去就比別人有風啊！你去歐洲國家，你告訴我哪個國家有種？」

「因為我常來，所以園子裡的蚊子比較認識我，哈哈哈哈！」黎玉璽（Yu-Hsi Li）師傅戴著太陽眼鏡、身著短袖 T 恤，一派悠閒地佇立在喜樂可可咖啡莊園的門口，看著我和一同來訪的朋友手忙腳亂地在身上各處反覆噴灑防蚊液，接著戴上帽子、把外套拉鍊一路拉到下巴，就怕漏了任何一個地方。

為了實地了解台灣的可可栽種，我很早就和黎師傅預約，請她帶我前去參觀屏東可可園。結果自我們在高雄火車站上車一直到屏東高樹，她馬不停蹄地為我們進行詳細的行前導覽，從可可樹的生長、可可採收到製成巧克力的過程，一直到台灣可可產業的過去與現況分析等無一不包。來到台灣南端的可可產地之前，我已從黎師傅的著作《職人精品巧克力全書》中稍微先惡補了一些 bean to bar 巧克力的相關知識，知道她在這個領域下了苦工，但經過她的親口講述、現身說法，那些原本閱讀時看來複雜的知識更瞬間靈動了起來；對我的許多疑問，她也總能有條理、切中要點的提出關鍵解答。後來我才在進一步的談話中，知道過去她曾在多家大學、高職有十年教職經驗，難怪不管說起什麼都頭頭是道，也有不同於業界中人的體察。

《職人精品巧克力全書》中詳細解釋從可可豆到巧克力的旅程。

連結消費與生產，巧克力師的堅持

現在以專業巧克力職人身分知名的黎玉璽師傅，不僅其作品在 2017 至 2019 年世界巧克力大賽（以下簡稱「ICA」）皆榜上有名[1]，也曾於 2017 年代表台灣參加「Top of Patissier in Asia 亞洲西點師競賽[2]」，但其實她真正專注在巧克力的時期並未如想像中長，「2014 年去新加坡比賽的時候，一開始我們做甜點的人會覺得巧克力只是我們平常原料的一部分，也沒有太多想法，但我在展場遇到歐貝拉巧克力[3]，他們那時候開始在推產地巧克力，我才發現原來巧克力本身就有非常獨特的個性、味道，打破過往既定印象，然後才開始進一步追逐。」在此之前，她歷任業界、學界，在麵包、西點蛋糕皆有涉獵，還曾一度在烘焙油脂工廠擔任研究員。

由於遇到瓶頸總想主動突破，她兩度從業界回學校深造，分別進入高雄餐旅學院（以下簡稱「高餐」）烘焙管理系與台南應用科技大學（以下簡稱「南應大」）生活應用科學研究所。在高餐時校內活動豐富，甚至參與過國宴與高雄城市光廊開幕的餐會活動，培養許多實戰經驗。研究所畢業後，她開始在大學執教，也經常帶著學生參與校外比賽。真正進入巧克力業，則是在她離開教職，進入福灣莊園巧克力工坊後，「因為在莊園的那一段經歷，開始接觸台灣可可種植跟台灣巧克力」，不僅見證了 bean to bar 巧克力的發展，也因此與在地農民建立深厚的連

顏色各異、宛如珠寶的屏東可可莢。

結。「一開始拿到台灣巧克力，口感、質地一點都不好，風味也不好，感覺就是粗磨狀態，吃起來口感沙沙的。還嚇了一跳，覺得怎麼會這樣？」

由於過去沒有可可種植經驗，不知果莢收成後該如何處理可可豆，可可農從咖啡豆處理法[4]借鑑，也自行上網搜尋相關資訊，「水洗法」一度是屏東早期非常普遍的可可豆處理方式。黎師傅回憶，「一開始覺得那豆子看起來怎麼這麼乾淨，一問之下才發現農民們在發酵後會用水把它洗乾淨。」她大吃一驚，因為「豆子一洗就把大部分的風味都洗掉了」，於是詢問農民原因，發現他們是因為「看很多 YouTube 的影片」不求甚解就直接套用。她苦心規勸，向可可農解釋，「水洗豆只有兩種原因，一個是發酵失敗，另一個是因為環境實在太髒了，所以必須把髒的部分洗掉」並親自前往農戶家中拜訪、勸說，「我去可可農家裡拜託他們不要洗，起碼試一次看看。他們試完後發現味道差很多，之後才停止洗豆。」

---

1 2017 年以「Formosa 85」黑巧克力獲得一銅、2018 年以「Dark 66」及「玫瑰草莓」兩支品項共獲四金一銀，其中「Dark 66」榮獲純黑巧克力、純黑巧克力生產國、巧克力職人與新興國家四項金獎；2019 年則以「胡椒鳳梨」夾心巧克力奪金。

2 由日本洋菓子協會連合會創辦的雙年制比賽，在兩天共 14 小時的賽程中，由來自亞洲各國的參賽選手一人獨力完成四個比賽項目，包含巧克力雕塑、兩種夾心巧克力、拉糖雕塑與兩個造型蛋糕。除烘烤部分外，作品的所有元素皆須在評審前完成，且作品須可食用。2017 年共有來自中、日、韓、越南、馬來西亞、印尼、菲律賓、台灣、香港共 9 個地區的參賽者。比賽目前由日本洋菓子協會連合會、韓國焙烤食品協會與中國焙烤食品糖製品工藝協會共同主辦。

3 即法國巧克力品牌「Chocolaterie de l'Opera®」，1995 年由 Olivier de Loisy® 創立，以精選來自世界各地可可豆製成的產區巧克力聞名。一般巧克力品牌多在產區設廠，將可可豆處理為可可膏才運回品牌所在國，但 Chocolaterie de l'Opera® 則直接從產地進口生可可豆後才進一步篩選處理。其產區巧克力可可成分（可可脂與可可固形物）皆固定為 70%，以凸顯不同產區間的風土特色。目前該品牌中文名稱已更名為「歌劇巧克力坊 Chocolaterie de l'Opera®」，由台灣知名食材進口商苗林行代理進口。

4 咖啡豆的處理主要分成日曬、水洗與蜜處理三種，日曬法是先將咖啡果實泡水、去除浮豆後直接在日曬乾燥，最後利用脫殼機脫殼；水洗法則在去除浮豆後以果肉篩除機去除果皮與果肉，接著發酵並反覆水洗去除果膠，最後以機器或日曬乾燥並脫殼；蜜處理則屬於半日曬法，泡水去除浮豆後以果肉篩除機去除果皮與果肉，接著直接日曬乾燥，最後去除果膠與內果皮。可可豆則是從可可果莢中取出後，經過發酵再日曬乾燥並烘焙。烘焙後的可可豆經過脫殼、研磨，就會成為巧克力的原料——可可膏（masse de cacao / cocoa mass）。

黎師傅指出，「了解食材、尋找食材」對她來說很重要。她認為食材的品質是作品風味之始，自己在製作 bean to bar 巧克力時，都會向農家採購生可可豆，而非已烘烤完成的，「平常採購可可豆時，我自己會品嘗生豆[5]，因為味道才是我選擇豆子的重點，其他的條件都是次之。」為了要提高採購的可可豆品質，她與農家建立長久的夥伴關係，不是只在收成時拜訪，而是平日就經常到可可園中了解栽種情況。久而久之便自然成為專家，她笑稱自己現在「比屏科大的學生還厲害」，「現在去可可園子，我都可以看得出果子熟了沒、是否有病蟲害。生命轉換的瞬間很快，需要認真去體察。」

隨著與產地間往來密切，「與生產端建立連結才能做出好作品」成了黎師傅的信念。她相信「甜點師、職人，需要往前去了解生產者」，只有「跟生產者有所連結時，才知道他們在意的是什麼，他們也才能理解我們職人在做什麼」。她認為，追本溯源才是尊重專業、了解品味之始，「如果製作的人和種植端的人沒有連結，就不知道你的食材怎麼來的，這一點很可怕。人造的東西如此氾濫，正是因為我們不知道真正的食物是怎麼來的。」「知道食材怎麼來的，使用的人才會珍惜。我們尊重這些專業，就不可能隨便。我的東西自己都要做兩三天，花費那麼多時間心力，當然會希望拿到好的食材，然後好好製作，這才是我對這個食材的回饋。」

在 2018 年 ICA 亞太區獲得四項金獎的 66% bean to bar 黑巧克力。

黎師傅的手工水果夾心巧克力，連外型都以擬真水果方式製作，非常費工。

除了希望能利用好品質的食材創作，黎師傅關注產地的另外一個原因，則是希望「維持生物多樣性」，她質疑「例如只能吃到同一個品種的馬鈴薯、番茄，怎麼可以這樣呢？每一個品種的風味都是不同的！」以芭樂為例，她認為「清香型水果的風味較弱、不持久，和其他食材結合後較難突出」，所以表現上很有挑戰性，例如她雖製作過紅心芭樂的夾心巧克力，但還沒有用一般芭樂嘗試過，「我想試

5 指經過發酵、曬乾，在烘烤前的可可豆。

土芭樂，因為改良過的珍珠芭樂沒有味道，只有口感。」她也以自己的經驗提出，「若要做出好吃的芒果內餡，一定要將土芒果、愛文芒果與金煌芒果結合」，才能表現酸、甜、香的不同向度，「沒有土芒果，香氣一定出不來」，她強調。

與節慶結合的台灣風味

除了表現可可風味的巧克力磚，創作面向更廣的「夾心巧克力」也是黎師傅的心之所向。對她來說，「創作的靈感來源其實是在生活裡面，而且有一部分也是關於我們對於這片土地的認識有多少、還有對生活中節日的感受是什麼？」她提及「之前在福灣莊園，大概有兩年多的時間，每一季跟每個節日都做不一樣的東西」，由於每一季與節日都發展不同的產品，還差點引起美編抗議，「每次節日要到了她就很害怕，因為我又要做新的，她又要重來。」她笑著回憶。

黎師傅特別擅長從人們對節日的想法中擷取靈感，她以中秋節為例說明，「中秋節我們會做什麼事情？在台灣最普遍是吃月餅、烤肉，還會有柚子，這個節日裡固定的元素，就是我們這個節日味道的想像。」她以這些元素為基礎發展夾心巧克力口味，「因為烤肉會有煙燻、醬燒的風味，所以我有一年中秋節就設計了一

夾心巧克力外殼閃亮，是基本的技術要求 。

款『醬燒柴魚』風味的巧克力，那是我覺得至今為止挑戰度最高的一款，因為鹹味在巧克力表現上要很小心，所以光是鹹度就調整了很久。然後這個節日會有栗子，就是我們吃月餅時會出現的一些元素；另外會有柚子，最後設計一款茶口味的作結，就是我們對中秋節味道的想像。」

農曆年時家人圍坐、聊天搭配零食餅乾的習慣，也是她的作品發想來源，不僅呈現了自己與節慶間的回憶，也讓品嘗的人喚起記憶的連結，「農曆年大家會吃很多堅果的東西，另外也會喝薑汁口味的甜湯，我就做了薑、開心果口味的夾心巧克力，還有一款『芝麻姥姥』，中間是白芝麻的帕林內夾餡。員工試吃完之後，有人說：『這就是我奶奶過年時會買給我的麻糬的味道！吃完之後就想回家了。』」

近年來開創自己的品牌，黎師傅也很享受與異業間的合作、拓展風味搭配的可能性。她津津樂道之前與宜蘭「饗宴鐵板燒」餐廳的合作，設計巧克力與菜餚搭配讓她玩得十分過癮，「他們有做紅心芭樂果醬，我用它做了一款夾心巧克力，然後用煙燻風味甘納許搭他們的舒肥鴨胸，並以夏威夷豆帕林內結合他的生火腿。」不同風味變化組合的挑戰讓她十分傾心，不過對她來說，無論多麼新奇的風味，都需要有堅實的知識與技術基礎作為後盾。她以自己在宜蘭品嘗到臭豆腐口味的巧克力為例，坦言「雖然覺得很有趣，但也僅止於很有趣。」以專業的標準審視，「外殼沒有達標」。

她認為「巧克力相對入門門檻較高，技術面也比麵包、甜點高。一顆 bonbon 重量僅在 8 到 12 克之間，但是是一個無限的宇宙，需要堆疊很多技術面的東西」。以夾心巧克力為例，「bonbon 的表面和底部都一定是要亮的，這是基本的，看外表就知道技術如何；內餡需偏軟的、外殼不能很厚，必須要選流動性、化口度比較好的巧克力。否則內餡融了殼還沒融。」以專業巧克力師的專業角度出發，「如果加東西之後浪費力氣也沒做到基本，那就不用做。基本做到之後才能談創意。」

基礎比參賽獲獎更重要

自還在大學任教時開始，黎師傅的比賽經驗已很豐富。從台灣本地比賽征戰，一直到各種國際賽事，一開始是為了「協助學校做業績」，後來逐漸成為自我突破的選擇，「教學過程中只用到自己的能量，覺得比賽可以讓我在這個環境中有所成長。」她細數自己「曾經做到比賽前一天回不了家，最後從練習場直接去比賽」，也曾「連續半個月每天晚上都哭著回家，因為做不到想要的東西、也做不到國際級的水準。」

國內環境不只培養專業有斷層，對參加國際賽事的選手也缺乏協助，比賽過程對她而言，以孤軍奮戰的困苦經驗居多，但她仍在資源有限的情況下盡力拚搏，並藉比賽作品傳達自己的信念。例如 2015 年在德國 IBA 甜點大賽[6]台灣區選拔賽及 2016 年於世界盃甜點大賽（Coupe du Monde de la Pâtisserie[7]）台灣區選拔賽中，她

「日栗好個秋」以栗子結合牛奶巧克力製成甘納許，再加上香草與蘭姆酒提味，是黎師傅的得意作品之一。（照片提供：© 原水文化）

分別以「看見台灣」、「用心顧地球 Cherish with Heart」為主題創作，希望表達對地球環境的關懷。她認為自己的參賽也能激勵同在業界的女性職人，「女性在這個職場裡仍是相對弱勢、要被肯定很困難。進入這產業的女性很多，但是要成為一個知名的主廚很少。雖然面臨的挑戰比男性多，但我希望鼓勵她們仍然可以做到。這也是我為什麼做很多經驗分享跟傳承，因為我希望後繼有人。」

雖然自己比賽經驗豐富，但回顧過去指導學生參賽歷程，黎師傅反思台灣餐飲界的職業教育，認為「參賽得獎」不應該在培養人才的過程中被當作首要追逐的目標。她說明，「職人參加比賽、做 showpiece[8]，是前面基礎打好，專業技術發展成熟了才追逐工藝，但我們學生是直接追逐工藝，基礎面是匱乏的。」她進一步解釋，「學生參加的比賽多是靜態，以做 showpiece 為主，和他們實際進入產業中做的東西不同，連接不起來。他們基礎功不願意花時間做扎實，最後會變成即使拿到獎項、甚至是金牌，但是進到業界就陣亡。」

對黎師傅來說，理論知識和實際操作同等重要，但她發現學生們並非如此，「有時上到一些地方，譬如梅納反應[9]，我會想說：『這個你們不是大一、大二就應該上過了嗎？不然怎麼知道烤東西時為什麼會有香氣？為什麼會變色？』但學生

---

6 即「iba–UIBC–CUP of Confectioners」比賽，由 iBA – International Bakery Exhibition Munich（慕尼黑國際烘培展）與 UIBC（International Union of Bakers and Confectioners，烘焙與甜點師國際聯盟）合辦的國際烘焙比賽，每三年於德國慕尼黑舉辦一次，賽程為兩天，比賽項目包含拉糖與巧克力工藝雕塑、蛋糕、花式小點、造型雕塑與主題糕點等。

7 1989 年創立、每兩年一次在法國里昂的國際餐旅展（Salon International de la Restauration et de l'Hôtellerie）舉辦的世界甜點大賽，是全球甜點界最負盛名、也最具指標性的比賽，目前由 Pierre Hermé 擔任主席。參賽選手來自全球四大洲 21 國，各國參賽隊伍分別由甜點師（pâtissier）、冰點師（glacier）與巧克力師（chocolatier）各一人組成，需在兩天共 10 小時的賽程中完成包含拉糖、巧克力工藝雕塑、盤式甜點、法式蛋糕等比賽項目。在過去 30 年中，地主法國隊是最大贏家，共贏得 8 次冠軍、1 次亞軍；其次則是日本隊，共獲得 2 次冠軍、7 次亞軍與 1 次季軍。2019 年的前三名分別為馬來西亞、日本與義大利。

8 指甜點比賽中常見的以拉糖、巧克力工藝為主結合甜點作品的雕塑（pièce–montée）。

9 即「réaction(s) de Maillard / Maillard reaction」，意指食物中的還原糖（碳水化合物）和胺基酸、蛋白質一起加熱時產生的一系列複雜反應，使食物在加熱過程中散發香氣，生成誘人的色澤。

黎師傅復刻在上海參加Top of Patissier in Asia亞洲西點師競賽時製作的巧克力慕斯蛋糕。慕斯使用了五種不同的巧克力，中間夾入百香果果凍，光可鑑人的鏡面則是直接使用巧克力而非可可粉製作。

覺得那是書本上的東西，和實際連不起來。他們認為理論沒有用，技術才是重點。但實際上發展技術若沒有專業知識、也沒有人文涵養支撐時，會很快發現自己進步空間有限。」

過去在南應大參加台日交流，她觀察「日本學生可以自己講解自己的作品，但台灣學生需要老師講解，對專業知識不知所以然。」而她在教學時，也發現大部分學生沒有耐心在日復一日的重複作業中找到動力，「學生常常會問：『老師我們怎麼每天都做一樣的？』他們覺得每天都做同樣的工作，做同樣的蛋糕，打同樣

黎師傅與喜樂可可咖啡莊園的創辦人張凱晃、陳美芳夫婦相識多年。當初黎師傅「慧眼識豆」看出喜樂可可的潛力，雙方交情深厚。

的麵團，但不會思考，為什麼自己的東西每次出來都不一樣，和老師做的也不一樣。」她感慨，許多學生畢業後懷著成名的想法進入業界，但「最後無法在這產業生存，他的美夢就破掉了。因為都是在追逐一個幻影，而很多人在幫他建築一個不可能成真的美夢。」她苦笑著說，「要看一個學生是否能在這產業裡存活，就要看中秋節之後他是否會陣亡。」

建立評鑑標準，身體力行推動產業發展

這幾年台灣巧克力品牌在 ICA 多有斬獲，「屏東可可」似乎也成了金字招牌，許多人對台灣巧克力產業發展前景極為樂觀，但在黎師傅眼中，不論是可可的種植還是生產製造，每一個環節都仍有許多挑戰亟需克服。

由於台灣可可一開始就非計畫性種植，許多農民都在不清楚後端製程的狀況下投入生產，政府也未有產業鏈的完整規畫，在採收後沒有後製端能接手的情況下，催生了許多從種植到製造「一條龍」的巧克力品牌。「他們已經種下去了，就只好自己來，把它變成可以賣的東西出去，所以就變成很多家一條龍，目前屏東這樣的狀態應該有 30 家吧」，黎師傅說明。然而，這和規畫完善、每一個環節都由專業操辦的「tree to bar」（從可可樹到巧克力）品牌不同，大部分的農戶人手不足，知識、技能、設備都有待補強，「做一條龍的過程其實太辛苦了，而且沒有辦法每個環節真的都做到位。一個產業的發展過程中，當然是要把每一個環節交給最專業的人處理，它的串連跟建構才會是穩固的。」

「一條龍」艱苦發展時間一長，能存活下來的品牌自然都有相應的投資，目前已難整合各家業者，回歸規模化的「集中發酵」，因此幾乎所有的本地巧克力品牌都只能以極小規模方式生產，不可能脫離「精品」的高價路線[10]；猶有甚者，小批量發酵的可可豆品質穩定度低，讓後端生產更為困難，「國外發酵一般一批次至少都要 50 公斤，可是台灣做不到，有時候頂多 20、30 幾公斤。批量大一點發酵穩定度才會高，批量小，要控制的變因就會更多。」

不只後端難以穩定生產，前端種植待解決的問題也極為龐雜，黎師傅點明，「我們到目前最大的問題，就是不知道種的可可樹是什麼品種[11]的。」無論是生產者還是政府，都不清楚目前栽種的可可樹品種，使規模、科學化管理及生產更加渺茫。品種不一，果莢成熟期即不同，增加採收與田園管理的困難。黎師傅補充解釋，品種也影響後製，「每一個品種的發酵週期其實不太一樣，但因為現在我們對品種都不清楚，每個園子都種不一樣的，後製困難度變得更高。」

能夠清楚梳理可可品種，才有機會針對差異發展系統化的生產與製造管理流程，進一步建立評鑑標準。在推動過程中，公部門的角色極為重要，黎師傅直言，「我期待政府訂定規範，而且這一兩年一定要做。不用說巧克力，是否在豆子的部分就必須制定標準？那準則是什麼？如何分辨送來的果莢是屬於哪一級？就是要回歸田園的管理。」她認為，即使暫時沒有自己的評鑑標準，也可以先「借鑑國外的再回來慢慢修正」，但得到的官方回應卻是「這屬於中長期計畫」，讓人難以樂觀。她有些無奈地為政府緩頰，「這個產業本身的規模較小，不是主要農作物，也非發展重點，所以農糧署不會這麼重視。這牽扯到國家的糧食政策，真的是大面向的東西，就要看公部門要不要積極努力地解決這些問題。」

政府有難處，但許多行動卻刻不容緩。雖已不再於學校任教，黎師傅卻將教學的熱忱發揮在舉辦各種講座及分享會上。在 2019 以「Dark 66」黑巧克力於 ICA 亞太區比賽中獲得四面金牌，其中包括「最佳巧克力職人」，她認為自己已經得到足夠的肯定，「已走在發展品牌的路上」，未來將致力推廣可可產業與巧克力製作。「一個巧克力師傅如果自己國家有生產可可，怎麼可能不會想去 push 呢？因為你走出去就比別人有風啊！你去歐洲國家，你告訴我哪個國家有種？」身懷對台灣可可的榮譽感，她與許多在地品牌及職人積極合作，試圖在生產與消費端間搭起橋梁，不僅針對可可，也串連其他新興作物及本地特色食材，如香草與茶。她提及，「巧克力產業在台灣的區塊其實很小，如果沒有人去推動，就不會擴大。若餅沒有變大，大家哪有得分？」

「不設限無極限」是黎師傅的座右銘，而看看台灣可可從零到現在的發展，縱使前路並非一逕光明通暢，但在逆境中試圖將不可能扭轉為可能，又何嘗不是這個產業中所有還在努力的人的目標？

---

10 福灣巧克力莊園是目前台灣最具規模化生產潛力的品牌，以 2020 年為例，約 90% 的屏東可可皆由福灣收購。

11 主要的可可樹品種可粗略分為 Criollo、Forastero、Trinitario 三種，但因可可種植歷史悠久且廣播各大陸，且可可花雖為雌雄同株、同花，卻需要異花授粉才能結果，遺傳變異多，品種愈趨繁雜。目前學者們以基因遺傳學技術鑑定可可品種，已遠不止傳統三類。台灣可可引進時以快速、低成本為目標，許多農民以「實生苗」方式從果實開始種植，更易產生遺傳變異。

上　喜樂可可咖啡園園主張凱晃與黎玉璽師傅在可可園中為我與來訪的朋友導覽。

下　積極開辦講習會，推廣台灣可可與新興農作物的黎師傅。

主廚 黎玉璽（Yu-Hsin Li）

高雄餐旅學院烘焙管理系、台南應用科技大學
生活應用科學研究所

專業經歷：遠東科技大學餐飲系專技助理教授、
福灣莊園巧克力工坊、Formosa Chocolate

Facebook｜@yuhsi.li.1
Instagram｜@yu_hsi_li

JADE LI Chocolatier

Facebook｜@JLChocolatier

Column2. 產地拜訪

是黑金還是金黑？台灣可可的血淚鍊金術

喜樂可可咖啡園

「你說為什麼會種？瘋了才會種。而且神奇的是，（民國）103 年我們在種樹，周圍的可可農在砍樹。」喜樂可可咖啡園（以下簡稱「喜樂」）主人張凱晃打開了話匣子，對著初次見面的我們仔仔細細地講述他與妻子陳美芳退休後，在屏東高樹買了塊地開始務農的甘苦談。

喜樂園區內約有 150 株可可樹，從夫婦倆 2014 年開始種植以來，已為他們帶來許多從未預料到的驚喜：2017 年黎玉璽師傅以喜樂的可可豆製成的「Formosa 85」bean to bar 巧克力在世界巧克力大賽（以下簡稱「ICA」）亞太區競賽獲得銅牌、2018 年喜樂以自有品牌於同一競賽中獲得二金一銀、2019 年在國際可可大賽（International Cocoa Awards[1]）中的 225 件參賽作品中脫穎而出，獲選為「全球 20 最佳可可豆」之一，並遠赴巴黎巧克力大展領獎。然而，閃亮光環背後，鐫刻的其實是一路辛苦行來的軌跡。

以汗水與眼淚鑄成的可可鍊金術

凱晃大哥解釋，屏東縣政府在 20 年前開始推廣「黑金換綠金」，鼓勵以其他作物取代過去的「綠金」檳榔，而「黑金的首選就是可可」。在他們開始種植的時點，屏東可可樹結實累累，本該歡慶收割，但竟然因為「沒有人會做巧克力」，採收的果實不知如何利用，也無人收購。在整個產業鏈後端幾乎完全付之闕如的情況下，許多可可農「只好把可可樹砍掉種回檳榔」，否則生計堪憂。他直言，「政府鼓勵栽種，但完全沒有任何配套計畫、措施」，農民們種植前也並不清楚可可的後端加工利用，包括他自己，「原本甚至不知道可可能夠做巧克力」。 即使這幾年因可可和巧克力躍上世界舞台，他想起當年的種種憂慮，在不確定中摸索前進，仍忍不住說出，「當時人家在砍、我們在種，是因為沒有人告訴我們，不然打死我也不會種。」

幸好，自 2015 年開始，屏東縣政府「看到那些可可農的眼淚，聽到他們的哭聲，開了可可培力班 [2]」，內容包含可可的發酵、後製、加工、巧克力製作、巧克力品鑑等一系列相關課程，這才讓他們知道該拿自己種的可可怎麼辦。夫婦倆在 2016 年的可可培力班上結識來自馬來西亞斗湖巧克力工廠的韓國籍講師 Kim，種下日後參訪越

---

1 「國際可可大賽」（International Cocoa Awards）和「國際巧克力大賽」（International Chocolate Awards）縮寫同樣為 ICA，但是是兩個不同的比賽。和後者以「巧克力」為評鑑主體不同，前者的主角是「可可豆」。國際可可大賽是由「國際生物多樣性與國際熱帶農業研究中心聯盟」（Alliance of Biodiversity International & CIAT）和法國巧克力大展（Salon du Chocolat）主辦單位「國際活動」（Event International）共同協辦的「可可卓越計畫」（Cocoa of Excellence Programme）中的國際競賽，旨在表彰可可農、肯定可可豆的品質、風味多樣性與獨特產地，每兩年比賽一次。全球可可生產國的可可農們會先參加該國的國內賽選出優勝者，優勝者將經過發酵與日曬的 5 公斤生豆以國際包裹寄至大賽主辦單位，再由可可卓越計畫的「技術委員會」（Technical Committee）成員以盲測方式，就可可豆品質、可可膏風味選出最佳的 50 個樣本。這 50 個樣本的可可豆會以相同條件製成巧克力，進入第二輪競賽，由可可卓越計畫的技術委員會成員和巧克力專家們再次進行品評，選出 15 至 20 個最佳樣本，並於該年度的巴黎巧克力大展中舉行頒獎典禮。50 最佳樣本會同步展出，並公布生產者資訊及風味圖譜，事後參賽者也會收到詳細的評鑑報告。2019 年國際可可大賽共有來自 55 個可可生產國的 225 件樣本參賽。

2 即由屏東縣政府主辦、客家委員會指導的「巧克力－客家可可產業培力計畫」，自 2015 年至 2017 年共舉辦了三期。

南與馬來西亞，得以精進可可發酵技術、深入了解國際比賽的契機。而在可可培力班結業發表的六龜客家文化節上，他們與黎玉璽師傅相遇，黎師傅慧眼識出喜樂可可的潛力，將其第一批生豆製成 bean to bar 巧克力，並在該年度的 ICA 亞太區上獲得銅牌，這才第一次讓凱晃大哥覺得，自己當初的選擇似乎並非錯得離譜，「當時我對那個比賽根本沒有概念，她打電話給我太太說：『我們的豆子入圍了耶，而且跟我們一起進去的只有日本的。』我還想說，又打不贏日本，日本那麼會做巧克力，入圍就算得獎了啦！6 月還是 7 月師傅通知，說『欸，得獎了耶！得銅牌耶！』我想說，日本應該是金銀牌吧？結果沒有，從缺！我那時候才醒過來，哦，竟然有這麼厲害！」

風光背後堆疊的，其實是從未停歇的勞力與心血付出。縱然可可培力班教給學員從可可到巧克力的基礎技術、知識，但整個產業分工並未明確。生產端縱使初具雛形，後端也沒有夠規模的巧克力製造商及消費市場，大部分的可可農只得馬上應用這些剛學來的知識與技術，自己從零開始建立一條龍的巧克力生產製造鍊。以喜樂為例，

喜樂獲得的諸多獎項與肯定。

凱晃大哥與美芳姐住在高雄，但園子在屏東高樹，可可全年皆有生產，且台灣氣候變化劇烈，說風就是雨，使得他們經常在田園管理、採果與發酵、曬豆之間兩頭疲於奔命。

凱晃大哥談到自己與農友們面對大自然的種種挑戰，在種植階段須小心病蟲害，有時躲過颱風與焚風純屬幸運，就算順利採收，還得看老天陰晴不定的臉色，「我在這邊採完果、取出豆子，這些桶子我是拿回高雄搬到 12 樓，在我們自己家做發酵，弄完之後我就拿到頂樓去曬，天天這樣。」他告訴我們，「發酵的過程最重要就是頭尾，溫度濕度是關鍵。你看這幾天下雨，相對濕度太高時，微生物菌相會有落差，溫度也達不到預期。再來最後的關鍵就是日曬，如果這時都碰到連續下雨，就又要昏倒了。我們很誠實講，碰到連續下雨唯一的方式只能用乾燥機乾燥，不然就會長黴，一定就要丟掉。但即使如此，我們還是堅持最後一定要經過一趟日曬，讓豆子有太陽的香氣。」他接著仔細敘述自己如何分別在住家不同樓層測量空氣中的濕度，最後選定在頂樓日曬，以及如何小心設定乾燥機的排氣量，讓每顆豆子的裡外都能

可可全年皆有生產，隨時確認植株與果實的狀況相當重要。

綠色與橘紅色的可可莢來自不同品種，不僅外觀不一樣，風味也有些許差異：綠色可可果肉味道近似釋迦，較為清甜；橘紅色的可可果肉接近山竹，酸味較為明顯。

均勻乾燥、不致產生不良風味，旁邊的美芳姐忍不住補充，「所以他說賣豆子就像賣小孩一樣啊！」

從品種溯源開始建立評鑑標準

自 2016 年畬室法式巧克力甜點創作 [3] 首次參加 ICA 並在美洲亞太區獲得一銀一銅以來，越來越多的台灣巧克力品牌前仆後繼地參與比賽，得獎後也以此為賣點宣傳。誠然得獎是榮耀，但究竟為何參加國際比賽對台灣巧克力品牌來說如此重要呢？以喜樂可可為例，由於積極參與賽事，也總是榜上有名，竟引來一些風言風語，例如「你們又沒有量，幹嘛出去比賽占那個名額？空有那個名聲有什麼用？」凱晃大哥提及這些質疑，嚴肅地回答，「我不是要那個名，而是因為台灣到目前為止，我們並沒有自己的認證機構。人家國外有，可以透過比賽被認定，我們現在沒有辦法，只能盡量參加世界認可的比賽，不管是發酵也好、還是巧克力口感也好，讓人家來幫我們評分，看哪邊是需要改進的。」

照片中這株可可樹苗由於從砧木部分抽出枝條，表示嫁接失敗。通常還能夠再將上方「接穗」部分抽除、再重新嫁接數次。

不可諱言，許多台灣消費者其實是因為國際比賽才注意到自家有生產可可，也才知道可可是製造巧克力的原料。ICA 確實為台灣巧克力提供了一展風采的舞台，成為品牌經營者行銷的著力點。如果沒有 ICA 的光環鍍金，就算品質相同，許多人可能也不會相信台灣生產的巧克力確實有世界級的高水準。更不用說目前台灣 bean to bar 或 tree to bar 巧克力的高價困境難解 [4]、通路又少，對本來就沒有深厚巧克力消費習慣的本地消費端 [5] 而言，選擇眾多，能夠平價、容易取得的國外大品牌巧克力

---

3 畬室以「畬」、「雪莉桂圓」夾心巧克力分別在「原味黑巧克力甘納許與松露巧克力」及「風味黑巧克力甘納許與松露巧克力」類別中奪下銀獎與銅獎，是台灣品牌首次在該比賽獲獎。主廚鄭畬軒的深度訪談請參閱本章第 2 節。

4 目前以台灣可可製作的 bean to bar 巧克力價格高昂，如邱氏可可的 85% 黑巧克力 100g 售價 NT$350、福灣 85% 台灣一號巧克力 45g 售價 NT$330、曾至元 85% 純黑巧克力 120g 售價 NT$1,580，喜樂可可的 85% 黑巧克力則是 20g 售價 NT$190。但根據《食力》雜誌在 2020 年舉辦的網路問卷〈迷惑人心的魔法食物！你被「巧克力」迷倒的原因是什麼？〉統計，75% 的台灣消費者每次購買巧克力的平均金額在 NT$300 以內，35.2% 的消費者每次僅花費 N$100 以內。

5 根據歐睿國際（Euromonitor International）揭露的統計資料顯示，2019 年台灣消費者每人平均的巧克力消費量僅有 0.5 公斤，日本為 1.2 公斤，瑞士則以 8.4 公斤位居世界第一。

其實才是首選。然而，健康的產業成長需要在生產與消費端間形成正向的循環，懂得品味的消費者與能夠產出高品質原物料的生產者互為因果，其中能夠區別何謂好、何謂高水準的「鑑別力」是關鍵之一。而鑑別力的培養，其實須從源頭制定規範標準開始。

由於可可樹品種影響果樹生長與可可豆發酵週期，栽種當下其實就已產生影響巧克力風味的變因。喜樂的150棵可可種苗來自印尼，但由於可可樹的「異花授粉」特性，極易發生遺傳變異，縱使凱晃大哥當時有拍下果莢的照片，也無法百分之百確認品

未成熟的可可果實其爪鉤不會完全展開（左）；完熟的可可果實顏色轉為橘紅，形狀飽滿、爪鉤完整展開（右）。

種，而這對喜樂參加國際比賽，其實也造成了一些困擾。「我們現在在找種苗繁殖改良場幫我們做台灣品種的審認。這一步要走出去啦，不然每一次在這種比賽上，人家問你到底是什麼種都不知道。我們去年去比法國 ICA 的可可豆，也只能寫是『喜樂一號』。因為混來混去，沒有經過確認都不知道。」他解釋。帶我們前往參訪的黎師傅補充，「現在我們有請屏科大的陳幼光教授做 DNA 鑑定，但是需要時間。因為要先收集樣本，才有辦法跟國外 DNA 鑑定處拿樣本比對，才會知道知道是哪一個族群。可能無法精準的知道是哪一個品種，但起碼知道是哪一個大群的果實。」

確認可可品種後，也需要有能力鑑別可可豆的品質。國際標準組織 ISO 便有制定可可豆的品質分類規範[6]；而以喜樂可可參加的 2019 年國際可可大賽為例，需要先在國內進行初賽，選出優勝者才將樣本送出國，因此，2018 年屏東縣政府首次舉辦「台灣屏東可可豆風味品評競賽」，邀請來自日、韓、法、義、德等十國的可可產業、食品科學、甜點等多個領域專家，以台灣 CNS 及 ISO 標準對可可豆的大小、外型、發酵、香氣、風味等進行評選。喜樂可可以台灣第三名參加國際可可大賽，在法國巧克力大展的頒獎典禮上，住在秘魯的國際評審告訴美芳姐，喜樂可可製成的巧克力風味帶他回到童年，令他十分感動。

分享傳承，建立厚實基礎

打從一開始，凱晃大哥便表示，「巧克力師傅還要有好的原物料，才能透過手藝將它最大化發揮。如果空有一身好武藝，但是沒有給他好的東西，最後還是會跟別人的起跑點不一樣。像國外的尋豆師、巧克力師，他們也是希望一開始就知道要從哪

6 ISO 2451:2017 Cocoa beans — Specification and quality requirements。

裡用最快速的方式找到好的豆子。」因此，縱使巧克力得獎，他與美芳姐仍然將大部分的精力放在園間工作，並未在行銷上多做宣傳。他認為，「把品質顧好，後面不怕沒有人看到。如果一天到晚只是去想開店、營業、賣巧克力等，最基本的農忙、農務、田間管理這一塊把它放掉，其實也就是空有這個門牌、門面。」譬如參加國際可可大賽，「早在幾年前，台灣要去申請時，他們都說要是聯合國會員才能進來，用這理由把我們擋掉。後來為什麼會被邀請，是因為（民國）106、107 年陸陸續續台灣巧克力有一些知名度，他們想說既然台灣巧克力可以做成這樣，那豆子應該也不錯，我們就讓它來試試看好了。我們去了之後才發現參加這比賽的都是歷史有名的產地，像迦納、委內瑞拉那幾個知名產地名額多一點，也不是所有的莊園都收。」

雖然總是笑稱，「人家都說做什麼都好，就是不要當農夫。看天吃飯有多辛苦，我們後來都一一應證」，但凱晃大哥對這一路艱苦行來，下的結論仍是「做對的事情，人家認可你的時候就會被看到」、「用心照顧，它給你的回饋一定是好的」。不過，我們其實都知道，默默努力不一定會被發掘，一個人單打獨鬥也很難走得長遠，只

喜樂可可的 bean to bar 巧克力與杏仁巧克力豆。

有許多人一起打拚，才可能加速產業的改變。過去在黑暗中摸索的經歷，凱晃大哥至今銘記在心，使得他總是對有心求教的訪客傾囊相授，「他們問我為什麼這樣分享，我說：『沒有關係啊！我們環境是不一樣的，我的經驗可以告訴你當參考，你要全部複製也沒辦法，但是你可以省去很多冤枉路。』

我們總說「天公疼憨人」，但深諳「有分享才有進步」，其實是大智慧。如同可可樹需要以健康良好、產量充足且穩定的母株來擔任砧木培養新苗，才能持續穩定發揮優勢，向西方學習甜點、巧克力等技術、知識、品味，又要以此進入世界舞台，反向發揮影響力的台灣職人與品牌，若不能涵養深厚的基礎功夫，並透過交流與傳承讓更多人習得、運用，再多的國際獎項，可能都只會是夜空中一瞬的花火，無法成為照亮前路的燭光。

喜樂可可咖啡園

屏東縣高樹鄉廣福路 30-1 號
0987-464-633

Facebook ｜ @JoyCacaoCoffeePlantation

Column2. 產地拜訪

傳承自分享開始，價值須以文化創造

香草騎士、香草農夫

「台灣最大的問題，是博士跟農民不懂甜點師傅要什麼」，味正琳師傅一語點出目前台灣生產與消費端間存在斷層，政府與學界卻總是摸不著痛點的主因。

曾經是電腦工程師，但在 2012 年選擇回到南投家鄉種植香草，創立甜點店「香草騎士」與香莢蘭農場「香草農夫」，現在同時是香草農、甜點師、巧克力師、品牌經營者，還兼職農友輔導多重身分的味師傅，對台灣農業與甜點產業的觀點通透、表達直率。其實這不是台灣唯一的問題，在向味師傅請益的過程中，他多次提到產業間缺乏連結，政府、農民、甜點師與消費者間溝通不足的現況。

那天我與朋友們造訪香草騎士，是因為味師傅與黎玉璽師傅合作，辦了一場「台灣可可與香草在地農業文化新價值」講座，席間不僅有巧克力品嘗會，還包含香莢蘭產區參訪、台灣香草種植現況、香草相關知識簡報等，不同產地、品牌的香草莢就在現場供與會者「聞香鑑賞」，另外還有同場加映的品茗行程。同時參與講座的幾乎都是業內人士，也有少數媒體人，「可惜一般的學者、農民都不會來聽」，味師傅不無遺憾地說。如果來的都是甜點界業者，最後仍然是生產與消費端各行其是，他認為，香草騎士可以創造一個「讓大家一起思考、交流、提問的平台」，而這正是「現在台灣最欠的東西」。

以交流創造文化，台灣也能生產世界級香草

在會後的交流中，味師傅熱切地談到自己花了八年時間天天和香草為伍，以工程師的邏輯與系統性思考，將香草從種植、授粉、採收、殺菁、發酵、陰乾陳化的每個步驟都研究透徹，還曾經自掏腰包請翻譯隨行，前往印尼向當地農民學習香草莢製作的關鍵，然後回來一一改善製程，精準調校溫度、濕度與時間，製作出屬於台灣「尾韻花香味明顯」的香草莢。他沒有選擇將自己的心血緊密包藏，而是大方分享給有興趣種植的農民。味師傅從世界各產區搜集不同品種，再與中研院的辜瑞雪博士合作品種改良，不僅希望能穩定台灣香草的品質、產量，更聯合兩百位農民，未

香草莢外面像是纖維的白色結晶體，其實是香草莢與空氣接觸一段時間後，香草醛（香草莢的芳香成分）在豆莢表面產生的天然結晶現象，並非發霉。

味師傅的香莢蘭農場，園中還掛著巨幅海報說明香莢蘭從種植開始到製成香草的一系列過程。

來計畫將台灣香草輸出至日本與其他國際市場，「只要日本市場成功了，我相信接下來任何一國都會成功」。

「我希望能創造文化」，味師傅語氣中帶著決心，「既然都是在推廣台灣香草文化了，種植算什麼？」南投之所以成為台灣香草種植的重鎮，「是因為我在這邊」，他驕傲地自承，「我也經常去農夫的農地裡，看他們的生長環境，給他們指導。」香草騎士現在儼然成為全台香草農的知識庫與交流平台，也經常舉辦各種講座，推廣台灣香草與促進產業間的交流。由於能夠在農夫、甜點師與品牌經營者三個不同的角色間轉換自如，味師傅的研究心得、發展技術更切合市場需求。味師傅談起自己的角色充滿自信：「只有甜點師傅自己真正跳下來種、又種那麼久，才有辦法這麼快接上這些 know-how（技能知識）。」

真正的價值來自產出市場需要的產品

我們談起台灣可可、香草等新興農作物的現況，對政府並未建立產業後端發展基礎與技術，就鼓勵農民栽種；台灣農民在缺乏深入了解作物發展前景、加工技術與消

香莢蘭莖蔓上飽滿的香草莢。

費市場需求，就一窩蜂投入種植的情形很是焦慮，味師傅認為，「台灣新興農作物如果沒有消費端的市場知識，價值和文化都不會產生，就直接跟國外絕緣。種這些再厲害都沒有意義，因為那個不是人家要的味道，不是市場要的味道。」

他進一步分析，「在價值跟文化還沒產生的時候，你去搞那麼大，會害死很多人。因為溫室不便宜、人工不便宜，時間一經過，沒換到錢，這些都是損失。」和過去的可可種植一樣，目前也有越來越多農民看好香草未來的商機開始投入，但其中許多人同樣沒有具備關鍵的後製發酵知識與技術，更遑論與後端的甜點師、巧克力師等接軌，了解市場需求。

的確，可可與香草莢都只是製作甜點的食材，可可需要加工變成巧克力才能使用，香草莢如何運用，成為甜點作品中畫龍點睛的角色，更需要甜點師的巧思與技術。如果後端沒有良好的後製技術、知識，沒有懂得運用的甜點師、手藝人，沒有堅實的消費市場、沒有對此有認知、能欣賞的消費者……簡而言之，如果沒有甜點文化，前端的努力將全數白費。「台灣還搞不清楚什麼是價值、什麼是文化，農民只覺得我種的東西很貴，就一窩蜂地去種。」味師傅語氣中帶著急切與憐惜，「不是一下

香草騎士販賣的商品非常多元，有香草幼苗、植株、甜點、巧克力，還有冰淇淋。

子政府要扶植什麼產業，就大家一窩蜂一起進去，然後就一窩蜂一起倒。這是政府的手段，也是農民最大的悲哀。」

騎士精神，為信念勇往直前

香草種植之外，味師傅也將同等的心力與狂熱的研究精神投注在自己的巧克力產品上。他的巧克力結合了台灣的水果，而他對「什麼叫做台灣的水果？」也有獨到的看法。他認為，縱使台灣有眾多品質優良的水果，但「不是放了一堆水果在上面，就叫做台灣」，甜點師傅應該在「比例、配方、製作方式」上用心設計層次、建構價值。他自己則認為，「果乾」與「鮮」最能表現台灣水果的特色，因此將「果乾」與「果泥」配合加入巧克力甘納許中，並以香草提味，外型設計則有「宇宙」、「意象」等多種系列，手繪繁複的星空、浪花、湖水、漩渦、星球等，使品味巧克力的感官體驗更為豐富。

味師傅說自己研究一個東西，就是要「將資源砸到底、把所有 know-how 都搞定之後才能碰下一個」。因此在對自己的巧克力產品滿意後，接下來要將時間與心力花

「意象」巧克力全系列。店內員工向我透露，三天才能畫完 500 顆。

在提升甜點作品上，「台灣的甜點不是正統的，要透過很多學習。我覺得要循序漸進，搞懂基礎之後才能自己去創造新的，而不是說自己想怎麼變就怎麼變。我一直很想創造出台灣新的價值和新的甜點，但台灣過去沒有這樣的歷史，所以要重新站起來不簡單。」

香草騎士的命名由來，是因為味師傅非常欣賞騎士的浪漫、勇敢、熱情，他闡述「騎士的精神是勇往直前，而我希望把香草跟甜點都做得好」。香草騎士的店員私下告訴我們，師傅喜歡漫威、鋼鐵人等英雄形象，所以才有種種充滿冒險精神的創作。不過，無論是騎士還是英雄，不都得為了保護自己堅信的價值一路披荊斬棘、始終不悔嗎？

香草騎士巧克力工坊

南投縣埔里鎮中山路一段 241-2 號
(04)299-2276

https://vanillaknight.com/
Facebook | @vk.taiwan
Instagram | @vkchocolate

香草農夫－台灣香莢蘭農場

南投縣埔里鎮中山路一段 241-2 號
(04)9299-2276

https://vanillataiwan.com/
Facebook | @vanillafarmtw
Instagram | @taiwanvanillfarm

5-4

從無知中前進、在自信裡茁壯

顧瑋（Wilma Ku）

COFE 喫茶咖啡、土生土長 On the Ground 創辦人、主理人

「我覺得問題不在於到底什麼是台灣味，關鍵是認同。為什麼大家都一直問別人答案呢？這不是要問自己嗎？看現在台灣味長成的樣子，大家不是沒有認同，而是沒有自信。」

「等一等，稍微講慢一點，等我一下！」大概是我在訪談顧瑋（Wilma Ku）時最常說的一句話。以前常聽到有人用「機關槍」形容語速，但機關槍遇到她，可能都要相形見絀。身為連續創立七個品牌[1]的創業家，顧瑋的行動力之高、腦子運轉速度之快，在飲食圈內赫赫有名，常常早上在南部阡陌中發文，下午又出現在北部的熱鬧活動中。許多朋友開玩笑說她是過動兒，而我甚至在訪談中忍不住問「支持著你一路往前衝的動力是什麼？難道沒有一刻覺得『好想休息』、『先這樣就好了』嗎？」

她懂得太多，涉獵領域過於廣泛，咖啡、茶、酒、巧克力、果醬、米、水果與各類農產品……講什麼都頭頭是道、金句連連，雖然擔憂訪談稿該如何裁剪呈現，她卻依然滔滔不絕，我只好加快打字速度，企圖捕捉她飛躍思考中迸發的星火。

從「愛吃」開始，人生抉擇大轉彎

其實，和大家一樣，顧瑋原來並不是那麼「懂吃」的。她生長於中產家庭，爸爸在法務部擔任調查員、媽媽做財務，雙親皆忙於工作，家中對飲食沒有特殊講究。講求實際的爸爸會「把冰箱裡面剩下的料拿出來，燒一鍋熱水，然後把料統統丟進去，煮熟了下一把麵，麵煮熟就拿出來。」而顧瑋自國中後開始住校，每日吃食自然也不是生活中的重點，她甚至「有好一陣子完全不吃米飯」。甚至到了開始對「吃什麼」、「在哪裡吃」萌發興趣的大學、研究所時代，她可以在不踩點的平日「每天中午吃兩個 10 塊（錢）的包子加上純喫茶，吃了三、四年」。

「25 元解決中餐，存個五天就可以去 Tutto Bello[2] 吃一次商業午餐」，她解釋。

---

1 包含「在欉紅」、「台灣好食協會」、「不二味」、「土生土長」、「泔米食堂」、「米通信」、「COFE」等品牌。

2 1995 年開業，由來自香港的梅文宇先生主理。被譽為台灣頂級義式餐廳，也培養多位台灣西餐廚師，包括知名的「瘋廚」布秋榮主廚（ABU 阿布）。

2000 年初，台北的西餐業繁盛，許多外籍主廚來台開業；彼時個人部落格與 BBS 盛行，資訊流通快速，哪裡有新開的、好吃的餐廳，都會很快在網際網路上引起討論。當時身在台大的顧瑋也和其他學生一樣，平日掛網、經常在 PTT 美食版 3 出沒，當時版上引起熱烈討論的「Luna d'Italia 月之義大利 4」，「La Giara 萊嘉樂義式餐廳 5」、「La Petite Cuisine 天天滿法式料理餐廳 6」等，她都前往品嘗過商業午餐。

當時的顧瑋也開始喝咖啡，她回憶「大學時就去咖啡店念書，每天去咖啡版看哪裡有好的咖啡館就跑去。上午去一間、下午去一間。騎腳踏車全台北到處跑。到了研究所做實驗中間等結果出來時也會去，因為很多時間。」恰好當時台灣處在第三波咖啡的關鍵期，「星巴克很紅，精品咖啡店開始一間一間開，網路資訊又很容易找到」，她從學校附近的咖啡店開始探訪起，沒想到一開始就遇到了「講莊園、精品咖啡、處理法、烘焙……而且豆子很多」的湛盧咖啡店。當年的湛盧處在台灣精品咖啡的前沿，齊聚了一群和她一樣喜愛吃喝的饕客 7，大家經常聚在一起分享情報與美食。這個滿溢咖啡香與人情的美麗新世界深深吸引了她，最後甚至因此放棄出國，徹底轉變了人生方向。

咖啡是顧瑋踏入飲食研究之路重要的啟蒙之一。她長期研究咖啡，也在 COFE 成立「風味塾」，並邀請專業咖啡師、咖啡農舉辦日月潭精品咖啡杯測分享會。

職涯轉換對許多人來說是需要深思熟慮，甚至因此輾轉反側的人生大事，但顧瑋只用寥寥幾句帶過，「覺得在咖啡店工作很好玩，在咖啡店工作的人很可愛，我喜歡自己那時候的狀態，所以就沒有要出國了。」她心意堅定，認為自己「沒有很害怕辛苦」，但認為「人在任何一個當下，都應該選擇那時自己最想做的事」，所以也沒有絲毫眷戀與回顧。不過，「想做」與「能做」確實不同，當她真正開始在咖啡店開始打工後，卻發現自己「超不適合」，「咖啡沖不好、東西也會打破、焦糖布丁不會烤」，結果還是過往的專業幫助她穩定生活。她以修改、翻譯論文的案子賺得生活所需，繼續在咖啡店打工，並向外探索、認真吃喝。

顧瑋與甜點、果醬的相遇就在此時，蓬勃發展的網路上有和她一樣對飲食知識熱切渴求的人們，也有走在前端且樂於分享的意見領袖，「那時看徐仲的『從產地到餐桌』部落格、吃葉怡蘭代理的 Christine Ferber 果醬，去芙麗葉[8]吃甜點、麵包等」。從追逐美食開始，她逐漸認識行家，「那時候湛盧咖啡店最時興的，就是一夥人跑去芙麗葉搶走所有的出爐麵包，以及 follow 主廚新出的盤式甜點」。她很快成為 David 主廚的忠實粉絲，品嘗之餘試著自己動手，「當時吃 PEKOE 的果醬覺得『喔，那果醬超貴！』剛好食譜書出來，覺得看起來超簡單，也不知道

---

3 PTT（批踢踢實業坊）是一個建立在台灣學術網路資源上的電子布告欄系統（BBS），1995 年由台大資訊工程學系二年級學生杜奕瑾架設，初期以學生使用者居多，其後成為台灣最大的網路討論空間，也是華語網路服務中使用人次最多的平台之一。由於社群規模龐大，資訊流通與社群討論即時，PTT 的討論經常登上新聞版面並影響現實社會、甚至引起國際關注。

4 2004 年開業，義籍主廚 Gerbino Daniele 出身南義，曾於佛羅倫斯、米蘭的著名餐廳長期服務。餐廳菜色兼容南義與北義，提供正統、經典的義大利家鄉菜。屹立十數年，在台北市頗負盛名。

5 2002 年開業，由來自義大利西西里島的 Salvatore Genco 主廚主理，菜色道地、豐富，擁有許多忠實顧客。2019 年 3 月底歇業，原本預告為搬新家，但至今沒有更新動態，許多老顧客仍然翹首以盼。

6 2005 年由曾任新加坡總理御廚的郭文秀（Justin Quek）開業。原本位於中山區雙城街，2008 年遷至長榮桂冠酒店內，目前已歇業。Raw 餐廳的前任主廚的黃以倫，便是從 La Petite Cuisine 實習開始踏入業界。

7 其中就包含了目前在欉紅的行政主廚楊豐旭，可參照本書第 2 章第 4 節的深入專訪。

8 即「La Fourvière 芙麗葉里昂教堂點心」，2006 年 11 月於台北市光復北路開幕（目前已歇業）。兩位主廚皆畢業自保羅．包庫斯學院。

哪根筋抽風，上網查徐仲的部落格，有一系列介紹台灣水果的文章，發現有些水果好像很厲害，覺得可能可以用這個食譜，就自己去買水果，做完之後拿去芙麗葉給甜點師傅，請他幫我試吃看看。某一天甜點師傅就說，『求求你不要再給我了，我幫你做』，然後就是『在欉紅』了。」

她說得輕巧，但年輕人沒有深思熟慮就開始的新創品牌，在受到矚目後擴張，果然立刻發生問題。重述當時的景況，顧瑋語氣平穩，卻有些悵然，「我不 qualify（夠格）當一個老闆，以前都是獨來獨往的，沒有團隊作業。所以來的都是朋友，但是朋友一起工作很有風險，吵架都是用真心在吵，很慘。」她自認當時「沒有能力管理好當時的團隊，處理當時的問題」，和主廚吵架後選擇出走，「主廚跟我只能留一個。我自己就是他的粉絲，我覺得我是可以被取代的。農友資訊都在那，品牌都寫好了，不可取代的是產品。」她理性判斷，雖然拋下夥伴極為難受，但當時離開對個人而言是好事，因為自己「每一個階段都是在能力的極限」，階段結束後，正好能幫助自己了解「最想做的是什麼、會做的是什麼、不會的又是什麼。」

顧瑋雖已退出在欉紅經營團隊，卻依然保持深刻聯繫。照片中為陳列在 COFE 冷藏櫃中的在欉紅果醬。

從果醬到巧克力，在連續創業中成長

她明白自己「專長不在製造」，就不做產品改從內容下手。她將在欉紅的股份賣掉，成立台灣好食協會，計畫整理台灣在地物產，「一開始跟徐仲去做高屏溪流域的食材訪查計畫，後來將農業局的計畫做過一輪」。但單純做內容如出版品、食育活動等沒有收入，「不賣產品就必須募款或做政府計畫」，顧瑋解釋，「做政府計畫通常不會賠錢，且交作業並不困難，但要符合政府規定的作業只能做到六、七十分，我不想浪費生命做這件事。我寧可自己掏錢去做八、九十分，還會覺得自己的生命是有價值的。」在多方嘗試後，她發現「內容要跟著產品做，才會是健康的循環。把內容做好，自然不會做出太差的產品；產品有賺錢就能支持做內容」。

「土生土長 On the Ground」與「COFE 喫茶咖啡」就是在這樣的體悟下創立的兩個品牌，前者從米、油、鹽、醋、茶等日常茶飯事中下手，販賣來自各地的特色食材與高品質農產加工品，在每日的飲食中追溯食物的歷程，植入對土地的關注；後者則以「品味」切入，將台灣的精品茶及咖啡從杯飲轉換為「吃」的形式品嘗，在世界巧克力大賽（以下簡稱「ICA」）中受到極大矚目。

土生土長中秋節推出的「四果茶酥」，茶香雋永、果味馥郁，年年熱銷，還有許多海外支持者。

COFE 的品牌創立源起，來自於台灣的好油與顧瑋對咖啡的熟習，「土生土長有個世界級的好商品『花生油 [9]』。因為我們榨的油很好，就想說也來榨可可脂。我們去跟農友買可可豆，他們問我是要日曬還是水洗？我想說我今天是來買可可又不是咖啡豆，但被這麼一問之後，發現台灣可可其實是蜜處理 [10]。只要有看到那一段，很容易就會發現跟咖啡有多像！」她發覺「bean to bar 巧克力對風味的形容詞幾乎都是從精品咖啡的評鑑系統借鑑，可可與咖啡從後製的發酵處理到烘焙，對風味的發展都極具對應性」，於是靈光一閃，發現「把它們換位就好」。「我想說既然它們那麼像，如果把黑巧克力裡面的可可換掉，換咖啡進來，會不會真的覺得很像？於是就做了一個看起來像黑巧克力的白巧克力，還騙了不少人真的以為那是巧克力。」

她找來時為九日風主廚的楊豐旭（Danny Yang）、Fika Fika Cafe 的老闆陳志煌，聯手開發出「COFE bar 喫咖啡吧」，還開發了「咖啡葉茶」（Cascara），並把剩下的食材做成巧克力。雖然當時咖啡葉茶在台灣尚未合法 [11]，卻啟發了她以「茶」再度和咖啡換位的思考，沒想到不似咖啡順利，一開始就遇上「巨大的失敗」。「做了茶之後碰到瓶頸，因為超澀！沖泡咖啡中咖啡與水的比例為 1:15-16、但泡茶的話茶葉與水的比例為 1:50-60，咖啡與茶的用量差非常多。」好不容易調整完用量，發現還需要柔和澀味，她與 Danny 天天商討、爭執不斷，「楊丹尼說需要奶粉，就是用日本抹茶巧克力的方式去處理。但這就是一個問題，因為台灣沒有好的奶粉。用奶粉是為了用它的蛋白質，好在台灣因為『黃豆復興 [12]』的關係，有原生種黃豆、還做了黃豆粉，所以最後我們改用古早味品種『金珠 [13]』的黃豆粉，取其中的大豆卵磷脂代替奶粉。」歷經萬般磨難催生出的成品，就是 2019、2020 年在 ICA 中驚豔世界評審的「COTE bar 喫茶吧 [14]」。

以知識和品味，發揚家鄉榮光

從在欉紅時期開始，顧瑋的事業便圍繞著台灣物產。過去她做果醬，是因為覺得「台灣有這麼好的水果，怎麼可能做不出好果醬？」她被遠在法國阿爾薩斯的

以「喫的茶」在世界巧克力大賽中受到關注的 COTE 喫茶吧。深淺不同的色階一字排開，將台灣茶的豐富之美具象化。

---

9 選擇友善種植、當令鮮產的花生，先手工挑選、費時發芽，再以極低溫焙炒（70–90°C，傳統柴燒為 150–200°C）、小量鮮榨的花生油，油酸度極低，一天最多產量只有十數瓶。經常有來台造訪的日本職人、料理研究家等到店掃貨，在海外知名度極高。

10 關於咖啡豆與可可豆的處理方式，可參考本書第 5 章第 3 節註釋 4（第 315 頁）。可可豆處理法較「蜜處理」多了一個發酵的步驟：從果莢中取出後，經過發酵後才日曬乾燥並烘焙。

11 2021 年 1 月 5 日，台灣衛生福利部宣布開放阿拉比卡種與羅布斯塔種之咖啡葉乾燥後作為沖泡茶飲使用，但僅限於此，不可作為其他食品原料使用。且作為沖泡茶飲時，需在包裝上標示標示「兒童、孕婦及授乳者應避免食用」之警語。

12 台灣市面黃豆超過九成來自進口，且多為基改黃豆，農糧署於 2012 起開始推動雜糧復耕計畫，並將大豆納入契作獎勵範圍，吹起本土黃豆復耕風潮。農委會更在 2016 年起力推水稻田轉作大豆等雜糧，全台許多農民與品牌串連響應。

13 「金珠」黃豆是嘉義大學劉啟東教授從早年搜集的 60 多種高異黃酮非基改黃豆中，歷經 10 年採種純化出的品種，奶香濃郁，大豆異黃酮含量也顯著高於其他黃豆。

14 「COTE bar 喫茶吧」在 2019 年 ICA 亞太區的「風味白巧克力」類別中以分別東方美人、咖啡果乾葉茶與紅茶（COFE TEA）、包種茶、紅玉紅茶四支產品獲得一金三銀與四特別獎；2020 年「喫的水果茶」也大獲肯定，紅烏龍鳳梨、包種茶芒果分別獲得金牌、銅牌；東方美人茶、炭焙烏龍茶獲銀牌。紅烏龍鳳梨並獲得「創新」與「替代性植物奶」（黃豆粉）特別獎；COFE 的「冷壓台灣可可脂」也在該年度新設的「可可食材獎」中奪得「可可脂」、「直接交易」、「生產國」三金，總計四金二銀一銅二特別獎。

上　目前已經合法的咖啡果乾葉茶，有清淡的甜味、也有一絲桂圓的香氣。

下　經過仔細研究與測試，在欉紅果醬發展出和法式、日式果醬皆不相同的台灣水果處理系統。

Christine Ferber 主廚啟發，「Christine 在她的果醬書[15]序言裡寫，自己做果醬起心動念是因為真心喜歡阿爾薩斯、喜歡家鄉，所以做果醬來發揮它的榮光。我們（在欉紅）後面做的所有事情也都是這樣，她發揚她的家鄉、我們發揚我們的家鄉。」但熱帶水果與溫帶產物截然不同，她與 David 主廚考察論文、了解食品科學，為熱帶水果「酸度比較低、水分比較多，比較不凝」的限制解套，最後發展出迥異於法式、日式果醬系統的台灣水果處理手法[16]。

她認為，「限制讓我們找出自己的風格」，因為有困境，才能夠發揮智慧、創造獨特之處。對她來說，可可與咖啡，並非原本就是迷人的食材，而是因為「先認同、才想辦法讓它迷人」。「平平都只是種咖啡豆，我們的成本是非洲的幾十倍，所以不能做一模一樣的事情。台灣的可可也是，品種沒有很厲害、風土也沒有很厲害，只有人很厲害，給人很多希望。」在她眼中，「台灣的農民高知識，會是最大的競爭力」，她舉咖啡與巧克力農友為例，「魚池農友的水平擺在台北任何一個地方都是講師等級」；而可可農翻轉了她眼中台灣可可產業最大的門檻——品味。

她解釋，「台灣沒有生產者、生產國的優勢，只有消費者的優勢，生產國的各種條件都太難了。可我還是覺得最難的是要有品味，比種可可、做巧克力還難。做的人要知道自己做出好的東西，消費者也要為好的東西買單，所以真正的門檻是品味，後面才是什麼可可品種混雜的問題等。」屏東的可可農極快速地學會品味，因而能在近幾年的國際比賽場上大放異彩，「他們就認真學就學會了，他們的品味比都市人還要好，搞不好是全世界最好的。」顧瑋的判斷並非只是毫無根據的自信，「屏東的部分農友早在2017年便已上過第一、二級的IICCT[17]巧克力品鑑課。Martin Christy[18]不接受他旁邊有同步口譯的人，因為時間會變兩倍（所以他們直接用英語上課）。我們連屏東農民都贏日本。」

比起生產條件困難、競爭對手又強大的咖啡，顧瑋認為台灣最有可能在世界上行銷的代表產品是巧克力與茶。以巧克力而言，雖然能走小品牌精品路線，但國外

---

15 《果醬女王的經典果醬課》（大境出版，2012），該書於 2015 年 11 月新版重裝上市，書名更改為《「果醬女王」克莉絲汀・法珀的果醬聖經》。法文版原書名為 *Leçons de confitures*（Chêne, 2009）。

16 目前在欉紅共有三種果醬烹煮方式，除了將水果與糖混合、加熱後裝瓶的「直接烹煮法」外，還有處理上較複雜的「二次烹煮法」與高技術門檻的「煮糖法」。二次烹煮法是先將水果與糖快速烹煮後，再取水果汁液加熱濃縮、最後將果粒拌入；煮糖法則用於芒果、香蕉等含水量較多的水果，先煮糖漿，再以滾燙的糖漿包覆水果讓其瞬間熟透，減少烹煮時間，保留最多水果香氣。

17 即國際巧克力與可可評鑑協會（International Institute of Chocolate and Cocoa Tasting，簡稱「IICCT」）。

18 IICCT 創辦人之一，也是 ICA 評審之一。

顧瑋與有記茶行合辦「台茶 12 味講座」，推廣茶知識、分享她觀察到的產業現況，並帶領參與者一同品茶。

運輸、保存困難；茶則相對有機會，「大家覺得中國是茶文化的祖國，但是我們還是有很多工藝茶，味譜很清楚」。不過「我們還是要去學習價值系統、價值」，才有可能和世界溝通。她闡述，「別人比我們會做價值，別人會做品牌，別人知道怎麼做一套精品咖啡認證。我們茶做這麼好，但是到現在茶的教育系統都沒有，評比系統就是比賽茶的系統，然後也出不去、也沒辦法溝通，所以我們應該是去要學習別人怎麼建立那個價值系統、怎麼溝通，怎樣讓全世界的人都覺得『喔，這一套有道理！』就像 SCAA[19] 精品咖啡那一套。」

她身體力行，這幾年更加深入研究台灣茶，不僅勤跑產地、參與製茶，也參加茶葉茶業改良場的茶葉感官品評課程及考試，還與朋友們[20]一起策畫了一場別開生面的「TeaWave 茶香流動展」，以動態嗅覺體驗方式展出茶在製作工序中不同的氣味變化，並發表第一版台茶感官圖譜，以嗅覺、味覺與口感等象限梳理台灣茶的風味語彙。「COTE bar」不僅是將可可與咖啡、茶之間的換位嘗試，也是她將茶從觀念中根深蒂固的飲品改為食品的一次大膽創新，「茶巧克力的優點是把泡茶技術跳過，大家可以直接吃。在同一基準點上等同杯測，只是將水換成可可脂。」她帶著 COTE 去秘魯上巧克力品鑑課，成功吸引了身為 ICA 評審的授課老師注意，認為「吃了一輪之後像環遊台灣一圈」，還主動要求「如果來亞太區評

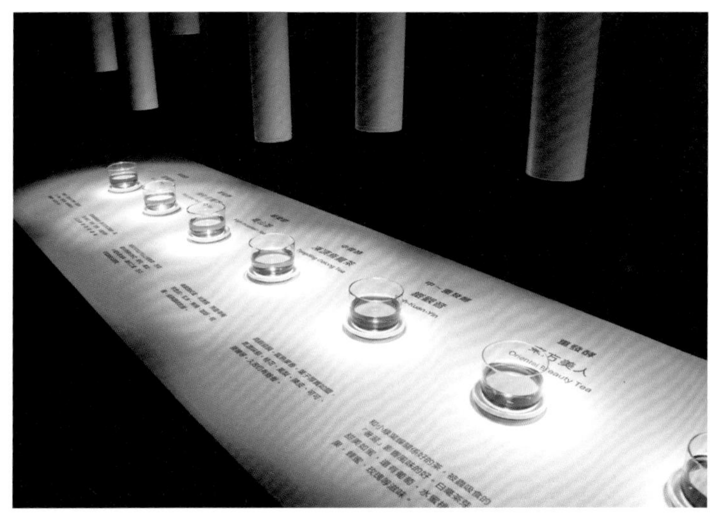

「TeaWave 茶香流動展」中以動態嗅覺體驗展出茶的氣味變化。

審，到台灣你帶我去喝茶」。

認同之後是自信，呈現自己在意的價值

長年深耕台灣物產，做過果醬、咖啡、茶、巧克力，顧瑋認為「物產」既是台灣的優勢也是劣勢，因為大部分嗜好型商品的標準都來自與台灣氣候、資源條件完全不同的異國，需要重新設定方法學，「我們用別人的方法做自己的物產是不會過的，我們需要設定自己的方法學。台灣是熱帶所以就會有多樣性，但熱帶物產有熱帶的加工法，很多加工法都是溫帶設定的，所以不能拿法國做果醬的方法來做台灣的果醬、拿美國做巧克力的方法來做巧克力。」而台灣人的聰明與彈性，也需要調整才能有所累積，「台灣人很聰明，學習速度很快，但沒什麼定性。最好的是機動性很強，最不好的就是撞牆就立刻轉彎。不過有榮譽感後就會有定性，所以當我們碰到困難時應該要沉得住氣，而不是想辦法跳過它，去找更快有

19 即美國精品咖啡協會（Specialty Coffee Association of America, SCAA）。

20 衍序規劃設計劉真蓉、食物編輯馮忠恬。

成就的。不能想要速成，像鮨天本做壽司就一直做，得米其林星星都藏起來。[21]」

建立方法學後，是發展價值系統。她進一步將台灣與日本對比，認為「台灣人沒有建立價值系統。我們比日本寬鬆，彈性很大，但太寬鬆了就很難去說服人家我們可以做得很好。」若能在此點上下功夫，就有機會更進一步發展、建立與世界溝通的評鑑系統，以 ICA 近兩年亞太區比賽在屏東舉辦為例，顧瑋認為，「評鑑系統根本就應該要在台灣建立，我們在很好的位置，你看像可可亞太區辦得多好，中國很想拿去，但是他們不受信任；日本人有絕對美學，但包容力比較差。他們連英文都不講，所以 IICCT 的課都沒辦法在日本開。」她下結論，「所以就是要多一點自信，然後向日本學一點潔癖、美國學一點系統、法國學一點擇善固執。這些都不難，我們願意學、別人不見得願意跟我們一樣學，這不就是我們的強項嗎？但是還是要說，學完還是要記得自己。」

無論是茶或巧克力，台灣都應該要建立自己的評鑑系統。

台灣是島國，是移民社會，再加上複雜的政治因素，關於「誰是自己」、「自己是誰」始終無法有一致的共識，這同樣反映在「台灣味」議題的眾聲喧嘩、莫衷一是上。2014 年底江振誠主廚舉辦「台灣味論壇」，討論激起的漣漪到現在仍然不散。當時主辦單位曾經在網路上開放公眾作答，詢問「你心裡的台灣味是什麼？」，「結果下方留言數千則」，顧瑋回憶。她是受邀講者之一，面對論壇中圍繞「什麼是台灣味」、「台灣人代表的就是台灣味嗎」等議題提出的數種觀點，她提出了獨樹一格的見解，「我覺得問題不在於到底什麼是台灣味，關鍵是認同。為什麼大家都一直問別人答案呢？這不是要問自己嗎？」當時她認為「認同的塑成很重要」，五年過後，她將答案轉為「自信」，「看現在台灣味長成的樣子，大家不是沒有認同，而是沒有自信。你聽了上千個答案，還是一直問嘛！」她認為「台灣除了原住民的東西之外，全都是舶來品，原生種寥寥無幾。所有在檯面上能夠討論出來的東西都不是台灣的。如果說原住民的東西是才台灣味，那也不合理，因為沒有人認，沒有人認的台灣味也很難說是共識型的台灣味。」因此，她的答案很簡單，就是「每個人處理自己手邊的課題」，「我心裡覺得什麼東西是我的台灣味，我就想辦法把我在意的價值做出來。」

若生產者如是，消費者也應如是，「如果我無法做創造的人，至少要做買單價值的人吧？你如果真的很在意，就要表現出來。今天你不要覺得米是台灣味，但只買、吃日本米，雖然我可以理解，但是我會覺得這樣心口不一。也沒有人叫你去種米啊，但你至少要好好選米，當今天好的米比不好一點的米可能價差 10 塊、20 塊的時候，你會願意多付那 10 塊、20 塊。」說到這裡，她笑了一下，接著說「每個人位置不一樣，我是食物工作者，理所當然分際就是要多做一點。」

將「台灣味」視為「一個努力工作的課題，是一個方向、目標」的顧瑋，對自己

---

21 位於台北市仁愛路的「鮨天本」，是完全會員制、僅有板前（itamae）座位 12 名的壽司料亭，在《2019 米其林指南臺北》、2020 及 2021 年《米其林指南臺北臺中》皆獲二星。

COTE 水果茶系列，結合台灣茶與繽紛多元水果，有著奔放的熱帶氣息。

的要求是「每天做得比前一天更上進」。她坦承，對自己的要求和他人無關，「我會觀照自己心裡面覺得什麼是最好的，不是做給市場、消費者、投資人的。」許多人稱顧瑋是「食物連續創業家」，但她在自己的臉書頁面上，為自己下了一個定義 —「食物理的線人」。初看摸不著頭緒，甚至一度懷疑「理」是不是「裡」之誤；而「線人」，是「穿針引線的人」之意嗎？似乎也說得通。但有自己一套邏輯，而且總是能說得更有道理的她告訴我，「是『收集食物線索』之意，『理』或『裡』都可以，理是我給自己的目標。」

看似無窮精力背後，顧瑋其實是坦然地接受了「任何不會做的東西都是我不懂的」的狀態，再安然地理出頭緒向前。無論是理清自己還是食物，唯有先接受「不懂、不會」的無知狀態，未來才能一直充滿挑戰、充滿值得探索的希望。

期許自己作為「食物理的線人」，
顧瑋持續探索食材與風味可能。

主理人 顧瑋（Wilma Ku）

國立台灣大學動物系、分子醫學研究所

專業經歷：在欉紅、台灣好食協會、不二味、
泔米食堂、米通信等

Instagram ｜ @kuwilma

COFE 喫茶咖啡

台北市大同區迪化街一段 248 號
(02) 2552-8386

Facebook ｜ @taiwancofeproject
Instagram ｜ @taiwancofeproject

土生土長 On the Ground

台北市中正區金山南路一段 81-4 號
(02) 2356-4650

Facebook ｜ @ontheground.taiwan
Instagram ｜ @ontheground.tw

後記

寄語未來的甜點師，在「熱情」以外

自我抵法進入斐杭狄學習法式甜點開始，至今已過去近九年。我從對甜點幾乎一竅不通，到能夠寫專欄、出書談法式甜點，變化不可謂不大。而這段期間中，台灣也和世界其他地方一樣，歷經法式甜點狂潮洗禮，我雖大部分時間人在巴黎，卻經由社群媒體觀察、甜點師朋友們的經驗分享、網友留言與來訊等，感受極為深刻。

本書的主題雖在於探討台灣甜點師、職人與品牌經營者如何做法式甜點與冰品、果醬、巧克力等，但由於關注重點是「人」，在籌備與訪談過程中，我再次體認需要深入呈現這些生產者、行動者們遇到的現實挑戰，才能讓讀者與廣大的大眾更清楚認識甜點產業的真實面貌。其中最重要的一個議題便是人才養成與傳承，而這牽涉到大眾的正確認知，因此特別在後記中花點篇幅談談。

在寫作上一本書《法式甜點學》的期間，Cédric Grolet 主廚來台開設快閃甜點店，我應 187 巷的法式女主人 Linda 之邀回台採訪，在現場親身見證了明星主廚旋風。大部分的台灣消費者從未品嘗過他的甜點，但快閃店期間每日排隊人數都有數百人之譜，甚至有單日超過千人的紀錄。他接受了平面、廣播等媒體訪問，電視新聞也有不少報導，完全是當紅偶像的規格。於此同時，大街小巷法式甜點店越開越多，網路品牌、個人工作室、線上教學等發展蓬勃，媒體也多著墨正面形象，「甜點師」成為夢幻職業，吸引許多人爭相投入。然而，閃亮外表後，其實是工時極長、心力投注極大，與「輕鬆」、「優雅」毫無關聯的辛苦工作。而與許多人想像不同，甜點（特別是法式甜點）其實極度專業化，並非在家自學就能輕易上手，加上競爭激烈，甜點師無論技術、知識與美感皆須不斷精進，沒有停歇的一日。

光鮮亮麗是迷思，戰鬥才是日常

過去我曾收到一封讀者來信，信中敘述自己目前正在台北一家知名甜點店工作，但長期過勞、低薪、人員流動快速的產業現況，衝擊她心中「甜點應該為人帶來幸福」的想法。除了希望得知我的看法外，這位讀者也希望我能夠多關注一些產業現況與從業人員的困境。

讀完這封信之後，我的心情頗為複雜。低薪、過勞，是人力投入極為密集的甜點業最常見的結構性問題，和台灣整體的低薪資水準、可支配所得，以及甜點使用食材幾乎皆需進口也大有關聯。改善不合理的受雇環境需要所有人的努力，但甜點「工作」並非「夢想」本身，甜點師的工作內容平凡無奇，每日重複甚至枯燥乏味的本質，在這個年代或許需要特別點明。

《法式甜點學》的第四、第五章中，已有不少篇幅討論甜點師的養成、面臨的挑戰與產業中的缺失。好幾位受訪的甜點主廚們都不約而同地提及，甜點師的工作如何對他們的個人與家庭生活造成挑戰。Cédric Grolet 主廚甚至直接了當地表示，「媒體、社群網路讓甜點師成為明星一般的存在，結果全世界的人都想要成為甜點師，因為他們誤以為當甜點師很容易」。他坦言，「我們需要跟年輕人解釋，這一行非常、非常辛苦，需要數不清的犧牲與辛勤工作。」他認為自己之所以能夠成功，是因為「從來沒有停止工作」，甚至「過去四年中，完全沒有休假」。

本書以個人深度專訪作為架構，取代《法式甜點學》以主題為篇章的寫法，便是希望能更清楚地向大眾傳達，從養成過程到開業、受雇，再到每日工作現場的挑戰，同時進一步突破自我，甜點師從來不是夢幻職業，也不是夢想，而是每一日腳踏實地地面對困境、與之戰鬥。我也希望將大眾對這個職業的看法，從「夢幻」、「欣羨」轉變為「理解」與「尊重」，並讓有志投入者能更清晰地了解每一位職人、品牌經營者的經歷與思考，重新檢視自己的選擇。因此，在訪談中，我特別以「寄語未來的甜點師（或飲食產業職人）」為題，詢問每一位受訪者，希望他們能分享自身經驗、提出建議。名為提點，其實是共同打造一個更健康、更值得投入的產業未來。

直接體驗工作現場吧！你需要的不只是熱情

雖然是短短的一題，但許多受訪者卻對此特別有感，常常在數個小時的馬拉松訪談後，仍然願意花時間提出深入的看法。接近 20 組的受訪者中，回答大致分為四、五個面向，最主要的兩個意見分別是「建議有志投入者，以直接進入工作現場的方式了解這個行業的真實面」，另一則是圍繞著被過度強調的「熱情」出發。

提到前者的主廚們，多半觀察到許多後進者的想像與現場工作內容有著極大差距，如瑪麗安東妮手工法式點心坊（以下簡稱「瑪麗安東妮」）主廚吳庭槐便直言，「對於有意投入甜點業的人，我們會建議他們放下觀望與想像，直接、正式地去嘗試」，他也從自己的創業路中悟出，「在過程中，要清楚自己想做什麼、能做什麼，以及可以得到什麼。這三個問題分別代表著夢想、能力以及收穫，找到平衡點才有辦法永續經營下去。」而帶領 JL Studio** 甜點團隊的 Una 主廚更一針見血，「我非常鼓勵每一個想要做甜點的人，找一間餐廳或店去工作，至少做兩年才能看到東西。常常看到做兩個禮拜就說我不喜歡的人，我會覺得你不喜歡什麼？你因為不了解就不喜歡，還是只是覺得累？那你去哪裡都一樣啊！」
至於在媒體中經常出現、也被許多甜點業求職者掛在嘴邊的「熱情」、「逐夢」等辭彙，對許多甜點主廚來說，都不足以直接通往「成功」，甚至不是「存活」

的充要條件。好幾位主廚不約而同地建議，如果只是喜歡烘焙，作為個人興趣即可，因為這一行真的超乎想像地艱苦。Taïrroir 態芮 ** 的 Angela 主廚認為，「如果烘焙只是你的興趣，不一定要進入這一行。Treat it as a hobby is sometimes better（當成興趣也許比較好），也許可以 last longer（持續更久），真的要想清楚。」她指出，「很多人因為最近甜點師的形象太 glamorous（閃亮），大家會覺得太簡單。但台上一分鐘、台下十年功。」開店幾乎完全無休的折田菓舖主廚折田將大直說，「喜歡做蛋糕，自己在家做蛋糕或是自己週末烤蛋糕就好了」，「只是因為喜歡做蛋糕、吃蛋糕而開店很危險」。他認為創業「必須要有『目的』」，「為了賺錢可以，但是要有一個明確的目標。像我的話，當然賺錢是其中一個目的，因為我要生活。但賺錢之外，我真的很希望能夠融入在台灣這個國家，讓台灣人知道，我提供一個空間，以及跟朋友一起吃蛋糕的快樂時間。」

相較於熱情，「堅持」與「找到樂趣」對在甜點路上持續前進更有幫助。One Tree Hill Taipei（以下簡稱「One Tree Hill」）兩位創辦人異口同聲回答：「要刻苦耐勞」，Yen 甚至加註，「不要放過自己。不要找很多理由來合理化自己選輕鬆的那條路。」他強調，「你自己說你有熱情是沒有價值的，必須要從作品去說服客人。客人認同你，才是真正的有熱情。」曾與 MOF 主廚一起工作、並奪下兩次法國比賽冠軍的全統西點麵包（以下簡稱「全統」）主廚陳星緯也表示，「學習永遠都是在下班之後。你付出多少時間就會達到什麼樣的成就，沒有捷徑，只有一步一步慢慢成長，如果你如果想要跟別人不一樣，就要付出更多心血才能進步。」

Angela 則提到，一路上她看過太多無法持續下去的案例，因為「真的很累」。她建議，「要想清楚自己想要什麼。不要放棄、要相信自已，如果是這麼熱愛的話，堅持住。」Una 指出，「熱情是讓你想要踏進（這一行）的動力，但堅持下去太重要了。如果不能堅持，你就只會粘在水面，無法深耕讓自己進步、變得更厲害。無論哪個職業都一樣，不只甜點師。」她認為，堅持才能在日復一日的重複中累積進步，「要當甜點師一定得付出時間。技巧不是你看書看影片、你打（慕斯、奶餡）兩三次就知道的，例如做卡士達醬，蛋、牛奶不一樣，甚至爐火不一樣，成果都會不一樣。一定要花時間去學。」

在日常挑戰中回憶初衷、找回前進動力，也是許多受訪者的建議。187 巷的法式 Linda 便提及，「因為你的夢想就是這樣，所以得去克服這些挑戰。需要去回想自己的初衷是什麼，初衷會讓你保有正面跟勇敢的心態。」法朋烘焙甜點坊的李依錫主廚也同意，「甜點就是這樣，它沒有辦法無法讓你停歇。三個月、半年……你沒有跟上就是落後，它幾乎沒有讓你喘息的空間。所以我覺得想辦法突破自己，每一年告訴自己要進步一點，你就會越來越好。這些堅持都是希望給你的客人有更好的體驗，這些心願、這些事情，都會 push 你一直要成長。」One Tree Hill 主廚 Katia 分享了一位顧客的回饋，「之前有客人說，有很多人是無法做自己喜歡的事而去過生活、賺錢，但我們故事雖然曲折，卻好像都是在做自己喜歡的事情，即使無法賺大錢，但這是最好的狀態，所以應該要非常珍惜。即使是非常痛苦的時候，也要想著是做自己喜歡做的事情，才能把熱情延續下去。」

開業逾 15 年，SEASON Artisan Pâtissier 的主廚洪守成則直指，「熱忱是一種很膚淺的東西，今天有、明天就沒了。」他認為，如果想要長久地在這一行發展，「好奇心很重要，才會覺得有樂趣。多嘗試各種可能性、排列組合，將各種風味、個人的生活歷練反射到你的商品。如果只是運用耐力，再怎麼忍，總會有理智線斷裂的時候，還是要在裡面找到樂趣。」好食光 Keya Jam（以下簡稱「好食光」）

主理人柯亞也提及，「熱情是一個最廉價的字眼，要轉換成前進的動力，就是你夠不夠飢渴、有多渴望取得這些技能跟知識，讓自己想要學到這東西、驅動自己往前進。因為渴望所以會更高標準，不滿足現況。」Quelques Pâtisseries 某某。甜點（以下簡稱「某某甜點」）主理人 Lynn 則認為，「早點弄清楚自己究竟喜歡什麼」很重要，「半途而廢也沒關係」，但「一旦要做就要做好，不要隨隨便便、模稜兩可」，她強調「做什麼事情就是要對自己負責。一定要用心去做，要從中獲得快樂，不要投機取巧。投機取巧是最不好的。」

基礎、基礎，還是基礎

上文已經提及，在媒體一面倒的正面吹捧中，甜點師成為許多年輕人的嚮往；明星甜點主廚風潮，更讓大眾眼中僅見「明星」風采，忽略「主廚」的實際職責。某某甜點的主廚 Lai，就對此提出了極為銳利的見解，「這個產業的生產能力是跟人很有關係的。不要把世界級大師變成自己的目標、當成唯一成就感的來源，要成就團隊的成功。每一項專業能力達到一定地步之後才能領導團隊，而不是只想成為明星，或光是想要創作甜點，但沒有達到每一項的技術門檻。因為這和烘焙產業是相違背的，這是一個團隊的事業，當沒有團隊只有個人時，這是沒有力量的。」她認為，大部分的甜點師「可以是在這個產業中的一分子跟零件」，在設定目標時，就應把心態擺正，「不會、也不應該把你的志願放在『要成為最有名的那個人』，因為那個人只有一個、兩個。」

除了目標設定需要腳踏實地外，幾乎每一個主廚都強調，在創作之前，需要投入大把時間與心力在打好基礎上。所謂基礎，就是由各種瑣碎、重複、微不足道的工作構成。如果基礎都做不好，就想表達創作欲，其實是本末倒置。TERRA 土然（以下簡稱「TERRA」）創辦人與主廚 Danny 回憶，過去他曾為一位秘魯國寶級廚師的一句話所感動，「他說：『廚師之所以重要，不是因為他在廚房裡面做的事，還是他在廚房之外做了哪些事情。』我那時候真的很感動，因為我會希望自己除了在廚房裡面，確實能夠再多做些什麼。」但他後來實際到訪這位廚師的餐廳，卻大失所望，「吃完飯我還滿感慨的，因為老實講這頓飯不好吃。很多細節、該注意到的都沒有注意。今天如果連廚房裡面的事情都做不好，你憑什麼稱自己是廚師？更何況去談論做廚房之外的事情？我還是期待大家應該先把自己的基礎、該做的事情都做好，例如你的甜點做得正不正確，再來討論你後面想要把自己的什麼設計創作出來。」

COFE 暨土生土長創辦人顧瑋則表示，「大家太容易做一些看起來很厲害的東西，一窩蜂去做，譬如盤式甜點、發酵。這些是好的題目，我可以理解，因為我年輕時也是那樣，但不能只是這樣。太多偉大的前人們都已經在這個當代了。要沉得住氣做最基本的。」她舉過去在欉紅主廚 David 的意見說明，「他說：『你如果要看一個甜點師做得好不好，要看他甜點奶餡（crème pâtissière）和塔皮兩個最基本的東西有沒有做好。』

全統主廚陳星緯也認為「不管怎樣就是要先把基本功做好，花時間練習把最基本的抹蛋糕、切蛋糕、烤蛋糕練得扎實，路才能走得比較寬。」他特別提到，「在資訊爆炸的年代，要先把手上的東西做好再求新。不能上完課就覺得我學會了，每個東西都需要基本功還有練習，就是要花時間。就算資訊爆炸，練習就是練習。不可能因為資訊比較發達就跳過練習這一步，看影片不能讓你學會，做跟學是兩碼子事。」他舉自己過去在亞太會館實習時一天要切 40 盤蛋糕為例，當時打下的基礎，讓後來在陀飛輪甜點店切蛋糕時，Yann Brys 主廚甚至笑說「你切蛋糕都不用尺的！」他回憶，「因為就是切太多，才知道怎樣切比較快、比較平均、耗損比較少。那你問說這要怎麼教？這沒辦法教，就是靠大量練習。我當時切那麼多是滿煩的，但對我來說那就是工作，師傅叫我做就是把它做好。」

基礎也不見得只是「技術」，毋寧更是「態度」。JL Studio 的 Una 便特別舉例說明，「我們有個新夥伴在放玫瑰球，我會跟他說哪個太少、哪個太多；哪個地方空隙太小、哪個太大，就是練習細心啊！不是放上去就好了。它很瑣碎，表面上就是花瓣放上去，但很多東西是你看不到的，它不是技能，都是細節。就像桌子有沒有擦好等等，細節沒做好不可能成就更大的事情。」

成功沒有捷徑，想存活需培養更多技能

立定目標後，希望能儘速達成是人之常情，尤其餐飲業中許多人是半路出家、轉換跑道。然而，促成「華麗轉身」的不是仙女的魔杖，而是那些枯燥無味且不能略過的「基礎」。27 歲做出第一瓶果醬的好食光主理人柯亞，當時在日本作家松浦彌太郎的書中讀到「一萬小時定律」[1]，便如此勉勵自己，「他說：『當你對一件事情有興趣的時候，請花一萬個小時去認識它、學習它吧！』我 27 歲在認識果醬，真的就是那句話的關係，它深植在心中，驅動我一直一直探索下去。

---

1 「一萬小時定律」（The 10,000 Hour Rule）最早出自於美國經濟學家與認知心理學家 Herbert Simon 和 William Chase 針對職業棋手的研究（1973），他們得出「所有擁有特級大師（Grand Master）封號的棋手，都在棋盤上花費至少 1 萬至 5 萬小時」的結論；1993 年心理學家 K. Anders Ericsson 與 Ralf Th. Krampe、Clemens Tesch-Römer 等人，將研究拓展至樂器演奏領域，發現音樂學院中擁有成為國際獨奏演奏者潛力的學生與職業小提琴手，皆在他們的職業中累積了約一萬小時的練習。此概念後來被推廣至專家與才能訓練領域，如知名作家 Malcolm Gladwell 便在其成名作 *Outliers: The Story of Success*（中文版為《異數：超凡與平凡的界線在哪裡？》，2009，時報出版）中論述，認為「一萬小時是讓任何人從平凡變成超凡的必要條件」。

所以我覺得，絕對不是短時間你接觸甜點，一年、兩年就可以出師、可以變成 something，可以馬上怎麼樣怎麼樣，絕對不可能的，就是請你腳踏實地，去蹲、去練馬步。要打出一套好的拳法，不是要從蹲馬步、挑水桶開始嗎？要先能沉得住氣、先把基本功扎穩，才能好好做。無論你要做甜點、飲食業，都是一樣的。」

追求「速成」的風氣，讓不少主廚、職人感到憂心。在談論到是否有「避免繞遠路」的成功法時，柯亞急切又語重心長地說，「我覺得沒有，就是要腳踏實地。每一條路都是近路，沒有繞遠路，真的要腳踏實地、願意明白這件事起碼需要花個十年才有辦法鍛練起來。有這個認知，才能把事情做得好。」全統主廚陳星緯也呼應同樣的看法，「這種東西真的不是拚個一年就可以，是看個十年八年的。」曾經一度迷惘過要不要離開當時的工作出國念廚藝學校，再回來開店的 JL Studio 甜點主廚 Una 反思，「快速這件事真的很可怕。沒有東西是快速的，快速是不能長久的。甚至有人去念藍帶，快速九個月就回來開個店，但他們開店做的東西都一模一樣。那你覺得開店、當 chef 這樣就好了嗎？這很悲傷耶。」

許多受訪者提到，會做甜點不等同於「能夠開店」，而開店也不等同於「能夠存活」。比起社群媒體上奪人目光的甜點創作，經營管理所需的專業知識才是存活的關鍵。菓實日主廚曹羽君、品牌主理人周韞豐便表示，「台灣跟日本不一樣，沒有約定俗成一定要有外國經歷、在一家店待滿十年才能開店的潛規則，所以開店時可能已經 40 歲。台灣消費者也比較不在乎這一塊，好處是比較自由、彈性，但出來開店時，可能專業度就會比較缺乏。如果很年輕的話，可以試試看，但開店所需要的經營管理、媒體操作等知識，都完全是另外一個專業領域，和自己製作甜點時單純的快樂很不相同，需要想清楚。」

HUGH Dessert Dining（以下簡稱「HUGH」）的主廚 Victor 指出，自己的工作時間雖然沒有很長，但覺得「還是要待到一定的時間後，才能了解產業的運作。你可能可以很快速地學習到製作，但還要了解很多外場領域、人力營運、動線等，這不是可以速成的。需要前面的會了之後，再花很多時間去學習後面的。」負責

HUGH 品牌營運的 Kent 則強調，「要創業的話，真的很多事情要 take care，如何賣跟如何呈現，比創作更重要。很多店會行銷歸行銷、營運歸營運。但行銷不是只在 Instagram 上發照片，而是在管理品牌架構。如果要能夠創造出一個能夠立足的品牌，營運行銷很重要。」

至於實際上究竟該怎麼做，珠寶盒法式點心坊（以下簡稱「珠寶盒」）總監 Susan 明確地建議，「未來的角色要先確定清楚，是想成為師傅還是經營者？角色確定之後，再針對角色的需要去分配時間學習。」擁有豐富創業經驗、還協助其他年輕創業者的她，毫不猶豫地直說，「絕對不能輕易去創業」。她投資 Danny 的新品牌 TERRA，便要求對方模擬試算「客層、客流、現金流與各元素間的因果關係等」，她認為，雖然許多人懷抱「實現夢想」的心態創業，但經營本身絕對不是浪漫的想像，「需要找到客觀的人來討論這些問題」。

同樣管理數個品牌的 Danny，則鼓勵年輕後進在學時利用資源多方學習、培養不同能力，「如果是在求學階段，還沒真正的踏入社會，其實這是能夠在最低成本的情況下獲得資源的時候。應該在此時培養自己，除了針對甜點相關的知識之外，其他面向都要能夠涉獵，包括經營層面、行銷策略，甚至需要有一些攝影技巧、文字方面的能力。」巧克力師黎玉璽也指出，技術層面以外，還需要培養敏銳的五感感知、精進自己的涵養，「做飲食產業的人對很多東西的敏銳度、覺察度要很高。我常常跟學生講，你不要以為你只是在做烘焙的東西，在工作環境中可能同時需要判斷很多東西，例如從味道、聲音去判斷烹飪程度，不管是聽覺、嗅覺都需要去發展，需要訓練自己的感知能力。技藝進步到某一階段後，個人涵養、人文素養、美感都需要自己去提高，自己的素養會很直接地表現在作品裡面。」

你的生存之道是什麼？

台灣餐飲業創業門檻不高，但競爭極為激烈，能夠在市場上擁有相當知名度並長久存活的品牌，都需經過重重考驗。珠寶盒總監 Susan 便觀察，「台灣新品牌開立速度極快，消費者很容易忙著去新店消費，忘記去舊店，再大的店都可能會倒。」從激烈競爭中存活，其中一個關鍵便是「找出自己的特色」且持續做好。推出盤式甜點套餐、在台灣獨樹一格的 HUGH 主廚 Victor 就指出，社群媒體的盛行，造成許多人一窩蜂做類似的商品，也讓甜點師的養成被輕忽，「現在的環境塑造一個甜點師太速成了。應該要思考的是要怎麼長久地做下去、做出自己的特色，不然就是在茫茫大海裡浮沉，像社群媒體裡面跳出來很多贊助的廣告都是沒看過的品牌。要找到自己的特色並持續下去是很困難的。」

TERRA 主廚 Danny 也同意，並且特別提醒對創業充滿憧憬的後進，「今天有一間自己的甜點店就是好嗎？我覺得也不一定。不一定要有自己的店，但是要有自己的路。那你要怎麼樣讓自己做出跟其他人不一樣的東西、走出跟別人不一樣的路？這些不會是學校教你、讓你變成跟別人不一樣的，畢竟大家獲得的資訊都很類似。所以必須透過自己額外的時間去補足。」他建議從自己的興趣出發，深入思索、運用，「若你對農業、攝影、設計、美感藝術相關的東西特別有興趣，該如何讓這些東西跟自己的專業、專長結合？這些不只是天生的，還需要很多後天的練習跟學習才會獲得。」

瑪麗安東妮主廚吳庭槐之言，或可為這系列討論總結，「現在的社會環境對有志從事甜點事業的人友善很多，但隨著環境成熟，市場飽和與更多的競爭是必然的。這個時候，技術是基本功，要順應這個環境找到自己的生存之道，才是新的功課。無論是找到自己的定位，發展自己的優勢，還是洞察機會與情勢，都是無盡的挑戰。而這些才是夢幻期待下真實的面貌。」

文章寫得長了一些，但難得有機會能讓這些一般人心目中的「成功案例」現身說法，我也希望能分享自己長久以來對業界的真實觀察。只有有意踏入甜點與餐飲業的人能對這個產業正確認知、合理評估自己的選擇，在工作崗位上腳踏實地的努力；社會大眾因了解產業實況，願意付出尊重與合理的報償，而非於雲端編織幻夢，我們才有機會創造能相互對話、順利傳承的環境，也才能期望正在塑造的是「文化」而非「熱潮」。

未來的甜點師們，挑戰不會停歇，困難層疊如山，但屬於你們的時代，就從此刻的努力開始。

法式甜點裡的台灣

味道、風格、神髓，台灣甜點師們的自我追尋

作　　者　Ying C. 陳穎
裝幀設計　周晉夷
責任編輯　王辰元

發 行 人　蘇拾平
總 編 輯　蘇拾平
副總編輯　王辰元
資深主編　夏于翔
主　　編　李明瑾
行銷企畫　廖倚萱
業務發行　王綬晨、邱紹溢、劉文雅

出　　版　日出出版
新北市 231 新店區北新路三段 207-3 號 5 樓
電話：（02）8913-1005 傳真：（02）8913-1056
發　　行　大雁出版基地
新北市 231 新店區北新路三段 207-3 號 5 樓
24 小時傳真服務 （02）8913-1056
Email：andbooks@andbooks.com.tw
劃撥帳號：19983379　戶名：大雁文化事業股份有限公司

二版一刷　2024 年 9 月
定　　價　850 元
I S B N　978-626-7568-14-9
I S B N　978-626-7568-11-8（EPUB）

國家圖書館出版品預行編目 (CIP) 資料

法式甜點裡的台灣：味道、風格、神髓，台灣甜點師們的自我追尋 / Ying C. 陳穎
著 . -- 二版 . -- 新北市：日出出版：大雁文化事業股份有限公司發行 , 2024.9
面 ; 公分 .--
ISBN 978-626-7568-14-9（平裝）
1. 餐飲業 2. 文化 3. 訪談 4. 臺灣

483.8　　113012925